Günter Stolzenberger
Das große Weihnachtsbuch

Günter Stolzenberger

DAS GROSSE
WEIHNACHTSBUCH

Erzählungen und Gedichte
aus fünf Jahrhunderten

Artemis & Winkler

Bibliografische Information der Deutschen Nationalbibliothek
Die Deutsche Nationalbibliothek verzeichnet diese Publikation
in der Deutschen Nationalbibliografie; detaillierte bibliografische Daten
sind im Internet über http://dnb.d-nb.de abrufbar.

© Artemis & Winkler 2009; Nachdruck 2014
Bibliographisches Institut GmbH, Mecklenburgische Straße 53, 14197 Berlin
Alle Rechte vorbehalten.
Umschlagmotiv: akg-images.de/»Heilige Nacht, Stille Nacht«-Bildpostkarte
nach Aquarell von Paul Hey
Umschlaggestaltung: Büroecco, Augsburg
Druck und Bindung: CPI books GmbH,
Birkstraße 10, 25917 Leck
Printed in Germany
ISBN 978-3-411-16032-7
www.artemisundwinkler.de

Inhaltsverzeichnis

Vorwort 7

Inhalt und Quellen 8

Erzählungen und Gedichte aus fünf Jahrhunderten 29

Thematisches Register 605

Alphabetisches Verzeichnis der Überschriften 607

Alphabetisches Verzeichnis der Autorinnen und Autoren 611

Vorwort

Und doch ist Weihnachten immer wieder schön. Erst schimpft man über die immer gleiche Rennerei, man schwört, in diesem Jahr endlich weniger Geschenke zu kaufen, und würde das Ganze am liebsten ohnehin abschaffen. Aber wenn es dann soweit ist, wenn die Kerzen brennen, die Vanillekipferl auf der Zunge zergehen und der Bratapfelduft die Wohnung durchzieht, dann kann man doch nicht umhin, sich zu freuen.

Es ist eine besondere Zeit. Sie ist anders als der Rest des Jahres. Die Wochen vom ersten Advent bis Silvester scheinen ein Geheimnis zu bergen. Immer wieder gibt es Augenblicke, in denen man innehalten möchte, weil etwas in der Luft schwebt, weil ein Traum aus längst vergangenen Zeiten uns überkommt. Gaumenfreuden, Düfte, Klänge, Farben erinnern uns an glückliche Kindertage, an Schneeballschlachten, Schlittenfahrten, an Spielzeugeisenbahnen und Abenteuerromane, an frommen Glauben und das wunderbare Einssein mit sich und der Welt. Ungewollt und unversehens werden wir in der Weihnachtszeit wieder zu Kindern.

Und eben deswegen lesen wir Weihnachtsgeschichten, singen und hören die alten und neuen Gedichte und Lieder. Sie führen uns zurück in das verschneite Wunderland der Wünsche, der brummigen Weihnachtsmänner und geschmückten Tannenbäume. Was wir dort sehen und erleben, bleibt uns überlassen. Das Angebot ist enorm. Es reicht vom Schaufensterbummel mit Hermann Hesse bis zum Winterspaziergang mit Robert Walser, vom Plätzchenbacken mit Eduard Mörike bis zur stillen Stunde am Kamin mit Heinrich Heine. Wer will, kann mit Hans Fallada den Weihnachtsbaum besorgen oder mit Oskar Maria Graf eine Christmette in den verschneiten Bergen besuchen.

Dieses Buch bietet einen umfassenden Überblick über die Weihnachtsliteratur von Martin Luther bis zur Gegenwart. Neben vielen, mittlerweile klassisch gewordenen Weihnachtserzählungen, -liedern und -gedichten enthält diese umfangreiche Sammlung auch eine ganze Reihe von seltenen und unbekannten Texten. Beispiele tiefgläubiger Religiosität sind darin ebenso zu finden wie rührende Schilderungen des Weihnachtsfestes aus der ›guten alten Zeit‹ oder launige Geschichten, die mit einem Augenzwinkern beweisen, dass es schon immer mehr als einen Weg gab, Weihnachten richtig zu feiern.

Damit jeder seinen Weg finden kann, steht am Ende des Buches ein thematisches Register von A wie Adventskranz über K wie Kindergeschichten bis zu W wie Weihnachtswünsche. Es bleibt zu hoffen, dass sie alle in Erfüllung gehen.

Wir wünschen allen Leserinnen und Lesern ein frohes Fest.

Günter Stolzenberger

Inhalt und Quellen

MARTIN LUTHER
1483–1546
31 Die Weihnachtsgeschichte nach Lukas (1)
32 Vom Himmel hoch da komm ich her (2)
Aus: Die Bibel. Nach der Übersetzung von Martin Luther. Deutsche Bibelgesellschaft, Stuttgart 1985, S. 70f. (1). – Ders.: Geistliche Lieder. Insel Verlag, Frankfurt a. M. 1914, S. 42–44 (2).

SEBASTIAN BRANT
1458–1521
34 Schenken und Bereuen
Aus: Das Narrenschiff. Übertragen von H. A. Junghans. Philipp Reclam Jun., Stuttgart 1964, S. 356f.

HANS SACHS
1494–1576
35 Christmon, der 12 monat
Aus: Ders.: Werke. Bd. 4. Georg Olms Verlagsbuchhandlung, Hildesheim 1964, S. 276f.

JÖRG WICKRAM
1505–1562
36 Von einem Weihnachtskind und Joseph
Aus: Ders.: Das Rollwagenbüchlein. Eulenspiegel Verlag, Berlin 1957, S. 232f.

HANS WILHELM KIRCHHOF
1525–1605
37 Ein predig am christtag
Aus: Ders.: Wendunmuth. Bd. 1. Georg Olms Verlag, Hildesheim, New York 1980, S. 547.

JOHANN HEERMANN
1585–1647
37 Am heiligen Christ-Tage
Aus: Ders.: Sonntags- und Fest-Evangelia. Keip Verlag, Frankfurt a. M. 1992, S. 13–16.

GEORG WEITZEL
1590–1635
40 Macht hoch die Thür, die Thore weit
Aus: Karl Simrock: Deutsche Weihnachtslieder. T. D. Weigel Verlag, Leipzig 1859, S. 159–160.

FRIEDRICH SPEE VON LANGENFELD
1591–1635
41 Ochs, vnd Esel bey der Krippen
42 Hirtengesang
Aus: Trvtz-Nachtigal. Kritische Ausgabe nach der Trierer Handschrift. Philipp Reclam Jun., Stuttgart 1985, S. 189f., S. 190–196.

MARTIN OPITZ
1597–1639
45 Die rechte Zeit ist hier
Aus: Ders.: Gedichte. Eine Auswahl. Philipp Reclam Jun., Stuttgart 1970, S. 18f.

FRIEDRICH VON LOGAU
1604–1655
46 Das neue Jahr
Aus: Wilhelm Müller (Hg.): Gedichte von Friedrich Logau und Hans Aßmann von Abschatz. F. A. Brockhaus, Leipzig 1824, S. 48.

SIMON DACH
1605–1659
46 Auff Weihnachten
Aus: Ders.: Gedichte. Bd. 3: Geistliche Lieder. Trostgedichte. Max Niemeyer Verlag, Halle/Saale 1937, S. 79.

JOHANN RIST
1607–1667
47 Der Winter
Aus: Ders.: Sämtliche Werke. Bd. 7: Prosaabhandlungen. Walter de Gruyter Verlag, Berlin, New York 1982, S. 235f. und 247f.

PAUL GERHARDT
1607–1676
49 Schaut, schaut, was ist für Wunder dar?
Aus: Ders.: Dichtungen und Schriften.
Obelisk Verlag, Zug 1957, S. 20–23.

GEORG PHILIPP HARSDÖRFFER
1607–1658
52 Lied · Von dem Christmonat
Aus: Ders.: Christliche Welt- und
Zeitbetrachtung. Zwölf Monatslieder.
Kösel-Verlag, München 1962, S. 54,
S. 56 f.

MICHAEL PRAETORIUS
1571–1621
53 Es ist ein Ros entsprungen
Aus: Das Weihnachtsbuch der Lieder.
Insel Verlag, Frankfurt a. M. 1975, S. 130 f.

PAUL FLEMING
1609–1640
53 Auf die seligmachende Geburt unsers
Erlösers Jesu Christi
Aus: Ders.: Deutsche Gedichte. Bd. 1.
Wissenschaftliche Buchgesellschaft,
Darmstadt 1965, S. 231–233.

JUSTUS GEORG SCHOTTEL
1612–1676
55 Der zweifelnde Joseph
Aus: Ders.: Lustbringender Lustgarte.
Kösel-Verlag, München 1967, S. 99–104.

JOHANN KLAJ
1616–1656
57 Auf das zurückliegende Jahr
Aus: Ders.: Friedensdichtungen und
kleinere poetische Schriften. Max
Niemeyer Verlag, Tübingen 1968, S. 218–224.

ANDREAS GRYPHIUS
1616–1664
58 Über die geburt Jesu
58 Auf den anfang des 1660zigsten jahres
Aus: Werke in drei Bänden. Bd. 3:
Lyrische Gedichte. Georg Olms Verlagsbuchhandlung, Hildesheim 1961, S. 99,
S. 171.

ANGELUS SILESIUS
(JOHANNES SCHEFFLER)
1624–1677
59 Reinste Jungfrau
Aus: Ders.: Sämtliche Poetische Werke in
3 Bänden. Bd. 2: Jugend- und Gelegenheitsgedichte. Heilige Seelenlust oder
Geistliche Hirtenlieder. Carl Hanser
Verlag, München 1949, S. 54–56.

KASPAR NACHTENHÖFER
1624–1685
60 Dies ist die Nacht
Aus: Evangelisches Kirchengesangbuch.
Hg. vom Königlichen Konsistorium zu
Cassel. Hof- und Waisenhaus-Buchdruckerei, Cassel 1891, S. 34 f.

JOHANNES PRAETORIUS
1630–1680
61 Rübezahl hilft einem armen Mann
Aus: Ders.: Bekannte und unbekannte
Historien von Rübezahl. Wissenschaftliche Buchgesellschaft, Darmstadt 1967,
S. 73–75.

CATHARINA REGINA VON
GREIFFENBERG
1633–1694
63 Da sie gebären wollte
Aus: Dies.: Sämtliche Werke in 10
Bänden. Bd. 3. Kraus Reprint, Millwood,
New York 1983, S. 318–325.

LEO WOLFF
1640–1708
66 Christ-Kindlein wird zur H. Weynacht-Zeit im Schnee gefunden
Aus: Das Weihnachtsbuch. Insel Verlag,
Frankfurt a. M. 1998, S. 26 f.

ABRAHAM A SANCTA CLARA
1644–1709
67 Warum das Christkind in der Krippe
gelegen
Aus: Ders.: Die Wunderkür und etzliche
andere ergetzliche Sächelchen. Deutsche
Buch-Gemeinschaft, Berlin o. J., S. 299 f.

CHRISTOPH SELHAMER
1640–1708
68 Die Vorliebe für das Land
Aus: Bayrische Barockprediger. Ausgewählte Texte und Märlein bisher ziemlich unbekannter Skribenten des 17. und 18. Jhs. Besorgt von Georg Lohmeier. Süddeutscher Verlag, München 1961, S. 218 und S. 226–228.

HEINRICH HELD
1620–1659
70 Gott sei Dank
Aus: Evangelisches Kirchengesangbuch. Hg. vom Königlichen Konsistorium zu Cassel. Hof- und Waisenhaus-Buchdruckerei, Cassel 1891, S. 17 f.

LISELOTTE VON DER PFALZ
1652–1722
71 Eine Erinnerung
Aus: Dies.: Briefe. Carl Hanser Verlag, Langewiesche-Brandt, Ebenhausen bei München 1996, S. 337 f.

FRIEDRICH RUDOLPH LUDWIG VON CANITZ
1654–1699
72 Christus in der Krippen
73 Das Neue Jahr
Aus: Ders.: Gedichte. Max Niemeyer Verlag, Tübingen 1982, S. 201, S. 189.

CHRISTIAN WERNICKE
1661–1725
73 Zum Neujahrstag
Aus: Ders.: Epigramme. Buchverlag Der Morgen, Berlin 1984, S. 33.

JOHANN ALBRECHT BENGEL
1687–1752
74 Die Weihnachtsgeschichte nach Matthäus
Aus: Das Neue Testament. Übersetzt von J. A. Bengel. Johann Benedict Metzler, Stuttgart 1769, S. 13–18.

JOHANN CHRISTIAN GÜNTHER
1695–1723
76 Lob des Winters
Aus: Ders.: Werke. Deutscher Klassiker Verlag, Frankfurt a. M. 1998, S. 544–546.

ALBRECHT VON HALLER
1708–1777
78 Frost
Aus: Ders.: Die Alpen. Bearbeitet von Harold T. Betteridge. Akademie Verlag, Berlin 1959, S. 17.

CHRISTIAN FÜRCHTEGOTT GELLERT
1715–1769
78 Weihnachtslied
Aus: Gesammelte Schriften. Bd. 2: Gedichte. Geistliche Oden und Lieder. Walter de Gruyter Verlag, Berlin, New York 1997, S. 147 f.

FRIEDRICH GOTTLIEB KLOPSTOCK
1724–1803
80 An eine Schneeflocke und Konsorten
Aus: Klopstocks Werke. Bd. 48, Teil 4. Verlag von W. Spemann, Berlin, Stuttgart o. J., S. 323.

GOTTLIEB CONRAD PFEFFEL
1736–1809
80 An das neue Jahrhundert
Aus: Ders.: Poetische Versuche. 4. Theil. J. G. Cotta'sche Buchhandlung, Tübingen 1805, S. 165 f.

MATTHIAS CLAUDIUS
1740–1815
81 Spekulations am Neujahrstage
82 Neue Erfindung
84 Ein Lied hinterm Ofen zu singen
Aus: Ders.: Sämtliche Werke. Winkler Verlag, München 1968, S. 82 f., S. 220–222, S. 235 f.

LEOPOLD FRIEDRICH GÜNTHER
GOECKINGK
1748–1828
85 Als der erste Schnee fiel
86 Der Winterabend
Aus: Ders.: Die Freud ist unstet auf der
Erde. Lyrik, Prosa, Briefe. Verlag Rütten
& Loening, Berlin 1990, S. 200, S. 166 f.

JOHANN WOLFGANG GOETHE
1749–1832
87 Brief an Kestner (1)
88 Epiphaniasfest (2)
Aus: Ders.: Gedenkausgabe der Werke,
Briefe und Gespräche. Bd. 18: Die Briefe
der Jahre 1764–1786. Artemis Verlag,
Zürich 1951, S. 183–185 (1). – Ders.:
Gedichte. Insel Verlag, Frankfurt a. M.,
Leipzig 1982, S. 241 f. (2).

KARL PHILIPP MORITZ
1756–1793
89 Neujahrsingen
Aus: Ders.: Anton Reiser. Ein
psychologischer Roman. Insel Verlag,
Frankfurt a. M. 1979, S. 153 f.

FRIEDRICH SCHILLER
1759–1805
90 Neujahrsgedicht
Aus: Ders.: Werke. Neu bearbeitet von
Benno von Wiese. Bd. 2. Bibliographisches Institut, Leipzig o. J., S. 3.

JOHANN PETER HEBEL
1760–1826
91 Der böse Winter
92 Neujahrswünsche des Wochenblattträgers
 für 1812
Aus: Ders.: Werke. Bd. 2 und 3.
Atlantis Verlag, Zürich, Berlin o. J.,
S. 237 f., S. 46 f.

CARL PHILIPP CONZ
1762–1827
92 In einen Kalender
Aus: Ders.: Gedichte. Orell Füßli,
Zürich 1806, S. 169.

JOHANN GAUDENZ VON SALIS-SEEWIS
1762–1834
93 Winterlied
Aus: Ders.: Gedichte. Verlag der
Münster-Presse, Horgen, Zürich,
Leipzig 1924, S. 51 f.

JEAN PAUL
(JOHANN PAUL FRIEDRICH RICHTER)
1763–1825
94 Die Joditzer Herbstidylle
Aus: Ders.: Selberlebensbeschreibung.
In: Werke. Bd. 6. Carl Hanser Verlag,
München 1963, S. 1082–1086.

FRIEDRICH WILHELM AUGUST
SCHMIDT
1764–1838
97 Der heilige Abend vor Weihnachten
Aus: Ders.: Einfalt und Natur. Gedichte.
Buchverlag Der Morgen, Berlin 1981,
S. 142–144.

AUGUST WILHELM VON SCHLEGEL
1767–1845
99 Die heiligen drei Könige
Aus: Ders.: Sämtliche Werke. Bd. 1.
Weidmannsche Buchhandlung,
Leipzig 1846, S. 307.

FRIEDRICH ADOLPH KRUMMACHER
1767–1845
100 Das Lied vom Wintergrün
Aus: Ders.: Festbüchlein. Zweites
Bändchen. Bädecker, Essen 1821, S. 198 f.

FRIEDRICH DANIEL ERNST
SCHLEIERMACHER
1768–1834
100 Besuch einer Christmette
Aus: Ders.: Werke. Auswahl in vier
Bänden. Bd. 4. Scientia Verlag,
Aalen 1967, S. 504–506.

JOHANNES DANIEL FALK
1768–1826
102 O du fröhliche
Aus: Das Weihnachtsbuch der Lieder.
Insel Verlag, Frankfurt a. M. 1975, S. 35.

ERNST MORITZ ARNDT
1769–1860
103 Erklinge Lied und werde Schall (1)
104 Der Weihnachtsbaum (2)
Aus: Karl Simrock: Deutsche Weihnachtslieder. T. D. Weigel Verlag, Leipzig 1859, S. 263 f. (1). – Das Ernst Moritz Arndt Buch. Eine Auswahl der Werke. Walter Hädecke Verlag, Stuttgart 1925, S. 269 f. (2).

FRIEDRICH HÖLDERLIN
1770–1843
104 Liebste Mama! (1)
105 Winter (2)
Aus: Briefe Hölderlins. Insel Verlag, Frankfurt a. M. 1947, S. 4 f. (1). – Ders.: Sämtliche Gedichte und Hyperion. Insel Verlag, Frankfurt a. M., Leipzig 1999, S. 468 (2).

HEINRICH ZSCHOKKE
1771–1848
106 Die Neujahrswünsche
Aus: Ders.: Hans Dampf in allen Gassen. Humoristische Erzählungen, Novellen und Fabeln. Insel Verlag, Frankfurt a. M. 1980, S. 396–399.

NOVALIS
(FRIEDRICH VON HARDENBERG)
1772–1801
107 Die neue Welt (1)
110 Der Eislauf (2)
Aus: Ders.: Schriften. Die Werke Friedrich von Hardenbergs in vier Bänden. Bd. 1: Das dichterische Werk. Kohlhammer Verlag, Stuttgart 1960, S. 141–147 (1). – Ders.: Gedichte und Prosa. Artemis & Winkler Verlag, Düsseldorf, Zürich 2001, S. 17 f. (2).

LUDWIG TIECK
1773–1853
111 Weihnachtsmarkt in Alt-Berlin (1)
113 Weihnachten (2)
Aus: Ders.: Weihnacht-Abend. In: Ders.: Schriften in 12 Bänden. Bd. 11: Schriften 1834–1836. Deutscher Klassiker Verlag, Frankfurt a. M. 1988, S. 907–911 (1). –

Ebd., Bd. 7: Gedichte. Deutscher Klassiker Verlag, Frankfurt a. M. 1975, S. 211 (2).

VOLKSLIED
114 Kling, Glöckchen, klingelingeling
Aus: Das Weihnachtsbuch der Lieder. Insel Verlag, Frankfurt a. M. 1975, S. 40 f.

ERNST THEODOR AMADEUS HOFFMANN
1776–1822
115 Der Weihnachtsabend
Aus: Ders.: Nußknacker und Mausekönig. In: Ders.: Gesammelte Erzählungen und Märchen in vier Bänden. Bd. 1: Die Serapions-Brüder. Insel Verlag, Frankfurt a. M. 1983, S. 264–275.

JOACHIM AUGUST ZARNACK
1777–1827
121 O Tannenbaum
Aus: Das Weihnachtsbuch der Lieder. Insel Verlag, Frankfurt a. M. 1975, S. 49 f.

HEINRICH VON KLEIST
1777–1811
122 Weihnachtsausstellung
Aus: Ders.: Berliner Abendblätter. In: Ders.: Sämtliche Werke. Brandenburger Ausgabe. Bd. II/7. Verlag Stroemfeld / Roter Stern, Frankfurt a. M., Basel 1997, S. 337 f.

CLEMENS BRENTANO
1778–1842
123 Bescherung der Armen an die Wohltäterin
Aus: Ders.: Werke. Bd. 1. Carl Hanser Verlag, München 1968, S. 592–594.

ADELBERT VON CHAMISSO
1781–1838
124 Nacht und Winter
Aus: Ders.: Werke. Bd. 1. Bibliographisches Institut, Leipzig, Wien o. J., S. 18 f.

ACHIM VON ARNIM
1781–1831
125 Weihnacht
127 Neujahr
Aus: Ders.: Werke in sechs Bänden. Bd. 5:
Gedichte. Deutscher Klassiker Verlag,
Frankfurt a. M. 1994, S. 918–920, S. 920.

MAX VON SCHENKENDORF
1783–1817
128 Weihnachtabend
Aus: Karl Simrock: Deutsche Weihnachtslieder. T. D. Weigel Verlag, Leipzig 1859,
S. 341 f.

BETTINE VON ARNIM
1785–1859
128 Schenken
Aus: Dies.: Julius Pamphilius und die
Ambrosia. In: Dies.: Sämtliche Werke.
Bd. 5. Propyläen Verlag, Berlin 1920,
S. 26 f.

JACOB UND WILHELM GRIMM
1785–1863 / 1786–1859
129 Der goldene Schlüssel
Aus: Dies.: Kinder- und Hausmärchen.
Winkler Verlag, München 1949, S. 809.

JUSTINUS KERNER
1786–1862
130 Der Gesang im Ofen
Aus: Ders.: Ausgewählte Werke. Philipp
Reclam Jun., Stuttgart 1981, S. 44.

LUDWIG BÖRNE
1786–1837
130 Die Silvesternacht eines alten Herzens
Aus: Ders.: Sämtliche Schriften. Bd. 1:
Aufsätze und Erzählungen. Joseph Melzer
Verlag, Düsseldorf 1964, S. 1156–1161.

JOSEPH VON EICHENDORFF
1788–1857
133 Weihnachten
Aus: Ders.: Werke in sechs Bänden. Bd. 1:
Gedichte. Deutscher Klassiker Verlag,
Frankfurt a. M. 1987, S. 382 f.

FRIEDRICH RÜCKERT
1788–1866
134 Einladung auf Weihnachten
Aus: Ders.: Gedichte. Auswahl des
Verfassers. J. D. Sauerländer Verlag,
Frankfurt a. M. 1847, S. 584.

FRIEDRICH SILCHER
1789–1860
135 Alle Jahre wieder
Aus: Das Weihnachtsbuch der Lieder.
Insel Verlag, Frankfurt a. M. 1975, S. 34.

CARL GUSTAV CARUS
1789–1869
135 Ein Bild vom Aufbruch des Elbeises bei
Dresden
Aus: Ders.: Neun Briefe über
Landschaftsmalerei (1815–1824). Verlag
Wolfgang Jess, Dresden o. J., S. 211–215.

FRANZ GRILLPARZER
1791–1872
137 Dezemberlied
Aus: Ders.: Sämtliche Werke. Bd. 10/11:
Gedichte. Teil 1. Verlag Anton Schroll,
Wien 1932, S. 73 f.

JOSEF MOHR
1792–1848
138 Stille Nacht, heilige Nacht
Aus: Das Weihnachtsbuch der Lieder.
Insel Verlag, Frankfurt a. M. 1975, S. 90 f.

GUSTAV SCHWAB
1792–1850
138 Die Legende von den heiligen drei
Königen
155 Schlittenlied
Aus: Ders.: Gedichte in zwei Bänden.
Verlag der J. G. Cotta'schen
Buchhandlung, Stuttgart, Tübingen 1829,
II, S. 133–155; I, S. 47 f.

LAURETTE VON WALLENSTÄDT
156 Billet
Aus: Graf Donamar: Briefe, geschrieben
zur Zeit des siebenjährigen Krieges in
Deutschland. Teil 1. Frankfurt,
Leipzig 1792, S. 201.

MORITZ GOTTLIEB SAPHIR
1795–1858
157 Das Fest des Lebens
Aus: Ders.: Weihnachtsabend. In: Ders.:
Ausgewählte Schriften. Bd. 6. Verlag
Fr. Karafiat, Brünn, Wien 1871, S. 12–14.

SIMPLIZIANISCHER
WUNDERGESCHICHTS-CALENDER
1795
158 Der Christkindelsbaum
Aus: Das Weihnachtsbuch. Insel Verlag,
Frankfurt a. M. 1998, S. 30 f.

KARL LEBERECHT IMMERMANN
1796–1840
159 Meine heiße Bitte
Aus: Ders.: Briefe. Ausgabe in drei
Bänden. Bd. 1: 1804–1831. Carl Hanser
Verlag, München, Wien 1978, S. 375–377.

VOLKSLIED
160 Süßer die Glocken nie klingen
Aus: Das Weihnachtsbuch der Lieder.
Insel Verlag, Frankfurt a. M. 1975, S. 38 f.

JEREMIAS GOTTHELF
1797–1854
161 Heilig Abend eines Branntweinsäufers
Aus: Ders.: Dursli der Brannteweinsäufer
oder Der heilige Weihnachtsabend. In:
Ders.: Sämtliche Werke in 24 Bänden.
Bd. 16: Kleinere Erzählungen. Erster Teil.
Eugen Rentsch Verlag, Erlenbach-Zürich
1928, S. 157–191.

HEINRICH HEINE
1797–1856
184 Altes Kaminstück (1)
184 Der Tag der Geschenke (2)
Aus: Ders.: Sämtliche Gedichte in
zeitlicher Folge. Insel Verlag, Frankfurt
a. M., Leipzig 1993, S. 209 f. (1). –
Ders.: Werke. Bd. 3: Schriften über Frankreich. Insel Verlag, Frankfurt a. M. 1968,
S. 440 (2).

ANNETTE VON DROSTE-HÜLSHOFF
1797–1848
185 Am letzten Tage des Jahres
Aus: Dies.: Werke und Briefe. Bd. 2. F. W.
Hendel Verlag, Meersburg 1928, S. 136 f.

LUISE HENSEL
1798–1876
187 Was ist das doch ein holdes Kind
Aus: Karl Simrock: Deutsche Weihnachtslieder. T. D. Weigel Verlag, Leipzig 1859,
S. 259 f.

HOFFMANN VON FALLERSLEBEN
1798–1874
188 Nußknacker
188 Der Traum
Aus: Ders.: Ausgewählte Werke in
4 Bänden. Bd. 1. Max Hesses Verlag,
Leipzig o. J., S. 156 f., S. 213.

ADALBERT VON HERRLEIN
1798–1870
189 Der Wasser-Nix
Aus: Ders. (Hg.): Sagen des Spessart.
Verlag von C. Krebs, Aschaffenburg 1851,
S. 68 f.

BOGUMIL GOLTZ
1801–1870
190 So ein Wintertag
Aus: Ders.: Buch der Kindheit. Verlag von
Heinrich Zimmer, Frankfurt a. M. 1847,
S. 204–206.

WILHELM VON KÜGELGEN
1802–1867
191 Ein Hagestolz
Aus: Ders.: Jugenderinnerungen eines
alten Mannes. Koehler & Amelang
Verlagsgesellschaft, Berlin, Leipzig 1992,
S. 27–29.

LUDWIG RICHTER
1803–1884
193 Christtag in Rom
Aus: Ders.: Lebenserinnerungen.
Dieterich'sche Verlagsbuchhandlung,
Leipzig 1944, S. 211–213.

EDUARD MÖRIKE
1804–1875
194 Frankfurter Brenten (1)
195 Zum Neujahr (2)
Aus: Ders.: Sämtliche Werke in zwei Bänden. Bd. 2. Artemis & Winkler Verlag, München 1996, S. 384 f. (1). – Ebd., Bd. 1. Artemis & Winkler Verlag, Düsseldorf, Zürich 1997, S. 846 (2).

ROBERT REINICK
1805–1852
196 Der schmelzende Koch (1)
198 Weihnachtsfest (2)
Aus: Märchen und Geschichten zur Weihnachtszeit. Fischer Taschenbuch Verlag, Frankfurt a. M. 1992, S. 103–106 (1). – Ders.: Dichtungen. Verlag von Rösel & Cie, München o. J., S. 57 (2).

ADALBERT STIFTER
1805–1868
198 Kirchenfeste
200 Weihnachten in Eis und Schnee
Aus: Ders.: Bergkristall. Insel Verlag, Frankfurt a. M., Leipzig 2004, S. 9–11, S. 44–80.

WILHELM WACKERNAGEL
1806–1869
217 Die heiligen drei Könige
Aus: Karl Simrock: Deutsche Weihnachtslieder. T. D. Weigel Verlag, Leipzig 1859, S. 271 f.

JOHANN NEPOMUK RITTER
VON ALPENBURG
1806–1873
218 Das Weihnachtsgeläute
Aus: Ders.: Deutsche Alpensagen. Verlag Heinrich Hugendubel, München 1977, S. 42 f.

FRIEDRICH HALM
1806–1871
219 Schneegestöber
Aus: Ders.: Werke. Bd. 1: Gedichte. Verlag von Carl Gerold's Sohn, Wien 1877, S. 228 f.

FRANZ GRAF VON POCCI
1807–1876
220 Der Pelzemärtel
Aus: Ders.: Kindereien. Insel Verlag, Frankfurt a. M. 1976, S. 71 f.

HEINRICH HOFFMANN
1809–1894
221 Des Winters Gruß
223 Weihnachtslied
223 Silvester-Nacht
Aus: Ders.: Gesammelte Gedichte, Zeichnungen und Karikaturen. Insel Verlag, Frankfurt a. M. 1987, S. 126–131.

ADOLF GLASSBRENNER
1810–1876
224 Szenen vom Berliner Weihnachtsmarkt
Aus: Ders.: Buntes Berlin. Buchverlag für's Deutsche Haus, Berlin 1910, S. 99 f., S. 106–108, S. 119 f., S. 127–131, S. 133 f.

FANNY LEWALD
1811–1889
229 Der erste Schnee
Aus: Dies.: Meine Lebensgeschichte. Bd. 1: Im Vaterhause. Ulrike Helmer Verlag, Frankfurt a. M. 1988, S. 79–81.

FRIEDRICH WILHELM WEBER
1813–1894
232 Christbaum
Aus: Ders.: Gesammelte Dichtungen in drei Bänden. Bd. 2: Erzählendes. Spruchartiges. Verlag von Ferdinand Schöningh, Paderborn 1922, S. 318 f.

GEORG BÜCHNER
1813–1837
232 Frühmette im Straßburger Münster
Aus: Ders.: Werke und Briefe. Deutscher Taschenbuch Verlag, München 1974, S. 157.

CHRISTIAN FRIEDRICH HEBBEL
1813–1863
233 Die Weihe der Nacht
Aus: Ders.: Werke. Bd. 3. Carl Hanser Verlag, München 1965, S. 85 f.

ANTON WESTERMAYER
1816–1894
234 Eine Bauernpredigt
Aus: Ders.: Bauernpredigten, die auch manche Stadtleute brauchen können. Rosenheimer Verlagshaus Alfred Förg, Rosenheim 1972, S. 15–21.

FRIEDRICH STOLTZE
1816–1891
238 Die heiligen drei Könige vom Dreikönigsbrunnen
Aus: Ders.: Werke in Frankfurter Mundart. Verlag von Waldemar Kramer, Frankfurt a. M. 1953, S. 68 f.

GUSTAV FREYTAG
1816–1895
239 Wenn die Lichter brannten
Aus: Ders.: Gesammelte Werke. Bd. 8: Erinnerungen aus meinem Leben. G. Hirzel, Leipzig, Verlagsanstalt Hermann Klemm, Berlin-Grunewald o. J., S. 455 f.

THEODOR STORM
1817–1888
240 Weihnachtslied
240 Stoßseufzer
241 Unter dem Tannenbaum
Aus: Ders.: Sämtliche Werke in vier Bänden. Bd. 1.: Gedichte. Deutscher Klassiker Verlag, Frankfurt a. M. 1987, S. 12 f., S. 44, S. 594–618.

THEODOR FONTANE
1819–1898
257 Gekommen ist der Heil'ge Christ (1)
258 Sylvester (2)
258 Weihnachten zu Hause (3)
Aus: Ders.: Werke, Schriften und Briefe. Bd. 6. Carl Hanser Verlag, München, Wien 1978, S. 409 f., S. 635 f. (1, 2). – Ders.: Hohen-Vietz. In: Ebd., Bd. 3. Carl Hanser Verlag, München, Wien 1971, S. 7–14 und S. 23–28 (3).

GOTTFRIED KELLER
1819–1890
268 Weihnachtsmarkt
269 Im Schnee
Aus: Ders.: Sämtliche Werke in sieben Bänden. Bd. 1: Gedichte. Deutscher Klassiker Verlag, Frankfurt a. M. 1995, S. 206–208, S. 430 f.

CONRAD FERDINAND MEYER
1825–1898
270 Weihnacht in Ajaccio
270 Die Schlittschuhe
Aus: Ders.: Gedichte. H. Haessel Verlag, Leipzig 1922, S. 198, S. 83 f.

PAUL HEYSE
1830–1914
272 Wilibald und Frosinchen (1)
278 Eine Weihnachtsepistel (2)
Aus: Ders.: Die Geschichte von Herrn Wilibald und dem Frosinchen. In: Ders.: Gesammelte Werke. Dritte Reihe. Bd. 2: Weihnachtsgeschichten. J. G. Cotta'sche Buchhandlung Nachfolger, Verlagsanstalt Hermann Klemm AG, Stuttgart, Berlin-Grunewald o. J., S. 270–273 und S. 286–291 (1). – Ebd., Bd. 5: Gedichte, S. 408–410 (2).

MARIE VON EBNER-ESCHENBACH
1830–1916
280 Das Weihnachtsfest war nahe
Aus: Dies.: Erzählungen. Autobiographische Schriften. Winkler Verlag, München 1958, S. 773–775.

VOLKSLIED
282 Morgen, Kinder, wird's was geben
Aus: Das Weihnachtsbuch der Lieder. Insel Verlag, Frankfurt a. M. 1975, S. 45 f.

WILHELM RAABE
1831–1910
282 Weihnachtsabend in der Sperlingsgasse
Aus: Ders.: Die Chronik der Sperlingsgasse. In: Ders.: Sämtliche Werke. Bd. 1. Vandenhoeck & Ruprecht, Göttingen 1965, S. 48–54.

WILHELM BUSCH
1832–1908
286 Der Stern (1)
287 Zum Neujahr (2)
Aus: Ders.: Gesamtausgabe. Bd. 5: Schein und Sein. Nachgelassene Gedichte. Verlag Braun & Schneider, München 1943, S. 354 (1). – Ders.: Ebd. Bd. 7: Einzelne Gedichte und Anderes, S. 372–374 (2).

JOHANNES TROJAN
1837–1915
288 Wiederfinden
289 Winter-Sonnenschein
Aus: Ders.: Gedichte. J. G. Cotta'sche Buchhandlung Nachfolger, Stuttgart 1901, S. 195 f., S. 59 f.

LUDWIG ANZENGRUBER
1839–1889
290 Märchenhafte Zeit
Aus: Ders.: Vereinsamt. In: Ders.: Gesammelte Werke in zehn Bänden. Bd. 4. Verlag der J. G. Cotta'schen Buchhandlung Nachfolger, Stuttgart 1897, S. 363–365.

JULIUS STINDE
1841–1905
292 Der Weihnachtsmarkt
Aus: Ders.: Der Familie Buchholz zweiter Teil. Ullstein Verlag GmbH, Frankfurt a. M., Berlin 1990, S. 92–104.

VOLKSLIED
299 Laßt uns froh und munter sein
Aus: Das Weihnachtsbuch der Lieder. Insel Verlag, Frankfurt a. M. 1975, S. 36 f.

HEINRICH SEIDEL
1842–1906
299 Weihnachten bei Leberecht Hühnchen
Aus: Ders.: Gesammelte Werke. Bd. 1: Leberecht Hühnchen. J. G. Cotta'sche Buchhandlung Nachfolger, Stuttgart und Verlagsanstalt Hermann Klemm, Berlin-Grunewald o. J., S. 59–64 und S. 67–72.

PETER ROSEGGER
1843–1918
305 Als ich Christtagsfreude holen ging
Aus: Ders.: Als ich noch ein Waldbauernbub war. Jugendgeschichten aus der Waldheimat. L. Staackmann Verlag KG, München o. J., S. 169–178.

FRIEDRICH NIETZSCHE
1844–1900
312 Wie ich mich auf Weihnachten freue
Aus: Ders.: Werke in drei Bänden. Bd. 3: Briefe. Carl Hanser Verlag, München 1956, S. 934 f.

EMIL VON SCHÖNAICH-CAROLATH
1852–1908
313 Des Bettlers Weihnachtsgabe
Aus: Ders.: Gesammelte Werke. Bd. 6. Walter de Gruyter & Co., Berlin, Leipzig 1922, S. 153–160.

GUSTAV FALKE
1853–1916
317 Weihnachtssperlinge
Aus: Ders.: Gesammelte Dichtungen. Bd. 1: Herddämmerglück. Gedichte. Alfred Jansen, Hamburg, Berlin 1912, S. 49–52.

PETER HILLE
1854–1904
320 Weihnachtsfee
Aus: Ders.: Gesammelte Werke in sechs Bänden. Bd. 1: Gedichte. Ludgerus Verlag Hubert Wingen GmbH & Co KG, Essen 1984, S. 24.

PETER ALTENBERG
1859–1919
321 Winter auf dem Semmering
Aus: Ders.: Extrakte des Lebens. Gesammelte Skizzen 1898–1919. Löcker / S. Fischer Verlag, Wien, Frankfurt a. M. 1987, S. 229 f.

ARTHUR SCHNITZLER
1862–1931
322 Weihnachtseinkäufe
Aus: Ders.: Anatol. In: Ders.: Gesammelte Werke in neun Bänden. Abt. 2: Theaterstücke. Bd. 1. S. Fischer Verlag, Berlin 1922, S. 27–37.

PAULA DEHMEL
1862–1918
329 Sankt Niklas' Auszug
Aus: Dies.: Das liebe Nest. Gesammelte Kindergedichte. Verlag F. A. Seemann, Leipzig 1919, S. 82–84.

GERHART HAUPTMANN
1862–1946
331 Weihnachten
Aus: Ders.: Sämtliche Werke.
© 1996 Propyläen Verlag in der Ullstein Buchverlage GmbH, Berlin.

RICHARD DEHMEL
1863–1920
332 Der Esel
Aus: Ders.: Der Kindergarten. Gedichte, Spiele und Geschichten für Kinder und Eltern jeder Art. S. Fischer Verlag, Berlin o. J., S. 65 f.

ARNO HOLZ
1863–1929
333 Er freut sich / daß es wihder Winter wird
Aus: Ders.: Dafnis. In: Ders.: Werke. Bd. 5. Hermann Luchterhand Verlag GmbH, Neuwied, Berlin 1962, S. 190–192.

FRANK WEDEKIND
1864–1918
334 Silvester
Aus: Ders.: Gesammelte Werke. Bd. 8: Nachlaß. Georg Müller, München, Leipzig 1919, S. 93–96.

OTTO JULIUS BIERBAUM
1865–1910
337 Der armen Kinder Weihnachtslied
Aus: Ders.: Das seidene Buch. Eine lyrische Damenspende. Deutsche Verlagsanstalt, Stuttgart, Leipzig 1904, S. 107.

ANNA RITTER
1865–1921
337 Weihnachten
338 Winterschlaf
Aus: Dies.: Befreiung. Neue Gedichte. J. G. Cotta'sche Buchhandlung Nachfolger, Stuttgart, Berlin 1910, S. 187, S. 164.

HERMANN LÖNS
1866–1914
338 Der allererste Weihnachtsbaum
Aus: Ders.: Sämtliche Werke in acht Bänden. Bd. 1: Sagen und Märchen. Hesse & Becker Verlag, Leipzig 1928, S. 506–511.

VOLKSLIED
342 Leise rieselt der Schnee
Aus: Das Weihnachtsbuch der Lieder. Insel Verlag, Frankfurt a. M. 1975, S. 44.

LUDWIG THOMA
1867–1921
342 Der Christabend
Aus: Ders.: Gesammelte Werke in sechs Bänden. Bd. 3: Erzählungen. R. Piper & Co. Verlag, München 1968, S. 603–606.

RUDOLF G. BINDING
1867–1938
345 Das Peitschchen
Aus: Das große Rudolf G. Binding Buch. C. Bertelsmann Verlag, München.

ELSE LASKER-SCHÜLER
1869–1945
350 Der Weihnachtsbaum
Aus: Dies.: Gesammelte Werke. Bd. 3: Verse und Prosa aus dem Nachlaß.
© Suhrkamp Verlag, Frankfurt a. M. 1996, S. 68 f.

VICTOR AUBURTIN
1870–1928
352 Grüne Weihnachten in Oberhof
Aus: Ders.: Bescheiden steht am Straßenrand. Feuilletons und Geschichten. Eulenspiegel Verlag, Berlin 1979, S. 159–163.

CHRISTIAN MORGENSTERN
1871–1914
354 Das Fest des Wüstlings
355 Das Weihnachtsbäumlein
Aus: Ders.: Gedichte in einem Band. Insel Verlag, Frankfurt a. M., Leipzig 2003, S. 53, S. 376 f.

CHRISTINA KIESBYE
1871–1930
355 Das Weihnachtsfest der Kinder von Linneberge
Aus: Weihnachtsgeschichten aus Schleswig-Holstein. Husum Druck- und Verlagsgesellschaft, Husum 1978, S. 51–54.

ROSA LUXEMBURG
1871–1919
358 Weihnachten im Kittchen
Aus: Dies.: Briefe aus dem Gefängnis. Dietz Verlag, Berlin 1972, S. 65–71.

MYNONA (SALOMO FRIEDLAENDER)
1871–1946
361 Das Weihnachtsfest des alten Schauspielers Nesselgrün
Aus: Ders.: Rosa die schöne Schutzmannsfrau und andere Grotesken. © 1989 by Arche Verlag AG, Raabe + Vitali, Zürich, S. 41–43.

WILHELM LOBSIEN
1872–1947
362 Am Abend vor Weihnachten
Aus: Ders.: Dünung. Gedichte. Niedersachsen-Verlag Carl Schünemann, Bremen 1904, S. 21. © Rechtsnachfolge.

ALFRED POLGAR
1873–1955
363 Vor Weihnachten
Aus: Ders.: Kleine Schriften 2. Kreislauf. © 1983 by Rowohlt Verlag GmbH, Reinbek bei Hamburg.

DR. OWLGLASS
1873–1945
365 Fest der Liebe
Aus: Ders. / Sebastian Blau und Erich Schairer: Des Leib- und Seelenarztes Dr. Owlglass Rezeptbuch: Gereimtes und Erzähltes. © 1955 by nymphenburger in der F. A. Herbig Verlagshandlung GmbH, München, S. 345.

KARL KRAUS
1874–1936
366 Weihnacht
Aus: Ders.: Schriften. Bd. 2: Die Chinesische Mauer. Suhrkamp Verlag, Frankfurt a. M. 1987, S. 231 f.

HUGO VON HOFMANNSTHAL
1874–1929
367 Weihnacht
Aus: Ders.: Sämtliche Werke. Bd. 1: Gedichte 1. S. Fischer Verlag, Frankfurt a. M. 1984, S. 37.

THOMAS MANN
1875–1955
367 Weihnacht bei Buddenbrook
Aus: Ders.: Buddenbrooks. © S. Fischer Verlag, Berlin 1901.

RAINER MARIA RILKE
1875–1926
376 Advent
377 Es gibt so wunderweiße Nächte
Aus: Ders.: Die Gedichte. Insel Verlag, Frankfurt a. M. 1986, S. 98, S. 82.

PAULA MODERSOHN-BECKER
1876–1907
377 Es ist solch ein wunderbares Fest
Aus: Dies.: Briefwechsel mit Rainer Maria Rilke. Insel Verlag, Frankfurt a. M., Leipzig 2003, S. 31 f.

VOLKSLIED

378 Ihr Kinderlein kommet
Aus: Das Weihnachtsbuch der Lieder.
Insel Verlag, Frankfurt a. M. 1975, S. 96 f.

HERMANN HESSE
1877–1962

379 Schaufenster vor Weihnachten (1)
383 In Weihnachtszeiten (2)
Aus: Ders.: Die Kunst des Müßiggangs. Kurze Prosa aus dem Nachlaß.
© Suhrkamp Verlag, Frankfurt a. M. 1973,
S. 255–260 (1). – Ders.: Gesammelte
Schriften. Bd. 5: Gesammelte Dichtungen.
Die Gedichte. © Suhrkamp Verlag,
Frankfurt a. M. 1958, S. 568 f. (2).

HANS CAROSSA
1878–1956

383 Wald im Winter
Aus: Ders.: Werke. Bd. 1: Gedichte.
Insel Verlag, Frankfurt a. M. 1992.
© Eva Kampmann-Carossa.

RUDOLF ALEXANDER SCHRÖDER
1878–1962

384 Nun duftet Wachs
Aus: Ders.: Gesammelte Werke. Bd. 1:
Die geistlichen Gedichte. © Suhrkamp
Verlag, Berlin, Frankfurt a. M. 1952,
S. 782.

ERICH MÜHSAM
1878–1934

385 Weihnachten (1)
385 Prosit 1932! (2)
Aus: Ders.: Ausgewählte Werke. Bd. 1:
Gedichte. Rixdorfer Verlagsanstalt
GmbH, Berlin 1985, S. 27 f. (1). – Ders.:
Berliner Feuilleton. Ein poetischer
Kommentar auf die mißratene Zähmung
des Adolf Hitler. Klaus Boer Verlag,
München 1992, S. 117 (2).

ROBERT WALSER
1878–1956

386 Weihnacht (1)
387 Das Christkind (2)
Aus: Ders.: Das Gesamtwerk in
12 Bänden. Bd. 8: Verstreute Prosa 1
(1907–1919), S. 128–130 (1). – Ebd., Bd. 7:
Gedichte und Dramolette, S. 282 (2).
© Suhrkamp Verlag, Zürich,
Frankfurt a. M. 1978, mit Genehmigung
der Inhaberin der Rechte, der Carl Seelig-
Stiftung, Zürich.

AGNES MIEGEL
1879–1964

388 Die Stunde im Winterwald
Aus: Dies.: Mein Weihnachtsbuch. Eugen
Diederichs Verlag, Düsseldorf, Köln 1959,
S. 61–68. © Deutsche Schillergesellschaft,
Marbach am Neckar.

HEINRICH LAUTENSACK
1881–1919

392 Eine Heiligabend-Betrachtung
397 Weihnacht kommt
Aus: Ders.: Das verstörte Fest. Gesammelte Werke. Carl Hanser Verlag,
München 1966, S. 426–433, S. 36.

KARL VALENTIN
1882–1948

397 Das Christbaumbrettl
Aus: Ders.: Gesammelte Werke.
© 1985 Piper Verlag GmbH, München,
S. 322–329.

JOACHIM RINGELNATZ
1883–1934

405 Die Weihnachtsfeier des Seemanns Kuttel
Daddeldu (1)
407 Schenken (2)
Aus: Ders.: Kuttel Daddeldu. Kurt Wolff
Verlag, München 1923, S. 19 f. und
S. 23 (1). – Ders.: Gedichte, Gedichte von
Einstmals und Heute. Rowohlt Verlag,
Berlin 1934, S. 48 f. (2).

ERNST STADLER
1883–1914
408 Gang im Schnee
Aus: Ders.: Dichtungen. Gedichte und Übertragungen. Bd. 1. Verlag Heinrich Ellermann, Hamburg o. J., S. 188.

RENÉ SCHICKELE
1883–1940
409 Des Doktors Advent
Aus: Ders.: Werke in drei Bänden. Dritter Band. Dramen. Hg. von Hermann Kesten unter Mitarbeit von Anna Schickele. © 1959 by Verlag Kiepenheuer & Witsch GmbH & Co. KG, Köln.

EMMY BALL-HENNINGS
1885–1948
410 Advent
Aus: Dies.: Blume und Flamme. Geschichte einer Jugend. © Suhrkamp Verlag, Frankfurt a. M. 1987, S. 47–49.

ERNST BLOCH
1885–1977
412 Landschaft um Silvester und Neujahr
Aus: Ders.: Verfremdungen II. Geographica. © Suhrkamp Verlag, Frankfurt a. M. 1964, S. 193–199.

MAX HERRMANN-NEISSE
1886–1941
417 Weihnachtslied
Aus: Ders.: Schattenhafte Lockung. Gedichte 3. © 1986 by www.Zweitausendeins.de.

GOTTFRIED BENN
1886–1956
419 1956
Aus: Ders.: Sämtliche Werke. Stuttgarter Ausgabe. In Verbindung mit Ilse Benn hg. von Gerhard Schuster (Bd. 1–5) und Holger Hof (Bd. 6–7). Bd. 6: Prosa 4 (1951–1956). © Klett-Cotta, Stuttgart 2001, S. 245 f.

ERNST WIECHERT
1887–1950
420 Weihnachtspredigt für Tiere
Aus: Ders.: Sämtliche Werke in zehn Bänden. Bd. 10: Miscellanea. Verlag Kurt Desch, Wien, München, Basel 1957, S. 555–559. © Gesamtwerk by Langen Müller Verlag in der F. A. Herbig Verlagsbuchhandlung GmbH, München.

GEORG TRAKL
1887–1914
423 Ein Winterabend
Aus: Ders.: Dichtungen und Briefe. Otto Müller Verlag, Salzburg 1969, S. 102.

KURT TUCHOLSKY
1890–1935
423 Weihnachten
424 Neues Leben
Aus: Ders.: Gesammelte Werke in 10 Bänden. Rowohlt Verlag GmbH, Reinbek bei Hamburg, Bd. 2, S. 244 f., Bd. 4, S. 303 f.

KLABUND (ALFRED HENSCHKE)
1890–1928
426 Bürgerliches Weihnachtsidyll (1)
427 Schnee (2)
Aus: Ders.: Die Harfenjule. In: Ders.: Sämtliche Werke. Bd. 1: Lyrik. Teil 2. Königshaus und Neumann, Würzburg 1998, S. 615 (1). – Ebd., Bd. 2: Erzählungen und Kleine Schriften, S. 397 (2).

FRED ENDRIKAT
1890–1942
428 Die Weihnachtsbescherung
429 Der Wald schläft
Aus: Das große Endrikat-Buch. © C. Bertelsmann Verlag, München, in der Verlagsgruppe Random House GmbH, S. 247 f., S. 174.

GEORG BRITTING
1891–1964
430 Krähentanz
Aus: Ders.: Sämtliche Werke. Bd. 2: Gedichte 1930–1940. List Verlag, München 1993, S. 121.
© Georg-Britting-Stiftung 2008.

ERNST PENZOLDT
1892–1955
431 Die Kunst, Weihnachten richtig zu feiern
Aus: Ders.: Jubiläumsausgabe zum 100. Geburtstag. Bd. 7: Gleichnis der Welt. © Suhrkamp Verlag, Frankfurt a. M. 1992, S. 582–584.

JOSEF WEINHEBER
1892–1945
432 Heilige Nacht
Aus: Ders.: Sämtliche Werke. Bd. 1. © Otto Müller Verlag, 2. Auflage, Salzburg 1976.

WALTER BENJAMIN
1892–1940
433 Ein Weihnachtsengel
Aus: Ders.: Berliner Kindheit um 1900. © Suhrkamp Verlag, Frankfurt a. M. 1972.

HANS FALLADA
1893–1947
434 Der gestohlene Weihnachtsbaum
Aus: Ders.: Ausgewählte Werke in Einzelausgaben. Bd. 1: Märchen und Geschichten. © Aufbau Verlag GmbH & Co. KG, Berlin 1985.

OSKAR MARIA GRAF
1894–1967
439 Die Christmette
Aus: Ders.: Autobiographische Schriften. © 1994 List Verlag in der Ullstein Buchverlage GmbH, Berlin.

JOSEPH ROTH
1894–1939
441 Weihnachten bei den Alten
Aus: Ders.: Werke 1. Das journalistische Werk 1915–1923. Hg. von Klaus Westermann. © 1989 by Verlag Kiepenheuer & Witsch GmbH & Co. KG, Köln, und Allert de Lange, Amsterdam, S. 427–429.

EUGEN ROTH
1895–1976
442 Ein Gleichnis
Aus: Ders.: Sämtliche Werke. Bd. 1: Heitere Verse 1. Hanser Verlag, München, Wien 1977, S. 200.
© Dr. Eugen Roth Erben.

CARL ZUCKMAYER
1896–1977
443 Eine Weihnachtsgeschichte
Aus: Ders.: Erzählungen. Gesammelte Werke 1. © S. Fischer Verlag GmbH, Frankfurt am Main 1960, S. 291–310.

KARL HEINRICH WAGGERL
1897–1973
460 Der Tanz des Räubers Horrificus
Aus: Ders.: Und es begab sich. © Otto Müller Verlag, 51. Aufl., Salzburg 2004.

BERTOLT BRECHT
1898–1956
462 Die gute Nacht (1)
463 Das Paket des lieben Gottes (2)
Aus: Ders.: Werke. Große kommentierte Berliner und Frankfurter Ausgabe. Bd. 13: Gedichte 3. © Suhrkamp Verlag, Frankfurt a. M. 1993, S. 339 f. (1). – Ebd., Bd. 19: Prosa 4. © Suhrkamp Verlag Frankfurt a. M. 1997, S. 276–279 (2).

ERICH KÄSTNER
1899–1974
465 Weihnachtslied, chemisch gereinigt (1)
466 Sechsundvierzig Heiligabende (2)
Aus: Ders.: Gesammelte Schriften für Erwachsene. Bd. 1: Gedichte. Droemersche Verlagsanstalt Th. Knaur Nachf., München, Zürich 1969, S. 94 f. (1). – Ebd., Bd. 7: Vermischte Beiträge 2. Droemersche Verlagsanstalt Th. Knaur Nachf., München, Zürich 1969, S. 20–23 (2). © Atrium Verlag, Zürich und Thomas Kästner (1, 2).

ÖDÖN VON HORVÁTH
1901–1938
469 Wintersportlegendchen
Aus: Ders.: Gesammelte Werke. Bd. 3: Lyrik, Prosa, Romane. Suhrkamp Verlag, Frankfurt a. M. 1970, S. 41.

MARIELUISE FLEISSER
1901–1974
470 Als wir noch auf das Christkind warteten
Aus: Dies.: Gesammelte Werke. Bd. 4: Nachlaß. © Suhrkamp Verlag, Frankfurt a. M. 1989, S. 46–51.

MARIE LUISE KASCHNITZ
1901–1974
474 Alle Jahre wieder
Aus: Dies.: Gesammelte Werke. Bd. 4: Die Erzählungen. © Insel Verlag, Frankfurt a. M. 1983, S. 364–371.

FRANZ BAUER
1901–1969
479 Zwetschgenmännlein
Aus: Ders.: Alt Nürnberg. Sagen, Geschichten und Legenden. © 1969 J. Lindauer Verlag GmbH & Co. KG, München, S. 204–206.

WERNER FINCK
1902–1978
481 Advent
Aus: Das Beste von Werner Finck. © 1977, 1988 by F. A. Herbig Verlagsbuchhandlung GmbH, München.

THEODOR W. ADORNO
1903–1969
482 Umtausch nicht gestattet
Aus: Ders.: Minima Moralia. Reflexionen aus dem beschädigten Leben. © Suhrkamp Verlag, Frankfurt a. M. 1951, S. 46 f.

PETER HUCHEL
1903–1981
483 Die Hirtenstrophe
Aus: Ders.: Gesammelte Werke in zwei Bänden. Bd. 1: Die Gedichte. Suhrkamp Verlag, Frankfurt a. M. 1984, S. 66 f. © Roger Melis.

DIETRICH BONHOEFFER
1906–1945
484 Von guten Mächten
Aus: Ders.: Widerstand und Ergebung. Briefe und Aufzeichnungen aus der Haft. © by Gütersloher Verlagshaus, Gütersloh, in der Verlagsgruppe Random House GmbH, München.

GÜNTER EICH
1907–1972
485 Schlüssel
486 Erstes Eis
Aus: Ders.: Gesammelte Werke. Bd. 1: Die Gedichte. © Suhrkamp Verlag, Frankfurt a. M. 1973, S. 333 f., S. 234.

ROSE AUSLÄNDER
1907–1988
486 Die Flocken flogen wie verirrte Vögel
Aus: Dies.: Die Erde war ein atlasweißes Feld. Gedichte 1927–1956. Gedichte 1983–1987. © S. Fischer Verlag GmbH, Frankfurt am Main 1985, S. 137.

SEBASTIAN HAFFNER
1907–1999
487 Die Kunst, sich beschenken zu lassen
Aus: Ders.: Das Leben der Fußgänger. Feuilletons 1933–1938. Hg. von Jürgen Peter Schmied. © 2004 Carl Hanser Verlag, München, S. 169–173.

ALBRECHT GOES
1908–2000
490 Der goldne Baum
Aus: Ders.: Aber im Winde das Wort.
Prosa und Verse aus zwanzig Jahrn.
© G. B. Fischer & Co., Frankfurt am
Main 1963, S. 292 f.

HEINZ ERHARDT
1909–1979
491 Ein Weihnachtslied
Aus: Das große Heinz Erhardt Buch.
Rowohlt Taschenbuch Verlag, Reinbek bei
Hamburg 1974, S. 301. © Lappan Verlag
GmbH, Oldenburg.

HILDE DOMIN
1909–2006
491 Banges Neujahr
Aus: Dies.: Gesammelte Gedichte.
© S. Fischer Verlag GmbH, Frankfurt am
Main 1987, S. 128.

IRMGARD KEUN
1910–1982
492 Heute ist Weihnacht
Aus: Dies.: Das kunstseidene Mädchen.
© 1979 Claassen Verlag in der Ullstein
Buchverlage GmbH, Berlin, S. 87–89.

MAX FRISCH
1911–1991
494 Weihnachten beim Militär
Aus: Ders.: Dienstbüchlein. © Suhrkamp
Verlag, Frankfurt a. M. 1974, S. 91 f.

LUISE RINSER
1911–2002
494 Engelmessen
Aus: Dies.: Die gläsernen Ringe.
© S. Fischer Verlag, Berlin 1941, S. 72–74.

ERWIN STRITTMATTER
1912–1994
496 Die erste Friedensweihnacht
Aus: Ders.: Der Laden. Roman.
Dritter Teil. © Aufbau Verlag GmbH &
Co. KG, Berlin 1992, S. 109–111.

RUDOLF HAGELSTANGE
1912–1984
498 Festtagsmonolog des Managers
Aus: Ders.: Und es geschah zur Nacht …
Mein Weihnachtsbuch. List Verlag,
München 1978, S. 210–213. © Regine
Stolzke.

ARNO SCHMIDT
1914–1979
500 Verschneite Wiesenweiten
Aus: Ders.: Die Abenteuer der Sylvesternacht. In: Ders.: Kühe in Halbtrauer.
© 1964 Stahlberg Verlag GmbH,
Karlsruhe. Alle Rechte vorbehalten
S. Fischer Verlag GmbH, Frankfurt am
Main

KARL KROLOW
1915–1999
501 Eine Weihnachtserinnerung, die ich nicht
vergaß
Aus: Alle Jahre wieder. Ein Weihnachtsbuch. Insel Verlag, Frankfurt a. M.,
Leipzig 1991, S. 264–268. © Peter
Krolow.

CHRISTINE BUSTA
1915–1987
504 Der Stern
Aus: Dies.: Die Scheune der Vögel.
Gedichte. © Otto Müller Verlag, 3. Aufl.,
Salzburg 1995.

ISABELLA NADOLNY
1917–2004
505 Wie war das damals?
Aus: Dies.: Seehamer Tagebuch. © 1979
List Verlag in der Ullstein Buchverlage
GmbH, Berlin.

JOHANNES BOBROWSKI
1917–1965
508 Der verspätete Hirt
Aus: Ders.: Gesammelte Werke in sechs
Bänden. Erster Band. © 1998 Deutsche
Verlags-Anstalt, München, in der Verlagsgruppe Random House GmbH.

HEINRICH BÖLL
1917–1985
508 Krippenfeier
Aus: Ders.: Werke, Kölner Ausgabe Band 6. Hg. von Árpád Bernáth in Zusammenarbeit mit Annamária Gyurácz. © 2007 by Verlag Kiepenheuer & Witsch GmbH & Co. KG, Köln.

HANS BENDER
*1919
512 Die Herberge
Aus: Das Winterbuch. Gedichte und Prosa. Insel Verlag, Frankfurt a. M. 1983, S. 109–113. © Hans Bender.

WOLFDIETRICH SCHNURRE
1920–1989
515 Die Leihgabe
Aus: Ders.: Als Vaters Bart noch rot war. Neuausgabe. © 1996 Berlin Verlag, Berlin.

HANS CARL ARTMANN
1921–2000
521 dieser neujahrstag, leute
Aus: Ders.: ein lilienweißer brief aus lincolnshire. Gedichte aus 21 Jahren. Suhrkamp Verlag, Frankfurt a. M. 1969, S. 362. © Rosa Artmann.

WOLFGANG BORCHERT
1921–1947
522 Die drei dunklen Könige
Aus: Ders.: Das Gesamtwerk. © 1949 by Rowohlt Verlag GmbH, Hamburg, S. 212–214.

CHRISTINE BRÜCKNER
1921–1996
524 Wenn es dämmert am Heiligen Abend ...
Aus: Dies.: Hat der Mensch Wurzeln? Hg. von Gunther Tietz. © 1988 Ullstein Buchverlage GmbH, Berlin, S. 44–46.

ERICH FRIED
1921–1988
526 Bethlehem heißt auf deutsch Haus des Brotes
Aus: Ders.: Gesammelte Werke, Bd. 2. © Verlag Klaus Wagenbach, Berlin 1993, S. 555 f.

KURT MARTI
*1921
528 Vorweihnacht
Aus: Ders.: Dorfgeschichten. Erzählungen. Hermann Luchterhand Verlag, Darmstadt, Neuwied 1983, S. 48. © Kurt Marti.

FRIEDRICH DÜRRENMATT
1921–1990
528 Es war Weihnacht
Aus: Ders.: Aus den Papieren eines Wärters. © 1998 Diogenes Verlag AG Zürich.

GEORG KREISLER
*1922
529 Weihnachten bringt alles durcheinander
Aus: Ders.: Lieder zum Fürchten. Nichtarische Arien. Deutscher Taschenbuch Verlag, München 1969, S. 30–32. © Georg Kreisler.

JOSEF GUGGENMOS
1922–2003
531 Am 4. Dezember
Aus: Ders.: Ich will dir was verraten. © 1992 Beltz & Gelberg in der Verlagsgruppe Beltz, Weinheim & Basel, S. 166.

ERNST JANDL
1925–2000
532 niemals war ein weihnachtsmann
Aus: Ders.: poetische Werke. Hg. von Klaus Siblewski. © 1997 by Luchterhand Literaturverlag, München, in der Verlagsgruppe Random House GmbH.

HANNS DIETER HÜSCH
1925–2005
532 Die Bescherung
Aus: Ders.: Du kommst auch drin vor. Gedankengänge eines fahrenden Poeten. Kindler Verlag GmbH, München 1990, S. 348–351. © Erben Hanns Dieter Hüsch.

SIEGFRIED LENZ
*1926
535 Risiko für Weihnachtsmänner
Aus: Ders.: Das Feuerschiff. © 1960 by
Hoffmann und Campe Verlag, Hamburg.

JAMES KRÜSS
1926–1997
539 Die Weihnachtsmaus
Aus: Ders.: Der wohltemperierte Leierkasten. © cbj Verlag, München, in der Verlagsgruppe Random House GmbH.

MARTIN WALSER
*1927
540 Überredung zum Feiertag
Aus: Ders.: Werke in zwölf Bänden. Bd. 8: Gesammelte Geschichten. © Suhrkamp Verlag, Frankfurt a. M. 1997, S. 268 f.

GÜNTER GRASS
*1927
542 Advent
Aus: Ders.: Werkausgabe. Bd. 1: Gedichte und Kurzprosa. © Steidl Verlag, Göttingen 1997/2002.

HELMUT QUALTINGER / CARL MERZ
1928–1986 / 1901–1979
543 Travniceks Weihnachts-Einkäufe
Aus: Dies.: »Travniceks gesammelte Werke« und andere Texte für die Bühne. Band 3. Werkausgabe in fünf Bänden. Hg. von Traugott Krischke.
© Deuticke im Paul Zsolnay Verlag, Wien 1996.

GÜNTER BRUNO FUCHS
1928–1977
546 Nationalhymne des gesamtdeutschen Weihnachtsmannes
Aus: Ders.: Gemütlich summt das Vaterland. Gedichte, Märchen, Sprüche. Zusammengestellt von Michael Krüger. © 1984 Carl Hanser Verlag München, S. 29.

GÜNTER KUNERT
*1929
546 Winterabend
Aus: Ders.: Im toten Winkel. Ein Hausbuch. Erzählungen. © 1992 Carl Hanser Verlag München, S. 190 f.

GABRIELE WOHMANN
*1932
547 Ist das Leben nicht schön?
Aus: Dies.: Bleibt doch über Weihnachten. Erzählungen. Pendo Verlag GmbH & Co. KG, München, Zürich 1998, S. 103–111.
© Gabriele Wohmann.

PETER HÄRTLING
*1933
552 Verschlossene Türen
Aus: Ders.: Gesammelte Werke. Autobiographische Romane. Band 7. Hg. von Klaus Siblewski. © 1997 by Verlag Kiepenheuer & Witsch GmbH & Co. KG, Köln.

YAAK KARSUNKE
*1934
558 engels botschaft
Aus: Ders.: Kilroy und andere/reden & ausreden. Gedichte, hg. v. H. L. Arnold, München: Lyrikedition 2000.
© BUCH&media, München.

PETER BICHSEL
*1935
558 24. Dezember
Aus: Ders.: Zur Stadt Paris. Geschichten. © Suhrkamp Verlag, Frankfurt a. M. 1993, S. 71–76.

SARAH KIRSCH
*1935
561 Zwischenlandung
Aus: Dies.: Sämtliche Gedichte. © 2005 Deutsche Verlags-Anstalt, München, in der Verlagsgruppe Random House GmbH.

CHRISTOPH MECKEL
*1935
562 Schneetiere
Aus: Ders.: Ein roter Faden. Gesammelte Erzählungen. © 1983 Carl Hanser Verlag, München, S. 9–11.

WOLF BIERMANN
*1936
564 Neujahrsbotschaft
Aus: Ders.: Nachlaß 1.
Verlag Kiepenheuer & Witsch, Köln,
S. 352. © 1977 by Wolf Biermann.

CHRISTINE NÖSTLINGER
*1936
565 Ans Christkind
565 Advent, Advent
Aus: Dies.: Fröhliche Weihnachten, liebes
Christkind! Edition Christine Nöstlinger
im Dachs Verlag, Wien 1997, S. 47, S. 117.
© Patmos Verlag GmbH & Co. KG /
Sauerländer Verlag, Düsseldorf.

ROBERT GERNHARDT
1937–2006
566 Die Falle
Aus: Ders.: Die Falle. Eine Weihnachtsgeschichte. © Robert Gernhardt 1993.
Alle Rechte vorbehalten S. Fischer Verlag
GmbH, Frankfurt am Main.

WERNER SCHNEYDER
*1937
572 Ich wünsch' mir zu Weihnachten
Aus: Ders.: Schlafen Sie gut, Herr
Tucholsky und andere Bühnenlieder.
Kindler Verlag GmbH, München 1983,
S. 103 f. © Werner Schneyder.

GÜNTER WALLRAFF
*1942
574 Gott ganz unten
Aus: Ders.: Predigt von unten. In: Ders.:
Vom Ende der Eiszeit und wie man Feuer
macht. Aufsätze, Kritiken, Reden.
© 1987 by Verlag Kiepenheuer & Witsch
GmbH & Co. KG, Köln.

PETER HANDKE
*1942
575 Lebensbeschreibung
Aus: Ders.: Begrüßung des
Aufsichtsrats. © Suhrkamp Verlag,
Frankfurt a. M. 1981, S. 114 f.

GERHARD POLT
*1942
576 Nikolausi
Aus: Ders., Hanns Christian Müller:
Nikolausi. © 2003 KEIN & ABER AG,
Zürich.

FRANZ HOHLER
*1943
577 Was nicht in der Bibel steht
Aus: Die blaue Amsel. Deutscher
Taschenbuch Verlag, München 1998,
S. 84–86. © Franz Hohler.

WILHELM GENAZINO
*1943
578 Frühmorgens
Aus: Ders.: Abschaffel. Roman-Trilogie.
© 2004 Carl Hanser Verlag München.

JOSEPH VON WESTPHALEN
*1945
581 Das Fest der Liebe
Aus: Ders.: Die Geschäfte der Liebe.
© 1995 Deutscher Taschenbuch Verlag,
München, S. 192–196.

MATTHIAS BELTZ
1945–2002
584 Das Rezept meiner Großmutter
Aus: Ders.: Schlammbeißers Weltgefühl.
Von der Aufdringlichkeit der Gegenwart.
Amman Verlag & Co., Zürich 1995,
S. 136–138. © Christiane Meyer-Thoss.

ROTRAUT SUSANNE BERNER
*1948
585 Weihnachten von A bis Z
Aus: Apfel, Nuss und Schneeballschlacht.
Das große Winter-Weihnachtsbuch.
© Gerstenberg 2001.

KLAUS MODICK
*1951
586 Der formschöne Christbaumständer
Aus: Ders.: Vierundzwanzig Türen.
© Eichborn AG, Frankfurt a. M. 2000,
S. 265–268.

THOMAS MEINECKE
*1955
588 Fünfmal werden wir noch wach
Aus: Ders.: Mit der Kirche ums Dorf.
Kurzgeschichten. © Suhrkamp Verlag,
Frankfurt a. M. 1986, S. 111 f.

DORIS DÖRRIE
*1955
589 Als ich klein war
Aus: Dies.: Die Weihnachtsgans.
In: Dies.: Samsara. Erzählungen.
© 1996 Diogenes Verlag AG Zürich,
S. 33–35.

BIRGIT VANDERBEKE
*1956
590 Die Hälfte der heilen Familie
Aus: Dies.: Geld oder Leben. © S. Fischer
Verlag GmbH, Frankfurt am Main 2003,
S. 96–98.

MAX GOLDT
*1958
591 Der Zauber des seitlich dran Vorbeigehens
Aus: Ders.: Vom Zauber des seitlich dran
Vorbeigehens. Prosa und Szenen
2002–2004. © 2005 by Rowohlt Verlag
GmbH, Reinbek bei Hamburg,
S. 29–34.

DURS GRÜNBEIN
*1962
593 Der Schnee von heute
Aus: Ders.: Vom Schnee oder Descartes in
Deutschland. © Suhrkamp Verlag,
Frankfurt a. M. 2003, S. 13–15.

FRANK GOOSEN
*1966
596 Endlich ein Fest der Liebe
Aus: Ders.: liegen lernen. © Eichborn
AG, Frankfurt a. M. 2001, S. 76–86.

Erzählungen und Gedichte
aus fünf Jahrhunderten

Martin Luther
1483–1546

Die Weihnachtsgeschichte nach Lukas

Es begab sich aber zu der Zeit, daß ein Gebot von dem Kaiser Augustus ausging, daß alle Welt geschätzt würde. Und diese Schätzung war die allererste und geschah zur Zeit, da Quirinius Statthalter in Syrien war. Und jedermann ging, daß er sich schätzen ließe, ein jeder in seine Stadt. Da machte sich auf auch Josef aus Galiläa, aus der Stadt Nazareth, in das jüdische Land zur Stadt Davids, die da heißt Bethlehem, weil er aus dem Hause und Geschlechte Davids war, damit er sich schätzen ließe mit Maria, seinem vertrauten Weibe; die war schwanger. Und als sie dort waren, kam die Zeit, daß sie gebären sollte. Und sie gebar ihren ersten Sohn und wickelte ihn in Windeln und legte ihn in eine Krippe; denn sie hatten sonst keinen Raum in der Herberge.

Und es waren Hirten in derselben Gegend auf dem Felde bei den Hürden, die hüteten des Nachts ihre Herde. Und der Engel des Herrn trat zu ihnen, und die Klarheit des Herrn leuchtete um sie; und sie fürchteten sich sehr. Und der Engel sprach zu ihnen: Fürchtet euch nicht! Siehe, ich verkündige euch große Freude, die allem Volk widerfahren wird; denn euch ist heute der Heiland geboren, welcher ist Christus, der Herr, in der Stadt Davids. Und das habt zum Zeichen: ihr werdet finden das Kind in Windeln gewickelt und in einer Krippe liegen. Und alsbald war da bei dem Engel die Menge der himmlischen Heerscharen, die lobten Gott und sprachen: Ehre sei Gott in der Höhe und Friede auf Erden bei den Menschen seines Wohlgefallens.

Und als die Engel von ihnen gen Himmel fuhren, sprachen die Hirten untereinander: Laßt uns nun gehen nach Bethlehem und die Geschichte sehen, die da geschehen ist, die uns der Herr kundgetan hat. Und sie kamen eilend und fanden beide, Maria und Josef, dazu das Kind in der Krippe liegen. Als sie es aber gesehen hatten, breiteten sie das Wort aus, das zu ihnen von diesem Kinde gesagt war. Und alle, vor die es kam, wunderten sich über das, was ihnen die Hirten gesagt hatten. Maria aber behielt alle diese Worte und bewegte sie in ihrem Herzen. Und die Hirten kehrten wieder um, priesen und lobten Gott für alles, was sie gehört und gesehen hatten, wie denn zu ihnen gesagt war.

Vom Himmel hoch da komm ich her

Vom Himmel hoch da komm ich her,
Ich bring euch gute neue Mär,
Der guten Mär bring ich so viel,
Davon ich singen und sagen will.

Euch ist ein Kindlein heut geborn
Von einer Jungfrau auserkorn,
Ein Kindelein so zart und fein,
Das soll eur Freud und Wonne sein.

Er ist der Herr Christ, unser Gott,
Der will euch führn aus aller Not,
Er will eur Heiland selber sein,
Von allen Sunden machen rein.

Er bringt euch alle Seligkeit,
Die Gott der Vater hat bereit't,
Daß ihr mit uns im Himmelreich
Sollt leben nu und ewiglich.

So merket nu das Zeichen recht,
Die Krippen, Windelin so schlecht,
Da findet ihr das Kind gelegt,
Das alle Welt erhält und trägt.

Des laßt uns alle fröhlich sein
Und mit den Hirten gehn hinein,
Zu sehn, was Gott uns hat beschert
Mit seinem lieben Sohn verehrt.

Merk auf, mein Herz, und sieh dort hin,
Was liegt doch in dem Krippelin,
Wes ist das schöne Kindelin?
Es ist das liebe Jesulin.

Bis willekomm, du edler Gast,
Den Sunder nicht verschmähet hast,
Und kommst ins Elend her zu mir,
Wie soll ich immer danken dir?

Ach Herr, du Schöpfer aller Ding,
Wie bist du worden so gering,
Daß du da liegst auf dürrem Gras,
Davon ein Rind und Esel aß.

Und war die Welt viel mal so weit,
Von Edelstein und Gold bereit't,
So war sie doch dir viel zu klein,
Zu sein ein enges Wiegelein.

Der Sammet und die Seiden dein,
Das ist grob Heu und Windelein,
Darauf du, König so groß und reich,
Her prangst, als wärs dein Himmelreich.

Das hat also gefallen dir,
Die Wahrheit anzuzeigen mir,
Wie aller Welt Macht, Ehr und Gut
Für die nichts gilt, nichts hilft nocht tut.

Ach mein herzliebes Jesulin,
Mach dir ein rein, sanft Bettelin,
Zu rugen in meins Herzen Schrein,
Daß ich nimmer vergesse dein.

Davon ich allzeit fröhlich sei,
Zu springen, singen immer frei
Das rechte Susaninne schon
Mit Herzenlust den süßen Ton.

Lob, Ehr sei Gott im höchsten Thron,
Der uns schenkt seinen ein'gen Sohn,
Des freuen sich der Engel Schar'
Und singen uns solch neues Jahr.

Sebastian Brant
1458–1521

Schenken und Bereuen

Der ist ein Narr, der schenket Gut
Und es nicht gibt mit frohem Mut
Und dazu sauer und böse sieht,
Daß keinem Liebes damit geschieht;
Denn der verliert wohl Dank wie Gabe,
Wer so bedauert verschenkte Habe.
So ist auch der, der etwas schenkt,
Dabei an Gottes Willen denkt,
Und doch hat Reu und Leid davon,
Wenn Gott ihm nicht gleich gibt den Lohn.
Wer will mit Ehren Geschenke machen,
Der tu's als guter Geselle mit Lachen
Und sprech nicht: »Zwar, ich tu's nicht gern!«,
Will er nicht Dank und Lohn entbehrn.
Denn Gott sieht dessen Gab nicht an,
Der nicht mit Freuden schenken kann;
Das Seine mag jeder behalten wohl,
Zum Schenken man niemand zwingen soll;
Allein aus freiem Herzen kommt
Geschenk, das einem jeden frommt.
Der Dank gar selten verlorengeht;
Wenn er zuweilen auch kommt spät,
So pflegt sich alles doch zu schlichten
Und nach der Ordnung einzurichten:
Mag einer keinen Dank auch sagen,
So find't man gegen solch Betragen
Bald einen dankbar weisen Mann,
Der alles wohl vergelten kann.
Doch wer *vorhält* geschenkte Gaben,
Der will den Händedruck nicht haben
Und will nicht *warten* aufs Vergelten;

Geschenk vorrücken muß man schelten.
Den sieht man über die Achseln an,
Wer seine Wohltat vorhalten kann:
Er selbst gewinnt nicht mehr daran.

Hans Sachs
1494–1576

Christmon, der 12 monat

December so nendt man mich eh.
Ich bring gar kalt wind, eiß und schnee.
Gar wol thun peltz und warme stuben.
Auff dem eyß da schleiffen die buben.
Die burger faren auff dem schlitten.
Die bawren sich der rotseck nieten,
Füllen mit würsten weib und kinder,
Stechen darnieder sew und rinder,
Die sie ein-saltzen und auff-hangen,
Darmit die erndt sie erlangen.
Hecht ißt man inn dem monat gern,
Wiewol sie dir den peutel lern.
Lucia bringt die lengsten nacht,
Da sich umbwendt die sunn mit macht.
Und wenn es legt ein newen schnee,
So gschicht füchsen und hasen wee.
Die bawren mit knechten und buben
Die machen viel tieffer wolffs-gruben.
Thome so hebt man auff die recht.
Der grossen weck freut sich manch knecht.
Die sunn geht in des stainpocks horn.
Welch kind wirt in der zeit geborn,
Ist schwartz und praun von angsicht gar,
Hat weyte augen, ein krauß har,
Ein dicken hals, ein hohe prust,

Eins grossen leibs und mager sust,
Klein schenckel, doch von sinnen gütig,
Weibisch, unstet und wanckelmütig.
Rodt und schwartz seine farben send.
So hat das zeit-register end.

Jörg Wickram
1505–1562

Von einem Weihnachtskind und Joseph

Im Bistum Köln geschah es einmal zu der Weihnachtszeit in der Christnacht, daß man in dieser Nacht das Kindlein wiegen wollte und einen großen Chorschüler nahm, der das Kindlein sein sollte. Und sie legten das Kindlein Jesu in eine Wiege und Maria wiegte es, und das Kindlein fing gar heftig zu schreien an. Als es aber nicht schweigen wollte, lief der Joseph geschwind hin und wollte dem Kindlein Jesu ein Müslein oder einen Brei kochen und ihm zu essen geben, damit es schweige. Je länger er aber kochte, um so stärker schrie das Kind. Als es aber gar nicht schweigen wollte, nahm der gute Joseph einen Löffel heißen Muses, lief damit zu der Wiege und steckte dem Kind den Löffel mit dem heißen Mus in den Hals und verbrannte dem Kind das Maul so übel, daß ihm das Schreien und Weinen verging. Das Kind stand geschwind aus der Wiege auf, fiel dem Joseph ins Haar, und sie schlugen einander. Aber das Kind war dem guten Joseph zu stark, denn es warf ihn zu Boden und ging dermaßen mit ihm um, daß die Leute, die in der Kirche waren, dem Joseph zu Hilfe kommen mußten.

Hans Wilhelm Kirchhof
1525–1605

Ein predig am christtag

Im jar 1505 am weinachttag sagte ein priester under anderm: Ir bauwren wisset nicht, wie euwere kinder gnůgsam zertlich auffziehen, und mit weichen windlein wickeln wollet, so doch Joseph den seligmacher der welt mit habernbrey ernehret, und in unachtsam in die eselskrippen hat geleget. Wo stehet diß geschriben?

(…)

Im land zů Hessen anno 1559 kam auch ein dorpfäfflein am christag in der predig am text deß evangelii an die wort: Und legten in in eine krippen. Nun, sprach er, lieben freund, daß ich euch solte eigentlich sagen, was es für ein stall gewesen, kan ich nit wol thůn, doch weiß man, daß im sewstall keine krippen, sondern ein trog, und im schaffstall ein rinne ist. Derhalben můß es entweder im pferd-, kü- oder eselstall seyn geschehen. Georgius Menckius Immenhausianus, capplan auff der freyheit zů Cassel, do in seinem beyseyn dises erzellet ward, sprach: Es wirt in seinem stall, nemlich im eselstall sich begeben haben, dann er (meinete disen pfarrherren) ist ein esel.

Johann Heermann
1585–1647

Am heiligen Christ-Tage

1.
Der grosse Kriegs- und Sieges-Held
Augustus ließ verfassen
Ein scharff Mandat / daß alle Welt
Sich solte schätzen lassen.
Als solches ward geschlagen an:
Da mußte bald ein jedermann

In seine Stadt hinreisen:
Seinem Herrn gehorsam seyn/
Sich da lassen schreiben ein:
Und seine Pflicht erweisen.

2.
Zur selbten Zeit hat Syrer Land
Kyrenius regieret:
Der Schwerdt und Scepter in der Hand
Mit Preiß und Ruhm geführet.
Da gieng auch Joseph auff den Pfad
Gen Bethlehem zu Davids Stadt:
Nahm mit auff schweren Füssen
Die Mariam seine Braut /
Die ihm Ehlich war vertrawt:
Daß sie sich schätzen liessen.

3.
Bald kam die Zeit / daß sie den Held
Ihr Kind gebären solte.
Durch welches GOtt der ganzen Welt
Von Sünden helffen wolte.
Es ward geborn ihr erster Sohn /
Ihr höchster Schatz / der Gnadenthron /
Diß schöne liebe Kindlin
legte sie fein säuberlich
In die Krippen neben sich /
Verhüllt in grobe Windlin.

4.
Hier ist der / so aus nichts gemacht
Den grossen Baw der Erden.
Jetzt wird er so gar schlecht geacht /
Daß ihm kein Raum mag werden.
Der Wirth wil ihm kein Kämmerlein
In seinem Hause räumen ein:
Dann er möchte ligen.
Für den Königlichen Saal
Wird ihm nur ein finster Stall:
Die Kripp ist seine Wiegen.

5.
Es waren Hirten nicht sehr weit
Des Nachts bey ihren Heerden.
Die sahen GOttes Herrligkeit.
Ein Engel kam auff Erden:
Und trat zu ihnen schnell und bald.
Für Schrecken ward ihr Hertze kalt.
Sie sahen aus als Leichen.
Dann der grosse Himmels-Glanz
hatte sie ombleuchtet ganz:
Und keiner kont entweichen.

6.
Nicht fürchtet euch / der Engel sprach:
Ihr solt euch herzlich frewen.
GOtt kömpt / und wendet ewre Schmach /
Er meynet euch mit Trewen:
Die Frewd erfrewet jederman:
Der sie nur nimdt mit Glauben an.
Dann / den GOtt hat erkohren /
Christus / ewer HErr und Heyl /
Ewres Herzens Trost und Theil /
Der ist jetzund geboren.

7.
Geht in die Stadt / da werdet ihr
Das Kind in Windlin finden /
Und in der Krippen: da ein Thier
Sich offters an lest binden.
Bald drauff sich aus dem Himmel schwingt
Ein Englisch Heer / das singt und klingt:
Die Ehre GOtt für allen:
Fried auff Erden weit und breit:
Und den Menschen jederzeit
An GOtt ein Wolgefallen.

Georg Weitzel
1590–1635

Macht hoch die Thür, die Thore weit

Macht hoch die Thür, die Thore weit:
Es kommt der Herr der Herrlichkeit,
Ein König aller Königreich,
Ein Heiland aller Welt zugleich,
Der Heil und Leben mit sich bringt.
Derhalben jauchzt, mit Freuden singt:
Gelobet sei mein Gott, mein Schöpfer, reich von Rath.

Er ist gerecht, ein Helfer werth,
Sanftmüthigkeit ist sein Gefährt,
Sein Königskron ist Heiligkeit,
Sein Scepter ist Barmherzigkeit;
All unsre Noth zum End er bringt.
Derhalben jauchzt, mit Freuden singt:
Gelobet sei mein Gott, mein Heiland groß von That.

O wohl dem Land, o wohl der Stadt,
So diesen König bei sich hat!
Wohl allen Herzen insgemein,
Da dieser König ziehet ein!
Er ist die rechte Freudensonn,
Bringt mit sich lauter Freud und Wonn.
Gelobet sei mein Gott, mein Tröster früh und spat!

Macht hoch die Thür, die Thore weit,
Eur Herz zum Tempel macht bereit;
Die Zweiglein der Gottseligkeit
Steckt auf mit Andacht, Lust und Freud;
So kommt der König auch zu euch,
Ja Heil und Leben mit zugleich.
Gelobet sei mein Gott, voll Rath, voll That, voll Gnad!

Komm, o mein Heiland, Jesu Christ,
Meins Herzens Thür dir offen ist;
Ach zeuch mit deiner Gnaden ein,
Dein Freundlichkeit auch uns erschein.
Dein heilger Geist uns führ und leit
Den Weg zur ewgen Seligkeit.
Dem Namen dein, o Herr, sei ewig Preis und Ehr!

Friedrich Spee von Langenfeld
1591–1635

Ochs, vnd Eselein bey der Krippen

1.
Der Wind auff Lären Strassen
Streckt auß die Flügel sein:
Streicht hinn gar scharpff ohn maassen,
Zur Bethlems Krippen ein.
Er brummlet hin, vnd wider
Der Fliegend WinterBott,
Greifft an die Gleich, vnd Glider
Dem frisch Vermenschten Gott.

2.
Ach, ach, laß ab von brausen,
Laß ab, du schnöder Wind:
Laß ab von kaltem sausen,
Vnd schön dem schönen Kind.
Vilmehr du deine Schwingen
Zerschlag im wilden Meer,
Aldà dich satt magst ringen,
Kehr nur nitt wider her.

3.
Mitt dir nun muß ich kosen,
Mitt dir, o Joseph mein,
Das Futter misch mitt Rosen
Dem Ochs, vnd Eselein.
Mach deinen frommen Thieren
So lieblichs mischgemüß,
Bald, bald, ohn zeit verlieren,
Mach ihnn den Athem süß.

4.
Drauff blaset her, ihr beyden,
Mitt süssem RosenWind;
Ochs, Esel wol bescheiden,
Vnd warmets nacket Kind.
Ach blaset her, vnd hauchet,
Aha, aha, aha.
Fort, fort, euch waidlich brauchet
Ahà, ahà, ahà.

Hirtengesang

1.
Als nach verbrachten Reysen
Bey frembdem Sternenbrand
Die König Drey, die Weisen,
Gar fern auß MorgenLand,
Dem Kindlein new geboren
Zum Opffer brachten dar,
Die dryfach außerkohren
Vnd außerlesen Wahr.

2.
Gleich auch gezogen kamen
Zween frommer Hirten werth,
Der Halton mein, vnd Damen
Mitt wol bewollter Heerd:
Auch dachtens dar zu bringen
Dem schönen Kindelein
Gar vil der schönen dingen,
So Sie gesammlet ein.

3.
Die Gaben all mitt Namen,
Die bäurisch HirtenSchätz
Verfaßten sie zusammen
Jn süsses Reymgeschwetz.
Jetzt, ietzt will ichs erholen,
Frisch, frewdig von gemüt,
Vnd spielens offtermohlen,
Wan Jch der Schäfflein hüt.

Der Hirt Damon
hebet an
Wolan ich Jhm wil schencken
Ein silberweisses Lamm:
Als vil mich kan bedencken,
Kein edlers nie bekam.
Jhm kompt an Lincker seyten
Von blut ein schöner fleck:
Weiß nitt was mög bedeiten,
Was ie darhinden steck.

Der Hirt Halton.
Auch Jch wil Jhm dan schencken
Ein saugends Kälbelein,
Zum binden vberschrencken
Wil dem die Füßlein sein:
Vnd also dan wils tragen
Gefug auff meinem hals;
Jch weiß wird Jhm behagen;
Wil wetten ihm gefalls.

Der Hirt Damon.
Vnd Jch wil Jhm noch schencken
Ein Kitzlein sampt der Geiß,
Die muß es ie noch träncken
Auß ihren Dütten weis.
Die Brüst es selber findet,
Vnd kan sie lären schon;
Ja schon sichs vberwindet,
Vnd wird der Waid gewon.

Der Halton.
Vnd Jch wil Jhm noch schencken
Ein rotes HirschenKalb:
An Schenckel, vnd Gelencken
Es ist volwachsen halb.
Es mir auff grüner gassen
Jm Wald entgegen kam,
Sichs ließ mitt Stricken fassen,
Gieng mitt, vnd wurde zahm.

Der Hirt Damon.
Vnd Jch wil ihm noch schencken
Ein hasen Küniglin
Es ist von tausent räncken,
Von frisch, vnd leichtem Sinn.
Es lauffet, springt, vnd spielet,
Auch trommlets eigendlich,
Die streich zum bodem zihlet
Mitt füssen maisterlich.

Der Halton.
Vnd Jch wil ihm noch schencken
Ein schöns EichHörnelein;
Jst auch von manchen schwencken
Ein hurtigs Maisterlein.
Jch seiner offt muß lachen,
Wans nur die Nüßlein packt,
Vnd schnell sie thut erkrachen,
Trick, track, wol iust zum Tact.

Der Damon.
Vnd Jch wil ihm noch schencken
Ein zahmes Häselein;
Sichs last mitt henden fencken
Wil stäts beyn Menschen sein.
Es wird beym Kripplein lauffen,
Wird spielend immerdar
Hinn, her, vnd ab, vnd auffen
Recht munter springen zwar.

Der Hirt Halton.
Vnd Jch wil ihm noch schencken
Ein wachtsams Hündelein:
Das lehrnet zancken, zäncken,
Die Schaaff auch treiben ein.
Wans kompt zu seinen tagen
Wirds freylig sein gefaßt
Von Schaaffen zu veriagen
Den Vnbenandten Gast.

Der Damon.
Vnd Jch wil ihm noch schencken
Ein mäusigs Kätzelein:
Kein Härlein ihm darff krencken,
Halton, dein Hündelein.
Sichs hat noch nie lan beissen,
Sichs allen widersetzt:
Sichs bürsten thut, vnd spreissen,
Bleibt alweg vnverletzt.

Der Halton.
Vnd Jch wil ihm noch schencken
Ein Stücklein gleicherley:
Mein soltest wol gedencken,
Was ie dan solches sey?
Zu deinem Kätzlein eben
Auch Jch wil ihm zugleich
Ein Peltzen Mäußfall geben;
So wird es noch so reich.

Der Damon.
Vnd Jch wil ihm noch schencken
Ein munters Täubelein:
Das laufft auff Tisch, vnd Benccken,
Mitt seinem Schwesterlein.
Auß Pflaum- vnd FederSeyden,
Von farben vnbewust,
Ein Ringlein ihnen beyden
Bezircklet Halß, vnd Brust.

Der Halton.
Vnd Jch wil ihm noch schencken
Zwo TurtelTauben keusch:
Die spreiten, heben, sencken
Die Flügel ohn gereusch.
Jhr Stimm so vil man spüret
Nur lauter Seufftzer sein:
Wer weiß was Leyd sie rühret,
Was Lieb, vnd HertzenPein?

Der Damon.
Vnd Jch wil ihm noch schencken
Ein grossen HünerHaan;
Der Haupt, vnd Halß geht schwencken,
Als nie kein edler Schwaan.
Mitt bunten Fuß, vnd Sporen
Er tritt gar stoltz herein;
Wan schon er wär verlohren,
Man kent die Farben sein.

Der Halton.
Vnd Jch wil jhm noch schencken
Ein Vinck, vnd Nachtigall;
So Kopff, vnd Ohren lencken
Zu meinem HirtenSchall.
Wan ihnn ich vor wil singen
Drey, vier, or fünffmahl nur,
Sie gleich mir nach thun springen
Jn selbe NotenSpur.

Der Hirt Damon.
Vnd Jch wil ihm noch schencken
Drey Maisen, Lerch, vnd Specht:
Jch habs von einem Encken,
Von einem Ackerknecht.
Er glücklich hatts gefangen,
Doch nitt ohn List, vnd Müh,
Als newlich er war gangen
Zum Holtz in aller Früh.

Der Halton.
Vnd Jch wil ihm noch schencken
Ein weisses Körbelein:
An Balcken sol mans hencken,
Vol kleiner Vögelein.
Jch selber habs geschnitzet,
Jn Siebenthalben Tag:
Jst new, noch vnbeschmitzet;
Nitt gnug mans loben mag.

Der Damon.
Vnd Jch wil ihm noch schencken
Ein starcken HirtenSteck:
Mitt Farben ihn wil sprencken,
Gebrennt mitt Fewr, vnd Speck:
Die Kunst ich newlich lehrnet,
Wie recht mans machen soll,
Daß gantz er werd beSternet,
Mitt bunten Flecklein toll.

Der Halton.
Vnd Jch wil ihm noch schencken
Ein gelben SonnCompaß:
Das Zünglein sich verrencken
Last nie von seinem spaß.
Sichs reget stäts, vnd neiget
Zur just geraden schnur,
Biß lang der Faden zeiget
Die rechte Stund, vnd Vhr.

Der Damon.
Vnd Jch wil ihm noch schencken
Vil schöner sachen mehr:
Ja schencken, vnd noch schencken
Je mehr, vnd ie noch mehr.
Auch Oepffel, Nüß, vnd Bieren,
Milch, Hönig, Butter, Käß.
Vnd was noch mehr mögt zieren
Die Taffel mir gemäß.

Der Halton.
Woldà dan, last vns reysen
Zum schönen Kindelein:
Vnd last die Gaben weisen
Dem kleinen Schäfferlein.
Jhms alles auff sol heben
Die Mutter, mitt bescheid,
Daß Jhm es werd gegeben
Hernach zu seiner zeit.

Martin Opitz
1597–1639

Die rechte Zeit ist hier

AVff / auff / die rechte Zeit ist hier /
Die Stunde wartet für der Thür:
Jhr Brüder / lasset vns erwachen /
Vergeßt der Welt vnd jhrer Sachen.
Bezwingt den Schlaff vnd kompt in Eyl /
Denn vnser Liecht vnd Gnadenheyl /
Der rechte Trost vnd Schutz der seinen /
Ist näher / als wir selber meynen.
Die vngestirnte schwartze Nacht /
Hat jhren schwären Lauff vollbracht:
Der vielbegehrte Tag ist kommen /
Vnd hat das Leyd hinweg genommen.
Legt jhr auch ab den dunckeln Schein
Der Wercke die verborgen seyn:
Zieht an deß Liechtes helle Waffen /
Laßt nichts / als nur die Sünden schlaffen.
Geht auff dem Weg der Erbarkeit /
Denckt / daß jetzt sey die Tageszeit /
Laßt wilde Saufferey vnd Fressen /
Dardurch wir vnser selbst vergessen.
Lescht auß deß Leibes schnöde Brunst /
Seyt feind der falschen Liebesgunst /
Auch liebet nicht Zorn / Haß vnd Zancken /
Entsagt den neydischen Gedancken.
Zieht JEsus Christ den HERREN an /
Sein Leben sey deß ewren Bahn:
Versorgt den Leib das Theil der Erden /
Vnd laßt jhn doch zu geyl nicht werden.

Friedrich von Logau
1604–1655

Das neue Jahr

Abermals ein neues Jahrr! Immer noch die alte Noth!
O das alte kommt von uns, und das neue kommt von Gott.
Gottes Güt' ist immer neu, immer alt ist unsre Schuld:
Neue Reu' verleih uns, Herr, und beweis' uns alte Huld!

Simon Dach
1605–1659

Auff Weihnachten

Ihr, die ihr loß zu seyn begehrt
Von ewren Missethaten,
Heut hat sich Gott zu uns gekehrt
Und will uns Armen rahten,
Er eussert sich der Herrlichkeit
Und wil uns an Geberden
Aehnlich werden,
Deswegen dann sich frewt
Der Himmel sampt der Erden.

Er ist uns gleich an Fleisch und Blut,
Uns also zu vertreten,
Er hat hiedurch uns von der Glut
Der Hellen loß gebeten
Und wird der Himmels-Bürgerschafft
Uns nachmals einverleiben,
Daß wir bleiben

Da, wo der Frewden Krafft
Wird alles Leid vertreiben.

Drum kommt, lasst uns mit Frewden gehn
Und unsern Heyland schawen,
Lasst uns für seiner Krippen stehn
Und Ihm von Hertzen trawen,
Er wird aus seiner Mutter Schoß
Die Aermlein nach uns strecken
Und erwecken,
Was für der Sünden stoß
Uns ewig wird bedecken.

Johann Rist
1607–1667

Der Winter

Ich habe zwei scharffsinnige gedrukkete Schrifften gesehen / eine von Mutio / die andere von Tasso / darinnen Sie diese Frage auff die Bahn bringen: Welche von diesen zweien Zeiten wol die edelste sei / der Sommer oder der Winter? Aber eines ieglichen Meinung / welche Sie hievon haben / befinde Jch meines Theils / daß Sie nicht mit dem Herbste zuvergleichen / in deme uns die grösse oder übermahsse der Hitze nicht weiniger beschwehrlich ist alß der Kälte. Also sehen wir ja / daß die Schiffleüte im Winter nicht dürfen auß dem Hafen segelen auß furcht eines starken Sturmes und ungewitters / wie den auch / in deme die grosse Hitze den Sommer über währet / die Soldaten / Wallbrüder / Jäger und Weideleüte Mühe genug haben einen günstigen Schatten zu finden / da Sie Erdbeeren mügen brechen unter einem Baum / der ästig genug sei vor dem Ungewitter und überlauff deß Regens / der Sie etwan im Felde überfallen müchte / daselbst sich zu bedekken. Wen den solche Ungelegenheiten denen jungen Leüten unerträglich sind / wie vielmehr müssen Sie dasselbe den frommen alten Hausvätteren sein / welche nicht anders als mit grosser Mühe Jhre Sitze und ligende Gühter können besuchen. Diesem füge Jch hinzu / daß in dem einem dieser beiden Zeiten / welche voller Staubes / Schweisses und Mattigkeit ist / man nichts als nur einen gahr geringen Theil von seinen Landgühteren samlet / und in dem anderen Theile / welches gantz faul und erstarret ist / man sich sehr offt verdirbet durch den Müssigang und die Trunkenheit / ja / daß man auch offtmals in solchem unordentlichem Leben schändlicher weise und gleichsahm mit Gewalt verzehret die Gühter und Einkommen / welche unß die verstorbene durch Jhre guhte Haußhaltung haben zu wege gebracht.

Der Winter ist trauen eine unbilliche Zeit / und diese Ungerechtigkeit spühret man zugleich an der Ungleichheit deß Nachtes und deß Tages / den wir sehen ja / daß zur Winterszeit der Tag / welcher seiner Natur halber der Nacht billig ist vorzuziehen / dennoch nicht unterlässet derselben zu weichen / dahero / wen Er am allerkürtzesten und gantz vol nebels ist / so günnet Er den Menschen die Zeit nicht / welche Sie sonst nohtwendig zuem studiren und arbeiten müssen haben / also auch / das / so man das eine oder andere mit fleisse will in acht nehmen / man warten mus / biß die Nacht herankommet / welche / wen man es recht bedenket / eine gantz unbequehme Zeit ist / zu allen beiden / angesehen die Sinne / welche Diener sind deß Verstandeß / alßden Jhr Amt nicht wol können verrichten. (…)

Betreffend den Winter / so hat man in demselben auch vielerlei Ungelegenheiten zu gewahrten / den / daß wir nicht sagen von der grossen Kälte / Reiff / Schnee / Frost und Eise / welches alles verhindert / daß man im Reisen zu Lande sehr beschwehrlich / zu Wasser aber gahr nicht kan fohrtkommen: So bedenke man doch nur die kurtze Zeit des Tages / daran wir der angenehmen Sonnenlicht zu geniessen haben / also daß wir in diesen Nordländeren / sonderlich in Schweden / Finnland / Lapland / am allermeisten aber im neüen Zembla / Grönland / wie auch der Samoieden Land (dessen auch der hochgelahrter Olearius in seiner Reisebeschreibung gedenket) deß hellen Tagelichtes eine lange Zeit / und zwahr in diesen letstgedachten Ländern wol ein halbes Jahr müssen ermangelen / da man alßden auch weder Laub noch Graß weder Kräuter noch Bluhmen findet / sondern gleichsahm halb Tod die liebe Zeit hinter dem Ofen und bei dem warmen Heerd unter dem Schnee und Eise gleichsahm bedekket mus zubringen / wiewol der rauhe und unangenehme Winter gleichwol noch diesen Vortheil für der Sommerzeit hat / daß man alßden viel ehender und mit weiniger Mühe die Kälte / als im Sommer die Hitze kan vertreiben. Sonsten mus man bekennen / daß der Winter ein rechter Verschwender sei deß jenigen / so wir in den übrigen dreien Theilen des Jahres mit grosser Mühe und Arbeit haben erworben und zu wege gebracht.

Paul Gerhardt
1607–1676

Schaut, schaut, was ist für Wunder dar?

1. Schaut, schaut, was ist für Wunder dar?
Die schwarze Nacht wird hell und klar,
Ein großes Licht bricht dort herein,
Ihm weichet aller Sterne Schein.

2. Es ist ein rechtes Wunderlicht
Und gar die alte Sonne nicht,
Weils, wider die Natur, die Nacht
Zu einem hellen Tage macht.

3. Was wird hierdurch uns zeigen an
Der die Natur so ändern kann?
Es muß ein großes Werk geschehn,
Wie wir aus solchem Zeichen sehn.

4. Sollt auch erscheinen dieser Zeit
Die Sonne der Gerechtigkeit,
Der helle Stern aus Jakobs Stamm,
Der Heiden Licht, des Weibes Sam?

5. Es ist also. Des Himmels Heer,
Das bringt uns jetzt die Freudenmär,
Wie sich nunmehr hab eingestellt
Zu Bethlehem das Heil der Welt.

6. O Gütigkeit! Was lange Jahr
Ihm hat der frommen Väter Schar
Gewünscht und sehnlich oft begehrt,
Des werden wir von Gott gewährt.

7. Drum auf, ihr Menschenkinder, auf!
Auf, auf, und nehmet euren Lauf
Mit mir hin zu der Stell und Ort,
Davon gemeld't der Engel Wort.

8. Schaut hin, dort liegt im finstern Stall,
Des Herrschaft gehet überall!
Da Speise vormals sucht ein Rind,
Da ruht jetzt der Jungfrauen Kind.

9. O Menschenkind, betracht es recht
Und strauchle nicht, dieweil so schlecht,
So elend scheint dies Kindelein;
Es ist und soll auch uns groß sein.

10. Es wird im Fleisch hier vorgestellt,
Der alles schuf und noch erhält.
Das Wort, so bald im Anfang war
Bei Gott, selbst Gott, das lieget dar.

11. Es ist der eingeborne Sohn
Des Vaters, unser Gnadenthron,
Das A und O, der große Gott,
Der Siegsfürst, der Herr Zebaoth.

12. Denn weil die Zeit nunmehr erfüllt,
Da Gottes Zorn muß sein gestillt,
Wird sein Sohn Mensch, trägt unsre Schuld,
Wirbt uns durch sein Blut Gottes Huld.

13. Dies ist die rechte Freudenzeit.
Weg Trauern, weg, weg alles Leid!
Trotz dem, der ferner uns verhöhnt!
Gott selbst ist Mensch. Wir sind versöhnt.

14. Der Sünden Büßer ist nun hier,
Den Schlangentreter haben wir,
Der Höllen Pest, des Todes Gift,
Des Lebens Fürsten man hier trifft.

15. Es hat mit uns nun keine Not,
Weil Sünde, Teufel, Höll und Tod
Zu Spott und Schanden sind gemacht
In dieser großen Wundernacht.

16. O selig, selig alle Welt,
Die sich an dieses Kindlein hält!
Wohl dem, der dieses recht erkennt
Und gläubig seinen Heiland nennt!

17. Es danke Gott, wer danken kann,
Der unser sich so hoch nimmt an
Und sendet aus des Himmels Thron
Uns, seinen Feinden, seinen Sohn.

18. Drum stimmt an mit der Engel Heer:
Gott in der Höhe sei nun Ehr!
Auf Erden Frieden jederzeit!
Den Menschen Wonn und Fröhlichkeit!

Georg Philipp Harsdörffer
1607–1658

Lied · Von dem Christmonat

1

Das Aug der Welt ist dieser Zeit
entfernet weit /
und muß fast alles frieren;
das Feld ist wie ein alter Greiß
voll weisses Eiß;
die Kräfften sich verlieren.
Der weisse Schnee
bedeckt den Klee;
ein hartes Dach
bebrückt den Bach /
den Winter zu vollführen.

2

Doch wendet sich der Sonnenschein
und tritt gleich ein
in deß Steinbockes Zeichen.
Dadurch sie wieder kehrt zurück;
mit schwachem Blick
wird sie nun zu uns weichen.
Es wächst die Kält /
das Feur erhält
die armen Leut
in Winters Zeit /
den Frühling zu erreichen.

3

Indem die Sonne nordwärts geht
und ferne steht /
so wollen wir uns freuen:
Die Sonne der Gerechtigkeit
ist nun nicht weit /
wann wir die Sünd bereuen.
Das Jesulein
wil bey uns seyn;
die heilge Nacht
hat Heil gebracht!
wenn wir uns nur erneuen.

4

Deß Feldes Wollen-weisses Kleid
verhüllt die Weid/
das Menschen-Volck zu lehren:
daß ihnen gleiche weisse Tracht
in guter Acht
der Höchste wil bescheren.
Das Erden-Land
ist Spott und Schand /
Gott wird behend
und sonder End
das Leid in Freude kehren!

5

Inzwischen preiset Gottes Sohn/
den Gnaden-Thron /
der sich zu uns geneiget:
Es ist der Heiland jeder Seel /
Immanuel:
der kan die Feinde beugen.
Steht Er uns bey /
so sind wir frey
von aller Noth.
Ja! in dem Tod
wird Er uns Gnad erzeigen!

Michael Praetorius
1571–1621

Es ist ein Ros entsprungen

Es ist ein Ros entsprungen
aus einer Wurzel zart,
als uns die Alten sungen:
von Jesse kam die Art
und hat ein Blümlein bracht
mitten im kalten Winter
wohl zu der halben Nacht.

Das Röslein, das ich meine,
davon Jesaias sagt,
ist Maria die reine,
die uns das Blümlein bracht.
Aus Gottes ewgem Rat
hat sie ein Kind geboren
und blieb ein reine Magd.

Das Blümlein so kleine
das duftet uns so süß;
mit seinem hellen Scheine
vertreibts die Finsternis:
wahr' Mensch und wahrer Gott,
hilft uns aus allem Leide,
rettet von Sünd und Tod.

»O Jesu, bis zum Scheiden
aus diesem Jammertal
laß Dein Hilf uns geleiten
hin in den Freudensaal,
in Deines Vaters Reich,
da wir Dich ewig loben.
O Gott, uns das verleih.«

Paul Fleming
1609–1640

Auf die seligmachende Geburt unsers Erlösers Jesu Christi

Taue doch, o Himmel, taue!
Brecht, ihr Wolken, regnet her,
daß man den Gerechten schaue,
dessen nun nicht ohn' Beschwer
die betrübte Welt so lange
sich versieht und ihr macht bange!

Ja, es treufelt, ja, es tauet,
der gesunde Regen fällt.
Schauet hin, ihr Menschen, schauet:
dort, dort liegt das Heil der Welt.
Diß Kind ist der Tau, der Regen,
der die Erde soll bewegen.

Deucht michs oder ists im Wesen,
wie das Land schon weit und breit
von der Unart ist genesen
durch die fromme Feuchtigkeit,
wie daß Täler, Feld und Höhen
schon in schönerm Schmucke gehen?

Sei, gewündschte Nacht, gegrüßet,
da der keusche Jungfermund
einen jungen Sohn geküsset,
eh' sie ihn recht sehen kunt',
einen Sohn, den sie mit Rechte
doch wol Vater heißen möchte!

Unser Himmel ist im Stalle.
Recht so, Hirte Sybotus,
daß du mit der Pfeifen Schalle
ihm verehrest deinen Gruß!
Bei der Engel lauten Chören
lässest du dich billich hören.

Fleug, gemalter West, und streue
aus dem Blumen-Himmel Klee!
Daß die Luft Narzissen speie,
Lilgen für den weißen Schnee,
daß das Kind als in der Wiege
und in hellen Windeln liege!

Ihr, ihr eingestallten Tiere,
haucht ihm warmen Atem zu,
daß es keine Kälte rühre!
Stört es nicht aus seiner Ruh!
Jungfrau Mutter, denk indessen,
daß du Amme bist, und wessen!

O ihr hochgelobten Krippen,
unsers Heilands Schirm und Rast,
und o Stall, daß du nicht Lippen,
daß du doch nicht Zungen hast,
daß du selbsten köntest singen
von den wundersamen Dingen!

Kleiner Gast, doch auch zugleiche
großer Wirt der weiten Welt,
gib doch künftig unserm Reiche,
daß es sich zufrieden stelt,
daß doch mit dem alten Jahre
hin auch alle Plage fahre!

Segne künftig unsre Linden,
unsre halbgestorbne Stadt,
daß sich möge wieder finden
was der Krieg verderbet hat!
Reinige die faulen Lüfte,
die so schwanger sein mit Gifte!

Justus Georg Schottel
1612–1676

Der zweifelnde Joseph

GOtt Israel / du GOtt meiner Väter / der du mich von Jugend auf bis anhero / so ganz gnädiglich behütet / auch mit deiner Güte und Barmherzigkeit mich Unwirdigen so ofte und vielmahls reichlich überschüttet hast: Ich danke dir deswegen inniglich / von Grund meines Herzens / und mit dankbahrem Gemühte erkennte ich deine Väterliche Vorsorge / und deine so hülfreiche Gnadenlust / uns arme Menschen / in diesem Jammerwege der Welt / wunderbahrlich zuführen und zuerhalten / bis du uns / zu deiner Zeit / in das ewige Freudenhaus / zu unaussprechlicher Seligkeit / so Väterlich aufnimst: Nun du / der du ein Herzenkündiger und ein Anschauer unser innersten Gedanken bist / es ist mein innigliches Anliegen / welches keiner irrdischen Creatur im geringsten nicht bewust / vor deinen heiligen göttlichen Augen klar und unverborgen: du durchschauest mit den Strahlen deiner Allwissenheit / die unwissenden Zweifelgedanken meiner Seelen; Du erkennest / und prüfest mein Herz / daß darin kein Stück der Bösheit / noch Tükk der Falschheit jemahls wissentlich gewesen / noch Zeit meiner Tage durch deinen Göttlichen Beystand eingelassen werden soll: Were mir auch ein tieftrükkender Schmerz / und hochempfindliche Krenkung / einigem frommen Herzen etwa einen Schmerzen / oder Krenkung / durch mich anzufügen. Meine allerliebste anvertraute Mariam / halte und kenne ich nicht allein als die allerreineste und keuscheste / sondern auch als eine heilige Gott-hochgeliebte Jungfrau / aus dem Königlichen Stamm David gebohren / in allen Jungfräulichen Tugenden und einsamer Zucht erzogen / bey jedermann eines guten ungekrenketen Nahmens / und mit einer sonderbahren Himmelsgüte / und einem Göttlichen Wesen / meiner Meinung nach / überfüllet: Meinem lieben GOtte / und der Zeit / wil ich dises grosse Geheimniß anheim stellen / und diese keusche Gottliebende Jungfrau / im geringsten / durch meinen Argwohn / nicht betrüben / viel weniger meine Befindung wörtlich bey einigem Menschen erwehnen: Sondern es gehen mir vielmehr diese Gedanken zu Gemühte / die Maria auf eine Zeitlang heimlich zuverlassen / und meiner obliegenden Gescheften / anderer Oehrter / eine Weile allein abzuwarten. Der GOtt aber meiner Väter / wolle alles zu einem guten Ende / nach seinem unwandelbahren Rahtslusse / einrichten; und mit seinen heiligen Engeln uns allerseits beywohnen / deme ich mich in seinen Schuz auch anizo diese Nacht zuversichtlich befehlen / in seinem allerheiligsten Nahmen einslafen / und zu seinem Lobe und Dienst wieder erwachen will.

(Joseph leget sich zur Ruhe / da dan eine hellglenzende Wolke herunter komt / und der Engel Gabriel daraus sich hervor tuht und also im slafe den Joseph anredet.)

Joseph / du Sohn David / der du bey dem allerhöchsten GOtte / wegen deiner Gottesfurcht und Frömmigkeit lieb und angenehm bist / fürchte dich nur nicht / Mariam dein Gemahl zu dir zu nehmen / und sie gar nicht / wie deines Herzens Gedanken seyn / heimlich zu verlassen: Denn dasselbige / was in ihr gebohren wird / ist von dem Heiligen Geiste / und von unerförschlicher Kraft des Allerhöchsten: Diese deine vertraute Jungfrau Maria / wird einen Sohn gebähren / dessen Nahmen soltu JESUS heissen / denn derselbige wird sein Volk selig machen von ihren Sünden: Er wird groß / und ein Sohn des Höchsten genennet werden; und GOtt der HErr / wird ihn den Stuhl seines Vaters Davids geben / und er wird ein König seyn über das Haus Jacob ewiglich / und seines Königreichs wird kein Ende seyn. Dieses alles aber ist darum geschehen / auf daß erfüllet würde / was GOtt der Herr durch seinen heiligen Prophete also zuvor gesaget hat: Siehe / eine Jungfrau wird swanger seyn / und einen Sohn gebähren / und sie werden seinen Namen Emanuel heissen / dasist verdolmetschet / GOTT mit uns. Mach dich derhalben auf / mit der Jungfrauen Maria / nach dem Bethlehem im Jüdischen Lande / dann dasselbige mit nichten die kleineste oder geringeste ist unter den Fürsten Juda: Dan daheraus sol kommen der Herzog / der über das Volk Israel ein Herz sein wird ewiglich: durch ihn wird die Gnadenhülfe auß Zion über Israel kommen / er wird das gefangene Menschliche Geslecht erlösen / daß Jacob ewiglich frölich sein / und Israel sich freuen wird.

(Der Engel samt der Wolken verswinden / und der Joseph vom Traum erwachend spricht:)

Ein Engel des HERREN hat mit mir geredet / Ein Engel des HErren ist mir im Traume erschienen / und die sehnlichst-erwartete / und nunmehr sich annahende Zukunft des Messiah mir verkündiget. Dir sey ewig Lob und Dank / O du HErr der heiligen Heerscharen / daß du mich durch deinen Engelbohten bey diesem unbegreiflichem Geheimniß unterrichten / alle Zweifelgedanken genzlich benehmen / und deinen gnädigen Göttlichen Willen hierbei andeuten lassen. Gleich wie ich nun von Grund meines Herzens / mit allem schuldigstem Gehorsam und willfähriger Demuht / dem Englischen Anbefehl gernest geleben und denselben mit allem Fleisse / und von Wunderreicher Hofnung ganz erfüllet / nachkommen und verrichten wil; Also bitte ich auch mit ergebenem zuversichtigem Herzen den GOtt aller Treu und Barmherzigkeit / Er wolle mich / durch seinen heiligen Engel bey diesem übergrossen Wunderwerke also leiten / führen und regieren / damit ich in dem rechten Wege alles Gehorsames und Unschuld / ferner verharren / und seinen Willen / nach Inhalt des geoffenbahrten Befehls / mit getreuester Sorgfalt und Andacht / möge verrichten und vollenbringen.

Johann Klaj
1616–1656

Auf das zurückliegende Jahr

Es trugen mich jüngsten / auß antrieb der übertraurigen Gedancken / meine Füsse durch die bletterkahlen Neronswälder / ům die Zeit zu kůrtzen / und der Melancholey sich in etwas zu entschlagen. In einsamen fortgehen / überlegte ich die vorigen Läufte / und das in letzten Zügen liegende Jahr / den sausenden und brausenden Kriegssturm in welchen auch ich nebenst vielen andern / vor der Zeit den strudelden unnd brudelden RaubWalfisch das Gefäß deß zeitlichen Zuwerffen müssen; Und wie annoch / keine linder- und minderung / zwar zu wünschen aber nicht zu hoffen; Diß Jahr dacht ich bey mir selbsten / wird bald / aber nicht dessen Angst sterben; kömt doch in der Zeit / mit der Zeit keine andere Zeitung / als die von neuen Kriegszeiten hin und wider laut. Segenhall. Der laut! Ich / der Meinung alleine zu seyn / vermerckte bey mir das Lufft und Felsenkind Widerhall; Ja wol der Widerhall: doch fiel mir bey / daß er mir wol ehe die purlautere Warheit gesaget / ich will fragen / ob es auch anietzo etwas in seinem Schülfich weiß? Ich weiß! Wo soll man sich in solcher Noth hinziehen! Zu Gott fliehen! Ach weist du einen ich weiß keinen Weg? Ich weiß einen Weg! Wo ist / und welcher ist es / sag es auß deiner Winterlaube? Der Glaube! Woran sag es mein Kind ohn Zung unn Mündelein? An ein Kindelein! Mein Kind / wo ist das Kind / geh fort / wir wollen gleich auff dessen Bett zugehn? Zu Bethlehem. Ein onbekantes Kind / doch sag mir wes nur ist? JEsus Christ. Ist JEsus Christus hier / was sage ich! Jeh / Jeh ward mein Höchstbetrübtes Gemüth erfreuet / Augenblicklichen wanckten meine Kummergedancken / in einem Heu / trieb mich ein höherer Trieb eines bessern zubesinnen. Weg mit der Traurigkeit / die vom Vatter der Traurigkeit! Wo JEsus ist / da ist keine traurigkeit!

Eilends satzte ich mich über / mein liebes neugebornes JEsulein zu besingen / in dessen reiffer erwegung inn meinem Hertzen allerhand freudige Gedancken auffstiegen / welche ich auch / wegen unnachläßlicher Freudenliebe meines JEsuleins / zu Papir bringen wollen.

Ich habe mich zwar ein hohes unternommen / zu verehren / die Ehre dessen / der alle Ehrengipffel übergipffelt / massen er aller HimmelHimmel selbsten ůmhůllet / die Sternen besternet / die Flügelwinde geflügelt / und alle dienstbare Elemente uns Dienstbar gemacht. Er der gantzen Welt Gesetze und vorgesetzter / Er Geist / der die Geister begeistert / das höchste / das tieffste / dz unbegreiffliche das begreiffliche / das unumschrenckte / das beschrenckte / den kleinen Sohn / den grossen Gott!

Andreas Gryphius
1616–1664

Über die geburt Jesu

Nacht, mehr denn lichte nacht! nacht, lichter als der tag!
Nacht, heller als die sonn'! in der das licht geboren,
Das Gott, der licht in licht wohnhafftig, ihm erkohren!
O nacht, die alle nacht und tage trotzen mag!
O freudenreiche nacht, in welcher ach und klag
Und finsternis, und was sich auf die welt verschworen,
Und furcht und höllen-angst und schrecken war verlohren!
Der himmel bricht; doch fällt nunmehr kein donnerschlag.
Der zeit und nachte schuff, ist diese nacht ankommen
Und hat das recht der zeit und fleisch an sich genommen
Und unser fleisch und zeit der ewigkeit vermacht.
Die jammer trübe nacht, die schwartze nacht der sünden,
Des grabes dunckelheit muss durch die nacht verschwinden.
Nacht, lichter als der tag! nacht, mehr denn lichte nacht!

Auf den anfang des 1660zigsten jahres

Wir zehlen, was nicht ist und längst in nichts verschwunden,
Verwichner zeiten lauff und menge vieler jahr,
Und was den augenblick noch kaum verhanden war;
Wir zehlen, was sich noch nicht von der zeit gefunden.
Umsonst! wir armen, ach! jahr, monat, tag und stunden
Sind kein beständig gut, doch bringen sie gefahr
Und höchsten nutz zu uns. Sie bieten alles dar,
Wordurch die ewigkeit uns menschen wird verbunden.
Gott, dem nichts fällt noch kommt, dem alles steht und blüht,
Der, was noch künfftig ist, als gegenwärtig sieht,
Wil auch vor augenblick uns ewigkeiten geben.
Ach seel! ach! sey mit ernst denn auf die zeit bedacht!
Nimm jahr und monat, stund und augenblick in acht!
Ein einig augenblick verspricht todt oder leben.

ANGELUS SILESIUS
1624–1677

Reinste Jungfrau

1
Reinste Jungfrau, die vor allen
Gott dem Vater wohlgefallen,
Deren Keuschheit seinen Sohn
Hat gelockt vons Himmels Thron,
Reinste Jungfrau, dir zu Ehren,
Laß ich meine Stimme hören.

2
Dich, Maria will ich preisen,
Dir, o Jungfrau, Dienst erweisen,
Dich, du schönster Morgenstern,
Will ich rühmen weit und fern.
Denn durch dich ist uns gegeben
Jesus, unser Heil und Leben.

3
Auserlesen wie die Sonne
Ist dein Glanz und deine Wonne,
Schöner wie der Mondenschein
Und die güldnen Sterne sein,
Schrecklich wie die Heeresspitzen,
Die vor Feinden uns beschützen.

4
Eine Burg, die stets verriegelt,
Und ein Brunn, den Gott versiegelt,
Und ein Turm von Helfenbein
Und ein Perlenkästelein.
Ein verschloßner Frühlingsgarten
Bist du, Jungfrau, schönster Arten.

5
Kommt, ihr Töchter und Jungfrauen,
Eine Königin zu schauen,
Die sich Gott hat selbst vertraut,
Seine Tochter, Mutter, Braut.
Schaut die Fürstin, die er liebet,
Der er gänzlich sich ergibet.

6
Schaut die wahre Bundeslade,
Das Gefäße voller Gnade,
Schaut des Höchsten güldnes Haus,
Da er gehet ein und aus.
Schaut des Noe Wunderkasten,
Da die Taube (Gott) kann rasten.

7
Schaut die schöne Rötin prangen,
Wie sie kommt daher gegangen!
Wie sie uns der Sonnenglanz
Ansagt und gebieret ganz!
Schauet, wie sie kann das Leben
Und das Licht der Erde geben.

8
O du güldner Himmelswagen,
Der uns Jesum bringt getragen,
Thron des wahren Salomons,
Fell des Helden Gedeons!
Faß voll Gotts und seiner Güte,
Seine Wohnung, seine Hütte.

9
Königin der Seraphinen,
Oberste der Cherubinen,
Herzogin der Märtyrer,
Fürstin aller Beichtiger,
Aller Heilgen und Jungfrauen,
Die dem Lamme sich vertrauen.

10
o Maria, voller Gnade,
Hilf, daß mir der Feind nicht schade.
Daß ich möge nach der Zeit
In der ewgen Seligkeit,
O du Krone der Jungfrauen,
Dich und deinen Sohn anschauen.

Kaspar Nachtenhöfer
1624–1685

Dies ist die Nacht

Mel.: O daß ich tausend Zugen hätte

1. Dies ist die Nacht, da mir erschienen des großen Gottes Freundlichkeit; das Kind, dem alle Engel dienen, bringt Licht in meine Dunkelheit; und dieses Welt- und Himmelslicht weicht hunderttausend Sonnen nicht.

2. Laß dich erleuchten, meine Seele, versäume nicht den Gnadenschein; der Glanz in dieser kleinen Höhle streckt sich in alle Welt hinein; er treibet weg der Höllen Macht, der Sünden und des Kreuzes Nacht.

3. In diesem Lichte kannst du sehen das Licht der klaren Seligkeit; wenn Sonne, Mond und Stern vergehen, vielleicht schon in gar kurzer Zeit, wird dieses Licht mit seinem Schein dein Himmel und dein Alles sein.

4. Laß nur indessen helle scheinen dein Glaubens- und dein Liebeslicht; mit Gott mußt du es treulich meinen, sonst hilft dir diese Sonne nicht; willst du genießen diesen Schein, so darfst du nicht mehr dunkel sein.

5. Drum, Jesu, schöne Weihnachtssonne, bestrahle mich mit deiner Gunst; dein Licht sei meine Weihnachtswonne und lehre mich die Weihnachtskunst, wie ich im Lichte wandeln soll und sei des Weihnachtsglanzes voll.

JOHANNES PRAETORIUS
1630–1680

Rübezahl hilft einem armen Mann

Ein armer Bauersmann hatte sich ein wenig Holz im Gebürge zusammengemacht, in Meinung, solches bei guter Schneezeit bequem herunterzubringen. Da nun der Winter in Ermangelung des Schnees dasselbe Jahr schlecht war, wußte er sich keinen Rat; der Winter war strenge, daß er also mit seinem Weib und Kindern große Kälte ausstehen mußte. Er sahe sich genötiget, etwas aus dem Busche zu holen, es sei so viel als ihm möglich. Wie er nun allda angelanget, stund er ein wenig und suchte seinen Kummer hinter den Ohren zu stillen; denn er wußte nicht, wie er das Holz den Berg hinunterschaffen sollte. Wie er mit solchen Grillen sich plagte, siehe, unverhofft kommt ein Mann mit einem Schlitten getrost auf ihn zugezogen, der in sofort frägt, wie es ihm geht und ob's auch Schnee gnug hat, Holz herunterzuschleppen? Der gute Mann antwortete ihm: Nein, der Schnee ist heur schlecht; ich weiß nicht, wie ich mein bißchen Holz herunterbringen will, wo kein Schnee mehr kommt. Rübezahl sagte: Oho, wenn ich nur viel hätte! herunterzubringen getraute ich mir's schon; kommt, weiset mir, wo es stehet! Als sie hinkamen, sprach er: Ihr habt dem Holz keine gute Stelle gegeben; allein wollt Ihr mir's etliche Schritte herüberwerfen, will ich es Euch den Berg helfen herunterfahren. Der Bauer sprach: Das will ich gerne tun; wollet Ihr mir helfen, so geschiehet mir ein sonderlicher Gefallen, denn ich habe zu Hause gar kein Holz, Weib und Kinder sind mir halb erfroren; wenn Ihr nur nicht zu viel vor Eure Mühe verlangt: Hülfe wäre mir vonnöten, denn ich bin ein armer Mann. Rübezahl versetzte: Wir werden es schon miteinander machen; werfet nur frisch herüber, ich will für Euch und hernach für mich aufladen. Sobald er des Mannes Schlitten vollgepackt, half er ihn damit auf den Weg; nachdem er das Holz zu seinem herzugeworfen, hieß er den Mann fahren, soweit er könnte, er wollte ihn bald nachkommen. Der Mann tat, wie er ihm gebot. Rübezahl lud also das über den Stein geworfene Holz auf seinen Schlitten, segelte damit den Berg hinunter, daß der Mann erstaunte, wie er ihn vorbeikommen sahe. Rübezahl lachte und sagte: Sehet, so müßt Ihr aufkasten und fahren; sonsten lohnet's nicht der Mühe, es so weit herunterzuholen. Der Mann dankete ihm gar sehr und bat, daß er s ihm auch vollends nach Hause helfen wollte. Er besann sich ein wenig, sagte drauf: Weil es nahe am Dorfe ist, kann es schon geschehen; ziehet, ich will nachschieben! Drauf brachten sie des Mannes Schlitten zuerst nach Hause. Der Baur sagte zu seinem Weibe, die sich über ihres Mannes baldige und glückliche Wiederkunft sehr erfreuete, sie sollte nun geschwind eine warme Stube machen, es würde nicht gar lange sein, so würde er mehr Holz bringen. Sie tat's. Inmittelst gingen diese beide und brachten den andern Schlitten auch herzugeschleppt; Weib und Kinder freueten sich, da sie sahen das viele Holz ankommen. Der Mann nötigte seinen Mithelfer darauf ins Haus und in die Stube; er ging endlich hinein. Er sahe, daß bei den guten Leuten wenig mochte zum besten sein; drum ließ er sich mit dem guten Willen begnügen. Der Mann trug auf, was seine Wenigkeit vermochte, und bat, daß er sagen wollte, was er ihm vor seine Mühe gäbe. Rübezahl sagte: Gebet, was Euch dünket recht zu sein, Ihr werdet's ja verstehen; doch sehe ich wohl, Ihr bedürft's selbst. Der Mann gab ihm drei Groschen, sagte, mehr hätte er nicht, sonst wollte er ihm gerne mehr geben; denn er wüßte, daß er's verdient hätte. Damit war auch unser dienstfertiger Rübezahl zufrieden. Die Leute hatten zwei Kinder: die warme Stube hatte sie hinter dem Ofen weggetrieben, die liefen in der Stube herum und machten ihm Zeitvertreib. Das eine Kind, so ein munter Knab, gefiel unseren guten Rübezahl dermaßen, daß er stets auf sein Tun Acht hatte; griff darauf in seine starke Ficke und sagte zu ihm: Komm her, schau! hier will ich dir ein paar Knippkäulchen schenken, spiele damit! Der Knabe war beherzt, griff vor Freuden zu und sprang damit herum. Der andre aber wollte nicht kommen, doch schmiß Rübezahl ihm einen zu, weil er sahe, daß er traurig wurde, damit er sich mit seinem Bruder freuete. Hierauf nahm er Abschied von ihnen, zog mit seinem Schlitten immer dem Gebürge zu; der Mann gab ihm ein Feldweges das Geleite und kehrte wieder zu seiner Hütte. Nach einer guten Weile, als die Eltern mit den Kindern wegen der Käulchen halben ihre Freude hatten und eines davon besahen, wurden sie innen, daß es pur gediegen Gold war. Sie waren dessen froh und sehr benötigt, konnten eine gute Weile davon haushalten. Sein Nachbar, deme es dieser Mann vertrauet, gedachte selbiges Glück auf solche Art auch zu erlangen, ging aus nach Holz; es wollte aber keiner zu Hülfe kommen, mußte also seinen Schlitten ledig wieder zu Hause schleppen.

Catharina Regina von Greiffenberg
1633–1694

Da sie gebären wollte

Es wurde aber Bethlehem / das Brod-Haus / zur Geburts-Stadt des Brods des Lebens erwählet / damit der Brunn des Lebens / und die lebendige Qwell / daselbst entsprünge / nach welcher David so sehr gedürstet / die er allein gemeinet und verstanden / und nicht das natürliche Wasser / welches er / als nicht das rechte / ausgegossen: Anzuzeigen / daß man alles / wie Wasser / vor eitel und nichts halten und ausgiessen solle / gegen der überschwänglichen Liebes- und Lebens-Qwelle JEsu Christi. Diese und unzählig-verborgene Geheimnissen anzuzeigen / machte sich nun Joseph aus Göttlichem Trieb auf /

Daß er sich schätzen liesse / mit Maria seinem Vertrauten Weibe / die war schwanger.

Er leistet der weltlichen Obrigkeit äusserlichen Gehorsam / und vollziehet darmit die innerlichen Anschläge des Allmächtigen; so kan man GOtt in der Obrigkeit / und zu seinem heimlichen Vorhaben dienen / wann man deren äusserliche Vorhaben vollziehet; Demut und Gehorsam gehen allzeit in Göttlichen Weegen / und ermangelt ihnen nie das Ziel eintreffen zeitlich und ewiges Nutzens.

Er gehet aber nicht allein / sondern mit Maria seinem vertrauten Weibe. Wann die Tugend nur allein bleibt / ist sie unfruchtbar / alles Gute sucht die Vermehr- und Ausbreitung. Es ist ein ansteckendes Feuer um die Tugend / die entzündet begierig ihre Nächsten / sonderlich die Untergebenen; sie ist wie die Sonne / kan ihre neben-Sternlein nicht Glanz-los lassen; sie gebraucht sich der ober-Macht zu nichts lieber / als zur Hoheit der Billigkeit zu leiten / nicht vergnügt an eigner Löblichkeit / wann sie nicht die ihrigen auch mit löblich machet. Sie will das Gute nicht allein thun / sondern auch von den ihren gethan haben: weil sie GOtt nicht allein mit ihrem eigenen / sondern auch mit aller deren Willen dienen will / über welche sie Macht zu gebieten / oder Gelegenheit zu rahten hat; darum der gehorsame Joseph auch seiner Vertrauten diesen Gehorsam einbildet / und sie bewegte / diese Reiß-Bewegung auf sich zu nehmen.

Es war aber eben dieses sein vertrautes Weib Maria / die er erstlich zu verlassen gedachte / doch durch Englischen Einspruch zu sich nahme: Erscheinet also hieraus sein Glaub / Gottesfurcht / und Beständigkeit / daß er den Göttlichen Worten kräftig geglaubet / auf keine Verlassung mehr gedacht / sondern in beharrlicher Treu und Sorgfalt / sich ihrer eiferig angenommen / und wie mit seinem eigenen Herzen / mit ihr emsigst umgegangen / und zu allen Guten und Tugenden sie verleitet und begleitet hat. Die war schwanger: Die über-natürliche Frucht war in natürlicher Tracht / sie hatte im ersten Monden Nisan / bei uns im Merzen / empfangen / und war nun der Zehnte / nämlich der Mond Tevet / bei uns der December oder Christ-Mond / derwegen /

Als sie daselbst waren / kam die Zeit / daß sie gebähren solte.

Nach Verfliessung weniger Tage / kame die gewöhnliche Geburt-Zeit. Der übernatürlich-Empfangene wolte / natürlicher Zeit und Weise nach / geboren werden: Er / der ein Vatter und Gebährer aller Zeiten und Ordnung ist / wolte als ein Kindlein / in gewöhnlicher Zeit und Ordnung / auf die Welt kommen; da doch die Welt / und alles schon längst aus ihm kommen ware. Weil er begehrte ein rechter vollkommener warhafter Mensch zu werden / als wolte er auch nicht weniger noch längere Zeit in Mutter-Leib bleiben / als sonst / dem von ihm gesetzten Lauf der Natur nach / andere Menschen-Kinder zu bleiben pflegen. Er wäre / als das Ziel aller Ordnung / an das Ziel der Natur nicht gebunden gewesen / sondern hätte können den Ausgang nehmen / sobald der Eingang geschehen / und die Vollkommenheit im ersten Blick erlangen.

Er wolte aber / wie in allem / also auch in der im Mutter Leib-Verbleibung / als ein Mensch erfunden werden. Er wolte nicht ehe heraus / damit man ihn nicht vor ein unzeitige Geburt halten möchte. Er wolte auch nicht noch länger darinnen bleiben / daß er nicht gar vor eine Miß-Geburt gehalten würde / sondern seinen Brüdern auch in dem Geburts-Ziel gleich werden. Der liebte die Gleichheit in allem / der aus dem allerungleichesten uns / aus Liebe / gleich worden ist. Es kame die Zeit / die himmlische Wunder-Zeit / die Göttliche Gnaden-Zeit / die Paradeis-verheissene / von den Altvättern verhofte / von Profeten benannte / von vielen Millionen erseufzte Hilf- und Erlösungs-Zeit / daß der alle Wünsch- und Begier-bezielte Heiland solte geboren / und die bei nahe 4000 jährige Hofnung erfüllet werden / daß die jenige gebähren solte / die das Heil der Welt unter dem Herzen hatte.

Es kame! es kame diese glückseelige Zeit / ob man schon etliche 1000 Jahr auf sie warten muste / endlich kame sie doch! da heist es wol: Endlich kommt / was die Frommen erfreut und frommt! da siehet man / daß die Hofnung nicht lässet zu schanden werden / solte es auch etlich hundert Jahr anstehen. Es muß kommen / was GOtt verheisset / und solte Satan und Welt darüber zerbärsten und zu drümmern gehen. Dieses ist unausbleiblich / was des Allgegenwärtigen Wille ist: Es stehet schon da / ehe es noch im Wesen; ja ist bereit im Wesen / ehe es noch in der Welt / oder in der Menschen Gedanken ist.

Gottes Wille ist das gröste Werdungs-Pfand / wann es müglich wäre / daß mehr als vierzighundert Jahr dazwischen kommen könten / muß es doch endlich heissen: Es kame die Zeit / nämlich / daß es erfüllet wurde. Wann schon nicht nur eine / sondern hundert Paradeis-Vertreibungen / 1000. Sündfluten / Millionen Egyptische

Unterdruck- und Verfolgungen / unzählige Meer- und Wüsten-Reisen / unendliche Krieg und Streit / Babylonische Gefängniße / Wegführ- und Ausrottungen / Römische Herrschungen / Kron- und Scepter-Reichs- und Gewalts-Verlust erfolget / ja nicht nur vier / sondern 44000 Welt-Reiche nacheinander folgeten / und sich alle dem Reich Christi wiedersetzten / müste es doch alles weichen und überwunden / und seine Warheit und Verheissung vollzogen werden.

Darum / nur getrost! Es mag entzwischen kommen was da will / so wird doch kommen die Zeit / in der die Hofnung / oder Verheissung GOttes / gebähren wird die Warheit und Vollziehung / so wahr als Maria Christum geboren hat; dann es ist ein GOtt und Geist / der es verheissen hat. Und obschon viel tausend davon / ehe die Zeit kommen / aus der Zeit / in die Ewigkeit / verrucket werden / so werden sie doch / (ohne Zweiffel) in der allwissenden vollkommenen Ewigkeit / ob dieser Zeit-Erfüllung froh und vergnügt seyn / und die jenigen dieselbe doch gewiß erleben / die von GOtt mit Namen dazu bestimmet sind; wie hie die H. Jungfrau Maria / deren Lebens- in diese Erfüll-Zeit einfallen müssen. Es heist aber nicht allein / es kam die Zeit / daß sie gebähren solte / sondern auch:

Und sie gebahr ihren ersten Sohn.

Es bleibt in Göttlichen Sachen nicht bei den Worten / sondern die Wort werden Wert: Dann was er spricht / das geschicht / wann er gebeut / so stehets da. Was durch Göttliche Zusage geschehen solte / ist soviel als geschehen / ja längst geschehen; und fählt nichts / als die hiezu beliebige Zeit-Erfüllung. Wann die ihr Ziel erreicht / so zeigt sich das Wesen der längst- ja allweeggewesenen Worte.

Sie gebahr! kurze Wort / aber unausdenkliche Wunder / daran Zeit und Ewigkeit genug zu betrachten / und sich zu verwundern haben. Sie / die Keuschheit / eine unverletzte unversehrte Jungfrau / gebahr. O von aller Welt her unerhörtes Wunder! daß die Jungfrauschaft gebähren / die Keuschheit einen Sohn haben / und eine reine Jungfrau / mit unversehrter Ehre / eine Mutter seyn solle! welche Platonische Sinnbildung (Idea) hätte ihr solches einbilden können? welche Tugend-Erwünschbarkeit könte zu solchem reinen Ursprung kommen? welche Sinn-Hoheit einen so hohen Reinigkeit-Staffel ersinnen?

GOtt will die Keuschheit fruchtbar / die Jungfrau zur Mutter / und doch vermählet haben: Damit die Strahlen dieses Wunderwerks doch noch zum Theil ein wenig verborgen blieben / und eingehalten würden. Sie gebahr den / aus dem die Welt geboren war; ihren Vatter nach der Schöpfung; ihren Erlöser / zur Fähigkeit des Erlöse-Werks; sie gebahre den / als einen Menschen / in die Welt / der sie vor der Welt zu einer GOttes-Gebährerin erwählet hat. Sie gebahr ihren ersten Sohn / der auch der letzte / ja einige war / den sie geboren / und der durch diese Pforte gehen soll. Ist also dieses Wort nicht vor eine Erzwingung der mehrern Erfolgung / sondern als ein Beweis der vortreflichen und sonderbaren Alleinheit zu nehmen / dergleichen weder zuvor / noch hernach / nie geschehen seye.

Leo Wolff
1640–1708

Christ-Kindlein wird zur H. Weynacht-Zeit im Schnee gefunden

Thomas Cantipratanus schreibet, daß einest ein frommer Religios und Priester deß Ordens H. Bernardi gewiser Geschäfft halber auf einem Mayr-Hof geritten seye zu eben solcher Zeit, da die Geistliche und Weltliche Menschen sich pflegten zu bereiten auf die heilige Weyh-Nacht-Zeit, solche mit möglichster Andacht zu begehen. Nun ware damahls ein grimmige Kälten und ein gar tieffer Schnee. Als nun diser Geistliche seines Weegs also fort reiten thäte, sihet er an dem Weeg sitzen ein gar hold-seeliges Knäblein, aber vor Frost und Kälte schier erstarrt, und am gantzen Leib zitterend, welches von allen Menschen verlassen ware, und deßthalben bitterlich weinte.

Der fromme Geistliche auß hertzlichem Mitleiden bewegt, steiget alsobald von dem Pferd, hebet das Knäblein auß dem Schnee auf, nimmet es unter seinen Mantel, solches zu erwärmen. Mein liebs Kind (sagt er), wie bist du hieher kommen? wo ist dein Vatter oder Mutter? warumb hat man dich also verlassen? das Knäblein mit starckem Wainen gibet Antwort: Ach wehe, ach wehe, wie bin ich verlassen, da muß ich allein sitzen in der Kälte, und muß Hunger leiden, niemand will mich aufnehmen und ernähren.

Schweig, schweig, mein liebs Kind (sagte der Religios), ich will dich annemmen: ich will dein Vatter und Mutter seyn, ich will dir schon zu essen geben, wolte also mit sambt dem Knäblein zu Pferd steigen, das Kind aber entwischt auß seinen Armen, und in einem Augenblick verschwindet es auß seinen Augen. Da erkennte erst der Gottseelige Mann, wer dises Knäblein müsse gewesen seyn, nemblich Jesus, der Sohn der unbefleckten Jungfrauen Mariae, der Heiland der Welt. Es erkannte auch diser fromme Geistliche, was der Sohn Gottes und Mariae mit diser Erscheinung und seinen Klagen hat wollen zu verstehen geben: daß er nemblich zu diser verderbten Welt-Zeit von den undanckbaren Welt-Menschen eben so übel tractiret werde, gleichwie damahls, als er noch in dem gebenedeyten Leib seiner Jungfräulichen Mutter ligend, von den groben Bethlemiteren ist verstossen worden in einen offnen und kalten Vich-Stall …

Abraham a Sancta Clara
1644–1709

Warum das Christkind in der Krippe gelegen

Zur rauchen Winters-Zeit / da die Sonn uns kaum mit einem Aug hat angeschaut; da der Himmel mit einem groben dicken Schlair das Angesicht verhüllt hat: da die Berg ihre Köpff mit weissen Fetzen hatten eingebunden: da die Bäumer ganz nackend in größtem Frost gestanden und vor Kälten gezittert: da die Felder völlig glatzkopffet mit dem häuffigen Schnee bedeckt waren: da die Flüß und Wässer im harten Arrest gestanden / und noch nit in Eisen / weniger in Eiß geschlagen worden: da die maisten Vögel ohn *Fede* oder *Passaport* in andere Länder gewandert: da die arme Schäffel / ob schon mit guten Peltzen versehen / die maiste Zeit müssen zu Hauß hocken / zu einer solchen rauchen / harten Winters-Zeit ist GOttes Sohn und der Welt Heyland zu Bethlehem in einem Stall gebohren / und kaum daß er gebohren / da hat ihn *Maria* die Mutter / als noch ein unversehrte Jungfrau in arme Windel eingewicklet / und in die Krippen gelegt / *Et pannis eum involvit, & reclinavit eum in Praesepio.* Das kombt mir in der Warheit schier ein wenig frembt vor / dann ich hette glaubt / dise Göttliche Kindel-Betherin / indeme sie forderist ohne einige Schmertzen gebohren / hette das guldene Kind in ihren Armben behalten / und ihme die Nacht hindurch tausend und tausend Busserl versetzt / dasselbe mit ihren Englischen Wangen und Jungfräulichen Athem gewärmet / oder wenigist auff ihrer Schoß behalten / als daß sie selbiges auff das rauche spissige Heu gelegt / wo es von keiner anderen Wärme als von dem groben Rauchen des Ochsen und Esels in etwas erquickt worden. *Reclinavit eum in Praesepio.* Darumb / darumb merckt es wol ihr gesambte Adams-Kinder / darumb ist's geschehen / damit GOtt zeuge / daß er allen zugehöre / daß er wegen aller Menschen Heyl kommen / also hat der Himmel der übergebenedeyten Mutter befohlen / sie soll ihn nit in ihr Schoß / sondern in die Krippe legen / welches war so vil gesagt / als da habts Ihn / diser gehört euch allen zu / da könt ihr Engel ihn anbetten / da kanst Ihn Joseph verehren / da könt ihr Könige auß *Orient* ihme die Pflicht ablegen / da könt ihr Hirten ihn finden / ja so gar wolt er sich den zweyen Vernunfftlosen Thieren den Ochs und Esel nicht waigeren: *Non solum hominum ditas & beatificas mensas, sed & foenum factus, jumentorum reples Praesepia, ut tàm homines quàm jumenta, tàm spirituales quàm animales suo quemque gradu & ordine salves. (Sr. Guerti Abbas Serm. 4 de Nativit.)* Ihr Gnaden die schöne *Dama, Gratia Divina* ist dißfalls nicht *partial* / sie begehrt alle Seelig zu machen / sie grüst alle / sie rufft alle / sie biett allen die Hand: niemand ist zu Auffgang der Sonnen: niemand ist zu Untergang der Sonnen: niemand ist gegen Mittag / niemand ist gegen Mitternacht; niemand ist in der Welt / den sie nit in Himmel einladet / dem sie nit die freundlichste Augen zeigt / und es ganz treuherzig mit einem jeden Menschen vermeint: sie schaut keinen Stand an / kein Persohn an / kein Alter an / sie hilfft einem jeden in Himmel / wann er nur will.

Christoph Selhamer
1640–1708

Die Vorliebe für das Land

Ei so greif ich dann auch mein treuherzige Arbeit, meine Baurenpredigen, mit Gott an und zeig euch für heut, wie sogar auch Gott selbst vor allen Heiligen in das liebe Gej verliebt sei, tröstlicher Hoffnung, alle am Gej werden ihren so liebreichen Gott mit ihrer schuldigen Gegenlieb eilfertig aufwarten.

Kaum hat Gott und Mensch die Welt bezogen, hat er sein erst Einkehr nicht zu Rom, nicht zu Constantinopel, nit zu Jerusalem, nicht in Augspurg noch zu Cöln am Rhein genommen, sondern vielmehr außerhalb allen Städten, auf dem Gej, in einem altzerlumpten Stall. Da wollte Er bei dem Ochsen und Esel von seiner jungfräulichen Mutter geboren werden. Wollt ihr nun die rechte und gründliche Ursach wissen, warumb doch Christus nicht in einer Stadt sondern am Gej hab wollen geboren werden, gibt solche vor allen andern trefflich wohl Cornelius à Lapide, ein Niederländer und bekannter Schriftausleger, der selbst ein Baurensohn gewesen, wie er von sich öffentlich bekennet mit folgenden Worten: Viel Bauren haben gelehrte Söhn und ausgemachte Doctores. Ich, Cornelius, bin auch eines Bauren Sohn. Nun dieser hochgelehrte Baurensohn gibt auf die obige Frag folgende Antwort: Christus ist in keiner Stadt sondern am Gej, wie ein anderer Baurenbub geboren worden, damit sich die Bauren eines so gewaltigen Mitburgers, eines so vornehmen Landsmanns halber glückselig schätzen sollen. Mit Christo habt ihr euch Bauren vor allen Stadtleuten zu proglen. Nun ich komm weiter. Seine Erstaufwarter waren vom Himmel herab alle dienstbare Geister, Engel und Erzengel, auf Erden aber die treueinfältige Hirten. Denen wurde vor allen andern die erfreulichste Post gebracht, jetzt sei im Stall Gott und Mensch geboren, der mit seinem Tod die ganze Welt erlösen soll. Was große Herren waren, seind erst mit den Heiligen Drei Königen dreizehen oder vierzehen Täg hernach kommen, den neugeborenen Gott im Stall anzubeten. (…)

Ich muß mich jetzt zu dem heutigen heiligen Bischof Nicolaum, als ein dankbaren Baurenpatron, wenden. Von diesem heiligen Mann hat die undankbare Welt zu lernen, wie freundlich, wie dankbarlich gegen euch Bauren sich einstellen sollen alle Adamskinder dieser sichtbaren Welt, von denen sie nicht allein ihre Lebensmittel sondern mehr andere, unzahlbare Dienst der christlichen Lieb empfangen. Höret Wunder, was dem Wunderleben des heiligen Nicolai eingetragen hat Antonius Beatillus. Neben andern herrlich schönen und tugendreichen Werken, so man billich von der Kanzel zur Nachfolg loben und preisen soll, nimm ich für heut nur ein Stuck heraus, so allein für das Gej gehört.

Er reisete einsmals recht apostolisch zu Fuß, seinem heiligen Brauch nach, der Insel Chaltéa zu, allda sein Bistum amtshalber zu visitieren. Zwei auferbäuliche Priester gaben ihm das Geleit samt einem Knecht; stund also dieses Erzbischofen ganzer Pracht und Aufzug über Land in drei Personen. Dieser ging zu Fuß mit drei Kameraden und weil er gewußt, daß auf die Pfarr, wohin er gereist, ein kürzerer Weg sein soll als den er gewandert, spricht er am Weg einen Bauren freundlich an, der eben dort den Pflug geführt und dem Feldbau abgewartet: Gott grüß Euch, mein guter Freund mein. Sagt her, gibts nit ein besseren, ein näheren Weg dahin als diesen groben und rauhen Steinweg? – Wohl, wohl, meine Herren, sprach der Bauer, freilich gibts dahin einen bessern, einen kürzern Weg ab, da geht ihr weit umb. Kommts mit mir, ich will euch dahin ein lautern Grasboden führen wo ihr halben Weg ersparen möcht. Also verläßt er Roß und Pflug auf freiem Feld und zeigt dem heiligen Mann gutherzig den besten Weg. Der Bauer muß die Geistlichen, wie billich, wohl in Ehren gehabt haben. Was der Bauer ihnen für Lieb erwiesen, das hätte wohl der zwanzigste nicht getan. Mancher hätte den Fuß aufgehebt und gesagt, gehts nur schlecht dort hinumb, da werds den Weg bald finden. Gott aber und Nicolaus haben dem Bauren sein Willfährigkeit redlich belohnt. Wie sie von weitem Chaltéa ersehen, bedankt sich Nicolaus gegen dem Bauren ganz freundlich und weil er ihm so gutwillig den Weg gewiesen, begibt sich der heilige Bischof mit seinen Reisgefährten in das heilige Gebet, erhält von Gott an der Statt für den Bauren diese Gnad, daß in seinem Hof an allerhand Werkzeug von Eisen, für sich und seine Nachkömmlinge, kein Mangel jemals sich soll spüren lassen. Diese Gnad, alles Hof- und Hauseisen immerfort zu erhalten, übergibt ihm Nicolaus als ein Kennzeichen seiner Dankbarkeit für den so viel gewiesenen Weg und schickt ihn wieder zu seinem entlassenen Pflug. Beatillus setzt hinzu, diese Eisengnad daure noch heut an obbesagtem Baurenhof und pfleg man jetzt solche Gnad sehr hoch anzuziehen, gar in das Heiratsgut einzutragen (…)

Aus allem dem sieht man, was man für sonderbare Lieb fassen soll am Gej zu dem heiligen Nicolaum. Jetzt rede ich alle meine liebe Zuhörer mit jenen Worten an, die gleich anfangs aus der heiligen Epistel, so von Sankt Nicolao, in der heutigen heiligen Meß öffentlich gelesen wird, oben angezogen: Beneficentiae et communionis nolite oblivisci, ihr, meine liebe Bauren, sollt der großen Gutheit wohl niemals vergessen, welche seinem Wegweiser, dem Bauren, so mildreich Nicolaus erwiesen und seinen Nachkömmlingen noch bis heut reichlich erweist. Aus dem sieht man ferners, wie lieb dem heiligen Nicolao sein müsse das liebe Baurenvolk, dessen er noch bisher ein so dankbaren Patron und Vorsprecher bei Gott abgeben will. Der willfährige Dienst, womit ihm bloß der Weg gewiesen wurd, wird dem Bauren und seinem ganzen Baurenhof noch heut von Sankt Nicolao so reichlich vergolten, weil auf sein kräftige Vorbitt bis hierher allda kein Eisen verrosten kann, kein mit Eisen beschlagener Werkzeug einiger Ausbesserung vonnöten hat, alles Eisen unversehrt, unverbrochen verbleibt. Zu diesem, gegen den Gej so willfährig, so dankbaren Patronen, sollen alle am Land von heut an bis an ihr End ein sonderbares Vertrauen fassen. Ein so liebreichen Gejheiligen sollen alle am Gej mit höchster Lieb umbfangen und ihm nit allein heut, an seinem heiligen Ehrentag, sondern die Zeit des Lebens, alle innigliche Lieb und Ehr erweisen. Ihm, als einem höchst dankbaren Gejpatron, sollen alle, täglich, nach Gott und seiner hochgebenedeiten Mutter, ihr ganzes Hauswesen, ihr Seel und Leib, ihr Weib und Kinder, ihr ganzes Haus, Äcker und Wiesen, Roß und Vieh, herzlich befehlen, tröstlicher Hoffnung, Nicolaus werde allen seinen treuen Dienern und Liebhabern alle erdenkliche Gnad bei Gott erhalten, so mir und euch verleihe, Gott Vater, Sohn und Heiliger Geist, Amen.

Heinrich Held
1620–1659

Gott sei Dank

1. Gott sei Dank durch alle Welt, der sein Wort beständig hält und der Sünder Trost und Rat zu uns hergesendet hat.
2. Was der alten Väter Schar höchster Wunsch und Sehnen war, und was sie geprophezeit, ist erfüllt in Herrlichkeit.
3. Zions Hilf und Abrams Lohn, Jakobs Heil, der Jungfrau Sohn, der wohl zweigestammte Held hat sich treulich eingestellt.
4. Sei willkommen, o mein Heil! Hosianna, o mein Teil! richte du auch eine Bahn dir in meinem Herzen an.
5. Zeuch, du Ehrenkönig, ein, es gehöret dir allein; mach es, wie du gerne thust, rein von allem Sündenwust.

6. Und gleichwie dein Zukunft war voller Sanftmut, ohn Gefahr, also sei auch jederzeit deine Sanftmut mir bereit.

7. Tröste, tröste meinen Sinn, weil ich schwach und blöde bin und des Satans schlaue List sich zu hoch vor mir vermißt.

8. Tritt der Schlange Kopf entzwei, daß ich, aller Ängste frei, dir im Glauben um und an selig bleibe zugethan;

9. Daß, wenn du, o Lebensfürst, prächtig wiederkommen wirst, ich dir mög entgegen gehn und vor die gerecht bestehn.

Liselotte von der Pfalz
1652–1722

Eine Erinnerung

An die Herzogin Elisabeth Charlotte von Lothringen
                        Versailles, Dienstag den 11. Dezember 1708
                                      um 7 Uhr 15

Euern lieben Brief, der heute ankommen müßte, habe ich noch nicht erhalten, meine liebe Tochter, und da er noch nicht da ist, könnte es sein, dass sie ihn zurückhalten nach ihrer üblen Sitte. Ich habe aber auf denjenigen zu antworten, den ich hier vorgefunden habe, als ich aus der Oper zurückkam. Es hatte noch nicht wirklich gefroren an dem Tag, an dem wir hier ankamen; es fing gerade erst zu frieren an.

Natürlich kenne ich den heiligen Nikolaus aus ganz Deutschland, und ich wurde damals oft von ihm ausgescholten. Ich weiß nicht, ob Ihr einen anderen Brauch kennt, den man auch in Deutschland pflegt und den man das Christkindel nennt. Dafür werden Tische hergerichtet, die geschmückt werden wie Altäre; für jedes Kind einen. Darauf legt man alle möglichen Dinge: neue Kleider, Silberzeug, Geldgeschenke, Seide, Puppen, Zuckerzeug und vieles andere mehr. Man stellt auf diese Gabentische Buchsbäume und an jedem Zweig wird eine kleine Kerze befestigt. Das sieht ganz wunderhübsch aus. Jetzt, da ich Euch davon erzähle, möchte ich das alles zu gerne wiedersehen!

Ich erinnere mich noch an Hannover. Als man dort das letzte Mal das Christkindel zu mir kommen ließ, betraute man Schüler mit dieser Aufgabe. Sie spielten mir sozusagen ein Theater vor. Zuerst kam der Stern herein, dann der Teufel und die Engel, schließlich das Christkind mit dem heiligen Petrus und anderen Aposteln. Der

Teufel beschuldigt die Kinder ihrer Fehler, die er aus einer langen Liste vorliest. Darauf sagt das Christkind, dass es gekommen sei, um den Kindern Geschenke zu bringen. Da sie aber so bös seien, wollte es nicht länger bei ihnen bleiben. Der Engel und der heilige Petrus bitten für die Kinder und versprechen, dass diese sich bessern wollen. Daraufhin verzeiht ihnen das Christkind, und der heilige Petrus und der Engel führen die Kinder dorthin, wo die Gabentische gerichtet sind. Wenn da fünf oder sechs solcher Tische stehen, gibt es nichts Schöneres, denn alles ist mit Seidenbändern in allen Farben und Silberschnüren umwunden. Als mich der heilige Petrus, der von einem Schüler mit einem falschen Bart dargestellt wurde, bei der Hand nahm, merkte ich, dass er die Krätze hatte, und so kam ich hinter den Betrug. Wenn man erst weiß, was dahinter steckt, hat man nichts mehr davon. Ich hätte aber sicherlich auch heute noch meine Freude dran …

Friedrich Rudolph Ludwig von Canitz
1654–1699

Christus in der Krippen

Das Kind, das dort in Heu und Stroh verstecket lieget,
Und dem das tumme Vieh aus seiner Wiegen frißt,
Ist grösser als die Welt, weil es GOtt selber ist,
Der über Höll' und Tod in seiner Armuth sieget.
Was mag die Ursach seyn, daß Er so schlecht erschienen?
Es könnt ihm ja ein Thron seyn von Saphir bereit,
Sein Lager mit dem Glantz der Sternen überstreut,
Warum bedient Ihn nicht ein Heer von Cherubinen?
Kaum findet sich ein Raum den Heyland zu bewirthen;
Die Krippe wird sein Bett', ein Stall ist sein Pallast;
Wenn Er die keusche Brust der Mutter hat umfaßt,
So hält Er sein Banchet, sein Hoff besteht aus Hirten.
Ihr Grossen, die ihr euch als Götter laßt verehren,
Die ihr von eurem Stuhl aus Diamanten blitzt,
Und, eurer Meinung nach, dem Himmel näher sitzt,
Als die, so Menschen sind, diß will euch etwas lehren:
Der Höchste spottet hier der Güter dieser Erde,

Die offt ein Sterblicher für seinen Himmel hält,
Und zeiget euch dabey, daß, wenn es ihm gefällt,
Der Purpur uns zu Heu, und Heu zu Purpur, werde.

Das Neue Jahr

Sonnet

So bleibt auf ewig nun das alte Jahr zurücke:
Wie theilt der Sonnen Lauff so schnell die Zeiten ab!
Wie schleppet uns so bald das Alter in das Grab!
Das heißt wol schlecht gelebt die kurtzen Augenblicke,
In welchen viel Verdruß, vermischt mit schlechtem Glücke,
Und lauter Unbestand sich zu erkennen gab!
Das heißt wol schlecht gewohnt, wenn uns der Wander-Stab
Nie aus den Händen kömmt; Wenn wir durch List und Stricke
Hinstraucheln in der Nacht, da wenig Licht zu sehn,
Und Licht, dem allemahl nicht sicher nachzugehn!
Denn, so der Höchste nicht ein eignes Licht will weisen,
Das, wenn wir uns verwirrt, uns Sinn und Auge rührt,
Ist alles Licht ein Licht, das zur Verdamniß führt!
O gar zu kurze Zeit! O gar zu schweres Reisen!

CHRISTIAN WERNICKE
1661–1725

Zum Neujahrstag

Es spricht Marcolphus mir am Neuenjahrstag zu
und wünscht mir, was er mir benimmet, Fried und Ruh;
er wünscht mir lange Jahr und raubt mir meine Zeit,
veranläßt mich zum Fluch und wünscht die Seligkeit.
In seinem Antlitz sitzt das Merkmal böser Tage,
und sein Neujahrswunsch ist des Neujahrs erste Plage.

Johann Albrecht Bengel
1687–1752

Die Weihnachtsgeschichte nach Matthäus

Christi Geburt aber verhielt sich so: als nemlich seine Mutter Maria dem Joseph verlobet war, ehe sie zusammen kamen, fand sichs, daß sie schwanger war von dem Heiligen Geiste. Joseph aber ihr Mann, welcher gerecht war und sie nicht verschimpfen wollte, war Willens sie in geheim aufzugeben. Indem er aber dieses gedachte, siehe da erschien ihm ein Engel des HERRN im Traum, und sprach: Joseph du Sohn David, scheue dich nicht, Mariam dein Weib anzunehmen: denn das in ihr gezeuget ist, ist von dem Heiligen Geiste. Und sie wird einen Sohn gebären, und du sollt seinen Namen Jesus heissen: denn Er wird sein Volk selig machen von ihren Sünden. Diß ist aber miteinander geschehen, auf daß erfüllet würde, was geredet ist von dem HERRN durch den Propheten, der da spricht: Siehe die Jungfrau wird schwanger seyn und einen Sohn gebären, und sie werden seinen Namen heissen Immanuel, das ist verdolmetschet, Mit uns Gott! Da aber Joseph von dem Schlaf erwachte, thät er, wie ihm der Engel des HERRN befohlen hatte, und nahm sein Weib an, und erkannte sie nicht, bis daß sie ihren ersten Sohn gebar, und hieß seinen Namen Jesus.

Da aber Jesus geboren war zu Bethlehem in Judäa, in den Tagen Herodis des Königes, siehe da kamen Weisen von den Morgenländern gen Jerusalem, und sprachen: Wo ist der wirklich geborne König der Juden? Denn wir haben seinen Stern gesehen in dem Morgenlande, und sind gekommen ihn anzubeten. Da aber Herodes der König es hörete, ward er bestürzet, und ganz Jerusalem mit ihm, und versammelte alle die Hohepriester und Schriftgelehrten des Volks, und forschete von ihnen, wo Christus soll geboren werden. Sie aber sagten ihm: zu Bethlehem in Judäa. Denn also ist geschrieben durch den Propheten: Und Du Bethlehem, du Gegend Juda, bist mit nichten die geringste unter den Fürsten Juda: Denn aus dir wird herkommen ein Herzog, der mein Volk Israel waiden wird. Da berief Herodes die Weisen in geheim, und vernahm genau von ihnen die Zeit, da der Stern erschienen, und sandte sie gen Bethlehem, und sprach: Ziehet hin und forschet genau nach dem Kind: und wann ihrs findet, so bringet mir Nachricht, auf daß auch Ich komme und dasselbe anbete. Sie aber, als sie den König gehöret hatten, zogen hin: und siehe der Stern, den sie in dem Morgenlande gesehen hatten, ging vor ihnen her, bis er kam und stund oben über, da das Kind war. Da sie den Stern sahen, freueten sie sich mit einer sehr grossen Freude: und gingen in das Haus, und sahen das Kind mit Maria seiner Mutter, und fielen nieder und beteten es an, und thäten ihre Schätze auf, und brachten ihm Geschenke dar,

Gold und Weyhrauch und Myrrhen. Und als sie göttlichen Befehl im Traum empfangen, nicht wieder zu Herodes umzukehren, zogen sie hinweg durch einen andern Weg in ihr Land.

Da aber dieselben hinweg gezogen waren, siehe da erscheinet ein Engel des HERRN dem Joseph im Traum, und spricht: Stehe auf und nimm das Kind und seine Mutter, und fleuch in Egypten, und bleib allda, bis ich dir sage: denn es wird Herodes das Kind suchen, dasselbe umzubringen. Und er stund auf und nahm das Kind und seine Mutter bey Nacht, und entwich in Egypten, und blieb allda bis auf den Tod Herodis: auf daß erfüllet wirde, das von dem HEERRN geredet ist durch den Propheten der da spricht: von Egypten her habe ich meinen Sohn so genennet. Alsdann da Herodes sahe, daß er von den Weisen angeführt war, ergrimmete er sehr, und sandte hin und brachte alle die Knäblein um, die zu Bethlehem und in allen ihren Gränzen waren, vom zweyjährigen und darunter, nach der Zeit, die er von den Weisen genau vernommen hatte. Da ist erfüllet, das geredet ist von Jeremia dem Propheten, der da spricht: eine Stimme in Rama hat man gehöret, Weinens und Klagens die Menge; Rahel beweinete ihre Kinder und sie wollte sich nicht trösten lassen, weil es mit ihnen aus ist. Da aber Herodes gestorben, siehe da erscheinet der Engel des HERRN dem Joseph im Traum in Egypten, und spricht: Stehe auf und nimm das Kind und seine Mutter, und zeuch in das Land Israel: denn sie sind gestorben, die dem Kind nach dem Leben trachteten. Und er stund auf, und nahm das Kind und seine Mutter, und kam in das Land Israel. Da er aber höret, daß Archelaus König über Judäa sey, anstatt Herodis seines Vaters, fürchtete er sich dorthin zu gehen: und als er einen göttlichen Befehl im Traum empfangen, entwich er in die Gegenden Galiläa, und kam und nahm seine Wohnung in einer Stadt, die da heisset Nazaret: auf daß erfüllet würde, das geredet ist durch die Propheten: Er wird Nazarenus genennet werden.

Johann Christian Günther
1695–1723

Lob des Winters

VErzeiht ihr warmen Frühlings-Tage!
Jhr seyd zwar schön, doch nicht vor mich.
Der Sommer macht mir heisse Plage,
Die Herbst-Lufft ist veränderlich:
Drum stimmt die Liebe mit mir ein,
Der Winter soll mein Frühling seyn.

Der Winter zeigt an seinen Gaben
Die Schätze gütiger Natur,
Er kan mit Most und Aepfeln laben,
Er stärckt den Leib und hilfft der Cur,
Er bricht die Raserey der Pest,
Und dient zu Amors Jubel-Fest.

Der Knaster schmeckt bey kaltem Wetter
Noch halb so kräfftig und so rein;
Die Jagd ergötzt der Erden Götter,
Und bringt im Schnee mehr Vortheil ein,
Der freyen Künste Ruhm und Preiß
Erhebt sich durch den Winter-Fleiß.

Die Zärtlichkeit der süssen Liebe
Erwehlt vor andern diese Zeit:
Der Zunder innerlicher Triebe
Verlacht des Frostes Grausamkeit;
Das Morgen-Roth bricht später an,
Damit man länger küssen kan.

Der Schönen in den Armen liegen,
Wenn draussen Nord und Regen pfeifft,
Macht so ein inniglich Vergnügen,
Dergleichen niemand recht begreifft;

Er habe denn mit mir gefühlt,
Wie sanffte sichs im Finstern spielt.

Da ringen die getreuen Armen
Mit Eintracht und Ergötzlichkeit,
Da lassen sie den Pfiehl erwarmen,
Den offt ein falsches Dach beschneyt,
Da streiten sie mit Kuß und Biß,
Und wünschen lange Finsternis.

Das Eiß beweist den Hoffnungs-Spiegel,
Der viel entwirfft und leicht zerfällt:
Jch küsse den gefrornen Riegel,
Der mir Amanden vorenthält;
So offt mein Spiel ein Ständchen bringt
Und Sait' und Flöthe schärffer klingt.

Jch zieh den Mond- und Sternen-Schimmer
Dem angenehmsten Tage vor,
Da heb ich offt aus meinem Zimmer
Haupt, Augen, Hertz und Geist empor;
Da findet mein Verwundern kaum
Jn diesem weiten Raume Raum.

Euch Brüder hätt ich bald vergessen,
Euch, die ihr nebst der deutschen Treu,
Mit mir viel Nächte durch gesessen,
Sagt! ob wo etwas beßres sey?
Als hier bey Pfeiffen und Camin
Die Welt mit sammt den Grillen fliehn.

Der Winter bleibt der Kern vom Jahre:
Jm Winter bin ich munter dran,
Der Winter ist ein Bild der Bahre,
Und lehrt mich leben, weil ich kan:
Jhr Spötter redet mir nicht ein!
Der Winter soll mein Frühling seyn.

Albrecht von Haller
1708–1777

Frost

Hat nun die müde Welt sich in den Frost begraben,
Der Berge Thäler Eis, die Spitzen Schnee bedeckt,
Ruht das erschöpfte Feld nun aus für neue Gaben,
Weil ein krystallner Damm der Flüsse Lauf versteckt:
Dann zieht sich auch der Hirt in die beschneyten Hütten,
Wo fetter Fichten Dampf die dürren Balken schwärzt,
Hier zahlt die süsse Ruh, die Müh, die er erlitten,
Der Sorgen-lose Tag wird freudig durchgescherzt,
Und wenn die Nachbarn sich zu seinem Heerde setzen,
So weiß ihr klug Gespräch auch Weise zu ergötzen.

Christian Fürchtegott Gellert
1715–1769

Weihnachtslied

Dieß ist der Tag, den Gott gemacht;
Sein werd in aller Welt gedacht!
Ihn preise, was durch Jesum Christ
Im Himmel und auf Erden ist!

Die Völker haben dein geharrt,
Bis daß die Zeit erfüllet ward;
Da sandte Gott von seinem Thron
Das Heil der Welt, dich, seinen Sohn.

Wenn ich dieß Wunder fassen will:
So steht mein Geist vor Ehrfurcht still;
Er betet an, und er ermißt,
Daß Gottes Lieb unendlich ist.

Damit der Sünder Gnad erhält,
Erniedrigst du dich, Herr der Welt,
Nimmst selbst an unsrer Menschheit Theil,
Erscheinst im Fleisch, und wirst uns Heil.

Dein König, Zion, kömmt zu dir.
»Ich komm, im Buche steht von mir;
Gott, deinen Willen thu ich gern.«
Gelobt sey, der da kömmt im Herrn!

Herr, der du Mensch gebohren wirst,
Immanuel und Friedefürst,
Auf den die Väter hoffend sahn,
Dich, Gott Messias, bet ich an.

Du unser Heil und höchstes Gut,
Vereinest dich mit Fleisch und Blut,
Wirst unser Freund und Bruder hier,
Und Gottes Kinder werden wir.

Gedanke voller Majestät!
Du bist es, der das Herz erhöht.
Gedanke voller Seligkeit!
Du bist es, der das Herz erfreut.

Durch Eines Sünde fiel die Welt.
Ein Mittler ists, der sie erhält.
Was zagt der Mensch, wenn der ihn schützt,
Der in des Vaters Schooße sitzt?

Jauchzt, Himmel, die ihr ihn erfuhrt,
Den Tag der heiligsten Geburt;
Und Erde, die ihn heute sieht,
Sing ihm, dem Herrn, ein neues Lied!

Dieß ist der Tag, den Gott gemacht;
Sein werd in aller Welt gedacht!
Ihn preise, was durch Jesum Christ
Im Himmel und auf Erden ist!

Friedrich Gottlieb Klopstock
1724–1803

An eine Schneeflocke und Konsorten

Dich, vor Minuten noch, im Himmel Hochgeborner,
Bewundernswürdiger, Gesunkener, Verlorner,
O schöner Stern! mein Lied soll dich verewigen! – –
Doch – halt! – wo bist du denn?

Gottlieb Conrad Pfeffel
1736–1809

An das neue Jahrhundert

Schauernd grüß ich dich, Schicksalschwangres Kind!
Blut und Thränen baden deine Wiege;
Ueber deinem Haupt brüllt ein Wirbelwind,
Um dich her liegt eine Welt im Kriege.

Sieh der Menschheit Blick wendet ahnungsvoll
Sich nach dir vom großen Todesgarten:
Bist du, ruft sie, der, welcher kommen soll,
Oder soll ich eines andern warten?

Bist du, Fremdling, das, was der Sykophant,
Dein gepries'ner Vorfahr, scheinen wollte,
Dessen Taschenspiel Weisheit dem Verstand
Und dem Herzen Tugend geben sollte?

Zweifel gab er nur – statt der Wahrheit mir,
Statt der Tugend Gold, nur eitle Blende.
Freiheit gab er zwar, aber neben ihr
Schwang die Zwietracht Schwerdt und Feuerbrände.

Täusche nicht, wie er, mich durch falsches Licht,
Schmücke mit dem Kranz des Philosophen
Meinen ärgsten Feind, den der Gottheit nicht;
Ach! und glänze nicht durch Katastrophen.

Glänze wie der Mond im Cypreßenhain,
Sanft und hell. Kannst du der Thränenmüden
Armen Dulderin sonst kein Gut verleihn,
O, so gieb zum Gruß ihr doch den Frieden.

Matthias Claudius
1740–1815

Spekulations am Neujahrstage

'n fröhlichs Neujahr, 'n fröhliches Neujahr für mein liebes Vaterland, das Land der alten Redlichkeit und Treue! 'n fröhlichs Neujahr, für Freunde und Feinde, Christen und Türken, Hottentotten und Kannibalen! für alle Menschen über die Gott seine Sonne aufgehen, und regnen lässet! und für die armen Mohrensklaven, die den ganzen Tag in der heißen Sonne arbeiten müssen! 's ist ein gar herrlicher Tag, der Neujahrstag! ich kann's sonst wohl leiden, daß einer 'n bißchen patriotisch ist, und andern Nationen nicht hofiert. Bös muß man freilich von keiner Nation sprechen; die Klugen halten sich allenthalben stille, und wer wollte um der lauten Herren willen 'n ganzes Volk lästern? wie gesagt, ich kann's sonst wohl leiden, daß einer so 'n bißchen patriotisch ist, aber Neujahrstag ist mein Patriotismus mausetot, und 's ist mir an dem

Tage, als wenn wir alle Brüder wären und Einer unser Vater der im Himmel ist, als wären alle Güter der Welt Wasser, das Gott für alle geschaffen hat, wie ich mal habe sagen hören usw.

Ich pflege mich denn wohl alle Neujahrsmorgen auf einen Stein am Weg hinzusetzen, mit meinem Stab vor mir im Sand zu scharren und an dies und jens zu denken. Nicht an meine Leser; sie sind mir aller Ehren wert, aber Neujahrsmorgen auf dem Stein am Wege denk ich nicht an sie, sondern ich sitze da und denke dran, daß ich in dem vergangnen Jahr die Sonne so oft hab aufgehn sehen, und den Mond, daß ich so viele Blumen und Regenbogen gesehn, und so oft aus der Luft Odem geschöpft und aus dem Bach getrunken habe; und denn mag ich nicht aufsehn, und nehm mit beiden Händen meine Mütz ab, und kuck h'nein.

So denk ich auch an meine Bekannte die in dem Jahr starben, und daß sie nun mit Sokrates, Numa, und andern Männern sprechen können, von denen ich so viel Gutes gehört habe, und mit Johann Huß; und denn ist's als wenn sich rund um mich Gräber auftun, und Schatten mit kahlen Glatzen und langen grauen Bärten heraussteigen, und 'n Staub aus'm Bart schütteln. Das muß nun wohl der *ewige Jäger* tun, der übern *Zwölften* sein Tun so hat. Die alten frommen Langbärte wollen wohl schlafen, aber eurem Andenken und der Asch in euren Gräbern ein fröhlichs fröhlichs Neujahr!!!!

Neue Erfindung

Hab eine neue Erfindung gemacht, Andres, und soll dir hier so warm mitgeteilt werden.

Du weißt, daß in jeder gut eingerichteten Haushaltung kein Festtag ungefeiert gelassen wird, und daß ein Hausvater zulangt, wenn er auf eine gute Art und mit einigem Schein des Rechtes einen neuen an sich bringen kann. So haben wir beide, außer den respektiven Geburts- und Namenstagen, schon verschiedene andre Festtage an unsern Höfen eingeführt, als das *Knospenfest,* den *Widderschein,* den *Maimorgen,* den *Grünzüngel* wenn die ersten jungen Erbsen und Bohnen gepflückt und zu Tisch gebracht werden sollen, und so weiter.

Nun ist wohl wahr, daß der Sommer und sonderlich das Frühjahr viel schön sind. Gleich wenn der Winterschnee auftaut und man den bloßen Leib der Erde zum erstenmal wiedersieht, fängt diese Viel-Schönheit an, und geht denn immer mit größern Schritten fort, bis Blumen und Blätter aufgeblühet sind und der Mensch vor dem vollen Frühling steht, wie Gleims Kind vor einem schönen Blumenkorb. Und gewiß lehrt uns der Frühling Gott und seine Güte sonderlich; denn, wie Freund Fritz sagt, was so zu Herzen geht muß aus irgendeinem Herzen kommen. Und also sind die Frühlings- und Sommerfesttage gar sehr am rechten Ort, ich habe nichts dawider. Es ist mir aber doch immer schon vorgekommen, daß im Herbst und Winter auch was zu machen wäre, nur habe ich die Sache noch nie recht ins klare bringen können.

Gestern aber, wie das mit den Erfindungen ist: man findet sie nicht sondern sie finden uns, gestern als ich im Garten gehe und an nichts weniger denke, schießen mir mit einmal zwei neue Festtage aufs Herz, der *Herbstling* und der *Eiszäpfel,* beide gar erfreulich und nützlich zu feiern.

Der *Herbstling* ist nur kurz, und wird mit Bratäpfeln gefeiert. Nämlich: wenn im Herbst der erste Schnee fällt, und darauf muß genau achtgegeben werden, nimmt man so viel Äpfel als Kinder und Personen im Hause sind und noch einige darüber, damit wenn etwa ein Dritter dazukäme keiner an seiner quota gekürzt werde, tut sie in den Ofen, wartet bis sie gebraten sind, und ißt sie denn.

So simpel das Ding anzusehen ist, so gut nimmt sich's aus wenn's recht gemacht wird. Daß dabei allerhand vernünftige Diskurse geführt auch oft in den Ofen hineingekuckt werden muß etc. versteht sich von selbst.

Und soviel vom *Herbstling.*

Der *Eiszäpfel* will nun wieder ganz anders traktiert sein, und hat seine ganz besondre Nücken. Mancher denkt wohl: wenn er Eiszapfen am Dach sieht könne er nur gleich anfangen zu feiern; aber weit gefehlt, es wird mehr dazu erfordert. Der *Eiszäpfel* kann durchaus ohne einen Schneemann nicht gefeiert werden, und dazu muß erst Schnee sein und Tauwetter kommen daß der Schneemann gemacht werden kann, und wenn er gemacht ist und vor dem Fenster steht muß es wieder frieren daß Eiszapfen am Dach werden, einer halben Elle lang und nicht länger und nicht kürzer usw. Das sind die Präliminarartikel und die conditio sine qua non.

Was sagst du nun? Gelte, das ist 'n intrikates Fest! Es geht auch mancher Winter darüber hin, ohne daß eins zustande kommen kann. Wenn nun aber obige Umstände alle eingetreten sind und sonst kein merkliches Hindernis im Wege ist, so kannst du denn zwischen drei und vier Uhr nachmittags das Fest angehen lassen, das NB von Anfang bis zu Ende mit trockenem Munde gefeiert wird. Nach vier, wenn's dunkel worden ist, wird eine Laterne in den hohlen Kopf des Schneemannes getan, daß das Licht durch die Augen und den Mund herausscheint – und denn geht groß und klein auf und ab im Zimmer und sieht aus dem Fenster unter den Eiszapfen hin nach dem Schneemann, und denkt dabei an einen andern *Schneemann,* ein jeder nach dem ihm der Schnabel gewachsen ist, und das ist der höchste Moment der Feier.

Lebe wohl, lieber Andres, und feire fleißig alle Festtage und Heilige Abende, bis der rechte Heilige Abend anbricht.

Den 3. Oktober, 1782.

Dein etc.

Ein Lied
hinterm Ofen zu singen

Der Winter ist ein rechter Mann,
Kernfest und auf die Dauer;
Sein Fleisch fühlt sich wie Eisen an,
Und scheut nicht Süß noch Sauer.

War je ein Mann gesund, ist er's;
Er krankt und kränkelt nimmer,
Weiß nichts von *Nachtschweiß* noch *Vapeurs*,
Und schläft im kalten Zimmer.

Er zieht sein *Hemd* im Freien an,
Und läßt's vorher nicht wärmen;
Und spottet über Fluß im Zahn
Und Kolik in Gedärmen.

Aus Blumen und aus Vogelsang
Weiß, er sich nichts zu machen,
Haßt *warmen* Drang und *warmen* Klang
Und alle *warme* Sachen.

Doch wenn die Füchse bellen sehr,
Wenn's Holz im Ofen knittert,
Und um den Ofen Knecht und Herr
Die Hände reibt und zittert;

Wenn Stein und Bein vor Frost zerbricht
Und Teich' und Seen krachen;
Das klingt ihm gut, das haßt er nicht,
Denn will er sich totlachen. –

Sein Schloß von Eis liegt ganz hinaus
Beim Nordpol an dem Strande;
Doch hat er auch ein Sommerhaus
Im lieben Schweizerlande.

Da ist er denn bald dort bald hier,
Gut Regiment zu führen.
Und wenn er durchzieht, stehen wir
Und sehn ihn an und frieren.

Leopold Friedrich Günther Goeckingk
1748–1828

Als der erste Schnee fiel

Gleich einem König, der in seine Staaten
Zurück als Sieger kehrt, empfängt ein Jubel dich!
Der Knabe balgt um deine Flocken sich,
Wie bei der Krönung um Dukaten.

Selbst mir, obschon ein Mädchen, und der Rute
Lang nicht mehr untertan, bist du ein lieber Gast;
Denn siehst du nicht, seit du die Erde hast
So weich belegt, wie ich mich spute?

Zu fahren, ohne Segel, ohne Räder,
Auf einer Muschel, hin durch deinen weißen Flor,
So sanft, und doch so leicht, so schnell, wie vor
Dem Westwind eine Flaumenfeder.

Aus allen Fenstern, und aus allen Türen,
Sieht mir der bleiche Neid aus hohlen Augen nach,
Selbst die Matrone wird ein leises Ach!
Und einen Wunsch um mich verlieren.

Denn der, um den wir Mädchen oft uns stritten,
Wird hinter mir, so schlank wie eine Tanne, stehn,
Und sonst auf nichts mit seinen Augen sehn,
Als auf das Mädchen in dem Schlitten.

Der Winterabend
Vor einer Reise zu Nantchen

Welch ein Wetter! – Soll ich fort?
Oder soll ich bleiben?
Wie die düstern Wolken dort
Sich einander treiben!
Wie der Knopf am Kirchenturm
Schwankt auf seiner Stange!
Horch! wie, mehr vor Schnee und Sturm
Als vor Menschen bange,
Aller Raben Angstgeschrei
Um ein Obdach flehet,
Und der Kauz im Turme, frei
Gegen sie sich blähet;
Wie von meinen Fenstern ab
Dicke Schloßen prallen,
Rasselnd von dem Dach herab
Morsche Ziegel fallen,
Und noch lauter als das Horn,
Das den Schlaf zerstreuet,
»Straf mich nicht in deinem Zorn!«
Kunz, der Heuchler, schreiet!
Sieh! wie selbst die Rosse dort
Fortzugehn sich sträuben!
Welch ein Wetter! – Soll ich fort?
Oder soll ich bleiben? –

Was besinnen! – Heinrich! he!
Sattle noch den Rappen!
Sollt ich auch in tiefem Schnee
Nach dem Wege tappen,
Sollt ich auch an starrer Hand
Meinen Renner leiten,
Und zuerst vom Felsenrand
In die Tiefe gleiten.
Mag ich ganze Meilen mich
In dem Forst verirren,
Mag der Schuhu fürchterlich
Überm Kopf mir schwirren,
Und der Wind durchs trockne Laub
Alter Eichen rauschen,
Und ein Räuber auf den Raub
In dem Dickicht lauschen,
Mir mit aufgespanntem Hahn
Nach der Kehle greifen,
Und auf einem Wolfeszahn
Seiner Bande pfeifen.
Was sind Räuber, Schnee und Wind!
Sie ist mein gewärtig!
Heinrich! Heinrich! o geschwind!
Ist der Rappe fertig?

JOHANN WOLFGANG GOETHE
1749–1832

Brief an Kestner

Frankfurt, 25. Dezember 1772

Cristtag früh. Es ist noch Nacht lieber Kestner, ich binn aufgestanden um bey Lichte Morgens wieder zu schreiben, das mir angenehme Erinnerungen voriger Zeiten zurückruft; ich habe mir Coffee machen lassen den Festtag zu ehren und will euch schreiben biss es Tag ist. Der Türmer hat sein Lied schon geblasen ich wachte drüber auf. Gelobet seyst du Jesu Christ. Ich hab diese Zeit des Jahrs gar lieb, die Lieder die man singt; und die Kälte die eingefallen ist macht mich vollends vergnügt. Ich habe gestern einen herrlichen Tag gehabt, ich fürchtete für den heutigen, aber der ist auch gut begonnen und da ist mirs fürs enden nicht Angst. (...) Der Türmer hat sich wieder zu mir gekehrt, der Nordwind bringt mir seine Melodie, als blies er vor meinem Fenster. Gestern lieber Kestner war ich mit einigen guten Jungens auf dem Lande, unsre Lustbarkeit war sehr laut, und Geschrey und Gelächter von Anfang zu Ende. Das taugt sonst nichts für die kommende Stunde, doch was können die heiligen Götter nicht wenden wenns Ihnen beliebt, sie gaben mir einen frohen Abend, ich hatte keinen Wein getruncken, mein Aug war ganz unbefangen über die Natur. Ein schöner Abend, als wir zurückgingen es ward Nacht. Nun muss ich dir sagen das ist immer eine Sympatie für meine seele wenn die Sonne lang hinunter ist und die Nacht von Morgen herauf nach Nord und Süd umsich gegriffen hat, und nur noch ein dämmernder Kreis vom abend heraufleuchtet. Seht Kestner wo das Land flach ist ists das herrlichste Schauspiel, ich habe jünger und wärmer Stunden lang so ihr zugesehn hinabdämmern auf meinen Wandrungen. Auf der Brücke hielt ich still. Die düstre Stadt zu beyden Seiten, der Stillleuchtende Horizont, der Widerschein im Fluß machte einen köstlichen Eindruck in meine Seele den ich mit beyden Armen umfasste. Ich lief zu den Gerocks lies mir Bleystifft geben und Papier, und zeichnete zu meiner grossen Freude, das ganze Bild so dämmernd warm als es in meiner Seele stand. Sie hatten alle Freude mit mir darüber empfanden alles was ich gemacht hatte und da war ichs erst gewiss, ich bot ihnen an drum zu würfeln, sie schlugens aus und wollen ich solls Mercken schicken. Nun hängts hier an meiner Wand, und freut mich heute wie gestern. Wir hatten einen schönen Abend zusammen wie Leute denen das Glück ein groses geschenck gemacht hat, und ich schlief ein den heiligen im Himmel danckend, dass sie uns Kinderfreude zum Crist bescheeren wollen. Als ich über den

Marckt ging und die vielen Lichter und Spielsachen sah dacht ich an euch und meine Bubens wie ihr ihnen kommen würdet, diesen Augenblick ein Himlischer Bote mit dem blauen Evangelio, und wie aufgerollt sie das Buch erbauen werde. Hätt ich bey euch seyn können ich hätte wollen so ein Fest Wachsstöcke illuminiren, dass es in den kleinen Köpfen ein Wiederschein der Herrlichkeit des Himmels geglänzt hätte. Die Tohrschließer kommen vom Burgemeister, und rasseln mit Schlüsseln. Das erste Grau des Tags kommt mir über des Nachbaars Haus und die Glocken läuten eine Cristliche Gemeinde zusammen. Wohl ich bin erbaut hier oben auf meiner Stube, die ich lang nicht so lieb hatte als ietzt. Sie ist mit den glücklichsten Bildern ausgeziert [die] mir freundlichen guten Morgen sagen. (…)

Nun Adieu, es ist hell Licht. Gott sey bey euch, wie ich bey euch binn. Der Tag ist festlich angefangen.

Epiphaniasfest

Die heilgen drei König' mit ihrem Stern,
Sie essen, sie trinken, und bezahlen nicht gern;
Sie essen gern, sie trinken gern,
Sie essen, trinken, und bezahlen nicht gern.

Die heilgen drei König' sind kommen allhier,
Es sind ihrer drei und sind nicht ihrer vier;
Und wenn zu dreien der vierte wär,
So war ein heilger drei König mehr.

Ich erster bin der weiß und auch der schön,
Bei Tage solltet ihr erst mich sehn!
Doch ach, mit allen Spezerein
Werd ich sein Tag kein Mädchen mir erfrein.

Ich aber bin der braun und bin der lang,
Bekannt bei Weibern wohl und bei Gesang.
Ich bringe Gold statt Spezerein,
Da werd ich überall willkommen sein.

Ich endlich bin der schwarz und bin der klein
Und mag auch wohl einmal recht lustig sein.
Ich esse gern, ich trinke gern,
Ich esse, trinke und bedanke mich gern.

Die heilgen drei König' sind wohlgesinnt,
Sie suchen die Mutter und das Kind;
Der Joseph fromm sitzt auch dabei,
Der Ochs und Esel liegen auf der Streu.

Wir bringen Myrrhen, wir bringen Gold,
Dem Weihrauch sind die Damen hold;
Und haben wir Wein von gutem Gewächs,
So trinken wir drei so gut als ihrer sechs.

Da wir nun hier schöne Herrn und Fraun,
Aber keine Ochsen und Esel schaun,
So sind wir nicht am rechten Ort
Und ziehen unseres Weges weiter fort.

Karl Philipp Moritz
1756–1793

Neujahrsingen

Einen sonderbaren Eindruck auf Reisern machte das sogenannte Neujahrsingen, welches drei Tage nacheinander dauert und wegen der sehr abwechselnden Szenen, die dabei vorfallen, mit einem Zuge auf Abenteuer sehr viel Ähnliches hat. – Ein Häufchen Chorschüler steht in Schnee und Kälte dicht aneinander gedrängt auf der Straße, bis ein Bote, der von Zeit zu Zeit abgeschickt wird, die Nachricht bringt, daß in irgendeinem Hause soll gesungen werden. – Dann geht man in das Haus hinein und wird gemeiniglich in die Stube genötigt, wo denn erst eine Arie oder Motette, die sich auf die Zeit paßt, gesungen wird. – Alsdann pflegt mancher Hauswirt so höflich zu sein und die Chorschüler mit Wein oder Kaffee und Kuchen zu bewirten. Diese Aufnahme in einer warmen Stube, nachdem man oft lange in der Kälte gestanden hatte, und die Erfrischungen, die einem gereicht wurden, waren eine solche Erquickung, und die Mannigfaltigkeit der Gegenstände, indem man an einem Tage wohl zwanzig und mehr verschiedene häusliche Einrichtungen und Familien in ihren Wohnzimmern versammlet sahe, machte einen so angenehmen Eindruck auf die Seele, daß man diese drei Tage über in einer Art von Entzückung und beständigen

Erwartung neuer Szenen schwebte und sich die Beschwerden der Witterung gern gefallen ließ. – Das Singen dauerte bis fast in die Nacht, und die Erleuchtung des Abends machte dann die Szene noch feierlicher. – Unter andern wurde auch in einem Hospital für alte Frauen zum Neujahr gesungen, wo sich die Chorschüler mit den alten Müttern in einen Kreis zusammensetzen und mit gefalteten Händen singen mußten: ›Bis hieher hat mich Gott gebracht‹ usw. – Bei diesem Neujahrsingen schien alles freundschaftlicher gegeneinander zu sein. Man sahe nicht so sehr auf die Rangordnung, die Primaner sprachen mit den Sekundanern, und eine ungewöhnliche Heiterkeit verbreitete sich über die Gemüter.

Friedrich Schiller
1759–1805

Neujahrsgedicht
Dezember 1768.

Herzgeliebte Eltern!

Eltern, die ich zärtlich ehre,
Mein Herz ist heut voll Dankbarkeit.
Der treue Gott dies Jahr vermehre,
Was Sie erquickt zu jeder Zeit!

Der Herr, die Quelle aller Freude,
Verbleibe stets Ihr Trost und Teil;
Sein Wort sei Ihres Herzens Weide
Und Jesus Ihr erwünschtes Heil!

Ich dank' vor alle Liebesproben,
Vor alle Sorgfalt und Geduld;
Mein Herz soll alle Güte loben
Und trösten sich stets Ihrer Huld.

Gehorsam, Fleiß und zarte Liebe
Verspreche ich auf dieses Jahr.
Der Herr schenk' mir nur gute Triebe
Und mache all mein Wünschen wahr!

Amen.

Johann Peter Hebel
1760–1826

Der böse Winter

Mancher, der nicht gern die Stube und den Ofen hütet, zumal wenn kein Feuer darin ist, denkt noch an den langen Winter von 1812 auf 1813. Ist nicht der Boden und alles, was noch darin war, eingefroren schon im frühen November und verschlossen geblieben, wie der Himmel zur Zeit Eliä, bis hinaus in den Februar.

Der Hausfreund aber erinnert sich jetzt wieder, was die Alten von dem Winter des Jahrs 1740 erzählt und geschrieben haben, und wie es aussah, nicht nur in Moskau oder Smolensko, nicht nur am Fluß Borysthenes oder an der Düna, nicht nur an der Weichsel, sondern auch am Rheinstrom und an dem Neckar. Die Stuben waren nicht zur Wärme zu bringen. Während der Ofen glühte, gefror zu gleicher Zeit das Wasser an den Fenstern zu Eis, so daß jedes Stüblein, auch noch so klein, gleich der Erde eine heiße Weltgegend hatte und eine kalte, nur keine gemäßigte. Wenn man langsam Wasser von einem hohen Fenster herab goß, es kam kein Wasser auf den Boden, sondern Eis. Nicht immer war es gleich. Aber in den kältesten Tagen, wenn einer aus dem warmen Zimmer gegen den Wind ging, er kam nicht tausend Schritte weit, so bekam er Beulen im Gesicht, und die Haut an den Händen sprang ihm auf. Die Erde war drei Ellen tief gefroren. Wollte der Totengräber einem sein Grab auf dem Kirchhof zurecht machen, er mußte zuerst einen Holzhaufen auf dem Platz anzünden und abbrennen lassen, damit er mit der Schaufel in die Erde kommen konnte. Das Wild erfror in dem Walde, die Vögel in der Luft, das arme Vieh in den Ställen.

In Schweden kamen 300 Menschen um das Leben, die doch dort daheim und der Kälte von Kindesbeinen an gewohnt, und nicht auf dem Heimweg aus einem russischen Feldzug waren. In Ungarn aber erfroren achtzigtausend Ochsen.

Aber das kühne und mutwillige Menschengeschlecht weiß fast alle Schwierigkeiten und Anfechtungen zu besiegen, welche die Natur seinem Beginnen entgegenstellt. Es hat sich nicht zweimal sagen lassen: »Machet sie euch untertan.« Denn die Küfer in Mainz verfertigten damals zum Andenken mitten auf dem Rhein ein Faß von sieben Fuder und zwei Ohm, trotz der Kälte. Aber die Heidelberger Bäcker meinten, das sei noch nicht das Höchste, was man tun könne. Denn der Pfälzer will alles noch ein wenig weiter bringen als andere Leute. Also setzten sie mitten auf den Neckar, wo nach wenig Monaten wieder die Schiffe fuhren, einen Backofen auf, und es ist manches Laiblein Weißbrot und Schwarzbrot aus demselben gezogen, und zum Wunder und Andenken gegessen worden. – Dies ist geschehen im Winter des Jahrs 1740.

Neujahrswünsche des Wochenblattträgers für 1812

Als wenn's nie da gewesen wär',
Ist wieder eins hinunter,
Begraben in das tiefe Meer
Bei Fusel und Burgunder,

Bei Saitenspiel, Pistolenschuß
Und krachenden Petarden,
Bei Händedruck und Liebeskuß
In Sälen und Mansarden.

's hat's wohl verdient, das gute Jahr
Für viele schöne Gaben,
Daß wir an seiner Totenbahr
Valet getrunken haben.

Was will ich lange Seiten voll
Sie alle rezitieren!
Ich hoff', das liebe neue soll
Sie selber repetieren.

Mit Blüten war der März geschmückt,
Mit Blüten der Oktober;
Manch Kindlein in der Wiege liegt
Mit Bäcklein wie Zinnober.

Vor allem ist der edle Wein
Nach Herzenswunsch geraten,
Und mancher schmollt im Kämmerlein
Und zählet die Dukaten.

An unsereinen kommt es spät,
Auch etwas zu erhaschen
Und, wenn man auf der Gasse geht,
Zu klimpern in den Taschen.

Doch was mir werden soll, das war
In guter Hand indessen:
Ich weiß, das gabenreiche Jahr
Hat mich nicht ganz vergessen.

CARL PHILIPP CONZ
1762–1827

In einen Kalender

Neuer Kalender, der rollenden Stunden Begleiter, was bringst du,
Anzuzeichnen dem Tag, Gutes und Böses mir dar?
A. Nimm es gelassen, wie's kommt, und lerne von jeglichem Tage!
Brauche zum Weiser mich nur! Wisse die Zeit ist in dir. –
– Aber das Schicksal doch nicht? – A. Wenn du dich selber verstehest,
Wirst du den Meister, dem wir beide gehorchen, verstehn.

Johann Gaudenz von Salis-Seewis
1762–1834

Winterlied

Das Feld ist weiß, so blank und rein,
Vergoldet von der Sonne Schein,
Die blaue Luft ist stille;
Hell, wie Kristall,
Blinkt überall
Der Fluren Silberhülle.

Der Lichtstrahl spaltet sich im Eis,
Er flimmert blau und rot und weiß,
Und wechselt seine Farbe.
Aus Schnee heraus
Ragt, nackt und kraus,
Des Dorngebüsches Garbe.

Von Reifenduft befiedert sind
Die Zweige rings, die sanfte Wind'
Im Sonnenstrahl bewegen.
Dort stäubt vom Baum
Der Flocken Flaum
Wie leichter Blütenregen.

Tief sinkt der braune Tannenast
Und drohet, mit des Schnees Last
Den Wandrer zu beschütten;
Vom Frost der Nacht
Gehärtet, kracht
Der Weg von seinen Tritten.

Das Bächlein schleicht, von Eis geengt;
Voll lautrer, blauer Zacken hängt
Das Dach; es stockt die Quelle;
Im Sturze harrt,
Zu Glas erstarrt,
Des Wasserfalles Welle.

Die blaue Meise piepet laut;
Der muntre Sperling pickt vertraut
Die Körner vor der Scheune.
Der Zeisig hüpft
Vergnügt und schlüpft
Durch blätterlose Haine.

Wohlan! Auf festgediegner Bahn
Klimm ich den Hügel schnell hinan
Und blicke froh ins Weite;
Und preise den,
Der rings so schön
Die Silberflocken streute.

Jean Paul
1763–1825

Die Joditzer Herbstidylle

Die Joditzer Herbstidylle ist durch voriges fast ausgemalt. Der Herbst führt nämlich die Menschen nach Hause und läßt ihnen sein Füllhorn da, für das Nest des Winters, das sie bauen, wie der Kreuzschnabel im Eismonate Nest und Junge hat. Von damals her muß kommen, daß Paul noch das erste Dreschen, die lauten Krähenzüge in die Wälder, der Zugvögel Schreien oder Blasen zum Aufbruche mit einem nachgebliebenen Vergnügen als die Vorboten der engen häuslichen Winter-Einnistung hört; und es tut mir seinetwegen leid, daß er auch die Gänse im Herbste, die dann in Herden gehen, mit ziemlicher Lust schreien hört als Vorsänger und Vorredner der Winterzeit. Aus diesem Stuben- und Wintersinn hab' ich mir von jeher erklärt, warum er mit so ungemeinem Behagen Reisebeschreibungen von Winterländern wie Spitzbergen und Grönland las; denn das Anschauen einer bloßen Not auf dem Druckpapier erklärt das Vergnügen dabei nicht, weil sonst das nämliche auch bei der Lesung der Glutnot der heißen Länder wieder dasein müßte. Hingegen die bekannte Freude des Mannes über jede Viertelstunde, um welche im Herbste die Tage abnehmen, würd' ich mehr seiner Vorliebe für Superlative – welche es auch seien – für unendliches Großes und unendliches Kleines, kurz für die Maxima und Minima zuschreiben, besonders da er ja ganz ebensosehr sich über das Wachsen der Tage erfreuet und nichts dabei wünscht als gar einen langen Schwedentag. Man sieht aber aus allem, mit welcher unschätzbaren Genügsamkeit und Geschicklichkeit Gott den Mann auf seinen Lebensweg, auf welchem nicht viel rechts und links zu finden war, zugerüstet und ausgestattet, so daß er, es mochte noch so schwarz um ihn sein, immer Weiß aus Schwarz machen konnte und mit einem beidlebigen Instinkte für Land und Meer weder ersaufen noch verdursten konnte.

Es sind dies lauter autobiographische Züge, meine Herren, die ein künftiger Lebenbeschreiber desselben recht bequem zu einer Lebenbeschreibung verarbeitet und für welche er mir vielleicht dankt.

Auch wüßt' ich nichts als jenen behaglichen Stuben- und Wintergeschmack, um mir begreiflich zu machen, warum Paul eine andere an sich so hagere Herbstlust mit solchem Wohlgeschmacke wiederkäuet. In den Herbstabenden (noch dazu an trüben) ging nämlich der Vater im Schlafrocke mit ihm und seinem Bruder auf ein über der Saale gelegenes Kartoffelfeld; der eine Junge trug eine Grabhaue, der andere ein Handkörbchen. Draußen wurden nun neue Kartoffeln, soviel für das Abendessen nötig waren, vom Vater ausgegraben; Paul warf sie aus dem Beete in den Korb, während Adam an dem Haselnußgebüsche die besten Nüsse erklettern durfte. Nach einiger Zeit mußte dieser von den Ästen herunter ins Beet und Paul stieg seinerseits hinauf. Und so zog man denn mit Kartoffeln und Nüssen zufrieden nach Hause; und die Freude, auf eine Viertelstunde weit und eine Stunde lang ins Freie gelaufen zu sein und zu Hause bei Lichte das Erntefest zu feiern, male sich jeder selber so stark wie der Empfänger.

Besonders frisch und grün aber sind noch zwei andere Herbstblumen der Freude in seinen Gehirnkammern erhalten und aufbewahrt, und beide sind Bäume. Der eine ist bloß ein dickzweigiger hoher Muskatellerbirnbaum im Pfarrhofe, an dessen herrlichen Fruchtgehängen die Kinder den ganzen Herbst hindurch künstliches Fallobst hervorzubringen versuchten, bis endlich an einem der wichtigsten Tage der Jahrzeit der Vater den verbotenen Baum selber auf der Leiter bestieg und das süße Paradies herunterholte für das ganze Haus und für den Bratofen. – Der andere immer grüne und noch herrlicher fortblühende Baum ist aber kleiner, nämlich die abgehauene Birke, welche jährlich an dem Andreasabend bei dem Stamme vom alten Holzhauer in die Stube geschleppt und dann in einen weiten Topf mit Wasser und Kalk gepflanzt wurde, damit sie gerade zur Weihnachtzeit, wenn die goldnen Früchte an sie gehangen wurden, schon die rechten grünen Blätter dazu trüge. Es hatte diese Birke, keine Trauer- sondern eine Jubelbirke, das Eigne an sich, daß sie den dunkeln Dezemberweg bis zum Christfest mit Freudenblumen bestreuete, nämlich mit ihren hervorgenötigten Blättchen, wovon jedes neue wie ein Uhrzeiger auf einen zurückgelegten Tag hinwies, und daß jedes Kind unter diesem Maienbaum des Winters sein Laubhüttenfest der Phantasien feiern konnte.

Pauls Weihnachtfest selber zu beschreiben, erlassen mir wohl gern alle die Zuhörer, welchen in Pauls Werken Gemälde davon, die ich am wenigsten übertreffen kann, zu Händen gekommen. Bloß zwei Zusätze dürften nachzuholen sein. Wenn Paul nämlich am Weihnachtmorgen vor dem Lichterbaum und Lichtertische stand und nun die neue Welt voll Gold und Glanz und Gaben aufgedeckt vor ihm lag und er Neues und Neues und Reiches fand und bekam: so war das erste, was in ihm aufstieg, nicht eine Träne – nämlich der Freude –, sondern ein Seufzer – nämlich über das Leben – ; mit einem Worte schon dem Knaben bezeichnete der Übertritt oder Übersprung oder Überflug aus dem wogenden spielenden unabsehlichen Meere der Phantasie an die begrenzte und begrenzende feste Küste sich mit dem Seufzer nach einem größern schönern Lande. Aber ehe dieser Seufzer sich veratmete und ehe die glückliche Wirklichkeit ihre Kräfte zeigte: so fühlte Paul aus Dankbarkeit, daß er sich im höchsten Grade freudig zeigen müßte vor seiner Mutter; – und diesen Schein nahm er sofort an und auf kurze Zeit, weil sogleich darauf die angebrochnen Morgenstrahlen der Wirklichkeit das Mondlicht der Phantasie auslöschten und entfernten.

Hier mag auch einer väterlichen Eigenheit gedacht werden, welche in dieselbe Minute fiel: der Vater nämlich – immer so froh teilnehmend, jede Freude so bereitwillig gönnend und gebend – kam an dem Christmorgen wie mit einem Trauerflor bedeckt aus seiner Stube in die lustige leuchtende Wohn- und Gesindestube herab; die Mutter selber versicherte ihre Unwissenheit über diese jährliche Traurigkeit und niemand hatte Mut zur Frage. Auch überließ er der Mutter die ganze Mühe und Freude, die Tafeldeckerin der h. Christnacht zu sein, und hier blieb er vielleicht beträchtlich hinter Paul zurück, und holte den Sohn nicht ein, welcher immer bei der Weihnachtoper der Kinder seiner Frau viel half, wenn nicht gar sie bloß ihm; denn in der Tat hatte er – zumal früher, da sie dümmer waren – schon Monate vor der Aufführung dieser Zauberoper den Lügen-Zettel-Träger, den Theaterdichter und Szenenmaler auf dem Kanapee gespielt, und hatte endlich abends als vollständiger Operdirektor und Maschinenmeister alles auf den Tischen und Bäumchen so lichtervoll und verständig ausgebreitet und zusammengeordnet, daß das Ganze glänzte und sein Auge dazu.

Demungeachtet ist der Vater aus dem Sohne und die väterliche Trauer fast zu erklären und zwar daraus, daß dieser seit vielen Jahren selber eine ähnliche bei aller äußern Freudigkeit und Tätigkeit zu verhüllen hat. Es ist eben bei beiden nur das von Kirchenstücken und Romanen wunde Wehgefühl der Vergleichung zwischen dem männlichen Herbste der Wirklichkeit und dem kindlichen Frühlinge vor ihnen, in welchem noch dicht aus dem Stamme der Wirklichkeit die Blüten des Ideals ohne Umwege von Blättern und Ästen wachsen.

Bedurfte doch damals sogar der kindliche Honig und Wein der Freude des idealen Ätherzusatzes von dem Glauben an ein darreichendes Christkindchen. Denn sobald er zufällig sich mit Augen überzeugt hatte, daß nur Menschen, nicht Überirdische, die Freudenblüten und Früchte bringen und auf die Tafel legen: so war diesen der Edenduft und Edenglanz ausgegangen und abgewischt und das alltägliche Gartenbeet da. Indes unglaublich ists, wie er gleich allen Kindern, sich gegen die Himmelstürmer seines himmlischen Glaubens gewehrt und wie lange er seine übernatürliche Offenbarung festgehalten gegen alle Einsichten seiner Jahre, gegen alle Winke des Zufalls, bis er endlich sah und siegte weniger als besiegt wurde. So schwer läßt sich der Mensch in allen Religionen zu den Menschen herunterziehen, welche oben im Lufthimmel die gebenden Götter spielen.

Friedrich Wilhelm August Schmidt
1764–1838

Der heilige Abend vor Weihnachten

Das Schneedach fegt des Sturmes Saus,
Die Ofenflammen zittern.
Die Kinder bleiben gern zu Haus',
Und denken nicht an Schlittern;
Denn sieh! der Abend graut
Und Ruprecht kömmt, und baut
Für jedes bald ein Tischgen auf,
Und legt so schöne Sachen drauf.

Im Nebenzimmer kramt er schon
Den Quersack aus, und tuschelt.
Und horch! wie sacht er itzt davon
Entlang die Wände ruschelt!
Nun hebt der Jubel an,
Die Thür wird aufgethan:
Sieh da die Tischgen, weiß gedeckt,
Voll Kerzen, grün und rot gefleckt.

Hinein stürmt Bub' und Mägdlein flugs,
Zu sehn was ihm beschieden:
Vor Allem prangt von grünem Bux
Ein Wäldchen Pyramiden
Mit goldnen Nüßen dran;
Hier nickt ein Sägemann,
Dort grünt ein Busch mit Lämmern drin,
Bewacht von Hund und Schäferin.

Nußknacker stehn mit dickem Kopf
Bey Jud' und Schornsteinfeger.
Hier hängt ein Schrank mit Kell' und Topf,
Dort hetzt den Hirsch der Jäger.
Hier ruft ein Kuckuck, horch!

Und dort spatziert ein Storch.
Mit Aepfeln prangt der Taxusbaum,
Und blinkt von Gold- und Silberschaum.

Zu Pferde paradirt von Blej
Ein Regiment Soldaten.
Ein Sansfacon sitzt frank und frei
Gekrümmt und münzt Dukaten.
Und Alles schmaus't und knarrt;
Trompet' und Fiedel schnarrt.
Fern stehn die Alten, still erfreut,
Und denken an die alte Zeit.

Nun Mutter! ob dem lieben Brauch
Sey recht vergnügt und keife
Heut Abend nicht, du Vater auch,
Und bräch' auch deine Pfeife
In hundert Stücken heut,
Da Alles jauchzt und schrei't,
Und, weil so hell der Wachsstock brennt
Voll Freuden durch einander rennt.

So geht's bis in die späte Nacht,
Und selbst das Kleinste hätte
Sie ohne Schlummer gern durchwacht;
Doch Mutter ruft: zu Bette!
Und jedes macht zur Ruh
Nur halb die Augen zu,
Und wünscht: o! wär es Morgen doch!
Und sieht im Traum die Lichter noch.

August Wilhelm von Schlegel
1767–1845

Die heiligen drei Könige

Aus fernen Landen kommen wir gezogen;
Nach Weisheit strebten wir seit langen Jahren,
Doch wandern wir in unsern Silberhaaren.
Ein schöner Stern ist vor uns hergeflogen.

Nun steht er winkend still am Himmelsbogen:
Den Fürsten Juda's muß dieß Haus bewahren.
Was hast du, kleines Bethlehem, erfahren?
Dir ist der Herr vor allen hochgewogen.

Holdselig Kind, laß auf den Knie'n dich grüßen!
Womit die Sonne unsre Heimat segnet,
Das bringen wir, obschon geringe Gaben.

Gold, Weihrauch, Myrrhen, liegen dir zu Füßen;
Die Weisheit ist uns sichtbarlich begegnet,
Willst du uns nur mit Einem Blicke laben.

Friedrich Adolph Krummacher
1767–1845

Das Lied vom Wintergrün

Epheu, Epheu, Wintergrün!
Freundlich anzuschauen!
Wald und Feld und Auen
Grünen, welken und verblühn;
Aber du erhebst dein Haupt
Immer jung und frisch belaubt.

Epheu, Epheu, Wintergrün!
Mit des Frühlings Schimmer
Schmückst du morsche Trümmer,
Sie umrankend schlank und kühn;
Rauschest um die Felsenkluft,
Säuselst an der stillen Gruft.

Epheu, Epheu, Wintergrün!
Um des Eichbaums Rinde
Schlingst du dein Gewinde. –

Seine Brust umkränzt mit Grün,
Auf dem Scheitel Schnee und Eis,
Stehet er, des Waldes Greis.

Epheu, Epheu, Wintergrün!
Unverwelklich Leben,
Jugendliches Streben,
Warum ward dir das verliehn?
Sieh' es starb der Hain, die Flur;
Epheu spricht: Sie schlummern nur!

Epheu, Epheu, Wintergrün!
Ohne Furcht und Wanken
Schlingst du deine Ranken.
Mag des Lenzes Schmuck verblühn,
Starrend ruhn das Saatgefild,
Bleibest treuer Hoffnung Bild!

Friedrich Daniel Ernst Schleiermacher
1768–1834

Besuch einer Christmette

Ernestine begann. Zu Hause waren dem fröhlichen Feste allerlei trübselige Umstände vorhergegangen, die sich nur kurz zuvor ziemlich glücklich aufgelöset hatten. Es war daher weniger und bei weitem nicht mit so viel Liebe und Fleiß als gewöhnlich für die Freude der Kinder gesorgt worden. Dies war eine günstige Veranlassung, um einen Wunsch zu befriedigen, den ich schon ein Jahr früher, aber vergeblich, geäußert hatte. Damals nämlich wurden noch in den späten Abendstunden die sogenannten Christmetten gehalten und bis gegen Mitternacht unter abwechselnden Gesängen und Reden vor einer unsteten und nicht eben andächtigen Versammlung fortgesetzt. Nach einigen Bedenklichkeiten durfte ich wohlbegleitet mit dem Kammermädchen der Mutter zur Kirche fahren. Ich weiß mich nicht leicht einer so gelinden Witterung um diese Zeit zu erinnern als damals. Der Himmel war klar und doch der Abend fast lau. In der Gegend des fast schon verlöschenden Christmarktes trieben sich große Scharen von Knaben umher mit den letzten Pfeifen, Piepvögeln und Schnurren, die um einen wohlfeilen Preis losgeschlagen wurden, und liefen lärmend auf den Wegen zu den verschiedenen Kirchen hin und her. Erst ganz in der Nähe vernahm man die Orgel und wenige unordentlich begleitende Stimmen von Kindern und Alten. Ohnerachtet eines ziemlichen Aufwandes von Lampen und Kerzen, wollten doch die dunklen altersgrauen Pfeiler und Wände nicht hell werden, und ich konnte nur mit Mühe einzelne Gestalten herausfinden, die nichts Erfreuliches hatten. Noch weniger konnte mir der Geistliche mit seiner quäkenden Stimme einige Teilnahme einflößen; und ich wollte eben ganz unbefriedigt meine Begleiterin bitten zurückzukehren, und sah mich nur noch einmal überall um. Da erblickte ich in einem offnen Stuhl, unter einem schönen alten Monument, eine Frau mit einem kleinen Kinde auf ihrem Schoß. Sie schien des Predigers, des Gesanges und alles um sie her wenig zu achten, sondern nur in ihren eigenen Gedanken tief versenkt zu sein, und ihre Augen waren unverwandt auf das Kind gerichtet. Es zog mich unwiderstehlich zu ihr, und meine Begleiterin mußte mich hinführen. Hier hatte ich nun auf einmal das Heiligtum gefunden, das ich so lange vergeblich gesucht. Ich stand vor der edelsten Bildung, die ich je gesehn. Einfach gekleidet war die Frau, ihr vornehmer, großer Anstand machte den offnen Stuhl zu einer verschlossenen Kapelle; niemand hielt sich in der Nähe und dennoch schien sie auch mich nicht zu bemerken, da ich dicht vor ihr stand. Ihre Miene schien mir bald lächelnd, bald schwermütig, ihr Atem bald freudig zitternd, bald frohe Seufzer schwer unterdrückend, aber das Bleibende von dem allem war freundliche Ruhe, liebende Andacht, und herrlich strahlte diese aus dem großen schwarzen, niedergesenkten Auge, das mir die Wimpern ganz verdeckt hätten, wenn ich etwas größer gewesen wäre. So schien mir auch das Kind ungemein lieblich, es regte sich lebendig, aber still und schien mir in einem halb unbewußten Gespräch von Liebe und Sehnsucht mit der Mutter begriffen. Nun hatte ich lebendige Gestalten zu den schönen Bildern von Maria und dem Kinde; und ich vertiefte mich so in diese Phantasie, daß ich halb unwillkürlich das Gewand der Frau an mich zog, und sie mit bewegter sehr bittender Stimme fragte: darf ich wohl dem lieblichen Kinde etwas schenken? und so leerte ich auch schon einige Händchen voll Näschereien, die ich zum Trost in aller etwaigen Not mitgenommen, auf seine Bedeckungen aus; die Frau sah mich einen Augenblick starr an, zog mich dann freundlich zu sich, küßte meine Stirn und sprach: »O ja, liebe Kleine, heute gibt ja jedermann, und alles um eines Kindes willen.« Ich küßte ihre um meinen Hals gelegte Hand und ein ausgestrecktes Händchen des Kleinen, und wollte schnell gehn; da sagte sie: warte, ich will dir auch etwas schenken; vielleicht kenne ich dich daran wieder. Sie suchte umher und zog aus ihren Haaren eine goldene Nadel mit einem grünen Stein, die sie an meinem Mantel befestigte. Ich küßte noch einmal ihr Gewand und verließ schnell die Kirche mit einem vollen, über alles seligen Gefühl.

Johannes Daniel Falk
1768–1826

O du fröhliche

O du fröhliche, o du selige,
gnadenbringende Weihnachtszeit!
Welt ging verloren, Christ ward geboren,
freue, freue dich, o Christenheit!

O du fröhliche, o du selige,
gnadenbringende Weihnachtszeit!
Christ ist erschienen, uns zu versühnen;
freue, freue dich, o Christenheit.

O du fröhliche, o du selige,
gnadenbringende Weihnachtszeit!
Himmlische Heere jauchzen dir Ehre.
Freue, freue dich, o Christenheit!

Ernst Moritz Arndt
1769–1860

Erklinge Lied und werde Schall

Erklinge Lied und werde Schall,
Kling gleich der hellsten Nachtigall,
Kling gleich dem hellsten Lerchenklang
Die ganze weite Welt entlang.

Kling Lied und kling im höchsten Ton!
Es kommt der süße Gottessohn,
Es kommt das helle Himmelskind
Hernieder wo die Sünder sind.

Es kehrt bei einer Jungfrau ein,
Will eines Weibes Säugling sein,
Der große Herr der ganzen Welt
Ein Würmlein auf die Erde fällt.

Ein armes Knäblein, nackt und bloß,
So liegt Er in Mariens Schooß,
Der alle Sterne lenken kann
Fleht eines Weibes Gnade an.

Der ehr als Erd und Himmel war,
Das Wort des Vaters rein und klar,
Spricht lieb und freundlich bei uns ein
Und will der Sünder Bruder sein.

So kommt die unermeßne Huld
Zu tragen unsre schwere Schuld,
Die ewge Liebe steigt von Gott
Zu uns herab für Schmach und Spott.

Des solln wir alle fröhlich sein,
Und jauchzen ob dem Kindelein,
Dem süßen Kindlein Jesus Christ,
Der heut für uns geboren ist.

Des solln wir alle fröhlich sein
Und singen mit den Engelein
Und singen mit der Hirtenschar:
Das ewge Heil wird offenbar.

Des solln wir alle fröhlich sein,
Daß Gott will unser Vater sein,
Und daß der süße Jesus Christ
Heut unser Bruder worden ist.

Der Weihnachtsbaum

Steht er da, der Weihnachtsbaum,
Wie ein bunter, goldner Traum,
Spiegelt Unschuldkinderglück,
All sein Paradies zurück.

Und wir schaun und denken dann,
Wie uns heut das Heil begann,
Wie das Kindlein Jesus Christ
Heut' zur Welt geboren ist;

Wie das Kind von Himmelsart
Lag auf Stroh und Halmen hart,
Wie der Menschheit Hort und Trost
Erdenelend hat erlost.

Also stehn und schauen wir
Gottes Lust und Gnade hier:
Was uns in dem Kindlein zart
Alles heut geboren ward.

Blüh' denn, leuchte, goldner Baum,
Erdentraum und Himmelstraum,
Blüh' und leucht' in Ewigkeit
Durch die arme Zeitlichkeit!

Sei uns Bild und sei uns Schein,
Daß wir sollen fröhlich sein,
Fröhlich durch den süßen Christ,
Der des Lebens Leuchte ist.

Sei uns Bild und sei uns Schein,
Daß wir sollen tapfer sein
Auf des Lebens Pilgerbahn,
Kämpfend gegen Lug und Wahn.

Sei uns Bild und sei uns Schein,
Daß wir sollen heilig sein,
Rein wie Licht und himmelklar,
Wie das Kindlein Jesus war.

FRIEDRICH HÖLDERLIN
1770–1843

Liebste Mamma!
Wann diesmal mein Brief etwas verworrener ist als sonst, so müssen Sie eben denken, mein Kopf sei auch von Weihnachtsgeschäften eingenommen, wie der Ihrige, – doch differieren sie ein wenig: meine sind, ohne das heutige Laxier, Plane auf die Rede, die ich am Johannistage bei der Vesper halte, tausend Entwürfe zu Gedichten, die ich in denen Zessationen (vier Wochen, wo man bloß für sich schafft) machen will und machen muß (NB. auch lateinische), ganze Pakete von Briefen, die ich, obschon das N. Jahr wenig dazu beiträgt, schreiben muß, z. E. Hrn. Helfer, Hrn. Klemm, Hrn. Bilfinger, nach Altona, und was die Sachen als sind, und die Ihrige sind, – was sie eben sind.

Was die Besuche in den Weihnachten betrifft, so bin ich eher so frei, Sie hieher einzuladen, weil mich das Geschäft am Johannistage, wie gesagt, nicht leicht abkommen läßt. Die l. Geschwisterige werden sich wieder recht freuen; aber, im Vertrauen gesagt, mir ists halb und halb bange, wie sie von mir beschenkt werden sollen. Ich überlasse es Ihnen, liebste Mamma, wanns ja so ein wenig unter uns beim alten bleiben soll, so ziehen Sie's mir ab und schenkens ihnen in meinem Namen. Der l. Frau Großmamma mein Kompliment, und ich wolle ihr auch ein Weihnachtsgeschenk machen – – ich wolle dem l. Gott mit rechter Christtagsfreude danken, daß er Sie mir auch dieses beinahe vollendete Jahr wieder so gesund erhalten habe. Ohnerachtet meines Laxiers bin ich doch im übrigen recht wohl. Bei mir ists zwar nicht zu spät, wie bei Ihnen, doch weiß ich eben nichts mehr zu schreiben, als daß ich bin
meiner liebsten Mamma
gehorsamster Sohn
Hölderlin

Winter

Wenn sich das Laub auf Ebnen weit verloren,
So fällt das Weiß herunter auf die Tale,
Doch glänzend ist der Tag vom hohen Sonnenstrahle,
Es glänzt das Fest den Städten aus den Toren.

Es ist die Ruhe der Natur, des Feldes Schweigen
Ist wie des Menschen Geistigkeit, und höher zeigen
Die Unterschiede sich, daß sich zu hohem Bilde
Sich zeiget die Natur, statt mit des Frühlings Milde.

HEINRICH ZSCHOKKE
1771–1848

Die Neujahrswünsche

Jeder wünscht sich langes Leben,
Seine Kisten voller Gold,
Wiesen, Wälder, Äcker, Reben. –
Würde, was zum neuen Jahr
Sich die Leutchen wünschen, wahr,
Dann erst wär' es um die Welt,
Glaubt es, jämmerlich bestellt.

Lebten wir schon tausend Jahre,
Was gewönnen wir dabei?
Kahle Köpfe, graue Haare,
Und das ew'ge Einerlei!
Im erschrecklichen Gedränge
Ungeheurer Menschenmenge
Würden Stadt und Dorf zu enge,
Fast die ganze Welt zu klein.
Niemand könnte etwas erben,
Denn es würde keiner sterben;
Und wer möchte Doktor sein?

Wäre jedermann so reich,
Als wohl jeder wünscht zu werden;
Nun, dann würden wir auf Erden
Uns als Lumpen, alle gleich.
Weil, um Lohn, des andern Bürde
Niemand auf sich laden würde,
Müßte jeglicher allein
Sein höchsteigner Diener sein;
Selber sein Paar Strümpfe stricken,
Möcht' er nicht gern barfuß gehn;
Selber Rock und Hosen flicken,
Möcht' er nicht wie Adam stehn;

Müßte kochen, braten, backen,
Liebte er gesunde Kost;
Wäre er kein Freund vom Frost,
Müßt' er selber Holz sich hacken.

Ständen alle ohne Mängel
Wir hienieden schon als Engel,
O wie wär' es böse Zeit
Für die liebe Geistlichkeit?
Wer denn möchte Pfarrer werden
In dem Himmel hier auf Erden,
Wenn der Laie besser wäre
Als die Predigt, die er hört?
Nur wo nötig ist die Lehre,
Und sonst nirgends, hat sie Wert.
Advokaten gingen müßig;
Richter wären überflüssig;
Dorfmagnaten, Potentaten,
Schuldenboten und Soldaten,
Kanonier und Musketier,
Trommelschläger, Offizier,
Und Dragoner und Husaren
Wären überflüß'ge Waren.
Ach in diesem Weltgetümmel
Wüchse wieder neue Not,
Denn es brächte unser Himmel
Manchen braven Mann ums Brot.

Wären alle Mädchen schön,
Und von außen und von innen,
Und vom Wirbel bis zum Zeh'n
Zauberische Huldgöttinnen:

Zu alltäglich, zu gemein
Würden schöne Mädchen sein;
Niemand würde auf sie blicken.
Wäre alles Diamant,
Was jetzt Kiesel ist und Sand,
Niemand möchte sich drum bücken.

Wüßte jeder Tropf genug,
Wären alle Toren klug,
Könnte niemand Bess'res sagen,
O so gäb' es nichts zu fragen,
Nichts zu lernen, nichts zu lehren,
Nichts zu tadeln, zu bekehren;
Jeder schwatzte wie ein Buch;
Nirgends wäre Widerspruch;
Und die Welt, bei Ja und Nein,
Schlief aus langer Weile ein.

Jeder wünscht zum neuen Jahr;
Aber würde alles wahr,
Dann erst wär' es um die Welt,
Glaubt es, jämmerlich bestellt!
Wollet ihr die Welt verbessern,
(Bloße Wünsche tun es nie,
Winke sind's der Fantasie!)
Wollet ihr die Welt verbessern,
Fange jeder an bei sich,
Denn der Mittelpunkt der größern
Welt ist jeglichem sein Ich.

Dieses Ich wirft seine Strahlen,
Einer innern Sonne gleich,
Durch des Lebens weites Reich.
Wie es selber ist, so malen
Sich die Dinge klein und groß,
Prächtig oder farbenlos.

Freund, was Du vom Leben sagst,
Was Du über Menschen klagst,
Was Du preisest, was Du tadelst,
Was Du lästerst, was Du adelst,
Schildert, glaub' es sicherlich,
Nicht die Welt, es schildert Dich;
Alles ist von Dir gesagt,
Hast Dich selber angeklagt.

NOVALIS
1772–1801

Die neue Welt

Über der Menschen weitverbreitete Stämme herrschte vor Zeiten ein eisernes Schicksal mit stummer Gewalt. Eine dunkle, schwere Binde lag um ihre bange Seele – Unendlich war die Erde – der Götter Aufenthalt, und ihre Heimat. Seit Ewigkeiten stand ihr geheimnisvoller Bau. Über des Morgens roten Bergen, in des Meeres heiligem Schoß wohnte die Sonne, das allzündende, lebendige Licht.

Ein alter Riese trug die selige Welt. Fest unter Bergen lagen die Ursöhne der Mutter Erde. Ohnmächtig in ihrer zerstörenden Wut gegen das neue herrliche Göttergeschlecht und dessen Verwandten, die fröhlichen Menschen. Des Meers dunkle, grüne Tiefe war einer Göttin Schoß. In den kristallenen Grotten schwelgte ein üppiges Volk. Flüsse, Bäume, Blumen und Tiere hatten menschlichen Sinn. Süßer schmeckte der Wein von sichtbarer Jugendfülle geschenkt – ein Gott in den Trauben – eine liebende, mütterliche Göttin, empor wachsend in vollen goldenen Garben – der Liebe heilger Rausch ein süßer Dienst der schönsten Götterfrau – ein ewig buntes Fest der Himmelskinder und der Erdbewohner rauschte das Leben, wie ein Frühling, durch die Jahrhunderte hin – Alle Geschlechter verehrten kindlich die zarte, tausendfältige Flamme, als das höchste der Welt. Ein Gedanke nur war es, Ein entsetzliches Traumbild,

> Das furchtbar zu den frohen Tischen trat
> Und das Gemüt in wilde Schrecken hüllte.
> Hier wußten selbst die Götter keinen Rat,
> Der die beklomme Brust mit Trost erfüllte.
> Geheimnisvoll war dieses Unholds Pfad
> Des Wut kein Flehn und keine Gabe stillte;
> Es war der Tod, der dieses Lustgelag
> Mit Angst und Schmerz und Tränen unterbrach.
>
> Auf ewig nun von allem abgeschieden,
> Was hier das Herz in süßer Wollust regt,
> Getrennt von den Geliebten, die hinieden
> Vergebne Sehnsucht, langes Weh bewegt,
> Schien matter Traum dem Toten nur beschieden,
> Ohnmächtges Ringen nur ihm auferlegt.
> Zerbrochen war die Woge des Genusses
> Am Felsen des unendlichen Verdrusses.
>
> Mit kühnem Geist und hoher Sinnenglut
> Verschönte sich der Mensch die grause Larve,
> Ein sanfter Jüngling löscht das Licht und ruht –
> Sanft wird das Ende, wie ein Wehn der Harfe.
> Erinnrung schmilzt in kühler Schattenflut,
> So sang das Lied dem traurigen Bedarfe.
> Doch unenträtselt blieb die ewge Nacht,
> Das ernste Zeichen einer fernen Macht.

Zu Ende neigte die alte Welt sich. Des jungen Geschlechts Lustgarten verwelkte – hinauf in den freieren, wüsten Raum strebten die unkindlichen, wachsenden Menschen. Die Götter verschwanden mit ihrem Gefolge – Einsam und leblos stand die Natur. Mit eiserner Kette band sie die dürre Zahl und das strenge Maß. Wie in Staub und Lüfte zerfiel in dunkle Worte die unermeßliche Blüte des Lebens. Entflohn war der beschwörende Glauben, und die allverwandelnde, allverschwisternde Himmelsgenossin, die Phantasie. Unfreundlich blies ein kalter Nordwind über die erstarrte Flur, und die erstarrte Wunderheimat verflog in den Äther. Des Himmels Fernen füllten mit leuchtenden Welten sich. Ins tiefre Heiligtum, in des Gemüts höhern Raum zog mit ihren Mächten die Seele der Welt – zu walten dort bis zum Anbruch der tagenden Weltherrlichkeit. Nicht mehr war das Licht der Götter Aufenthalt und himmlisches Zeichen – den Schleier der Nacht warfen sie über sich. Die Nacht ward der Offenbarungen mächtiger Schoß – in ihn kehrten die Götter zurück – schlummerten ein, um in neuen herrlichen Gestalten auszugehn über die veränderte Welt. Im Volk, das vor allen verachtet zu früh reif und der seligen Unschuld der Jugend trotzig fremd geworden war, erschien mit niegesehenem Angesicht die neue Welt – In der Armut dichterischer Hütte – Ein Sohn der ersten Jungfrau und Mutter – Geheimnisvoller Umarmung unendliche Frucht. Des Morgenlands ahndende, blütenreiche Weisheit erkannte zuerst der neuen Zeit Beginn – Zu des Königs demütiger Wiege wies ihr ein Stern den Weg. In der weiten Zukunft Namen huldigten sie ihm mit Glanz und Duft, den höchsten Wundern der Natur. Einsam entfaltete das himmlische Herz sich zu einem Blütenkelch allmächtger Liebe – des Vaters hohem Antlitz zugewandt und ruhend an dem ahndungsselgen Busen der lieblich ernsten Mutter. Mit vergötternder Inbrunst schaute das weissagende Auge des blühenden Kindes auf die Tage der Zukunft, nach seinen Geliebten, den Sprossen seines Götterstamms, unbekümmert über seiner Tage irdisches Schicksal. Bald sammelten die kindlichsten Gemüter von inniger Liebe wundersam ergriffen sich um ihn her. Wie Blumen keimte ein neues fremdes Leben in seiner Nähe. Unerschöpfliche Worte und der Botschaften fröhlichste fielen wie Funken eines göttlichen Geistes von seinen freundlichen Lippen. Von ferner Küste, unter Hellas heiterm Himmel geboren, kam ein Sänger nach Palästina und ergab sein ganzes Herz dem Wunderkinde:

> »Der Jüngling bist du, der seit langer Zeit
> Auf unsern Gräbern steht in tiefen Sinnen;
> Ein tröstlich Zeichen in der Dunkelheit –
> Der höhern Menschheit freudiges Beginnen.
> Was uns gesenkt in tiefe Traurigkeit
> Zieht uns mit süßer Sehnsucht nun von hinnen.
> Im Tode ward das ewge Leben kund,
> Du bist der Tod und machst uns erst gesund.«

Der Sänger zog voll Freudigkeit nach Indostan – das Herz von süßer Liebe trunken; und schüttete in feurigen Gesängen es unter jenem milden Himmel aus, daß tausend Herzen sich zu ihm neigten, und die fröhliche Botschaft tausendzweigig emporwuchs. Bald nach des Sängers Abschied ward das köstliche Leben ein Opfer des menschlichen tiefen Verfalls – Er starb in jungen Jahren, weggerissen von der geliebten Welt, von der weinenden Mutter und seinen zagenden Freunden. Der unsäglichen Leiden dunkeln Kelch leerte der liebliche Mund – In entsetzlicher Angst nahte die Stunde der Geburt der neuen Welt. Hart rang er mit des alten Todes Schrecken – Schwer lag der Druck der alten Welt auf ihm. Noch einmal sah er freundlich nach der Mutter – da kam der ewigen Liebe lösende Hand – und er entschlief.

Der Eislauf

Blühender Jüngling dem noch Kraft im Beine,
Der nicht Kälte, als deutscher Jüngling scheuet
Komme mit zur blendenden Eisbahn, welche
Glatt wie ein Spiegel

Schnalle die Flügel an vom Stale, welche
Hermes jezt dir geliehn durchschneide fröhlich
Hand in Hand die schimmernde Bahn und singe
Muntere Lieder.

Aber, o Jüngling hüte dich für Löchern
Welche Nümfen sich brachen, nahe ihnen
Ja nicht schnell im Laufe du findest sonst den
Tod im Vergnügen.

Wenn sich die schwarze Nacht herunter senket
Und das blinkende Kleid der Himmel anzieht
Leuchtet uns der freundliche Mond zu unserm
Eiligen Laufe.

Ludwig Tieck
1773–1853

Weihnachtsmarkt in Alt-Berlin

Man kann annehmen, daß, so sehr poetische Gemüter darüber klagen, wie in unserer Zeit alles Gedicht und Wundersame aus dem Leben verschwunden sei, dennoch in jeder Stadt, fast allenthalben auf dem Lande, Sitten, Gebräuche und Festlichkeiten sich finden, die an sich das sind, was man poetisch nennen kann, oder die gleichsam nur eine günstige Gelegenheit erwarten, um sich zum Dichterischen zu erheben. Das Auge, welches sie wahrnehmen soll, muß freilich ein unbefangenes sein, kein stumpfes und übersättigtes, welches Staunen, Blendung, oder ein Unerhörtes, die Sinne durch Pracht oder Seltsamkeit Verwirrendes mit dem Poetischen verwechselt.

Nur in katholischen Ländern sieht man große, imponierende Kirchenfeste, nur in militärischen glanzvolle Übungen und Kriegesspiele der Soldaten, in Italien haben die öffentlichen Feierlichkeiten der Priester, die mit dem Volke eins sind, so wie die Nationalfeste eher zu-, als abgenommen, im Norden, namentlich in Deutschland, werden öffentliche Aufzüge, Freuden der Bürger und dergleichen immer mehr vergessen, das Bedürfnis trägt den Sieg davon über heitre Fröhlichkeit, der Ernst über den Scherz.

Als ich ein Kind war, so erzählte Medling, ein geborner Berliner, war der Markt und die Ausstellung, wo die Eltern für die Kinder oder sonst Angehörigen Spielzeug, Näschereien und Geschenke zum Weihnachtsfeste einkauften, eine Anstalt, deren ich mich immer noch in meinem Alter mit großer Freude erinnre. In dem Teile der Stadt, wo das Gewerbe am meisten vorherrschte, wo Kaufleute, Handwerker und Bürgerstand vorzüglich ein rasches Leben verbreiten, war in der Straße, welche von Cölln zum Schlosse führt, schon seit langer Zeit der Aufbau jener Buden gewöhnlich, die mit jenem glänzenden Tand als Markt für das Weihnachtsfest ausgeschmückt werden sollten. Diese hölzernen Gebäude setzten sich nach der langen Brücke, so wie gegenüber nach der sogenannten Stechbahn fort, als rasch entstehende, schnell vergehende Gassen. – Vierzehn Tage vor dem Feste begann der Aufbau, mit dem Neujahrstage war der Markt geschlossen, und die Woche vor der Weihnacht war eigentlich die Zeit, in welcher es auf diesem beschränkten Raum der Stadt am lebhaftesten herging, und das Gedränge am größten war. Selbst Regen und Schnee, schlechtes und unerfreuliches Wetter, auch strenge Kälte konnten die Jugend wie das Alter nicht vertreiben. Hatten sich aber frische und anmutige Wintertage um jene Zeit eingefunden, so war dieser Sammelplatz aller Stände und Alter das Fröhlichste, was der heitre Sinn nur sehen und genießen konnte, denn nirgend habe ich in Deutschland und Italien etwas dem Ähnliches wieder gefunden, was damals die Weihnachtszeit in Berlin verherrlichte.

Am schönsten war es, wenn kurz zuvor Schnee gefallen, und bei mäßigem Frost und heiterm Wetter, liegen geblieben war. Alsdann hatte sich das gewöhnliche Pflaster der Straße und des Platzes durch die Tritte der unzähligen Wanderer gleichsam in einen marmornen Fußboden verwandelt. Um die Mittagsstunde wandelten dann wohl die vornehmeren Stände behaglich auf und ab, schauten und kauften, luden den Bedienten, welche ihnen folgten, die Gaben auf, oder kamen auch nur wie in einem Saal zusammen, um sich zu besprechen und Neuigkeiten mitzuteilen. Am glänzendsten aber sind die Abendstunden, in welchen diese breite Straße von vielen tausend Lichtern aus den Buden von beiden Seiten erleuchtet wird, daß fast eine Tageshelle sich verbreitet, die nur hie und da durch das Gedränge der Menschen sich scheinbar verdunkelt. Alle Stände wogen fröhlich und lautschwatzend durcheinander. Hier trägt ein bejahrter Bürgersmann sein Kind auf dem Arm, und zeigt und erklärt dem laut jubelnden Knaben alle Herrlichkeiten. Eine Mutter erhebt dort die kleine Tochter, daß sie sich in der Nähe die leuchtenden Puppen, deren Hände und Gesicht von Wachs die Natur anmutig nachahmen, näher betrachten könne. Ein Kavalier führt die geschmückte Dame, der Geschäftsmann läßt sich gern von dem Getöse und Gewirr betäuben, und vergißt seiner Akten, ja selbst der jüngere und ältere Bettler erfreut sich dieser öffentlichen, allen zugänglichen Maskerade, und sieht ohne Neid die ausgelegten Schätze und die Freude und Lust der Kinder, von denen auch die geringsten die Hoffnung haben, daß irgend etwas für sie aus der vollen Schatzkammer in die kleine Stube getragen werde. So wandeln denn Tausende scherzend mit Planen zu kaufen, erzählend, lachend, schreiend, den süßduftenden mannigfaltigen Zucker- und Marzipan-Gebäcken vorüber, wo Früchte, in reizender Nachahmung, Figuren aller Art, Tiere und Menschen, alles in hellen Farben strahlend, die Lüsternen anlacht: hier ist eine Ausstellung wahrhaft täuschenden Obstes, Aprikosen, Pfirsiche, Kirschen, Birnen und Äpfel, alles aus Wachs künstlich geformt; dort klappert, läutet und schellt in einer großen Bude tausendfaches Spielzeug aus Holz in allen Größen gebildet, Männer und Frauen, Hanswürste und Priester, Könige und Bettler, Schlitten und Kutschen, Mädchen, Frauen, Nonnen, Pferde mit Klingeln, ganzer Hausrat, oder Jäger mit Hirschen und Hunden, was der Gedanke nur spielend ersinnt, ist hier ausgestellt, und die Kinder, Wärterinnen und Eltern werden angerufen, zu wählen und zu kaufen. Jenseit erglänzt ein überfüllter Laden mit blankem Zinn, (denn damals war es noch gebräuchlich, Teller und Schüsseln von diesem Metall zu gebrauchen) aber neben den polierten und spiegelnden Geräten, blinkt und leuchtet in Rot und Grün, und Gold und Blau, eine Unzahl regelmäßig aufgestellter Soldatesken, Engländer, Preußen und Croaten, Panduren und Türken, prächtig gekleidete Pascha's auf geschmückten Rossen, auch geharnischte Ritter und Bauern und Wald im Frühlingsglanz, Jäger, Hirsche und Bären und Hunde in der Wildnis. Wurde man schon auf eigne, nicht unangenehme Weise betäubt, von all dem Wirrsal des Spielzeuges, der Lichter und der vielfach schwatzenden Menge, so erhöhten dies noch durch Geschrei jene umwandelnden Verkäufer, die sich an keinen festen Platz binden mochten, diese drängen sich durch die dicksten Haufen, und schreien, lärmen, lachen und pfeifen, indem es ihnen weit mehr um diese Lust zu tun ist, als Geld zu lösen. Junge Bursche sind es, die unermüdet ein Viereck von Pappe umschwingen, welches an einem Stecken mit Pferdehaar befestigt, ein seltsam lautes Brummen hervorbringt, wozu die Schelme laut: »Waldteufel kauft!« schreien. Nun fährt eine große Kutsche mit vielen Bedienten langsam vorüber. Es sind die jungen Prinzen und Prinzessinnen des Königl. Hauses, welche auch an der Kinderfreude des Volkes Teil nehmen wollen. Nun freut der Bürger sich doppelt, auch die Kinder seines Herrschers so nahe zu sehn; alles drängt sich mit neuem Eifer um den stillstehenden Wagen.

Jedes Fest, und jede Einrichtung, so beschloß Medling seinen Bericht, wächst mit den Jahren, und erreicht einen Punkt der Vollendung, von welchem es dann schnell, oder unvermerkt wieder hinab sinkt. Das ist das Schicksal alles Menschlichen im Großen, wie im Kleinen. So viel ich nach den Erinnerungen meiner Jugend und Kindheit urteilen darf, war diese Volksfeierlichkeit von den Jahren 1780 bis etwa 1793 in ihrem Aufsteigen und in der Vollkommenheit. Schon in den letzten Jahren richteten sich in nähern oder entfernteren Straßen Läden ein, die die teureren und gleichsam vornehmeren Spielzeuge zur Schau ausstellten. Zuckerbäcker errichteten in ihren Häusern anlockende Säle, in welchen man Landschaften aus Zuckerteig, oder Dekorationen, später ganze lebensgroße mythologische Figuren wie in Marmor ausgehauen, aus Zucker gebacken sah. Ein prahlendes Bewußtsein, ein vornehm tuendes Überbieten in anmaßlichen Kunst-Produktionen zerstörte jene kindliche und kindische Unbefangenheit, auch mußte Schwelgerei an die Stelle der Heiterkeit und des Scherzes treten. Doch ist mit allen diesen neuern Mängeln, so endigte unser Freund seinen Bericht, diese Christ-Zeit in Berlin, vergleicht man das Leben dieser fröhlichen und für Kinder so ahndungsreichen Tage, mit allen andern Städten, immer noch eine klassische zu nennen, wenn man das Klassische als den Ausdruck des Höchsten und Besten in jeglicher Art gebrauchen will.

Weihnachten

Wenn herüber zu meinem Garten
Die alten Lieder tönen
Der Pfeifer, die, aus dem Gebirge kommend,
Jeglich Marienbild mit Weisen grüßen,
So dünk' ich mich in seltsame, ferne
Wunderzeiten entrückt,

Und alte Legenden, und himmlische Sehnsucht
Zarte Lieb' und große Erinnerung
Quellen aus den rauhen, einfachen Tönen.
Tiefer, und inniger
Spricht der Frömmigkeit Wort
Die wunderliche Melodie,
Als in den Kirchen
Der neuen Künstler Wirrwarr,
Die alle Töne keck aufbieten
Um zu heucheln und zu grimmassieren,
Und mit weltlichem Prunk
Das Heilige höhnen.

VOLKSLIED

Kling, Glöckchen, klingelingeling

Kling, Glöckchen, klingelingeling,
kling, Glöckchen, kling!
Laßt mich ein, ihr Kinder,
ist so kalt der Winter,
öffnet mir die Türen,
laßt mich nicht erfrieren.
Kling, Glöckchen, klingelingeling,
kling, Glöckchen, kling!

Kling, Glöckchen, klingelingeling,
kling, Glöckchen, kling!
Mädchen, hört, und Bübchen,
macht mir auf das Stübchen,
bring euch viele Gaben,
sollt euch dran erlaben.
Kling, Glöckchen, klingelingeling,
kling, Glöckchen, kling!

Kling, Glöckchen, klingelingeling,
kling, Glöckchen, kling!
Hell erglüh'n die Kerzen,
öffnet mir die Herzen,
will drin wohnen fröhlich,
frommes Kind, wie selig.
Kling, Glöckchen, klingelingeling,
kling, Glöckchen, kling!

Ernst Theodor Amadeus Hoffmann
1776–1822

Der Weihnachtsabend

Am vierundzwanzigsten Dezember durften die Kinder des Medizinalrats Stahlbaum den ganzen Tag über durchaus nicht in die Mittelstube hinein, viel weniger in das daranstoßende Prunkzimmer. In einem Winkel des Hinterstübchens zusammengekauert, saßen Fritz und Marie, die tiefe Abenddämmerung war eingebrochen und es wurde ihnen recht schaurig zumute, als man, wie es gewöhnlich an dem Tage geschah, kein Licht hereinbrachte. Fritz entdeckte ganz insgeheim wispernd der jüngern Schwester (sie war eben erst sieben Jahr alt worden) wie er schon seit frühmorgens es habe in den verschlossenen Stuben rauschen und rasseln, und leise pochen hören. Auch sei nicht längst ein kleiner dunkler Mann mit einem großen Kasten unter dem Arm über den Flur geschlichen, er wisse aber wohl, daß es niemand anders gewesen als Pate Droßelmeier. Da schlug Marie die kleinen Händchen vor Freude zusammen und rief: »Ach was wird nur Pate Droßelmeier für uns Schönes gemacht haben.« Der Obergerichtsrat Droßelmeier war gar kein hübscher Mann, nur klein und mager, hatte viele Runzeln im Gesicht, statt des rechten Auges ein großes schwarzes Pflaster und auch gar keine Haare, weshalb er eine sehr schöne weiße Perücke trug, die war aber von Glas und ein künstliches Stück Arbeit. Überhaupt war der Pate selbst auch ein sehr künstlicher Mann, der sich sogar auf Uhren verstand und selbst welche machen konnte. Wenn daher eine von den schönen Uhren in Stahlbaums Hause krank war und nicht singen konnte, dann kam Pate Droßelmeier, nahm die Glasperücke ab, zog sein gelbes Röckchen aus, band eine blaue Schürze um und stach mit spitzigen Instrumenten in die Uhr hinein, so daß es der kleinen Marie ordentlich wehe tat, aber es verursachte der Uhr gar keinen Schaden, sondern sie wurde vielmehr wieder lebendig und fing gleich an recht lustig zu schnurren, zu schlagen und zu singen, worüber denn alles große Freude hatte. Immer trug er, wenn er kam, was Hübsches für die Kinder in der Tasche, bald ein Männlein, das die Augen verdrehte und Komplimente machte, welches komisch anzusehen war, bald eine Dose, aus der ein Vögelchen heraushüpfte, bald was anderes. Aber zu Weihnachten, da hatte er immer ein schönes künstliches Werk verfertigt, das ihm viel Mühe gekostet, weshalb es auch, nachdem es einbeschert worden, sehr sorglich von den Eltern aufbewahrt wurde. – »Ach, was wird nur Pate Droßelmeier für uns Schönes gemacht haben«, rief nun Marie; Fritz meinte aber, es könne wohl diesmal nichts anderes sein, als eine Festung, in der allerlei sehr hübsche Soldaten auf und ab marschierten und exerzierten und dann müßten andere Soldaten kommen, die in die Festung hineinwollten, aber nun schössen die Soldaten von innen tapfer heraus mit Kanonen, daß es tüchtig brauste und knallte. »Nein, nein«, unterbrach Marie den Fritz: »Pate Droßelmeier hat mir von einem schönen Garten erzählt, darin ist ein großer See, auf dem schwimmen sehr herrliche Schwäne mit goldnen Halsbändern herum und singen die hübschesten Lieder. Dann kommt ein kleines Mädchen aus dem Garten an den See und lockt die Schwäne heran, und füttert sie mit süßem Marzipan.« »Schwäne fressen keinen Marzipan«, fiel Fritz etwas rauh ein, »und einen ganzen Garten kann Pate Droßelmeier auch nicht machen. Eigentlich haben wir wenig von seinen Spielsachen; es wird uns ja alles gleich wieder weggenommen, da ist mir denn doch das viel lieber, was uns Papa und Mama einbescheren, wir behalten es fein und können damit machen, was wir wollen.« Nun rieten die Kinder hin und her, was es wohl diesmal wieder geben könne, Marie meinte, daß Mamsell Trutchen (ihre große Puppe) sich sehr verändere, denn ungeschickter als jemals fiele sie jeden Augenblick auf den Fußboden, welches ohne garstige Zeichen im Gesicht nicht abginge, und dann sei an Reinlichkeit in der Kleidung gar nicht mehr zu denken. Alles tüchtige Ausschelten helfe nichts. Auch habe Mama gelächelt, als sie sich über Gretchens kleinen Sonnenschirm so gefreut. Fritz versicherte dagegen, ein tüchtiger Fuchs fehle seinem Marstall durchaus so wie seinen Truppen gänzlich an Kavallerie, das sei dem Papa recht gut bekannt. – So wußten die Kinder wohl, daß die Eltern ihnen allerlei schöne Gaben eingekauft hatten, die sie nun aufstellten, es war ihnen aber auch gewiß, daß dabei der liebe Heilige Christ mit gar freundlichen frommen Kindesaugen hineinleuchte und daß wie von segensreicher Hand berührt, jede Weihnachtsgabe herrliche Lust bereite wie keine andere. Daran erinnerte die Kinder, die immerfort von den zu erwartenden Geschenken wisperten, ihre ältere Schwester Luise, hinzufügend, daß es nun aber auch der Heilige Christ sei, der durch die Hand der lieben Eltern den Kindern immer das beschere, was ihnen wahre Freude und Lust bereiten könne, das wisse er viel besser als die Kinder selbst, die müßten daher nicht allerlei wünschen und hoffen, sondern still und fromm erwarten, was ihnen beschert worden. Die kleine Marie wurde ganz nachdenklich, aber Fritz murmelte vor sich hin: »Einen Fuchs und Husaren hätt ich nun einmal gern.«

Es war ganz finster geworden. Fritz und Marie fest aneinandergerückt, wagten kein Wort mehr zu reden, es war ihnen als rausche es mit linden Flügeln um sie her und als ließe sich eine ganz ferne, aber sehr herrliche Musik vernehmen. Ein heller Schein streifte an der Wand hin, da wußten die Kinder, daß nun das Christkind auf glänzenden Wolken fortgeflogen zu andern glücklichen Kindern. In dem Augenblick ging es mit silberhellem Ton: Klingling, klingling, die Türen sprangen auf, und solch ein Glanz strahlte aus dem großen Zimmer hinein, daß die Kinder mit lautem Ausruf: »Ach! – Ach!« wie erstarrt auf der Schwelle stehenblieben. Aber Papa und Mama traten in die Türe, faßten die Kinder bei der Hand und sprachen: »Kommt doch nur, kommt doch nur, ihr lieben Kinder und seht, was euch der Heilige Christ beschert hat.«

Die Gaben

Ich wende mich an dich selbst, sehr geneigter Leser oder Zuhörer Fritz – Theodor – Ernst – oder wie du sonst heißen magst und bitte dich, daß du dir deinen letzten mit schönen bunten Gaben reich geschmückten Weihnachtstisch recht lebhaft vor Augen bringen mögest, dann wirst du es dir wohl auch denken können, wie die Kinder mit glänzenden Augen ganz verstummt stehenblieben, wie erst nach einer Weile Marie mit einem tiefen Seufzer rief: »Ach wie schön – ach wie schön«, und Fritz einige Luftsprünge versuchte, die ihm überaus wohl gerieten. Aber die Kinder mußten auch das ganze Jahr über besonders artig und fromm gewesen sein, denn nie war ihnen so viel Schönes, Herrliches einbeschert worden als dieses Mal. Der große Tannenbaum in der Mitte trug viele goldne und silberne Äpfel, und wie Knospen und Blüten keimten Zuckermandeln und bunte Bonbons und was es sonst noch für schönes Naschwerk gibt, aus allen Ästen. Als das Schönste an dem Wunderbaum mußte aber wohl gerühmt werden, daß in seinen dunkeln Zweigen hundert kleine Lichter wie Sternlein funkelten und er selbst in sich hinein- und herausleuchtend die Kinder freundlich einlud seine Blüten und Früchte zu pflücken. Um den Baum umher glänzte alles sehr bunt und herrlich – was es da alles für schöne Sachen gab – ja, wer das zu beschreiben vermöchte! Marie erblickte die zierlichsten Puppen, allerlei saubere kleine Gerätschaften und was vor allem schön anzusehen war, ein seidenes Kleidchen mit bunten Bändern zierlich geschmückt, hing an einem Gestell so der kleinen Marie vor Augen, daß sie es von allen Seiten betrachten konnte und das tat sie denn auch, indem sie ein Mal über das andere ausrief: »Ach das schöne, ach das liebe – liebe Kleidchen: und das werde ich – ganz gewiß – das werde ich wirklich anziehen dürfen!« – Fritz hatte indessen schon drei- oder viermal um den Tisch herumgaloppierend und -trabend den neuen Fuchs versucht, den er in der Tat am Tische angezäumt gefunden. Wieder absteigend, meinte er: es sei eine wilde Bestie, das täte aber nichts, er wolle ihn schon kriegen, und musterte die neue Schwadron Husaren, die sehr prächtig in Rot und Gold gekleidet waren, lauter silberne Waffen trugen und auf solchen weißglänzenden Pferden ritten, daß man beinahe hätte glauben sollen, auch diese seien von purem Silber. Eben wollten die Kinder, etwas ruhiger geworden, über die Bilderbücher her, die aufgeschlagen waren, daß man allerlei sehr schöne Blumen und bunte Menschen, ja auch allerliebste spielende Kinder, so natürlich gemalt als lebten und sprächen sie wirklich, gleich anschauen konnte. – Ja! eben wollten die Kinder über diese wunderbaren Bücher her, als nochmals geklingelt wurde. Sie wußten, daß nun der Pate Droßelmeier einbescheren würde, und liefen nach dem an der Wand stehenden Tisch. Schnell wurde der Schirm, hinter dem er so lange versteckt gewesen, weggenommen. Was erblickten da die Kinder! – Auf einem grünen mit bunten Blumen geschmückten Rasenplatz stand ein sehr herrliches Schloß mit vielen Spiegelfenstern und goldnen Türmen. Ein Glockenspiel ließ sich hören, Türen und Fenster gingen auf, und man sah, wie sehr kleine aber zierliche Herrn und Damen mit Federhüten und langen Schleppkleidern in den Sälen herumspazierten. In dem Mittelsaal, der ganz in Feuer zu stehen schien – so viel Lichterchen brannten an silbernen Kronleuchtern – tanzten Kinder in kurzen Wämschen und Röckchen nach dem Glockenspiel. Ein Herr in einem smaragdenen Mantel sah oft durch ein Fenster, winkte heraus und verschwand wieder, so wie auch Pate Droßelmeier selbst, aber kaum viel höher als Papas Daumen zuweilen unten an der Tür des Schlosses stand und wieder hineinging. Fritz hatte mit auf den Tisch gestemmten Armen das schöne Schloß und die tanzenden und spazierenden Figürchen angesehen, dann sprach er: »Pate Droßelmeier! Laß mich mal hineingehen in dein Schloß!« – Der Obergerichtsrat bedeutete ihn, daß das nun ganz und gar nicht anginge. Er hatte auch recht, denn es war töricht von Fritzen, daß er in ein Schloß gehen wollte, welches überhaupt mitsamt seinen goldnen Türmen nicht so hoch war, als er selbst. Fritz sah das auch ein. Nach einer Weile, als immerfort auf dieselbe Weise die Herrn und Damen hin und her spazierten, die Kinder tanzten, der smaragdne Mann zu demselben Fenster heraussah, Pate Droßelmeier vor die Türe trat, da rief Fritz ungeduldig: »Pate Droßelmeier, nun komm mal zu der andern Tür da drüben heraus.« »Das geht nicht, liebes Fritzchen«, erwiderte der Obergerichtsrat. »Nun so laß mal«, sprach Fritz weiter, »laß mal den grünen Mann, der so oft herauskuckt, mit den andern herumspazieren.« »Das geht auch nicht«, erwiderte der Obergerichtsrat aufs neue. »So sollen die Kinder herunterkommen«, rief Fritz, »ich will sie näher besehen.« »Ei das geht alles nicht«, sprach der Obergerichtsrat verdrießlich, »wie die Mechanik nun einmal gemacht ist, muß sie bleiben.« »So-o?« fragte Fritz mit gedehntem Ton, »das geht alles nicht? Hör mal Pate Droßelmeier, wenn deine kleinen geputzten Dinger in dem Schlosse nichts mehr können als immer dasselbe, da taugen sie nicht viel, und ich frage nicht sonderlich nach ihnen. – Nein, da lob ich mir meine Husaren, die müssen manövrieren vorwärts, rückwärts, wie ich's haben will und sind in kein Haus gesperrt.« Und damit sprang er fort an den Weihnachtstisch und ließ seine Eskadron auf den silbernen Pferden hin und her trottieren und schwenken und einhauen und feuern nach Herzenslust. Auch Marie hatte sich sachte fortgeschlichen, denn auch sie wurde des Herumgehens und Tanzens der Püppchen im Schlosse bald überdrüssig, und mochte es, da sie sehr artig und gut war, nur nicht so merken lassen, wie Bruder Fritz. Der Obergerichtsrat Droßelmeier sprach ziemlich verdrießlich zu den Eltern: »Für unverständige Kinder ist solch künstliches Werk nicht, ich will nur mein Schloß wieder einpacken«; doch die Mutter trat hinzu, und ließ sich den innern Bau und das wunderbare, sehr künstliche Räderwerk zeigen, wodurch die kleinen Püppchen in Bewegung gesetzt wurden. Der Rat nahm alles auseinander, und setzte es wieder zusammen. Dabei war er wieder ganz heiter geworden, und schenkte den Kindern noch einige schöne braune Männer und Frauen mit goldnen Gesichtern, Händen und Beinen. Sie waren sämtlich aus Thorn, und rochen so süß und angenehm wie Pfefferkuchen, worüber Fritz und Marie sich sehr erfreuten. Schwester Luise hatte, wie es die Mutter gewollt, das schöne Kleid angezogen, welches ihr einbeschert worden, und sah wunderhübsch aus, aber Marie meinte, als sie auch ihr Kleid anziehen sollte, sie möchte es lieber noch ein bißchen so ansehen. Man erlaubte ihr das gern.

Der Schützling

Eigentlich mochte Marie sich deshalb gar nicht von dem Weihnachtstisch trennen, weil sie eben etwas noch nicht Bemerktes entdeckt hatte. Durch das Ausrücken von Fritzens Husaren, die dicht an dem Baum in Parade gehalten, war nämlich ein sehr vortrefflicher kleiner Mann sichtbar geworden, der still und bescheiden dastand, als erwarte er ruhig, wenn die Reihe an ihn kommen werde. Gegen seinen Wuchs wäre freilich vieles einzuwenden gewesen, denn abgesehen davon, daß der etwas lange, starke Oberleib nicht recht zu den kleinen dünnen Beinchen passen wollte, so schien auch der Kopf bei weitem zu groß. Vieles machte die propre Kleidung gut, welche auf einen Mann von Geschmack und Bildung schließen ließ. Er trug nämlich ein sehr schönes violettglänzendes Husarenjäckchen mit vielen weißen Schnüren und Knöpfchen, ebensolche Beinkleider, und die schönsten Stiefelchen, die jemals an die Füße eines Studenten, ja wohl gar eines Offiziers gekommen sind. Sie saßen an den zierlichen Beinchen so knapp angegossen, als wären sie darauf gemalt. Komisch war es zwar, daß er zu dieser Kleidung sich hinten einen schmalen unbeholfenen Mantel, der recht aussah wie von Holz, angehängt, und ein Bergmannsmützchen aufgesetzt hatte, indessen dachte Marie daran, daß Pate Droßelmeier ja auch einen sehr schlechten Matin umhänge, und eine fatale Mütze aufsetze, dabei aber doch ein gar lieber Pate sei. Auch stellte Marie die Betrachtung an, daß Pate Droßelmeier, trüge er sich auch übrigens so zierlich wie der Kleine, doch nicht einmal so hübsch als er aussehen werde. Indem Marie den netten Mann, den sie auf den ersten Blick liebgewonnen, immer mehr und mehr ansah, da wurde sie erst recht inne, welche Gutmütigkeit auf seinem Gesichte lag. Aus den hellgrünen, etwas zu großen hervorstehenden Augen sprach nichts als Freundschaft und Wohlwollen. Es stand dem Manne gut, daß sich um sein Kinn ein wohlfrisierter Bart von weißer Baumwolle legte, denn um so mehr konnte man das süße Lächeln des hochroten Mundes bemerken. »Ach!« rief Marie endlich aus: »ach lieber Vater, wem gehört denn der allerliebste kleine Mann dort am Baum?« »Der«, antwortete der Vater, »der, liebes Kind! soll für euch alle tüchtig arbeiten, er soll euch fein die harten Nüsse aufbeißen, und er gehört Luisen ebensogut, als dir und dem Fritz.« Damit nahm ihn der Vater behutsam vom Tische, und indem er den hölzernen Mantel in die Höhe hob, sperrte das Männlein den Mund weit, weit auf, und zeigte zwei Reihen sehr weißer spitzer Zähnchen. Marie schob auf des Vaters Geheiß eine Nuß hinein, und – knack – hatte sie der Mann zerbissen, daß die Schalen abfielen, und Marie den süßen Kern in die Hand bekam. Nun mußte wohl jeder und auch Marie wissen, daß der zierliche kleine Mann aus dem Geschlecht der Nußknacker abstammte, und die Profession seiner Vorfahren trieb. Sie jauchzte auf vor Freude, da sprach der Vater: »Da dir, liebe Marie, Freund Nußknacker so sehr gefällt, so sollst du ihn auch besonders hüten und schützen, unerachtet, wie ich gesagt, Luise und Fritz ihn mit ebenso vielem Recht brauchen können als du!« – Marie nahm ihn sogleich in den Arm, und ließ ihn Nüsse aufknacken, doch suchte sie die kleinsten aus, damit das Männlein nicht so weit den Mund aufsperren durfte, welches ihm doch im Grunde nicht gut stand. Luise gesellte sich zu ihr, und auch für sie mußte Freund Nußknacker seine Dienste verrichten, welches er gern zu tun schien, da er immerfort sehr freundlich lächelte. Fritz war unterdessen vom vielen Exerzieren und Reiten müde geworden, und da er so lustig Nüsse knacken hörte, sprang er hin zu den Schwestern, und lachte recht von Herzen über den kleinen drolligen Mann, der nun, da Fritz auch Nüsse essen wollte, von Hand zu Hand ging, und gar nicht aufhören konnte mit Auf- und Zuschnappen. Fritz schob immer die größten und härtesten Nüsse hinein, aber mit einem Male ging es – krack – krack – und drei Zähnchen fielen aus des Nußknackers Munde, und sein ganzes Unterkinn war lose und wacklicht. – »Ach mein armer lieber Nußknacker!« schrie Marie laut, und nahm ihn dem Fritz aus den Händen. »Das ist ein einfältiger dummer Bursche«, sprach Fritz. »Will Nußknacker sein, und hat kein ordentliches Gebiß – mag wohl auch sein Handwerk gar nicht verstehn. – Gib ihn nur her, Marie! Er soll mir Nüsse zerbeißen, verliert er auch noch die übrigen Zähne, ja das ganze Kinn obendrein, was ist an dem Taugenichts gelegen.« »Nein, nein«, rief Marie weinend, »du bekommst ihn nicht, meinen lieben Nußknacker, sieh nur her, wie er mich so wehmütig anschaut, und mir sein wundes Mündchen zeigt! – Aber du bist ein hartherziger Mensch – Du schlägst deine Pferde, und läßt wohl gar einen Soldaten totschießen.« – »Das muß so sein, das verstehst du nicht«, rief Fritz; »aber der Nußknacker gehört ebensogut mir, als dir, gib ihn nur her.« – Marie fing an heftig zu weinen, und wickelte den kranken Nußknacker schnell in ihr kleines Taschentuch ein. Die Eltern kamen mit dem Paten Droßelmeier herbei. Dieser nahm zu Mariens Leidwesen Fritzens Partie. Der Vater sagte aber: »Ich habe den Nußknacker ausdrücklich unter Mariens Schutz gestellt, und da, wie ich sehe, er dessen eben jetzt bedarf, so hat sie volle Macht über ihn, ohne daß jemand dreinzureden hat. Übrigens wundert es mich sehr von Fritzen, daß er von einem im Dienst Erkrankten noch fernere Dienste verlangt. Als guter Militär sollte er doch wohl wissen, daß man Verwundete niemals in Reihe und Glied stellt?« – Fritz war sehr beschämt, und schlich, ohne sich weiter um Nüsse und Nußknacker zu bekümmern, fort an die andere Seite des Tisches, wo seine Husaren, nachdem sie gehörige Vorposten ausgestellt hatten, ins Nachtquartier gezogen waren. Marie suchte Nußknackers verlorne Zähnchen zusammen, um das kranke Kinn hatte sie ein hübsches weißes Band, das sie von ihrem Kleidchen abgelöst, gebunden, und dann den armen Kleinen, der sehr blaß und erschrocken aussah, noch sorgfältiger als vorher in ihr Taschentuch eingewickelt. So hielt sie ihn wie ein kleines Kind wiegend in den Armen, und besah die schönen Bilder des neuen Bilderbuchs, das heute unter den andern vielen Gaben lag. Sie wurde, wie es sonst gar nicht ihre Art war, recht böse, als Pate Droßelmeier so sehr lachte, und immerfort fragte: wie sie denn mit solch einem grundhäßlichen kleinen Kerl so schöntun könne? – Jener sonderbare Vergleich mit Droßelmeier, den sie anstellte, als der Kleine ihr zuerst in die Augen fiel, kam ihr wieder in den Sinn, und sie sprach sehr ernst: »Wer weiß, lieber Pate, ob du denn, putzest du dich auch so heraus wie mein lieber Nußknacker, und hättest du auch solche schöne blanke Stiefelchen an, wer weiß, ob du denn doch so hübsch aussehen würdest, als er!« – Marie wußte gar nicht, warum denn die Eltern so laut auflachten, und warum der Obergerichtsrat solch eine rote Nase bekam, und gar nicht so hell mitlachte, wie zuvor. Es mochte wohl seine besondere Ursache haben.

Joachim August Zarnack
1777–1827

O Tannenbaum

O Tannenbaum, o Tannenbaum,
wie grün sind deine Blätter!
Du grünst nicht nur zur Sommerszeit,
nein, auch im Winter, wenn es schneit.
O Tannenbaum, o Tannenbaum,
wie grün sind deine Blätter.

O Tannenbaum, o Tannenbaum,
du kannst mir sehr gefallen.
Wie oft hat nicht zur Weihnachtszeit
ein Baum von dir mich hocherfreut.
O Tannenbaum, o Tannenbaum,
du kannst mir sehr gefallen.

O Tannenbaum, o Tannenbaum,
dein Kleid will mich was lehren:
Die Hoffnung und Beständigkeit
gibt Trost und Kraft zu jeder Zeit.
O Tannenbaum, o Tannenbaum,
dein Kleid will mich was lehren.

Heinrich von Kleist
1777–1811

Weihnachtsausstellung

Eine der interessantesten Kunstausstellungen für das bevorstehende Weihnachtsfest, werth, daß man sie besuche und auch wohl, das man etwas darin kaufe, ist vielleicht die Waarenausstellung der, zum Besten der verschämten Armen beiderlei, doch vorzüglich weiblichen Geschlechts errichteten Kunst- und Industrie-Handlung, von Mad. Henriette Werkmeister Oberwallstraße No. 7. Es hat etwas Rührendes, das man nicht beschreiben kann, wenn man in diese Zimmer tritt; Schaam, Armuth und Fleiß haben hier, in durchwachten Nächten, beim Schein der Lampe, die Wände mit Allem was prächtig oder zierlich oder nützlich sein mag, für die Bedürfnisse der Begüterten, ausgeschmückt. Es ist, als sähe man die vielen tausend kleinen niedlichen Hände sich regen, die hier, vielleicht aus kindlicher Liebe, eines alten Vaters oder einer kranken Mutter wegen, oder aus eigner herben dringenden Noth, geschäfftigt waren: und man mögte ein Reicher sein, um das ganze Putzlager, mit allen Thränen, die darauf gefallen sein mögen, zu kaufen, und an die Verfertigerinnen, denen die Sachen doch wohl am Besten stehen würden, zurückzuschenken.

Zu den vorzüglichsten Sachen gehören:

1) Ein Korb mit Blumen, in Chenille gestickt, mit einer Einfassung; etwa als Caminschirm zu gebrauchen. Die Stickerei ist, auf taftnem Grund, eine Art von *bas relief*; ein Büschel Rosen tritt, fast einen Zoll breit, so voll und frisch, daß man meint, er duftet, aus dem Taftgrunde hervor. Zu wünschen bleibt, daß auch die anderen Blumen und Blätter, die aus dem Korb vorstrebend, darin verwebt sind, verhältnismäßig hervorträten, das würde das Bild eines ganz lebendigen Blumenstraußes geben. Eine edle Dame hat dies Kunst- und Prachtwerk bereits für 15 Louid'or erkauft; und nur auf die Bitte der Vorsteherinn befindet es sich noch hier, um die Ausstellung, während des Weihnachtsfestes, als das wahre Kleinod derselben, zu schmücken.

2) Eine Garnitur geklöpfelter Uhrbänder. Die Medaillen an dem Ende der Bänder, stellen, in Seide gewirkt, Köpfe, Thiere und Blumen dar; so fein und zierlich, daß man sie für eine Art von Miniatür Mosaik halten mögte.

3) Ein, in Wolle, angeblich ohne Zeichnung gestickter, Fußteppich. Ein ganzer Frühling voll Rosen schüttet sich, in der lieblichsten Unordnung, darauf aus; und auch die Arabeskeneinfassung ist zierlich und geschmackvoll.

4) Ein Rosenstrauß, auf englischem Manchester gemahlt, mit einer Einfassung von Winden, gleichfalls als Caminschirm zu gebrauchen.

5) Ein ganz prächtiges Taufzeug.

Vieler Kleider, unter welchen ein gesticktes Musselinkleid oben an, Tücher, Hauben, eine immer schöner als die andere, Strick- Geld- und Tabacks-Beutel, in allen Provinzen des Reichs zusammengearbeitet, das Ganze mehr denn 10 000 Thl. an Werth, nicht zu erwähnen. – Wir laden die jungen Damen der Stadt, die Begüterten so wohl als die Unbegüterten ein, diese Anstalt zu besuchen, und glauben verbürgen zu können, daß sie diesen Gang weder in dem einen noch in dem andern Fall, umsonst thun werden.

Clemens Brentano
1778–1842

Bescherung der Armen an die Wohltäterin

Das Mägdlein gieng zur Linde
Und seufzte gar betrübt:
Was schenk' ich nur dem Kinde,
Das mich so treu geliebt?

Da schwebte her zur Linde
Ein Engel lieb und rein
Und Arme, Kranke, Blinde,
Die zogen hinterdrein.

Sie trugen in der Mitte
Wohl einen Weihnachtsbaum
Ganz nach der alten Sitte
Gleich einem Kindertraum.

Sie setzten's Bäumlein nieder
Vors arme Mägdelein,
Und sangen Dankeslieder
Und sprachen: das ist dein.

Was Gott dir hat gegeben,
Hast du mit uns geteilt,
Dein Lieben gab uns Leben,
Dein Heil hat uns geheilt.

Drum haben wir Elende
Am Fest uns auch geregt,
Den Dank der kranken Hände
Ans Kinderherz gelegt.

Leid ist's von dir mitleidet,
Schmerz ist's von dir gestillt,
Nacktheit von dir bekleidet,
Ist deiner Liebe Bild.

Da ward das Mägdlein stille,
Dacht': »o welch süßer Traum!
Jetzt in der Zeiten Fülle,
Welch reicher Weihnachtsbaum!

Will gleich dem Kind ihn bringen,
O das wird freudig sein.«
Da hob mit süßem Klingen
Sich sanft ein Stimmlein fein.

Im Gärtchen sich erhebet
Von Wachs das Jesulein,
Und geht umher und lebet
Patscht in die Händlein klein.

Und spricht mit süßem Lachen,
Ach das ist doch was wert,
Ach was für schöne Sachen
Hat mir arm Lind beschert!

Was Armen sie gegeben,
Das all sie mir auch giebt,
O welch ein schönes Leben
Wenn Arm den Armen liebt!

Ja weil ich arm, so reichet
Der Armut sie, was mir
Und weil sie arm, so reichet
Die Armut mir, was ihr.

Nach diesen lieben Worten
Ist in dem Weihnachtsbaum
Ein Herz getröstet worden,
Traut seinen Ohren kaum.

Es dacht', der armen Linde
Ward ich vorm Jahr beschert,
Und drum dem Jesuskinde
Zu gleicher Zeit verehrt.

Und dieses hat gesungen
Das Herz im Weihnachtsbaum
Von Armendank umrungen
Lamm, Nüssen, goldnem Schaum!

Adelbert von Chamisso
1781–1838

Nacht und Winter

Von des Nordes kaltem Wehen
Wird der Schnee dahergetrieben,
Der die dunkle Erde decket;

Dunkle Wolken ziehn am Himmel,
Und es flimmern keine Sterne,
Nur der Schnee im Dunkel schimmert.

Herb und kalt der Wind sich reget,
Schaurig stöhnt er in die Stille;
Tief hat sich die Nacht gesenket.

Wie sie ruhn auf dem Gefilde,
Ruhn mir in der tiefsten Seele
Dunkle Nacht und herber Winter.

Herb und kalt der Wind sich reget,
Dunkle Wolken ziehn am Himmel,
Tief hat sich die Nacht gesenket.

Nicht der Freude Kränze zieren
Mir das Haupt im jungen Lenze,
Und erheitern meine Stirne:

Denn am Morgen meines Lebens,
Liebend und begehrend Liebe,
Wandl ich einsam in der Fremde,

Wo das Sehnen meiner Liebe,
Wo das heiße muß, verschmähet,
Tief im Herzen sich verschließen.

Herb und kalt der Wind sich reget,
Dunkle Wolken ziehn am Himmel,
Und es flimmern keine Sterne.

Wie sie ruhn auf dem Gefilde,
Ruhn mir in der tiefsten Seele
Dunkle Nacht und herber Winter.

Leise hallen aus der Ferne
Töne, die den Tag verkünden. –
Wird der Tag denn sich erhellen?

Freudebringend dem Gefilde
Wird er strahlen, Nacht entschweben,
Herber Winter auch entfliehen,

Und des Jahres Kreis sich wenden,
Und der junge Lenz in Liebe
Nahen der verjüngten Erde.

Mir nur, mir nur ewger Winter,
Ewge Nacht, und Schmerz und Thränen,
Kein Tag, keines Sternes Flimmer!

Achim von Arnim
1781–1831

Weihnacht

Es klingt von aller Festlichkeit
Kein Ton in diese Einsamkeit,
Das ganze Land ist weiß verschneit,
Die Sonne zieht von hier so weit,
Und graue Wolken drängen dicht
Sich um das schwache Sternenlicht.

Kein Hirte weilt hier auf dem Feld
Kein Weiser sieht hier einen Stern,
Der blinde Glaub, ein tapfrer Held
Blickt doch zu dir dem ewgen Herrn,
Was auch die Welt ihm angetan
Es wird verschwinden wie ein Wahn.

Wer ihn gekränkt mit bitterm Hohn,
Ihm hat verziehen Gott der Sohn,
Wer ihn gestoßen von dem Thron
Wird bald ihm dienen ohne Lohn
Und wer die Kirche hat zerstört,
In ihren Trümmern sich bekehrt.

Zum Heiligtum wird jeder Stein
Und wo ich wandle ganz allein,
Da ziehts mich nieder mich zu weihn
Mit meinen Tränen heißer Pein,
Ja mich umgibt hier die Gemein
Und drängt sich her im Nebelschein.

Der Schnee zerschmilzt von dieser Höh
Die Fundament ich wieder seh,
Am Altar ich hier wieder steh
Den ich als Kind verließ mit Weh,
Und dieser fremde Pilgerchor,
Baut rings die neue Kirch empor.

Wo ist des Wahnes irre Macht
Wo ist das Dunkel dieser Nacht,
Es drang die Menschheit aus dem Schacht
Und trägt die unterirdsche Pracht
Zu diesem Bau voll Herrlichkeit
Mit Demant ist die Erd beschneit.

Vergeben und vergessen heißt
Der neuen Lehre tiefer Geist,
Die Flut sich vor dem Schiff enteist
Das dieser Sturm nach Morgen reißt
Ich bin der Hirt, der Weise auch
Seit mich ergriff der heilge Hauch.

Ich stehe an des Stalles Tür
Daß ich kann opfern nach Gebühr
Was ich im Namen aller führ
Daß ich die goldnen Saiten rühr
Und still des Kindleins Trauerschrein
Weil es sich sah so ganz allein.

Ja in dem Kinde wacht die Nacht,
Die uns erstrahlt und noch umwacht,
Es hat das Heil der Welt gebracht
O seht wie es nun strahlend lacht,
So wird die Sonne nun ein Bild
Von seinem Antlitz mächtig mild.

Wo ich in Einsamkeit verschneit
Umschließt mich nun Geselligkeit
Zum Gleichnis wird der Frühlingsschein
Zu dieses Kindleins Blicken rein
Es zeigt die holde Frühlingszeit
Doch nur die Welt in Freudigkeit.

Neujahr

Altes Jahr, du ruhst in Frieden,
Deine Augen sind geschlossen;
Bist von uns so still geschieden
Hin zu himmlischen Genossen,
Und die neuen Jahre kommen,
Werden auch wie du vergehen,
Bis wir alle aufgenommen
Uns im letzten wiedersehen.
Wenn dies letzte angefangen,
Deutet sich dies Neujahrgrüßen,
Denn erkannt ist dies Verlangen,
Nach dem Wiedersehn und Küssen.

Max von Schenkendorf
1783–1817

Weihnachtabend

Wie die hellen Lichter scheinen!
Und die Kindlein sind gekommen,
All die Großen, all die Kleinen
Haben ihr Geschenk genommen.

Spielwerk bringt es uns zum Spielen,
Das geliebte Wunderkind.
Spielen mögen wir und fühlen,
Daß wir wieder Kinder sind.

Süße Früchte, fremde Blüthen
Trägt es in der zarten Hand,
Wie sie Engel ziehn und hüten
In dem selgen Himmelsland.

Und so hat es tausend Gaben
Allen Menschen mitgebracht,
Alle Herzen zu erlaben
In der hochgelobten Nacht.

Auch Versöhnung, ewges Leben,
Trost und Freiheit, Gnadenfüll,
Gottes Wort umsonst gegeben
Jedem, welcher hören will.

Nimmer kann ich euch vergessen,
All ihr schönen Christgeschenke!
Abgrund reich und unermessen,
Drein ich liebend mich verschenke.

Bettine von Arnim
1785–1859

Schenken

Ich finde das so hübsch in unserer Religion – (Volksbrauch kann ja wohl auch Religion sein?) –, daß das Christkind, welches für die ganze Welt geboren ist und den Erwachsenden, in denen es groß wächst, so viel Freude schenkt, auch jedem Kinde nach Maßgabe kindlicher Fähigkeit so erfreulich zu bescheren pflegt. – Da steht das Beschenkte über den schönen Sachen, vor dem Glanz der blendenden Lichter, mit offnen Augen und Händen, trunken; – da kommen die Alten und mahnen, sich hübsch bei Vater und Mutter zu bedanken; das weiß es nicht anzufangen, es hat keine Zeit, und über Staunen und Freude schläft es bald in süßen Schlaf ein. – So saß ich gestern abend über der Bescherung, die Ihr Brief vor mir ausbreitete, so leuchtete auch er mir nur ein wie ein Weihnachtsbaum voller Lichter und süßer Sachen, mir fiel so vieles ein, und ich wollte die Feder ergreifen, aber ich fand es unmöglich dazu aufzustehn, und über Kampf und Genuß schlief ich ein.

Wenn ich nun die schönen Dinge, die ich gestern zu wissen meinte (wahrscheinlich wie man im Traume etwas als witzig und weise fühlt, worüber man erwacht sich verwundert) heut' morgen nicht mehr zu schreiben weiß: was kann ich dafür? doch wollte ich meinen Dank nicht länger zurückhalten.

Jacob und Wilhelm Grimm
1785–1863 / 1786–1859

Der goldene Schlüssel

Zur Winterszeit, als einmal ein tiefer Schnee lag, mußte ein armer Junge hinausgehen und Holz auf einem Schlitten holen. Wie er es nun zusammengesucht und aufgeladen hatte, wollte er, weil er so erfroren war, noch nicht nach Haus gehen, sondern erst Feuer anmachen und sich ein bißchen wärmen. Da scharrte er den Schnee weg, und wie er so den Erdboden aufräumte, fand er einen kleinen goldenen Schlüssel. Nun glaubte er, wo der Schlüssel wäre, müßte auch das Schloß dazu sein, grub in der Erde und fand ein eisernes Kästchen. »Wenn der Schlüssel nur paßt!« dachte er, »es sind gewiß kostbare Sachen in dem Kästchen.« Er suchte, aber es war kein Schlüsselloch da, endlich entdeckte er eins, aber so klein, daß man es kaum sehen konnte. Er probierte und der Schlüssel paßte glücklich. Da drehte er einmal herum, und nun müssen wir warten, bis er vollends aufgeschlossen und den Deckel aufgemacht hat, dann werden wir erfahren, was für wunderbare Sachen in dem Kästchen lagen.

Justinus Kerner
1786–1862

Der Gesang im Ofen

Wer sang in meinem Ofen
Heut nacht so wunderbar,
Wie nie ein andres Singen
Mir herzergreifend war?

Lang war's, als säng' in Flammen
Unsel'ger Geister Chor,
Dann aber sang's in Worten
So tönend meinem Ohr:

Du forschest, was so singet
In deines Ofens Raum.
Ich bin's, der Ast von einem
Gefällten Tannenbaum.

Ludwig Börne
1786–1837

Die Silvesternacht eines alten Herzens

1. Januar 1827

Dir, geliebte Freundin, weihe ich diese Blätter. Priesterin ohne Trug. Leuchtend führst Du mich durch die Wüste dieses Lebens, wie einst vor dem Volke Israel die Feuersäule zog. Führe mich, solange ich wandere, leuchte mir, solang dieses Auge offen – ich folge Dir. Ihr aber, meine Brüder alle, was Ihr Euch wünschet, kenne ich nicht, doch wird Euch eine Freundin, die gleich der meinigen, so wird Euch mehr als Ihr begehrtet. Sie werde Euch!

Ich übe eine verlerntes Knabenspiel, ich koste alte Jünglingslust: *ich will ein Tagebuch schreiben!* So sagte ich mir oft in den Tagen meines Frühlings; doch das Herz war voll, und das Blatt blieb leer. Den Gedanken, den Sarg des Gefühls – jetzt kann ich ihn versilbern, jetzt mit Blumen bekränzen; aber schöner war es, als das Herz noch lebte und es stumm war. Die Seligkeit der Jugend, wer faßt sie, wer erklärt sie mir?

Gütiger Vater, ich fordere keine der alten Freuden zurück, gib mir nur die Schmerzen, gib mir die Tränen meiner Jugend wieder. –

Ich war die Nacht auf einem Balle. In dem Tanzsaale leuchteten Kandelabern, die nämlichen, die gestern bei einer Leiche brannten. Junge Mädchen saßen darunter, Schäferinnen unter Bäumen, und schrieben munter die versprochenen Tänze auf. O haltet Wort, haltet alle Wort! Und du, strenger Tod, lächle einmal und bestrafe nicht den Übermut dieser Kinder …

Sind diese Mädchenlippen nicht so rot, blühen diese Wangen minder schön, tönt dieses Gekose so lieblich nicht mehr, als er war in den Tagen meiner Jugend? Wie hell sieht mein Auge, seit es der Tau der Sehnsucht nicht mehr befeuchtet! Was mich sonst gerührt, sehe ich jetzt mit Lächeln, ja mit Lachen an. Es gibt keine Welt, Wahrheit ist nur im Traume. Sechsundzwanzig Jahre sind vorübergegangen, seit ich jene Nacht, wo zwei Jahrhunderte sich begegneten, festlich und fröhlich begangen. Ich war noch ein Knabe und ward fern von der Heimat erzogen. Meine Lehrer waren Jünglinge, und wie alt und grau erschienen sie mir. Ich hatte zwei Gläschen warmen Wein getrunken, und diese heißen Tropfen, wie Meereswogen warfen sie mich himmelwärts. Ich war mutig; stürmte das Herz noch so wild, ich zog nie die Segel ein. Jetzt liege ich furchtsam im Hafen und wage mich nicht hinaus beim stillsten Wetter. Mein Herz fürchtet, und ich fürchte mein Herz. Man scherzte damals, die Welt würde untergehen um Mitternacht. Es machte mich beklommen, ich kannte den Scherz, ich kannte den Ernst noch nicht. Als die Mitternacht nahte, trat ich mit offner Brust ans Fenster, Louise stand mir zur Seite. Nicht um alle Küsse Cytherens würde ich mich jetzt in solcher kalten Nacht meines Wämschens von Flanell entkleiden. Es ertönte der erste Schlag der zwölften Stunde. »Jetzt«, sprach Louise. Es zitterten die Sterne, es zitterte eine Träne in meinem Auge. Der letzte Schlag ertönte. »Jetzt«, sprach ich und umschlang Louisen, sie mich. Aber die Welt ging nicht unter, sie ging auf in mir … Kleine Freundin, lebst du noch? Doch du lebst mir nicht mehr. Du zogst bald darauf mit deinem Vater in den hohen Norden; ich blieb unter mildem Himmel, doch mich friert jetzt auch. Ich schenkte dir zum Angedenken eine kleine goldene Uhr. Vielleicht besitzest du sie noch, vielleicht hängt sie jetzt an deinem Gürtel und zeigt dir die Stunde, wenn der Fleischtopf an das Feuer zu stellen; oder sie liegt vor dem Krankenbette deiner Tochter und ruft dich, ihr die bittere Schale zu reichen. Auf blauem Schmelz war ein bunter, lächlender Amor gemalt. Noch glänzt, noch lächelt er gewiß; aber er schimmert uns, er lächelt uns nicht mehr.

Ein junges Mädchen saß still und traurig in einem Winkel des Saals. Dunkele Locken umschatteten ihr heißes Auge. Aber der Feind der Schönheit hatte noch auf seiner Flucht sie tückisch verwundet. Sie war blatternnarbig. Keiner hatte sie zum Tanze aufgefordert. Ich setzte mich zu ihr; ich war verwegen; ich trug keine Krone und wollte ihr die Kränkung und die verlorenen Tänze vergüten. Bald lächelte ich meiner Mühe. Den Generalbaß des Herzens habe ich gelernt; aber ein Liedchen spielen, das jungen Mädchen wohlgefällt – ich vermag's nicht mehr. Was ich fühlte, war so vernünftig, was ich schmeichelte, so gediegen, was ich sprach, so ungemünzt. Der kluge Jude hätte es verstanden, aber kein Bettler dafür gedankt. Ihr nasses Auge streifte an einen Jüngling vorüber, der mit seiner lustatmenden Tänzerin koste. Ist es das, du armes Kind? Wende dich zum Himmel. Nicht die Erde, nicht die Freundschaft, nicht der reiche Frühling mit allen seinen Fluren bringt dir Balsam gegen diese Qualen. Ich habe sie auch gekannt. Die Liebe zog breite Furchen durch meine Brust und warf reichen Samen hinein. Doch nur wenige Körner sind aufgegangen, und wucherndes Unkraut bedeckte und belohnte nicht den tiefen Schmerz.

Wenn die Jugend und wenn der Tod nicht wäre, würde die Welt nicht alle Tage neu geschaffen; lebten die Menschen fort und fort, und keine würden geboren; häuften sich Sünde auf Sünde, Eis auf Eis, und die Menschenbrust wäre ein ewiger Gletscher und stürzte mit jedem Atemzuge eine zermalmende Lawine herab – o fürchterlich! Die Kinder sind es, die uns vor Gottes Strafgericht bewahren. Die Zeit ist zu kurz zwischen Wiege und Sarg, uns zur ewigen Verdammnis hinanzureifen. Darum liebet die Alten; sie brauchen Liebe, denn sie verdienen sie nicht. Darum ehret die Kinder, denn sie bitten für euch, sie beschirmen euch.

Als ich ein Knabe war, träumte ich von guten und von bösen Menschen. Ich ward ein Mann, suchte die Bösen und fand sie nicht – da suchte ich auch die Guten nicht mehr. Ich träumte von edlen Rittern und vom finstern Walde, worin grimmige Räuber hausen. Ich suchte den Wald und die schrecklichen Räuber und fand nur lächelnde Schurken in freundlichen Zimmern – da suchte ich keine edlen Ritter weiter. Ich träumte von Löwen und Tigern, die fromme Lämmer zerrissen, ich suchte den Kampf mit ihnen und fand nur dumme Schäfer, die dümmere Schafe scheren. – Da sank mein Arm, und ich spottete der Schafe. Ich träumte von Mut und Großmut, von Gerechtigkeit, von Freundschaft und Entsagung; ich träumte, man würde diese Tugenden alle von mir fordern, und ich versprach sie alle. Als ich ein Mann geworden, forderte man nichts als *Geduld* von mir; und ich entfloh. Ich träumte von Vaterland – wie liebte ich es! Ich ging in die Fremde und übertrat nichts als die Grenze der Polizei. Jetzt lächle ich auch dieses Traumes; wo Freiheit, da ist mein Vaterland, und allen Rebensaft des deutschen Rheins gäbe ich für den Tran eines freien Samojeden hin.

Wie sauer ist dieser Wein, wie lahm sind diese Tänze, Musik, wie bist du so alt geworden! Einst trugst du mich auf deinen goldenen Flügeln hinauf zur goldnen Sonne der Freude, und war ich lustentbrannt, fächeltest du meine heiße Brust und trugst mich wieder hinab und legtest mich sanft auf die kühle, blumenüppige Erde nieder. Wie bist du so alt geworden! Ich trinke noch, ich höre Flöten und Geigen, ich tanze; aber ich könnte Brüche dabei rechnen wie ein Krämer, und ich irre mich nicht. Mein Leben ist hohl, die Schale ist leer, und ich ernähre mich kümmerlich von der armen Scharre meiner Jugend. Was vergütet die schwelgerische Blume des Frühlings? Die heiße hoffnungsfrohe Arbeit des Sommers. Was den Sommer? – Die fröhliche

Ernte. Was die Lust des Herbstes? – Der Herd im Hause. So vergütet Freiheit den Wein, die Tat die Liebe und das Vaterland die Jugend – und wo es nicht geschieht, wäre besser, zugleich zu sterben mit seinem Herzen und mit dem letzten Liebesseufzer den letzten Atemzug zu hauchen.

Wo dreizehn frohe Menschen sitzen, stirbt einer, und alle erkranken an der Furcht des Todes. Der Tod ist gewiß, ungewiß ist nur das Leben. Gefahrvoll ist die Freude, sicher macht uns nur die Trauer. Wir spielen um helle Augen auf schwarzen Würfeln, und wir werfen alle gleich. Wir spielen nur um oben und unten, um diese und jene Seite, um jetzt und einst. Sechs fallen immer, rechnet man die Freuden, die das Grab bedeckt, rechnet man die Hoffnung dem Genusse zu. Der Glückliche hat nichts zu fordern, der Unglückliche muß borgen.

Ich sah eine Braut weinen, weil sie glücklich war. Nichts schenkt uns das geizige Leben, mit Tränen bezahlen wir alles. Wer viel gekauft, hat viel geweint.

Frischer Morgenwind! Es schwellen die Segel, es schwillt das Herz in der Brust. Der Matrose raucht Gedanken, der alte Steuermann lächelt. Immer fort, immer fort. Wir suchen die Ruhe, wir suchen den Sturm; wir finden den Tod im Hafen oder in der Tiefe des Meeres. Nur fort, immer fort! Das Schiff steige oder sinke. Nur immer fort, nur keine Stille des Windes.

Joseph von Eichendorff
1788–1857

Weihnachten

Markt und Straßen steh'n verlassen,
Still erleuchtet jedes Haus,
Sinnend geh' ich durch die Gassen,
Alles sieht so festlich aus.

An den Fenstern haben Frauen
Buntes Spielzeug fromm geschmückt,
Tausend Kindlein steh'n und schauen,
Sind so wunderstill beglückt.

Und ich wandre aus den Mauern
Bis hinaus in's freie Feld,
Hehres Glänzen, heil'ges Schauern!
Wie so weit und still die Welt!

Sterne hoch die Kreise schlingen,
Aus des Schnees Einsamkeit
Steigt's wie wunderbares Singen –
O du gnadenreiche Zeit!

Friedrich Rückert
1788–1866

Einladung auf Weihnachten

Jeder kan sich die Welt betrachten
Zur Lenzfeier auf seine Weise,
Aber das Winterfest Weihnachten
Ist gemacht für Familienkreise.

Da nun solch einen Kreis du missest,
Sei geladen in meinen frommen,
Daß du unter den Kindern wissest,
Wozu Christ in die Welt gekommen.

Laß dich nicht reun die wenigen Meilen,
Durch Windweben ein rüstiger Schreiter;
Um die festliche Lust zu theilen,
Reist man im kältern Schweden noch weiter.

Wenig fördert beim spärlichen Lichte
Jetzt die Arbeit, die volles fodert.
Bring, wie du pflegst, uns eine Geschichte,
Daß der Kamin uns heller lodert.

Komm aus der Still' um im Saus und Brause
Mich zu trösten von all den Buben,
Die mir der Winter hält in der Klause,
Daß eng werden die weiten Stuben.

Teile des häuslichen Glücks Genüsse,
Sieh, vom geputzten Zweige der Tannen
Wie sie schlagen die goldnen Nüsse;
Wenn du genug hast, gehst du von dannen.

Aber ich muß, in Fessel geschlagen,
Des erlösenden Frülings warten,
Um mit gutem Gewissen zu sagen:
Marsch nun, Buben, und lärmt im Garten!

Friedrich Silcher
1789–1860

Alle Jahre wieder

Alle Jahre wieder kommt das Christuskind
auf die Erde nieder, wo wir Menschen sind.

Kehrt mit seinem Segen ein in jedes Haus,
geht auf allen Wegen mit uns ein und aus.

Steht auch mir zur Seite still und unerkannt,
daß es treu mich leite an der lieben Hand.

Carl Gustav Carus
1789–1869

Ein Bild vom Aufbruch des Elbeises bei Dresden

Es war in der Frühe des 14. Januar 1821, als ein Kanonenschuß den beginnenden Fortgang des Elbeises verkündete. Der Himmel zeigte sich duftig grau, kaum hier und da in Wolken geformt; ein leichter Ostwind wehte; das Barometer war im Fallen, das Thermometer zeigte + 6° Réaum. Bei dem zweiten Schusse, halb zehn Uhr, ging ich auf die Brühlsche Terrasse. Der Fluß war in der Nähe noch durchaus mit seiner, bis vor wenigen Tagen befahrenen Eisdecke belegt; weiter hinauf zeigte sich schon freies Wasser, und die von dort fortgetriebenen Schollen waren an den Rändern des stehenden Eises zackig, aufwärts und zusammengeschoben. Der gewaltige Drang der oberen Wassermasse arbeitete unablässig, obwohl unsichtbar, in der Tiefe, bis endlich, gegen das jenseitige Ufer hin, eine Lücke sich öffnete und ein Strom im Strome mäßige Schollen weiterwälzte, um sie doch in kurzem da, wo der neuentstandene Strom unter dem Eise sich wieder verbarg, abermals aufzutürmen. Die Gewalt des eindringenden Wassers auf jener Seite setzte endlich auch die diesseitigen Eismassen in Bewegung, und gegen die Ufer des Elbberges schoben sich jetzt, ernst und gewaltig, breite Schollen, gleich anschlagenden, erstarrten, übers Land flutenden Meereswellen, weit herauf. – Nun wieder Ruhe. –

Es zog mich, diese Eismassen in der Nähe zu betrachten, und ich ging hinaus zum Elbberge. Da stand ich an den vor kurzem erst heraufgehobenen Eistafeln. Ihre Dicke betrug einen halben bis einen Fuß, die Farbe teils gelblich, teils ein durchscheinend grünlich Blau, ihre Breite vier, sechs bis acht Fuß. Dahinter lag die weite, feste Eisdecke, an vielen Stellen jedoch schon geborsten, in den Spalten oft aufgerichtete kleinere Schollen, bald Baumzweige einklemmend. Drüben wühlte der Strom fort und schob am jenseitigen, vorspringenden Ufer eben wieder einen Schollenberg in die Höhe. – Um und neben mir waren die Schiffer aufmerksam und geschäftig. Mehrere große Elbkähne waren mit Tauen und Seilen an die weiter landeinwärts eingeschlagenen Pfähle sorgfältig befestigt, und die Männer hielten sich bereit, sie noch höher ans Ufer zu ziehen, sobald Gefahr vom drängenden Eise zu besorgen wäre. – Dieses alles betrachtend wandelte ich am Ufer langsam hin, und endlich, auf einem Balken hinter einem Elbkahne stehend, bemerkte ich, wie aus der nahen, noch festliegenden Eisfläche ein kleiner Wasserstrudel durch eine kaum fußweite Öffnung sich erhob. Wie ich dem nun so zusehe, erweitert sich die Öffnung immer mehr, immer gewaltiger bricht das durch die Eislast am Steigen gehinderte Wasser hervor und bildet in kurzem einen kleinen, zehn bis zwölf Fuß breiten Strom, welcher Grundeis und Tafeln rastlos mit forttreibt, jedoch noch immer, weder die Eisflächen an seiner Seite, noch den, hinter seinem Ursprunge gelegenen Schutz von übereinandergeschobenen Eistafeln bewegen kann. – In diesem Zustande verharrt nun das Ganze eine geraume Zeit; plötzlich aber wird eine dumpfe Bewegung auch im Rücken des vorhin geöffneten Stroms bemerkbar, zackige Eismassen heben und senken sich; der Schutz, welcher oberwärts sich gesetzt hatte, dröhnt dumpf in seinem Innern, gewaltiger drängt das Wasser nach, und nun mit einem Male hebt sich die gesamte Eisfläche, und dem Zuge des schon angeschwollenen Flusses folgend, bewegen sich die langen Eisfelder mit ihren Einzäunungen von aufgetürmtem Eise, groß und ruhig, bei immer mehr steigendem Wasser, gleich einer wegziehenden Gewitterwolke, stromabwärts. – Dieses ernste, ruhige, nur am Dröhnen der Schollen und Klirren der brechenden Ränder hörbare Ziehen einer so mannigfaltigen weiten Fläche, welche lange Zeit dem Auge fest und beharrend erschienen war, mußte in alle Wege groß und erhaben genannt werden. Wiederholter Kanonendonner bezeichnete den abwärts liegenden Gegenden die Ankunft der gefürchteten Massen.

Wahrhaft erfreut und gestärkt von diesen neuerkannten Regungen des Naturgeistes und dem Geschick dankend, welches mich gerade zum rechten Augenblick ans Ufer geführt hatte, wandte ich mich zur Stadt zurück.

Franz Grillparzer
1791–1872

Dezemberlied

Harter Winter, streng und rauch,
Winter, sei willkommen!
Nimmst du viel, so gibst du auch,
Das heißt nichts genommen!

Zwar am Äußern übst du Raub,
Zier scheint dir geringe,
Eis dein Schmuck, und fallend Laub
Deine Schmetterlinge,

Rabe deine Nachtigall,
Schnee dein Blütenstäuben,
Deine Blumen, traurig all
Auf gefrornen Scheiben.

Doch der Raub der Formenwelt
Kleidet das Gemüte,
Wenn die äußere zerfällt
Treibt das Innre Blüte.

Die Gedanken, die der Mai
Locket in die Weite,
Flattern heimwärts kältescheu
Zu der Feuer-Seite.

Sammlung, jene Götterbraut,
Mutter alles Großen,
Steigt herab auf deinen Laut,
Segen-übergossen.

Und der Busen fühlt ihr Wehn,
Hebt sich ihr entgegen,
Läßt in Keim und Knospen sehn,
Was sonst wüst gelegen.

Wer denn heißt dich Würger nur?
Du flichst Lebens-Kränze,
Und die Winter der Natur
Sind der Geister Lenze!

Josef Mohr
1792–1848

Stille Nacht, heilige Nacht

Stille Nacht, heilige Nacht!
Alles schläft, einsam wacht
nur das traute hochheilige Paar.
Holder Knabe im lockigen Haar,
|: schlaf in himmlischer Ruh. :|

Stille Nacht, heilige Nacht!
Hirten erst kundgemacht;
durch der Engel Halleluja
tönt es laut von fern und nah
|: Christ der Retter ist da. :|

Stille Nacht, heilige Nacht!
Gottes Sohn, o wie lacht
Lieb aus deinem göttlichen Mund,
da uns schlägt die rettende Stund,
|: Christ, in deiner Geburt. :|

Gustav Schwab
1792–1850

Die Legende von den heiligen drei Königen

1.
Wie auf einen Berg im Morgenlande zwölf Sternseher gesetzt wurden.

Umströmt von seiner Kräuter Düften
Und überwallt von edlem Holz,
Der höchste, steigt aus blauen Lüften
Ein Berg, des Morgenlandes Stolz;
Steil ist der Pfad und lang die Reise,
Doch oben herrlich Tag und Nacht;

Auf seinem Gipfel stehn zwölf Greise
Und schauen in des Himmels Pracht.

Sie hüllen sich in die Gewande,
Und schlummern über jeden Tag,
Der unter ihnen auf die Lande
Umsonst sein Licht verbreiten mag.
Sie lassen sich vom Nachthauch wecken,
Der durch der Bäume Wipfel fährt;
Den Sternen, die den Himmel decken,
Ist dann ihr Auge zugekehrt.

Mit allen Wunderzeichen schimmert
Das Buch des Himmels aufgerollt;
Was unten nur wie Silber flimmert,
Das leuchtet hier wie reines Gold.
Ward in den Sternen je gelesen
Der irdischen Geschicke Pfand;
So ist es dieser Berg gewesen,
Auf dem der Seher Gottes stand.

Auch diese stehen zu erkunden
In dem Gestirn des Himmels Rath,
Doch haben sie noch nicht gefunden
Ihr Saatkorn in der reichen Saat;
Den Stern, der herrlich, überschwenglich,
Vor allen andern strahlenvoll,
Ein Licht, ein Feuer unvergänglich
Den blinden Heiden zünden soll.

Den Stern, den *Bileam* verkündigt,
Der einem König strahlen wird,
Der einst die ganze Welt entsündigt,
Und herrschen soll, der Völker Hirt.
So lautete der Spruch des Weisen
An das erstaunte Morgenland;
Das rief den himmelskund'gen Greisen
Zu wachen auf des Berges Rand.

Die Hoffnung kürzt des Weges Ferne,
Sie ebnet rings den steilen Pfad,
Erhellt die alten Augensterne,
Macht den gebeugten Nacken grad'.
Und ist im Tod ihr Blick zerronnen,
Den langes Forschen aufwärts zog.
So wecken ihn die tausend Sonnen,
Zu denen seine Sehnsucht flog.

2.
Wie der Stern erschien.

So gingen Viele zu den Sternen,
Die sahen den Verheiss'nen nicht,
Und andre stiegen auf, zu lernen,
Von wannen schiene doch sein Licht.
Und diese schieden auch im Glauben
Und starben hin in Hoffnungslust,
Kein Zweifel kam, den Stern zu rauben,
In die erhellte Heidenbrust.

Und Zwölfe blieben's ihrer immer,
Sie harrten aus im Glanz der Nacht,
Sie schliefen bei des Tages Schimmer,
Von stern'gen Träumen angelacht.
Noch lagen sie, in die Gewande
Gehüllt, in Abends erstem Duft,
Da weckte sie ein Glanz am Rande,
Wo sich berühren Erd' und Luft.

Die Blicke glüh'n, die Herzen schwellen,
Denn, einer Morgenröthe gleich,
Seh'n sie den Osten sich erhellen,
Und alle Sterne werden bleich;
Es steigt, es steigt – es ist die Sonne,
Zu nennen ist ein Stern es nicht,
Getrunken hat er aus dem Bronne
Des ew'gen Lichtes selbst sein Licht.

Er sendet lange, gold'ne Strahlen,
Nicht, wie die andern Sterne thun,
Die heute matt in ihrem fahlen,
Verschwomm'nen, armen Glanze ruh'n.
In ganzen Strömen gießt er nieder,
Das Licht, das seinem Stern entstammt,
Als schlüg' ein Adler sein Gefieder,
So wallt sein Strahl, und fleugt und flammt.

Die Zwölfe sandten Zeichentöne
Ins nebeleingehüllte Land,
Dieweil der Stern in seiner Schöne,
Den Berg verklärend, stille stand.
Er stand und wich nicht mit dem Dunkel,
Er spielte mit dem Morgenthau;
Die Sonne kam, es drang sein Funkel
Unausgelöscht hinab zur Au'.

Da ward ein Jubel und ein Schrecken,
Als man gewahrte Berg und Thal,
Mit zweier Sonnen Schein sich decken,
Und Alles glüh'n im Doppelstrahl.
Es war, als ob mit Zungen sängen
Die Lichter hell einander an,
Es war, als spräch's in tausend Klängen:
Geht, euren König zu empfah'n!

3.
Wie drei Könige sich aufmachten, dem Sterne nachzuziehen.

Drei Kön'ge machten da sich auf,
(Doch keiner wußte von dem Andern),
Die merkten auf des Sternes Lauf,
Und huben an mit ihm zu wandern.
Schon lange harrten sie des Herrn,
Den des Propheten Wort verkündet,
Der Sehnsucht Funken hat der Stern
Zur lichten Flamme jetzt entzündet.

Ein jeder nun bereitet sich,
In den drei fern geschiednen Landen,
Mit Opfern, Gaben, königlich,
Zierrathen, köstlichen Gewanden.
Und Mäuler und Kameele drückt
Die Last der aufgelad'nen Güter,
Manch gutes Saumroß geht gebückt,
Und nebenher die Schaar der Hüter.

Und jeder, neben and'rem Gut,
Nimmt seines Landes eig'ne Gaben;
Des Gold's und der Gesteine Glut
Sucht aus der König der *Araben;*
Der Herr von *Saba* drückt den Saft
Des edlen Weihrauchs aus dem Baume,
Dem dunkeln Myrrhenkraut entrafft
Der *Tharserfürst* von seinem Flaume.

Was zu des Leibes Nothdurft frommt,
Lädt jeder auf, zur langen Reise;
»Von *Jakob's* fernem Volke kommt
Der Herr der Herren!« sprach der Weise.
Dorthin zieht sie das Sterngebild,
Doch weiß es keiner von dem andern:
Einöde voll Gewürm und Wild
Trennt ihre Pfade, die sie wandern.

Sie rüsten große Heeresmacht,
Den Neugebornen zu empfangen.
Sie sehn im Geiste schon die Pracht,
Der königlichen Hofburg prangen;
Sie bau'n im Geiste den Pallast,
Das Cedernthor, die Marmelstiege; –
Und drinnen schläft in Duft und Glast
Der Königssohn in goldner Wiege.

Denn solch' und größ're Herrlichkeit
Verspricht der Stern, der golden leuchtet,
Und all' das funkelnde Geleit
Mit seines Lichtes Thau befeuchtet:

Wo solche Strahlen mild und klar
Sich auf die dunkeln Wege streuen,
Ja, müßten ziehen sie ein Jahr,
Es will sie dennoch nicht gereuen.

4.
Wie die Könige fuhren.

Doch war die Reise noch so fern
So ging die Fahrt doch wunderleicht,
Vor jedem wandelt hin der Stern,
Der Sterne, Mond und Sonne bleicht.
Kein Hunger kam, kein Schlaf auf sie,
Es war ein ew'ger, gleicher Tag,
Nach keinem Futter schnaubt ihr Vieh,
Es gehn die Hufen Schlag auf Schlag.

In keiner Herberg' hält der Zug.
Ihn lockt nicht Lust, ihn hemmt nicht Qual,
Durch Stepp' und Fruchtfeld geht's im Flug
Durch Land und Wasser, Berg und Thal.
Weit offen ist der Städte Thor,
Sie stäuben durch mit Roß und Mann,
Der Klang fährt durch der Städter Ohr,
Das Auge kaum sie schauen kann.

Dann zeuget die zerstampfte Flur,
Daß es kein wüstes Traumbild war,
Und jeder spricht: siehst du die Spur?
Und sahest du die blanke Schaar?
Woher, wohin kam dieser Hauf?
Gilt es um einen Königsthron? –
So fährt die Sage bangend auf,
Doch Jene sind schon längst davon.

5.
Wie die Könige zusammen kamen.

Als nun die zwölfte Nacht vergangen,
Die doch war keine Nacht zu nennen;

Da ward ein Nebel umgehangen,
Daß auch erlosch des Sternes Brennen.
Da blieb der Sonne Licht verborgen,
Da mußte, von der Nacht befallen,
Das erste Mal seit dreizehn Morgen
Der Zug der Fürsten mühsam wallen.

Auf eines Hügels Felsgesteinen
Hielt an der Eine mit dem Traben;
Er lagerte sich mit den Seinen,
Das war der König der Araben.
Sie sahn sich in den Finsternissen
Vergebens um nach Stern und Sonnen,
Sie lagen ohne nur zu wissen
Was sie für Stätte sich gewonnen.

Da tönte nebenan Getose,
Als ob vom Roß auch Andre stiegen,
Ra raschelt es im Bergesmoose,
Als thäten Andre neben liegen.
Und Antwort ward auf das Gebrülle
Der Stier' in des Araben Heerde: –
Jetzt stieg empor des Nebels Hülle,
Und Tag ward wieder auf der Erde.

Er stand auf eines Kreuzwegs Mitten,
Ihm gegenüber hielt ein Andrer,
Vom zweiten Pfade hergeschritten,
Ein männlich wohlgethaner Wandrer;
Und hinter ihm die Schaar der Reiter,
Der Schaafe Heerden, der Kameele;
Da zieht von beiden keiner weiter,
Ein Staunen fliegt durch beider Seele.

Und noch sind sie im Schau'n verloren,
Da kömmt auf drittem Weg ein Dritter,
In einer stolzen Schaar von Mohren,
Er selbst ein junger, schwarzer Ritter.
»Was bringt euch«, rief er, »aus der Ferne,
So edlen Mann, so würd'gen Greisen?

Wärt ihr geführt von einem Sterne,
Wie ich, ihr würdet lust'ger reisen!«

Der Zweite sprach: »Wohl einem Sterne
Vertraut' ich meine festen Tritte!
Nicht blindlings zieht *ein Mann* zur Ferne,
Nach sich'rem Gut lenkt er die Schritte!«
Der erste sprach: »Es muß den Greisen
Ein helles Licht zum Wandern laden,
Mich hieß das Licht der Seele reisen,
Ein Himmelslicht schien meinen Pfaden.«

Ein Jeder sprach's in seiner Zungen,
Als wär's die eigne, däucht's dem Andern;
Ein Jeder weiß, vom Geist durchdrungen,
Woher, wohin, zu wem sie wandern.
Sie reichen sich die Hand zum Bunde,
Sie sind Ein Herz und Eine Seele;
Sie küssen sich mit Brudermunde,
Und loben Gott mit ein'ger Kehle.

Der Nebel zwar, der aufgestiegen,
Hat ihrem Blick den Stern verborgen,
Doch sich zu Füßen sehn sie liegen,
Das Ziel (so glauben sie) der Sorgen.
Da liegt sie an des Berges Tiefen,
Zu der des Sternes Strahlen luden,
Sie ruht im Schatten der Oliven,
Die königliche Stadt der Juden.

O wüßtet ihr, auf welchem Hügel,
Ihr Fürsten euer Zug gehalten,
Und warum seiner Strahlen Flügel
Der Stern darob nicht mag entfalten!
Nicht ist er in der Stadt geboren,
Nicht suchet da den Königserben;
Doch dieser Hügel ist erkoren,
Darauf er soll am Kreuze sterben!

6.
Wie die Könige in Jerusalem einzogen und zu Herodes kamen.

Der Nebel schwand im Sonnenlichte,
Da glänzte Tempel, Burg und Stadt;
Als nun die Schaar, die reiche, dichte,
Durch die erhellten Thore trat.
Erfüllung wurde da den Worten:
»Es kommt, o Stadt! mit Gold und Gut
Der Heiden Kraft, und deine Pforten
Umlagert der Kameele Flut.«

Doch zitterten, die drinnen wohnen,
Als sie die Heereskraft erblickt,
Die Völker, die aus fernen Zonen
Der Aufgang, der erregte, schickt.
Die Stadt, sie fasset sie nicht alle,
Der Markt ist voll, es stockt das Thor,
Die Andern lagern sich am Walle,
Und liegen, wie ein Feind, davor.

Da dachte man der Väter Zeiten,
Die sahen all' der Völker Zahl,
Um Wall und Mauer feindlich streiten,
Und sie bestürmen all'zumal.
Da ward manch banges Wort gehöret:
»Der Indier ist da, der Mohr!
Der Ahnherr hat die Stadt zerstöret,
Wer weiß, was uns der Enkel schwor!«

Den alten König aus dem Schlafe,
Auch den Herodes weckt der Klang,
Er hört es nah'n wie Himmelsstrafe,
Er sieht vom Fenster aus den Drang.
Bald merkt er, wie der laute Schrecken
In stille Freude sich verkehrt,
Die Neugier lispelt an den Ecken,
Was ihr der Fremden Mund beschert.

Er hört das leise Wort der Leute:
»Geboren ist, den Gott verheißt!«
Und des Propheten Spruch tritt heute
Gerüstet vor den finstern Geist.
Die Schriftgelehrten heischt gesammt er,
Die Priester, in den hohen Rath,
Und frägt: »Wo ist, von wannen stammt er,
Der nach der Schrift Verheissung naht?«

Sie sprachen all' aus *einem* Munde:
»Du kennest des Propheten Wort,
Nicht deutet es, o Herr, die Stunde,
Doch wohl bezeichnet es den Ort:
Du kleines *Bethlem* bist erkoren,
Vor allem Juda sey erfreut!
Der Herzog wird aus dir geboren,
Der seinem Israel gebeut.«

Der König hat genug vernommen,
Er sendet nach den Fremden aus,
Er bittet sie, zu ihm zu kommen,
Man führt sie heimlich in sein Haus;
Da treten herrlich ausgeschmücket
Die Fürsten vor sein Angesicht;
Er steht so ärmlich, so gebücket:
Nein! solch ein König ist er nicht!

Doch sprechen sie mit würd'gem Neigen:
»Wir seh'n, du bist der Fürst des Land's;
Du woll'st das Königskind uns zeigen,
Das aufgin, dieses Volkes Glanz.
Es deutete was da geschehen,
Ein alter Seherspruch uns schon,
Wir haben seinen Stern gesehen;
Sprich! ist's dein Enkel, ist's dein Sohn?«

Doch der, im Herzen schwer betrübet,
Sprach da mit lächelndem Gesicht,
In aller Falschheit wohlgeübet:
»In meinem Hause suchet nicht.

Es künden die Prophetengeister
Wohl einen andern, größern Herrn!
Auch mir erzählten's meine Meister,
Und ich – fürwahr, ich hört' es gern.«

»Drum sagt mir, wann sein Stern erschienen,
Erforschen möcht' ich es mit Fleiß;
Ich selber, glaubt mir, will ihm dienen,
Sobald ich seine Stätte weiß.
Es lassen ihn die alten Kunden
Aus Bethlem, Davids Stadt, erstehn.
Eilt, sagt mir's, wenn ihr ihn gefunden;
Nicht dürft ihr mich vorüber geh'n!«

Er schweigt, und aus des Busens Schwärzen
Füllt sich sein Angesicht mit Nacht;
Den frommen Blick, die lichten Herzen
Der Kön'ge nicht es irre macht;
Sie künden ehrlich Tag und Stunde,
Daran das Licht erschienen ist,
Sie grüßen mit getreuem Munde,
Und ziehen weiter nach dem Christ.

Und Drommedar' und Stier' und Schaafe
Und Roß und Mann zieh'n aus der Stadt,
Jerusalem legt sich zum Schlafe,
In dem es vor gelegen hat.
Nur in dem Schloß, da wacht und zittert
Herodes vor der Fremden Wort;
Er rechnet hin und her, er wittert
Trug und Verrath; er sinnt auf Mord.

7.
Was den Königen auf ihrer Fahrt nach Bethlehem begegnet.

Wie lieblich grünend stehn die Auen,
Durch die der Pfad nach Bethlem führt,
Wie vollbelaubte Hügel schauen
Ins Thal, das keinen Winter spürt.
Es weiß nichts von des Hagels Schlägen,

Und bleibt im Sommer unversengt,
Es wird zur Zeit der kalten Regen
Mit warmem Frühlingsguß besprengt.

Durch solches geht die Winterreise
Der Könige mit Lenzesmuth;
Die Sonne sinkt, da gießt sich leise
Durch's grüne Feld Smaragdenglut.
Die Berge sind von Golde trunken,
Der Bäche Silber leuchtet fern;
Wohl ist die Sonne längst versunken,
Doch über ihnen geht der Stern.

Heut wandelt er mit ihren Tritten,
Er geht so fest, so rasch voran;
Ja, seine Strahlen gleichen Schritten,
Und lassen Spuren ihrer Bahn.
Wie wenn ein lichter Regenbogen
Durch's Thal, nicht durch die Wolken geht,
So haben sie den Pfad gezogen,
Und eine Furche Golds gesä't.

Dort liegt an eines Hügels Saume
Gelagert eine Hirtenschaar,
Erweckt aus ihrem ersten Traume
Hat sie der Stern so wunderklar.
Er deckt mit weißen, weichen Lichtern
Der Schaafe schlummernd Häuflein ganz,
Und auf den frommen Angesichtern
Der Hirten spiegelt sich sein Glanz.

Da kommt der Fürsten Heer gezogen,
Die Hirten richten sich empor;
Auf flücht'gem Roß herbeigeflogen
Sprengt an der Tharsis-Fürst, der Mohr:
»Erzittert nicht, ihr Hirtenleute!
Wir sind kein feindlich Kriegesheer;
Wir fallen nicht auf euch nach Beute,
Wir werfen nicht nach euch den Speer!«

Ihm tritt ein ernster Greis entgegen,
Neigt sich und spricht: »Gewalt'ge Herrn!
Es ist ein Wunder allerwegen:
Hier solches Heer und dort der Stern!
Doch schreckt uns nicht, was wir gewahren,
Und blendet dieser Glanz uns nicht,
Denn wißt, wir sahn des Himmels Schaaren,
Und schauten mehr als Sternenlicht.«

»Wir lagen still bei unsrer Heerde; –
Dreizehnmal ward seit dem es Nacht –
Da goß sich Klarheit auf die Erde,
Da wallt' ein Glanz um uns mit Macht,
Da hatt' im Kleid, aus Licht gewoben,
Ein Jüngling sich herab gesenkt,
Ein Hirte däucht' es uns, der droben
Des Himmels goldne Schaafe tränkt.«

»Er sprach: Getrost! ich bin Verkünder
Des Heils, das heut euch wiederfährt:
Euch ist der Heiland aller Sünder,
Der Christ, in Davids Stadt bescheert.
Bewahrt das Wort von meinen Lippen,
Sucht, bis das Zeichen sich erfüllt:
Ihr findet dort in einer Krippen
Ein Kind in Windeln eingehüllt!«

»Er sprach's, und alsbald war die Menge
Der Himmelsschaaren um ihn her,
Da rauschten selige Gesänge,
Da wogt' um uns des Lichtes Meer.
Wir aber gingen anzubeten,
Wir kennen unsern König jetzt:
Seit hat von Erden-Lust und Nöthen
Uns nichts erfreut, uns nichts entsetzt.«

Nun wurden Kön'ge bald und Hirten
In freudigen Gesprächen eins,
Und Beider Heerden traulich irrten
Vermengt im Glanz des Sternenscheins.

Da war nicht Jude mehr und Heide,
Sie waren Beid' *ein* Volk des Herrn.
Zu *einem* Reich berufen Beide,
Vom Engel die, und die vom Stern.

8.
Wie die Könige zu Bethlehem das Kind Jesus fanden und es anbeteten.

Vor Bethlems Mauern hält der Zug;
Da luden sie von den Kameelen,
Was jedes edler Schätze trug,
Gold, Silber, Purpurkleid, Juwelen;
Sich selbst sie schmückten königlich,
Den höchsten König zu empfangen,
Und hinter ihnen reihte sich
Die Heereskraft in stolzem Prangen.

Der greise König *Melchior*,
Dem, als der Stern, das Auge flammte,
Ging wie ein Priester Allen vor,
Im faltenreichen Purpursammte:
Das blaue Stahlgewand umschließt
Den *Balthasar*, wie angeboren;
Ans Rothgold, wie aus Feuer, sprießt
Das schwarze Haupt *Jaspar* des Mohren.

So zieh'n sie durch den kleinen Ort
In tiefen, fragenden Gedanken;
Doch macht des Engels seltsam Wort
Den Greisen und den Mann nicht wanken.
Dem Jüngling nur, dem Mohren, pocht
Das Herz noch zweifelnd an die Rippen:
Zu räumen hat er nicht vermocht
Die Königswürde mit der Krippen.

Doch nicht mehr zweifeln läßt der Stern,
Er hält in seines Laufes Mitte,
Fest, unbeweglich krönt sein Kern
Das Haupt von einer morschen Hütte.
Ein grau, zerfallen, alt Gestein,

Ein Strohdach kärglich überkleidet:
Soll das des Königs Wohnung seyn?
Ja! spricht der Greis, der Stern entscheidet!

Umringt ist schnell der schnöde Stall
Von aller Erde Herrlichkeiten.
Es drängt sich rings der Diener Schwall,
Der Gaben reichste zu bereiten.
Die Fürsten treten ein gebückt,
Das Sternlicht fließet durch die Wände,
Sie sind von solchem Strahl durchzückt,
Das sich ihr Haupt senkt in die Hände.

Als sie den Blick nun aufgetahn,
Und all' das Licht gelernt ertragen,
Wer doch vermag, was da sie sahn,
Der es nicht selbst geschaut, zu sagen?
Da wird die stolze Sprache stumm;
Doch ist ein Schein davon geblieben!
Schau dich nach frommen Bildern um;
Dort findest, Sänger, du's geschrieben.

In dem zerfallenen Gebäu,
Da sitzt bei'm Eselein und Rinde
Im öden Stall, auf armem Heu,
Ein stilles Weib bei ihrem Kinde.
Ein Weib? O schaut ihr Angesicht!
Fürwahr, sie weiß von keinem Manne,
Mit jungfräulichem Augenlicht
Hält sie der Erde Lust im Banne.

Und doch, es ist ihr eigner Sohn,
Den sie hält mütterlich umschlungen;
Sie hat, entströmt dem Himmelsthron,
Des Allerhöchsten Kraft durchdrungen.
Der stolze Mutterblick es sagt,
Es sagt's die Hand auf reinem Herzen,
In dem's von Gottes Lust nur tagt,
Und nachtet nur von Gottes Schmerzen.

Nicht Krone brauchet solche Frau,
Nicht der Gewänder farb'ge Gluten;
Nur eines Mantels Dunkelblau
Sieht man den reinen Leib umfluten,
Und als der ächten Gottesbraut,
Wallt ihr um's Haar der weiße Schleier;
Doch allverklärend überthaut
Der Stern sie mit dem ew'gen Feuer.

Der Stern bestrahlt das zarte Kind,
Das Angesicht von Milch und Rose,
Es ist, wie and're Kinder sind,
Ruht hülflos, nackt, im Mutterschooße.
Es liegt so still und wonniglich,
Daß sie im Schauen sind verloren;
Und willig beugt der Nacken sich
Des stolzen, jugendlichen Mohren.

Verwirrt von solcher Lieblichkeit
Vergaßen sie der reichen Gaben,
Das Nächste, was der Diener beut,
Das Kleinste sie ergriffen haben.
Ein wenig Goldes faßt der Greis,
Der Mann streut Weihrauch, auf's Geschirre,
Der Jüngling sucht in Thränen heiß,
Und greift – nach einer Handvoll Myrrhe.

Die Jungfrau neigt sich mildiglich
Zu eines jeglichen Geschenken,
Ihr Blick füllt mit dem Geiste sich,
Er scheint in Deutung sich zu senken:
Dem *Gott* wird *Weihrauch* dargebracht,
Gold wird dem *Könige* geboten:
Doch *Myrrhe*? Myrrhe schmückt die Nacht
Des *Grabes,* und die Gruft der *Todten*?

Gott, König, Mensch dem Tod geweiht!
Sie ringt mit dem verborgnen Sinne:
Ob sie dem Staunen Worte leiht? –
Die Fürsten werden es nicht inne,

Sie sind dem König zugewandt,
Sie ruh'n in Andacht vor der Krippe,
Und drücken still die zarte Hand
Des Kindes an die heiße Lippe.

Doch lenkt den weisen Melchior
Der Geist auf seine beste Gabe:
Den gold'nen Apfel langt er vor,
Er war einst Alexanders Habe;
Zu seines Zepters Schmuck bestellt,
Des runden Weltalls köstlich Zeichen,
Geschmelzt vom Zins der ganzen Welt; –
Was läßt sich mehr dem Kinde reichen?

Mit seinem Blick und seinem Hauch
hat dieses kaum den Ball berühret,
Sieh! der verstob zu Asch' und Rauch;
Wohin er fuhr, ward nicht verspüret. –
Verwandelt ist das Angesicht
Des Kindes da vor ihren Blicken,
Auf seinen Wangen wohnt das Licht,
In dem die Himmel sich verquicken.

Und welch ein Aug' – ein Aug' ist sein,
Geformt aus Gottes Feuerflammen;
Ein Aug', – es spricht: Die welt ist mein,
Ich kann erlösen und verdammen! –
Jetzt taget es in ihrem Geist,
Die alten Finsternisse fliehen,
und die entsetzte Zunge preist
Des Schöpfers Macht, vor der sie knieen. –

Wer aber steht zur Seite still,
Und sinnt, auf seinen Stab gelehnet,
Andächtig, was da werden will,
Nicht an so Herrliches gewöhnet?
Ein wohlbejahrter, frommer Mann,
Ein treuer, irdischer Berater:
Sprich, wo man bessern finden kann
Zu solches Kindes Pflegevater?

Der nimmt die Kön'ge bei der Hand,
Und führt sie freundlich aus der Klause.
Sie stehen lang noch umgewandt
Vor dem zerfallnen, alten Hause,
Ist es doch wie ein grauer Rest
Gestürzten Tempels anzuschauen.
Der Gott der drinn sich niederläßt,
Der wird ihn herrlich wieder bauen!

So standen in Gedanken sie,
Und zogen fürbas in Gedanken;
Doch da begann der Rosse Knie,
Und der Kameele Tritt zu schwanken.
Und Hungers, Durstes, Schlafs Gewalt
Fing an im Haufen sich zu regen;
Und selbst die Fürsten mußten bald
Zu Mahl und Schlaf sich niederlegen.

Und sieh! ein Traumbild warnt ihr Herz,
Es nahen zarte Kinderseelen,
Und winken ihnen, heimathwärts
Sich einen andern Pfad zu wählen.
»Nicht in Herodes falsches Haus!«
Hell klingt das Wort in ihren Ohren.
Sie wachen auf, sie ziehen aus –
Nacht ist's, der Stern ist längst verloren.

Schlittenlied

Unter muntrer Glöcklein Schallen
Raschelt's wie ein Elfenzug,
Freudig drein die Peitschen knallen,
Alles schwindet hin im Flug:
Rosse, Reiter, in der Mitten
Muthig die besonnten Schlitten,
Die, in Sammt und Pelz gehüllt,
Niedlich Feenvolk erfüllt.

Kaum begonnen hat die Wonne;
Ist schon wieder alles aus?
Weg aus Duft und Schnee und Sonne
Sollen wir ins dumpfe Haus?
Doch es öffnen sich die Thüren
Unter lust'gem Musiciren;
Freundlich steht zu Tanz und Mahl
Aufgeschmückt der kleine Saal.

Eilig streift die Winterhülle
Jedes schöne Kind von sich,
Schmuck und hell, in süßer Fülle,
Leuchten alle sommerlich;
Wissen mit den stillen Blicken
Ach! so lieblich zu beglücken,
Holde Rede klingt darein –
Kann es wohl noch Winter seyn?

Wie sich's tanzt so freudig heute,
Sich's noch besser schmaust und singt!
Wenn, die Freundlichen zur Seite,
Glas mit Glas zusammenklingt;
Wenn, was Keiner wagt zu sagen,
Jeder darf zu singen wagen;
Rauscht das Lied, und glüht der Wein –
Kann es wohl noch Winter seyn?

Draußen spielet licht und leise
Mit dem Schnee der Mondenschein;
Fromm beschickt man sich zur Reise,
Fliegt im hellen Traum herein,
Wirft sich träumend hin aufs Bette,
Und um jede Schlummerstätte
Wogt im Schlafe Tanz und Sang
Noch die ganze Nacht entlang.

Wer, zur Hand die treue Leier,
Dieses kleine Lied erdacht,
Preist zum letzten Mal die Feier
Solcher schönen Winternacht:
Wann die Flocken wieder flüstern,
Wohnt er unter den Philistern;
Fahrt kehrt wieder, Sang und Klang, –
Doch vergessen ist er lang!

Laurette von Wallenstädt

Billet

Den 25. Déc.

Graf Donamar, ebenderselbe, der vorgestern so feierlich von Liebe sprach, hat mir gestern Abends durch sein vorsätzliches Ausbleiben eine unschuldige Freude verdorben. Ein Christgeschenk hatt' ich ihm zugedacht, wie ichs noch niemanden gegeben habe. Er sollte sich auch freuen, dacht ich, am Abend wo so viel Freude unter den besten Geschöpfen der ganzen Christenheit ist. Ich könnte ihn erfreuen, bildete ich mir ein, weil ich's so gern wollte; aber – o Männer! – – Christabend ist es alle Jahr nur einmal.

Moritz Gottlieb Saphir
1795–1858

Das Fest des Lebens

Es ist ein schöner, rührender, heiliger Abend!

Die Menschen begehen ein Fest der Liebe! Die Menschen gönnen sich heute gegenseitig Freude, sie überraschen sich mit Freude, mit Zärtlichkeit, mit Gaben der Liebe, der Freundschaft, der Innigkeit!

Der liebe Vater oben hat die ganze Welt dem Menschen gegeben zu einem einzigen, siebzigjährigen Weihnachtsfeste! Er hat ihnen das Leben reich besetzt, wie einen Weihnachtstisch. Er hat am Himmel angezündet den unendlichen Christbaum mit goldnen Lichtern, und von diesem flammenden Christbaum flattern herab alle Gnadenbänder des Lebens: Liebe, Glaube, Hoffnung! Er hat den Menschen beschert einen ganzen Tisch voll bunter Gaben: Abendröthen, Morgenröthen, Frühlinge, Nachtigallen, Dichtungen, Thränen, Liebe, Freundschaft, Religion, Kunst, Wohlthätigkeit und tausend andere Dinge, die uns beglücken können! Er hat den Menschen beschert ein große Herzschachtel voll eitel Spielzeug, voll güldenem Schnitzwerk, voll flatternden Wünschen, voll flackernden Träumen, voll gedrechselten Hoffnungen; kurz, der ewige Vater des großen Erden-Waisenhauses hat das ganze Menschenleben zu einem einzigen schönen, heiligen, rührenden Weihnachtsfeste machen wollen, zu einem einzigen Liebesfeste, zu einer einzigen lauen, lieblichen, magischen, wundersam gemüthlichen Dämmerstunde zwischen dem *Sonnenuntergange des diesseitigen,* und dem *Sonnenaufgange des jenseitigen* Lebens.

Der Mensch aber hat dieses einzige große Festgeschenk des Lebens, wie ein Kind, zerbrochen und abgetheilt in siebzig kleine, ausgemessene, vorherberechnete Festtage! – Er hat das Geschenk der unendlichen, ewigen, lebenslänglichen Liebe zerspaltet in kleine Theilchen, in siebzig Theilchen, und feiert alle Jahre *eine* kalte Decembernacht der Liebe, und findet sich ab mit den Nebenmenschen, mit den Freunden, mit den Kindern, mit allen Empfindungen, und vertröstet sie und sich und sein Herz und alle seine Gefühle auf diese einzige, kleine, abgemessene Liebesstunde!

Zwischen diesen siebzig buntangestrichenen, einzelnstehenden, auseinandergerissenen Wegweisern in das heilige Land der Liebe, in die veröideten Zwischenräume dieser siebzig Jubelminuten säet der Mensch das ganze Jahr die Nesselsaat des Hasses, die Stechäpfel der Lieblosigkeit, den Schierling des Neides und tausend andere Giftpflanzen, die das Glück des Nebenmenschen zerstören, aufreiben, vergiften. Dann, wenn er diesen Raum ausgefüllt hat mit Haß, Verfolgung, Lieblosigkeit,

Stumpfheit, Zerstörung aller andern Freuden, Verhöhnung aller edlern Empfindung, dann, dann gelangt er alle Jahre einmal an den alten, herkömmlichen, seit Ewigkeit hervorgesteckten Pfahl und Wegweiser der Liebe, und hängt seine Laterne daran mit seinem Augenblickslicht, und streicht diesen einzelnen Wegweiser an mit Farben und bunterlei Zeug, und das nennt der Mensch: den *Weihnachtsabend feiern!*

Simplizianischer Wundergeschichts-Calender 1795

Der Christkindelsbaum

Zuerst will ich Euch einen Christkindelsbaum beschreiben, dergleichen Ihr in Eurem Leben nicht gesehen habt, und die Pracht davon Euch kaum werdet vorstellen können. Der stand nun mitten in einer Stube in der Ecke, und seine Zweige waren so ausgebreitet, daß sie fast die Helfte der Decke der Stube bedeckten, und man darunter stand, wie unter einer Sommerlaube. An allen Aestchen und Zweigen hiengen nun allerhand kostbare Conditor- und Zuckerwaren, als: Engel, Puppen, Thiere und dergleichen, alles von Zucker: welches mit den Blüthen des Baumes gar artig harmonierte. Ferner hieng auch vergoldetes Obst, von allen Sorten, in großer Menge daran, so daß man unter diesem Baume wie in einem Speisegewölbe sich befand: und es ist nur Jammerschade, daß nicht auch Schinken und Bratwürste (wovon ich ein großer Liebhaber bin) und Schwartenmägen, Ochsenfüsse, nebst gebratenen Tauben dran hiengen. In der Mitte dieses Magazins befand sich der heilige Geist in seiner gewöhnlichen Gestalt, als eine allerliebst schöne Taube von Zucker, zur Rechten hieng das Christkindlein, und zur Linken seine Mutter – gar niedlich anzusehen, und alles von Zucker, so daß ich beyde, die Jungfer Maria nebst ihrem Kinde, vor Liebe wohl hätte fressen mögen, wenn es wäre erlaubt gewesen. Endlich war der ganze Baum, mit allen seinen Zweigen und Früchten, mit einem goldenen Netz, das von vielen tausend vergoldeten, und an Schnüre gereihten Haselnüssen gar künstlich zubereitet war, überzogen, und mit Guirlanden und Bandelotten wie an einem Kronleuchter geziert. Zwischen all diesen Kostbarkeiten leuchteten eine unzähliche Menge Wachslichtlein hervor, wie Sterne am Himmel, welches ein prächtiger Anblick war.

Karl Leberecht Immermann
1796–1840

Meine heiße Bitte

So eben, meine beste Mutter, erhalte ich Deine lieben Zeilen nebst der schönen Tasse, mit der Du mir ein sehr angenehmes Geschenk gemacht hast. Ich danke für Deine Güte u. Liebe Dir tausendmal. Meine Tassensammlung wird ganz brillant, ich bin nun mit der heute empfangnen bis Nr. 7 gediehen.

Ganz gewiß hatte ich geglaubt, daß Du das Fest in Oschersleben zubringen würdest, u. es schmerzte mich, als ich aus Deinem Briefe nun das Gegentheil vermuthen mußte. Die Tage werden Dir recht einsam vergangen seyn, wenn nun gar auch Hermann u. Ferdinand Dich zu jener Zeit verlassen haben. Ich weiß wie wehmüthig Einem in solchen Tagen zu Muthe ist, wenn man sich aus früheren Jahren erinnert, wie sie da so fröhlich vergingen. Ich habe jetzt vor Weihnachten u. Sylvester schon lange vorher immer eine Art von Furcht, denn ich habe dann seit meiner Entfernung vom Hause, stäts mich so sehr allein gefühlt u. befunden.

Dieses Jahr aber war ich unter Menschen u. recht froh. Ich brachte den heiligen Abend bei Lützows zu. Die Generalin hatte ihr niedliches Zimmer mit vielen Lichtern u. Wachsstöckchen, Tannenzweigen u. Blumen in einen wahren Feenpallast verwandelt, u. auf dem weiß gedeckten Tische lagen die freundlich dargebotnen Gaben. Ich fand denn auch das Meinige – eine sehr künstliche Kaffeemaschine, nebst Kaffeeservice u. vielem Confect. Nun koche ich mir alle Nachmittage meinen Kaffee selbst, u. wenn ich gleich, bei meiner Dir wohlbekannten Ungeschicklichkeit in dergleichen Dingen 1½ Stunde arbeiten muß, bis der braune Saft läuft, so belohnt mich auch dann das delicateste Getränk, was ich je getrunken habe. Sobald mir einmal das Glück wird, Dich liebste M. bei mir bewirthen zu dürfen, sollst Du zuerst von diesem eigenfabricirten Kaffee genießen. Auch in diesem Augenblicke trinke ich ihn, u. zwar aus Deiner schönen Tasse, die indessen nur an hohen Festtagen künftig gebraucht werden soll. (…)

Hoffentlich bekommst Du diese Zeilen noch im alten Jahr. Sie bringen Dir die innigsten Wünsche für das Neue, u. die kindliche Bitte, mir ferner Deine Liebe zu schenken. Oft habe ich eine große Sehnsucht nach Dir, u. möchte nur zuweilen eine Stunde bei Dir seyn, um mich mit Dir aussprechen zu können. Gott erhalte Dich uns Kindern noch lange Jahre, das ist meine heiße Bitte an Ihn. Mich ergreift oft eine unbeschreibliche Traurigkeit, wenn ich mir denke, daß Du vielleicht mir einst in das Jenseits vorangehst.

Meinetwegen bekümmre Dich nicht, beste Mutter. Ich werde wirklich immer ruhiger u. lerne von Tage zu Tage mehr, das geduldig hinnehmen, was mir der Himmel zuschickt. Lebewohl!

Dein Sohn Carl.

Münster, d. 27. Dec. 1822.

Volkslied

Süßer die Glocken nie klingen

Süßer die Glocken nie klingen,
als zu der Weihnachtszeit,
's ist als ob Engelein singen,
wieder von Frieden und Freud',
|: wie sie gesungen in seliger Nacht, :|
Glocken mit heiligem Klang,
klinget die Erde entlang.

Oh, wenn die Glocken erklingen,
schnell sie das Christkindlein hört,
tut sich vom Himmel dann schwingen,
eilet hernieder zur Erd,
|: segnet den Vater, die Mutter, das Kind, :|
Glocken mit heiligem Klang
klingt doch die Erde entlang!

Jeremias Gotthelf
1797–1854

Heilig Abend eines Branntweinsäufers

Kein Lichtlein brannte mehr im Dorfe, kein Lichtlein brannte in Durslis Herzen, hohl heulte der Wind durch die Gassen und wirbelte Schnee und Regen herein. Ein furchtbarer Zorn brauste durch Durslis Adern über die Menschen, über die ganze Welt, über alles, alles; und daß ihm doch jemand begegnen möchte, den er halb totschlagen, daß ihn doch nur ein Hund anbellen möchte, den er erstechen könnte, war des gelben, wilden Mannes Gebet in der heiligen Nacht. Aber still bliebs auf der Straße, still um die Häuser, kein Mensch eilte durch die Nacht, in die Nacht hinein bellte kein Hund; Gott wacht auch über die Schritte der Menschen, über das Bellen der Hunde. Aber immer gewaltiger toste der Sturm von ferne her, gleich dem Donner des aufgeregten, tausendjährige Felsen stürmenden Meeres, und grauenvolle Finsternis lagerte über der Erde. Und immer finsterer wards, als er in die Einschläge kam, wo in dichten Reihen Bäume stehen, mit weit hinausreichenden Ästen den Boden berührend, als der mächtige Wald wie eine unendliche schwarze Wand immer näher vor ihn trat; und immer fürchterlicher heulte der Wind durch der Eichen spröde Äste, durch der Tannen biegsame Wipfel. Und immer heißer kochte in Dursli der Zorn über Gott und Menschen, immer wilder stürmte er weiter; da glitschte er aus auf dem schlüpfrigen Fußweg, und hart fiel er nieder. Fluchend, daß der Teufel alles nehmen möchte, sprang er auf, stürmte weiter, nach wenig Schritten hart an einen Baum und stürzte rücklings nieder, und wie höhnend und jubelnd sauste über ihn hin der Sturm. Da rieselte wie vom kalten Boden auf eine kältende Gewalt ihm durch die Glieder, und ohne Fluch, aber trotzig noch stellte er sich auf die Beine und schritt rasch alswie gegen einen Feind dem immer schwärzer, grauser sich darstellenden Walde zu.

Da schlug wie mit unsichtbarer Hand ein herabhängender Ast das Gesicht ihm blutig; da fiel er halb betäubt über die Stapfeten in den Wald hinein, dicht bei der Bürgeln, und mit dem Kopf in eine Pfütze. Nun brach der ganze Trotz zusammen; das Bewußtsein, daß er ein Sandkorn sei in eines Allgewaltigen Hand, brach in ihm auf, ward aber zur schrecklichen Gespensterfurcht, die dicht vor sich in einem kleinen, dichten Tannenbaum des Teufels Großmutter sah und in einem jungen, schlanken Eichli den Teufel selbst. Höllenangst schnürte des Durslis kurz zuvor so trotzig Herz zusammen, die Lippen, die so frech gelästert hatten, bebten, und seine Zähne klapperten noch lauter als die Zähne seiner Kinder, wenn sie beteten, vom Frost geschüttelt.

Dursli, der lange nie zu seinem Gott gebetet, denselben verhöhnt hatte, derselbe Dursli betete jetzt in heißer Seelenangst zum Teufel und seiner Großmutter, bat seine Lästerungen ab, bat, daß sie ihn doch ruhig ließen, daß er ihnen ja gern wolle helfen Teufel sein und im Lande herum hausieren wolle mit Ausweisungen und Branntewein, und daß er ihnen helfen wolle den Leuten die Haare noch verflüchter zusammenknüpfen, als sie es bereits wären. Da schien es dem zum Teufel Betenden, als ob derselbe zu seiner Großmutter sich neige, als ob es darauf hinter ihnen zu seufzen und zu stöhnen beginne, als ob etwas schlüpfe zwischen beiden durch über ihn weg und wie Windeswehen hinaufeile gegen die Koppiger Gaß mit fliegendem Atem.

Aber nur einen Augenblick hörte er es, dann brach es los, als ob die ganze Hölle von dem Teufel und seiner Großmutter aufgerufen worden sei gegen ihn. Es heulte wie Hundegebell, es schmetterte wie Pferdewiehern und Hufengestampf, es klang wie das Hallo brünstiger Jäger, wie Sporengeklirr und Peitschenknall, es klang und tönte über den Boden hin, durch die Kronen der Bäume auf ihn ein. Ihm wollten die Sinne vergehen. Aber die wilde, gräßliche Jagd weilte nicht bei ihm, sie eilte dem seufzenden Windeswehen nach hinauf in den Wald dem Lindenhubel zu. Und wie der gräßliche Spuk weiter und weiter vertönte, ward freier und freier des wilden Mannes in Todesangst geklemmte Brust, höher und höher hob er sein Gesicht aus der Pfütze. Und als er nichts mehr hörte, als er mit seinen verkoteten Augen auch den Teufel und seine Großmutter nicht mehr sah, da begann es ihm zu wohlen, und er erhob sich. Schräg durch den Wald der Ecke des Einschlags zu zielend, um auf die Gasse zu kommen, tappte er mit zitternden Beinen vorwärts und dachte bei sich, wenn er jetzt dem Teufel entrinne, so söll dä ne de gwüß nümme übercho.

Schwarz wie die Hölle war der Wald, den Weg fühlte er unter den Füßen, er sah nicht einmal die über einem Weg übliche Heiteri durch die Bäume. Vorsichtig tappte er auf dem bösen Wege, und er meinte schon, als heitere es ihm etwas gegen das Koppiger Türli zu, da ward oben im Walde gegen das Oberholz zu wieder hörbar ein seltsam Schnauben und Tosen. Als ob ein gespenstig Wild oberhalb dem Lindenhubel bei dem alten Jägern wohlbekannten Kreuzwege im Lohn sich gewendet und durch das Oberholz nieder dem verlassenen Lager zueile und hinter ihm drein die wilde Jagd, die Hunde und die Jäger, alles auf der Feldseite dem Bühl nach den Wald nieder, tobte es näher und immer näher, immer schauerlicher, immer grausiger. Kalt wurde es Dursli ums Herz, jetzt konnte er Glauben fassen, aber den gräßlichen Glauben, daß der Teufel ihn nicht lassen wolle, und dieser Glaube stellte ihm die Haare bolzgrade auf, und eisig faßte ihn der Gedanke, warum er früher nicht einen andern Glauben hätte fassen können? Als mit diesem eisigen Gedanken glühende Reue ihm in die Seele glitschte, rauschte wieder an ihm vorüber das frühere Windeswehen mit Seufzen und Keuchen, aber markdurchdringender, herzdurchschneidender, rauschte wie in letzter Anstrengung durch den offenen Wald, die alten Eichen hin, die Wolfrichti hinab dem Bachtelenbrunnen zu.

Aber hinter ihm heran stob das wütende Heer heulend durch die Bäume, wilder klafften die Hunde, wilder schnoben die Rosse; durch Sporenklirren und Peitschenknall wie Donner Gottes klang der Jagdhörner Geschmetter, wie das Bersten der Erde der wütenden Jäger Jagdruf, und hintendrein schien ihm auf haushohem Roß, schwarz wie die Nacht, lang und schwärzer wie die Nacht, der Teufel selbst zu reiten mit wildem Ruf und Peitschenknall. Hart an ihm vorüber stürmte die wilde Jagd, und noch näher an ihm vorbei sauste der schwarze, gewaltige Reiter, und unter seinem Kinn fühlte er dessen Stiefelspitze, fühlte unter seinen Füßen den Boden nicht mehr, und als führe er wie ein Stein von der Schleuder durch die Lüfte, ward ihm zumut. Und mitten in der schwarzen Nacht schien plötzlich ein gräßlich Feuer vor ihm aufzuwallen, ein flutend Flammenmeer; eine unwiderstehliche Gewalt warf ihn mitten hinein in dasselbe, die Feuerwellen schlugen über ihm zusammen, brannten ihm bis ins Herz hinein, brannten ihn immer fürchterlicher, aber verbrannten ihn nicht. Alles ward an ihm zu Feuer, aus den Augen siedeten Feuerströme, aus den Ohren sprühten Flammenbogen, und doch sah er mit den Augen, hörte mit den Ohren. Er sah mit den Augen einen gräßlichen, glühroten Teufel mit feurigem Tannenbaum das Feuer schüren in dem ungeheuren Ofen, aus dem die Feuerwellen quollen häuserhoch, und in der Ofenglut schienen Tausende von Menschen sich zu winden, zu feurigem Knäuel geballt; und mitten hinein in diesen Ofen fühlte er sich selbsten fallen, und mit dem glühenden Tannenbaum rührte ihn der Teufel in den glühenden Knäuel mitten hinein. Da erfuhr er, was Höllenpein sagen will.

Und wie der Teufel ihn herumrührte im Ofen, daß das Feuer aufbrodelte mit wütender Gewalt und jedes Härlein an ihm zur eigenen Hölle wurde vor Hitze und Glut, so rollte die Worte in heiserem Donner der Teufel ihm zu: »Kennst du jetzt den Ofen, der dem Teufel seine Pinten heizt mit lauter Vätern, deren Kinder froren in schlechten Schuhen auf kaltem Ofen, während die Väter Branntewein soffen?« Und aufs neue rührte der Teufel von Grund auf die Glut, und Tausende von Menschenhäuptern wirbelten von neuem auf wie glühende Kohlen, und in den Häuptern glänzten die Augen, und aus ihnen quollen Feuerströme, die heißen Tränenströme der Väter, deren Kindern anfroren auf den kalten Backen ihre kalten Tränlein, während die Väter in warmen Pinten saßen. Und wie der Teufel den Knäuel wieder umrührte mit seinem Tannenbaum, das Feuer neu aufzischte, hob eine Flut ihn empor über den Ofen hinaus, und tiefer und tiefer sank er wieder ins Feuermeer. Für diese Hölle ward er zu leicht erfunden.

Bald sah er es unter sich glitzern und funkeln, wie Eisen im Feuer funkelt, wie gezückte Schwerter in der Sonne blinken, und wie ein Lanzensee bohrte es sich ihm entgegen. Millionen Hecheln warens, nebeneinander in unendlichen Weiten, weltenhoch aufeinandergetürmt; in diese Hecheln hinein regnete es Menschen fort und fort, und er fiel hinein und durch eine Reihe nach der andern, und die Reihen nahmen kein Ende, und jede untere Reihe war feiner als die obere Reihe und durchbohrte, was die andere ganz gelassen. Billionenmal durchstochen von den feurigen Spitzen, zerriß er dennoch nicht, sein Leib war zäch geworden, wie es seine Seele war; aber unbeschreiblich war diese Pein und des feurigen Ofens Pein dagegen wie Hochzeitlust. Und mitten in den Hecheln rollten glühende Walzen, und zwischen die Walzen rollten die Zerfetzten und, zusammengedrückt in den Walzen, wieder in die Hecheln hinein, in feinere und immer feinere.

Das Fallen nahm kein Ende, und an jeder Walze stund ein rotglühender Teufel und wirbelte Wolken feurigen Pfeffers auf die Zermalmten und lachte ihnen zu mit teuflischen Gebärden: das sei des Teufels Truel, wo er für seine Pinten den Branntewein presse aus denen, welche auf Erden Herzen gepeinigt, gemartert, zerdrückt hätten, ihrer Weiber, ihrer Männer, ihrer Kinder Herzen. So fiel er von Hechel zu Hechel, von Walze zu Walze und endlich in eine, aus der er nicht wieder hinauskam; es ward wieder finster um ihn, durch die schwarze Nacht schien er wieder zu fahren und verlor sich selbst darin nach und nach.

Ausgetobt hatte der Sturm, durch zerrissene Wolken glänzte der untergehende Mond, gegen Morgen dämmerte Licht, und stille wars über der Erde; es war, als ob sie in tiefer Andacht lauschen wolle der frohen Kunde, daß ihr heute der Heiland geboren worden, der Ehre Gott in der Höhe bereiten werde und Friede den Welten.

Beim Koppiger Türli in der alten Griengrube regte es sich, und tiefes Stöhnen drang über die Ränder derselben. Dort lag Dursli, und in ihm dämmerte nach und nach wieder Bewußtsein empor, er begann zu fühlen, daß er noch lebe; aber schrecklich, in dumpfer Rückerinnerung des gräßlichen Traumes, schien ihm sein Zustand, wie Feuer brannte es ihn im Halse, in den Augen, allenthalben, zerstochen, zerfetzt schien ihm sein Leib, herumgewirbelt in feurigen Walzen. Er begann sich zu erinnern, wie ihn der Teufel mit seines Stiefels Spitze seiner Hölle zugeschleudert, und zu welchen Qualen er verdammt worden, weil er seine Kinder hungern und frieren ließ, während er in allen Kneipen schlemmte, weil er das Herz seines braven Weibes täglich gemartert hatte in scheußlicher Unbarmherzigkeit. Heiß brannte ihn der Angstschweiß, aber nicht auf der Stirne – wer sich in der Hölle glaubt, dem brennt der Angstschweiß auf dem Herzen – und im Frost klapperten seine Glieder.

So lag er lange in schauerlicher Stille und lauschte seiner Qual. Aber stille blieb es um ihn, er hörte nicht des Feuers Prasseln, nicht der Walzen zermalmend Knirschen, nicht des glührotten Teufels Hohn, nicht der zermalmten Menschen Angstgestöhn, und stille schien ihm sein Leib zu liegen, nicht herumgewirbelt zu werden im Ofen, nicht zu fallen von Hechel zu Hechel; er wußte nicht mehr, wo er war. Er versuchte, die Augen zu öffnen, lange umsonst, und als die verkleisterten Augenlider endlich sich trennten, sah er keine Nacht mehr, keine Teufel, kein Feuer, es flimmerten Sterne ihm in die Augen, und der stille Mond warf seinen lieblichen Blick ihm zu.

Da kam ein unbeschreiblich Gefühl über ihn, da wußte er, wie es einem armen, verdammten Sünder zumute wird, wenn ihn Gottes Hand aus der Hölle führt; denn das wußte er nun, in der Hölle war er nicht mehr, da glänzen Gottes Sterne nicht, da spendet nicht der stille Mond seinen tröstenden Schein. Aber wo war er? War er im Himmel? Er konnte es nicht glauben; er wußte nun, daß ein gewissenloser, unbarmherziger Vater nicht in den Himmel komme. Seinen schweren, zerschlagenen Kopf hob er mühsam auf, sah mit immer tieferem Staunen um sich, denn er sah Baumwipfel, sah eine Grube um sich, hörte Wasser rauschen dicht neben sich; mühsam hob er höher sich auf, da sah er sich im Walde, sah eine Straße, sah ein Türlein, Felder hinter demselben und hinter denselben ein langes Dorf, und endlich ward es ihm deutlich, daß er noch auf Erden sei und zwar in der alten Griengrube beim Koppiger Türli. Da saß er nun, der jämmerlich zerschlagene, im Froste klappernde Mann, verwirrt und betäubt; und ehe er zur Besinnung gekommen, wie er in diese Griengrube geraten, ob auf einem natürlichen Wege oder von guten Geistern aus der Hölle hieher getragen, übermannte ihn ein markdurchdringend Gefühl seiner Erbärmlichkeit, er weinte bitterlich, seit Jahren zum erstenmal. Seit Jahren zum erstenmal war der Feuergeist so recht gründlich aus seinem Leibe gewichen, und in seinem Leibe hatte er nichts mehr als seine arme Seele; seit Jahren war der Feuergeist, der Branntewein Meister in diesem Leibe gewesen, er hatte geredet und gehandelt, und seine arme Seele war in seinem Leibe nur gewesen, was ein arm, schitter, weinend Mutterli, das ein bös Söhnisweib nur in finsterem Winkel duldet und dort nicht einmal einen Seufzer verträgt.

Nun hatte die kühle, nasse Nacht den Feuergeist gänzlich aus dem Leibe gejagt, und draußen in der Griengrube war kein Branntewein. Dursli trug glücklicherweise kein Gütterli bei sich, den bösen Geist konnte er nicht zurückrufen. Nun begann seine Seele sich zu regen, die arme Seele aus ihrem finstern Winkel hervor; und diese arme Seele, nun nicht mehr unter der Gewalt des Feuergeistes verstummt, begann zu reden wie mit tausend Zungen von Weib und Kindern, von falschen Freunden und teuflischen Verführern, von Elend und Not, von Gott und dem Teufel, und tausend Ohren schienen ihm zu wachsen und zu vervielfältigen alles, was seine tausend Zungen sprachen. Was andern in Jahren Stunde um Stunde ihr Gewissen zuraunt, überflutete Dursli auf einmal in Sekunden. Diese Flut war nicht eine Rede, nicht ein langes Vorhalten vieler Dinge, es war das blitzartige Aufrollen seines ganzen Lebens, unverschleiert, unübertüncht, in seiner ganzen grellen Sündhaftigkeit. Wie er es gehabt, und wie er jetzt dran sei, was Weib und Kinder ausgestanden, und wie er selbst sein eigener Teufel gewesen, wie er aus dem fröhlich singenden Dursli einen wüsten, wilden Mann gemacht – das stund alles lebendig vor seinem inneren aufgegangenen Auge. Da durchdrang ihn, als das Bild so recht lebendig vor ihm stund, eine grenzenlose Mutlosigkeit, die tiefste Selbstverachtung; in so tiefes Elend hinein hatte er sich reißen lassen, mit so kleiner Mühe hatte er sich aus einem liebenden Gatten und Vater zum Peiniger seines Weibes, seiner Kinder umschaffen lassen! Da fühlte er den Sinn in sich, der betet: »Mein Gott, ich schäme mich, mein Angesicht aufzuheben zu dir, mein Gott! Meine Missetaten sind über mein Haupt gewachsen, meine Schuld ist groß geworden bis in den Himmel.« Da kamen von selbst aus seiner Seele die Worte: »Ihr Berge, fallet über mir zusammen, ihr Hügel, decket mich!«

Und in diesem Elend kam die Sehnsucht über ihn nach seinen Kindern, nach seinem Bäbeli; wenn er den Kindern nur noch ein Müntschi geben, wenn er Bäbeli nur noch einmal die Hand geben und ihm sagen könnte, wie leid ihm alles sei, dann, dünkte ihn, wolle er gerne sterben. Und wie er so sterbensmatt da schlotternd saß in der Griengrube, so dünkte ihn, er wisse nicht, wie weit noch sein Sterben sei, und wenn er noch einmal zu Weib und Kindern wolle, so müsse er eilen. Und so richtete er langsam sich auf; kein Glied war ihm gebrochen im Falle, aber gar langsam trugen ihn diese matten, zerschlagenen Glieder.

Schon beim Türli mußte er wieder stillestehen und sich lehnen an den Türlistock, sein Leib dünkte ihn viele, viele Zentner schwer, und als ob er mit den Beinen tief in der Erde ginge, war es ihm; und seine Seele war auch so matt und trostlos, daß er keinen Mut mehr darin fand, heimzugehen und sein Elend zu bekennen. Und als er so mutlos sich lehnte an den Türlistock, begann es im vor ihm liegenden Dorfe zu läuten. Es war das Zeichen, daß die Menschen erwacht seien, daß sie sich bereiten wollten, dem Herrn Lob und Ehre darzubringen an seinem heiligen Tage, und alsobald mischte diesem Geläute das Kirchlein des Dorfes, woher Dursli gekommen war, seine schwesterlichen Klänge bei; und so, wie es von beiden Kirchen her läutete hell und klar, so kamen aus weitern Kreisen her die Stimmen anderer Kirchen und bildeten zu den hellen Klängen den feierlichen Chor. Da ward ihm feierlich zumute; es war ihm, als riefe ihm dieses Läuten zu, heimzukehren, es war ihm, als ob auf dem Grunde seines Herzens sich ein Hoffen zu regen beginne auf eine neue, kommende Zeit, als ob ihm der Glaube käme, daß auch ihm heute nicht nur der Welt Heiland, sondern gerade sein eigener Heiland geboren worden, als ob jede Glockenstimme eine Mahnung sei, daß Freude im Himmel sei über jeden sich bekehrenden Sünder und ein Frohlocken bei den heiligen Engeln, als ob jeder Ton, der ihm in die Ohren dringe, eine Verheißung sei, daß die Kraft Gottes so gut in sein Herz kommen könne als seiner Glocken Stimme.

Es zog ihn aufs neue heimwärts, es glomm der Mut wieder, zu seinem armen Weibe zu sagen: »Bäbeli, ich habe gesündigt vor Gott und vor dir, ich bin nicht wert, deiner Kinder Vater zu sein; aber kannst du mir vergeben und vergessen, so will ich mit Gottes Hülfe ein anderer, der alte Dursli wieder werden.« Und als er dieses dachte, da ward es warm in seinem Herzen, und Tränen kamen ihm in die Augen, und er hob den Fuß zu dem heiligen Gang. Da kreischte neben ihm eine Stimme, die zerdrückt aus einem verquollenen Halse kam: »E gute Tag, Dursli, was stehst du da wie ein Pfaff an einer Kilbi? Siehst aus, als ob des Teufels Großmutter mit dir gnarret hätte, und luegst dry, wie wenn du an einem hämpfeligen Tannzapfen erworgen wolltest!« Es war die Stimme der wohlbekannten Landstreicherin Ch., berühmt als

Wahrsagerin und Hexe, die in allen Pinten sehr gut bekannt war und mit allen Hudeln gute Kameradschaft hielt. »Komm du«, sagte sie, »mit mir ins Pintli, e Trost ga näh, du hast es nötig! Was Tüfels ist mit dir?« Recht weichmütig wies er von der Hand dieses Ansinnen und sagte offenherzig, wie er heimwolle zu seinem Weibe und seinen armen Kindern, wie er sein wüstes Leben einsehe und wieder Vater sein wolle ihnen. Verwundert hatte die Ch. aus ihren triefenden Sauaugen ihn angesehen, als sie Dursli so reden hörte; und als er fertig war, schlug sie ein heiseres, wüstes Gelächter auf. »Was Teufels kömmt dich an, Dursli?« sagte sie, »ist es dir tromsigs in Kopf gekommen, oder bist du bei den Stündelern in der Versammlig gsi? Was, dyr bleiche Gränne wottsch ga aneknöue? Wottsch ere drGring groß mache u dr däweg drLätsch selber ga a Hals mache? Die würd dr de drPlätz schön mache! Komm du ins Pintli, gschwing! Wenn du nur einen Tropf Guten im Leibe hast, so wirst du schon aus einem andern Loch pfeifen. Wenn es einen friert, so ist man nur ein halber Mensch, und du wirst diese Nacht volle am ene Hag glege sy, u du wird dr dsHerz i dSchuh abegrütscht sy.« »Nein«, sagte Dursli, »von dem allem ist nichts; aber wenn dir begegnet wäre, was mir, du würdest auch wieder lernen beten.« »Nadis bott nit!« sagte die Ch., »und wenn der Tüfel selber kämt, er zwängti mih nit, drKopf z'chiere.« »Wohl, Ch.«, sagte Dursli, »wenn du gesehen und gehört hättest, was ich, so würdest du auch glauben, daß no öppis angers isch, als was me da gseht – und daß e Höll isch, u daß me sih ändere muß, we me nit drywill.«

Und nun erzählte ihr Dursli offenherzig die Abenteuer der vergangenen Nacht, was er von der Bürglen herkommen sehen, wie der Teufel selbst ihn angeritten und durch die Luft geworfen, und wie er dann durch die Hölle gefahren und endlich in der Griengrube erwacht sei. Bei dieser Erzählung zog die Ch. nach und nach ein ernsthaftes Gesicht, und Dursli glaubte schon, sie bekehrt zu haben und zum Glauben gebracht; da leuchtete es in ihren Augen auf wie ein brennend Haus. »Und du willst geistlich werden, wo du jetzt glücklich werden kannst!« schrie sie auf und faßte Dursli mit ihren langen, klauichten Fingern krampfhaft beim Arme. »Weißt du und merkst du dann nicht, daß sich dir die Bürglenherren gekündet haben, und daß sie dir ihre Schätze geben müssen, wenn du nur willst und du Gurasche hättest und nit pflännetisch wie eine alte Frau? Und drTüfel wird afe gnietig sy, ne nahzryte; er het dir ja selber dr Stifel dargha, daßd ufhockisch, und weil du dann dagestanden bist wie ein Ölgötz, so hat er dr einen Mupf in die Griengrube gegeben. Aber, was du da von der Hölle sagst, das ist dir nume vorcho im Traum; drTüfel isch nit e Narr, daß er die, wos mit ihm hey, geyt ga erschrecke und de no hintendry geyt ga quälen. Du mußt aber ein Fraufastenkind sein, daß du das alles gesehen. Und o Herr Jeses, Dursli, wie glücklich chönntisch werde, wenn nume Guraschi hättest! Wenn du auch wüßtest, wie groß der Schatz ist auf den Bürglen! Du könntest damit die Kirchberger und Utzenstörfer auskaufen, und der Dünkel-Dursli müßt dy Schnuderbub sy oder höchstens dy Melcher, dSchloßweiher zLandshut chönntst ganz volle Brantenwein haben, und denn chönntist rühyig im Gabenetli uf dr Terrasse hocke, und hundert Knechte müßten dir ihn zuchetragen und alles in silberige Gschirre. Und dann chönntest deinen Kindern meinethalb auch z'fresse la zuecho und dym Bäbi allbeneinisch e Wedele, für z'heize; aber e schöneri Frau würdest denn wohl welle als son e bleiche Gränne. Wenn du morgen nacht wieder da bist, so kannst du den Schatz noch immer gewinnen; sie müssen drei Nächt nacheinander den Wald auf- und abreiten und hinter ihnen her der Teufel. Komm doch geschwind ins Pintli! Dort kannst du erwarmen, und ich will dir alles brichte, und was du zu machen hast.« Aber Dursli sagte: »Nein, ins Pintli komm ich jetzt emel einisch nicht; du kannst mich hier auch brichte, was das mit den Bürglenherren ist.«

»Da auf der Bürglen«, sagte die Ch., »ist vor alten Zeiten ein Schloß gestanden, und das hat gar grusam fürnehmen Edelleuten gehört, aber die sind liederlich gewesen und verputzten all ihr Gut, daß sie gar kein Geld mehr hatten, für Wein zu kaufen und Kleider, und sind doch immer durstig gewesen und hoffärtig. Da haben sie sich dem Teufel übergeben mit Leib und Seele, und der hat ihnen zu schröcklich viel Geld und Gut geholfen, soviel sie nur haben wollten. Und wo sie das Geld gehabt, ist es ihnen doch nicht recht gewesen, daß sie sich dem Teufel übergeben, sie hätten das Geld behalten mögen und doch vom Teufel los sein; aber sie wußten nicht, wie sie das anfangen sollten, die Listigsten waren sie nicht.«

Die sieben Brüder hätten aber ein Jungfräuli gehabt, das hätte ihnen ihre Sache gemacht und wäre aller Brüder Schatz gewesen und gar ein Listiges. Das hätte ihnen gesagt, sie wüßte wohl, wie der Teufel z'bschyße wär, so daß sie ihm entrinnen könnten und doch alles behalten. Und die Brüder hätten dem Jungfräuli versprochen, der jüngste müsse es heiraten, wenn es ihnen den Rat geben wolle und sie glücklich davonkämen.

Da hätte es gesagt, in der heiligen Nacht und zwei Tage, zwei Nächte nachher dürfe der Teufel nicht aus der Hölle hervor, das hätte ihm einmal ein Pfaff gesagt. In der heiligen Nacht wollten sie sich also mit Hab und Gut fortmachen, und während den drei Tagen möchten sie denn doch weit kommen; wenn dann der Teufel wieder hervorkomme, so wisse er nicht, wo sie hingekommen seien, und wenn er sie nicht mehr finde, so seien sie ja entronnen. Aber der Teufel hatte auch einen Liebeshandel mit der Köchin zu Bürglen, und die war schalus auf das Jungfräuli; sie sagte daher dem Teufel wieder, was im Wurfe sei zu seinem Schaden. Da sei der Teufel nicht in die Hölle gegangen, deren Tor während den drei heiligen Tagen verschlossen werde; und damit man ihn nicht hineinjage, habe er sich als Draguner verkleidet und mit Wüsttun in der Nähe aufgehalten, und in der heiligen Nacht hätte er ihnen glußet unten am Schlosse auf einem großen schwarzen Rosse. Als sie nun fortzogen mit Sack und Pack, Hunden und Rossen und voran mit dem jüngsten Bruder das Jungfräuli, sei er hintendrein geritten mit Sausen und Brausen, daß sie erschrocken fortstoben wie das Dürstengjäg, z'voran das Jungfräuli, das alsbald ab dem Roß gefallen sei. In der heiligen Nacht hätte er ihnen eigentlich nichts tun dürfen; aber als sie vom Lindenhubel gegen das Oberholz zugeritten, wäre er ihnen vorangeritten und hätte sie umegwehrt, daß sie den Wald hinunter hätten reiten müssen dem Bachtelenbrunnen zu mit wildem Angstgeschrei. Dort hätten sie sich wieder umgewendet der Bürglen zu und seien glücklich vor dem Teufel im Schlosse gewesen und hätten das Tor wohl vermacht, so daß der Teufel, der in diesen Nächten keine aparti Gewalt hat, davor bleiben mußte.

»Drinnen ward den Brüdern nun gar angst, was der Teufel wohl mit ihnen anfangen werde, wenn die heilige Zeit vorbei sei. Aber das Jungfräuli, welches vor allen andern wieder im Schlosse war, tröstete sie, der Teufel werde jetzt wohl wieder in der Hölle sein und in der folgenden Nacht sie nicht stören können; sie sollten die Flucht nur noch einmal versuchen. Sie taten es, aber es ging ihnen akkurat wie das erstemal. Da fürchteten sie sich noch mehr und drohten dem Jungfräuli, daß sie es dem Teufel dargeben wollten für seinen bösen Rat; es könne die Suppe selbst ausessen, die es eingebrockt. Aber das Jungfräuli hielt ihnen grusam an, daß sie das nicht tun sollten, sondern die Fahrt zum drittenmal versuchen. Wenn der Teufel schon nicht in der Hölle sei, so werde er sicher, weil er zwei Nächte hintereinander nicht geschlafen, jetzt so fest schlafen, daß er sie nicht höre, und wenn si ume einist dänne wäre, so könnte er ihnen nicht mehr nach, er hätte sie ja nie recht einholen können. Und die Ritter glaubten der Dirne und ritten zum drittenmal, und zum drittenmal der Teufel hintenrum, schnaubend in wildem Zorn.« Aber diesmal hätte er sie weit hinauf ins Oberholz reiten lassen, ehe er sie herumgewehrt, hätte sie in den Leimgrubeneinschlag hineingetrieben und dann erst gegen den Bürglen zu. So hätte er sie versäumt, daß es gerade zwölf Uhr geschlagen, als der letzte Bruder unter dem Tor war und gerade hinter ihm der Teufel. Der habe nun mit dem Glockenschlag zwölf alle seine Macht erhalten, dem letzten Bruder das Genick umgedreht und sei in den Schloßhof hineingefahren und habe allen Brüdern die Köpfe umgedreht und auch dem Jungfräuli. Dann habe er alle z'klyne Stücklene zerschrisse. Nun habe er alles Geld und alle Edelsteine zusammengelesen und in den Brunnen geworfen und die zerschrissene Leut oben darauf und habe sich verflucht: wenn sie doch so Lust am Reiten hätten, so müßten sie ihm reiten alle Jahre zu gleicher Zeit, bis einst einer das Herz habe, während er sie jage, zu ihm aufs Roß zu springen i dsTüfels Name, mitzureiten in das Schloß, dort, während er den Brüdern tue wie das erstemal, das Geld zusammenzulesen und davonzulaufen; dann sollten sie Ruhe haben. »Das dürfe niemer, hat er gedacht. Die, wo schatzgrabe hey auf der Bürglen, kannten den Fluch; aber sie hatten kein Guraschi und wollten es zwänge mit dem siebenten Buch Mosis. Damit hatten sie viel Läuf und Gäng und zuletzt nichts mehr davon als lange Nasen und so dicke wie Küferhämmer. Aber du darfst, Dursli«, sagte die Ch., »du bist geng e Guraschierte gsi und hast niemere gförchtet! Und z'verspile ist do nüt; mi brucht jo nüt z'mache als ufzhocke u z'ryte, und drTüfel het dr jo drStifel selber dargha. Es hätte den Schatz sicher schon lange einer gehoben; aber es gibt gar wenige Fraufastenkinder, die meisten Leute sehen nichts von diesem Gjäg, sie hören es bloß. Komm jetzt ins Pintli! Wenn du wieder einen halben Schoppen im Leibe hast, so bist du wieder der rechte Dursli. Komm, wir wollen heute eins saufen, während der Donners Pfaff ›hem, hem‹ macht; ich zahle alles. Häb nit Kummer, wenn du kein Geld hast! Und zNacht gehst du dann und reitest und bringst Geld mit, es weiß kein Mensch, wieviel. Dann wollen wir ein lustig Leben führen miteinander ins Teufels Namen: Krebseli zMorge und Fischeli zNacht, und de dy bleichi Gränne la Kuder spinne i Gotts Name!«

Dursli hatte gespannt zugehört. Recht wahrscheinlich kam ihm die ganze Geschichte vor, war es ihm doch, als fühle er noch des Teufels Stiefelspitze unterm Kinn; und das lustige Leben ohne Arbeit mit überflüssigem Gelde dünkte ihn auch gar schön, konnte er ja mit dem Gelde anfangen, was er wollte, es auch an Weib und Kind wenden; und ein Schlücklein Branntenwein könnte ihm auch nicht schaden, wars ihm doch, als sollte er Stück um Stück auseinanderfallen vor Müchti. Und hätte die Ch. ihr Branntenweingütterli wie gewöhnlich bei sich gehabt, wer weiß, was geschehen wäre!

Da klangen wieder wunderschöne, helle Glockentöne durch die heiter werdenden Lüfte den Wald herauf. Es drangen dumpf und schauerlich, wie Stimmen aus einer andern Welt, aus tieferem Hintergrunde mächtige, erschütternde Klänge; sie verschwammen ineinander zu den wunderbaren Lauten, welche die Lust der Welt aus den Herzen treiben, in tiefe Andacht die Seelen versenken und Millionen Knie beugen in wirklicher Demut vor dem Allerhöchsten. Es läutete aus dem Solothurnerbiet herauf, und zu dem Läuten von vielen Glocken klang in wunderbarer, erschütternder Tiefe laut und vernehmlich die große Glocke im Münster zu Solothurn.

Sie schlugen nicht unvernommen an Durslis Herz, sie kamen wie guter Geister warnende Stimmen in der Stunde der Versuchung. Wie aus hohem Himmel herab schienen ihm die wunderbaren Klänge zu kommen, sie kamen ihm vor wie die Stimmen seiner gestorbenen Eltern, denen Gott vergönne, aus einer andern Welt her den wankenden Sohn zu stärken, ihn zu mahnen an Weib und Kind, an Gott und die andere Welt, in der sie nun wandelten, weil sie fromm gewesen auf Erden und der Heiland ihnen auch geboren war. Und fromm bewegt fühlte Dursli sich wieder, es kam ihn an wie Heimweh nach Vater und Mutter, bei ihnen sein, sein müdes Haupt in ihren Schoß legen hätte er mögen; aber dann kamen ihm vor Weib und Kind, die er verlassen müßte, mit doppelter Sehnsucht fühlte er sich nach heim gezogen, sie noch einmal zu sehen, ihnen noch zu zeigen sein liebevolles Herz, ehe er folgen müsse dem elterlichen Rufen nach einer andern Welt. Er vergaß die Ch., ihre freche Rede, ihr wüstes Locken, und unwillkürlich wendete er den Fuß der Heimat zu. Da krallte das Weib ihm in den Arm und wollte ihn drehen auf den Fußweg, der zum Pintli führte, und trieb lachend ihr Gespött mit seiner Feigheit. Da kam den Dursli ein eigentlich Grausen an ob dem Weibe und der Gedanke, ob heute der Teufel statt ein Dragoner ein Weib geworden und in der Ch. stecke. Schon schienen sich ihm ihre Haarschnüre emporzuringeln wie ein Schweif, Katzenaugen aus ihrem Gesicht ihn glühend anzufunkeln, ihre Zunge sich zu spitzen und zu züngeln wie eine leibhaftige Schlangenzunge und die magern Finger zu feurigen Krallen zu werden, und als ob er sie feurig fühle am ergriffenen Arm bis ins Mark hinein, ward es ihm. Da kam ihn ein jäher Schrecken an, er riß sich los mit Gewalt und floh, so schnell es seine matten Glieder erlaubten, durch die Koppiger Gasse der Heimat zu, und hinter ihm drein schallte noch lange das wilde Fluchen, das heisere Gelächter des teuflischen Weibes.

Zwischen hohen und breiten Lebhägen durch, in denen Bäume von allen Arten stunden, lief sein Weg. Träge Gügger hüpften schwerfällig von Zweig zu Zweig, lüftige Amseln, gelb geschnäbelt, flogen schnell in kurzen Bogen vor ihm her; beide suchten in den Beeren des Hages ihr kaltes, aber süßes Morgenbrot. Vor ihm zeichneten sich am blauen Himmel immer deutlicher die Rauchwolken ab, steigend aus den Wohnungen der Menschen, die sich kochten ein warmes Morgenbrot. Schwarz und dick und wild wirbelten aus den Öfen der Bäcker, die nicht weißes Brot und Ringe genug backen konnten für den heutigen Tag, die Rauchsäulen empor. Klarer und ruhiger stieg der Rauch auf aus den weißen Schornsteinen der Häuser, die um die Fenster her bekränzt waren mit niedlichen, sorgfältig gebiegten Scheitern aus Buchen- oder Eichenholz. Ungeduldig und zornig drängte er sich aus mancher Küchentüre, welche endlich die sorgsame Hausfrau öffnen mußte, wenn sie nicht ersticken wollte. Dünn und fast nicht sichtbar umschwebte er, bequem aus dem dünnen Stroh des Daches emporsteigend, die kleinen Häuschen, wo vor dem Hause kaum einige Respen lagen und in die Küche selten eigentliche Scheiter kamen. Ungetrübt aber blieb der Himmel über den Häusern, vor denen hohe Tannen stunden, an denen Flaschen und Bänder flatterten. In solchen Häusern wird es am Tage des Herrn gar spät Tag. Der Gedanke an den Herrn weckt dort selten jemand, die Glocken, die an den Herrn mahnen, verschläft man; nur das Klopfen der Gäste, das Hoffen von Gästen weckt aus dem Schlafe. Aber, wenn der Herr einst selber klopft, was wird dann für ein Erwachen sein für Leute, die Sonntag und Werktag den Herrn verschlafen haben!

Wie Dursli dem Dorfe näher kam, schien es ihm entgegenzuduften wie vor Eiertätsch und Weihnachtsringen; geschäftig sah er die Leute um die Häuser sich regen mit Wasserholen und Holztragen, sah die Mädchen laufen mit ihren Milchtöpfen, Milch zu holen, die Küher mit ihren Bränten, Milch zu vertragen, hörte Kinder jubeln in hellen Weihnachtsfreuden, einander ihre Ringe spienzelnd. Ein lustiger Bube, pfausbackig und vierschrötig, in der einen Hand einen Milchhafen, in der anderen einen mächtigen Lebkuchen haltend, von dem er munter abbiß, begegnete ihm und rief ihm zu in seiner Herzensfreude: »Lue doch, Dursli, wie mr dsWiehnachtkingli e Lebkuche brocht het! Er isch fast so groß wie my Kuttefecke.«

Da wurden Dursli die Beine wieder schwer, und es war ihm, als ob es ihn wie Rauch zu beißen anfange in den Augen und sie ihm übertreibe. Hatte sein Weib wohl etwas, um Rauch damit zu machen und Feuer? Er wußte es nicht, er hatte sich lange nicht darum bekümmert, und gestern war der Ofen kalt gewesen. Er wagte es nicht, dahin, wo seine Hütte lag, zu sehen, ob nicht auch ein lichtes Wölkchen schwimme über derselben. Daß sie den Herrn nicht verschliefen, das wußte er wohl; aber hatten sie wohl auch etwas zu essen? Keine Eiertätsche, keine Weihnachtsringe, das wußte er wohl; aber hatten sie doch irgend etwas anderes als das trübe Sinnen, was sie alles entbehren müßten, was sie alles nicht hätten, was andere Leute, weil sie einen Vater hätten, der sie vergesse? Seine armen Kinder saßen vielleicht um einen leeren Tisch am heutigen heiligen Tage, und Weinen und Klagen war unter ihnen, während Freude sein soll auf Erden und in den meisten Häusern Freude war.

Und er hatte keinen Kreuzer, ihnen etwas zu kaufen! So manchen Batzen hatte er mutwillig verschwendet, und jetzt, wo er Jahre vom Leben um etwas Geld gegeben, jetzt hatte er keinen Kreuzer, hatte gar nichts ihnen heimzubringen als den wüsten, nichtsnutzigen Vater, der die Quelle von all ihrem Elend war, den mußte er heimtragen als seiner armen Kinder Weihnachtskindli. Das tat Dursli gar bitter weh im Herzen. Er floh daher das Dorf, um niemanden mehr zu begegnen, um keine Bäckerladen sehen zu müssen, in denen er nichts kaufen konnte, wo er nur an seine armen Kinder denken mußte, mit welch sehnsüchtigen Augen sie die Herrlichkeiten alle gestern werden betrachtet haben. Aber, auf welche Fußwege er auch fliehen mochte, die rauchenden Häuser brachte er nicht aus dem Gesichte. Der Duft von allen den guten im Dorfe gekochten Dingen schien immer dichter ihn zu umwallen. Dagegen fand sein ängstlich suchend Auge keinen einzigen Zaunstecken, keinen im letzten Sturm abgebrochenen Ast, um wenigstens etwas zur Feuerung beitragen zu können. Er kam immer näher seinem Häuschen, und immer schwerer ward ihm ums Herz; zu fliehen hatte er nicht mehr die Kraft, aber in die Erde hätte er versinken mögen. Neben dem Hause, das sein Häuschen bedeckte, konnte er nicht weiter, er lehnte sich an die Gartenwand und weinte wieder bitterlich. Es kam ein Jammer über ihn, wie ihn sicher nur ein Vater empfinden kann, der Ernährer und Schützer seiner Familie sein soll, und der an einem heiligen Morgen zu durch seine Schuld hungrigen und frierenden Kindern heimkehrt, matt, zerschlagen, verschlemmt, aber seiner Schuld wohl sich bewußt. Ach, wenn Dursli dachte, wie vor einigen Jahren noch seine Kinder ihn jubelnd immer empfingen und am fröhlichen Vater sich nicht satt küssen konnten, und wie er jetzt heimkehre, und wie seine Kinder nur weinen müßten, wenn sie ihn erblickten und aus Angst vor ihm nicht einmal recht weinen dürften, da lief sein Jammer von neuem über.

Dursli stünde vielleicht noch dort, wenn ihm nicht jemand fortgeholfen hätte. Aus dem Schopfe des Hauses hatte ihn schon lange mit mißtrauischen und ärgerlichen Blicken ein Mann betrachtet, der mit Füttern sich beschäftigte. Endlich, da er sah, daß Dursli sich nicht da anlehne, um dem Uli zu rufen, sondern daß er weine und zwar recht, trat er zu ihm, fragend: »Was fehlt dir, Durs?« Es war ein Nachbar und

Jugendfreund von Dursli, der aber mit ihm schon lange keine Gemeinschaft mehr hielt, weil derselbe auf gemachte Vorstellungen ihm gar pöchischen Bescheid gegeben hatte. Vor Schluchzen konnte ihm Dursli fast nicht sagen, daß ihm aparti nichts fehle, aber daß er nicht heimdürfe, weil sie daheim wahrscheinlich nichts hätten, um einen warmen Ofen zu machen und er ihnen nichts heimbringen könne, und daß er an diesem allem selbst schuld sei, drehe ihm fast das Herz aus dem Leibe. »Es ist gut, daß du das einmal einsiehst, und gut wäre es, du würdest es nie mehr vergessen. Deine Frau und Kinder dauren mich; darum nimm da vom Haufen zwei Wedelen, aber geschwind, und mache, daß du damit fortkömmst und dich mein Alter nicht sieht, sonst gibt es Donnerwetter. Er kann keinen Hudel leiden und dich am allerwenigsten, weil er deines Vaters Kamerad war und dich früher lieb hatte.« So sprach Res zum Dursli. Da dieser sich nicht gleich fassen konnte, so schob ihm Res zwei mächtige Wedelen unter die Arme und ihn mit einer scharfen Ermahnung hinter der Ladenwand hervor seinem Häuschen zu.

Stille war alles dort, zu die Küchentüre, kein Räuchchen kräuselte sich weder über dem Dach noch unter demselben. Mit klopfendem Herzen dreht er den hölzernen Riegel um und trat in die Küche. Da war kein Feuer, die Feuerplatte wie gewohnt sauber abgerieben und hinten im Kunstloch noch ein klein Häufchen warme Asche; also hatten sie diesen Morgen doch etwas Warmes gehabt. Das träufelte etwas Trost und Mut ihm ein; er legte seine Wedelen auf die Feuerplatte und trat an die Stubentüre. Bis hierher hatte ihm sein Mut geholfen, hier verließ er ihn. Er hoffte, es öffne jemand, zu sehen, wer da sei. Aber stille blieb es in der Stube, nur glaubte er, das Rad seiner Frau schnurren zu hören. Mit klopfendem Herzen lauschte er lange, er hörte kein Schrittlein, nicht einmal ein Flüstern. Er sog es so recht in sich, was es heiße, ein armer Sünder sein, und welch Unterschied es sei zwischen einem Vater, bei dessen Erscheinen Fenster und Türen sich öffnen, ihm entgegenspringt, was Beine hat, und den Beinen voraus die jubelnde Stimme schickt, auch wenn er keinen Kram bringt, und zwischen einem anderen Vater, den man heimkommen hört, und niemand sich regt, ja vielleicht Große und Kleine zittern, sich verkriechen und beten, daß er wieder fortgehen und nicht sein wüstes Wesen noch bringen möchte in das Elend hinein, das er angerichtet.

Er hatte so manchmal mit wüstem Branntenweinkopf die Türe aufgepoltert und war in die Stube hineingefahren wie ein Habicht in einen Taubenschlag, und die Kinder waren in alle Ecken geschossen, als ob sie die Tauben wären, daß er nur zu wohl wußte, warum niemand öffne. Er fühlte es, was es heiße, an einer Türe stehen zu müssen, als ob es die Türe der Hölle wäre, während es die Türe des Paradieses sein soll, das jeder Vater sich selbst zu schaffen hat, die Türe zu Weib und Kindern. Aber eben, Leute, merket euch dieses Zeichen wieder, wie der Mensch aus dem Himmel, den Gott ihm darbietet, die Hölle, aus dem Paradiese ein Dornen- und Distelfeld machen kann! Ach, wie er sich wieder sehnte nach einem Tröpfchen Branntenwein, um Mut und Kraft zu erhalten, seine eigene Türe zu öffnen! So weit kömmt ein Mensch, wenn der Branntenwein sein Alles ist, daß er selbsten ein Nichts wird. Aber kein Branntenwein ward ihm; er mußte endlich die Türe öffnen. Er wollte guten Tag sagen, aber er brachte es nicht heraus, es blieb ihm klemmen im Halse. Seine Frau spann und wiegelte zugleich das gränende jüngste Kind. Eiseli haspelte, und die andern Kinder saßen um den Tisch, auf dem noch ein Kachle stand, dem man es ansah, daß im Wasser gekochte Erdäpfelbitzli darin gewesen waren. Kalt und fröstelig war es in der Stube, doch sauber und reinlich; Bäbeli meinte nicht, je weniger man zu essen habe, desto unreinlicher müsse man werden.

Die Kinder hielten sich mäuschenstill, als er hereinkam, drückten ihre Köpfchen tief in die Arme hinein, und Eiseli haspelte noch geschwinder, wie von innerer Angst getrieben, und Bäbeli fragte übers Rad weg tonlos: »Du wirst öppis zMorge welle?« »Nein«, sagte Dursli, von diesem Bilde, das er hundertmal gesehen, aber nie wahrgenommen hatte, tief ergriffen, »nein, essen mag ich nicht«, so mucht und öde ihm auch war. Aber ihn friere gar, sagte er, er wolle einheizen und eine warme Stube machen, es sei gar kalt hier innen. Da sagte Bäbeli ganz leise, dann hätten sie kein Holz mehr für heute, zu kochen, und wenn man sich durch den Morgen etwas leide, so werde über Mittag die Kunst warm vom Kochen. Da fand Dursli die Stimme wieder, zu sagen, sie solle nur nicht Kummer haben, er hätte Holz mitgebracht. Da wars, als ob die Morgenröte besserer Tage schon auf der Kinder Wangen wieder glänzte, ihre Backen röteten sich schon von der Hoffnung, heute eine warme Stube zu haben, und freundlicher sahen sie zum Vater auf. Aber beklommen fragte Bäbeli: »Woher bringst du Holz heute?« »Wäger han ihs nit gstohle«, sagte Dursli, ohne aufzubegehren, »drRes da äne het mr gä, du chast ne frage, obs nit wahr syg.«

Er ging hinaus und heizte mit Mühe ein in den kalten Ofen, an dem schon tagelang nur die Kunst durch das Kochen warm geworden war; und, wie warm die wird, wenn man keinen Säuen kocht, sondern nur mit zusammengelesenem Holz ein paar halb Stunden im Tage etwas Warmes, daß weiß jedermann. Als endlich das Feuer im Ofen prasselte, konnten sich die Kinder nicht enthalten, hinaus in die Küche zu kommen, vor den Ofen zu grupen, Hände und Gesichter mit innigem Wohlbehagen dem Feuer entgegenzustrecken und zu jubeln, wie lustig das doch brenne und wie warm. Wer nie recht Kälte ausstehen muß, begreift nicht, wie hoch der Arme die Wärme hält. Nicht nur die Hände, sondern auch die Herzen tauten den Kindern am Feuer auf. Ach, Kinderherzen sind noch nicht mit tiefem Eis belegt; wenige warme Blicke vermögen das, welches sich in ihnen angesetzt hat, zu schmelzen.

Sie stunden näher und näher zum Vater, es war, als ob ordentlich ein Magnet sie zu ihm hinziehe; doch berührte ihn noch keins, und sie möchten entfliehen vor dieser harten väterlichen Hand. Endlich durchbrach ein vierjähriger Knabe die unsichtbare Scheidewand und legte seine Hände auf des Vaters Backen, er solle doch fühlen, wie schön warm sie seien, und küßte darauf den Vater, weil er ihnen ein so schönes

Feuer gemacht. Da durchrieselte den Dursli eine eigene Empfindung. Kindliche Küsse tun allen Vätern wohl, und als der Vater den verlornen Sohn küßte, mußte es auch diesem rieseln durchs Herz; aber muß es einem verlornen Vater nicht noch tiefer gehen, wenn sein unschuldig Kind, ob dem er die Hölle verdient, ihn küßt und mit dem Kusse ihm das Pfand der Vergebung gibt? Dursli konnte nichts sagen, aber er rührte nun ein Kind nach dem andern an, und eins nach dem andern drängte sich ihm näher, bis er alle an einem Arfel hatte. Da fühlte er es deutlich in seinem Herzen, daß er wieder ein besserer Mensch und glücklich werden könne.

Und wie das Feuer im Ofen verglomm, glomm ein anderes in ihm auf, und mutiger betrat er wieder die sich wärmende Stube. Drinnen hatte seine Frau ihren Spulen voll gesponnen und abgenommen und übergab ihn dem ältesten Mädchen zum Haspeln. Während dieses geschah, räumte sie ab, ratsamte die Kinder und gab dann, als Eiseli mit Haspeln fertig war, samt drei Strangen Garn demselben folgende Instruktionen: es solle diese drei Strangen unter die Scheube nehmen, daß sie ja niemand sehe, und damit zum Garnjoggi gehen und daraus sechs Batzen zu lösen suchen. Und wenn es soviel Geld erhalten, so solle es einen Vierling Speck oder im Wirtshaus Feißi ab der Fleischsuppe, ein zweipfündig Brötli, einen halben Vierling Kaffee daraus kaufen und aus dem Rest abgenommene Milch, was es erleiden möge, damit sie etwas Warmes und diesmal, weil es doch Weihnacht sei, Erdäpfelrösti zu Mittag machen könnten. Die Kinder jubelten gewaltig, als sie von Erdäpfelrösti hörten; so was Gutes war ihnen lange nicht geworden. Und um ihnen diese Freude zu machen, hatte das arme Weib einen bedeutenden Teil der Nacht durch gesponnen, und der Vater hatte in den letzten Wochen ein Geld verpraßt, mit dem man zwanzig Erdäpfelröstene mit ganzen Hampfelen Speckbröckli hätte kochen können.

So sorgte also das Weib für alles Essen, und der Vater hatte nichts, keinen einzigen Kreuzer dazu gegeben. Doch hatte Dursli jetzt den Mut dazu, zu sagen, er hätte kein Geld heute, aber es söll es sich diesmal nicht reuen lassen, in Zukunft müsse das anders gehen und Erdäpfelrösti ihnen nicht eine so seltsame Sache sein. »Es wäre nötig«, sagte Bäbeli, »daß es so kämte.« Dann schwieg es wieder. »Ja, Frau, so soll es kommen!« Da sah ihn Bäbeli an mit einem Blick, in dem zerdrückte Liebe und verhaltener Zorn lag, beides, aber die Liebe tief gewurzelt, der Zorn nur wie Schaum auf der Oberfläche; an manchen Orten ist es umgekehrt. Bei diesem Blick ließ Bäbeli es bewenden und ging seinen Geschäften nach, und Dursli gab sich mit den Kindern ab still und freundlich; und wenn eins ihn anrührte, flog allemal ein trüber Zug aus seinem Gesichte fort, und mit sichtbarem Bestreben, ihm zu gefallen, aber nicht ohne Schüchternheit gwirbeten die Kinder um ihn herum. Als Bäbeli dieses ungewohnte Treiben sah, glänzte ihm auch etwas in den Augen, aber es sagte nichts. Endlich sagte es, wenn es wüßte, daß er zu Hause bleiben und zu den Kindern sehen wollte, so möchte es gerne wieder einmal zKilche und zu dsHerre Tisch, es hätte schon lange daranach blanget und nie mehr als jetzt. Und dann hätte es dem lieben Gott no abzbätte, daß es heute gesponnen; es heyg das sust nie ta; »dsEiseli wird scho koche, wenns umechunnt, und dSach mache!«

Da ging dem armen Dursli ein Stich durchs Herz, daß er fast ab dem Ofen gefallen wäre. Als ihn jüngst der Hudeldrang so recht ankam, das von seinem Lande eingelöste Geld verbraucht war, als er das ganze Haus durchsucht hatte und er nichts mehr zu vergrützen fand, geriet er auch hinter seines Weibes Sachen, und da kam ihm unglücklicherweise noch ein schönes schwarzes Fürtuch in die Hände, das Bäbeli von seiner Mutter geerbt hatte und es deswegen sehr wert hielt und nicht verkaufte. Dursli wußte das und nahm es doch. Er dachte in seinem Hudeldrang, Bäbeli werde das doch so bald nicht brauchen und deswegen den Verlust am wenigsten merken. Und gerade jetzt, wo er Friede machen wollte für immer, wo ihm an Versöhnung alles gelegen war, mußte Bäbeli über seine Schelmerei kommen; aber wo eine Kirche gebaut wird, baut der Teufel eine Kapelle daneben, wo es Friede geben will, stößt er den Fuß dazwischen. Wie ein Maletschloß hing es dem Dursli vor dem Munde; als ob ihm einer die verkehrte Hand im Halstuch hätte, ward ihm. Da fragte Bäbeli noch einmal: »Hesch öppis drwider, wenn ih gange? Ih bi scho lang nüt gsi, un es duecht mih, es liechteti mr uf em Herze, wenn ih einist wider gah chönnt.« »Bhüetis nei!« sagte Dursli, »aber ih darf dr neuis fast nit säge, ih bi vil zen e Wüste a dr gsi u ha öppis gmacht, ih darfs dr weiß Gott nit säge.« »Sägs nume! Das wird wohl o öppe z'ertrage sy«, sagte Bäbeli. »Dein schwarzes Fürtuch habe ich dir verkauft, das du von der Mutter geerbt hast; aber du sollst es bis zOstern wieder haben, und sollte ich mir die Arme bis an die Ellbogen abwerchen«, sagte Dursli.

Man sah, es ward Bäbeli, als ob man ihm ein neues Weh anwürfe, in die Augen drang ihm das Wasser, seine Lippen bebten, aber zugleich begann eine unsichtbare Gewalt in seinem ganzen Wesen zu arbeiten, die nicht zum erstenmal den Kampf versuchte mit auflodernden Gemütsbewegungen. Bäbeli wußte, daß man mit zornigen Worten nichts ausrichte gegen ein störrisch gewordenes Gemüt, und hatte daher ein stilles Tragen sich angewöhnt; nur wenn es die Kinder betraf, entrann der Mutter noch zuweilen ein rasches Wort. »So will ich mein altes anlegen«, sagte es leise, »das tuts einem armen Weibe, wie ich bin, sauft«, und ging hinein ins Stübli. Dursli fühlte wohl, daß er diese Schonung nicht verdiene; aber eben dieses unverdiente Schonen härtete seine Gelübde, ein anderer Gatte, ein anderer Vater werden zu wollen, wie Stahl gehärtet wird in des Feuers Glut. Bäbeli blieb lange im Stübli. Endlich, als es schon lange läutete zur Kirche, kam es heraus mit stillem Gesicht und armütig angetan. Es pressierte nicht fort und hatte noch dies und jenes den Kindern zu sagen, und Dursli mahnte auch nicht, daß es bereits verläutet habe; er wußte wohl, daß so armütig angetane Weiber nicht zuerst frühe zur Kirche gehen und nicht zuvorderst sich setzen, sondern ganz leise sich hineinschleichen, während die andern singen, und die hintersten Bänke suchen, damit kein verletzend Auge ihre Armütigkeit betrachte und das Weh in ihrem Herzen mehre.

Als endlich Bäbeli gehen wollte, längte ihm Dursli zaghaft die Hand und bat: »Bet de o für mih!«, und Bäbeli sagte nichts, sah ihm tief in die Augen, seufzte dann auf und ging. Bald darauf kam Eiseli heim mit seinen Herrlichkeiten, und die Kinder umsprangen es, und jedes wollte ihm auspacken, an die Hand gehen, und in fröhlichem Wirrwarr kamen sie einander zwischen die Beine. Und wehmütig schaute Dursli dem zu, und allgemach wurde er immer matter. In seinem Magen knurrte und ruggete es, es dünkte ihn, sein ganzer Leib sei hohl und nie mehr zu füllen, und im ganzen Hause war kein äßig Brösmeli als das Brötli, das Eiseli gebracht. Davon aber den Kindern vorwegzuessen, die es so sehnsüchtig ansahen, und es ohne die Mutter, die es ersponnen hatte, anzuschneiden, hätte er nicht übers Herz gebracht. Zudem wollte die Zeit nicht vorwärts, es dünkte ihn, der Tag stehe still wie zu Josuas Zeiten. Er bat Eiseli, daß es doch recht viel Rösti machen möchte, und als es ihm die kleine Platte voll Schybleni zeigte mit dem Bedeuten, daß keine mehr seien als die, da seufzte er schwer auf; denn er hätte die Hälfte mehr ring allein gegessen. Aber er klagte nicht, sondern dachte, Gott wolle ihm einmal zeigen, wie der Hunger tue; seine Kinder hätten oft seinetwegen gehungert, es sei nun billig, daß auch er einmal hungere. Aber, daß er nicht mehr so hungern wolle, und daß seine Kinder nicht mehr hungern sollten seinetwillen, das nahm er sich vor, sooft er eins der Kinder sah, sooft die kleine Platte Schybli ihm in die Augen fiel.

Bäbeli war spät in die Kirche gekommen und drückte sich gar demütig in einen Winkel. Es sah nicht viel auf; aber sooft es aufsah, wollte der böse Geist über ihns kommen, wollte ihm alle seine alten Gespielen zeigen und alle Weiber mit schönen schwarzen Fürtüchern, wollte ihm zuflüstern: »Siehe, wie hoffärtig die sind, wie armütig du! Siehe, daran, und daß du in fuchsrotem Fetzen zum heiligen Abendmahl gehen mußt und alle Leute auf dich sehen, ist dein Hudel schuld! Wäre der nicht, du könntest auch daherkommen wie die andern.«

Aber Bäbeli wehrte sich standhaft gegen diesen Geist, sah nie mehr auf, sah nicht auf sein Fürtuch hin; es dachte nur an Gott, der unser aller himmlischer Vater sei und keine Herzen verstoßen wolle, besonders die armen nicht. Dann schloß es sein Ohr der Predigt auf, wie heute der Welt der Heiland geboren worden sei, und wie er allen Menschen besonders geboren werden müsse, ja, wie er vielleicht dem einen oder dem andern unter ihnen gerade heute geboren werde in Glaube, Hoffnung und Liebe, und wie dieser Heiland dann mächtig sei im Ertragen und im Schaffen und Freude bringe über jede Seele und Segen in jedes Haus. Und wenn dann Bäbeli an Dursli dachte, wie er so mild und weich heimgekommen und gesagt habe: »Bet o für mih!«, und wie es sich selbst überwunden und ohne Zorn fortgegangen sei, da schlug froh bewegt sein Herz, ob wohl ihm und seinen Kindern der Heiland einkehre in ihre Hütte und austreibe jeden bösen Geist. Und als es in froher Ahnung zum Nachtmahl ging, da ward ihm gar süß und selig dabei zumute. Es war ihm im Geiste, als sehe es die weiße Taube, die dem Noah das Ölblatt brachte, das Zeichen, daß die Wasser verlaufen, die

Not vorbei, bessere Zeiten da seien, als schwebe sie ob seinem Haupte und lasse sacht und leise das Ölblatt ihm auf die Stirne nieder.

Aufgerichtet ging Bäbeli heim, und wenn ein alter Bekannter ihm nicht freundlich dankte, ein paar böse Augen auf sein rotes Fürtuch sahen, es tat ihm nicht weh im Herzen, es achtete es nicht einmal. Es eilte heim. Die Predigt hatte lange gedauert und das milde Wetter viele Leute zum Nachtmahl gezogen, jedoch ohne daß vielen in Sinn kam, daß Gott mit dem Tauwetter ihnen andeute, daß es auch in ihren Herzen auffrieren müsse, wenn darin der Heiland solle geboren werden, denn in gefrornem Boden wird nichts geboren. Es wollte die Kinder nicht warten lassen, und zudem ward ihm angst, ob es wohl Dursli nicht irgendwo fehlen möchte und eine schwere Krankheit im Anzug sei. Es kam eilig, aber freundlich heim und sah ohne Groll mit der alten Liebe den Dursli an; aber vor dem Jubel der Kinder, die es zu Tische zogen, weil die Milch schon erwellt sei, die Erdäpfelrösti fertig und man die Spreckbröckli nicht dürfe kalten lassen, hatte es nicht Zeit, zu fragen, obs ihm fehle.

Mit jauchzenden Augen setzten sich die Kinder um den Tisch; und wenn sie schon mit andächtigen Gesichtern beteten, die Füße, die konnten nicht stillhalten, die gingen wie Fahnen in lustigem Sturme. So glücklich können Königskinder nie sein, so jauchzend nie sich um ihre goldenen Tafeln setzen. Sie haben nie entbehrt, nie so bis zum rechten Hunger gehungert, und wer nie entbehrt hat, kennt die rechte Freude, den eigentlichen Herzensjubel nicht. Ach, Leute, wenn ihr wüßtet, wie glücklich man bei wenigem sein kann, wie unglücklich oft bei vielem, wie glücklich ein Mensch werden kann, wenn er als Kind sein Joch getragen, ihr machtet aus euren Kindern nicht lauter Weißbrotkindlein, in Baumwolle eingewickelt! Wenn die an den Bysluft des Lebens müssen, wie werden die den Pfnüsel kriegen und mit ihren Pfnüselgesichtern jammern über den wüsten Bysluft und jammern, wenn der Bysluft vorbei ist, über den Pfnüsel, der sie nicht verlassen will, bei der wärmsten Sonne nicht!

Wie die Kinder in die Suppenkachel längten und, wenn auf ihrem Löffel ein Dünkli Brot schwamm, den Löffel den andern zeigten und sagten: »Lue, Brot han ih!«, und die andern schrien: »Lue, ih o, ih o!« Und wie sie dann in die Erdäpfelrösti längten und laut aufjubelten: »Lue, ih han es Speckbröckli!« und dann den Löffel in das Kaffeekacheli dunkten und das Speckbröckli nie aus den Augen verloren, bis es im Munde war, und immerfort mit den Beinen zappelten und sie nicht stillhalten konnten, wenn ihnen auch die Mutter sagte, sie machten wohl viel Lärm! Aber wie ein armer Sünder saß der Vater mitten unter den glücklichen Kindern. An dieser Freude sah er erst jetzt recht, wie bös sie es gehabt haben mußten, welche Not sie gelitten seinetwegen.

Wie zaudernd und zagend reckte er mit seinem Löffel in die Schüssel! Er war hungriger als sie alle, ganz hohl inwendig. Der Hunger trieb ihn zum Zulangen recht tief in die Schüssel hinein; aber hatte er das Recht dazu, hatte er einen Kreuzer zu dem Mahl beigetragen, war es nicht die Frucht des Schweißes einer bittern Nacht?

Wie hungrig er war, er konnte die Bissen fast nicht hinunterbringen. Zudem, wenn er auf die kleinen Schüsseln sah und den Hunger seiner Kinder an dem seinen maß, so schnürte tiefe Angst ihm die Brust zusammen, das Mahl möchte, auch wenn er nichts esse, für die Kinder nicht hinreichen und, wenn in keinem Hafen, in keiner Schüssel mehr etwas wäre, alles, alles gegessen, ein Kind zur Mutter noch sagen: »Ach Müetti, ih bi no hungerig!« Mit ängstlicher Miene sah er von der Erdäpfelrösti auf den Milchhafen, wie es mindere, sah auf die Kinder, wie ihr munterer Appetit nicht nachließ, sie alle Augenblicke sagten: »O wie gut! Müetti, hesch no meh Milch, wenn ih mys Kacheli usha?« Dann band er mit seiner Herzensangst den eigenen Hunger zusammen, längte so langsam als möglich in die Schüssel, schüttelte immer noch ab und mäuelte am Rest, als ob er Hobelspäne im Munde hätte.

Endlich war der letzte Bissen gegessen, der letzte Tropfen getrunken, und die Mutter hatte noch jedem als Dessert ein Stücklein Brot gegeben, und das Brot war auch fast all geworden. Da öffnete ein Kind den Mund, und dem Dursli drehte sich schon das Herz im Leibe um aus Angst, das Kind möchte jammern, daß nichts mehr da sei; aber der Herr, der mit wenigem viele speisen kann, hatte dieses Mahl gesegnet, und das Kind sagte: »O Müetti, jetzt han ih o so recht gnue, jetz man ihs faust erlyde bis zNacht, wenn ih scho nüt meh überchumme.« »Ih o, ih o!« riefen alle mit. Das tönte dem armen Vater wie himmlische Lieder, ward ihm zur Speise, die seinen Hunger stillte; so recht frei aufatmen, so recht frei aufblicken konnte er zum erstenmal heute, denn er hatte in sich ein heiliges Gelübde getan, daß sie halb ein Mahl aus seinem Verdienst halten wollten, wo sie sich alle aus vollem Herzen freuen wollten ohne Kummer, daß nicht genug da sei.

Nach dem Essen haushaltete die Mutter, die gesättigten Kinder tummelten sich lustig, und der Vater hatte das jüngste Kind zum Gaumen übernommen. Erst hatte das Kind sich ihm entfremdet; denn gar lange wars, daß Dursli es nicht auf den Armen gehabt, ja, ihm kein freundlich Gesicht gemacht hatte. Aber Dursli ließ nicht nach mit Flattieren und sang so lustig und tat so narrochtig wie das beste Kindermeitschi, daß das Kind zu schreien aufhörte, ihn mit großen Augen ansah und, als erkenne es nach und nach den Vater wieder, ihm zu lächeln begann, ihn bei der Nase nahm und endlich auch beide Ärmen um seinen Hals schlang und ihm äh machte. Da fühlte Dursli, daß er wieder ganz daheim sei in seinem Hause. Die ältern Kinder mußten in die Kinderlehre. Heute ging es Dursli zu Herzen, als er sah, wie mühselig sie ihre bösen Schuhe durch den Kot brachten. Die jüngern, von dem guten Essen und dem Wildelen schläfrig, legten sich aufs Ohr, und als auch das jüngste grännig wurde, legte es Dursli in die Wiege und trieb sie mit einem lustigen Liedchen lustig herum.

Unterdessen war auch Bäbeli mit dem Haushalten fertig geworden und setzte sich hin zu Dursli an die Wiege; es wolle ihn ablösen, sagte es. Und dann fragte es: »Aber fehlt dr öppis? Sägs doch recht! Ih will dr e Hafe voll Tee arichte.« Da sagte Dursli:

»O nei, es fehlt mr nüt, es isch mr lang nie bas gsi. Warum glaubst, es fehl mr öppis?« »Ach«, sagte Bäbeli, »du bist neue hüt ganz e angere als sust, ih ha dih lang, lang nie meh so gseh. Ach, wenns doch geng eso blieb!« sagte es ganz leise und fuhr mit der Hand über die stillen, dunkeln Augen. Da wars, als ob das dunkle Ehegespenst, das sich zwischen beide gelagert hat, in schneidender Kälte keinen Sonnenblick der Liebe von einem zum andern lassend, von unsichtbarer Gewalt erfaßt, zerstäube in die Lüfte und frei es werde zwischen beiden. Da wars, als ob die alten Zeiten wiederkehrten, wo Dursli nach acht durchkupeten Tagen an seines Bäbelis Gadenfenster lockend stund und Bäbeli erst nicht hören wollte, dann herbeikam, dann, je näher er kam, desto inniger vom Geist der Versöhnung ergriffen, wenn Dursli so innig und treuherzig um Einlaß bat, in seinen Armen lag, ehe es wußte, wie.

Aber diesmal kam Bäbeli zuerst und pochte mit leisem Finger nur an Durslis Herz, und dieses sprang, von tausend Empfindungen voll, alsobald auf und ergoß sich in seines Weibes Seele. »Ja, Bäbeli«, sagte Dursli und nahm es bei der Hand, »ich weiß gar nicht, wie mir heute ist, bald weh und bald wohl, bald wills mr dsHerz zrschryße, wenn ih gseh, a was ih allem dSchuld bi; u de gspüre ih i mr öppis, das mr seyt, ih könn wider gutmache, u ih gspüre, daß ihs o will, de wirds mr wider wohl, un es duecht mih, ih mög nit warte, bis ih cha arbeite, ih möcht scho hüt drWerkzüg füränäh. O Herr Jeses, was chas doch us eme Mönsch gä, un er merkt selber nit, wie! Es het mih hüt scho mengisch düecht, ih möcht tief i dErde ab schlüfe oder mr drKopf a drWand zrschlage, wenn ih so gseh ha, was fürn e Wüste ih gsi bi, u wien ih mih a dir u de Kinge vrsünget ha. Es nimmt mih nume wunder, daß o nit vil wüster mit mr ta hest!«

Hier hätte nun manches Weib, dessen Herz eine Bütti voll Lauge ist, den Zapfen gezogen aus dieser Bütti und hätte die Lauge laufen lassen über den weichen Mann und alle seine bittern Gefühle über ihn ergossen. Und wie im Tauwetter die Steine rollen in einer Risi an den Bergen, hätte es Vorwürfe rollen lassen, wie wüst er getan, und was jede Frau über ihn gesagt, und wie groß ihre Not und Elend gewesen, und wie eine andere ihn würde rangiert haben, und mit solchen Reden hätte sie eingesteckt in sein Herz, aus dem offen die Reue floß, den Zapfen, die Reue wäre zur Galle geworden, denn solche Weiberreden sind merkwürdig zerfetzende Elemente für die Empfindung, und am Abend wäre Dursli vielleicht schon wieder in einer Pinte gesessen.

Aber Bäbeli schmiegte sich näher an Dursli und fand keine Worte zu Vorwürfen; alle seine vorrätigen Worte brauchte es, ihm zu sagen, wie wohl es auch ihm im Herzen werde, es könne nicht sagen, wie, daß es seinen Dursli wieder habe. Es hätte doch immer gedacht, es sei noch nicht alles verloren. Wenn es ihn so recht geschauet habe, so habe es ihns immer dünkt, es sei noch soviel vom alten Dursli an ihm, daß er nicht so schlecht sein könne, daß eigentlich seine Kameradschaft und die Aufweisig an allem schuld sei und vor allem der wüste Schnepf, der ihm gerade vorkomme wie sein

Eheteufel (»Gott verzieh mr my Sünd!«). Es habe es manchmal dünkt, wenn es o nume einist eine Stunde gäbe, wo es ihm die Sache so recht sagen könnte in der Liebe und ihm zeigen könnte, wie lieb es ihn habe und einzig an ihm hange, und wie es niemere gut mit ihm meine als gerade es, es würde schon bessere, und es möchte ihn wohl äne umebringe. Aber es habe nie so recht mit ihm reden können; entweder sei er unwirsche heimgekommen, dann habe es sich gefürchtet, oder es selbst sei zornig gewesen, und da habe es wohl gewußt, daß es schweigen müsse, aber es habe ihns gar grusam duret, und dsPläre sei ihm im Hals gewesen, dann habe es kein Wort hervorgebracht um kein Lieb nit. Es sei sein Lebtag nie e Rede gsi, und so habe es sich ihm nie welle schicke; es habe deswegen manchmal halb Nächt durepläret und dr lieb Gott bete, er söll doch für ihns reden, es könne nicht. Nun nähmte es ihns doch gar wunder, was es eigentlich gegeben habe, da doch niemere mit Dursli geredet habe, daß er heute so ganz anders sei und es immer mehr hoffe und glaube, heute werde ihnen der Heiland geboren, und die Taube Noahs bringe ihnen heute das Ölblatt, wie es ihm so wunderbarerweise in der Kirche vorgekommen sei. Da zog Dursli seine Kappe ab und sagte: »Wohl, Bäbeli, het öpper mit mir gredt. Dä da obe het ghört, was du betet hest, und da het er selber mit mir geredet. Jetzt erst begreife ich, wie das alles so hat kommen müssen, und wie, ich möchte fast sagen, Gott und der Teufel sich um mich gestritten haben.«

Und nun erzählte Dursli seinem wie jung gewordenen Weibchen, wie alles gekommen. Er habe wohl gesehen, wie arm er werde, aber er habe ihm nicht nachdenken mögen. Was er verkauft, habe ihn allemal grusam gereut, aber um ihm nicht nachdenken zu müssen, habe er gesoffen; dabei habe er es etwas vergessen können. Am unwöhlsten sei ihm immer daheim gewesen, es habe ihm immer geschienen, man sehe ihn mit verdächtigen Augen an und wolle ihm Vorwürfe machen, und die hätte er nicht erleiden mögen, weil er nichts darauf zu sagen gewußt Rechtmäßiges. Es habe ihn immer gedünkt, er komme unwert, und die Kinder frügen ihm nichts mehr nach und hasseten ihn, und das habe er gar nicht an ihnen ertragen mögen, weil er sie im Verborgenen noch immer so lieb gehabt; und dann habe er wüst getan und sie alle noch weiter von ihm vertrieben. Aber auch unter seinen Kameraden sei er immer unwohler gewesen; seitdem er nicht mehr soviel Geld gehabt, sei er unwerter geworden, man habe ihn nicht halb mehr soviel gerühmt und sich seiner immer weniger geachtet. Habe er kein Geld mehr leihen wollen oder können, so habe man ihn ausgeführt; habe er zurückhaben wollen, so habe man ihm wüst gesagt; habe auch er borgen wollen, so habe niemand Geld gehabt für ihn. Die Sache, für die er soviel eingesetzt, scheine nicht vorwärts zu wollen. Es sei ihm immer mehr, das sei nur so ein Lockvogel gewesen für Geld und andere Sachen, und dagegen hätten alle Geld von ihm gewollt, denen er schuldig gewesen. So sei es ihm auch gestern abend gegangen in Koppigen, als er hier in vollem Zorn fortgelaufen. Schon im Hinübergehen habe es ihm aufrüchen wollen, es wäre eigentlich bräver von ihm, wenn er seinen Kindern die

Holzschuhe plätzte, als so herumzulaufen. Als er nun dort noch gesehen, wie wert er allen eigentlich sei und ihnen nur, was eine Fliege den Spinnen, zum Aussuggen, so sei es schwarz wie ein fürchterlich Donnerwetter in ihm aufgestiegen, und ganze Wolkenberge seien über ihn eingestürmt, und in Blitz und Donner sei das Wetter ausgebrochen und doch nicht recht; nach vielem Streit sei er fortgelaufen endlich. Und noch immer habe es ihn gedünkt, es wolle ihn zersprengen, und wie Feuer habe es ihm im Kopf gebrannt. Er sei überall rasete gewesen und hätte mit der ganzen Welt händeln mögen. In diesem Gemütszustand habe ihn der Graus der Nacht erfaßt, und Gott der Herr habe ihn lind gemacht und ihm die Augen aufgetan. Und was er nun diesen Morgen alles erfahren und gesehen, das habe ihn so streng zweggenommen, daß er gewiß glaube, er könne jetzt halten, was er verspreche. Aber weh tue es ihm, was sie seinetwegen gelitten, er werde das nie vergessen und es nie gutmachen können.

»O wohl, Dursli!« sagte Bäbeli und schlug seinen Arm um ihn, »bis du ume wider üse, so ist nicht nur grad alles vergesse, sondern wir wissen erst dann recht, was es heißt, e gute Ätti z'ha. Mir hättes ja nie recht gleehrt wüsse, wennd nit e Rung wüst ta hättisch. Es ist wahr, es hat mir schrecklich wehgetan, wenn ich ein Stück Hausrat, ein Stück Land nach dem andern gehen sah; ›die arme King, die arme King!‹ han ih de denkt, was sölle die de ha einisch! Wahr ists, es het mir grusam wehta, als sie nicht recht Kleider mehr gehabt und nicht Speis und wir bald allen Leuten schuldig geworden sind. Ich durfte mich fast nicht mehr zeigen vor den Leuten und niemand mehr ansehen aus Furcht, ich sehe ein spöttisch Gesicht. Und wenn ich eins von meinen Geschwistern angetroffen, so fuhr es mich hart an und sagte mir: ›Gell, jetz weisch, wasd für e Ma hesch; gell, hättisch gfolget, wo me dir ne gwehrt het! Aber jetzt chumm mit cho chlage!‹ Aber weiß Gott, es ist mir nie zSinn cho, öpperem ga z'klage als em liebe Gott; dem han ihs gseyt, wies mer ums Herz isch. Aber das alles hätt no nüt gmacht, ih hätt no gern welle arm sy und keis Land meh ha und keini Kleidleni für dKing, we si nume no e Ätti gha hätte. Aber daß du nichts mehr von ihnen wolltest, sie nie mehr freundlich ansahest, gerade machtest, als wenn sie nicht deine wären, das het mih em meisten duret. Und dann kamen noch die Kinder und fragten, warum drÄtti geng höhne syg, was si ihm echt o zleid ta heyge, und weinten, daß sie ihm nie am rechte Ort seien, er sie allenthalben wegschüpfe.« Das hätte ihm dann das Herz zerreißen wollen. Es habe ihns manchmal dünkt, wenns nume sterbe chönnt, und de heyg es de die Kind müsse aluege u denke, was de us ne werde, wer de zu ne luege sött, wenn äs nimme da wär, und da heyg es dr lieb Gott bete, daß er es doch lay lebe, es well gern alles Elend usstah.

»Nein«, sagte Dursli, »sterbe sottsch mr nit, mys Bäbeli, du mußt by mr blybe! Ach, ich habe dich so nötig! Ich bin wüst krank gewesen und jetzt noch schwach, da muß mir jemand abwarten mit Raten und Warnen und Däselen und muß mir helfen den guten Weg finden. Und das mußt du, mein liebes Fraueli! Und Elend sollst du keins mehr ausstehen; ich will anfangen zu arbeiten, daß es Funken gibt. Es ist noch Arbeit da, und wenn es heißt: ›Dr Dursli ist e andere worde, er arbeitet wieder‹, so kommen die Weiber grad daher wie dSpatze nach einer Bäunde. Es soll bald für das Nötigste gesorgt sein, und dann will ich sehen, ob ich das Verlorne nicht wieder einbringe. Es hat mancher gar nichts gehabt und ist vermöglich geworden mit einem nicht bessern Handwerk, als ich habe. Aber wenn du mir nume wider vergesse kannst, was ihr meinethalben ausgestanden habt; ich will es nicht vergessen, keinen Tag und keine Nacht. Wenn du mich nur so recht lieb haben könntest wieder wie allbets und die Kinder mich wieder hätten wie den alten Ätti, dann dunkt mich, ich könnte alles ausstehen; aber wenn man mich nicht lieb hätte oder mir das Alte wieder hervorzöge, da wüßte ich nicht, wie es ginge.«

»O Dursli, my Dursli, häb doch recht nit Kummer!« sagte Bäbeli und hing ihm am Halse. »Es dünkt mich, ich möchte dir das Herz aus dem Leibe geben, und lieb habe ich dich ja immer gehabt, aber ich durfte es dir nicht zeigen, und das wollte mich manchmal fast zersprengen. Aber ich habe auch meine Fehler, ich weiß es wohl. Ich hätte oft ein Wörtlein in der Liebe mehr reden sollen, aber ich habe es verdrückt. Meine Mutter sagte allbets, we me nüt säg, su fehl me nüt; aber ich sehe jetzt auch ein, daß man mit Nütsäge wüst fehlen kann. Hätte ich zur rechten Zeit mehr geredet, es wäre mit mym liebe Dursli o anders cho. Und dKind, Dursli, die werde an dir hange wie dKlette, und du kannst gewiß mit ihnen machen, was du willst; es sy gwüß gar gute King und gar witzige, u we si gseh, daß me se lieb het, su cha me mit ne mache, was me will. O my Dursli, o my Dursli, han ih dih wider!« sagte Bäbeli und nahm ihn noch einmal an es Ärfeli. Da erwachte der Kleine in der Wiege, lächelte gar holdselig auf und streckte die Ärmchen aus, und sie nahmen ihn auf, und um beide schlang er seine Ärmchen; es war, als wäre er ein Engelchen aus dem Himmel, das zu neuem, unauflöslichem Bunde die beiden einsegnen wolle. Und beiden war es auch gar warm ums Herz, sie fühlten, es war eine heilige Stunde, und Engel flogen durch die Stube. Niemand störte diese heilige Stunde.

HEINRICH HEINE
1797–1856

Altes Kaminstück

Draußen ziehen weiße Flocken
Durch die Nacht, der Sturm ist laut;
Hier im Stübchen ist es trocken,
Warm und einsam, stillvertraut.

Sinnend sitz ich auf dem Sessel,
An dem knisternden Kamin,
Kochend summt der Wasserkessel
Längst verklungne Melodien.

Und ein Kätzchen sitzt daneben,
Wärmt die Pfötchen an der Glut;
Und die Flammen schweben, weben,
Wundersam wird mir zu Mut.

Dämmernd kommt heraufgestiegen
Manche längst vergeßne Zeit,
Wie mit bunten Maskenzügen
Und verblichner Herrlichkeit.

Schöne Frau'n, mit kluger Miene,
Winken süßgeheimnisvoll,
Und dazwischen Harlekine
Springen, lachen, lustigtoll.

Ferne grüßen Marmorgötter,
Traumhaft neben ihnen stehn
Märchenblumen, deren Blätter
In dem Mondenlichte wehn.

Wackelnd kommt herbeigeschwommen
Manches alte Zauberschloß;
Hintendrein geritten kommen
Blanke Ritter, Knappentroß.

Und das alles zieht vorüber,
Schattenhastig übereilt –
Ach! da kocht der Kessel über,
Und das nasse Kätzchen heult.

Der Tag der Geschenke

Paris, 11. Dezember 1841.

Jetzt, wo das Neujahr herannaht, der Tag der Geschenke, überbieten sich hier die Kaufmannsläden in den mannigfaltigsten Ausstellungen. Der Anblick derselben kann dem müßigen Flaneur den angenehmsten Zeitvertreib gewähren; ist sein Hirn nicht ganz leer, so steigen ihm auch manchmal Gedanken auf, wenn er hinter den blanken Spiegelfenstern die bunte Fülle der ausgestellten Luxus- und Kunstsachen betrachtet und vielleicht auch einen Blick wirft auf das Publikum, das dort neben ihm steht. Die Gesichter dieses Publikums sind so häßlich ernsthaft und leidend, so ungeduldig und drohend, daß sie einen unheimlichen Kontrast bilden mit den Gegenständen, die sie begaffen, und uns die Angst anwandelt, diese Menschen möchten einmal mit ihren geballten Fäusten plötzlich dreinschlagen, und all das bunte, klirrende Spielzeug der vornehmen Welt mitsamt dieser vornehmen Welt selbst gar jämmerlich zertrümmern!

Annette von Droste-Hülshoff
1797–1848

Am letzten Tage des Jahres

Das Jahr geht um,
Der Faden rollt sich sausend ab.
Ein Stündchen noch, das letzte heut,
Und stäubend rieselt in sein Grab,
Was einstens war lebend'ge Zeit.
Ich harre stumm.

's ist tiefe Nacht!
Ob wohl ein Auge offen noch?
In diesen Mauern rüttelt dein
Verrinnen, Zeit! Mir schaudert; doch
Es will die letzte Stunde sein
Einsam durchwacht.

Geschehen all,
Was ich begangen und gedacht,
Was mir aus Haupt und Herzen stieg,
Das steht nun, eine ernste Wacht,
Am Himmelstor. O halber Sieg!
O schwerer Fall!

Wie reißt der Wind
Am Fensterkreuze! Ja, es will
Auf Sturmesfittiche das Jahr
Zerstäuben, nicht ein Schatten still

Verhauchen unterm Sternenklar.
Du Sündenkind!

War nicht ein hohl
Und heimlich Sausen jeden Tag
In deiner wüsten Brust Verlies,
Wo langsam Stein an Stein zerbrach,
Wenn es den kalten Odem stieß
Vom starren Pol?

Mein Lämpchen will
Verlöschen, und begierig saugt
Der Docht den letzten Tropfen Öl.
Ist so mein Leben auch verraucht?
Eröffnet sich des Grabes Höhl'
Mir schwarz und still?

Wohl in dem Kreis,
Den dieses Jahres Lauf umzieht,
Mein Leben bricht. Ich wußt' es lang,
Und dennoch hat dies Herz geglüht
In eitler Leidenschaften Drang.
Mir bricht der Schweiß

Der tiefsten Angst
Auf Stirn und Hand. Wie? Dämmert feucht
Ein Stern dort durch die Wolken nicht?
Wär' es der Liebe Stern vielleicht
Dir zürnend mit dem trüben Licht,
Daß du so bangst?

Horch, welch Gesumm?
Und wieder? Sterbemelodie!
Die Glocke regt den ehrnen Mund.
O Herr, ich falle auf das Knie:
Sei gnädig meiner letzten Stund'!
Das Jahr ist um!

Luise Hensel
1798–1876

Was ist das doch ein holdes Kind

Was ist das doch ein holdes Kind,
Das man hier in der Krippe findt?
Ach, solch ein süßes Kindelein,
Das muß gewiß vom Himmel sein.

Die Frau, die bei der Krippe kniet,
Und selig auf das Kindlein sieht,
Das ist Maria fromm und rein,
Ihr mag recht froh im Herzen sein.

Der Mann, der zu der Seite steht,
Und still hinauf zum Himmel fleht,
Das muß der fromme Joseph sein,
Der thut sich auch des Kindleins freun.

Und was dort in der Ecke liegt,
Und nach dem Kindlein schaut vergnügt,
Ein Oechslein und ein Eselein,
Das mögen gute Thierlein sein!

Und die dort kommen fromm und gut
Mit langem Stab und rundem Hut,
Das ist der Hirten fromme Schar,
Die bringen ihre Gaben dar.

Und was den Stall so helle macht,
Und was so lieblich singt und lacht,
Das sind die lieben Engelein,
Die schaun zu Thür und Fenster ein.

Und die dort kommen ganz von fern
Und gläubig schauen nach dem Stern,
Das sind der weisen Könge drei
Mit Weihrauch, Gold und Specerei.

Und ob dem Hüttlein flammt der Stern,
Der leuchtet nah und leuchtet fern;
Er leuchtet auch durch unsre Zeit
Und leuchtet bis in Ewigkeit.

Sei hochgelobt, du dunkle Zell!
Durch die die ganze Welt wird hell.
Klein Kindlein in Mariens Schooß
Wie bist du so unendlich groß!

HOFFMANN VON FALLERSLEBEN
1798–1874

Nußknacker

Nußknacker, du machst ein grimmig Gesicht –
Ich aber, ich fürchte vor dir mich nicht:
Ich weiß, du meinst es gut mit mir,
Drum bring' ich meine Nüsse dir.
Ich weiß, du bist ein Meister im Knacken:
Du kannst mit deinen dicken Backen
Gar hübsch die harten Nüsse packen
Und weißt sie vortrefflich aufzuknacken.
Nußknacker, drum bitt' ich dich, bitt' ich dich,
Hast bessere Zähn' als ich, Zähn' als ich,
O knacke nur, knacke nur immerzu!
Ich will dir zu Ehren
Die Kerne verzehren.
O knacke nur, knack knack knack! immerzu!
Ei, welch ein braver Kerl bist du!

Der Traum

Ich lag und schlief, da träumte mir
Ein wunderschöner Traum:
Es stand auf unserm Tisch vor mir
Ein hoher Weihnachtsbaum.

Und bunte Lichter ohne Zahl
Die brannten ringsumher,
Die Zweige waren allzumal
Von goldnen Äpfeln schwer.

Und Zuckerpuppen hingen dran:
Das war mal eine Pracht!
Da gab's was ich nur wünschen kann
Und was mir Freude macht.

Und als ich nach dem Baume sah
Und ganz verwundert stand,
Nach einem Apfel griff ich da,
Und alles, alles schwand.

Da wacht' ich auf aus meinem Traum
Und dunkel war's um mich:
Du lieber schöner Weihnachtsbaum,
Sag an, wo find' ich dich?

Da war es just als rief' er mir:
»Du darfst nur artig sein,
Dann steh' ich wiederum vor dir –
Jetzt aber schlaf nur ein!

Und wenn du folgst und artig bist,
Dann ist erfüllt dein Traum,
Dann bringet dir der heil'ge Christ
Den schönsten Weihnachtsbaum.«

Adalbert von Herrlein
1798–1870

Der Wasser-Nix

Zur Adventszeit hört man im Kahlgrunde, in der Nähe von Schimborn, bei stiller Nacht »Hoho, Hoho!« schreien. Obwohl es fast wie eine Menschenstimme klingt, so wird's doch denen, die es hören, unheimlich, denn der Rufer ist der Wassernix, der in der Kahl wohnt. Gesehen hat ihn noch Niemand, aber seine Tücke sind wohlbekannt und darum geht ihm Jeder gern aus dem Wege, wenn sein Ruf erschallt, und nicht leicht wagt es Jemand, in der Nähe der Kahl einen Spaß über ihn zu machen.

Einst zur Adventszeit hatten sich einige Männer von Königshofen vor Tages-Anbruch aufgemacht, um ihre Besen nach Aschaffenburg auf den Markt zu tragen. Es war bitterlich kalt und Alles gefroren, und die Kahl sah aus, wie ein Gletscher. Die Leute hatten schwere Trachten und mußten tief im sandigen Schnee waden; sie waren darum bereits ermüdet, als sie an die Kahl kamen, warfen ihre Trachten ab und ruhten eine Weile. Da hörten sie plötzlich ein lautes Gepolter auf dem Eise der Kahl. Erschrocken sprangen sie auf, denn sie dachten Alle zu gleicher Zeit an den Nix; um aber ihren Weg fortzusetzen, mußten sie über die Kahl und es wollte auf dem Stege Keiner der Erste und Keiner der Letzte sein. Ein junger Mann sagte endlich scherzend: »Der Hannes soll vorausgehen, der ist ein frommer Mann, vor dem der Wassermann Respect hat; der Letzte will ich sein, der Wassermann und ich sind alte Freunde!« Und so schritten sie über den Steg. Als sie bald hinüber waren, rief der, welcher zuletzt ging, spottend ihnen zu: »Habt Acht, daß euch der Wassermann nicht holt! Hoho, Wassermann hoho!« Er hatte die Worte kaum ausgesprochen, da ergriff ihn eine unsichtbare Hand und zog ihn hinab durch das Eis in die Kahl. Die andern Männer befiel ein solcher Schrecken, daß sie zwar lautlos ihren Weg fortsetzten, aber nach dem Verkaufe ihrer Besen auf einem andern Wege heimkehrten und den Steg bei Schimborn niemals mehr betraten. – Von dem Manne, der in die Kahl versank, hat man nichts mehr gesehen; ein Wasserwirbel bezeichnet aber jetzt noch die Stelle.

Bogumil Goltz
1801–1870

So ein Wintertag

Ich hatte noch keine größere Reise zu Schlitten gemacht, und auch das sollte mir zu Theil werden. Ich erfror unterwegs die Nase, das war eben der abentheuerliche *Antheil* an einer Geschichte von Eis und von Schnee. Im ersten Augenblick war ich bis zum Tode erschrocken, denn ich dachte nicht anders, also so ein abgefrorenes Glied könne nicht weiter mitspielen und müsse in kürzester Frist aus der Gesellschaft des Antlitzes sich verabschieden, falls es etwa dazu gehört. Nachdem aber meine weißgesteifte Nase durch Schnee wiederum ihrer naseweißen Lebensart in Roth zurückgegeben war, kam ich mir um kein Geringes mündiger und merkwürdiger vor. Der Winterpracht und Reiseherrlichkeit that aber die ausgestandene Fatalität vollends keinen Abbruch in meiner Phantasie.

Heute noch ist mir so ein Wintertag fast unter allen Umständen das erbaulichste Naturspectakel und ein unergründlicher Gotteshumor. Als eine solche halbkuriose und halbschauerliche Mystik und Maskerei empfand ich aber die winterliche Jahreszeit schon dazumal.

Die Natur hat dann in der frischen Luft, wie auf der unermeßlichen Schneefläche, so etwas *Reinliches* und *Aufgeräumtes*, zugleich so etwas Vereinfachtes, Entschiedenes und Determinirtes, als wolle sie mal alle Umstände mit Menschenkindern gleichwie mit den Creaturen des Feldes bei Seite, sich selbst aber in Positur und Respect gesetzt sehn. Die beschneiten Berghöhen und Wälder kommen mir dann wie eine dickgepuderte Allongeperücke, die blanken Eisflächen wie die stieren Glasaugen, und der schneidende Frost wie die strenge Amtsmiene und Grandezza seiner gestrengen Herrlichkeit des Winters vor. So ist es mir einen Augenblick, und im nächsten Moment ist all diese Unerbittlichkeit und Grausamkeit eben nur eine *Mummerei*, all der Schnee nur ein gemüthlicher Pudermantel, und die gefrorenen Seen und Flüsse, die erstarrten Baumriesen, die überglaseten Zweige und Pflanzen-Reste, all der bittre Frost und Reif nur eine vorgenommene *Maske*, hinter welcher der Sommer mit den undankbaren Erdenkindern seinen Jokus treibt, um sie als Frühlingsgott zu überraschen, nachdem sie in der Wintertyrannei ihre sommerliche Schläfrigkeit und ihre Herbstes-Müdigkeit gebüßt. *Todesgedanken* kann ich nun einmal dem frischen, rührigen, raschen, gestrengen, knurrenden, humoristischen, unter der Decke arbeitenden, Frühling träumenden und neues Leben vorbereitenden *Winter* nicht absteh'n.

Der *Tod* schleicht matt und müde, melancholisch, ungetreu, Leben ausläutend, Scheideblicke werfend, wie der *Herbst* mit seinem matten Sonnenspiegel, seinem Lichtgeflimmer und seiner Verklärung aus schwindsüchtigen Augen es thut. Ein Bild der Kraft und Rüstigkeit, des ehrlichen Ernstes, der gutgemeinten Kurzweil, der offenen Fehde, des Metamorphosenspiels und der lebendigen Wiedergeburt der konzentrirten nordischen Lebensarten unter rauher Rinde, die vom Sonnenstrahl zerfließt, – das ist der Winter und seine poetisch symbolische Natur.

Wilhelm von Kügelgen
1802–1867

Ein Hagestolz

Die gerichtliche Ausfertigung des obengenannten Freibriefs hatte meine Eltern in Berührung mit einem Manne gebracht, der bald nebst seiner ganzen Familie zu den besten Freunden unseres Hauses zählte. Dies war der Hofrat Näcke, Chef des Dresdener Justizamtes, ein guter, treuer Mensch und sehr geachteter Beamter. Von ihm erzählte man sich folgendes:

Näcke stand in früheren Jahren als Justitiarius in Freiberg, war lange Junggesell geblieben und wegen der amtlichen Erfahrungen, die er in Ehesachen gemacht, bei dem Entschlusse angelangt, auch Junggesell zu bleiben. Wie ist es möglich – mochte er denken –, sich für sein ganzes Leben blindlings an ein Ding zu ketten, das man nicht kennt, genau genommen, niemals gesehen hat; denn daß die Liebe blind macht, wußten schon die Heiden. Und bliebe man denn wenigstens noch blind; aber zur Unzeit gehen einem doch die Augen auf, und man findet sein Täubchen als Geier wieder, der einem die Leber abfrißt.

Nun trug sich's zu, daß dieser Ehrenmann an einem Weihnachtsabend aus der Kirche kam. Ein kalter Schneesturm tobte durch die Gassen Freibergs, daß man kaum aus den Augen sehen, kaum atmen konnte, daher sich Näcke fest in seinen Pelz gewickelt hatte. Wie er nun dem Unwetter entgegen gedankenlos so vor sich hinkämpfte, mochte es sich zutragen, daß sein Blick für einen Augenblick vom Schnee und Eise frei ward: kurz, er bemerkte ein kleines, notdürftig gekleidetes Mädchen, das, vom Sturm um und um gedreht, sich in hilflosester Lage befand. Das Kind hatte, sein Gesangbüchelchen unterm Arme, die Hände in die Schürze gewickelt und schien sich vergebens anzustrengen, gegen die Gewalt des Wetters standzuhalten. Hunderte von Kirchgängern wirbelten teilnahmslos vorüber; unser Freund aber, der trotz seiner abgeschmackten Ehestandsbegriffe doch ein gutes Herz hatte, griff zu, schlug seinen Pelz um die Kleine und führte sie halb, halb trug er sie nach der entlegenen Wohnung, die sie ihm angab. Das Mägdlein war vom Frost so durchgeschüttelt, daß sie kaum reden konnte, doch fühlte Näcke ihren Dank auf seiner Hand, die sie mit Inbrunst küßte.

Das arme Würmchen! am Heiligen Abend so zu frieren! – Der menschenfreundliche Beamte schickte ihr auf der Stelle zum Weihnachtsangebinde einen Mantel und einen Stollen. Da kam sie denn am andern Morgen, sich zu bedanken – ein überraschend hübsches Mädchen –, und war so zutraulich, so niedlich und bescheiden, daß Näcke, der sich in eine längere Unterhaltung mit ihr eingelassen, den Vorsatz faßte, sich der elternlosen Waise, die bei unbemittelten Verwandten an allem Mangel litt, tatkräftig anzunehmen. Er setzte sich mit jenen in Vernehmen, und man gestattete es mit Freuden, daß er sein Pflegetöchterchen in einem anständigen, ihm befreundeten Hause unterbrachte und jede weitere Sorge auf sich nahm. Von jetzt an sah sie Näcke täglich, leitete selbst ihren Unterricht und schloß die Kleine, welche mit unbegrenzter Liebe und Verehrung an ihrem Wohltäter hing, dermaßen in sein Herz, daß ihm der Gedanke unerträglich wurde, jemals wieder von ihr getrennt zu werden.

Dazu gab es aber nur ein einziges Mittel, und er ergriff es. Als das Töchterchen herangewachsen war, schlug Näcke seine Junggesellenweisheit in die Schanze und machte sie zu seiner Frau. Es hat ihn das auch niemals gereut, denn nun wurde sie erst recht zum Stern seines Lebens und lehrte ihn die Möglichkeit von guten Ehen.

Als meine Eltern mit ihm bekannt wurden, war Näcke bereits ein Greis, seine Frau aber noch in rüstigen Jahren und immer noch recht hübsch, obgleich sie fünf zum größeren Teile schon erwachsene Kinder hatte, zwei Töchter und drei Söhne. Der Umstand endlich, daß der zweite, sehr talentvolle Sohn, mit Namen Heinrich, sich zum Maler bildete, vermehrte noch die Beziehungen des Näckeschen Hauses zu dem unseren.

Ludwig Richter
1803–1884

Christtag in Rom

Die Weihnachtszeit nahte, wo die Gedanken mehr als vorher nach der Heimat lenken und ein Heimwehgefühl das Herz dessen beschleicht, der allein in der Fremde lebt. Er weiß, daß daheim die Eltern, Geschwister, die Geliebte seiner unter dem Christbaum inniger gedenken und ihn vermissen werden. Am Christtag ging ich ins Café Greco, wo die Post einen großen Stoß Briefe abgelagert hatte, aber für mich war keiner darunter; freilich war der Postenlauf damals ungeregelter; ein Brief aus Deutschland war acht bis zwölf Tage unterwegs, und geschrieben wurde mir ohnedies selten. Auguste konnte ihre Briefe mir nur durch den Vater zukommen lassen, und dieser war kein Freund vom Briefschreiben; so bleiben erstere oft lange liegen. Betrübt über meine getäuschte Erwartung ging ich zu Oehme, welcher gleiche Gefühle mit mir zu teilen hatte. Er hatte ein paar recht hübsche Kompositionen, getuschte Zeichnungen, gemacht. Die erste stellte den Orgelchor einer alten Kirche am Weihnachtsabend vor. Der Kantor mit seinen Knaben singen, von zwei Kandelabern beleuchtet, in die dunkle Kirche hinab. Auf den düstern Emporen sieht man betendes Volk, und das Mondlicht streift durch das gotische Fenster.

Die andere Zeichnung zeigte ein altes Schloß mit hohen Renaissancegiebeln, das aus entlaubten alten Eichen hervorschaute und eine Reihe festlich erleuchteter Fenster zeigte. Vorn ein Wasser, darein der Mond sich spiegelte. Seine Phantasie hatte ihn also ebenfalls in die Heimat getragen. Sein angefangenes größeres Gemälde, die Aussicht von Camaldoli, war zart und schön in der Färbung; aber das Vedutenhafte dominierte. Koch fand es sentimental, wollte überhaupt von dergleichen empfindsamen Stimmungsbildern nichts wissen; denn er war seinem ganzen Wesen nach mehr eine antik klassische als romantische Natur.

So hatte ich den Christtag einsam zugebracht, denn die Trattorien mußten um sieben Uhr schon geschlossen werden. – Am ersten Feiertag hatte ich den ganzen Tag fleißig gemalt, und saß bei anbrechender Dämmerung noch vor dem Bilde, obwohl ich Pinsel und Palette längst weggelegt hatte, und war mit den Gedanken in der Heimat, nach der ich mit Wagner zum Frühjahr wieder zurückkehren wollte.

Ich schürte die Glut des Focone, denn draußen wehte eine kalte Tramontana, und das Gebirge lag voll Schnee. So in der Zukunft schwärmend und die Vergangenheit der letzten Jahre bedenkend, durchströmte mich plötzlich eine seltsame, aber recht glückliche, friedensvolle Empfindung. Es war, als wenn ein Engel durchs Stübchen gegangen und einen Hauch seiner Seligkeit darin zurückgelassen hätte. Mir kam plötzlich mein Leben wie in einem großen, freundlichen Zug vor Augen, und ich glaubte die unsichtbare Hand zu erkennen, die mich bisher so freundlich geleitet, die mich über all mein Erwarten mit Gütern erfüllt hatte, die mir eine Verheißung für die Zukunft waren. Zum ersten Male, vielleicht seit Jahren, konnte ich dankbar und innig freudig die Hände falten im Gebet, konnte beten so recht wahrhaft aus innerstem Antrieb, wie ich es vorher nie gekonnt.

Eduard Mörike
1804–1875

Frankfurter Brenten

Mandeln erstlich, rat ich dir,
Nimm drei Pfunde, besser vier
(Im Verhältnis nach Belieben);
Diese werden nun gestoßen
Und mit ordinärem Rosen-
Wasser feinstens abgerieben.
Je aufs Pfund Mandeln akkurat
Drei Vierling Zucker ohne Gnad.
Denselben in den Mörsel bring,
Hierauf ihn durch ein Haarsieb schwing!
Von deinen irdenen Gefäßen
Sollst du mir dann ein Ding erlesen –
Was man sonst eine Kachel nennt;
Doch sei sie neu zu diesem End!

Drein füllen wir den ganzen Plunder
Und legen frische Kohlen unter.
Jetzt rühr und rühr ohn Unterlaß,
Bis sich verdicken will die Mass,
Und rührst du eine Stunde voll:
Am eingetauchten Finger soll
Das Kleinste nicht mehr hängen bleiben;
So lange müssen wir es treiben.
Nun aber bringe das Gebrodel
In eine Schüssel (der Poet,
Weil ihm der Reim vor allem geht,
Will schlechterdings hier einen Model,
Indes der Koch auf ersterer besteht!)
Darinne drück's zusammen gut;
Und hat es über Nacht geruht,
Sollst du's durchkneten Stück für Stück,
Auswellen messerrrückendick
(Je weniger Mehl du streuest ein,
Um desto besser wird es sein).
Alsdann in Formen sei's geprägt,
Wie man bei Weingebacknem pflegt;
Zuletzt – das wird der Sache frommen,
Den Bäcker scharf in Pflicht genommen,
Daß sie schön gelb vom Ofen kommen!

Zum Neujahr

An tausend Wünsche, federleicht,
Wird sich kein Gott noch Engel kehren,
Ja, wenn es so viel Flüche wären,
Dem Teufel wären sie zu seicht.
Doch wenn ein Freund in Lieb und Treu
Dem andern den Kalender segnet,
So steht ein guter Geist dabei.
Du denkst an mich, was Liebes dir begegnet,
Ob dir's auch ohne das beschieden sei.

Robert Reinick
1805–1852

Der schmelzende Koch

Es war im Monat Januar. Tagelang war dichter Schnee gefallen und lag nun fast ellenhoch im Hofe und auf den Dächern, so weiß und rein, so zart und glänzend, daß, wenn man darauf hinsah, einem die größte Lust ankam, sich hineinzulegen, hätte man nicht gewußt, daß es sich eben nicht sehr behaglich darin liege. Endlich teilten sich die Wolken, der blaue Himmel schaute freundlich wieder hervor und lockte auch gleich drei lustige Kinder, zwei Knaben und ein Mädchen, aus der engen Stube in den Hof hinaus. Die wateten nun munter in dem tiefen Schnee, warfen sich mit Schneebällen, fuhren einander auf dem Schlitten und bekamen vor Vergnügen und Kälte die frischesten roten Backen und fast ebenso rote Hände.

»Seht«, rief der älteste, »der Schnee läßt sich herrlich kneten, jetzt ist gerade die rechte Zeit, einen Schneemann zu machen.«

»Ja! ja! einen Schneemann!« riefen die anderen und machten sich sofort daran, einen aufzubauen.

»Soll's ein Koch oder eine Köchin werden?« fragte das Mädchen.

»Ein Koch! ein Koch!« war die Antwort. »Ein Schneemann ist viel hübscher als eine Schneefrau, die ist plump, und hat keine zwei Beine.«

So ward denn die Statue eines Koches aufgerichtet und stand in wenigen Stunden da, viel weißer und stattlicher als der magere Koch, den der Gutsbesitzer sich kürzlich aus Paris mitgebracht, der ging zwar auch immer in Weiß gekleidet, aber sah doch oft recht schmutzig aus.

Nun will ich euch einmal den schönen Schneemann beschreiben, den die Kinder sich aufbauten.

Seine Beine bestanden aus zwei plumpen Säulen, die eher cinem Paar Elefantenbeinen als menschlichen Gliedmaßen ähnlich sahen. Darauf ruhte der Leib, ein großer, dicker Schneeklumpen. Wo seine Brust aufhörte und wo der Bauch anfing, wäre schwer zu erkennen gewesen, hätte nicht das Mädchen ihm ihre Schürze umgebunden, denn ein Koch ohne Schürze ist kein rechter Koch. Nun sollte er aber auch noch ein paar alte hölzerne Löffel im Gürtel haben. Doch weil diese ihm immer wieder herunterfielen, wurden sie unbarmherzig in den Bauch hineingebohrt, wo sie denn auch recht fest steckten. Ganz vorzüglich war der Kopf des Schneemanns geraten, obgleich man die Nase nicht wohl erkennen konnte, weil sie nicht hatte ankleben wollen. Dafür aber hatte der Mann große kohlpechrabenschwarze Augen (denn es waren wirkliche Kohlen) und schöne ziegelrote Lippen (denn sie waren aus einem Paar wirklichen Ziegelscheiben zusammengesetzt). In diesen Lippen steckte eine wirkliche, schwarzgerauchte irdene Pfeife, die der Hausknecht erst vor einer Stunde auf den Kehricht geworfen, weil sie keine Luft mehr gehabt. Endlich ward der Statue noch als Mütze ein alter Kochtopf gerade auf den Kopf gestülpt, der ihr denn ein äußerst ehrwürdiges Ansehen gab. Über die Arme und Hände wollen wir aber nicht viel sprechen, die waren weniger gelungen und bröckelten immer ab.

Das gab einen prächtigen Anblick, wie der dicke, weiße Kerl fix und fertig in dem hellen Sonnenschein glänzend dastand.

Aber trotz seiner kohlschwarzen Augen, trotz seiner ziegelroten Lippen, trotz Pfeife und Kochtopf machte der Schneemann noch immer ein sehr unzufriedenes und zerrissenes Gesicht, soviel die Kinder auch daran herumgeknetet hatten. Ein geheimer Kummer schien an seinem Innern zu nagen.

»Schneemann, bist du denn nicht zufrieden?« rief das Mädchen, nachdem sie sein Gesicht längere Zeit betrachtet hatte.

Der Schneemann schwieg und sah nach wie vor verdrießlich aus.

»Ich weiß, was ihm fehlt«, sprach der älteste Knabe. »Er ist ein Koch und hat keinen Herd. Kommt her, den müssen wir noch bauen!«

Und rasch trugen sie Steine zusammen und bauten vor dem Schneemann einen Herd.

»Schneemann, bist du nun zufrieden?« riefen die Kinder, aber der schwieg und sah brummig aus, nach wie vor.

»Aha, auf den Herd gehören Töpfe, die sollst du haben«, sprach das Mädchen und holte rasch einige Scherben vom Kehrichthaufen und stellte sie auf die Steine; aber der Schneemann sah unzufrieden aus, nach wie vor.

»Jetzt will ich euch sagen, was ihm fehlt«, sprach der jüngere Knabe. »Er will kochen und hat kein Feuer, und dazu friert ihn auch. Kommt, laßt uns Feuer holen!«

Rasch brachten sie nun Späne aus der Küche herbei, steckten sie an, und bald brannte ein großmächtiges Feuer vor dem Schneemann auf dem Herd.

»Nun, Alter«, riefen die Kinder, »ist dir doch endlich wohl, nicht wahr?« Und siehe da, die zerrissenen Gesichtszüge des Schneemanns veränderten sich wirklich, seine Mienen wurden milde und weich, die Lippen gingen ihm auseinander, die Pfeife fiel ihm aus dem Munde.

»Seht! seht! endlich ist er zufrieden«, jubelten die Kinder. »Seht, wie gerührt er ist, wie ihm die Tränen über die Backen laufen!«

Und so war es auch wirklich, der gute Schneemann war so gerührt, wie kein Mensch es jemals werden kann. Nicht nur die Tränen liefen ihm über die Backen, er triefte auch am ganzen Leibe, die Augen fielen ihm aus dem Kopf, die Lippen aus dem Gesicht, die Kochlöffel aus der Brust, mit einem Wort, der ganze Koch zerschmolz in Wasser. In kurzer Zeit war von ihm nichts übrig als ein nasser Fleck, zwei schwarze Kohlen, einige Scherben und die alte schmutzige Tabakspfeife. Das war das rührende Ende des Schneemanns.

Ob die Kinder wohl auch vor Rührung darüber Tränen vergossen haben?

Nein! auch nicht eine einzige! Im Gegenteil, sie lachten aus vollem Halse darüber, denn sie hatten sich einen lustigen Spaß gemacht und sich königlich daran vergnügt.

Weihnachtsfest

Der Winter ist gekommen
Und hat hinweg genommen
Der Erde grünes Kleid;
Schnee liegt auf Blütenkeimen,
Kein Blatt ist an den Bäumen,
Erstarrt die Flüsse weit und breit.

Da schallen plötzlich Klänge
Und frohe Festgesänge
Hell durch die Winternacht.
In Hütten und Palästen
Ist rings in grünen Ästen
Ein bunter Frühling aufgewacht.

Wie gern doch seh' ich glänzen
Mit all den reichen Kränzen
Den grünen Weihnachtsbaum,
Dazu der Kindlein Mienen
Von Licht und Lust beschienen!
Wohl schön're Freude gibt es kaum!

ADALBERT STIFTER
1805–1868

Kirchenfeste

Unsere Kirche feiert verschiedene Feste, welche zum Herzen dringen. Man kann sich kaum etwas Lieblicheres denken als Pfingsten und kaum etwas Ernsteres und Heiligeres als Ostern. Das Traurige und Schwermütige der Charwoche und darauf das Feierliche des Sonntags begleiten uns durch das Leben. Eines der schönsten Feste feiert die Kirche fast mitten im Winter, wo beinahe die längsten Nächte und kürzesten Tage sind, wo die Sonne am schiefsten gegen unsere Gefilde steht, und Schnee alle Fluren deckt, das Fest der Weihnacht. Wie in vielen Ländern der Tag vor dem Geburtsfeste des Herrn der Christabend heißt, so heißt er bei uns der heilige Abend, der darauf folgende Tag der heilige Tag und die dazwischen liegende Nacht die Weihnacht. Die katholische Kirche begeht den Christtag als den Tag der Geburt des Heilandes mit ihrer allergrößten kirchlichen Feier, in den meisten Gegenden wird schon die Mitternachtstunde als die Geburtstunde des Herrn mit prangender Nachtfeier geheiligt, zu der die Glocken durch die stille, finstere winterliche Mitternachtluft laden, zu der die Bewohner mit Lichtern oder auf dunkeln, wohlbekannten Pfaden aus schneeigen Bergen an bereiften Wäldern vorbei und durch knarrende Obstgärten zu der Kirche eilen, aus der die feierlichen Töne kommen, und die aus der Mitte des in beeiste Bäume gehüllten Dorfes mit den langen beleuchteten Fenstern empor ragt.

Mit dem Kirchenfeste ist auch ein häusliches verbunden. Es hat sich fast in allen christlichen Ländern verbreitet, daß man den Kindern die Ankunft des Christkindleins – auch eines Kindes, des wunderbarsten, das je auf der Welt war – als ein heiteres, glänzendes, feierliches Ding zeigt, das durch das ganze Leben fortwirkt, und manchmal noch spät im Alter bei trüben, schwermütigen oder rührenden Erinnerungen gleichsam als Rückblick in die einstige Zeit mit den bunten, schimmernden Fittigen durch den öden, traurigen und ausgeleerten Nachthimmel fliegt. Man pflegt den Kindern die Geschenke zu geben, die das heilige Christkindlein gebracht hat, um ihnen Freude zu machen. Das tut man gewöhnlich am heiligen Abende, wenn die tiefe Dämmerung eingetreten ist. Man zündet Lichter, und meistens sehr viele, an, die oft mit den kleinen Kerzlein auf den schönen grünen Ästen eines Tannen- oder Fichtenbäumchens schweben, das mitten in der Stube steht. Die Kinder dürfen nicht eher kommen, als bis das Zeichen gegeben wird, daß der heilige Christ zugegen gewesen ist, und die Geschenke, die er mitgebracht, hinterlassen hat. Dann geht die Tür auf, die Kleinen dürfen hinein, und bei dem herrlichen, schimmernden Lichterglanze sehen sie Dinge auf dem Baume hängen oder auf dem Tische herum gebreitet, die alle Vorstellungen ihrer Einbildungskraft weit übertreffen, die sie sich nicht anzurühren getrauen, und die sie endlich, wenn sie sie bekommen haben, den ganzen Abend in ihren Ärmchen herum tragen und mit sich in das Bett nehmen. Wenn sie dann zuweilen in ihre Träume hinein die Glockentöne der Mitternacht hören, durch welche die Großen in die Kirche zur Andacht gerufen werden, dann mag es ihnen sein, als zögen jetzt die Englein durch den Himmel, oder als kehre der heilige Christ nach Hause, welcher nunmehr bei allen Kindern gewesen ist und jedem von ihnen ein herrliches Geschenk hinterbracht hat.

Wenn dann der folgende Tag, der Christtag, kömmt, so ist er ihnen so feierlich, wenn sie früh morgens mit ihren schönsten Kleidern angetan in der warmen Stube stehen, wenn der Vater und die Mutter sich zum Kirchgange schmücken, wenn zu Mittage ein feierliches Mahl ist, ein besseres als an jedem Tage des ganzen Jahres, und wenn nachmittags oder gegen Abend hin Freunde und Bekannte kommen, auf den

Stühlen und Bänken herum sitzen, mit einander reden, und behaglich durch die Fenster in die Wintergegend hinaus schauen können, wo entweder die langsamen Flocken niederfallen, oder ein trübender Nebel um die Berge steht, oder die blutrote, kalte Sonne hinab sinkt. An verschiedenen Stellen der Stube, entweder auf einem Stühlchen oder auf der Bank oder auf dem Fensterbrettchen, liegen die zaubrischen, nun aber schon bekannteren und vertrauteren Geschenke von gestern abend herum.

Hierauf vergeht der lange Winter, es kömmt der Frühling und der unendlich dauernde Sommer – und wenn die Mutter wieder vom heiligen Christe erzählt, daß nun bald sein Festtag sein wird, und daß er auch diesmal herab kommen werde, ist es den Kindern, als sei seit seinem letzten Erscheinen eine ewige Zeit vergangen, und als liege die damalige Freude in einer weiten nebelgrauen Ferne.

Weil dieses Fest so lange nachhält, weil sein Abglanz so hoch in das Alter hinaufreicht, so stehen wir so gerne dabei, wenn die Kinder dasselbe begehen und sich darüber freuen. – –

Weihnachten in Eis und Schnee

Sie gingen nun rüstig in den Windungen fort, jetzt von Abend nach Morgen, jetzt von Morgen nach Abend. Der von der Großmutter vorausgesagte Wind stellte sich nicht ein, im Gegenteile war es so stille, daß sich nicht ein Ästchen oder Zweig rührte, ja sogar es schien im Walde wärmer, wie es in lockeren Körpern, dergleichen ein Wald auch ist, immer im Winter zu sein pflegt, und die Schneeflocken fielen stets reichlicher, so daß der ganze Boden schon weiß war, daß der Wald sich grau zu bestäuben anfing, und daß auf dem Hute und den Kleidern des Knaben so wie auf denen des Mädchens der Schnee lag.

Die Freude der Kinder war sehr groß. Sie traten auf den weichen Flaum, suchten mit dem Fuße absichtlich solche Stellen, wo er dichter zu liegen schien, um dorthin zu treten und sich den Anschein zu geben, als wateten sie bereits. Sie schüttelten den Schnee nicht von den Kleidern ab.

Es war große Ruhe eingetreten. Von den Vögeln, deren doch manche auch zuweilen im Winter in dem Walde hin und her fliegen, und von denen die Kinder im Herübergehen sogar mehrere zwitschern gehört hatten, war nichts zu vernehmen, sie sahen auch keine auf irgend einem Zweige sitzen oder fliegen, und der ganze Wald war gleichsam ausgestorben. Weil nur die bloßen Fußstapfen der Kinder hinter ihnen blieben, und weil vor ihnen der Schnee rein und unverletzt war, so war daraus zu erkennen, daß sie die einzigen waren, die heute über den Hals gingen.

Sie gingen in ihrer Richtung fort, sie näherten sich öfter den Bäumen, öfter entfernten sie sich, und wo dichtes Unterholz war, konnten sie den Schnee auf den Zweigen liegen sehen.

Ihre Freude wuchs noch immer; denn die Flocken fielen stets dichter, und nach kurzer Zeit brauchten sie nicht mehr den Schnee aufzusuchen, um in ihm zu waten; denn er lag schon dicht, daß sie ihn überall weich unter den Sohlen empfanden, und daß er sich bereits um ihre Schuhe zu legen begann; und wenn es so ruhig und heimlich war, so war es, als ob sie das Knistern des in die Nadeln herab fallenden Schnees vernehmen könnten.

»Werden wir heute auch die Unglücksäule sehen?« fragte das Mädchen, »sie ist ja umgefallen, und da wird die rote Farbe weiß sein.«

»Darum können wir sie doch sehen«, antwortete der Knabe, »wenn auch der Schnee auf sie fällt, und wenn sie auch weiß ist, so müssen wir sie liegen sehen, weil sie eine dicke Säule ist, und weil sie das schwarze eiserne Kreuz auf der Spitze hat, das doch immer heraus ragen wird.«

»Ja, Konrad.«

Indessen, da sie noch weiter gegangen waren, war der Schneefall so dicht geworden, daß sie nur mehr die allernächsten Bäume sehen konnten.

Von der Härte des Weges oder gar von Furchenaufwerfungen war nichts zu empfinden, der Weg war vom Schnee überall gleich weich, und war überhaupt nur daran zu erkennen, daß er als ein gleichmäßiger weißer Streifen in dem Walde fort lief. Auf allen Zweigen lag schon die schöne weiße Hülle.

Die Kinder gingen jetzt mitten auf dem Wege, sie furchten den Schnee mit ihren Füßlein, und gingen langsamer, weil das Gehen beschwerlicher ward. Der Knabe zog seine Jacke empor an dem Halse zusammen, damit ihm nicht der Schnee in den Nacken falle, und er setzte den Hut tiefer in das Haupt, daß er geschützter sei. Er zog auch seinem Schwesterlein das Tuch, das ihm die Mutter um die Schulter gegeben hatte, besser zusammen, und zog es ihm mehr vorwärts in die Stirne, daß es ein Dach bilde.

Der von der Großmutter vorausgesagte Wind war noch immer nicht gekommen; aber dafür wurde der Schneefall nach und nach so dicht, daß auch nicht mehr die nächsten Bäume zu erkennen waren, sondern daß sie wie neblige Säcke in der Luft standen.

Die Kinder gingen fort. Sie duckten die Köpfe dichter in ihre Kleider, und gingen fort.

Sanna nahm den Riemen, an welchem Konrad die Kalbfelltasche um die Schulter hängen hatte, mit den Händchen, hielt sich daran, und so gingen sie ihres Weges.

Die Unglücksäule hatten sie noch immer nicht erreicht. Der Knabe konnte die Zeit nicht ermessen, weil keine Sonne am Himmel stand, und weil es immer gleichmäßig grau war.

»Werden wir bald zu der Unglücksäule kommen?« fragte Sanna.

»Ich weiß es nicht«, antwortete der Knabe, »ich kann heute die Bäume nicht sehen und den Weg nicht erkennen, weil er so weiß ist. Die Unglücksäule werden wir wohl gar nicht sehen, weil so viel Schnee liegen wird, daß sie verhüllt sein wird, und daß kaum ein Gräschen oder ein Arm des schwarzen Kreuzes hervor ragen wird. Aber es macht nichts. Wir gehen immer auf dem Wege fort, der Weg geht zwischen den Bäumen, und wenn er zu dem Platze der Unglücksäule kömmt, dann wird er abwärts gehen, wir gehen auf ihm fort, und wenn er aus den Bäumen hinaus geht, dann sind wir schon auf den Wiesen von Gschaid, dann kömmt der Steg, und dann haben wir nicht mehr weit nach Hause.«

»Ja, Konrad«, sagte das Mädchen.

Sie gingen auf ihrem aufwärtsführenden Wege fort. Die hinter ihnen liegenden Fußstapfen waren jetzt nicht mehr lange sichtbar; denn die ungemeine Fülle des herabfallenden Schnees deckte sie bald zu, daß sie verschwanden. Der Schnee knisterte in seinem Falle nun auch nicht mehr in den Nadeln, sondern legte sich eilig und heimlich auf die weiße, schon daliegende Decke nieder. Die Kinder nahmen die Kleider noch fester, um das immerwährende allseitige Hineinrieseln abzuhalten.

Sie gingen sehr schleunig, und der Weg führte noch stets aufwärts.

Nach langer Zeit war noch immer die Höhe nicht erreicht, auf welcher die Unglücksäule stehen sollte, und von wo der Weg gegen die Gschaider Seite sich hinunter wenden mußte.

Endlich kamen die Kinder in eine Gegend, in welcher keine Bäume standen.

»Ich sehe keine Bäume mehr«, sagte Sanna.

»Vielleicht ist nur der Weg so breit, daß wir sie wegen des Schneiens nicht sehen können«, antwortete der Knabe.

»Ja, Konrad«, sagte das Mädchen.

Nach einer Weile blieb der Knabe stehen und sagte: »Ich sehe selber keine Bäume mehr, wir müssen aus dem Walde gekommen sein, auch geht der Weg immer bergan. Wir wollen ein wenig stehen bleiben und herum sehen, vielleicht erblicken wir etwas.«

Aber sie erblickten nichts. Sie sahen durch einen trüben Raum in den Himmel. Wie bei dem Hagel über die weißen oder grünlich gedunsenen Wolken die finstern fransenartigen Streifen herabstarren, so war es hier, und das stumme Schütten dauerte fort. Auf der Erde sahen sie nur einen runden Fleck Weiß und dann nichts mehr.

»Weißt du, Sanna«, sagte der Knabe, »wir sind auf dem dürren Grase, auf welches ich dich oft im Sommer herauf geführt habe, wo wir saßen, und wo wir den Rasen betrachteten, der nach einander hinauf geht, und wo die schönen Kräuterbüschel wachsen. Wir werden da jetzt gleich rechts hinab gehen!«

»Ja, Konrad.«

»Der Tag ist kurz, wie die Großmutter gesagt hat, und wie du auch wissen wirst, wir müssen uns daher sputen.«

»Ja, Konrad«, sagte das Mädchen.

»Warte ein wenig, ich will dich besser einrichten«, erwiderte der Knabe.

Er nahm seinen Hut ab, setzte ihn Sanna auf das Haupt, und befestigte ihn mit den beiden Bändchen unter ihrem Kinne. Das Tüchlein, welches sie um hatte, schützte sie zu wenig, während auf seinem Haupte eine solche Menge dichter Locken war, daß noch lange Schnee darauf fallen konnte, ehe Nässe und Kälte durchzudringen vermochten. Dann zog er sein Pelzjäckchen aus, und zog dasselbe über die Ärmelein der Schwester. Um seine eigenen Schultern und Arme, die jetzt das bloße Hemd zeigten, band er das kleinere Tüchlein, das Sanna über die Brust, und das größere, das sie über die Schultern gehabt hatte. Das sei für ihn genug, dachte er, wenn er nur stark auftrete, werde ihn nicht frieren.

Er nahm das Mädchen bei der Hand, und so gingen sie jetzt fort.

Das Mädchen schaute mit den willigen Äuglein in das ringsum herrschende Grau, und folgte ihm gerne, nur daß es mit den kleinen eilenden Füßlein nicht so nachkommen konnte, wie er vorwärts strebte gleich einem, der es zur Entscheidung bringen wollte.

Sie gingen nun mit der Unablässigkeit und Kraft, die Kinder und Tiere haben, weil sie nicht wissen, wie viel ihnen beschieden ist, und wann ihr Vorrat erschöpft ist.

Aber wie sie gingen, so konnten sie nicht merken, ob sie über den Berg hinabkämen oder nicht. Sie hatten gleich rechts nach abwärts gebogen, allein sie kamen wieder in Richtungen, die bergan führten, bergab und wieder bergan. Oft begegneten ihnen Steilheiten, denen sie ausweichen mußten, und ein Graben, in dem sie fortgingen, führte sie in einer Krümmung herum. Sie erklommen Höhen, die sich unter ihren Füßen steiler gestalteten, als sie dachten, und was sie für abwärts hielten, war wieder eben, oder es war eine Höhlung, oder es ging immer gedehnt fort.

»Wo sind wir denn, Konrad?« fragte das Mädchen.

»Ich weiß es nicht«, antwortete er.

»Wenn ich nur mit diesen meinen Augen etwas zu erblicken im Stande wäre«, fuhr er fort, »daß ich mich darnach richten könnte.«

Aber es war rings um sie nichts als das blendende Weiß, überall das Weiß, das aber selber nur einen immer kleineren Kreis um sie zog, und dann in einen lichten, streifenweise niederfallenden Nebel überging, der jedes Weitere verzehrte und verhüllte, und zuletzt nichts anderes war als der unersättlich niederfallende Schnee.

»Warte, Sanna«, sagte der Knabe, »wir wollen ein wenig stehen bleiben und horchen, ob wir nicht etwas hören können, was sich im Tale meldet, sei es nun ein Hund oder eine Glocke oder die Mühle, oder sei es ein Ruf, der sich hören läßt, hören müssen wir etwas, und dann werden wir wissen, wohin wir zu gehen haben.«

Sie blieben nun stehen, aber sie hörten nichts. Sie blieben noch ein wenig länger stehen, aber es meldete sich nichts, es war nicht ein einziger Laut, auch nicht der leiseste, außer ihrem Atem zu vernehmen, ja in der Stille, die herrschte, war es, als sollten sie den Schnee hören, der auf ihre Wimpern fiel. Die Voraussage der Großmutter hatte sich noch immer nicht erfüllt, der Wind war nicht gekommen, ja, was in diesen Gegenden selten ist, nicht das leiseste Lüftchen rührte sich an dem ganzen Himmel.

Nachdem sie lange gewartet hatten, gingen sie wieder fort.

»Es tut auch nichts, Sanna«, sagte der Knabe, »sei nur nicht verzagt, folge mir, ich werde dich doch noch hinüber führen. – Wenn nur das Schneien aufhörte!«

Sie war nicht verzagt, sondern hob die Füßchen, so gut es gehen wollte, und folgte ihm. Er führte sie in dem weißen, lichten, regsamen, undurchsichtigen Raume fort.

Nach einer Weile sahen sie Felsen. Sie hoben sich dunkel und undeutlich aus dem weißen und undurchsichtigen Lichte empor. Da die Kinder sich näherten, stießen sie fast daran. Sie stiegen wie eine Mauer hinauf, und waren ganz gerade, so daß kaum ein Schnee an ihrer Seite haften konnte.

»Sanna, Sanna«, sagte er, »da sind die Felsen, gehen wir nur weiter, gehen wir weiter.«

Sie gingen weiter, sie mußten zwischen die Felsen hinein, und unter ihnen fort. Die Felsen ließen sie nicht rechts und nicht links ausweichen und führten sie in einem engen Wege dahin. Nach einer Zeit verloren sie dieselben wieder und konnten sie nicht mehr erblicken. So wie sie unversehens unter sie gekommen waren, kamen sie wieder unversehens von ihnen. Es war wieder nichts um sie als das Weiß, und ringsum war kein unterbrechendes Dunkel zu schauen. Es schien eine große Lichtfülle zu sein, und doch konnte man nicht drei Schritte vor sich sehen; alles war, wenn man so sagen darf, in eine einzige weiße Finsternis gehüllt, und weil kein Schatten war, so war kein Urteil über die Größe der Dinge, und die Kinder konnten nicht wissen, ob sie aufwärts oder abwärts gehen würden, bis eine Steilheit ihren Fuß faßte und ihn aufwärts zu gehen zwang.

»Mir tun die Augen weh«, sagte Sanna.

»Schaue nicht auf den Schnee«, antwortete der Knabe, »sondern in die Wolken. Mir tun sie schon lange weh; aber es tut nichts, ich muß doch auf den Schnee schauen, weil ich auf den Weg zu achten habe. Fürchte dich nur nicht, ich führe dich doch hinunter ins Gschaid.«

»Ja, Konrad.«

Sie gingen wieder fort; aber wie sie auch gehen mochten, wie sie sich auch wenden mochten, es wollte kein Anfang zum Hinabwärtsgehen kommen. An beiden Seiten waren steile Dachlehnen nach aufwärts, mitten gingen sie fort, aber auch immer aufwärts. Wenn sie den Dachlehnen entrannen, und sie nach abwärts beugten, wurde es gleich so steil, daß sie wieder umkehren mußten, die Füßlein stießen oft auf Unebenheiten, und sie mußten häufig Bühlen ausweichen. Sie merkten auch, daß ihr Fuß, wo er tiefer durch den jungen Schnee einsank, nicht erdigen Boden unter sich empfand, sondern etwas anderes, das wie älterer, gefrorner Schnee war; aber sie gingen immer fort, und sie liefen mit Hast und Ausdauer. Wenn sie stehen blieben, war alles still, unermeßlich still; wenn sie gingen, hörten sie das Rascheln ihrer Füße, sonst nichts; denn die Hüllen des Himmels sanken ohne Laut hernieder, und so reich, daß man den Schnee hätte wachsen sehen können. Sie selber waren so bedeckt, daß sie sich von dem allgemeinen Weiß nicht hervor hoben und sich, wenn sie um ein paar Schritte getrennt worden wären, nicht mehr gesehen hätten.

Eine Wohltat war es, daß der Schnee so trocken war wie Sand, so daß er von ihren Füßen und den Bundschühlein und Strümpfen daran leicht abglitt und abrieselte, ohne Ballen und Nässe zu machen.

Endlich gelangten sie wieder zu Gegenständen.

Es waren riesenhaft große, sehr durch einander liegende Trümmer, die mit Schnee bedeckt waren, der überall in die Klüfte hinein rieselte, und an die sie sich ebenfalls fast anstießen, ehe sie sie sahen. Sie gingen ganz hinzu, die Dinge anzublicken.

Es war Eis – lauter Eis. Es lagen Platten da, die mit Schnee bedeckt waren, an deren Seitenwänden aber das glatte grünliche Eis sichtbar war, es lagen Hügel da, die wie zusammengeschobener Schaum aussahen, an deren Seiten es aber matt nach einwärts flimmerte und glänzte, als wären Balken und Stangen von Edelsteinen durch einander geworfen worden, es lagen ferner gerundete Kugeln da, die ganz mit Schnee umhüllt waren, es standen Platten und andere Körper auch schief oder gerade aufwärts, so hoch wie der Kirchturm in Gschaid oder wie Häuser. In einigen waren Höhlen eingefressen, durch die man mit einem Arme durchfahren konnte, mit einem Kopfe, mit einem Körper, mit einem ganzen großen Wagen voll Heu. Alle diese Stücke waren zusammen oder empor gedrängt, und starrten, so daß sie oft Dächer bildeten, oder Überhänge, über deren Ränder sich der Schnee herüber legte und herab griff wie lange weiße Tatzen. Selbst ein großer, schreckhaft schwarzer Stein, wie ein Haus, lag unter dem Eise, und war empor gestellt, daß er auf der Spitze stand, daß kein Schnee an seinen Seiten liegen bleiben konnte. Und nicht dieser Stein allein – noch mehrere und größere staken in dem Eise, die man erst später sah, und die wie eine Trümmermauer an ihm hingingen.

»Da muß recht viel Wasser gewesen sein, weil so viel Eis ist«, sagte Sanna.

»Nein, das ist von keinem Wasser«, antwortete der Bruder, »das ist das Eis des Berges, das immer oben ist, weil es so eingerichtet ist.«

»Ja, Konrad«, sagte Sanna.

»Wir sind jetzt bis zu dem Eise gekommen«, sagte der Knabe, »wir sind auf dem Berge, Sanna, weißt du, den man von unserm Garten aus im Sonnenscheine so weiß sieht. Merke gut auf, was ich dir sagen werde. Erinnerst du dich noch, wie wir oft nachmittags in dem Garten saßen, wie es recht schön war, wie die Bienen um uns summten, die Linden dufteten, und die Sonne von dem Himmel schien?«

»Ja, Konrad, ich erinnere mich.«

»Da sahen wir auch den Berg. Wir sahen, wie er so blau war, so blau wie das sanfte Firmament, wir sahen den Schnee, der oben ist, wenn auch bei uns Sommer war, eine Hitze herrschte, und die Getreide reif wurden.«

»Ja, Konrad.«

»Und unten, wo der Schnee aufhört, da sieht man allerlei Farben, wenn man genau schaut, grün, blau, weißlich – das ist das Eis, das unten nur so klein ausschaut, weil man sehr weit entfernt ist, und das, wie der Vater sagte, nicht weggeht bis an das Ende der Welt. Und da habe ich oft gesehen, daß unterhalb des Eises die blaue Farbe noch fort geht, das werden Steine sein, dachte ich, oder es wird Erde und Weidegrund sein, und dann fangen die Wälder an, die gehen herab und immer weiter herab, man sieht auch allerlei Felsen in ihnen, dann folgen die Wiesen, die schon grün sind, und dann die grünen Laubwälder, und dann kommen unsere Wiesen und Felder, die in dem Tale von Gschaid sind. Siehst du nun, Sanna, weil wir jetzt bei dem Eise sind, so werden wir über die blaue Farbe hinab gehen, dann durch die Wälder, in denen die Felsen sind, dann über die Wiesen, und dann durch die grünen Laubwälder, und dann werden wir in dem Tale von Gschaid sein und recht leicht unser Dorf finden.«

»Ja, Konrad«, sagte das Mädchen.

Die Kinder gingen nun in das Eis hinein, wo es zugänglich war.

Sie waren winzigkleine wandelnde Punkte in diesen ungeheuern Stücken.

Wie sie so unter die Überhänge hinein sahen, gleichsam als gäbe ihnen ein Trieb ein, ein Obdach zu suchen, gelangten sie in einen Graben, in einen breiten, tiefgefurchten Graben, der gerade aus dem Eise hervor ging. Er sah aus wie das Bett eines Stromes, der aber jetzt ausgetrocknet und überall mit frischem Schnee bedeckt war. Wo er aus dem Eise hervorkam, ging er gerade unter einem Kellergewölbe heraus, das recht schön aus Eis über ihn gespannt war. Die Kinder gingen in dem Graben fort, und gingen in das Gewölbe hinein, und immer tiefer hinein. Es war ganz trocken, und unter ihren Füßen hatten sie glattes Eis. In der ganzen Höhlung aber war es blau, so blau, wie gar nichts in der Welt ist, viel tiefer und viel schöner blau als das Firmament, gleichsam wie himmelblau gefärbtes Glas, durch welches lichter Schein hinein sinkt.

Es waren dickere und dünnere Bogen, es hingen Zacken, Spitzen und Troddeln herab, der Gang wäre noch tiefer zurückgegangen, sie wußten nicht wie tief, aber sie gingen nicht mehr weiter. Es wäre auch sehr gut in der Höhle gewesen, es war warm, es fiel kein Schnee, aber es war so schreckhaft blau, die Kinder fürchteten sich, und gingen wieder hinaus. Sie gingen eine Weile in dem Graben fort, und kletterten dann über seinen Rand hinaus.

Sie gingen an dem Eise hin, sofern es möglich war, durch das Getrümmer und zwischen den Platten durchzudringen.

»Wir werden jetzt da noch hinüber gehen, und dann von dem Eise abwärts laufen«, sagte Konrad.

»Ja«, sagte Sanna, und klammerte sich an ihn an.

Sie schlugen von dem Eise eine Richtung durch den Schnee abwärts ein, die sie in das Tal führen sollte. Aber sie kamen nicht weit hinab. Ein neuer Strom von Eis, gleichsam ein riesenhaft aufgetürmter und aufgewölbter Wall, lag quer durch den weichen Schnee, und griff gleichsam mit Armen rechts und links um sie herum. Unter der weißen Decke, die ihn verhüllte, glimmerte es seitwärts grünlich und bläulich und dunkel und schwarz und selbst gelblich und rötlich heraus. Sie konnten es nun auf weitere Strecken sehen, weil das ungeheure und unermüdliche Schneien sich gemildert hatte, und nur mehr wie an gewöhnlichen Schneetagen vom Himmel fiel. Mit dem Starkmute der Unwissenheit kletterten sie in das Eis hinein, um den vorgeschobenen Strom desselben zu überschreiten, und dann jenseits weiter hinab zu kommen. Sie schoben sich in die Zwischenräume hinein, sie setzten den Fuß auf jedes Körperstück, das mit einer weißen Schneehaube versehen war, war es Fels oder Eis, sie nahmen die Hände zur Hilfe, krochen, wo sie nicht gehen konnten, und arbeiteten sich mit ihren leichten Körpern hinauf, bis sie die Seite des Walles überwunden hatten und oben waren.

Jenseits wollten sie wieder hinabklettern.

Aber es gab kein Jenseits.

So weit die Augen der Kinder reichen konnten, war lauter Eis. Es standen Spitzen und Unebenheiten und Schollen empor wie lauter furchtbares überschneites Eis. Statt ein Wall zu sein, über den man hinüber gehen könnte, und der dann wieder von Schnee abgelöst würde, wie sie sich unten dachten, stiegen aus der Wölbung neue Wände von Eis empor, geborsten und geklüftet, mit unzähligen blauen, geschlängelten Linien versehen, und hinter ihnen waren wieder solche Wände, und hinter diesen wieder solche, bis der Schneefall das Weitere mit seinem Grau verdeckte.

»Sanna, da können wir nicht gehen«, sagte der Knabe.

»Nein«, antwortete die Schwester.

»Da werden wir wieder umkehren und anderswo hinab zu kommen suchen.«

»Ja, Konrad.«

Die Kinder versuchten nun von dem Eiswalle wieder da hinab zu kommen, wo sie hinauf geklettert waren, aber sie kamen nicht hinab. Es war lauter Eis, als hätten sie die Richtung, in der sie gekommen waren, verfehlt. Sie wandten sich hierhin und dorthin, und konnten aus dem Eise nicht heraus kommen, als wären sie von ihm umschlungen. Sie kletterten abwärts, und kamen wieder in Eis. Endlich, da der Knabe die Richtung immer verfolgte, in der sie nach seiner Meinung gekommen waren, gelangten sie in zerstreutere Trümmer, aber sie waren auch größer und furchtbarer, wie sie gerne am Rande des Eises zu sein pflegen, und die Kinder gelangten kriechend und kletternd hinaus. An dem Eisessaume waren ungeheure Steine, sie waren gehäuft, wie sie die Kinder ihr Leben lang nicht gesehen hatten. Viele waren in Weiß gehüllt, viele zeigten die unteren, schiefen Wände sehr glatt und fein geschliffen, als wären sie darauf geschoben worden, viele waren wie Hütten und Dächer gegen einander gestellt, viele lagen auf einander wie ungeschlachte Knollen. Nicht weit von dem Standorte der Kinder standen mehrere mit den Köpfen gegen einander gelehnt, und über sie lagen breite, gelagerte Blöcke wie ein Dach. Es war ein Häuschen, das gebildet war, das gegen vorne offen, rückwärts und an den Seiten aber geschützt war. Im Innern war es trocken, da der steilrechte Schneefall keine einzige Flocke hinein getragen hatte. Die Kinder waren recht froh, daß sie nicht mehr in dem Eise waren und auf ihrer Erde standen.

Aber es war auch endlich finster geworden.

»Sanna«, sagte der Knabe, »wir können nicht mehr hinab gehen, weil es Nacht geworden ist, und weil wir fallen oder gar in eine Grube geraten könnten. Wir werden da unter die Steine hinein gehen, wo es so trocken und so warm ist, und da werden wir warten. Die Sonne geht bald wieder auf, dann laufen wir hinunter. Weine nicht, ich bitte dich recht schön, weine nicht, ich gebe dir alle Dinge zu essen, welche uns die Großmutter mitgegeben hat.«

Sie weinte auch nicht, sondern nachdem sie beide unter das steinerne Überdach hinein gegangen waren, wo sie nicht nur bequem sitzen, sondern auch stehen und herumgehen konnten, setzte sie sich recht dicht an ihn, und war mäuschenstille. »Die Mutter«, sagte Konrad, »wird nicht böse sein, wir werden ihr von dem vielen Schnee erzählen, der uns aufgehalten hat, und sie wird nichts sagen; der Vater auch nicht. Wenn uns kalt wird – weißt du –, dann mußt du mit den Händen an deinen Leib schlagen, wie die Holzhauer getan haben, und dann wird dir wärmer werden.«

»Ja, Konrad«, sagte das Mädchen.

Sanna war nicht gar so untröstlich, daß sie heute nicht mehr über den Berg hinab gingen und nach Hause liefen, wie er etwa glauben mochte; denn die unermeßliche Anstrengung, von der die Kinder nicht einmal gewußt hatten, wie groß sie gewesen sei, ließ ihnen das Sitzen süß, unsäglich süß erscheinen, und sie gaben sich hin.

Jetzt machte sich aber auch der Hunger gelten. Beide nahmen fast zu gleicher Zeit ihre Brote aus den Taschen und aßen sie. Sie aßen auch die Dinge – kleine Stückchen Kuchen, Mandeln und Nüsse und andere Kleinigkeiten –, die die Großmutter ihnen in die Tasche gesteckt hatte.

»Sanna, jetzt müssen wir aber auch den Schnee von unseren Kleidern tun«, sagte der Knabe, »daß wir nicht naß werden.«

»Ja, Konrad«, erwiderte Sanna.

Die Kinder gingen aus ihrem Häuschen, und zuerst reinigte Konrad das Schwesterlein von Schnee. Er nahm die Kleiderzipfel, schüttelte sie, nahm ihr den Hut ab, den er ihr aufgesetzt hatte, entleerte ihn von Schnee, und was noch zurück geblieben war, das stäubte er mit einem Tuche ab. Dann entledigte er auch sich, so gut es ging, des auf ihm liegenden Schnees.

Der Schneefall hatte zu dieser Stunde ganz aufgehört. Die Kinder spürten keine Flocke.

Sie gingen wieder in die Steinhütte und setzten sich nieder. Das Aufstehen hatte ihnen ihre Müdigkeit erst recht gezeigt, und sie freuten sich auf das Sitzen. Konrad legte die Tasche aus Kalbfell ab. Er nahm das Tuch heraus, in welches die Großmutter eine Schachtel und mehrere Papierpäckchen gewickelt hatte, und tat es zu größerer Wärme um seine Schultern. Auch die zwei Weißbrote nahm er aus dem Ränzchen, und reichte sie beide an Sanna; das Kind aß begierig. Es aß eines der Brote und von dem zweiten auch noch einen Teil. Den Rest reichte es aber Konrad, da es sah, daß er nicht aß. Er nahm es und verzehrte es.

Von da an saßen die Kinder und schauten.

So weit sie in der Dämmerung zu sehen vermochten, lag überall der flimmernde Schnee hinab, dessen einzelne winzige Täfelchen hie und da in der Finsternis seltsam zu funkeln begannen, als hätte er bei Tag das Licht eingesogen, und gäbe es jetzt von sich.

Die Nacht brach mit der in großen Höhen gewöhnlichen Schnelligkeit herein. Bald war es ringsherum finster, nur der Schnee fuhr fort, mit seinem bleichen Lichte zu leuchten. Der Schneefall hatte nicht nur aufgehört, sondern der Schleier an dem Himmel fing auch an, sich zu verdünnen und zu verteilen; denn die Kinder sahen ein Sternlein blitzen. Weil der Schnee wirklich gleichsam ein Licht von sich gab, und weil von den Wolken kein Schleier mehr herab hing, so konnten die Kinder von ihrer Höhle aus die Schneehügel sehen, wie sie sich in Linien von dem dunkeln Himmel abschnitten. Weil es in der Höhle viel wärmer war, als es an jedem andern Platze im ganzen Tage gewesen war, so ruhten die Kinder enge aneinander sitzend, und vergaßen sogar die Finsternis zu fürchten. Bald vermehrten sich auch die Sterne, jetzt kam hie einer zum Vorscheine, jetzt dort, bis es schien, als wäre am ganzen Himmel keine Wolke mehr.

Das war der Zeitpunkt, in welchem man in den Tälern die Lichter anzuzünden pflegt. Zuerst wird eines angezündet und auf den Tisch gestellt, um die Stube zu erleuchten, oder es brennt auch nur ein Span, oder es brennt das Feuer auf der Leuchte, und es erhellen sich alle Fenster von bewohnten Stuben und glänzen in die Schneenacht hinaus – aber heute erst – am heiligen Abende – da wurden viel mehrere angezündet, um die Gaben zu beleuchten, welche für die Kinder auf den Tischen lagen oder an den Bäumen hingen, es wurden wohl unzählige angezündet; denn beinahe in jedem Hause, in jeder Hütte, jedem Zimmer war eines oder mehrere Kinder, denen der heilige Christ etwas gebracht hatte, und wozu man Lichter stellen mußte. Der Knabe hatte geglaubt, daß man sehr bald von dem Berge hinab kommen könne, und doch, von den vielen Lichtern, die heute in dem Tale brannten, kam nicht ein einziges zu ihnen herauf; sie sahen nichts als den blassen Schnee und den dunkeln Himmel, alles andere war ihnen in die unsichtbare Ferne hinab gerückt. In allen Tälern bekamen die Kinder in dieser Stunde die Geschenke des heiligen Christ: nur die zwei saßen oben am Rande des Eises, und die vorzüglichsten Geschenke, die sie heute hätten bekommen sollen, lagen in versiegelten Päckchen in der Kalbfelltasche im Hintergrunde der Höhle.

Die Schneewolken waren ringsum hinter die Berge hinab gesunken, und ein ganz dunkelblaues, fast schwarzes Gewölbe spannte sich um die Kinder voll von dichten brennenden Sternen, und mitten durch diese Sterne war ein schimmerndes, breites milchiges Band gewoben, das sie wohl auch unten im Tale, aber nie so deutlich gesehen hatten. Die Nacht rückte vor. Die Kinder wußten nicht, daß die Sterne gegen Westen rücken und weiter wandeln, sonst hätten sie an ihrem Vorschreiten den Stand der Nacht erkennen können; aber es kamen neue und gingen die alten, sie aber glaubten, es seien immer dieselben. Es wurde von dem Scheine der Sterne auch lichter um die Kinder; aber sie sahen kein Tal, keine Gegend, sondern überall nur Weiß – lauter Weiß. Bloß ein dunkles Horn, ein dunkles Haupt, ein dunkler Arm wurde sichtbar, und ragte dort und hier aus dem Schimmer empor. Der Mond war nirgends am Himmel zu erblicken, vielleicht war er schon frühe mit der Sonne untergegangen, oder er ist noch nicht erschienen.

Als eine lange Zeit vergangen war, sagte der Knabe: »Sanna, du mußt nicht schlafen; denn weißt du, wie der Vater gesagt hat, wenn man im Gebirge schläft, muß man erfrieren, so wie der alte Eschenjäger auch geschlafen hat, und vier Monate tot auf dem Steine gesessen ist, ohne daß jemand gewußt hatte, wo er sei.«

»Nein, ich werde nicht schlafen«, sagte das Mädchen matt.

Konrad hatte es an dem Zipfel des Kleides geschüttelt, um es zu jenen Worten zu erwecken.

Nun war es wieder stille.

Nach einer Zeit empfand der Knabe ein sanftes Drücken gegen seinen Arm, das immer schwerer wurde. Sanna war eingeschlafen, und war gegen ihn herüber gesunken.

»Sanna, schlafe nicht, ich bitte dich, schlafe nicht«, sagte er.

»Nein«, lallte sie schlaftrunken, »ich schlafe nicht.«

Er rückte weiter von ihr, um sie in Bewegung zu bringen, allein sie sank um, und hätte auf der Erde liegend fortgeschlafen. Er nahm sie an der Schulter und rüttelte sie. Da er sich dabei selber etwas stärker bewegte, merkte er, daß ihn friere, und daß sein Arm schwerer sei. Er erschrak und sprang auf. Er ergriff die Schwester, schüttelte sie stärker und sagte: »Sanna, stehe ein wenig auf, wir wollen eine Zeit stehen, daß es besser wird.«

»Mich friert nicht Konrad«, antwortete sie.

»Ja, ja, es friert dich, Sanna, stehe auf«, rief er.

»Die Pelzjacke ist warm«, sagte sie.

»Ich werde dir empor helfen«, sagte er.

»Nein«, erwiderte sie, und war stille.

Da fiel dem Knaben etwas anderes ein. Die Großmutter hatte gesagt: Nur ein Schlückchen wärmt den Magen so, daß es den Körper in den kältesten Wintertagen nicht frieren kann.

Er nahm das Kalbfellränzchen, öffnete es, und griff so lange, bis er das Fläschchen fand, in welchem die Großmutter der Mutter einen schwarzen Kaffeeabsud schicken wollte. Er nahm das Fläschchen heraus, tat den Verband weg, und öffnete mit Anstrengung den Kork. Dann bückte er sich zu Sanna und sagte: »Da ist der Kaffee, den die Großmutter der Mutter schickt, koste ihn ein wenig, er wird dir warm machen. Die Mutter gibt ihn uns, wenn sie nur weiß, wozu wir ihn nötig gehabt haben.«

Das Mädchen, dessen Natur zur Ruhe zog, antwortete: »Mich friert nicht.«

»Nimm nur etwas«, sagte der Knabe, »dann darfst du schlafen.«

Diese Aussicht verlockte Sanna, sie bewältigte sich so weit, daß sie das fast eingegossene Getränk verschluckte.

Hierauf trank der Knabe auch etwas.

Der ungemein starke Auszug wirkte sogleich, und zwar um so heftiger, da die Kinder in ihrem Leben keinen Kaffee gekostet hatten. Statt zu schlafen, wurde Sanna nun lebhafter, und sagte selber, daß sie friere, daß es aber von innen recht warm sei, und auch schon so in die Hände und Füße gehe. Die Kinder redeten sogar eine Weile mit einander.

So tranken sie trotz der Bitterkeit immer wieder von dem Getränke, sobald die Wirkung nachzulassen begann, und steigerten ihre unschuldigen Nerven zu einem Fieber, das im Stande war, den zum Schlummer ziehenden Gewichten entgegen zu wirken.

Es war nun Mitternacht gekommen. Weil sie noch so jung waren, und an jedem heiligen Abende in höchstem Drange der Freude stets erst sehr spät entschlummerten, wenn sie nämlich der körperliche Drang übermannt hatte, so hatten sie nie das mitternächtliche Läuten der Glocken, nie die Orgel der Kirche gehört, wenn das Fest gefeiert wurde, obwohl sie nahe an der Kirche wohnten. In diesem Augenblicke der heutigen Nacht wurde nun mit allen Glocken geläutet, es läuteten die Glocken in Millsdorf, es läuteten die Glocken in Gschaid, und hinter dem Berge war noch ein Kirchlein mit drei hellen, klingenden Glocken, die läuteten. In den fernen Ländern draußen waren unzählige Kirchen und Glocken, und mit allen wurde zu dieser Zeit geläutet, von Dorf zu Dorf ging die Tonwelle, ja man konnte wohl zuweilen von einem Dorfe zum andern durch die blätterlosen Zweige das Läuten hören: nur zu den Kindern herauf kam kein Laut, hier wurde nichts vernommen; denn hier war nichts zu verkündigen. In den Talkrümmen gingen jetzt an den Berghängen die Lichter der Laternen hin, und von manchem Hofe tönte das Hausglöcklein, um die Leute zu erinnern; aber dieses konnte um so weniger herauf gesehen und gehört werden, es glänzten nur die Sterne, und sie leuchteten und funkelten ruhig fort.

Wenn auch Konrad sich das Schicksal des erfrornen Eschenjägers vor Augen hielt, wenn auch die Kinder das Fläschchen mit dem schwarzen Kaffee fast ausgeleert hatten, wodurch sie ihr Blut zu größerer Tätigkeit brachten, aber gerade dadurch eine folgende Ermattung herbei zogen: so würden sie den Schlaf nicht haben überwinden können, dessen verführende Süßigkeit alle Gründe überwiegt, wenn nicht die Natur in ihrer Größe ihnen beigestanden wäre und in ihrem Innern eine Kraft aufgerufen hätte, welche im Stande war, dem Schlafe zu widerstehen.

In der ungeheuren Stille, die herrschte, in der Stille, in der sich kein Schneespitzchen zu rühren schien, hörten die Kinder dreimal das Krachen des Eises. Was das Starrste scheint, und doch das Regsamste und Lebendigste ist, der Gletscher, hatte die Töne hervorgebracht. Dreimal hörten sie hinter sich den Schall, der entsetzlich war, als ob die Erde entzwei gesprungen wäre, der sich nach allen Richtungen im Eise verbreitete, und gleichsam durch alle Aderchen des Eises lief. Die Kinder blieben mit offenen Augen sitzen, und schauten in die Sterne hinaus.

Auch für die Augen begann sich etwas zu entwickeln. Wie die Kinder so saßen, erblühte am Himmel vor ihnen ein bleiches Licht mitten unter den Sternen, und spannte einen schwachen Bogen durch dieselben. Es hatte einen grünlichen Schimmer, der sich sachte nach unten zog. Aber der Bogen wurde immer heller und heller, bis sich die Sterne vor ihm zurück zogen und erblaßten. Auch in andere Gegenden des Himmels sandte er einen Schein, der schimmergrün sachte und lebendig unter die Sterne floß. Dann standen Garben verschiedenen Lichtes auf der Höhe des Bogens, wie Zacken einer Krone, und brannten. Es floß helle durch die benachbarten Himmelsgegenden, es sprühte leise, und ging in sanftem Zucken durch lange Räume. Hatte sich nun der Gewitterstoff des Himmels durch den unerhörten Schneefall so gespannt, daß er in diesen stummen, herrlichen Strömen des Lichtes ausfloß, oder war es eine andere Ursache der unergründlichen Natur: Nach und nach wurde es schwächer und immer schwächer, die Garben erloschen zuerst, bis es allmählich und unmerklich immer geringer wurde, und wieder nichts am Himmel war als die tausend und tausend einfachen Sterne.

Die Kinder sagten keines zu dem andern ein Wort, sie blieben fort und fort sitzen, und schauten mit offenen Augen in den Himmel.

Es geschah nun nichts Besonderes mehr. Die Sterne glänzten, funkelten und zitterten, nur manche schießende Schnuppe fuhr durch sie.

Endlich, nachdem die Sterne lange allein geschienen hatten, und nie ein Stückchen Mond an dem Himmel zu erblicken gewesen war, geschah etwas anderes. Es fing der Himmel an, heller zu werden, langsam heller, aber doch zu erkennen; es wurde seine Farbe sichtbar, die bleichsten Sterne erloschen, und die anderen standen nicht mehr so dicht. Endlich wichen auch die stärkeren, und der Schnee vor den Höhen wurde deutlicher sichtbar. Zuletzt färbte sich eine Himmelsgegend gelb, und ein Wolkenstreifen, der in derselben war, wurde zu einem leuchtenden Faden entzündet. Alle Dinge waren klar zu sehen, und die entfernten Schneehügel zeichneten sich scharf in die Luft.

»Sanna, der Tag bricht an«, sagte der Knabe.

»Ja, Konrad«, antwortete das Mädchen.

»Wenn es nur noch ein bißchen heller wird, dann gehen wir aus der Höhle und laufen über den Berg hinunter.«

Es wurde heller, an dem ganzen Himmel war kein Stern mehr sichtbar, und alle Gegenstände standen in der Morgendämmerung da.

»Nun, jetzt gehen wir«, sagte der Knabe.

»Ja, wir gehen«, antwortete Sanna.

Die Kinder standen auf, und versuchten ihre erst heute recht müden Glieder. Obwohl sie nichts geschlafen hatten, waren sie doch durch den Morgen gestärkt, wie das immer so ist. Der Knabe hing sich das Kalbfellränzchen um und machte das Pelzjäckchen an Sanna fester zu. Dann führte er sie aus der Höhle.

Weil sie nach ihrer Meinung nur über den Berg hinab zu laufen hatten, dachten sie an kein Essen, und untersuchten das Ränzchen nicht, ob noch Weißbrote oder andere Eßwaren darinnen seien.

Von dem Berge wollte nun Konrad, weil der Himmel ganz heiter war, in die Täler hinab schauen, um das Gschaider Tal zu erkennen und in dasselbe hinunter zu gehen. Aber er sah gar keine Täler. Es war nicht, als ob sie sich auf einem Berge befanden, von dem man hinab sieht, sondern in einer fremden, seltsamen Gegend, in der lauter unbekannte Gegenstände sind. Sie sahen heute auch in größerer Entfernung furchtbare Felsen aus dem Schnee empor stehen, die sie gestern nicht gesehen hatten, sie sahen das Eis, sie sahen Hügel und Schneelehnen empor starren, und hinter diesen war entweder der Himmel, oder es ragte die blaue Spitze eines sehr fernen Berges am Schneerande hervor. In diesem Augenblicke ging die Sonne auf.

Eine riesengroße blutrote Scheibe erhob sich an dem Schneesaume in den Himmel, und in dem Augenblicke errötete der Schnee um die Kinder, als wäre er mit Millionen Rosen überstreut worden. Die Kuppen und die Hörner warfen sehr lange grünliche Schatten längs des Schnees.

»Sanna, wir werden jetzt da weiter vorwärts gehen, bis wir an den Rand des Berges kommen und hinunter sehen«, sagte der Knabe.

Sie gingen nun in den Schnee hinaus. Er war in der heiteren Nacht noch trockener geworden, und wich den Tritten noch besser aus. Sie wateten rüstig fort. Ihre Glieder wurden sogar geschmeidiger und stärker, da sie gingen. Allein sie kamen an keinen Rand, und sahen nicht hinunter. Schneefeld entwickelte sich aus Schneefeld, und am Saume eines jeden stand alle Male wieder der Himmel.

Sie gingen deßohngeachtet fort.

Da kamen sie wieder in das Eis. Sie wußten nicht, wie das Eis daher gekommen sei, aber unter den Füßen empfanden sie den glatten Boden, und waren gleich nicht die fürchterlichen Trümmer, wie an jenem Rande, an dem sie die Nacht zugebracht hatten, so sahen sie doch, daß sie auf glattem Eise fortgingen, sie sahen hie und da Stücke, die immer mehr wurden, die sich näher an sie drängten, und die sie wieder zu klettern zwangen.

Aber sie verfolgten doch ihre Richtung.

Sie kletterten neuerdings an Blöcken empor. Da standen sie wieder auf dem Eisfelde. Heute bei der hellen Sonne konnten sie erst erblicken, was es ist. Es war ungeheuer groß, und jenseits standen wieder schwarze Felsen empor, es ragte gleichsam Welle hinter Welle auf, das beschneite Eis war gedrängt, gequollen, empor gehoben, gleichsam als schöbe es sich noch vorwärts und flösse gegen die Brust der Kinder heran. In dem Weiß sahen sie unzählige vorwärts gehende geschlängelte blaue Linien. Zwischen jenen Stellen, wo die Eiskörper gleichsam wie aneinandergeschmettert starrten, gingen auch Linien wie Wege, aber sie waren weiß, und waren Streifen, wo sich fester Eisboden vorfand, oder die Stücke doch nicht gar so sehr verschoben waren. In diese Pfade gingen die Kinder hinein, weil sie doch einen Teil des Eises überschreiten wollten, um an den Bergrand zu gelangen und endlich einmal hinunter zu sehen. Sie sagten kein Wörtlein. Das Mädchen folgte dem Knaben. Aber es war auch heute wieder Eis, lauter Eis. Wo sie hinüber gelangen wollten, wurde es gleichsam immer breiter und breiter. Da schlugen sie, ihre Richtung aufgebend, den Rückweg ein. Wo sie nicht gehen konnten, griffen sie sich durch die Mengen des Schnees hindurch, der oft dicht vor ihrem Auge wegbrach und den sehr blauen Streifen einer Eisspalte zeigte, wo doch früher alles weiß gewesen war; aber sie kümmerten sich nicht darum, sie arbeiteten sich fort, bis sie wieder irgend wo aus dem Eise heraus kamen.

»Sanna«, sagte der Knabe, »wir werden gar nicht mehr in das Eis hinein gehen, weil wir in demselben nicht fortkommen. Und weil wir schon in unser Tal gar nicht hinab sehen können, so werden wir gerade über den Berg hinab gehen. Wir müssen in ein Tal kommen, dort werden wir den Leuten sagen, daß wir aus Gschaid sind, die werden uns einen Wegweiser nach Hause mitgeben.«

»Ja, Konrad«, sagte das Mädchen.

So begannen sie nun in dem Schnee nach jener Richtung abwärts zu gehen, welche sich ihnen eben darbot. Der Knabe führte das Mädchen an der Hand. Allein nachdem sie eine Weile abwärts gegangen waren, hörte in dieser Richtung das Gehänge auf, und der Schnee stieg wieder empor. Also änderten die Kinder die Richtung, und gingen nach der Länge einer Mulde hinab. Aber da fanden sie wieder Eis. Sie stiegen also an der Seite der Mulde empor, um nach einer andern Richtung ein Abwärts zu suchen. Es führte sie eine Fläche hinab, allein die wurde nach und nach so steil, daß sie kaum noch einen Fuß einsetzen konnten und abwärts zu gleiten fürchteten. Sie klommen also wieder empor, um wieder einen andern Weg nach abwärts zu suchen. Nachdem sie lange im Schnee empor geklommen und dann auf einem ebenen Rücken fortgelaufen waren, war es wie früher: entweder ging der Schnee so steil ab, daß sie gestürzt wären, oder er stieg wieder hinan, daß sie auf den Berggipfel zu kommen fürchteten. Und so ging es immer fort.

Da wollten sie die Richtung suchen, in der sie gekommen waren, und zur roten

Unglücksäule hinab gehen. Weil es nicht schneit und der Himmel so helle ist, so würden sie, dachte der Knabe, die Stelle schon erkennen, wo die Säule sein solle, und würden von dort nach Gschaid hinab gehen können.

Der Knabe sagte diesen Gedanken dem Schwesterchen, und diese folgte.

Allein auch der Weg auf den Hals hinab war nicht zu finden.

So klar die Sonne schien, so schön die Schneehöhen da standen und die Schneefelder da lagen, so konnten sie doch die Gegenden nicht erkennen, durch die sie gestern herauf gegangen waren. Gestern war alles durch den fürchterlichen Schneefall verhängt gewesen, daß sie kaum einige Schritte von sich gesehen hatten, und da war alles ein einziges Weiß und Grau durch einander gewesen. Nur die Felsen hatten sie gesehen, an denen und zwischen denen sie gegangen waren: allein auch heute hatten sie bereits viele Felsen gesehen, die alle den nämlichen Anschein gehabt hatten wie die gestern gesehenen. Heute ließen sie frische Spuren in dem Schnee zurück; aber gestern sind alle Spuren von dem fallenden Schnee verdeckt worden. Auch aus dem bloßen Anblicke konnten sie nicht erraten, welche Gegend auf den Hals führe, da alle Gegenden gleich waren. Schnee, lauter Schnee. Sie gingen aber doch immer fort, und meinten, es zu erringen. Sie wichen den steilen Abstürzen aus, und kletterten keine steilen Anhöhen hinauf.

Auch heute blieben sie öfter stehen, um zu horchen; aber sie vernahmen auch heute nichts, nicht den geringsten Laut. Zu sehen war auch nichts als der Schnee, der helle, weiße Schnee, aus dem hie und da die schwarzen Hörner und die schwarzen Steinrippen empor standen.

Endlich war es dem Knaben, als sähe er auf einem fernen schiefen Schneefelde ein hüpfendes Feuer. Es tauchte auf, es tauchte nieder. Jetzt sahen sie es, jetzt sahen sie es nicht. Sie blieben stehen, und blickten unverwandt auf jene Gegend hin. Das Feuer hüpfte immer fort, und es schien als ob es näher käme; denn sie sahen es größer und sahen das Hüpfen deutlicher. Es verschwand nicht mehr so oft und nicht mehr auf so lange Zeit wie früher. Nach einer Weile vernahmen sie in der stillen blauen Luft schwach, sehr schwach etwas wie einen lange anhaltenden Ton aus einem Hirtenhorne. Wie aus Instinkt schrieen beide Kinder laut. Nach einer Zeit hörten sie den Ton wieder. Sie schrieen wieder, und blieben auf der nämlichen Stelle stehen.

Das Feuer näherte sich auch. Der Ton wurde zum dritten Male vernommen, und dieses Mal deutlicher. Die Kinder antworteten wieder durch lautes Schreien.

Nach einer geraumen Weile erkannten sie auch das Feuer. Es war kein Feuer, es war eine rote Fahne, die geschwungen wurde. Zugleich ertönte das Hirtenhorn näher, und die Kinder antworteten.

»Sanna«, rief der Knabe, »da kommen Leute aus Gschaid, ich kenne die Fahne, es ist die rote Fahne, welche der fremde Herr, der mit dem jungen Eschenjäger den Gars bestiegen hatte, auf dem Gipfel aufpflanzte, daß sie der Herr Pfarrer mit dem Fernrohre sähe, was als Zeichen gälte, daß sie oben seien, und welche Fahne damals der fremde Herr dem Herrn Pfarrer geschenkt hat. Du warst noch ein recht kleines Kind.«

»Ja, Konrad.«

Nach einer Zeit sahen die Kinder auch die Menschen, die bei der Fahne waren, kleine schwarze Stellen, die sich zu bewegen schienen. Der Ruf des Hornes wiederholte sich von Zeit zu Zeit, und kam immer näher. Die Kinder antworteten jedes Mal.

Endlich sahen sie über den Schneeabhang gegen sich her mehrere Männer mit ihren Stöcken herabfahren, die die Fahne in ihrer Mitte hatten. Da sie näher kamen, erkannten sie dieselben. Es war der Hirt Philipp mit dem Horne, seine zwei Söhne, dann der junge Eschenjäger, und mehrere Bewohner von Gschaid.

»Gebenedeit sei Gott«, schrie Philipp, »da seid ihr ja. Der ganze Berg ist voll Leute. Laufe doch einer gleich in die Sideralpe hinab, und läute die Glocke, daß die dort hören, daß wir sie gefunden haben, und einer muß auf den Krebsstein gehen und die Fahne dort aufpflanzen, daß sie dieselbe in dem Tale sehen, und die Polier abschießen, damit die es wissen, die im Millsdorfer Walde suchen, und damit sie in Gschaid die Rauchfeuer anzünden, die in der Luft gesehen werden, und alle, die noch auf dem Berge sind, in die Sideralpe hinab bedeuten. Das sind Weihnachten!«

»Ich laufe in die Alpe hinab«, sagte einer.

»Ich trage die Fahne auf den Krebsstein«, sagte ein anderer.

»Und wir werden die Kinder in die Sideralpe hinab bringen, so gut wir es vermögen, und so gut uns Gott helfe«, sagte Philipp. Ein Sohn Philipps schlug den Weg nach abwärts ein, und der andere ging mit der Fahne durch den Schnee dahin.

Der Eschenjäger nahm das Mädchen bei der Hand, der Hirt Philipp den Knaben. Die andern halfen, wie sie konnten. So begann man den Weg. Er ging in Windungen. Bald gingen sie nach einer Richtung, bald schlugen sie die entgegengesetzte ein, bald gingen sie abwärts, bald aufwärts. Immer ging es durch Schnee, immer durch Schnee, und die Gegend blieb sich beständig gleich. Über sehr schiefe Flächen taten sie Steigeisen an die Füße und trugen die Kinder. Endlich nach langer Zeit hörten sie ein Glöcklein, das sanft und fein zu ihnen heraufkam und das erste Zeichen war, das ihnen die niederen Gegenden wieder zusandten. Sie mußten wirklich sehr tief herab gekommen sein; denn sie sahen ein Schneehaupt recht hoch und recht blau über sich ragen. Das Glöcklein aber, das sie hörten, war das der Sideralpe, das geläutet wurde, weil dort die Zusammenkunft verabredet war. Da sie noch weiter kamen, hörten sie auch schwach in die stille Luft die Pöllerschüsse herauf, die in Folge der ausgesteckten Fahne abgefeuert wurden, und sahen dann in die Luft feine Rauchsäulen aufsteigen.

Da sie nach einer Weile über eine sanfte schiefe Fläche abgingen, erblickten sie die Sideralphütte. Sie gingen auf sie zu. In der Hütte brannte ein Feuer, die Mutter der Kinder war da, und mit einem furchtbaren Schrei sank sie in den Schnee zurück, als sie die Kinder mit dem Eschenjäger kommen sah.

Dann lief sie herzu, betrachtete sie überall, wollte ihnen zu essen geben, wollte sie wärmen, wollte sie in vorhandenes Heu legen; aber bald überzeugte sie sich, daß die Kinder durch die Freude stärker seien, als sie gedacht hatte, daß sie nur einiger warmer Speise bedurften, die sie bekamen, und daß sie nur ein wenig ausruhen mußten, was ihnen ebenfalls zu Teil werden sollte.

Da nach einer Zeit der Ruhe wieder eine Gruppe Männer über die Schneefläche herabkam, während das Hüttenglöcklein immer fortläutete, liefen die Kinder selber mit den andern hinaus, um zu sehen, wer es sei. Der Schuster war es, der einstige Alpensteiger, mit Alpenstock und Steigeisen, begleitet von seinen Freunden und Kameraden.

»Sebastian, da sind sie«, schrie das Weib.

Er aber war stumm, zitterte, und lief auf sie zu. Dann rührte er die Lippen, als wollte er etwas sagen, sagte aber nichts, riß die Kinder an sich, und hielt sie lange. Dann wandte er sich gegen sein Weib, schloß es an sich, und rief: »Sanna, Sanna!«

Nach einer Weile nahm er den Hut, der ihm in den Schnee gefallen war, auf, trat unter die Männer und wollte reden. Er sagte aber nur: »Nachbarn, Freunde, ich danke euch.«

Wilhelm Wackernagel
1806–1869

Die heiligen drei Könige

Sie zogen auf verschiednen Bahnen.
Und wollten doch zum gleichen Ziel;
Es waren hier entrollte Fahnen
Und dort und dort des Windes Spiel,
Und hier und dorten gieng beladen
Der Tross mit Gaben für den Herrn:
Sie zogen auf verschiednen Pfaden
Und folgten doch demselben Stern.

Bis endlich auf ein Dach von Halmen
Der Stern sein letztes Licht ergoß,
Bei Hirtenliedern, Engelpsalmen

Sein treulich winkend Auge schloß:
Da war, da war das Ziel gefunden:
Da fanden auch die Pilger sich,
Und dienten nun in Eins verbunden
Dem gleichen Herrn demüthiglich.

Und bittre Myrrhen hat der Eine
Der andre Weihrauch ihm gezollt,
Der dritte bracht ihm Edelsteine
Und Perlen der und rothes Gold!
Und jedes Opfer nahm in Gnaden
Und jeden Priester sah er gern:
Sie kamen auf verschiednen Pfaden
Und dienten doch demselben Herrn.

Johann Nepomuk Ritter von Alpenburg
1806–1873

Das Weihnachtsgeläute

Im Brandenberger Tale arbeiteten mehrere Leute eifrig an den Eis- und Kälterinsen, eine gar harte und beschwerliche Mühe. Eisrinsen sind gewöhnliche Holzrinsen, Rinnen von Baumstämmen, welche man tüchtig einschneien läßt, und wenn es recht kalt gefriert – die Holzleute sagen »wenn Gria eintritt« –, dann läßt man die Hölzer nacheinander hinabfahren; daher eilt man und schafft fleißig Tag und Nacht fort, weil Tauwetter, vor dem man nie ganz sicher ist, diese mühevolle Arbeit ins Stocken bringen würde.

Wenn man Wasser in der Nähe hat, so begießt man auch zeitweilig die Holzrinne, wodurch die Glätte um vieles vermehrt wird.

Einst hatten die bei solchen Eisrinsen beschäftigten Arbeiter zuhinterst in den Brandenberger Urwäldern so beschwerliche und lange Arbeit, daß sie es kaum mehr auszuhalten vermochten und sich viele nur durch Tabakrauchen und Tabakschnupfen wach erhalten konnten, ja sogar auf die Tage und selbst auf die Weihnachtsfeiertage vergaßen. Als die Stunde der heiligen Christnachtmette kam, hörten die Arbeiter ein wunderbares Glockengeläute und noch dazu das volle liebe Geläute von ihrer Karrkirche von Brandenberg, obgleich sie gute sieben Stunden davon entfernt im beschneiten Wald waren. Die Holzleute stutzten und staunten, denn sie konnten sich das Wunder nicht erklären, und als die bekannten Glockentöne stets lieblicher und heller klangen, sagte einer: »Weiß Gott ist heunt g'wiß schon die Heilige Nacht und 's Christkindl nahet uns.« Das leuchtete allen ein, sie eilten daher alsbald heimwärts dem Dorfe Brandenberg zu, wo sie um 8 Uhr morgens am Christtag ankamen und dem feierlichen Gottesdienst beiwohnen konnten, der, wie bekannt, um diese Stunde, acht Uhr, beginnt. Dieses geschah, als der große Wald zu »Baierach« an der bayerischen Grenze abgestockt wurde, der gegenwärtig wieder neu und groß aufgewachsen ist und die rauhe Felsennatur ziert, in welcher diese fromme Sage von Mund zu Mund überliefert wird.

Friedrich Halm
1806–1871

Schneegestöber

Schneegestöber wirbelt hin
Um die eisbelegten Scheiben,
Und behaglich vom Kamin
Schauen wir der Flocken Treiben.

Freuen uns, daß weich und lind
Wärme rings uns hält umwoben,
Während draußen Schnee und Wind
Kämpfend durcheinander toben.

Laß denn auch, wenn draußen wild
Alte Zeit und neue ringen,
Laß dieselbe Ruhe mild
Uns der Seele Mark durchdringen!

Laß uns froh der innern Gluth,
Will uns Wintersturm umnachten,
Flüchten in der Liebe Hut,
Und des Lebens Frost verachten.

Mag dann wirr wie Flockenschwarm
Tag für Tag vorübertreiben,
Bleiben uns die Herzen warm,
Wird die Zeit auch hell uns bleiben.

Mag dann fliehen Jahr für Jahr,
Wenn wir wie vor Jahren lieben,
Dann ergraut uns wohl das Haar,
Doch wir selbst sind jung geblieben.

Franz Graf von Pocci
1807–1876

Der Pelzemärtel

Die Winde sausen um das Haus,
Es stürmt daher der Winter.
Nun schaut Pelzmärtel Nikolaus
Nach euch sich um, ihr Kinder.
Da will ich sehen, was er sagt,
Wenn er jetzt Vater und Mutter fragt,
Ob ihr auch brav gewesen.

Horch! kommt er nicht die Trepp' herauf?
Hört ihr nicht poltern und schnaufen?
Ja wohl, er ist's! Die Tür geht auf –
Ihr braucht nicht fortzulaufen,
Und dürft auch nicht erschrecken
Vor Ruten und vor Stecken,
Sieht er auch gleich zum Fürchten aus!

Nun schaut er rings die Kleinen an
Und spricht: »Ihr frommen Kinder,
Ihr sollt mir alles Gute ha'n!
Ich bring' euch für den Winter
Hier Äpfel und Birnen und Mandelkern',
Lebkuchen und Nüsse und Zuckerstern';
Da, füllt euch Kappen und Taschen!«

Die Kinder klauben und freuen sich sehr;
Doch finster brummt der Alte:
»Nun gebt mir die bösen Buben her,
Die trag' ich mit fort zum Walde!«
Der Vater spricht: »Sie sind alle brav
Und brauchen weder Zank noch Straf';
Sie folgen und lernen mit Freuden.«

Da sagt der Märtel: »'s freut mich doch,
Daß wir euch Freude machten;
Seid nur recht brav, dann gibt's auch noch
Gar fröhliche Weihnachten!
Ade, ihr Kinder! Bleibt nur hier!« –
Nun schlarft er wieder hinaus zur Tür
Und stolpert die Stiege hinunter.

Doch horch! wie schrein im Nachbarhaus
Die bösen Knaben und Mädchen!
Ha, sieh! der Niklaus kommt heraus,
Im Sack den Fritz und das Gretchen.
Nun hilft kein gutes, kein böses Wort:
Der Pelzemärtel trägt sie fort
Zu den Wölfen und Bären im Walde.

Heinrich Hoffmann
1809–1894

Des Winters Gruß
An fröhlich Vereinigte

Mit den Silberglocken grüßt uns
Winter, der's so herzlich meint,
Und es fallen weiße Flocken,
Wenn er nickt, der alte Freund.

Gerne möcht' er Blüten geben,
Hätt' er selber welche nur,
Und er streut die eignen Locken
Lächelnd auf die weite Flur.

Nimmer lass' ich mir ihn schelten!
Ist er gleich ein wenig hart,
Knurrt und zankt er auch zuweilen,
Das ist alter Leute Art.

Dennoch meint er's mit uns Menschen
Innen in dem Herzen gut,
Und der alte Kerl ist wahrlich
Doch ein ehrlich treues Blut.

Sagt, was hat denn heut' so traulich
Uns zusammen hier gebracht?
Wohl, das hat der alte Winter,
Unser guter Freund, gemacht!

Draußen hüllt er dann indessen
Wald und Flur in's Schlummerkleid;
Ruhig kann die Erde träumen
Von vergang'ner Blütenzeit.

Auch dem Menschenherzen nahet
Einstens solche Winterruh',
Und des Alters rauher Windhauch
Schneit des Herzens Blüten zu.

Ja, dann träumt es still und schweigend
Von verwelkter Blumen Pracht;
Träumt wohl auch im stillen Hoffen,
Bis ein neuer Lenz erwacht.

Aber blick' ich heute ringsum,
Glaub' ich wahrlich im Gemüt'
Fern zu wandeln in dem Garten,
Der auf Ätna's Höhen blüht.

Wie die Wandrer uns berichten,
Ist das Land so wunderbar,
Daß sich Frühling, Sommer, Herbstzeit
Dort vereinen immerdar.

So auch seh' ich Frühlingsherzen
Lebensfröhlich, blütenreich,
Wo die Dichtung heimisch wohnet,
Leicht beschwingter Lerche gleich;

Und bei andern ist es Sommer;
Da ist's regsam, voller Kraft;
Wohl bestellt wird da das Saatfeld,
Alles drängt sich, sorgt und schafft.

Noch bei andern wird geerntet;
Gute Tat, sie reift zur Frucht.
Heil! wer in dem Herbst des Lebens
Nicht umsonst nach Früchten sucht!

D'rum, ihr Freunde, sorg' ein jeder,
Daß die Blüten sprossen frei,
Daß im Sommer rastlos tätig,
Sorgsam er im Ernten sei.

Dann wird auch des Herzens Winter
Lang so schlimm nicht, wie ihr meint,
Weil dann mit der reichen Ernte
Kindlich Hoffen sich vereint.

Und so sei gegrüßt mir, Winter,
Stellst du dich auch barsch und wild!
Streue immer deine Locken
Auf das schlummernde Gefild'!

Weiß ich doch, du bist so arg nicht;
Es ist eben so Manier,
Und die warmen Menschenherzen,
Alter Freund, gefallen dir.

Weihnachtslied

Auf den Feldern,
In den Wäldern
Manch ein Baum gar prangend steht,
Der von linden
Frühlingswinden
Wird mit Blüten übersät;

Der in Hülle
Und in Fülle
Goldne Frucht am Zweige trägt;
Wo in süßen
Wechselgrüßen
Nachtigall und Finke schlägt.

Aber saget,
Ob wohl raget
Je ein Baum so voller Pracht,
Wie der reiche,
Dessen Zweige
Strahlen in der heil'gen Nacht?

Und noch wahrer
Und noch klarer
Als die Lichtflut euch entzückt,
Glänzt auf's neue
All die treue
Liebe, die den Baum geschmückt.

Silvester-Nacht

Mag der Frühling milden Hauch,
Frisches Grün und Veilchen spenden,
Aber tückisch weiß er auch
Euch des Schlimmsten viel zu senden.
Wenn der Winter streng und arg
Wenig gibt, an Freuden karg,
Gibt er doch mit treuen Händen.

In der Sankt Walpurgisnacht
Regen sich die bösen Geister,
Und der Zug in toller Pracht
Mit sich fort die andern reißt er;
Auf dem Brocken sammelt froh
Sich das Hexenrokoko
Um den alten Höllenmeister.

Anders in Silvesters Nacht
Bei der Kerzen frohem Schimmer;
Gute Geister halten Wacht,
Und durch Saal und Flur und Zimmer
Schreiten sie in stillem Zug,

Schauen rings und sorgen klug,
Und die bösen wagen's nimmer.

Heute jauchzt das Menschenherz,
Selbst dem Kummer fehlen Zähren;
Heute will der alte Schmerz
Sich in neuem Wunsch verklären.
Mit der Freude teilt zugleich
Ja die Hoffnung heut das Reich;
Laßt die Lust nur frei gewähren!

Wenn aus würz'ger Schal empor
Heiß die leichten Wölkchen steigen;
Seht, das ist der Geister-Chor,
Der Silvesterelfen Reigen.
Was ihr hofft, sei bald erreicht!
Was ihr wünscht, sie schaffen's leicht;
Eins nur hassen sie: Das Schweigen.

Freund an Freund! Ja Hand in Hand!
Rechts der Bruder, links die Schwester!
Einig soll sich heut' das Band
Enger schließen noch und fester.
Heut sei Schlimmes abgetan!
Fangt mit Lust das Neue an;
Denn wir feiern heut Silvester.

Adolf Glassbrenner
1810–1876

Szenen vom Berliner Weihnachtsmarkt

Viele Hunderte von Buden ziehen sich in Doppelreihen über den Lustgarten, den großen Schloßplatz, durch die breite Straße und deren Umgebung. Die tausend bunten Tausendfältigkeiten der Industrie, der Mode und des Luxus, bestrahlt von Lampen und Lichtern, locken die vorübergehenden und vorüberfahrenden Beschauer an, erwecken Wünsche in Jung und Alt und bestimmen die Wahl derjenigen, die schenken wollen und müssen. Vor der Stechbahn ist ein Wald künstlicher und natürlicher Pyramiden mit goldenen Aepfeln und Nüssen; aber auch zwischen den Buden durch, rechts und links, hier und dort, werden die erwartungsvollen Kinder von grünen Bäumen angelächelt, die sich am Weihnachtsabend oder am Christmorgen mitten aus den Gaben der Liebe und Freundschaft lichtstrahlend erheben. Des Drängens, Lärmens und Schreiens ist kein Ende; im letzteren wirken diejenigen Buben am meisten, welche große Waldteufel brummen lassen und bemalte Fahnen ausrufen, der warnenden Kutscher, der lustigen Gesellen, die ihren Jubel nicht in der Seele behalten können, und der Händler, die ihre Waren anbieten, nicht zu gedenken. (…)

PFEIFENHÄNDLER BRECKE (steht vor seiner Bude, trappelt, um sich zu erwärmen, fortwährend mit den Füßen, schlägt die Arme übereinander und spricht dabei mit seiner Nachbarin, der Obsthändlerin *Piesich*). Kotz Schock, Schwerebrett, is des wieder 'n Weihnachtsmarkt, da möchte man de Platze vor Ärger kriegen, Madam Piesichen! Nu seh'n Se mal, nu steht so'n unjlücklicher Mensch hier wie ick un trampelt un schlägt sich die Kälte aus'm Leibe, und worum? Um nischt, reene um nischt! Na, oder nennen Sie des was, Piesischen, deß ich seit heute um Zehne drei Pfeifen zu sechs Silberjroschen, zwei Spitzen un en Wassersack verkooft habe? Is des des Standjeld wert? Na, so tu' mir eener den Jefallen!

PIESICH. Na, Herr Brecke, mir jeht et woll besser? Zwee un 'ne halbe Metze Äppel un vor sechs Dreier Wallnüsse, det sollste fühlen!

BRECKE. Sehn Se! Sehn Se, da jeht nu so'n Kerrel jroß un breet vorüber! Kann sich nu so'n Kerrel wie der nich 'ne Pfeife koofen? Wozu hängen se'n hier? (Wütend). Der Deibel soll se alle uf'n Kopp fahren! Ansehen dhun se sich allens, aber koofen dhut keener nischt! Ne, nu meine Beene, die krij' ick nich wieder warm. Det fehlte eenen noch hier, sich krank machen un nischt einnehmen! Ach, nu dabei schlag' ick mir vor Wut in de Seiten, det ick kaum Atem holen kann!

PIESICH. Na, immer ran, Madamken! Schöne Rostocker, Borschdorfer, Wallnüsse, Hasselnüsse! – (Die Dame geht vorüber.) Ja, Kuchen!

BRECKE. Sehn Se, wat sagt ick Ihnen! Da jeht se hin und singt nich mal! Die – un Äppel koofen? Na, da kennen Se die schlecht! Wenn se sich noch wenigstens 'ne Pfeife jekooft hätte! Kann unsereener roochen, wird so'n dickes Frauenzimmer ooch nich der Deibel davon holen!

PIESICH (zu einem vorübergehenden jungen Herrn). Immer ran, mein schönster Herre, schöne Rost...

JUNGER HERR (die Äpfel besehend). Was kosten de Viertelmetze?

PIESICH. De Viertelmetze? Sechs Dreier!

JUNGER HERR (indem er langsam fortgeht). I, worum nich jar en Daler un zehn Silberjroschen!

PIESICH (bitterböse). Ach herrjees: nu wird der ooch bei die Zeiten noch *witzig!* So'n stinkstiebliger Windhund mit 'n jewölbten Leibrock un de Haare a la Schafskopp! So'n Viertelmetzen-Jüngling mit zwee Kupperdreier in de Tasche will sich ooch noch *dicke* dhun! Ne, juter Junge, da biste bei de Unrechte jekommen! Vor so'n Kerrel, wie der is, da wachsen de Äppel nich, der find't seine uf de Straße! Bei *die* Kälte, so'n Jespenst ohne Fleesch! So'n Lappendräger mit drei Knochens un vier Splitter will 'ne reptierliche Frau kujenieren? So 'ne Zujabe uf'n Dutzend Menschen? Er is woll ooch erst nach de ufjeschlagne Akziese uf de Welt jekommen? Der janze Kerrel sieht wie'n Seufzer über die unglückliche Zeit aus! I Jott *ne* doch, *ne* doch! Nehm er sich doch blos in'n acht, deß de Schwalben in't Frühjahr nich in seinen hohlen Kopp bauen? Vermiet er sich lieber als Telejrafen-Jestelle; wenn man ihm die Arme auseinanderschlägt, denn heeßt et in Köln: in Berlin is 'ne Hungersnot!

MEHRERE KNABEN (schreiend). Hurra! Herrjeh! Hier jibt et Skandal! Die Hökern schimpft hier! Hurra!

PIESICH (in höchster Erbitterung aufspringend). Hökern? Maulaffen infame, ick wer' euch behökern! Ne, ick sage, man möchte sich de Schwindsucht an'n Halse ärjern! So'ne – Löffels infamen, von die man alle zusammen siebenundsiebzigmal Mutter sin könnte!

GENDARME. Sein Sie stille.

PIESICH (sich setzend). I Jott ja, mit Verjnüjen. 't jibt eenen ja so keener was vor seine Unterhaltung. (...)

SPIELWARENHÄNDLER KNIPSKE (steht, sehr bunt und auffallend gekleidet, in seiner Bude, lockt die Vorübergehenden an und unterhält die Anschauer seiner Waren, indem er so viel wie möglich witzig zu sein strebt.) Nun, meine schwerdgewetzten Herren und Damen, haben Sie die Güte, gegen sofortige bare Bezahlung nach Belieben zuzulangen. Mein erst Gefühl sei Preuß'sch Courant, mein zweites kleene Münze. Wie wär' es, mein Fräulein, wenn Sie sich in Ermangelung eines anderen Mannes diesen Nußknacker zulegten; er hat zwar ein häßliches Äußere, aber sein Inneres doogt nischt. Immer heran, meine Herrschaften: die Mannigfaltigkeit is außerordentlich und die Auswahl ist verschieden. Die Kinder erfreuen, ist einer der schönsten Genüsse des elterlichen Daseins! Zähren des Dankes werden die Lichter der Perjemite erlöschen und das Jubelgeschrei eines kindischen Gemüts wird auch Ihre verehrte Augen anfeuchten. Schachteln zu drei Silbergroschen mit zwanzig Stück Diversen stehen jederzeit zu Diensten; Archen Noahs mit mehr Tieren als in der Wirklichkeit existieren, vom heißen Elefanten an bis herunter zum Karnickel, Schornsteinfejer, Windmüller, Windmühlen mit Jeklapfer, Trommeln in jeder Größe und in jeder Kleine, Schafe mit Boomwolle, Laternen mijikas, die mit einem Dreierlicht die Geisterwelt erschließen, mechanische Schlangen, Soldetenscheren, größere Tiere, Hunde, Katzen, Pferde, Schweine, Tiger, Löwen, Ochsen, Esel, Adler, neue Reineke Füchse und andere Tiere in der natürlichsten Bekleidung und der täuschendsten Familienähnlichkeit. Na, was ist Ihnen gefällig, beste Madam? Kaufen Sie mir für ein paar hundert Taler ab: es ist das schönste Fest der Liebe, und dieses ist nur einmal im Jahre! (...)

WEBER LIEBERG (mit seinen kleinen Söhnen *Franz* und *Eduard*, welche begierig die schönen Dinge in den Buden anschauen). Na, Kinderchens, jeht nich so nah heran an die Buden; Ihr könntet etwas umschmeißen, und Ihr wißt, daß der Vater nichts bezahlen kann.

FRANZ. Warum hast du denn kein Jeld, Vater?

LIEBERG. Ja, das weiß ich nicht, mein Kind. Wenn ich Arbeit habe, so kauf' ich für euch und für Muttern und für eure Geschwister zu essen; aber ...

EDUARD. Aber du kaufst uns jar kein *Spielzeug*!

LIEBERG (bewegt). Nein, das kann ich nich.

EDUARD. Auch nich zu Weihnachten? Ach, siehste, lieber Vater, zu Weihnachten kriejen *alle* Kinder was jeschenkt, da mußt du uns auch was schenken!

FRANZ. Ja, mir man blos so'ne Arche Noah mit Tiere!

EDUARD. Un mir 'ne Schachtel Soldaten.

FRANZ. Ach, un Vater, so'n Baukasten, wo man sich selbst en Haus bauen kann. Denn bau' ich mir ooch en jroßes Haus, un denn laaß ich dir ooch un de Mutter, un meine Brüder un Schwestern drinn wohnen, damit dir der Wirt nich immer so schimpft, wenn du de Miete nich jleich jeben kannst!

EDUARD. Ach, un mir, Vater, so'n Theater, wo man de Schauspieler an de Strippe lenken und jehen und sprechen lassen kann, wie man will, ja? Der Louis, den Wirt sein Sohn, der hat auch solch Theater; da haben wir mal zujesehen, und da hat er noch von seinen Vater Prüjel jekriegt, ja! Weil er sonne Kalfunium-Blitze machte, wie der Deibel aus de Hölle kam.

FRANZ. Un denn, lieber Vater, mußt du uns auch recht viel Äppel, Nüsse und Pfefferkuchen schenken, ja?

EDUARD (freudig). Ach du, Franz, un 'ne recht hübsche Perjemiete mit Kuklichter, ja, Vater?

FRANZ (in die Hände klatschend). Ja, ja, 'ne Perjemiede!

LIEBERG. Na ja, eine Perjamiede sollt Ihr haben, die will ich euch selbst machen, und euer Bruder Jottlieb soll euch ein'n Engel oben drauf setzen, un unten ein paar weiße Beelämmerchens ins Moos legen. Das Moos könnt' Ihr übrijens mit Jottliepen selbst aus de Haide holen.

FRANZ. Ach ja, des holen wir selbst, des Moos! Nich wahr, Vater, ich kann auch schon Moos holen?

LIEBERG. Jawohl, mein Kind.

GESCHREI. Walddeibelverkoof! *Halloh* verkoof!

FRANZ. Ach, herrjees, Vater, hör' mal, wie den sein jroßer Walddeibel brummt! (Versucht nachzuahmen). Mrrr, mummm!

GESCHREI. Fahniverkoof! *Halloh*verkoof!

FRANZ. Ach, seh' mal, Vater, da ist der alte Fritze auf die Fahne!

GESCHREI. Immer ran, meine Herrschaften! Immer ran, meine Herrschaften! Immer ran, meine Herrschaften! – Mir friert! – Heda, vorjeseh'n!

FRAU V. X. (mit ihren Kindern *Sigismund* und *Kunigunde;* hinter sich den Bedienten. Sie spricht sehr vornehm.) Habt Ihr nun genug Zuckerware, Kinderchen, oder soll ich euch noch welche kaufen?

SIGISMUND.
KUNIGUNDE. } Ja, noch recht viel!

FRAU V. X. (sich umdrehend). Friedrich, kauf' mal noch für einen Taler Marzipan hier. (Zu den Kindern). Das nehmt ihr aber mit nach Hause, sonst verderbt ihr euch den Magen. – Pfui, Kunigundchen, du wirst doch nicht *weinen?* Wenn du nicht artig bist, so bringt der Weihnachtsmann alles Spielzeug deinem Bruder, und du bekommst nichts als die Rute mit den goldenen Nüssen, die er in der Hand hält.

SIGISMUND. Ich bin artig, Mutter, nicht wahr?

FRAU V. X. Jawohl, Sigismundchen; du kommst auch jetzt ganz ruhig mit nach Hause, wo Papa mit dem Abendbrote wartet, nicht wahr? Dort an der Ecke hält Johann mit der Kutsche; Friedrich hebt dich hinein, und husch! fahren wir fort. Nun, Kunigundchen, bist du wieder artig, oder soll ich dem Papa erzählen, wie du dich benommen hast?

KUNIGUNDE. Papa tut mir nichts.

SIGISMUND. Ach, sieh' mal, Mutter, es fängt an zu schneien!

FRAU V. X. So kommt rasch nach dem Wagen. Friedrich, nimm' Kunigundchen auf den Arm. Mein Gott, wie schneit das mit einem Male!

GESCHREI. Herrjees, wat schneet det mit'n Mal! Petrus schüddelt de Betten oben aus!

KUBALSKY. Nun sagen Sie mir einmal, Jevatter Bremse, wo der Schnee mit einmal herkommt? Ich halte mich den Mantelkragen janz dichte vor dem Jesichte, aber es fällt doch alle Minute eine Flocke hindurch, und diese sind so jroß, daß sie mir alles naß macht, so viel es mir möglich ist.

BREMSE. Ich hab's schon vermut't jejen Viere, deß wir Schnee kriejen würden.

MAD. KUBALSKY. Ach ne, aber ooch soo'n Schnee, des is denn doch en bischen zu arg! Des sind ja Flocken wie de Hühnereier so jroß. Ach, Herrjeh! Da is mir jrade eene, wie ich sprach, in'n Mund rinjefahren! Un nu sollen Se mal sehen, Jevatter Bremse, wie mein Hut wieder aussieht, wenn wir zu Hause kommen: zum Auswringen, sag' ich Ihnen, denn nischt macht nasser als so'n Schnee. (Ruft). Klotilde, schlag' dir dein Duch über'n Kopp!

KUBALSKY. Des Naßmachen jinge noch an, aber mir ist eene Flocke uf's Auge jeplanscht, und nun blinkere ich schon zwei Minuten un kann nichts nich darauf sehen. Ich würde wahrhaftig einmal Hand übers Herz legen und eine Droschke für uns nehmen; Vetter Bremse bezahlte vier Silberjroschen und ich vier Silberjroschen; aber man sieht ja keine nich, so viel es ...

BREMSE (schnell). Da fährt eene! (Schreit mit furchtbarer Stimme). *Droschkää!* (...)

AUS EINER BUDE. Was suchen Sie, bester Herr? Beste Madam, kaufen Sie mir was ab!

GESCHREI. Walddeibelverkoof! *Halloh*verkoof! Einen Sechser das Stück!

MAD. MÜLLER. Na, Frau Nachbarin, wollen Sie schon Feierabend machen?

MAD. SCHNEPPE (vor ihrer Bude). Ja, ick packe zusammen; bei *den* Schnee verdirbt einen ja man de Waare, un jekauft wird nichts mehr. Ne, des hört auch heute nich mehr auf zu schnee. Sehen Se doch man blos den Mond an, Madam Müllern, was der in die Schneewolkken vor'n müdes Jesicht macht; der sieht jrade wie 'ne Nachtlampe jegen sieben Uhr morgens aus.

MAD. MÜLLER. Ich kann ihn ja nich sehen hier in de Bude. Sie Jlückliche können nu zu Hause jehen un sich an'n warmen Ofen setzen, während unsereens nu hier noch bis Elwe zubringen muß in die nasse Kälte. Sehen Se, Madam Schneppen, des is des Unanjenehme bei die Pfefferkuchens, deß man immer der letzte sind muß. Ja, un früher lohnte sich's doch noch; aber anjetzt, ach du lieber Himmel! Ich sage Ihnen, Madam Schneppen, wenn ich vor zwanzig Jahren zu Hause kam un meine Tasche uf'n Disch ausschütten dhat, da war was *drinn*, un in meinen Mann seine ooch, aber jetzt! (Seufzend). Wahrhaft'jen Jott, es is traurig, wie in Berlin des Handeln un des Jewerbe runterjekommen is! Ich *weeß* ooch nich, warum man noch immer so dumm is un den Marcht wieder mitmacht! Nach jeden Marcht nehmen wir uns vor, janz ruhig zu Hause zu bleiben, un doch jeht man immer wieder her.

FANNY LEWALD
1811–1889

Der erste Schnee

Für die Zeiteinteilung der Erwachsenen, welche ihre Tage zu Wochen, Monaten und Jahren versammeln, und nach diesen, wie der Kalender es lehrt, vor- und rückwärts zählen, hat das Kind lange Jahre hindurch weder die Fähigkeit noch den Sinn. Es rechnet nach den Jahreszeiten und nach seinen Festen, und wer ihm diese letzteren zu vermehren weiß, kommt seinem Gedächtnis ungemein zu Hilfe, während man dem Kinde dadurch zugleich den dunkeln Horizont seiner Erinnerungen und seiner Zukunft mit lichten Sternen erhellt. An Festen aber waren wir sehr reich.

Neben den Geburtstagen und dem Hochzeitstag der Eltern, an denen immer Gesellschaft im Hause war, und für die wir von früh auf etwas lernen und tun mußten, hatten wir unsere eigenen Geburtstage zu feiern, und außer den allgemeinen Feiertagen noch den ersten Schnee und den ersten Adventssonntag, als Merksteine für unsere Kindheit.

Der erste Schnee fällt aber in Preußen oft schon in der ersten Hälfte des Oktobers, und wir konnten an nebligen und regnigen Tagen manchmal gar nicht von den Fenstern fortkommen, weil wir immer hofften, heute werde und müsse der erste Schnee fallen und dann werde am Abende, wenn der Vater heraufkäme, die »große Schachtel« gezeigt werden, die wir eben nur einmal im Jahre, nur beim ersten Schneefall zu sehen bekamen. Ich glaube kein ägyptischer Priester hat jemals sorgfältiger auf das Steigen des Nils geachtet, als wir Kinder auf den Fall des ersten Schnees. War das Jahr mild oder trocken, ließ der Schnee auf sich warten, so reichte das leiseste Flöckchen in der Luft dazu hin, uns alle mit dem Ausruf: es schneit! in die Wohnstube zu treiben. Aber das half uns gar nichts, und mit der Weisung, daß solch ein Gekrümel in der Luft nicht zähle, und daß es ordentlich schneien müsse, ehe die Schachtel erscheinen könne, wurden wir zu neuem Warten, zu neuem Hoffen, und dadurch zu erhöhter Freude gesteigert, wenn dann wirklich die weißen dicken Flocken in reicher Fülle von dem dunklen Himmel niederfielen, wenn die schwarzen durchregneten Straßen, wenn die Dächer und die Wolme und die Bleche vor den Fenstern sich dick mit Schnee bedeckten, aus dessen weißem Glanze uns die Aussicht auf die ersehnten Herrlichkeiten entgegenblinkte.

»Ist's bald sieben Uhr?« fragten die Kinder dann den ganzen Nachmittag, während zum erstenmale in dem Jahre die Äpfel zum Braten in die Röhre gelegt wurden und ihr Schmoren und ihr Duft die beginnende Feier verkündeten. Die Zeit wurde uns immer erschrecklich lang, aber nicht eine Minute davon wurde uns erlassen, und erst um sieben Uhr gingen wir hinunter, wo die Eltern dann schon die »Schachtel« herausgenommen und auf den Tisch vor dem Sofa hingestellt hatten.

Und was war, was enthielt diese Schachtel, auf die wir uns durch ein ganzes Jahr hindurch freuten, die wiederzusehen mir Vergnügen machte, als ich schon zwölf, dreizehn Jahre alt und sehr verständig war, und aus welcher irgendein Stück vor Augen zu bekommen, mir heute das Herz mit großer Rührung füllen würde?

Die Schachtel war nichts als eine kleine Seitenschieblade aus dem Sekretär meines Vaters, und sie enthielt nichts als einige Angedenken, welche er darin aufbewahrte. Es lag darin ein rotes Maroquinbuch, in dem unsere Geburtstage, unsere Krankheiten, der Anfang unseres Schulbesuchs – mit einem Worte die Hauschronik verzeichnet war. Es lagen darin in goldenen Kapseln die Bilder meiner Eltern als Brautleute gemalt, ein Hochzeitscarmen meiner Eltern, ein grünseidener, mit einer Inschrift versehener Vorhang, der unser Bild verhüllt hatte, als die Mutter es dem Vater zum Geburtstag geschenkt. Es lagen darin einer jener silbernen Becher, die zum Andenken der Schlacht von Kunersdorf aus Rubeln gefertigt worden waren; es lagen darin Gedichte, welche August Lewald bei meinem ersten Geburtstage an die Eltern gerichtet, desgleichen Brieftaschen, Börsen, Uhrbänder, welche Schwestern und Bekannte meinem Vater gehäkelt und gestickt und die er nie getragen hatte, – kurz es lagen Kleinigkeiten darin, wie jede nur einigermaßen bemittelte Familie deren ähnliche besitzt, es lag ein Schatz darin, den jede Familie sich für ihre Kinder ansammeln kann, wenn sie den Sinn hat, ihren Kindern auf die leichteste Weise unvergeßliche Freuden zu bereiten.

Unsere ganze kleine Vergangenheit wurde uns von den Eltern vor dieser Schieblade unwillkürlich rekapituliert. Wir hörten es mit Entzücken, an welchem Tage und in welcher Stunde wir geboren worden waren. Wir amüsierten uns damit, wie schlecht wir noch im vorigen Jahre die Gratulationsgedichte zu der Eltern Geburtstagen geschrieben, wir lernten die Jugendfreunde und Bekannten der Eltern an den kleinen Angedenken kennen, und was mehr als dies alles war: wenn wir die ersten Bratäpfel verzehrten, hatten wir das Bewußtsein, ein großes Fest gefeiert zu haben, und fingen in aller Stille an, uns schon wieder auf den ersten Schnee des nächsten Jahres zu getrösten.

Unsere Freude an dem ersten Adventssonntage hatte einen noch viel geringeren Anlaß. Sie beruhte auf einem kleinen Spielzeug, welches aus zwei, auf grobe Holzsplitter gesteckten vergoldeten Äpfeln bestand, die mit ein paar Sträußchen Buxbaum und einem oder zwei aus grobem Ton geformten Vögelchen verziert waren, welche aber nur die Phantasie von Kindern für Vögel zu halten im Stande war. Die ganze Pyramide kostete vielleicht sechs Pfennige, aber – und darauf beruht ein großer Teil der Freude in dem Kinde – wir liebten sie, weil sie nur in der Adventswoche zu kaufen war, weil wir sie alle Jahre zum ersten Advent geschenkt bekommen hatten, weil wir sicher waren, daß man sie uns immer wieder schenken würde, und weil sie uns auf solche Weise überhaupt zu einem Sinnbild der herannahenden Weihnachtszeit geworden war. Sie war uns eine wundervolle Verkündigung, und der Engel, welcher mit seinem Lilienstengel vor der Jungfrau erschien, um ihr die Geburt des Erlösers zu verkünden, konnte sie nicht glücklicher machen, als uns der Anblick unserer Eltern, wenn sie abends, vom Ausgehen heimkehrend, uns die ersten Pfeffernüsse und die Äpfelbäumchen in das Zimmer brachten. Es umfloß sie ein wahrer Goldglanz von Hoffnungen, alles, was wir erwünschten und erwarteten, trat in unsern Gesichtskreis, und nun, von diesem ersten Adventssonntage ab, fingen wir zu zählen an, bis endlich mit dem Weihnachtsabende die helle Glückssonne für uns aufging, deren Strahlen uns durch das ganze Jahr nicht zu leuchten aufhören sollten.

Friedrich Wilhelm Weber
1813–1894

Christbaum

Der Winter ist ein karger Mann,
Er hat von Schnee ein Röcklein an;
Zwei Schuh' von Eis
Sind nicht zu heiß;
Von rauhem Reif eine Mütze
Macht auch nur wenig Hitze.

Er klagt: »Verarmt ist Feld und Flur!«
Den grünen Christbaum hat er nur;
Den trägt er aus
In jedes Haus,
In Hütten und Königshallen:
Den schönsten Strauß von allen!

Georg Büchner
1813–1837

Frühmette im Straßburger Münster

Straßburg, im Januar 1833.
Auf Weihnachten ging ich morgens um vier Uhr in die Frühmette ins Münster. Das düstere Gewölbe mit seinen Säulen, die Rose und die farbigen Scheiben und die knieende Menge waren nur halb vom Lampenschein erleuchtet. Der Gesang des unsichtbaren Chores schien über dem Chor und dem Altare zu schweben und den vollen Tönen der gewaltigen Orgel zu antworten. Ich bin kein Katholik und kümmerte mich wenig um das Schellen und Knieen der buntscheckigen Pfaffen, aber der Gesang allein machte mehr Eindruck auf mich als die faden, ewig wiederkehrenden Phrasen unserer meisten Geistlichen, die jahraus, jahrein an jedem Weihnachtstag meist nichts Gescheiteres zu sagen wissen als: der liebe Herrgott sei doch ein gescheiter Mann gewesen, daß er Christus grade um diese Zeit auf die Welt habe kommen lassen.

Christian Friedrich Hebbel
1813–1863

Die Weihe der Nacht

Nächtliche Stille!
Heilige Fülle,
Wie von göttlichem Segen schwer,
Säuselt aus ewiger Ferne daher.

Was da lebte,
Was aus engem Kreise
Auf ins Weitste strebte,
Sanft und leise
Sank es in sich selbst zurück
Und quillt auf in unbewußtem Glück.
Und von allen Sternen nieder
Strömt ein wunderbarer Segen,
Daß die müden Kräfte wieder
Sich in neuer Frische regen,
Und aus seinen Finsternissen
Tritt der Herr, soweit er kann,
Und die Fäden, die zerrissen,
Knüpft er alle wieder an.

ANTON WESTERMAYER
1816–1894

Eine Bauernpredigt

Und nun fragen wir uns, Geliebte, wie steht es mit unserem Kirchenbesuch? Je stärker der Glaube, desto mehr zieht er zur Kirche hin; denn diese ist der Stall, in ihr die Krippe, der Tabernakel und in diesem das Kind in Windeln liegend. Leute, die daher gar keinen Glauben haben, gehen gar nicht in die Kirche. Hierher gehören die Sadduzäer in den Städten und Märkten, hoher wie niedriger Pöbel, die oft kaum fünf Minuten in die Kirche zu gehen hätten, aber nie hineingehen: diese wissen während der Zeit, wo andere in die Kirche gehen, sich anders zu beschäftigen; sie wälzen sich entweder noch in den Federn herum oder verschlendern die Morgenstunden am Putztisch oder bei der Kaffeeschale oder lesen statt in einem Gebetbuch in Zeitungen oder schlechten Büchern. Bleiben sie aber nicht zu Hause, dann gehen sie während des Gottesdienstes spazieren, oder sie machen Jagdpartien, Spazierfahrten oder setzen sich gar ins Wirtshaus hinein. Diese glauben nicht an das Kind in den Windeln, darum zieht sie nicht die Schönheit einer Kirche, nicht die Predigt des göttlichen Wortes an, sie lassen andere hingehen, das dumme Volk, sagen sie, geht noch in Kirchen.

Solche Menschen, Gott Lob, haben wir auf dem Land äußerst selten oder gar nicht; ganz ungläubige gibt es bei uns nicht, aber – laue. Diese glauben zwar so halb und halb, aber eben, weil sie nicht recht und nichts fest glauben, haben sie auch keinen rechten Eifer; deshalb sind sie an Sonn- und Festtagen gewöhnlich mit einer kurzen Messe zufrieden; und da ist ihnen der Weg leicht zu weit, das Wetter leicht zu schlecht, und was eine Hauptsache ist, der Gottesdienst dauert gleich zu lange. Manche hätten oft an Werktagen Zeit und Gelegenheit, ihren Herrn und Heiland bei der heiligen Messe in seiner Krippe zu besuchen – sie mögen nicht. Eine Schande ist es, daß man es sagen muß. Ich wüßte allerdings einen Köder, das solche Leute in einer Kirche locken könnte. Es dürfte nur zugehen wie zu Christi Zeiten im Vorhof des Tempels, es dürfte nur etwas zu spekulieren und zu schachern oder etwas zu schauen geben, es dürfte nur ein Spieltisch dort stehen oder sonst ein Vergnügen zu haben sein – ich wette, wer einspannen kann, läßt einspannen und fährt beim gröbsten Wetter hin, und wer gehen muß, geht ein Paar Stiefel durch und seine Füße müd. Aber in den Kirchen, wie sie jetzt sind, gibt's nichts zu gewinnen, nichts zu handeln, nichts zu spekulieren, nichts zu spielen, nichts zu trinken, nichts zu jagen; daher langweilt man sich; man hat oft fünf Schritte in die Kirche, es ist zu weit, der Weg zu schmutzig, der Wind zu rauh, das Wetter zu ungesund, und der Gottesdienst dauert zu lange.

Schreckliche Sache! O welche Verantwortung werden wir Geistliche uns schon zugezogen haben? Mir ist jetzt schon schrecklich bange! An gewöhnlichen Sonntagen dauert der Gottesdienst – ich bitte euch, erschreckt nicht – volle anderthalb Stunden, an Festtagen zwei Stunden und an den höchsten Festtagen – jetzt bitte ich euch, haltet euch fest an den Bänken an, damit ihr nicht in Ohnmacht fallt und damit ich nicht von der Kanzel heruntersteigen muß, um schnell einem die letzte Ölung zu geben – an den höchsten Festtagen dauert der Gottesdienst fast volle dritthalb Stunden, also von halb 9 Uhr bis 11 Uhr. Um Gottes willen, das ist freilich etwas Schreckliches! So was hat man freilich noch nie gehört, solange die Welt steht! Zweistündiger und dritthalbstündiger Gottesdienst! Es ist wahrhaft zum Entsetzen! Und dann eine viertel, eine halbe, dreiviertel oder gar noch eine Stunde nach Hause! Mich hat es schon längst gewundert, daß nicht schon mancher auf dem Wege unter so schrecklichen Strapazen, namentlich an Festtagen, im Nachhausegehen zugrunde gegangen ist, daß er nicht Hungers gestorben oder gar vor lauter Langweile bei dem schrecklich langen Gottesdienst ein Faulfieber bekommen hat. Nur eines hat mich bisher noch getröstet bei den Unglücksfällen, die wegen des beschwerlichen Weges oder des langen und langweiligen Gottesdienstes manchen hätten treffen können, und das ist dieses: So lange mancher von euch Tag und Nacht im Wirtshaus auf einem Fleck sitzen bleiben kann, ohne daß ihn die Langweile befällt, wenn er auch gar keine Ansprache hat, so lange er Stunden lang verplaudern oder auch ganz untätig und müßig zubringen kann, ohne daß er das geringste tut, so lange mancher von euch Stunden lang bei Nacht am Fenster bei der Buhlschaft stehen und auf dem Tanzboden herumspringen kann, so lange mancher, wenn es etwas zu gewinnen gibt, weite Reisen, Hitze und Kälte nicht scheut – so lange fürchte ich nicht, daß etwa ein zweistündiger Aufenthalt in der Kirche euch umbringen werde. Jedoch muß ich sagen, daß es immerhin eine auffallende Sache ist, daß gerade der Gottesdienst manchem so langweilig vorkommt. Geht man in ein Gasthaus und bleibt zwei oder drei Stunden und will dann gehen, so heißt es: Gehen Sie schon fort? Ist ja noch immer zum Gehen Zeit! Kommt's Ihnen denn bei uns gar so ledern und langweilig vor? Ist ja ohnehin so selten, daß man Sie sieht! Ja, bei uns gefällt Ihnen halt nichts! Frage ich einen Jäger, der auf die Jagd geht: Ja, wirst du denn nicht müde, jetzt gehst du schon so lange herum, stehst schon lange auf dem Anstand, wird denn dir die Zeit nicht lang? O nein, sagt der, jetzt geht's erst an; sechs Stunden muß man da gar nicht spüren; da vergißt man auf Essen und Trinken, unverdrossen geht und steht man! Das sind traurige Dinge! Also gerade in der Kirche schaut man zwei oder drei Stunden an, gerade in der Kirche wird einem die Zeit lang, gerade in der Kirche spürt man die Hitze, die Kälte, die Langweile! Wie kommt das, daß man überall länger und lieber bleibt, als im Gottesdienst in der Kirche?

Das kommt einmal daher, meine Lieben, weil man kein halbes Lot Glauben mitbringt, weil man nicht beten mag, nicht weiß, wie man beten soll: deshalb wird einem in der Kirche die Zeit lang; und zweitens hört man in der Kirche manchmal etwas, was Seitenstechen verursacht, was man nicht gerne hört; seht, da liegt der Hase im Pfeffer! Nicht der weite Weg, nicht die schlechte Witterung ist es, die manchen von der Kirche abhält, nein, der schlechte Glaube und das noch schlechtere Gewissen ist es, was die Kirche verleidet, was Langeweile macht. Laßt euch sagen, meine Lieben, so lange ihr nicht den Glauben habt wie die heiligen drei Könige, dann wird euch ewig nichts zur Kirche ziehen, kein Stern, kein Glockengeläute, keine schöne Kirche, kein einladender Gottesdienst; und so lange ihr lau und träge seid und es überall länger erleiden könnt als in der Kirche, so lange ihr euch namentlich nicht bessern wollt, so lange werdet ihr im Gottesdienst Langeweile haben; zwar nicht wegen der Messe, nein, – die Hand aufs Herz, sondern wegen der Predigt. Hab' ich unrecht geredet, so beweist es mir!

Der Glaube, felsenfester Glaube war es, der die drei Könige zur Krippe zog; dieser Glaube allein ist es auch, der euch zur Kirche ziehen und dieselbe euch angenehm machen kann. So lange ihr diesen Glauben nicht habt, habt ihr Langeweile; so lange ihr aber Langeweile habt, werdet ihr auch nie wahre Andacht in der Kirche haben, wie sie die drei Weisen an der Krippe gehabt haben.

Sieh, mein Christ, wie du zur Kirchtür hereingehst, da fällt dein Blick aufs ewige Licht, und das sagt dir, wer in diesem Haus wohnt und thront; es ist dies jenes Kind, vor dem die drei Könige niederfielen und es anbeteten. Das nämliche ist es noch, bloß andere Windeln hat es jetzt – die Brotgestalt, darum fall nieder und bete an. Nicht in einem gewöhnlichen Haus bist du, auch nicht in einem lutherischen Bethaus, wo sie den Herrn im heiligen Sakrament nicht gegenwärtig haben, sondern in einem Gotteshaus im strengsten Sinn des Wortes bist du; darum, wie du hineintrittst, so knie nieder und bete an. Glaubst du an das Kind in den Windeln, so kannst du nicht anders; du mußt deine Andacht auch äußerlich zeigen wie die drei Weisen; darum fall nieder und bete an. Laß dich nicht irre machen durch das ärgerliche Betragen, das man oft vom vornehmen und gemeinen Pöbel in unseren Kirchen sieht, namentlich am heiligen Fronleichnamsfest und an den Festen, wo man durch weltliche Gesetze gezwungen in die Kirche kommen muß. Da könntest du es freilich sehen, lieber Landmann, welchen Respekt man vor dem Kind in den Windeln hat; da könntest du erzählen, wenn du nach Hause kämst, welche Andacht, welche Auferbaulichkeit du in der Stadt gesehen, welches Exempel man dir gegeben hat. Da steht einer und wichst sich den Schnurrbart, ein anderer wühlt mit der Hand in den Haaren und richtet sich seine Locken zurecht, ein dritter plaudert mit seinem Nachbarn über Frankreich und Spanien, ein vierter steht da mit verschränkten Armen oder guckt durch Lorgnetten nach Weibsbildern, ein anderer gafft herum wie in einem Schauspielhaus, wieder einer wendet dem Altar den Rücken, mit dem Gesicht gegen das Musikchor gerichtet, noch andere stehen, lehnen, aber von keinem kannst du sagen und merken und denken: Sie sind gekommen, um anzubeten. Nein, sie sind gekommen zu lachen, zu schwätzen, zu gaffen, mit einem Wort, zu – ärgern.

O sei du froh, lieber Bauersmann, daß du hier auf dem Land bist; da kommt man denn doch noch in die Kirche, um niederzufallen und anzubeten. Man sagt, der Bauer ist roh und grob und versteht sich nicht auf seine Manieren und Komplimente; mag sein, ja, daß er seinen Rücken nicht so zu krümmen und mit den Füßen nicht so artig sich zu drehen versteht wie der geschniegelte Stutzer und der speichelleckende Hofschranze; aber der Bauer beugt doch noch sein Knie und fällt nieder in der Kirche, um anzubeten, während diese modernen Drahtfiguren, wo es etwas zu erhaschen gibt, sich schmiegen, winden und drehen können wie ein Aal, aber in der Kirche so steif sind wie ein ausgedienter Lohnkutschergaul.

Freilich gibt es auch auf dem Land manche Unehrerbietigkeit in der Kirche, und es täte oft not, daß man fragte: Seid ihr gekommen, um anzubeten, oder aus andern Ursachen? An manchen Orten liegen die Leute während des Gottesdienstes draußen am Gottesacker herum und lachen und schwätzen. Gott Lob, das ist bei uns nicht; an manchen Orten ist auf der Emporkirche oft großer Unfug; anderwärts hocken mehrere in einem Winkel der Kirche beieinander und vertreiben sich die Zeit. Nein, Gott Lob, das alles ist bei uns nicht; aber dennoch muß ich euch vom kleinsten Schulkind an bis zum erwachsenen Mann zurufen: Bedenkt, warum ihr in die Kirche gegangen seid! Ihr seid gekommen, um anzubeten, nicht zu lachen, zu plaudern oder sonst Kurzweil zu treiben. Denkt an die heiligen drei Könige, so oft ihr eine Kirche betretet und nehmt euch ihr Beispiel zu Herzen! Sie fielen nieder und beteten an, und warum fielen sie nieder, warum beteten sie an? Deswegen, weil sie an das Kind in den Windeln glaubten.

Wohlan denn nun, Geliebte, haben sie geglaubt, so glauben auch wir! Uns ist ja unser Glaube um vieles erleichtert! Besuchen wir fleißig unsern Heiland in dem Stalle, nämlich in seiner Kirche! Der Weg ist ja nicht weit, die Reise dauert nicht fünf Monate, sondern nur fünf Minuten, oder höchstens eine Stunde. Lassen wir uns nicht irre machen von dem aufgeklärten, ganz versunkenen Pöbel! Die Weisen waren Könige und schämten sich nicht in einen Stall hineinzugehen, schämen wir uns um so weniger, die Kirche zu besuchen! Aber bedenken wir, daß auch unsere äußere Haltung Zeuge unserer Andacht sein muß. Vermeiden wir also alles gespreizte, dummstolze, vornehm nachlässige oder rohe Betragen! Schämen wir uns nicht, zu knien!

Friedrich Stoltze
1816–1891

Die heiligen drei Könige vom Dreikönigsbrunnen

Das sind die drei Könige aus Morgenland,
Herr Balser und Melcher und Kasper genannt;
drei heilige Könige und weise Herrn,
regieret von einem gar guten Stern;
und haben auch etwas im Kästchen drein,
viel Silber, viel Gold und viel Edelstein,
und Aloë, Myrrhen und Weiherauch,
und suchen den Heiland und finden ihn auch.

Ach, Herrgott, was hat sich verändert die Welt!
Die Kön'ge, die haben jetzt gar kein Geld!
Und sind auch nicht weise mehr allzusehr,
und regieret sie kein guter Stern auch mehr!
Und den Weihrauch, den Weihrauch, so duftiglich,
den lassen sie streuen jetzt selber sich!
Und die goldene Freiheit, das Recht und das Licht,
den Heiland der Völker, den suchen sie nicht.

Gustav Freytag
1816–1895

Wenn die Lichter brannten

Viele Wochen vor Weihnachten sind die Knaben in emsiger Tätigkeit, denn als ein Hauptschmuck des Festes wird nach Landesbrauch das Krippel aufgestellt, Bilder der Krippe, in der das Kindlein liegt, mit Maria und Joseph, den heiligen drei Königen, den anbetenden Hirten mit ihren Schafen und darüber der glitzernde Stern und Engel, welche auf einem Papierstreifen die Worte halten: »Gloria in excelsis«. Die Figuren kauften die Kleinen auf Bilderbogen, schnitten sie mit der Schere aus und klebten ein flaches Hölzlein mit Spitze dahinter, damit die Bilder in weicher Unterlage hafteten. Der heiligen Familie aber, dem Ochsen und Eselein wurde ein Papphaus mit offener Vorderseite verfertigt, auf dem Dach Strohhalme in Reihen befestigt, der Stern war von Flittergold. Das Waldmoos zu dem Teppiche, in welchen die Figuren gesteckt wurden, durften wir aus dem Stadtwald holen, dorthin zog an einem hellen Wintertage die Mutter mit den Kindern, begleitet von einem Manne, der auf einer Radeber den Korb für das Moos fuhr. Es war zuweilen kalt und die Schneekristalle hingen am Moose, aber mit heißem Sammeleifer wurden die Polster an den Waldrändern abgelöst und im Korbe geschichtet, daheim auf einem großen Tisch zusammengefügt und an zwei Ecken zu kleinen Bergen erhöht. In der Mitte des Hintergrundes stand die Hütte, über ihr schwebte an seinem Drahte der Stern, auf den beiden Seiten hatten die Hirten und Herden mit den Engeln zu verweilen. Die ganze Figurenpracht wurde durch kleine Wachslichter erleuchtet, welche am Weihnachtsabend zum erstenmal angesteckt wurden.

Wenn die Lichter brannten und die Engel sich bei leichter Berührung wie lebendig bewegten, dann hatten die Kinder zum erstenmal das selige Gefühl, etwas Schönes verfertigt zu haben. Während des Festes wurden dann ähnliche Arbeiten kleiner und erwachsener Künstler besehen, denn fast in jedem Haushalt stand ein Krippel, und mancher wackere Bürger benutzte seine Werkstatt, um dasselbe durch mechanische Erfindungen zu verschönen; man sah auf den Bergen große Windmühlen, deren Flügel durch rollenden Sand eine Zeitlang getrieben wurden, oder ein Bergwerk mit Grubeneinfahrt, in welchem Eimer auf und ab gingen, und häufig stand ganz im Vordergrund ein schwarz und weiß gestrichenes Schilderhaus mit rotem Dach und davor die preußische Schildwache. Aber diese Zusätze waren dem Knaben niemals nach dem Herzen, er hatte die dunkle Empfindung, daß sie sich mit den Engeln und den heiligen drei Königen nicht recht vertragen wollten.

Theodor Storm
1817–1888

Weihnachtslied

Vom Himmel in die tiefsten Klüfte
Ein milder Stern herniederlacht;
Es brennt der Baum, ein süß' Gedüfte
Durchschwimmet träumerisch die Lüfte,
Und kerzenhelle wird die Nacht.

Mir ist das Herz so froh erschrocken,
Das ist die liebe Weihnachtszeit!
Ich höre fernher Kirchenglocken
Mich lieblich heimatlich verlocken
In märchenstille Herrlichkeit.

Ein frommer Zauber hält mich wieder,
Anbetend, staunend muß ich stehn;
Es sinkt auf meine Augenlider
Ein goldner Kindertraum hernieder,
Ich fühl's, ein Wunder ist geschehn.

Stoßseufzer

Am Weihnachtsonntag kam er zu mir,
In Jack' und Schurzfell und roch nach Bier,
Und sprach zwei Stunden zu meiner Qual
Von Zinsen und von Kapital;
Ein Kerl, vor dem mich Gott bewahr'!
Hat keinen Festtag im ganzen Jahr.

Unter dem Tannenbaum

Eine Dämmerstunde

Es war das Arbeitszimmer eines Beamten. Der Eigentümer, ein Mann in den Vierzigern, mit scharf ausgeprägten Gesichtszügen, aber milden, lichtblauen Augen unter dem schlichten, hellblonden Haar, saß an einem mit Büchern und Papieren bedeckten Schreibtisch; damit beschäftigt, einzelne Schriftstücke zu unterzeichnen, welche der daneben stehende alte Amtsbote ihm überreichte. Die Nachmittagssonne des Dezembers beleuchtete eben mit ihrem letzten Strahl das große, schwarze Dintenfaß, in das er dann und wann die Feder tauchte. Endlich war Alles unterschrieben.

»Haben Herr Amtsrichter sonst noch Etwas?« fragte der Bote, indem er die Papiere zusammenlegte.

»Nein, ich danke Ihnen.«

»So habe ich die Ehre, vergnügte Weihnachten zu wünschen.«

»Auch Ihnen, lieber Erdmann.«

Der Bote sprach einen der mitteldeutschen Dialekte; in dem Tone des Amtsrichters war etwas von der Härte jenes nördlichsten deutschen Volksstammes, der vor wenigen Jahren, und diesmal vergeblich, in einem seiner alten Kämpfe mit dem fremden Nachbarvolke geblutet hatte. – Als sein Untergebener sich entfernte, nahm er unter den Papieren einen angefangenen Brief hervor und schrieb langsam daran weiter.

Die Schatten im Zimmer fielen immer tiefer. Er sah nicht die schlanke Frauengestalt, die hinter ihm mit leisen Schritten durch die Tür getreten war; er bemerkte es erst, als sie den Arm um seine Schulter legte. – Auch ihr Antlitz war nicht mehr jung; aber in ihren Augen war noch jener Ausdruck von Mädchenhaftigkeit, den man bei Frauen, die sich geliebt wissen, auch noch nach der ersten Jugend findet.

»Schreibst Du an meinen Bruder?« fragte sie, und in ihrer Stimme, nur etwas mehr gemildert, war dieselbe Klangfarbe wie in der ihres Mannes.

Er nickte. »Lies nur selbst!« sagte er, indem er die Feder fortlegte und zu ihr empor sah.

Sie beugte sich über ihn herab; denn es war schon dämmerig geworden. So las sie, langsam wie er geschrieben hatte:

»Ich bin wieder gesund und arbeitsfähig, – glücklicherweise; denn das ist die Not der Fremde, daß man den Boden, worauf man steht, sich in jeder Stunde neu erschaffen muß. So schlecht es immer sein mag, darin habt Ihr es doch gut daheim; und wer wäre nicht gern geblieben, wenn er nur ein Stück Brot und jenes unentbehrliche ›sanfte Ruhekissen‹ des alten Sprichworts sich hätte erhalten können.«

Sie legte schweigend die Hand auf seine Stirn, während er, der ihren Augen gefolgt war, das Blatt umwandte. Dann las sie weiter:

»Der guten und klugen Frau, die Du vorige Weihnachten bei uns hast kennen lernen, bin ich so glücklich gewesen, durch die Vermittlung eines Vergleichs mit ihrem Gutsnachbarn einen wirklichen Dienst zu leisten; der schöne, so sehr von ihr begehrte Wald ist seit Kurzem endlich in ihren Besitz gelangt. Hätten wir morgen für Deinen Freund Harro nur eine Tanne aus diesem Walde! Denn hier ist viele Meilen in die Runde kein Nadelholz zu finden. Was aber ist ein Weihnachtsabend ohne jenen Baum mit seinem Duft voll Wunder und Geheimnis?«

»Aber Du«, sagte der Amtsrichter, als seine Frau gelesen hatte, »Du bringst in Deinen Kleidern den Duft des echten Weihnachtsabends!«

Sie langte lächelnd in den Schlitz ihres Kleides und legte ein großes Stück braunen Weihnachtskuchen vor ihm auf den Tisch. »Sie sind eben vom Bäcker gekommen«, sagte sie, »prob nur; Deine Mutter backt sie Dir nicht besser!«

Er brach einen Brocken ab und prüfte ihn genau; aber er fand Alles, was ihn als Knaben daran entzückt hatte; die Masse war glashart, die eingerollten Stückchen Zucker wohl zergangen und kandiert. »Was für gute Geister aus diesem Kuchen steigen«, sagte er, sich in seinen Arbeitsstuhl zurücklehnend; »ich sehe plötzlich, wie es daheim in dem alten, steinernen Hause Weihnacht wird. – Die Messingtürklinken sind womöglich noch blanker, als sonst; die große gläserne Flurlampe leuchtet heute noch heller auf die Stuckschnörkel an den sauber geweißten Wänden; ein Kinderstrom um den andern, singend und bettelnd, drängt durch die Haustür; vom Keller herauf aus der geräumigen Küche zieht der Duft des Gebäckes in ihre Nasen, das dort in dem großen kupfernen Kessel über dem Feuer prasselt. – Ich sehe Alles; ich sehe Vater und Mutter – Gott sei gedankt, sie leben beide! – aber die Zeit, in die ich hinabblicke, liegt in so tiefer Ferne der Vergangenheit! – – Ich bin ein Knabe noch! – Die Zimmer zu beiden Seiten des Flurs sind erleuchtet; rechts ist die Weihnachtsstube. Während ich vor der Tür stehe, horchend, wie es drinnen in dem Knittergold und in den Tannenzweigen rauscht, kommt von der Hoftreppe herauf der Kutscher, eine Stange mit einem Wachslichtendchen in der Hand. – ›Schon anzünden, Thoms?‹ Er schüttelt schmunzelnd den Kopf und verschwindet in die Weihnachtsstube. – Aber wo bleibt denn Onkel Erich? – – Da kommt es draußen die Treppe hinauf; die Haustür wird aufgerissen. Nein, es ist nur sein Lehrling, der die lange Pfeife des ›Herrn Ratsverwandters‹ bringt; ihm nach quillt ein neuer Strom von Kindern; zehn kleine Kehlen auf einmal stimmen an: ›Vom Himmel hoch, da komm' ich her!‹ Und schon ist meine Großmutter mitten zwischen ihnen, die alte, geschäftige Frau, den Speisekammerschlüssel am kleinen Finger, einen Teller voll Gebäckes in der Hand. Wie blitzschnell das verschwindet! Auch ich erwische mein Teil davon, und eben kommt auch meine Schwester mit dem Kindermädchen, festlich gekleidet, die langen Zöpfe frisch geflochten. Ich aber halte mich nicht auf; ich springe drei Stufen auf einmal die Treppe nach dem Hofe hinab.«

Es war allmählich dunkel geworden; die Frau des Amtsrichters hatte leise einen Aktenstoß von einem Stuhl entfernt und sich an die Seite ihres Mannes gesetzt.

»Drüben in dem Seitengebäude ist das Arbeitszimmer meines Vaters. Auf die Vordiele dort fällt heute kein Lichtschein aus dem Türfenster der Schreiberstube; der alte Tausendkünstler ist von meiner Mutter drinnen bei den Weihnachtsgeheimnissen angestellt. Aber ich tappe mich im Dunkeln vorwärts; denn gegenüber in seinem Zimmer höre ich die Schritte meines Vaters. Er arbeitet schon nicht mehr. Ich öffne leise die Tür; wie deutlich sehe ich ihn vor mir, ihn selbst und das große, verräucherte Gemach, in dem der harte Schlag der alten Wanduhr pickt! Mit einer feierlichen Unruhe geht er zwischen den mit Papieren bedeckten Tischen umher, in der einen Hand den Messingleuchter mit der brennenden Kerze, die andere vorgestreckt, als solle jetzt alles Störende fern gehalten werden. Er öffnet die Schublade seines kleinen Stehpults und nimmt die große goldene Tabatière aus der Fischhautkapsel, einst ein Geschenk der Urgroßmutter an ihren Bräutigam, dann nach des Urgroßvaters Tode eine Ehren- und Vertrauensgabe an ihn. Aber er ist noch nicht fertig; aus dem Geldkörbchen werden blanke Silbermünzen für die Dienstboten hervorgesucht, eine Goldmünze für den Schreiber. ›Ist Onkel Erich schon da?‹ fragt er, ohne sich nach mir umzusehen. – ›Noch nicht, Vater! Darf ich ihn holen?‹ – ›Das könntest Du ja tun.‹ Und fort renne ich durch das Wohnhaus auf die Straße, um die Ecke am Hafen entlang, und während ich drunten aus der Dämmerung das Pfeifen des Windes in den Tauen der Schiffe höre, habe ich das alte Giebelhaus mit dem Vorbau erreicht. Die Tür wird aufgerissen, daß die Klingel weithin durch Flur und Pesel schallt. – Vor dem Ladentisch steht der alte Kommis, der das Detailgeschäft leitet. Er sieht mich etwas grämlich an. ›Der Herr ist in seinem Kontor‹, sagt er trocken; er liebt die wilde naseweise Range nicht. Aber, was geht's mich an. – Fort mach' ich hinten zur Hoftür hinaus, über zwei kleine finstere Höfe, dann in ein uraltes seltsames Nebengebäude, in welchem sich das Allerheiligste des Onkels befindet. Ohne Unfall komme ich durch den engen dunkeln Gang und klopfe an eine Tür. – ›Herein!‹ Da sitzt der kleine Herr in dem feinen braunen Tuchrock an seinem mächtigen Arbeitspult; der Schein der Kontorlampe fällt auf seine freundlichen kleinen Augen und auf die mächtige Familiennase, die über den frischgestärkten Vatermördern hinausragt. – ›Onkel, ob Du nicht kommen wolltest!‹ sage ich, nachdem ich Atem geschöpft habe. – ›Wollen wir uns noch einen Augenblick setzen!‹ erwidert er, indem seine Feder summierend über das Folium des aufgeschlagenen Hauptbuches hinabgleitet. – Mir wird ganz behaglich zu Sinne, ich werde nicht ein bißchen ungeduldig; aber ich setze mich auch nicht; ich bleibe stehen und besehe mir die Englands- und Westindienfahrer des Onkels, deren Bilder an der Wand hängen. Es dauert auch nicht lange, so wird das Hauptbuch herzhaft zugeklappt, das Schlüsselbund rasselt und: ›Sieh so‹, sagt der Onkel, ›fertig wären wir!‹ Während er sein spanisches Rohr aus der Ecke langt, will ich schon wieder aus der Tür; aber er hält mich zurück. ›Ah, wart' doch mal ein wenig! Wir hätten hier wohl noch so etwas mitzunehmen.‹ Und aus einer dunkeln Ecke des Zimmers holt er zwei wohlversiegelte, geheimnisvolle Päckchen. – Ich wußte es wohl, in solchen Päckchen steckte ein Stück leibhaftigen Weihnachtens; denn der Onkel hatte einen Bruder in Hamburg, und er trat nicht mit leeren Händen an den Tannenbaum. So nie gesehenes, märchenhaftes Zuckerzeug, wie er mitten in der Bescherung noch mir und meiner Schwester auf unsere Weihnachtsteller zu legen pflegte, ist mir später niemals wieder vorgekommen.

Bald darauf steige ich an der Hand des Onkels die breite Steintreppe zu unserm Hause hinauf. Ein paar Augenblicke verschwindet er mit seinen Päckchen in die Weihnachtsstube; es ist noch nicht angezündet, aber durch die halbgeöffnete und rasch wieder geschlossene Tür glitzert es mir entgegen aus der noch drinnen herrschenden ahnungsvollen Dämmerung. Ich schließe die Augen, denn ich will nichts sehen, und trete in das gegenüberliegende, festlich erleuchtete Zimmer, das ganz von dem Duft der braunen Kuchen und des heute besonders fein gemischten Tees erfüllt ist. Die Hände auf dem Rücken mit langsamen Schritten geht mein Vater auf und nieder. ›Nun, seid Ihr da?‹ fragt er stehen bleibend. – Und schon ist auch Onkel Erich bei uns; mir scheint, die Stube wird noch einmal so hell, da er eintritt. Er grüßt die Großmutter, den Vater; er nimmt meiner Schwester die Tasse ab, die sie ihm auf dem gelblackierten Brettchen präsentiert. ›Was meinst Du‹, sagt er, indem er seinen Augen einen bedenklichen Ausdruck zu geben sucht, ›es wird wohl heute nicht viel für uns abfallen!‹ Aber er lacht dabei so tröstlich, daß diese Worte wie eine goldene Verheißung klingen. Dann, während in dem blanken Messingcomfort der Teekessel saust, beginnt er eine seiner kleinen Erzählungen von den Begebenheiten der letzten Tage, seit man sich nicht gesehen. War es nun der Ankauf eines neuen Spazierstocks oder das unglückliche Zerbrechen einer Mundtasse; es floß Alles so sanft dahin, daß man ganz davon erquickt wurde. Und wenn er gar eine Pause machte, um das bisher Erzählte im behaglichsten Gelächter nach zu genießen, wer hätte da nicht mitgelacht! Mein Vater nimmt vergeblich seine kritische Prise; er muß endlich doch mit einstimmen. Dies harmlose Geplauder – es ist mir das erst später klar geworden – war die Art, wie der tätige Geschäftsmann von der Tagesarbeit ausruhte. Es klingt mir noch lieb in der Erinnerung und mir ist, als verstände das jetzt Niemand mehr. – Aber während der Onkel so erzählt, steckt plötzlich meine Mutter, die seit Mittag unsichtbar gewesen ist, den Kopf in's Zimmer. Der Onkel macht ein Compliment und bricht seine Geschichte ab; die Tür und die gegenüberliegende Tür werden weit geöffnet. Wir treten zögernd ein; und vor uns, zurückgestrahlt von dem großen Wandspiegel, steht der brennende Baum mit seinen Flittergoldfähnchen, seinen weißen Netzen und goldenen Eiern, die wie Kinderträume in den dunkeln Zweigen hängen.« – –

»Paul«, sagte die Frau, »und wenn wir ihn noch so weit herbeischaffen sollten, wir müssen wieder einen Tannenbaum haben. Der arme Junge hat sich selbst einen Weihnachtsgarten gebaut; er ist nur eben wieder fort, um Moos aus dem Eichenwäldchen zu holen.«

Der Amtsrichter schwieg einen Augenblick. – »Es tut nicht gut, in die Fremde zu gehen«, sagte er dann, »wenn man daheim schon am eigenen Herd gesessen hat. – Mir ist noch immer, als sei ich hier nur zu Gaste, und morgen oder übermorgen sei die Zeit herum, daß wir alle wieder nach Hause müßten!«

Sie faßte die Hand ihres Mannes und hielt sie fest in der ihrigen, aber sie antwortete nichts darauf.

»Gedenkst Du noch an einen Weihnachten?« hub er wieder an, »ich hatte die Studentenjahre hinter mir und lebte nun noch einmal, zum letzten Mal, eine kurze Zeit als Kind im elterlichen Hause. Freilich war es dort nicht mehr so heiter, wie es einst gewesen; es war Unvergeßliches geschehen, die alte Familiengruft unter der großen Linde war ein paar Mal offen gewesen; meine Mutter, die unermüdlich tätige Frau, ließ oft mitten in der Arbeit die Hände sinken und stand regungslos, als habe sie sich selbst vergessen. Wie unsere alte Margreth' sagte, sie trug ein Kämmerchen in ihrem Kopf, drin spielte ein totes Kind. – Nur Onkel Erich, freilich ein wenig grauer als sonst, erzählte noch seine kleinen freundlichen Geschichten, und auch die Schwester und die Großmutter lebten noch. Damals war jener Weihnachtsabend; eine Verwandte, ein junges schönes Mädchen, war zu der Schwester auf Besuch gekommen. Weißt Du, wie sie hieß?«

»Ellen«, sagte sie leise und lehnte den Kopf an die Brust ihres Mannes.

Der Mond war aufgegangen und beleuchtete ein paar Silberfäden in dem braunen seidigen Haar, das sie schlicht gescheitelt trug, schmucklos in einer Flechte um den Schildpattkamm gelegt.

Er strich mit der Hand über dies noch immer selten schöne Haar. »Ellen hatte auch beschert bekommen«, sprach er weiter; »auf dem kleinen Mahagonitische lagen Geschenke von meiner Mutter und was von ihren Eltern von drüben aus dem Schwesterlande herübergeschickt war. Sie stand mit dem Rücken gegen den brennenden Baum, die Hand auf die Tischplatte gestützt; sie stand schon lange so; ich sehe sie noch;« – und er ließ seine Augen eine Weile schweigend auf dem schönen Antlitz seiner Frau ruhen; – »da war meine Mutter unbemerkt zu ihr getreten; sie faßte sanft ihre Hand und sah ihr fragend in die Augen. – Ellen blickte nicht um, sie neigte nur den Kopf; plötzlich aber richtete sie sich rasch auf und entfloh in's Nebenzimmer. Weißt Du es noch? Während meine Mutter leise den Kopf schüttelte, ging ich ihr nach; denn seit einem kleinen Zank am letzten Abend waren wir vertraute Freunde. Ellen hatte sich in der Ofenecke auf einen Stuhl gesetzt; es war fast dunkel dort; nur eine vergessene Kerze mit langer Schnuppe brannte in dem Zimmer. ›Hast Du Heimweh, Ellen?‹ fragte ich. – ›Ich weiß es nicht!‹ – Eine Weile stand ich schweigend vor ihr. ›Was hast Du denn da in der Hand?‹ – ›Willst Du es haben?‹ – Es war eine Börse von dunkelroter Seide. ›Wenn Du sie für mich gemacht hast‹, sagte ich; denn ich hatte die Arbeit in den Tagen zuvor in ihren Händen gesehen und wohl bemerkt, wie Ellen sie, sobald ich näher kam, in ihrem Nähkästchen verschwinden ließ. – Aber Ellen antwortete nicht und gab mir auch nicht ihr Angebinde. Sie stand auf und putzte das Licht, daß es plötzlich ganz hell im Zimmer wurde. ›Komm‹, sagte sie, ›der Baum brennt ab, und Onkel Erich will noch Zuckerzeug bescheren!‹ Damit wehte sie sich mit ihrem Schnupftuch ein paar Mal um die Augen und ging in die Weihnachtsstube zurück, und als wir dann später am Pochbrett saßen, war sie die Ausgelassenste von allen. Von meinem Weihnachtsgeschenk war weiter nicht die Rede. – – Aber weißt Du, Frau?« – und er ließ ihre Hand los, die er bis dahin festgehalten – »die Mädchen sollten nicht so eigensinnig sein; das hat mir damals keine Ruh gelassen; ich mußte doch die Börse haben, und darüber« –

»Darüber, Paul? – Sprich nur dreist heraus!«

»Nun, hast Du denn von der Geschichte nichts gehört? darüber bekam ich nun auch noch das Mädchen in den Kauf.«

»Freilich«, sagte sie, und er sah bei dem hellen Mondschein in ihren Augen etwas blitzen, das ihn an das übermütige Mädchen erinnerte, das sie einst gewesen, »freilich weiß ich von der Geschichte, und ich kann sie Dir auch erzählen; aber es war ein Jahr später, nicht am Weihnachts-, sondern am Neujahrsabend, und auch nicht hüben, sondern drüben.«

Sie räumte das Dintenfaß und einige Papiere beiseite und setzte sich ihrem Manne gegenüber auf den Schreibtisch.

»Der Vetter war bei Ellens Eltern zum Besuch, bei dem alten prächtigen Kirchspielvogt, der damals noch ein starker Nimrod war. – Ellen hatte noch niemals einen so schönen und langen Brief bekommen als den, worin der Vetter sich bei ihnen angemeldet; aber so gut wie mit der Feder wußte er mit der Flinte nicht umzugehen. Und dennoch, tat es die Landluft oder der schöne Gewehrschrank im Zimmer des Kirchspielvogts, es war nicht anders, er mußte alle Tage auf die Jagd. Und wenn er dann Abends durchnäßt mit leerer Tasche nach Hause kam und die Flinte schweigend in die Ecke setzte – wie behaglich ergingen sich da die Sticheleien des alten Herrn. – ›Das heißt Malheur, Vetter; aber die Hasen sind heuer alle wild geraten!‹ – oder: ›Mein Herzensjunge, was soll die Diana einmal von Dir denken!‹ Am meisten aber – Du hörst doch, Paul?«

»Ich höre, Frau.«

»Am meisten plagte ihn die Ellen; sie setzte ihm heimlich einen Strohkranz auf, sie band ihm einen Gänseflügel vor den Flintenlauf; eines Vormittags – weißt Du, es war Schnee gefallen – hatte sie einen Hasen, den der Knecht geschossen, aus der Speisekammer geholt, und eine Weile darauf saß er noch einmal auf seinem alten Futterplatz im Garten, als wenn er lebte, ein Kohlblatt zwischen den Vorderläufen. Dann hatte sie den Vetter gesucht und an die Hoftür gezogen. ›Siehst Du ihn, Paul? da hinten im Kohl; die Löffel gucken aus dem Schnee!‹ – Er sah ihn auch; seine Hand zitterte. ›Still, Ellen! Sprich nicht so laut! Ich will die Flinte holen!‹ Aber als kaum die Tür nach des Vaters Stube hinter ihm zuklappte, war Ellen schon wieder in den Schnee hinausgelaufen, und als er endlich mit der geladenen Flinte heranschlich, hing auch der Hase schon wieder an seinem sichern Haken in der Speisekammer. – Aber der Vetter ließ sich geduldig von ihr plagen.«

»Freilich«, sagte der Amtsrichter, und legte seine Arme behaglich auf die Lehne seines Sessels, »er hatte ja die Börse noch immer nicht!«

»Drum auch! die lag noch unangerührt droben in der Kommode, in Ellens Giebelstübchen. Aber – wo die Ellen war, da war der Vetter auch; heißt das, wenn er nicht auf der Jagd war. Saß sie drinnen an ihrem Nähtisch, so hatte er gewiß irgend ein Buch aus der Polterkammer geholt und las ihr daraus vor; war sie in der Küche und backte Waffeln, so stand er neben ihr, die Uhr in der Hand, damit das Eisen zur rechten Zeit gewendet würde. – So kam die Neujahrsnacht. Am Nachmittage hatten beide auf dem Hofe mit des Vaters Pistolen nach goldenen Eiern geschossen, die Ellen vom Weihnachtsbaum ihrer Geschwister abgeschnitten; und der Vetter hatte unter dem Händeklatschen der Kleinen zweimal das goldene Ei getroffen. Aber war's nun, weil er am andern Tage reisen mußte oder war's, weil Ellen fortlief, als er sie vorhin allein in ihrem Zimmer aufgesucht hatte – es war gar nicht mehr der geduldige Vetter – er tat kurz und unwirsch und sah kaum noch nach ihr hin. – Das blieb den ganzen Abend so; auch als man später sich zu Tische setzte. Ellens Mutter warf wohl einmal einen fragenden Blick auf die beiden, aber sie sagte nichts darüber. Der Kirchspielvogt hatte auf andere Dinge zu achten, er schenkte den Punsch, den er eigenhändig gebraut hatte; und als es drunten im Dorfe zwölf schlug, stimmte er das alte Neujahrslied von Johann Heinrich Voß an, das nun getreulich durch alle Verse abgesungen wurde. Dann rief man ›Prost Neujahr!‹ und schüttelte sich die Hände, und auch Ellen reichte dem Vetter ihre Hand; aber er berührte kaum ihre Fingerspitzen. – So war's auch, da man sich bald darauf gute Nacht sagte. – Als das Mädchen droben allein in ihrem Giebelstübchen war – und nun merk auf, Paul, wie ehrlich ich erzähle! – da hatte sie keine Ruh' zum Schlafen; sie setzte sich still auf die Kante ihres Bettes, ohne sich auszukleiden und ohne der klingenden Kälte in der ungeheizten Kammer zu achten. Denn es kränkte sie doch; sie hatte dem Menschen ja nichts zu Leid' getan. Freilich, er hatte sie gestern noch gefragt, ob sie den Hasen nicht wieder im Kohl gesehen; und sie hatte dazu den Kopf geschüttelt. – War es etwa das, und wußte er denn, daß er den Hasen schon vor drei Tagen selbst hatte mit verzehren helfen? – – Sie wollte den schönen Brief des Vetters einmal wieder lesen. Aber als sie in die Tasche langte, vermißte sie den Kommodenschlüssel. Sie ging mit dem Lichte hinab in die Wohnstube, und von dort, als sie ihn nicht gefunden, in die Küche, wo sie vorhin gewirtschaftet hatte.

Von all dem Sieden und Backen des Abends war es noch warm in dem großen dunkeln Raume. Und richtig, dort lag der Schlüssel auf dem Fensterbrett. Aber sie stand noch einen Augenblick, und blickte durch die Scheiben in die Nacht hinaus. – So hell und weit dehnte sich das Schneefeld; dort unten zerstreut lagen die schwarzen Strohdächer des Dorfes; unweit des Hauses zwischen den kahlen Zweigen der Silberpappeln erkannte sie deutlich die großen Krähennester; die Sterne funkelten. Ihr fiel ein alter Reim ein, ein Zauberspruch, den sie vor Jahr und Tag von der Tochter des Schulmeisters gelernt hatte. Hinter ihr im Hause war es so still und leer; sie schauerte; aber trotz dessen wuchs in ihr das Gelüste, es mit den unheimlichen Dingen zu versuchen. So trat sie zögernd ein paar Schritte zurück. Leise zog sie den einen Schuh vom Fuße, und die Augen nach den Sternen und tief aufatmend sprach sie: ›Gott grüß dich, Abendstern!‹ – Aber was war das? Ging hinten nicht die Hoftür? Sie trat an's Fenster und horchte. – Nein, es knarrte wohl nur die große Pappel an der Giebelseite des Hauses. – Und noch einmal hub sie leise an und sprach:

›Gott grüß dich, Abendstern!
Du scheinst so hell von fern,
Über Osten, über Westen,
Über alle Krähennesten.
Ist einer zu mein' Liebchen geboren,
Ist einer zu mein' Liebchen erkoren,
Der komm, als er geht,
Als er steht,
In sein täglich Kleid!‹

Dann schwenkte sie den Schuh und warf ihn hinter sich. Aber sie wartete vergebens; sie hörte ihn nicht fallen. Ihr wurde seltsam zu Mute, das kam von ihrem Vorwitz! Welch unheimlich Ding hatte ihren Schuh gefangen, eh' er den Boden erreicht hatte? – Einen Augenblick noch stand sie so; dann mit dem letzten Restchen ihres Mutes wandte sie langsam den Kopf zurück. – Da stand ein Mann in der dunklen Tür, und es war Paul; er war richtig noch einmal auf den unglücklichen Hasen ausgewesen!«

»Nein, Ellen«, sagte der Amtsrichter, »Du weißt es vohl; das war er denn doch diesmal nicht; er hatte nur, wie Du, auch keine Ruh gefunden; – aber nun hielt er den kleinen Schuh des Mädchens in der Hand; und Ellen hatte sich am Herd auf einen Stuhl gesetzt, mit geschlossenen Augen, die Hände gefaltet vor sich in den Schoß gestreckt. Es war kein Zweifel mehr, daß sie sich ganz verloren gab; denn sie wußte wohl, daß der Vetter Alles gehört und gesehen hatte. – Und weißt Du auch noch die Worte, die er zu ihr sprach?«

»Ja, Paul, ich weiß sie noch; und es war sehr grausam und wenig edel von ihm. ›Ellen‹, sagte er, ›ist noch immer die Börse nicht für mich gemacht?‹ – Doch Ellen tat ihm auch diesmal den Gefallen nicht; sie stand auf und öffnete das Fenster, daß von draußen die Nachtluft und das ganze Sterngefunkel zu ihnen in die Küche drang.«

»Aber«, unterbrach er sie, »Paul war zu ihr getreten und sie legte still den Kopf an seine Brust; und noch höre ich den süßen Ton ihrer Stimme, als sie so, in die Nacht hinaus nickend, sagte: ›Gott grüß dich, Abendstern!‹«

Die Tür wurde rasch geöffnet; ein kräftiger, etwa zehnjähriger Knabe trat mit einem brennenden Licht in's Zimmer. »Vater! Mutter!« rief er, indem er die Augen mit der Hand beschattete. »Hier ist Moos und Efeu und auch noch ein Wacholderzweig!«

Der Amtsrichter war aufgestanden. »Bist Du da, mein Junge!« sagte er und nahm ihm die Botanisiertrommel mit den heimgebrachten Schätzen ab.

Frau Ellen aber ließ sich schweigend von dem Schreibtisch herabgleiten und schüttelte sich ein wenig wie aus Träumen. Sie legte beide Hände auf ihres Mannes Schultern und blickte ihn eine Weile voll und herzlich an. Dann nahm sie die Hand des Knaben. »Komm, Harro«, sagte sie, »wir wollen Weihnachtsgärten bauen!«

Unter dem Tannenbaum

Der Weihnachtsabend begann zu dämmern. – Der Amtsrichter war mit seinem Sohne auf der Rückkehr von einem Spaziergange; Frau Ellen hatte sie auf ein Stündchen fortgeschickt. Vor ihnen im Grunde lag die kleine Stadt; sie sahen deutlich, wie aus allen Schornsteinen der Rauch emporstieg; denn dahinter am Horizont stand feuerfarben das Abendrot. – Sie sprachen von den Großeltern drüben in der alten Heimat; dann von den letzten Weihnachten, die sie dort erlebt hatten.

»Und am Vorabend«, sagte der Vater, »als Knecht Ruprecht zu uns kam mit dem großen Bart und dem Quersack und der Rute in der Hand!«

»Ich wußte wohl, daß es Onkel Johannes war«, erwiderte der Knabe, »der hatte immer so etwas vor!«

»Weißt Du denn auch noch die Worte, die er sprach?«

Harro sah den Vater an und schüttelte den Kopf.

»Wart nur«, sagte der Amtsrichter, »die Verse liegen zu Haus in meinem Pult; vielleicht bekomm ich's noch beisammen!« Und nach einer Weile fuhr er fort: »Entsinne Dich nur, wie erst die drei Rutenhiebe von draußen auf die Tür fielen und wie dann die rauhe borstige Gestalt mit der großen Hakennase in die Stube trat!« Dann hub er langsam und mit tiefer Stimme an:

>»Von drauß' vom Walde komm ich her,
> ich muß Euch sagen, es weihnachtet sehr!
> Allüberall auf den Tannenspitzen
> Sah ich goldene Lichtlein sitzen.
> Und droben aus dem Himmelstor
> Sah mit großen Augen das Christkind hervor.
> Und wie ich so strolcht' durch den dichten Tann,
> Da rief's mich mit heller Stimme an;
> ›Knecht Ruprecht‹, rief es, ›alter Gesell,

> Hebe die Beine und spute Dich schnell!
> Die Kerzen fangen zu brennen an,
> Das Himmelstor ist auf getan,
> Alt' und Junge sollen nun
> Von der Jagd des Lebens einmal ruhn;
> Und morgen flieg' ich hinab zur Erden,
> Denn es soll wieder Weihnachten werden!‹
> Ich sprach: ›O, lieber Herre Christ,
> Meine Reise fast zu Ende ist;
> Ich soll nur noch in diese Stadt,
> Wo's eitel brave Kinder hat.‹
> ›Hast denn das Säcklein auch bei Dir?‹
> Ich sprach: ›Das Säcklein, das ist hier;
> Denn Apfel, Nuß und Mandelkern
> Fressen fromme Kinder gern!‹
> ›Hast denn die Rute auch bei Dir?‹
> Ich sprach: ›Die Rute, die ist hier!
> Doch für die Kinder nur, die schlechten,
> Die trifft sie auf den Teil, den rechten!‹
> Christkindlein sprach: ›So ist es recht,
> So geh mit Gott mein treuer Knecht!‹
> Von drauß' vom Walde komm ich her;
> Ich muß Euch sagen, es weihnachtet sehr!
> Nun sprecht, wie ich's hierinnen find?
> Sinds gute Kind', sinds böse Kind'?«

»Aber«, fuhr der Amtsrichter mit veränderter Stimme fort, »ich sagte dem Knecht Ruprecht:

> Der Junge ist von Herzen gut,
> Hat nur mitunter was trotzigen Mut!«

»Ich weiß, ich weiß!« rief Harro triumphierend; und den Finger emporhebend, und mit listigem Ausdruck setzte er hinzu: »Dann kam so etwas!«

»Was Dich in großes Geschrei brachte; denn Knecht Ruprecht schwang seine Rute und sprach:

> Heißt es bei Euch denn nicht mitunter:
> Nieder den Kopf und die Hosen herunter?«

»O«, sagte Harro, »ich fürchtete mich nicht; ich war nur zornig auf den Onkel!«

Über der Stadt, die sie jetzt fast erreicht hatten, stand nur noch ein fahler Schein am Himmel. Es dunkelte schon; aber es begann zu schneien; leise und emsig fielen die Flocken und der Weg schimmerte schon weiß zu ihren Füßen.

Vater und Sohn waren eine Weile schweigend nebeneinander hergegangen. – »Am Abend darauf«, hub der Amtsrichter wieder an, »brannte der letzte Weihnachtsbaum, den Du gehabt hast. Es war damals eine bewegte Zeit; sogar das Zuckerwerk zwischen den Tannenzweigen war kriegerisch geworden; unsere ganze Armee, Soldaten zu Pferde und zu Fuß! – Von alledem ist nun nichts mehr übrig!« setzte er leiser und wie mit sich selber redend hinzu.

Der Knabe schien etwas darauf erwidern zu wollen, aber ein Anderes hatte plötzlich seine Gedanken in Anspruch genommen. – Es war ein großer bärtiger Mann, der vor ihnen aus einem Seitenwege auf die Landstraße herauskam. Auf der Schulter balancierte er ein langes stangenartiges Gepäck, während er mit einem Tannenzweig, den er in der Hand hielt, bei jedem Schritt in die Luft peitschte. Wie er vorüberging, hatte Harro in der Dämmerung noch die große rote Hakennase erkannt, die unter der Pelzmütze hinausragte. Auch einen Quersack trug der Mann, der anscheinend mit allerhand eckigen Dingen angefüllt war. Er ging rasch vor ihnen auf.

»Knecht Ruprecht!« flüsterte der Knabe, »hebe die Beine und spute Dich schnell!«

Das Gewimmel der Schneeflocken wurde dichter, sie sahen ihn noch in die Stadt hinabgehen; dann entschwand er ihren Augen; denn ihre Wohnung lag eine Strecke weiter außerhalb des Tores.

»Freilich«, sagte der Amtsrichter, indem sie rüstig zuschritten, »der Alte kommt zu spät; dort unten in der Gasse leuchteten schon alle Fenster in den Schnee hinaus.«

Endlich war das Haus erreicht. Nachdem sie auf dem Flur die beschneiten Überkleider abgetan, traten sie in das Arbeitszimmer des Amtsrichters. Hier war heute der Tee serviert; die große Kugellampe brannte, Alles war hell und aufgeräumt. Auf der saubern Damastserviette stand das feinlackierte Teebrett mit den Geburtstagstassen und dem rubinroten Zuckerglase; daneben auf dem Fußboden in dem Comfort von Mahagonistäbchen mit blankem Messingeinsatz kochte der Kessel, wie es sein muß, auf gehörig durchgeglühten Torfkohlen; wie daheim einst in der großen Stube des alten Familienhauses, so dufteten auch hier in dem kleinen Stübchen die braunen Weihnachtskuchen nach dem Rezept der Urgroßmutter. – Aber während die Mutter nebenan im Wohnzimmer noch das Fest bereitete, blieben Vater und Sohn allein; kein Onkel Erich kam, ihnen feiern zu helfen. Es war doch anders als daheim.

Ein paar Mal hatte Harro mit bescheidenem Finger an die Tür gepocht, und ein leises »Geduld!« der Mutter war die Antwort gewesen. Endlich trat Frau Ellen selbst herein. Lächelnd – aber ein leiser Zug von Weh war doch dabei – streckte sie ihre Hände aus und zog ihren Mann und ihren Knaben, jeden bei einer Hand, in die helle Weihnachtsstube.

Es sah freundlich genug aus. Auf dem Tische in der Mitte, zwischen zwei Reihen brennender Wachskerzen, stand das kleine Kunstwerk, das Mutter und Sohn in den

Tagen vorher sich selbst geschaffen hatten, ein Garten im Geschmack des vorigen Jahrhunderts mit glatt geschorenen Hecken und dunklen Lauben; Alles von Moos und verschiedenem Wintergrün zierlich zusammengestellt. Auf dem Teiche von Spiegelglas schwammen zwei weiße Schwäne; daneben vor dem chinesischen Pavillon standen kleine Herren und Damen von Papiermaché in Puder und Kontuschen. – Zu beiden Seiten lagen die Geschenke für den Knaben; eine scharfe Lupe für die Käfersammlung, ein paar bunte Münchener Bilderbogen, die nicht fehlen durften, von Schwind und Otto Speckter; ein Buch in rotem Halbfranzband; dazwischen ein kleiner Globus in schwarzer Kapsel, augenscheinlich schon ein altes Stück. »Es war Onkel Erichs letzte Weihnachtsgabe an mich;« sagte der Amtsrichter, »nimm Du es nun von mir! Es ist mir in diesen Tagen auf's Herz gefallen, daß ich ihm die Freude, die er mir als Kind gemacht, in späterer Zeit nicht einmal wieder gedankt –; nun haben sie mir den alten Herrn im letzten Herbst begraben!«

Frau Ellen legte den Arm um ihren Mann und führte ihn an den Spiegeltisch, auf dem heute die beiden silbernen Armleuchter brannten. Auch ihm hatte sie beschert; das Erste aber, wonach seine Hand langte, war ein kleines Lichtbild. Seine Augen ruhten lange darauf, während Frau Ellen still zu ihm emporsah. Es war sein elterlicher Garten; dort unter dem Ahorn vor dem Lusthause standen die beiden Alten selbst, das noch dunkle volle Haar seines Vaters war deutlich zu erkennen.

Der Amtsrichter hatte sich umgewandt; es war, als suchten seine Augen etwas. Die Lichter an dem Moosgärtchen brannten knisternd fort; in ihrem Schein stand der Knabe vor dem aufgeschlagenen Weihnachtsbuch. Aber droben unter der Decke des hohen Zimmers war es dunkel; der Tannenbaum fehlte, der das Licht des Festes auch dort hinaufgetragen hätte.

Da klingelte draußen im Flur die Glocke und die Haustür wurde polternd aufgerissen. »Wer ist denn das?« sagte Frau Ellen; und Harro lief zur Tür und sah hinaus.

Draußen hörten sie eine rauhe Stimme fragen: »Bin ich denn hier recht beim Herrn Amtsrichter?« Und in demselben Augenblicke wandte auch der Knabe den Kopf zurück und rief: »Knecht Ruprecht; Knecht Ruprecht!« Dann zog er Vater und Mutter mit sich aus der Tür. Es war der große bärtige Mann, der den beiden Spaziergängern vorhin oberhalb der Stadt begegnet war; bei dem Schein des Flurlämpchens sahen sie deutlich die rote Hakennase unter der beschneiten Pelzmütze leuchten. Sein langes Gepäck hatte er gegen die Wand gelehnt. »Ich habe das hier abzugeben!« sagte er, indem er auch den schweren Quersack von der Schulter nahm.

»Von wem denn?« fragte der Amtsrichter.

»Ist mir nichts von aufgetragen worden.«

»Wollt Ihr denn nicht näher treten?«

Der Alte schüttelte den Kopf. »Ist Alles schon besorgt! Habt gute Weihnacht bei einander!« Und indem er noch einmal mit der großen Nase nickte, war er schon zur Tür hinaus.

»Das ist eine Bescherung!« sagte Frau Ellen fast ein wenig schüchtern.

Harro hatte die Haustür aufgerissen. Da sah er die große dunkele Gestalt schon weithin auf dem beschneiten Wege hinausschreiten.

Nun wurde die Magd herbeigerufen, deren Bescherung durch dieses Zwischenspiel bis jetzt verzögert war; und als mit ihrer Hülfe die verhüllten Dinge in das helle Weihnachtszimmer gebracht waren, kniete Frau Ellen auf dem Fußboden und begann mit ihrem Trennmesser die Nähte des großen Packens aufzulösen. Und bald fühlte sie, wie es von innen heraus sich dehnte und die immer schwächer werdenden Bande zu sprengen strebte; und als der Amtsrichter, der bisher schweigend dabei gestanden, jetzt die letzten Hüllen abgestreift hatte und es aufrecht vor sich hingestellt hielt, da war's ein ganzer mächtiger Tannenbaum, der nun nach allen Seiten seine entfesselten Zweige ausbreitete. Lange schmale Bänder von Knittergold rieselten und blitzten überall von den Spitzen durch das dunkele Grün herab; auch die Tannäpfel waren golden, die unter allen Zweigen hingen.

Harro war indes nicht müßig gewesen, er hatte den Quersack aufgebunden; mit leuchtenden Augen brachte er einen flachen, grün lackierten Kasten geschleppt. »Horch, es rappelt!« sagte er; »es ist ein Schubfach darin!« Und als sie es aufgezogen, fanden sie wohl ein Schock der feinsten weißen Wachskerzchen.

»Das kommt von einem echten Weihnachtsmann«, sagte der Amtsrichter, indem er einen Zweig des Baumes herunterbog, »da sitzen schon überall die kleinen Blechlampetten!«

Aber es war nicht nur ein Schubfach in dem Kasten; es war auch obenauf ein Klötzchen mit einem Schraubengang. Der Amtsrichter wußte Bescheid in diesen Dingen; nach einigen Minuten war der Baum eingeschroben und stand fest und aufrecht, seine grüne Spitze fast bis zur Decke streckend. – Die alte Magd hatte ihre Schüssel mit Äpfeln und Pfeffernüssen stehen lassen; während die anderen drei beschäftigt waren, die Wachskerzen aufzustecken, stand sie neben ihnen, ein lebendiger Kandelaber, in jeder Hand einen brennenden Armleuchter emporhaltend. – Sie war aus der Heimat mit herübergekommen und hatte sich von allen am schwersten in den Brauch der Fremde gefunden. Auch jetzt betrachtete sie den stolzen Baum mit mißtrauischen Augen. »Die goldenen Eier sind denn doch vergessen!« sagte sie.

Der Amtsrichter sah sie lächelnd an: »Aber, Margreth, die goldenen Tannäpfel sind doch schöner!«

»So, meint der Herr? Zu Hause haben wir immer die goldenen Eier gehabt.«

Darüber war nicht zu streiten; es war auch keine Zeit dazu. Harro hatte sich indessen schon wieder über den Quersack hergemacht. »Noch nicht anzünden!« rief er, »das Schwerste ist noch darin!«

Es war ein fest vernageltes hölzernes Kistchen. Aber der Amtsrichter holte Hammer und Meißel aus seinem Gerätkästchen; nach ein paar Schlägen sprang der Deckel auf und eine Fülle weißer Papierspäne quoll ihnen entgegen. – »Zuckerzeug!«

rief Frau Ellen, und streckte schützend ihre Hände darüber aus. »Ich wittere Marzipan! Setzt Euch; ich werde auspacken!«

Und mit vorsichtiger Hand langte sie ein Stück nach dem andern heraus und legte es auf den Tisch, das nun von Vater und Sohn aus dem umhüllenden Seidenpapier herausgewickelt wurde.

»Himbeeren!« rief Harro, »und Erdbeeren, ein ganzer Strauß!«

»Aber siehst Du es wohl?« sagte der Amtsrichter, »es sind Walderdbeeren; so welche wachsen in den Gärten nicht.«

Dann kam, wie lebend, allerlei Geziefer; Hornisse, und Hummeln und was sonst im Sonnenschein an stillen Waldplätzen umherzusummen pflegt, zierlich aus Dragant gebildet, mit goldbestäubten Flügeln; nun eine Honigwabe – die Zellen mochten mit Likör gefüllt sein – wie sie die wilde Biene in den Stamm der hohlen Eiche baut; und jetzt ein großer Hirschkäfer, von Schokolade, mit gesperrten Zangen und ausgebreiteten Flügeldecken. »Cervus lucanus!« rief Harro und klatschte in die Hände.

An jedem Stück war, je nach der Größe, ein lichtgrünes Seidenbändchen. Sie konnten der Lockung nicht widerstehen; sie begannen schon jetzt den Baum damit zu schmücken, während Frau Ellens Hände noch immer neue Schätze an's Licht förderten.

Bald schwebte zwischen den Immen auch eine Schar von Schmetterlingen an den Tannenspitzen; da war der Himbeerfalter, die silberblaue Daphnis und der olivenfarbige Waldargus, und wie sie alle heißen mochten, die Harro hier vergebens aufzujagen gesucht hatte. – Und immer schwerer wurden die Päckchen, die eins nach dem andern von den eifrigen Händen geöffnet wurden. Denn jetzt kam das Geschlecht des größern Geflügels; da kam der Dompfaff und der Buntspecht, ein paar Kreuzschnäbel, die im Tannenwald daheim sind; und jetzt – Frau Ellen stieß einen leichten Schrei aus – ein ganzes Nest voll kleiner schnäbelaufsperrender Vögel; und Vater und Sohn gerieten mit einander in Streit, ob es Goldhähnchen oder junge Zeisige seien, während Harro schon das kleine Heimwesen im dichtesten Tannengrün verbarg.

Noch ein Waldbewohner erschien; er mußte vom Buchenrevier herübergekommen sein; ein Eichhörnchen von Marzipan, in halber Lebensgröße, mit erhobenem Schweif und klugen Augen. »Und nun ist's alle!« rief Frau Ellen. Aber nein, ein schweres Päckchen noch! Sie öffnete es und verbarg es dann ebenso rasch wieder in beiden Händen. »Ein Prachtstück!« rief sie; »aber nein, Paul; ich bin edelmütiger als Du; ich zeig's Dir nicht!«

Der Amtsrichter ließ sich das nicht anfechten; er brach ihr die nicht gar zu ernstlich geschlossenen Hände auseinander; während sie lachend über ihn wegschaute.

»Ein Hase!« jubelte Harro; »er hat ein Kohlblatt zwischen den Vorderpfötchen!«

Frau Ellen nickte: »Freilich, er kommt auch eben aus des alten Kirchspielvogts Garten!«

»Harro, mein Junge«, sagte der Amtsrichter, indem er drohend den Finger gegen seine Frau erhob; »versprich mir, diesen Hasen zu verspeisen, damit er gründlich aus der Welt komme!«

Das versprach Harro.

Der Baum war voll, die Zweige bogen sich; die alte Margreth stöhnte, sie könne die Leuchter nicht mehr halten, sie habe gar keine Arme mehr am Leibe.

Aber es gab wieder neue Arbeit. »Anzünden!« kommandierte der Amtsrichter; und die klein' und großen Weihnachtskinder standen mit heißen Gesichtern, kletterten auf Schemel und Stühle und ließen nicht ab, bis alle Kerzen angezündet waren.

Der Baum brannte, das Zimmer war von Duft und Glanz erfüllt; es war nun wirklich Weihnachten geworden.

Ein wenig müde von der ungewohnten Anstrengung saß der Amtsrichter auf dem Sofa, nachsinnend in den gegenüberhängenden großen Wandspiegel blickend, der das Bild des brennenden Baumes zurückstrahlte.

Frau Ellen, die ganz heimlich ein wenig aufzuräumen begann, wollte eben die geleerte Kiste an die Seite setzen, als sie wie in Gedanken noch einmal mit der Hand durch die Papierspäne streifte. Sie stutzte. »Unerschöpflich!« sagte sie lächelnd. – Es war ein Star von Schokolade, den sie hervorgeholt hatte. »Und, Paul«, fuhr sie fort, »er spricht!«

Sie hatte sich zu ihm auf die Sofalehne gesetzt, und beide lasen nun gemeinschaftlich den beschriebenen Zettel, den der Vogel in seinem Schnabel trug: »Einen Wald- und Weihnachtsgruß von einer dankbaren Freundin!«

»Also von ihr!« sagte der Amtsrichter, »ihr Herz hat ein gut Gedächtnis. Knecht Ruprecht mußte einen tüchtigen Weg zurücklegen; denn das Gut liegt fünf ganze Meilen von hier.«

Frau Ellen legte den Arm um ihres Mannes Nacken.

»Nicht wahr, Paul, wir wollen auch nicht undankbar gegen die Fremde sein?«

»O, ich bin nicht undankbar; – aber – – «

»Was denn aber, Paul?«

»Was mögen drüben jetzt die Alten machen!«

Sie antwortete nicht darauf; sie gab ihm schweigend ihre Hand.

»Wo ist Harro?« fragte er nach einer Weile.

Harro war eben wieder in's Zimmer getreten; aus einer Schachtel, die er mit sich brachte, nahm er eine kleine verblichene Figur und befestigte sie sorgfältig an einen Zweig des Tannenbaums. Die Eltern hatten es wohl erkannt; es war ein Stück von dem Zuckerzeug des letzten heimatlichen Weihnachtsbaums; ein Dragoner auf schwarzem Pferde in langem graublauem Mantel. Der Knabe stand davor und betrachtete es unbeweglich; seine großen blauen Augen unter der breiten Stirn wurden immer finsterer. »Vater«, sagte er endlich, und seine Stimme zitterte, »es war doch schade um unser schönes Heer! – Wenn sie es nur nicht aufgelöst hätten – ich glaube, dann wären wir wohl noch zu Hause!«

Eine lautlose Stille folgte, als der Knabe das gesprochen. Dann rief der Vater seinen Sohn und zog ihn dicht an sich heran. »Du kennst noch das alte Haus Deiner Großeltern«, sagte er, »Du bist vielleicht das letzte Kind von den Unseren, das noch auf den großen übereinander getürmten Bodenräumen gespielt hat; denn die Stunde ist nicht mehr fern, daß es in fremde Hand kommen wird. – Einer Deiner Urahnen hat es einst für seinen Sohn gebaut. Der junge Mann fand es fertig und ausgestattet vor, als er nach mehrjähriger Abwesenheit in den Handelsstädten Frankreichs nach seiner Heimat zurückkehrte. Bei seinem Tode hat er es seinen Nachkommen hinterlassen, und sie haben darin gewohnt als Kaufherren und Senatoren, oder, nachdem sie sich dem Studium der Rechte zugewandt hatten, als Bürgermeister oder Syndici ihrer Vaterstadt. Es waren angesehene und wohldenkende Männer, die im Lauf der Zeit ihre Kraft und ihr Vermögen auf mannigfache Weise ihren Mitbürgern zugute kommen ließen. So waren sie wurzelfest geworden in der Heimat. Noch in meiner Knabenzeit gab es unter den tüchtigeren Handwerkern fast keine Familie, wo nicht von den Voreltern oder Eltern eines in den Diensten der Unserigen gestanden hätte; sei es auf den Schiffen oder in den Fabriken oder auch im Hause selbst. – Es waren das Verhältnisse des gegenseitigen Vertrauens; Jeder rühmte sich des Andern und suchte sich des andern wert zu zeigen; wie ein Erbe ließen es die Eltern ihren Kindern; sie kannten sich alle, über Geburt und Tod hinaus, denn sie kannten Art und Geschlecht der Jungen, die geboren wurden, und der Alten, die vor ihnen dagewesen waren.« –

Der Amtsrichter schwieg einen Augenblick, während der Knabe unbeweglich zu ihm emporsah. »Aber nicht allein in die Höhe«, fuhr er fort, »auch in die Tiefe haben Deine Voreltern gebaut; zu dem steinernen Hause in der Stadt gehörte die Gruft draußen auf dem Kirchhof; denn auch die Toten sollten noch beisammen sein. – Und seltsam, da ich des inne ward, daß ich fort mußte, mein erster Gedanke war, ich könnte dort den Platz verfehlen. Ich habe sie mehr als einmal offen gesehen; das letzte Mal, als Deine Urgroßmutter starb, eine Frau in hohen Jahren, wie sie den Unserigen vergönnt zu sein pflegen. – Ich vergesse den Tag nicht. Ich war hinabgestiegen und stand unten in der Dunkelheit zwischen den Särgen, die neben und über mir auf den eisernen Stangen ruhten; die ganze alte Zeit, eine ernste schweigsame Gesellschaft. Neben mir war der Totengräber, ein eisgrauer Mann. Aber einst war er jung gewesen und hatte als Kutscher, den schwarzen Pudel zwischen den Knieen, die Rappen meines Großvaters gefahren. – Er stand an einen hohen Sarg gelehnt und ließ wie liebkosend seine Hand über das schwarze Tuch des Deckels gleiten. ›Dat is min ole Herr!‹ sagte er in seinem Plattdeutsch, ›dat weer en gude Mann!‹ – – Mein Kind, nur dort zu Hause konnte ich solche Worte hören. Ich neigte unwillkürlich das Haupt; denn mir war, als fühlte ich den Segen der Heimat sich leibhaftig auf mich niedersenken. Ich war der Erbe dieser Toten; sie selbst waren zwar dahin gegangen; aber ihre Güte und Tüchtigkeit lebte noch, und war für mich da und half mir, wo ich selber irrte, wo meine Kräfte mich verließen. – – Und auch jetzt noch, wenn ich – mir und den Meinen nicht zur Freude, aber getrieben von jenem geheimnisvollen Weh, auf kurze Zeit zurückkehrte, ich weiß es wohl, dem sich dann alle Hände dort entgegenstreckten, das war nicht ich allein.«

Er war aufgestanden und hatte einen Fensterflügel aufgestoßen. Weithin dehnte sich das Schneefeld; der Wind sauste; unter den Sternen vorüber jagten die Wolken; dorthin, wo in unsichtbarer Ferne ihre Heimat lag. – Er legte fest den Arm um seine Frau, die ihm schweigend gefolgt war; seine lichtblauen Augen lugten scharf in die Nacht hinaus. »Dort!« sprach er leise; »ich will den Namen nicht nennen; er wird nicht gern gehört in deutschen Landen; wir wollen ihn still in unserm Herzen sprechen, wie die Juden das Wort für den Allerheiligsten.« Und er ergriff die Hand seines Kindes und preßte sie so fest, daß der Junge die Zähne zusammenbiß.

Noch lange standen sie und blickten dem dunkeln Zuge der Wolken nach. – Hinter ihnen im Zimmer ging lautlos die alte Magd umher und hütete sorgsamen Auges die allmählich niederbrennenden Weihnachtskerzen.

Theodor Fontane
1819–1898

Gekommen ist der Heil'ge Christ
(an Emilie 1859)

Gekommen ist der Heil'ge Christ
Die ganze Stadt voll Lichter ist;
Auch unsre sollen brennen.
Die Sorgen weg und zünde an,
Ich will derweil, so gut ich kann,
Dir meine Wünsche nennen.

Empfang zuerst ein Strumpfenband,
Das ich für dreißig Pfengk erstand
Bei Fonrobert im Laden.
Ich wünsche dir, geliebtes Weib,
Bald wieder einen dünnern Leib
Und etwas dick're Waden.

Empfang alsdann ein Kontobuch,
Fürs Credit ist es groß genug,
Fürs Debet etwas kleine.
Indes, es heißt ja: »rund die Welt«,
Der Beutel wird mal wieder Geld
Und hilft uns auf die Beine.

Und drum zuletzt den heißen Wunsch,
Daß unsres Schicksals dicker Flunsch
Bald hübsch'ren Zügen weiche,
Und daß ein bißchen Sonnenschein
Zieh wieder endlich bei uns ein
Und unser Herz beschleiche.

Sylvester

»Gott zum Gruße, Herr Sylvester,
Allerliebster, Allerbester,
Sind Sie endlich angelangt,
Hat's mich doch, daß sie erfroren
Oder ihren Weg verloren,
Gott sei Dank umsonst gebangt.

Freund, Sie sind wie stets willkommen,
Abgelegt und Platz genommen
Hier ein Glas vom besten Wein; –
Nun, wozu dies Zieren, Zaudern?!
Haben vieles zu beplaudern
Und da gilt es munter sein!

Ja, jetzt sind Sie guter Laune,
Mit der Bitte drum vom Zaune;
Doch vor allem: schenket ein!
Von dem einen zu dem andern
Lassen wir die Flaschen wandern
Dorten mit Champagner-Wein.

Wenn Sie heut das Jahr, das alte,
Daß es ewge Ruhe halte,
Zu den Vätern heimgebracht,
Wenn Sie tief im Strom der Zeiten,
Auf den Friedhof es geleiten,
Retten Sie mir eine Nacht.

Jene Nacht, wo meine bleiche
Eingesargte Liebesleiche
Wie erwachend sich geregt,
Wo ich sie lebendig schaute,
Bis sie, als der Morgen graute,
Wieder sich zur Ruh' gelegt.

Jene Nacht, wo das Erscheinen
Vandas, wo ihr reuig Weinen
Meine Liebe fast erweckt;
Könnte je sie wiederkehren,
Könnte sie mich je bekehren,
Daß kein Traumbild mich geneckt.

Dann ...« doch ach, die Worte stocken,
Denn es künden alle Glocken
In der Runde: Mitternacht;
Und, mein werter Herr Sylvester,
Meiner Freunde allerbester
Hat sich auf den Weg gemacht.

Dennoch sei dem braven Jungen
Ganz allein dies Lied gesungen,
Da er seines Freunds gedacht;
Denn ich hab' nach wenig Stunden
Schon mein Liebchen wiedergefunden
Reuig in der Neujahrsnacht.

Weihnachten zu Hause

Heiligabend

Es war Weihnachten 1812, Heiliger Abend. Einzelne Schneeflocken fielen und legten sich auf die weiße Decke, die schon seit Tagen in den Straßen der Hauptstadt lag. Die Laternen, die an langausgespannten Ketten hingen, gaben nur spärliches Licht; in den Häusern aber wurde es von Minute zu Minute heller, und der »Heilige Christ«, der hier und dort schon einzuziehen begann, warf seinen Glanz auch in das draußen liegende Dunkel.

So war es auch in der Klosterstraße. Die »Singuhr« der Parochialkirche setzte eben ein, um die ersten Takte ihres Liedes zu spielen, als ein Schlitten aus dem Gasthof »Zum grünen Baum« herausfuhr und gleich darauf schräg gegenüber vor einem zweistöckigen Hause hielt, dessen hohes Dach noch eine Mansardenwohnung trug. Der Kutscher des Schlittens, in einem abgetragenen, aber mit drei Kragen ausstaffierten Mantel, beugte sich vor und sah nach den obersten Fenstern hinauf; als er jedoch wahrnahm, daß alles ruhig blieb, stieg er von seinem Sitz, strängte die Pferde ab und schritt auf das Haus zu, um durch die halb offenstehende Tür in dem dunklen Flur desselben zu verschwinden. Wer ihm dahin gefolgt wäre, hätte notwendig das stufenweise Stapfen und Stoßen hören müssen, mit dem er sich, vorsichtig und ungeschickt, die drei Treppen hinauffühlte.

Der Schlitten, eine einfache Schleife, auf der ein mit einem sogenannten »Plan« überspannter Korbwagen befestigt war, stand all die Zeit über ruhig auf dem Fahrdamm, hart an der Öffnung einer hier aufgeschütteten Schneemauer. Der Korbwagen selbst, mutmaßlich um mehr Wärme und Bequemlichkeit zu geben, war nach hinten zu, bis an die Plandecke hinauf, mit Stroh gefüllt; vorn lag ein Häckselsack, gerade breit genug, um zwei Personen Platz zu gönnen. Alles so primitiv wie möglich. Auch die Pferde waren unscheinbar genug, kleine Ponys, die gerade jetzt in ihrem winterlich rauhen Haar ungeputzt und dadurch ziemlich vernachlässigt aussahen. Aber wie immer auch, die russischen Sielen, dazu das Schellengeläut, das auf roteingefaßten, breiten Ledergurten über den Rücken der Pferde hing, ließen keinen Zweifel darüber, daß das Fuhrwerk aus einem guten Hause sei.

So waren fünf Minuten vergangen oder mehr, als es auf dem Flur hell wurde. Eine Alte in einer weißen Nachthaube, das Licht mit der Hand schützend, streckte den Kopf neugierig in die Straße hinaus; dann kam der Kutscher mit Mantelsack und Pappkarton; hinter diesem, den Schluß bildend, ein hochaufgeschossener, junger Mann von leichter, vornehmer Haltung. Er trug eine Jagdmütze, kurzen Rock und war in seiner ganzen Oberhälfte unwinterlich gekleidet. Nur seine Füße steckten in hohen Filzstiefeln. »Frohe Feiertage, Frau Hulen«, damit reichte er der Alten die Hand, stieg auf die Deichsel und nahm Platz neben dem Kutscher. »Nun vorwärts, Krist; Mitternacht sind wir in *Hohen-Vietz*. Das ist recht, daß Papa die Ponys geschickt hat.«

Die Pferde zogen an und versuchten es, ihrer Natur nach, in einen leichten Trab zu fallen; aber erst als sie die Königsstraße mit ihrem Weihnachtsgedränge und Waldteufelgebrumm im Rücken hatten, ging es in immer raschschem Tempo die Landsberger Straße entlang und endlich unter immer munterer werdendem Schellengeläut zum Frankfurter Tore hinaus.

Draußen umfing sie Nacht und Stille; der Himmel klärte sich, und die ersten Sterne traten hervor. Ein leiser, aber scharfer Ostwind fuhr über das Schneefeld, und der Held unserer Geschichte, *Lewin von Vitzewitz*, der seinem väterlichen Gute

Hohen-Vietz zufuhr, um die Weihnachtsfeiertage daselbst zu verbringen, wandte sich jetzt, mit einem Anflug von märkischem Dialekt, an den neben ihm sitzenden Gefährten. »Nun, Krist, wie wär' es? Wir müssen wohl einheizen.« Dabei legte er Daumen und Zeigefinger ans Kinn und paffte mit den Lippen. Dies »wir« war nur eine Vertraulichkeitswendung; Lewin selbst rauchte nicht. Krist aber, der von dem Augenblick an, wo sie die Stadt im Rücken hatten, diese Aufforderung erwartet haben mochte, legte ohne weiteres die Leinen in die Hand seines jungen Herrn und fuhr in die Manteltasche, erst um eine kurze Pfeife mit bleiernem Abguß, dann um ein neues Paket Tabak daraus hervorzuholen. Er nahm beides zwischen die Knie, öffnete das mit braunem Lack gesiegelte Paket, stopfte und begann dann mit derselben langsamen Sorglichkeit nach Stahl und Schwamm zu suchen. Endlich brannte es; er tat, indem er wieder die Leine nahm, die ersten Züge, und während jetzt kleine Funken aus dem Drahtdeckel hervorsprühten, ging es auf Friedrichsfelde zu, dessen Lichter ihnen über das weiße Feld her entgegenschienen.

Das Dorf lag bald hinter ihnen. Lewin, der sich's inzwischen bequem gemacht und durch festeren Aufbau einiger Strohbündel eine Rückenlehne hergerichtet hatte, schien jetzt in der Stimmung, eine Unterhaltung aufzunehmen. Ehe des Kutschers Pfeife brannte, wär' es ohnehin nicht rätlich gewesen.

»Nichts Neues, Krist?« begann Lewin, indem er sich fester in die Strohpolster drückte. »Was macht Willem, mein Päth?«

»Dank schön, junger Herr, he is ja nu wedder bi Weg.«

»Was war ihm denn?«

»He hett sich verfiert. Un noch dato an sinen Gebortsdag. Et is nu en Wochner drei; ja, up'n Dag hüt, drei Wochen. Oll Doktor Leist von Lebus hett'em aber wedder torecht bracht.«

»Er hat sich verfiert?«

»Ja, junger Herr, so glöwen wi all. Et wihr wol so um de fiefte Stunn, äs mine Fru seggen däd: Willem geih un hol uns en paar Äppels, awers von de Renetten up'n Stroh, dicht bi de Bohnenstakens. Un uns' Lütt-Willem ging ooch, un ick hürt' em noch flüten un singen un dat Klapsen von sine Pantinen ümmer den Floor lang. Awer dunn hurt ick nix mihr, un äs he nu an de olle wackel'sche Döör kam un in den groten Saal rinnwull, wo uns' Äppels liggen un wo de Lüt seggen, dat de oll' Matthias spöken deiht, da möt em wat passiert sinn. He käm nich un käm nich; un as ick nu nahjung un sehn wull, wo he bliwen däd, da läg he, glieks achter de Schwell, as dod up de Fliesen.«

»Das arme Kind! Und Eure Frau ...«

»De käm ooch, un wi drögen em nu torügg in unse Stuv' un rewen em in. Mine Fru hätt ümmer en beten Miren-Spiritus to Huus. As he nu wedder to sich käm, biwwerte em de janze lütte Liew, un he seggte man ümmer: ›Ick hebb em sehn.‹«

Lewin hatte sich zurechtgerückt. »Es geht also wieder besser«, warf er hin, und wie um loszukommen von allerhand Bildern und Gedanken, die des Kutschers Erzählung in ihm angeregt hatte, fuhr er hin und her in Erkundigungen, worauf Krist mit so viel Ausführlichkeit antwortete, wie ihm die Raschheit der Fragen gestattete. Dem Schulzen Kniehase war einer von seinen Braunen gefallen; bei Hoppenmarieken hatte der Schornstein gebrannt; bei Witwe Gräbschen hatte Nachtwächter Pachaly einen mittelgroßen Sarg, mit einem Myrtenkranz darauf, vor der Haustür stehen sehn, »un wihl et man en *mittelscher* Sarg west wihr, so hedden se all an de Jüngscht, an Hanne Gräbschen 'dacht. De is man kleen und piept all lang.«

Die Sterne traten immer zahlreicher hervor. Lewin lupfte die Kappe, um sich die Stirn von der frischen Winterluft anwehen zu lassen, und sah staunend und andächtig in den funkelnden Himmel hinauf. Es war ihm, als fielen alle dunklen Geschicke, das Erbteil seines Hauses, von ihm ab und als zöge es lichter und heller von oben her in seine Seele. Er atmete auf. Zwei, drei Schlitten flogen vorüber, grüßten und sangen, sichtlich Gäste, die im Nebendorf die Bescherung nicht versäumen wollten; dann, ehe fünf Minuten um waren, glitt das Gefährt unserer zwei Freunde unter den Giebelvorbau des Bohlsdorfer Kruges.

Bohlsdorf war drittel Weg. Niemand kam. An den Fenstern zeigte sich kein Licht; die Krügersleute mußten in den Hinterstuben sein und das Vorfahren des Schlittens, trotz seines Schellengeläutes, überhört haben. Krist nahm wenig Notiz davon. Er stieg ab, holte eine der Stehkrippen heran, die beschneit an dem Hofzaun entlang standen, und schüttete den Pferden ihren Hafer ein.

Auch Lewin war abgestiegen. Er stampfte ein paarmal in den Schnee, wie um das Blut wieder in Umlauf zu bringen, und trat dann in die Gaststube, um sich zu wärmen und einen Imbiß zu nehmen. Drinnen war alles leer und dunkel; hinter dem Schenktisch aber, wo drei Stufen zu einem höher gelegenen Alkoven führten, blitzte der Christbaum von Lichtern und goldenen Ketten. In diesem Weihnachtsbilde, das der enge Türrahmen einfaßte, stand die Krügersfrau in Mieder und rotem Friesrock und hatte einen Blondkopf auf dem Arm, der nach den Lichtern des Baumes langte. Der Krüger selbst stand neben ihr und sah auf das Glück, das ihm das Leben und dieser Tag beschert hatten.

Lewin war ergriffen von dem Bilde, das fast wie eine Erscheinung auf ihn wirkte. Leiser als er eingetreten war, zog er sich wieder zurück und trat auf die Dorfstraße. Gegenüber dem Kruge, von einer Feldsteinmauer eingefaßt, lag die Bohlsdorfer Kirche, ein alter Zisterzienserbau aus den Tagen der ersten Kolonisation. Es klang deutlich von drüben her, als würde die Orgel gespielt, und Lewin, während er noch aufhorchte, bemerkte zugleich, daß eines der kleinen, in halber Wandhöhe hinlaufenden Rundbogenfenster matt erleuchtet war. Neugierig, ob er sich täuschte oder nicht, stieg er über die niedrige Steinmauer fort und schritt zwischen den Gräbern hin auf die Längswand der Kirche zu. Ziemlich inmitten dieser Wand bemerkte er eine Pforte, die nur eingeklinkt, aber nicht geschlossen war. Er öffnete leise und trat ein. Es war, wie er vermutet hatte. Ein alter Mann, mit Samtkäpsel und spärlichem weißen Haar, saß vor der Orgel, während ein Lichtstümpfchen neben ihm eine kümmerliche Beleuchtung gab. In sein Orgelspiel vertieft, bemerkte er nicht, daß jemand eingetreten war, und feierlich, aber gedämpften Tones klangen die Weihnachtsmelodien nach wie vor durch die Kirche hin.

Übte sich der Alte für den kommenden Tag, oder feierte er hier sein Christfest allein für sich mit Psalmen und Choral? Lewin hatte sich die Frage kaum gestellt, als er, der Orgel gegenüber, einen zweiten Lichtschimmer wahrnahm; auf der untersten Stufe des Altars stand eine kleine Hauslaterne. Als er näher trat, sah er, daß Frauenhände hier eben noch beschäftigt gewesen sein mußten. Ein Handfeger lag da, daneben eine kurze Stehleiter, die beiden Seitenhölzer oben mit Tüchern umwunden. Das Licht der Laterne fiel auf zwei Grabsteine, die vor dem Altar in die Fliesen eingelegt waren; der eine zur Linken enthielt nur Namen und Datum, der andere zur Rechten aber zeigte Bild und Spruch. Zwei Lindenbäume neigten ihre Wipfel einander zu, und darunter standen Verse, zehn oder zwölf Zeilen. Nur die Zeilen der zweiten Strophe waren noch deutlich erkennbar und lauteten:

> Sie sieht nun tausend Lichter;
> Der Engel Angesichter
> Ihr treu zu Diensten stehn;
> Sie schwingt die Siegesfahne
> Auf güldnem Himmelsplane
> Und kann auf Sternen gehn.

Lewin las zwei-, dreimal, bis er die Strophe auswendig wußte; die letzte Zeile namentlich hatte einen tiefen Eindruck auf ihn gemacht, von dem er sich keine Rechenschaft geben konnte. Dann sah er sich noch einmal in der seltsam erleuchteten Kirche um, deren Pfeiler und Chorstühle ihn schattenhaft umstanden, und kehrte, die Türe leise wieder anlehnend, erst auf den Kirchhof, dann, mit raschem Sprung über die Mauer, auf die Dorfstraße zurück.

Der Krug hatte indessen ein verändertes Ansehen gewonnen. In der Gaststube war Licht; Krist stand am Schenktisch im eifrigen Gespräch mit dem Krüger, während die Frau, aus der Küche kommend, ein Glas Kirschpunsch auf den Tisch stellte. Sie plauderten noch eine Weile auch über den alten Küster drüben, der, seitdem er Witmann geworden, seinen Heiligen Abend mit Orgelspiel zu feiern pflege; dann, unter Händeschütteln und Wünschen für ein frohes Fest, wurde Abschied genommen, und an den stillen Dorfhütten vorbei ging es weiter in die Nacht hinein.

Lewin sprach von den Krügersleuten; Krist war ihres Lobes voll. Weniger wollt' er vom Bohlsdorfer Amtmann wissen, am wenigsten vom Petershagener Müller, an dessen abgebrannter Bockmühle sie eben vorüberfuhren. Aus allem ging hervor, daß

Krist, der allwöchentlich dieses Weges kam, den Klatsch der Bierbänke zwischen Berlin und Hohen-Vietz in treuem Gedächtnis trug. Er wußte alles und schwieg erst, als Lewin immer stiller zu werden begann. Nur kurze Ansprachen an die Ponys belebten noch den Weg. Die regelmäßige Wiederkehr dieser Anrufe, das monotone Schellenläuten, das alsbald wie von weit her zu klingen schien, legte sich mehr und mehr mit einschläfernder Gewalt um die Sinne unseres Helden. Allerhand Gestalten zogen an seinem halbgeschlossenen Auge vorüber; aber eine dieser Gestalten, die glänzendste, nahm er mit in seinen Traum. Er saß vor ihr auf einem niedrigen Tabouret; sie lachte ihn an und schlug ihn leise mit dem Fächer, als er nach ihrer Hand haschte, um sie zu küssen. Hundert Lichter, die sich in schmalen Spiegeln spiegelten, brannten um sie her, und vor ihnen lag ein großer Teppich, auf dem Göttin Venus in ihrem Taubengespann durch die Lüfte zog. Dann war es plötzlich, als löschten alle diese Lichter aus; nur zwei Stümpfchen brannten noch; es war wie eine schattendurchhuschte Kirche, und an der Stelle, wo der Teppich gelegen hatte, lag ein Grabstein, auf dem die Worte standen:

> Sie schwingt die Siegesfahne
> Auf güldnem Himmelsplane
> Und kann auf Sternen gehn.

Süß und schmerzlich, wie kurz vorher bei wachen Sinnen ihn diese Worte berührt hatten, berührten sie ihn jetzt im Traum. Er wachte auf.
»Noch eine halbe Meile, junger Herr«, sagte Krist.
»Dann sind wir in Dolgelin?«
»Nein, in Hohen-Vietz.«
»Da hab' ich fest geschlafen.«
»Dritthalb Stunn.«
Das erste, was Lewin wahrnahm, war die Sorglichkeit, mit der sich der alte Kutscher mittlerweile um ihn bemüht hatte. Der Futtersack war ihm unter die Füße geschoben, die beiden Pferdedecken lagen ausgebreitet über seinen Knien.
Nicht lange, und der Hohen-Vietzer Kirchturm wurde sichtbar. An oberster Stelle eines Höhenzuges, der nach Osten hin die Landschaft schloß, stand die graue Masse schattenhaft im funkelnden Nachthimmel.
Dem Sohne des Hauses schlug das Herz immer höher, sooft er dieses Wahrzeichens seiner Heimat ansichtig wurde. Aber er hatte heute nicht lange Zeit, sich der Eigentümlichkeit des Bildes zu freuen. Die beschneiten Parkbäume traten zwischen ihn und die Kirche, und einige Minuten später schlugen die Hunde an, und zwischen zwei Torpfeilern hindurch beschrieb der Schlitten eine Kurve und hielt vor der portalartigen Glastüre, zu der zwei breite Sandsteinstufen hinaufführten.
Lewin, der sich schon vorher erhoben hatte, sprang hinaus und schritt auf die Stu-

fen zu. »Guten Abend, junger Herr«, empfing ihn ein alter Diener in Gamaschen und Frackrock, an dem nur die großen blanken Knöpfe verrieten, daß es eine Livree sein sollte.

»Guten Abend, Jeetze; wie geht es?«

Aber über diesen Gruß kam Lewin nicht hinaus, denn im selben Augenblick richtete sich ein prächtiger Neufundländer vor ihm auf und überfiel ihn, die Vorderpfoten auf seine Schultern legend, mit den allerstürmischsten Liebkosungen.

»Hektor, laß gut sein, du bringst mich um.« Damit trat unser Held in die Halle seines väterlichen Hauses. Ein paar Scheite, die im Kamin verglühten, warfen ihr Licht auf die alten Bilder an der Wand gegenüber. Lewin sah sich um, nicht ohne einen Anflug freudigen Stolzes, auf der Scholle seiner Väter zu stehen.

Dann leuchtete ihm der alte Diener die schwere doppelarmige Treppe hinauf, während Hektor folgte. (…)

Weihnachtsmorgen

An Lewins Seele waren inzwischen unruhige Träume vorübergegangen. Die Fahrt im Ostwind hatte ihn fiebrig gemacht, und erst gegen Morgen verfiel er in einen festen Schlaf. Eine Stunde später begann es bereits im Hause lebendig zu werden; auf dem langen Korridor, an dessen Nordostecke Lewins Zimmer gelegen war, hallten Schritte auf und ab, schwere Holzkörbe wurden vor die Feuerstellen gesetzt und große Scheite von außen her in den Ofen geschoben. Bald darauf öffnete sich die Tür, und der alte Diener, der am Abend zuvor seinen jungen Herrn empfangen hatte, trat ein, einen Blaker in der Hand. Hektor blieb liegen, reckte sich auf dem Rehfell und wedelte nur, als ob er rapportieren wolle: Alles in Ordnung. Jeetze setzte das Licht, dessen Flamme er bis dahin mit seiner Rechten sorglich gehütet hatte, hinter einen Schirm und begann alles, was an Garderobestücken umherlag, über seinen linken Arm zu packen. Er selbst war noch im Morgenkostüm; zu den Samthosen und Gamaschen, ohne die er nicht wohl zu denken war, trug er einen Arbeitsrock von doppeltem Zwillich. Als er alles beisammen hatte, trat er, leise wie er gekommen war, seinen Rückzug an, dabei nach Art alter Leute unverständliche Worte vor sich hermurmelnd. An dem zustimmenden Nicken seines Kopfes aber ließ sich erkennen, daß er zufrieden und guter Laune war.

Die Türe blieb halb offen, und das erwachende Leben des Hauses drang in immer mahnenderen, aber auch in immer anheimelnderen Klängen in das wieder still gewordene Zimmer. Die großen Scheite Fichtenholz sprangen mit lautem Krach auseinander, von Zeit zu Zeit zischte das Wasser, das aus den naßgewordenen Stücken in kleinen Rinnen ins Feuer lief, und von der Korridornische her hörte man den sichern und regelrechten Strich, mit dem Jeetzes Bürste der Hacheln und Härchen, die nicht loslassen wollten, Herr zu werden suchte. Alles das war hörbar genug, nur Lewin hörte es nicht. Endlich beschloß Hektor, der Ungeduld Jeetzes und seiner eigenen ein Ende zu machen, richtete sich auf, legte beide Vorderpfoten aufs Deckbett und fuhr mit seiner Zunge über die Stirn des Schlafenden hin, ohne weitere Sorge, ob seine Liebkosungen willkommen seien oder nicht. Lewin wachte auf; die erste Verwirrung wich einem heiteren Lachen. »Kusch dich, Hektor«, damit sprang er aus dem Bett. Der Morgenschlaf hatte ihn frisch gemacht; in wenig Minuten war er angekleidet, ein Vorteil halb soldatischer Erziehung. Er durchschritt ein paarmal das Zimmer, betrachtete lächelnd einen mit vier Nadeln an die Tischdecke festgesteckten Bogen Papier, auf dem in großen Buchstaben stand: »Willkommen in Hohen-Vietz«, ließ seine Augen über ein paar Silhouettenbilder gleiten, die er von Jugend auf kannte und doch immer wieder mit derselben Freudigkeit begrüßte, und trat dann an eines der zugefrorenen Eckfenster. Sein Hauch taute die Eisblumen fort, ein Fleckchen, nicht größer wie eine Glaslinse, wurde frei, und sein erster Blick fiel jetzt auf die eben aufgehende Weihnachtssonne, deren roter Ball hinter dem Turmknopf der Hohen-Vietzer Kirche stand. Zwischen ihm und dieser Kirche erhoben sich die Bäume des hügelansteigenden Parkes, phantastisch bereift, auf einzelnen ein paar Raben, die in die Sonne sahen und mit Gekreisch den Tag begrüßten.

Lewin freute sich noch des Bildes, als es an die Türe klopfte.

»Nur herein!«

Eine schlanke Mädchengestalt trat ein, und mit herzlichem Kuß schlossen sich die Geschwister in die Arme. Daß es Geschwister waren, zeigte der erste Blick: gleiche Figur und Haltung, dieselben ovalen Köpfe, vor allem dieselben Augen, aus denen Phantasie, Klugheit und Treue sprachen.

»Wie freue ich mich, dich wieder hier zu haben. Du bleibst doch über das Fest? Und wie gut du aussiehst, Lewin! Sie sagen, wir ähnelten uns; es wird mich noch eitel machen.«

Die Schwester, die bis dahin wie musternd vor dem Bruder gestanden hatte, legte jetzt ihren Arm in den seinen und fuhr dann, während beide auf der breiten Strohmatte des Zimmers auf- und abpromenierten, in ihrem Geplauder fort.

»Du glaubst nicht, Lewin, wie öde Tage wir jetzt haben. Seit einer Woche flog uns nichts wie Schneeflocken ins Haus.«

»Aber du hast doch den Papa ...«

»Ja und nein. Ich hab' ihn und hab' ihn nicht; jedenfalls ist er nicht mehr, wie er war. Seine kleinen Aufmerksamkeiten bleiben aus; er hat kein Ohr mehr für mich, und wenn er es hat, so zwingt er sich und lächelt. Und an dem allen sind die Zeitungen schuld, die ich freilich auch nicht missen möchte. Kaum daß Hoppenmarieken in den Flur tritt und das Postpaket aus ihrem Kattuntuch wickelt, so ist es mit seiner Ruhe hin. Er geht an mir vorbei, ohne mich zu sehen. Briefe werden geschrieben; die Pferde kommen kaum noch aus dem Geschirr; zu Wagen und zu Schlitten geht es hierhin und dorthin. Oft sind wir tagelang allein. Ein Glück, daß ich Tante Schorlemmer habe, ich ängstigte mich sonst zu Tode.«

»Tante Schorlemmer! So findet alles seine Zeit.«

»Oh, sie braucht nicht erst ihre Zeit zu finden, sie hat immer ihre Zeit, das weiß niemand besser als du und ich. Aber freilich, eines ist meiner guten Schorlemmer nicht gegeben, einen öden Tag minder öde zu machen. Möchtest du, eingeschneit, einen Winter lang mit ihr und ihren Sprüchen am Spinnrad sitzen?«

»Nicht um die Welt. Aber wo bleibt der Pastor? Und wo bleibt Marie? Ist denn alles zerstoben und verflogen?«

»Nein, nein, sie sind da, und sie kommen auch und sind die alten noch; lieb und gut wie immer. Aber unsere Hohen-Vietzer Tage sind so lang und am längsten, wenn im Kalender die kürzesten stehen. Marie kommt übrigens heute abend; sie hat eben anfragen lassen.«

»Und wie geht es unserm Liebling?«

»In den drei Monaten, daß du nicht hier warst, ist sie voll herangewachsen. Sie ist wie ein Märchen. Wenn morgen eine goldene Kutsche bei Kniehases vorgefahren käme, um sie aus dem Schulzenhause mit zwei schleppentragenden Pagen abzuholen, ich würde mich nicht wundern. Und doch ängstigt sie mich. Aber je mehr ich mich um sie sorge, desto mehr liebe ich sie.«

Soweit waren die Geschwister in ihren Plaudereien gekommen, als Jeetze – nunmehr in voller Livree – in der Türe erschien, um seinen jungen Herrschaften anzukündigen, daß es Zeit sei.

»Wo ist Papa?«

»Er baut auf. Krist und ich haben zutragen müssen.«

»Und Tante Schorlemmer?«

»Ist im Flur. Die Singekinder sind eben gekommen.«

Lewin und Renate nickten einander zu und traten dann heiteren Gesichts und leichten Ganges, ein jeder stolz auf den andern, in den Korridor hinaus. In demselben Augenblick, wo sie an dem Treppenkopf angelangt waren, klang es weihnachtlich von hellen Kinderstimmen zu ihnen herauf. Und doch war es kein eigentliches Weihnachtslied. Es war das alte »Nun danket alle Gott«, das den märkischen Kehlen am geläufigsten ist und am freiesten aus ihrer Seele kommt. »Wie schön«, sagte Lewin und horchte, bis die erste Strophe zu Ende war.

Als die Geschwister im Niedersteigen den untersten Treppenabsatz erreicht hatten, hielten sie abermals und überblickten nun das Bild zu ihren Füßen. Die gewölbte Flurhalle, groß und geräumig, trotz der Eichenschränke, die umherstanden, war mit Menschen, jungen und alten, gefüllt; einige Mütterchen hockten auf der Treppe, deren unterste Stufen bis weit in den Flur hinein vorsprangen. Links, nach der Park- und Gartentür zu, standen die Kinder, einige sonntäglich geputzt, die anderen notdürftig gekleidet, hinter ihnen die Armen des Dorfes, auch Sieche und Krüppel; nach rechts hin aber hatte alles, was zum Hause gehörte, seine Aufstellung genommen: der Jäger, der Inspektor, der Maier, Krist und Jeetze, dazu die Mägde, der Mehrzahl nach jung und hübsch und alle gekleidet in die malerische Tracht dieser Gegenden, den roten Friesrock, das schwarzseidene Kopftuch und den geblümten Manchester-Spenzer. In Front dieser bunten Mädchengruppe gewahrte man eine ältliche Dame über fünfzig, graugekleidet mit weißem Tuch und kleiner Tüllhaube, die Hände gefaltet, den Kopf vorgebeugt, wie um dem Gesange der Kinder mit mehr Andacht folgen zu können. Es war Tante Schorlemmer. Nur als die Geschwister auf dem Treppenabsatz erschienen, unterbrach sie ihre Haltung und erwiderte Lewins Gruß mit einem freundlichen Nicken.

Nun war auch der zweite Vers gesungen, und die Weihnachtsbescherung an die Armen und Kinder des Dorfes, wie sie in diesem Hause seit alten Zeiten Sitte war, nahm ihren Anfang. Niemand drängte vor; jeder wußte, daß ihm das Seine werden würde. Die Kranken erhielten eine Suppe, die Krüppel ein Almosen, alle einen Festkuchen, an die Kinder aber traten die Mägde heran und schütteten ihnen Äpfel und Nüsse in die mitgebrachten Säcke und Taschen.

Das Gabenspenden war kaum zu Ende, als die große, vom Flur aus in die Halle führende Flügeltüre von innen her sich öffnete und ein heller Lichtschein in den bis dahin nur halb erleuchteten Flur drang. Damit war das Zeichen gegeben, daß nun dem Hause selber beschert werden solle.

Der alte Vitzewitz trat zwischen Türe und Weihnachtsbaum, und Lewins ansichtig werdend, der am Arm der Schwester dem Festzug voraufschritt, rief er ihm zu: »Willkommen, Lewin, in Hohen-Vietz.« Vater und Sohn begrüßten sich herzlich; dann setzten die Geschwister ihren Umgang um die Tafel fort, während draußen im Flur die Kinder wieder anstimmten:

> Lob, Ehr' und Preis sei Gott
> Dem Vater und dem Sohne,
> Und auch dem Heil'gen Geist
> Im hohen Himmelsthrone.

Der Zug löste sich nun auf, und jeder trat an seinen Platz und seine Geschenke. Alles gefiel und erfreute, die Schals, die Westen, die seidenen Tücher. Da lagerte kein Unmut, keine Enttäuschung auf den Stirnen; jeder wußte, daß schwere Zeiten waren, und daß der viel heimgesuchte Herr von Hohen-Vietz sich mancher Entbehrung unterziehen mußte, um die gute Sitte des Hauses auch in bösen Tagen aufrechtzuerhalten.

Zu beiden Seiten des Kamins, über dessen breiter Marmorkonsole das überlebensgroße Bild des alten Matthias aufragte, waren auf kleinen Tischen die Gaben ausgebreitet, die der Vater für Lewin und Renaten gewählt hatte. Lieblingswünsche hatten ihre Erfüllung gefunden, sonst waren sie nicht reichlich. An Lewins Platz lag eine gezogene Doppelbüchse, Suhler Arbeit, sauber, leicht, fest, eine Freude für den Kenner.

»Das ist für dich, Lewin. Wir leben in wunderbaren Tagen. Und nun komm und laß uns plaudern.«

Beide traten in das nebenan gelegene Zimmer, während in der Halle die Weihnachtslichter niederbrannten.

Gottfried Keller
1819–1890

Weihnachtsmarkt

Welch' lustiger Wald um das graue Schloß
Hat sich zusammen gefunden,
Ein grünes bewegliches Nadelgehölz,
Von keiner Wurzel gebunden!

Anstatt der warmen Sonne scheint
Das Rauschgold durch die Wipfel;
Hier backt man Kuchen, dort brät man Wurst,
Das Räuchlein zieht um die Gipfel.

Es ist ein fröhliches Leben im Wald,
Das Volk erfüllet die Räume;
Die nie mit Tränen ein Reis gepflanzt,
Die fällen am frohsten die Bäume.

Der Eine kauft ein bescheidnes Gewächs
Zu überreichen Geschenken,
Der Andre einen gewaltigen Strauch,
Drei Nüsse daran zu henken.

Dort feilscht um ein verkrüppeltes Reis
Ein Weib mit scharfen Waffen,
Der dünne Silberling soll zugleich
Den Baum und die Früchte verschaffen!

Mit glühender Nase schleppt der Lakai
Die schwere Tanne von hinnen,
Das Zöfchen trägt ein Leiterchen nach,
Zu ersteigen die grünen Zinnen.

Und kommt die Nacht, so singt der Wald
Und wiegt sich im Gaslichtscheine;
Bang führt die arme Mutter ihr Kind
Vorüber dem Zauberhaine.

Einst sah ich einen Weichnachtsbaum:
Im düstern Bergesbanne
Stand eisbezuckert auf dem Granit
Die alte Wettertanne.

Und zwischen den Ästen waren schön
Die Sterne aufgegangen,
Am untersten Ast sah ich entsetzt
Die alte Schmidtin hangen.

Hell schien der Mond ihr in's Gesicht.
Das festlich still verkläret;
Weil sie auf der Welt sonst nichts besaß,
Hatte sie sich selbst bescheret.

Im Schnee

Wie naht das finster türmende
Gewölk so schwarz und schwer!
Wie jagt der Wind, der stürmende,
Das Schneegestöber her!

Verschwunden ist die blühende
Und grüne Weltgestalt;
Es eilt der Fuß, der fliehende,
Im Schneefeld naß und kalt.

Wohl dem, der nun zufrieden ist
Und innerlich sich kennt!
Dem warm ein Herz beschieden ist,
Das heimlich loht und brennt!

Wo, traulich sich dran schmiegend, es
Die wache Seele schürt,
Ein perlend, nie versiegendes
Gedankenbrauwerk rührt!

Conrad Ferdinand Meyer
1825–1898

Weihnacht in Ajaccio

Reife Goldorangen fallen sahn wir heute, Myrte blühte,
Eidechs glitt entlang der Mauer, die von Sonne glühte.

Uns zu Häupten neben einem morschen Laube flog ein Falter –
Keine herbe Grenze scheidet Jugend hier und Alter.

Eh' das welke Blatt verweht ist, wird die Knospe neu geboren –
Eine liebliche Verwirrung, schwebt der Zug der Horen.

Sprich, was träumen deine Blicke? Fehlt ein Winter dir, ein bleicher?
Teures Weib, du bist um einen lichten Frühling reicher!

Liebst du doch die langen Sonnen und die Kraft und Glut der Farben!
Und du sehnst dich nach der Heimat, wo sie längst erstarben?

Horch! durch paradieseswarme Lüfte tönen Weihnachtsglocken!
Sprich, was träumen deine Blicke? Von den weißen Flocken?

Die Schlittschuhe

»Hör', Ohm! In deiner Trödelkammer hangt
Ein Schlittschuhpaar, danach mein Herz verlangt!
Von London hast du einst es heimgebracht,
Zwar ist es nicht nach neuster Art gemacht,
Doch damasziert, verteufelt elegant!
Dir rostet ungebraucht es an der Wand,
Du gibst es mir!« Hier, Junge, hast du Geld,
Kauf' dir ein schmuckes Paar, wie dir's gefällt!
»Ach was! Die damaszierten will ich, deine!
Du läufst ja nimmer auf dem Eis, ich meine?«
Der liebe Quälgeist läßt mir keine Ruh,

Er zieht mich der verschollnen Stube zu;
Da lehnen Masken, Klingen kreuz und quer
An Bayles staubbedecktem Diktionär,
Und seine Beute schon erblickt der Knabe
In dunkelm Winkel hinter einer Truhe:
»Da sind sie!« Ich betrachte meine Habe,
Die Jugendschwingen, die gestählten Schuhe.
Mir um die Schläfen zieht ein leiser Traum ...
»Du gibst sie mir!« ... In ihrem blonden Haar,
Dem aufgewehten, wie sie lieblich war,
Der Wangen edel Blaß gerötet kaum! ...
In Nebel eingeschleiert lag die Stadt,
Der See, ein Boden spiegelhell und glatt,
Drauf in die Wette flogen, Gleis an Gleis,
Die Läufer; Wimpel flaggten auf dem Eis ...
Sie schwebte still, zuerst umkreist von vielen
Geflügelten wettlaufenden Gespielen –
Dort stürmte wild die purpurne Bacchantin,
Hier maß den Lauf die peinliche Pedantin –
Sie aber wiegte sich mit schlanker Kraft,
Und leichten Fußes, lustig, elfenhaft
Glitt sie dahin, das Eis berührend kaum,
Bis sich die Bahn in einem weiten Raum
Verlor und dann in schmalre Bahnen teilte.
Da lockt' es ihren Fuß in Einsamkeiten,
In blaue Dämmerung hinauszugleiten,
Ins Märchenreich; sie zagte nicht und eilte
Und sah, daß ich an ihrer Seite fuhr,
Nahm meine Hand und eilte rascher nur.
Bald hinter uns verklang der Menge Schall,
Die Wintersonne sank, ein Feuerball;
Doch nicht zu hemmen war das leichte Schweben,
Der sel'ge Reigen, die beschwingte Flucht,
Und warme Kreise zog das rasche Leben
Auf harterstarrter, geisterhafter Bucht.
An uns vorüber schoß ein Fackellauf,
Ein glüh Phantom, den grauen See hinauf ...
In stiller Luft ein ungewisses Klingen,
Wie Glockenlaut, des Eises surrend Singen ...
Ein dumpf Getos, das aus der Tiefe droht –

Sie lauscht, erschrickt, ihr graut, das ist der Tod!
Jäh wendet sie den Lauf, sie strebt zurück,
Ein scheuer Vogel, durch das Abenddunkel,
Dem Lärm entgegen und dem Lichtgefunkel,
Sie löst gemach die Hand ... o Märchenglück!
Sie wendet sich von mir und sucht die Stadt,
Dem Kinde gleich, das sich verlaufen hat –
»Ei, Ohm, du träumst? Nicht wahr, du gibst sie mir,
Bevor das Eis geschmolzen?« ... Junge, hier.

Paul Heyse
1830–1914

Wilibald und Frosinchen

Es war schönes Weihnachtswetter in München. Der starre Frost der letzten Tage hatte sich gebrochen, der Schnee knirschte nicht mehr unter den Tritten der hastigen Menge, die sich durch die Straßen bewegte, und der halberloschene Mond, der aus dem bleifarbenen Dunst nur trübe vorblickte, kündete Tauwind für die Feiertage an. Auch die Laternen flackerten nur schwach durch ihre feuchtbeschlagenen Gläser mit rötlich-zuckenden Strahlen, die nur in der Höhe einen ungewissen Lichtkreis schufen. Gleichwohl war es unten hell genug, um allen irdischen Geschäften nachzugehen. Die glänzend beleuchteten Schaufenster warfen ihren Schein weit über das Pflaster hinaus, und da der Feierabend eben angebrochen war, brannten auch schon in vielen Häusern die Kerzen an den Weihnachtsbäumen, so daß es an manchen Stellen taghell war und, wer Zeit dazu hatte, das Menschengewühl, das sich in lautloser Geschäftigkeit hin und her trieb, so deutlich wie in einem festlich erleuchteten Ballsaal mustern konnte.

Dazu schien aber niemand aufgelegt von den Hunderten, die, mit Paketen und Körben beladen, eilig ihres Weges gingen. Sonst hätte eine wunderliche Figur, die langsam mitten auf dem Fahrweg dahinschritt, wohl einiges Aufsehen erregt, wenn nicht gar ein Trüpplein mutwilliger Jugend sich nachgezogen.

Es war das ein kleiner Mann in einem dunkeln, bis auf die Knöchel herabreichenden Radmantel, dessen rechten Zipfel er über die linke Schulter geworfen hatte. Auf dem Kopf trug er einen hohen Zylinderhut, schief aufs linke Ohr gerückt, nicht um sich einen verwegenen Anstrich zu geben, sondern weil er die Hände nicht frei hatte, ihn geradezusetzen. Auch sonst war an ihm nicht alles in der Richte. Sein Rücken wölbte sich in einer beträchtlichen Krümmung, und die rechte Schulter trat merklich höher hervor als die linke. Von vorn war die Ungestalt nicht allzu auffällig. Man sah nur, daß der Kopf etwas ängstlich zwischen den Schultern steckte, das wohlgebildete Gesicht aber mit den lebhaft glänzenden dunkeln Augen und dem schwachen bräunlichen Bart, unter dem, da der kleine Mann häufig lächelte, die blanken Zähne angenehm vorblitzen, machte einen gewinnenden Eindruck. So hätte man ihm auch am hellen Tage keine sonderliche Beachtung geschenkt. Was ihn aber an diesem heiligen Abend auffallend machen mußte, wenn nicht jeder mit sich selbst zu tun gehabt hätte, war die sonderbare Art, mit der er ein großes Schaukelpferd transportierte. Den Kopf mit dem hohen Hut hatte er unter dem Bauch des ungefügen Spielzeugs durchgesteckt, daß ihm der eine Steigbügel über die Achsel herabhing, der Leib des Tieres mit dem Sattelzeug ruhte auf seinem gewölbten Rücken, während er die geschwungenen Wiegenfüße vorn vor der Brust mit den Händen umspannt hatte und so das Gleichgewicht seiner Last auf das bequemste herstellte.

Er schien sich auf seinen Einfall, das Pferdchen auf diese Weise fortzuschaffen, etwas zugute zu tun. Denn er erwiderte den heiteren Blick, mit dem hie und da ein Begegnender ihn streifte, mit einem vergnügten Lächeln und trug trotz der Schwere seiner Bürde den Kopf so hoch und ließ die Augen so stolzzufrieden umherschweifen, wie ein rüstiger Jäger, der eine erlegte Wildsau sich auf den Rücken geladen hat und die vier zusammengeschnürten Läufe vorn mit starker Faust umschlossen hält.

So hatte er, ohne sich zu übereilen, die Straßen durchschritten, in denen sich die Menge um die Kaufläden drängte, und gelangte jetzt auf den freien Platz vor der dunklen Feldherrnhalle, von dem aus die breite Straße mit ihren schnurgeraden Laternenreihen zum Siegestor hinunterläuft. Hier umgab ihn plötzlich, da in der Via triumphalis keine Läden zu finden sind, eine so tiefe Stille und Öde, daß ihm fast feierlich zumute wurde. Ohne die Last von den Schultern zu heben, stand er ein paar Augenblicke still, zog mit einiger Mühe ein Tüchlein aus der tiefverstecktem Manteltasche und trocknete sich Stirn und Gesicht, auf denen trotz der Dezembernachtluft große Tropfen standen. Der Hut fiel ihm dabei in den Nacken, zum Glück durch den kleinen Sattel aufgehalten. Immerhin kostete es Künste, ihn wieder zu fassen und an seinen Ort zu setzen, worüber es dem kleinen Manne von neuem schwül wurde. Es störte ihn aber auch dieser Zwischenfall durchaus nicht in seiner guten Laune. Hoppla! machte er, wie ein Reitknecht, der in der Rennbahn sein Pferd antreibt, rückte sich's wieder ins Gleichgewicht und schickte sich an, seinen Weg fortzusetzen, der ihn die lange Straße hinab noch eine gute Strecke über das Siegestor hinausführen sollte.

Da hörte er dicht hinter sich ein helles Lachen und gleich darauf ein Guten Abend, Herr *Wilibald!* von einer feinen Stimme, die ihm gar wohlbekannt war. Sofort blieb er wieder stehen und machte eine halbe Wendung, so hurtig es ihm seine Last erlaubte, um sich nach dem Gesicht umzusehen, das neben ihm in dem Schneezwielicht auftauchte.

Ein blasses junges Mädchengesicht mit großen schwärmerischen Augen, soviel sich bei dem unsicheren Laternenschein und unter dem Schleierchen, das bis auf die Spitze der stumpfen kleinen Nase herabreichte, erkennen ließ. Er aber kannte jeden Zug darin. War es ihm doch anderthalb Jahre lang jeden Morgen und Abend begegnet, da es seiner Hausgenossin gehörte. Und doch kam es ihm jetzt fremd vor. Denn der nicht gerade kleine aber schöngeschweifte Mund, der sich lachend öffnete und die hübschen Zähne sehen ließ, war für gewöhnlich streng geschlossen, oder wurde nur durch ein Lächeln belebt, bei dem die kleine Falte, die sich am linken Mundwinkel eingegraben, kaum verschwand.

Darum sagte Herr Wilibald mit unverhohlenem Erstaunen: Sie sind es, Fräulein *Frosinchen?* Sie sind ja ungewöhnlich lustig. Was ist Ihnen denn so Amüsantes begegnet?

Oh, Herr Wilibald, antwortete das Mädchen, das auf einmal wieder ernsthaft geworden war, verzeihen Sie mir's, es war unartig von mir, so grad hinauszulachen, aber mit dem Pferd am Rücken – wenn Sie sich selber sehen könnten – und der Hut, der Ihnen so schief sitzt – Sie müssen mir's nicht übelnehmen –

Ja so! unterbrach er sie und lachte nun ebenfalls, da auch sie trotz des besten Willens von neuem anfing, – ich nehm's Ihnen gar nicht übel. Es muß wohl ein Anblick für Götter sein, aber wahrhaftig, das Lachen ist mir bisher vergangen. Der Gaul hat mich gehörig in Schweiß gebracht, da er mich reitet, statt selbst geritten zu werden. Sehen Sie, in dem Laden, wo ich ihn kaufte, wollten sie ihn mir nachschicken, aber zu uns hinaus ist's weit, und ein Packträger, dem ich den Weg hätte zeigen können, – mein Gott, am Heiligabend ist's schwer, einen aufzutreiben. Da lud ich mir ihn selbst auf den Rücken, damit ich sicher wäre, daß er heute noch richtig ankommt. Die Peitsche, die dazu gehört, steckt in meiner Rocktasche, neben einem Bilderbuch. Der Hansel muß doch auch wissen, daß Weihnachten ist und das Onkel Wilibald mit dem Christkindchen seinetwegen gesprochen hat.

Oh, sagte das Mädchen eifrig, Tante Frosinchen will sich auch nicht drum anschauen lassen. Da schauen Sie, wie ich bepackt bin. In dieser Stranitze sind Lebkuchen, in dieser Äpfel und Nüsse und ein Kletzenbrot, und das Hauptstück, der warme Kittel, den ich ihm geschneidert hab', liegt zu Hause parat. (…)

Wo werden wir ihm denn aber aufbauen? sagte Herr Wilibald, während sie jetzt auf das dunkle Haus zugingen. Vorige Weihnachten bescherten wir ihm ja unten beim Großpapa. Sie entsinnen sich noch, Fräulein Frosinchen, wie ungemütlich es war. Der Alte, der wieder halb umnebelt war, knurrte uns an, als ob wir zum Stehlen, nicht zum Bringen bei ihm eingebrochen wären. Seit ihm die Beine angeschwollen sind und er sein Geschäft hat aufgeben müssen, kommt er sich vor, als müsse er noch einmal *sitzen,* und die alte Zuchthäuslerstimmung ist wieder in ihm aufgewacht. Damals war zum Glück noch die Kathi bei ihm, das gute dicke Trampeltier, das ja auch Hansels Mutter zu Tode gepflegt und den Kleinen so treu versorgt hat. Seitdem er die in einem seiner Wutanfälle mißhandelt und weggejagt hat, hat's ja keine ordentliche Person mehr bei ihm ausgehalten. Denn das fahrige junge Ding, die Loni – nun, Sie kennen sie ja – zu ihren anderen Tugenden hat sie noch eine starke Neigung zu allem Süßen. Denken Sie, von dem Kuchen, den ich neulich dem Hansel mitbrachte, hat das arme Kerlchen kaum die Hälfte zu essen gekriegt – er hat mir's selbst geklagt –, und Ihre schönen Düten würden den zweiten Feiertag wohl nicht mehr erleben, wenn Sie sie unten ließen. Es wäre vielleicht das beste, setzte er zögernd hinzu, wir zündeten das Bäumchen, das ich gestern besorgt, in Ihrem Zimmer an. Da hätten Sie die Bescherung immer im Auge.

Nein, nein, Herr Wilibald, erwiderte sie eifrig und errötete, so daß er es selbst unterm Schleier und bei dem schwachen Laternenlicht der einsamen Straße sehen konnte. Bei mir ist's unmöglich. Sie wissen ja –

Wegen der Hausordnung? Nun, die brauchte ich ja nicht zu verletzen. Sie ließen nur die Türe offen, ich stellte mir einen Stuhl vor die Schwelle und betrachtete mir die Herrlichkeit ganz gemütlich von außen, wie Moses vom Berg in das Gelobte Land schaute. Oder wollen Sie lieber mir die Ehre geben? Am Heiligabend und in Hansels Gesellschaft machen Sie wohl mal eine Ausnahme.

Sie bedachte sich einen Augenblick. Das beste wird sein, sagte sie dann rasch, wir machen's im Flur; das Bäumchen wird auf den Tisch gestellt, das andere legen wir drum herum, und über das Schaukelpferd hängen wir ein Tuch, daß es ihm erst gar nicht in die Augen fällt, bis er sich an den anderen Sachen satt gefreut hat, dann gibt's noch erst die größte Überraschung. Meinen Sie nicht auch?

Sie haben recht, sagte er. Das Richtige liegt auch diesmal genau in der Mitte. 's ist ein bißchen klamm im Flur, aber der Hansel wird sich warmfreuen und wir mit ihm; und wenn wir in beiden Zimmern brav heizen und die Türen auflassen, bringen wir's wohl auch draußen bis auf zehn Grad. Erst müssen Sie natürlich soupieren. Ich putze indessen den Baum.

Ich koche heute nicht, versetzte sie. Ich habe schon in der Stadt zu Mittag gegessen, damit es für die Bescherung nicht zu spät würde. Es kann gleich angehen. Und da sind wir ja endlich.

Sie standen wirklich vor dem Häuschen, das mit seinen fünf schwarzen Fenstern sie unwirtlich genug anblickte. Mit einem Seufzer der Erlösung lud sich der kleine Mann, nachdem er sich mühsam durch die enge Gittertür des Vorgärtchens gewunden, seine Last von den Schultern und trocknete sich die Stirn. Aber er machte noch nicht Miene, die Schwelle zu betreten.

Fräulein Frosinchen, sagte er, Sie haben mich vorige Weihnachten gescholten, daß ich mir die Freiheit nahm, Ihnen eine ganz unbedeutende Kleinigkeit zu verehren.

Ich habe Ihnen versprechen müssen, Ihnen nie wieder was zu schenken. Sie wußten, daß ich mir mein Leben sauer verdienen mußte. Aber die Verhältnisse haben sich geändert, ich bin ein gemachter Mann, also ein anderer, als der Ihnen jenes Versprechen gab. Daher halte ich mich für berechtigt, Ihnen heut zur Feier des Tages ein ganz lumpiges Präsent zu machen. Da – und er holte etwas sorgfältig Eingewickeltes unter dem Mantel hervor – nehmen Sie dies geringe Andenken ohne Widerrede von mir an, als ein Zeichen meiner großen Hochachtung vor Ihnen, und halten Sie sich nur ja nicht damit auf, mir danken zu wollen. Wenn ich anfangen wollte, Ihnen zu sagen, wieviel ich, seit Sie im Hause sind, Ihnen schuldig geworden bin – und wie Ihre immer gleiche Freundlichkeit – ein einsamer Kauz, wie ich bin und bleiben werde – Sie erlassen mir das weitere – denn wirklich, es würde zu weit führen, wenn ich –

Oh, Herr Wilibald, unterbrach ihn das Mädchen, das mit zitternder Hand das Paketchen hielt und in höchster Verwirrung vor sich niedersah – nein, das ist zu viel, vielzuviel Güte, die ich gar nicht verdiene, und nun schäme ich mich erst recht! Denn was ich Ihnen zugedacht hatte, eine so ganz wertlose kleine Handarbeit – Sie sollten nur daraus sehen, daß ich kein undankbares Herz habe und alles, was Sie für mich getan haben – und wie sie mich nicht zu gering achten, sich mit einer so einfältigen Person zu unterhalten über so viel schöne Gedanken – da nehmen Sie's, aber sehen Sie's erst an, wenn ich nicht dabei bin. Sie werden über meinen ungeschickten guten Willen doch nur die Achseln zucken.

Damit hatte sie ein kleines Päckchen in Seidenpapier aus der Tasche gezogen und drückte es ihm hastig in die Hand, indem sie zugleich auf die Haustür zuschritt.

Liebes Frosinchen, sagte er, und seine Stimme klang leise und bewegt, Sie sind – Sie haben das beste Herz von der Welt. Das Achselzucken ist meine Sache nicht, auch wenn die meinen nicht schon von Natur hoch genug wären. Wissen Sie, daß Sie mir die erste Weihnachtsfreude gemacht haben, die ich seit dem Tode meines guten Vaters erlebt habe? Ich danke Ihnen tausendmal. Und jetzt, nachdem wir beide uns hier unter freiem Himmel beschert haben, lassen Sie uns unserm Kleinen seinen Weihnachtsbaum anzünden.

Sie hatten sich die Hände gegeben und herzlich gedrückt. Dann öffnete Herr Wilibald die unverschlossene Haustür und trat, das Pferdchen unterm Arm, auf den Zehen in den dunklen Flur. Wir müssen uns ganz sacht vorbeischleichen, flüsterte er ihr zu. Er soll nichts von uns hören und sehen, bis der Aufbau fertig ist. Es rührt sich auch nichts in der Stube des Großpapas; der Alte scheint zu schlafen, und der Hansel ist am Ende auch eingenickt, da er sich langweilte, der arme Kerl. Von dem unnützen Ding, der Loni, natürlich keine Spur, die wird mit irgendeinem Schatz in die Stadt entwischt sein, sich die Läden zu beschauen. Um so besser; so sind wir ungestört. Aber Sie müssen mir wirklich helfen, den Pegasus die Stufen hinauf zu beflügeln. Die Stiege ist zu schmal, um ihn in der Quere zu tragen.

Sie hatte schon Hand angelegt, und so schlichen sie, das Pferdchen zwischen sich in der Schwebe haltend, durch das kalte, dunkle Haus die steile Treppe hinauf und setzten es oben leise nieder. Da ließen sie es stehen, und jedes ging in seine Wohnung, die Tür hinter sich zuziehend.

Sobald sie aber allein waren, zündeten sie eilig ihre Lämpchen an und schälten die Angebinde, die sie voneinander empfangen, aus der Verpackung heraus. Herr Wilibald hielt ein ledernes Brieftäschen in der Hand, in dessen Innenseite sich eine zierliche Stickerei aus Seiden- und Goldfäden befand, einen Kranz von Lorbeer- und Eichenblättern darstellend, der um eine goldene Lyra geschlungen war. Die schmalen Finger Frosinchens hatten manchen langen Sonntag zu tun gehabt, bis sie das kleine Kunstwerk zustande gebracht. Sie aber fand eine kleine Schachtel, in welcher auf rosafarbener Baumwolle eine zierliche Granatbrosche lag. Hinter derselben war eine flache Glaskapsel angebracht, die ein Miniaturhaarlöckchen einschloß, und ein Zettel lag in der Schachtel mit der Aufschrift: Der treuen Pflegemama von ihrem kleinen Hansel zum Andenken.

Der hinterlistige Freund hatte dieses einfache Schmuckstück schon vor seiner Anstellung besorgt, also noch bevor er »ein gemachter Mann« geworden war, und hatte den Bruch seines Versprechens, ihr nichts zu schenken, damit beschönigen wollen, daß er es im Namen des Kleinen ihr in die Hände spielte. Denn es war ihm aufgefallen, daß sie nie auch nur den bescheidensten Goldzierat, wie ihn jede Magd sich gönnen darf, an ihrem Kleide oder an den feinen Handgelenken trug, und als er sie einmal darum befragt, hatte sie verlegen geantwortet, sie habe einmal all ihr bißchen Schmuck verkaufen müssen und seitdem immer nötigere Ausgaben gehabt. Jetzt aber war sie so freudig bestürzt über das Kleinod, das in seiner Einfachheit wirklich sehr hübsch war, daß sie ohne alle Nebengedanken sich wie ein Kind nur mit der Gabe beschäftigte und sogar den Geber einen Augenblick darüber vergaß. Geschwind trat sie vor ihren kleinen Spiegel, steckte sich die Nadel vor, lachte sich an, als sie sah, wie gut sie sie kleidete. Dann aber fiel ihr aufs Herz, daß sie sich noch gar nicht recht bedankt hatte, und sie öffnete ihre Tür, um den Nachbar ihre Freude sehen zu lassen. Da trat er zu gleicher Zeit aus seiner Kammer drüben, das Brieftäschchen in der Hand. Es ist zu schön! riefen sie wie aus *einem* Munde, und mußten über das Zusammentreffen lachen, und näherten sich dann halb verlegen einander, um sich nochmals die Hand zu drücken, während jedes vergebens sich auf eine ausführlichere Dankrede besann, die nicht zustande kam.

Wir sind aber schlechte Pflegeeltern! rief endlich der kleine Mann mit drolliger Heftigkeit. Schämen sollten wir uns, daß wir großen Kinder über den eigenen Weihnachtsfreuden unseren Kleinen vergessen, der unten frieren und hungern wird, wenn er nicht drüber eingeschlafen ist. Geschwind, kleine Mama, stellen Sie Ihre Lampe dort auf den Kasten, und ich trage den Baum heraus. Die Lichter hab' ich schon aufgesteckt. Nun müssen wir noch die Äpfel und Nüsse anhängen.

Das ging hurtig genug vonstatten, da das Frosinchen nur solche Nüsse gekauft hatte, in denen bereits ein mit einer Schleife versehenes Hölzchen steckte. Während er die kleinen goldenen Kügelchen zwischen den Tannenzweigen befestigte, versah sie die Äpfel, die gleichfalls auf der einen Backe einen schönen Flecken von Goldschaum trugen, mit Fäden am Stengel und legte einen nach dem andern ihrem Gefährten hin, der die Dekoration im ganzen besorgte. Dabei wechselten sie nicht das leiseste Wort. Nur manchmal berührten sich in der Hast der Arbeit ihre Hände, und hin und wieder flog ein vertrauter Blick herüber und hinüber, voll heimlicher Vorfreude auf das kleine Fest, das sie bereiteten.

Nun stand der Baum in seiner vollen Glorie fertig da. Über den alten Tisch hatte sie ein weißes Tuch gebreitet, auf welches sie jetzt die Näschereien legte; zur Linken das Bilderbuch und die Peitsche, rechts auf den Rohrstuhl das Kleid, das sie gefertigt hatte. Auf der anderen Seite, dem Sessel gegenüber, mit Herrn Wilibalds Radmantel zugedeckt, stand das Hauptstück, das Schaukelpferd, das erst zuletzt enthüllt werden sollte.

So! sagte der kleine Mann mit unverhohlener Befriedigung. Nun macht sich's wunderschön, nun kann's losgehen. Während Sie jetzt den jungen Herrn heraufholen, werde ich die Lichter anzünden. Den Abend, denk' ich, beschließen wir mit einem feierlichen Tee, in welchen ich mir ausnahmsweise ein bißchen Rum gießen werde. Ich habe mir alles Nötige von der Loni besorgen lassen. Sie werden sich nicht weigern, Frosinchen, auf diesem neutralen Boden heut abend mein Gast zu sein und den Weihnachtspunsch zu kosten.

Eine Weihnachtsepistel

Du neidest mich mit deinem gönnenden
Selbstlosen Neide, Freund, um all den Zauber
An Farb' und Licht und immergrünem Flor
Des Winters hier im Süden. Einzig nur,
Daß es um Weihnacht uns an Schnee und Eis
Und Schlittenbahn gebricht, »was doch durchaus
Gehört zu einem *richtigen* heil'gen Christ«,
Müss' ich wohl auch beklagen.

                            Freilich war's
Mir selbst verwunderlich, als frühe schon
Die heil'ge Nacht vom klaren Firmament
Herabsank und ich hoch am Bergeshang
Hinschlendernd auf den See herniedersah, –
Weitum der Ufer reingeschwungner Ring,

Der einer edlen Silberschale gleich
Die dunkle Flut umfaßte, – daß mich noch
So lind die Luft umspielte, wie bei euch
Im Mai, und dachte: Heut ist Heiligabend;
Heut flockt vielleicht der Schnee in dichtem Schwarm
Auf Münchens Gassen, oder schneit es nicht,
So heult ein rauher Winterwind mit Macht
Weit vom Gebirg daher, daß, die verspätet
Noch unterwegs sind, ihre roten Nasen
Tief in den Kragen stecken und trotzdem
Den trefflichsten Katarrh nach Hause bringen. –
Nun, ländlich sittlich. Auch ein Schnupfen wohl
Gehört zu einem »richtigen« Weihnachtsfest,
Und mit Sylvesterpunsch kuriert man ihn.

Mich aber dünkt, die *erste* Weihnacht, die
Historische, hat von Katarrhen nichts
Und Sturm und Schnee gewußt. Lag doch, gehüllt
In leichte Windeln nur, im offnen Stall
Das liebe Christkind. Und die Hirten, die
Des Engels Botschaft hörten, ihre Herden
Auf freiem Felde hütend bei der Nacht,
Sie krochen frierend nicht in dumpfe Hütten,
Denn lau und lieblich war die Luft. Auch ragt'
Ein Lorbeer wohl hoch an des Stalles Mauer
Und strömte seinen Duft aufs Kripplein nieder,
Noch ehe die drei Könige mit Weihrauch
Und Myrrhen kamen. Eines Palmbaums Krone
War ausgebreitet als ein Baldachin
Zum Schirm der dürft'gen Wiege. Drinnen aber
Das Himmelskind bedurfte wahrlich nicht
Der goldnen Kerzchen unsrer Weihnachtstannen.
Denn in der Nacht des Südens funkelte,
Geschart um jenen Leitstern, das Gewimmel
Der Goldgestirne – fast wie überm See
Sie heut erglänzen, wo aus tiefem Blau
Sie nach und nach aufglimmen, während rings
Geläut ertönt – meinst du nicht doch, man könn'
Auch ohne Schnee und Eis an dieser Stätte
Die *richtige* Weihnacht feiern? – – –

Marie von Ebner-Eschenbach
1830–1916

Das Weihnachtsfest war nahe

Das Weihnachtsfest war nahe, wir konnten die Tage bis zum 24. Dezember schon an den Fingern abzählen, als sich etwas begab, das uns in die größte Aufregung versetzte. Vor unsern Nasen gleichsam verschwanden unsere Puppen. Auf einmal waren alle fort. Eine vollständige Puppenauswanderung hatte stattgefunden.

Das Bett, in das Fritzi gestern noch ihre älteste Tochter, die große Christine, schlafen gelegt hatte – leer. Die Angehörigen Christinens hinweggefegt, als ob sie nie dagewesen wären. Meine blonde Fanchette, die freilich von der Blondheit nur noch den Ruf besaß – denn eine geduldige Friseurin war ich nicht –, ebenfalls unauffindbar. Wir kramten vergeblich nach ihr in unsern Laden, durchforschten alle Schränke und Winkel. Wir liefen ins Kinderzimmer und klagten die armen kleinen Brüder des Raubes unserer Puppen an. Daß wir auch im vorigen Jahre kurze Zeit vor Weihnachten denselben Jammer erlebt und dann unter dem Christbaum ebenso viele Puppen, als wir vermißt hatten, mit glänzend lackierten Gesichtern, reichem Gelock und schön gekleidet sitzen sahen, fiel uns nicht ein. Oh, wir waren dumme Kinder! Ich glaube nicht, daß es heutzutage noch so dumme Kinder gibt.

Pepinka, ärgerlich über die Nachgrabungen, die wir nun auch in dem von ihr beherrschten Reiche zu unternehmen begannen, ließ sich zu einem unvorsichtigen Worte hinreißen. »Geht, geht! sucht eure Puppen dort, wo sie sind.«

»Weißt du, wo sie sind? ... Ja, ja, du weißt es! Wo sind sie?« Wir ließen nicht nach, gaben ihr keine Ruhe, bis sie endlich, um uns loszuwerden, sagte: »Die kleine Greislerin hat sie gestohlen. Grad ist sie mit der Christine über die Gasse gelaufen.«

Gestohlen also! unsere Kinder gestohlen! durch die kleine Greislerin – oh, das leuchtete uns ein. Der konnte man alles Schlechte zutrauen. Ihre Mutter hatte einen Laden, gerade unter einem der Fenster des Kinderzimmers. Wir kauften dort die Glas- und Steinkugeln, mit denen wir eine Art Kriegsspiel spielten. Von der Mutter erhielten wir immer fünf Stück für einen Kreuzer, von der Tochter nur drei. Genügte das nicht, um uns ein Licht aufzustecken über das ganze Wesen dieser Person? Sie, natürlich, war die Puppenentführerin, sie lief herum mit der Christine, an ihr mußte Rache genommen werden. Es mußte! Ich war Feuer und Flamme dafür, und es gelang mir, meine Schwester davon zu überzeugen. Auch die sanfteste Mutter kann grausam werden, wenn es Kindesraub zu bestrafen gilt. Am liebsten würden wir die Missetäterin durchgeprügelt haben – woher aber die Gelegenheit dazu nehmen? Sie bei der Frau Greislerin verklagen? Ach, die tut ihr nichts, die fürchtet sich selbst vor ihr. Was also soll geschehen? Was für ein Gesicht soll unsere Rache haben? Ein schwarzes! machten wir endlich aus. Es war beschlossen, was der Diebin geschehen soll: Wir werden ihr Tinte auf den Kopf gießen.

Pepi war ins Nebenzimmer zu den Kleinen gegangen und hatte die Tür geschlossen; wir glaubten unser nichtsnutziges Vorhaben ungestört ausführen zu können. Ich holte eilends das Fläschchen herbei, das unsern Tintenvorrat enthielt; wir schoben in das Fenster, unter dem der Greislerladen sich befand, einen Schemel und bestiegen ihn. Fritzi öffnete den inneren Fensterflügel und mit Mühe nur ein wenig den äußeren, und ich steckte den mit der Tintenflasche bewaffneten Arm durch den Spalt. Jetzt – hinunter mit dem Guß! Hinunter auf die Greislerin, die natürlich nichts Besseres zu tun hat, als dazustehen und ihm ihr schuldiges Haupt darzubieten.

Die spanische Armada war einst nicht siegesgewisser ausgezogen als wir zu unserer Unternehmung – und ihr Schicksal teilten wir. Die Elemente erhoben sich wider uns. Es stürmte an dem Tage im Rotgäßchen wie anno 1588 auf dem Atlantischen Ozean, und noch dazu gab's ein Gestöber von weichem Schnee. Ein Windstoß entriß meiner Schwester den Fensterflügel und schlug ihn gleich darauf so schnell wieder zu, daß ich kaum Zeit hatte, meinen ausgestreckten Arm zurückzuziehen und das Tintenfläschchen vor dem Sturze zu retten. Sein Inhalt übersprühte die Glasscheibe, tropfte, mit Schnee und Regen vermischt, vom Fenstersimse herab, umhüllte meine Finger mit der Farbe der Trauer.

Laut und lebendig gestaltete sich der Schluß des ganzen Abenteuers. Pepinka mußte etwas von unserm Treiben vernommen haben, denn plötzlich stürzte sie herbei. Ihr Antlitz glich dem rot aufgehenden Monde, ihre Haubenbänder flogen – ich weiß noch recht gut, daß sie eidottergelb waren.

»Ihr Verdunnerten!« rief sie. »Jesus, Maria und Josef! Fenster aufreißen, mitten im Winter! Was fällt euch ein, ihr, ihr ...« Der Rest sei Schweigen. Mögen die Ehrentitel, mit denen sie uns ausstattete, der Vergessenheit anheimfallen. Sie bildeten eine relativ milde Einleitung zu den in prophetischem Tone ausgesprochenen Worten: »Ihr könnt euch freuen. Gleich wird die Polizei über euch kommen!«

Da war mit einemmal alles erloschen, jeder Funke des Hasses gegen die Greislerin und bis aufs letzte Flämmchen unsere lodernde Racheglut. Nur noch einen heißen Wunsch hatten wir, nur mit einer Bitte bestürmten wir Pepinka: Nur die Polizei nicht hereinlassen! Nur der Polizei nicht erlauben, daß sie komme, uns »einzuführen«!

VOLKSLIED

Morgen, Kinder, wird's was geben

Morgen Kinder, wird's was geben,
morgen werden wir uns freuen!
Welch ein Jubel, welch ein Leben
wird in unserm Hause sein!
Einmal werden wir noch wach,
heißa, dann ist Weihnachtstag!

Wie wird dann die Stube glänzen
von der großen Lichterzahl!
Schöner als bei frohen Tänzen
ein geputzter Kronensaal.
Wißt ihr noch, wie vorges Jahr
es am Heilgen Abend war?

Welch ein schöner Tag ist morgen!
Neue Freude hoffen wir,
unsre guten Eltern sorgen
lange, lange schon dafür.
O gewiß, wer sie nicht ehrt,
ist der ganzen Lust nicht wert!

WILHELM RAABE
1831–1910

Weihnachtsabend in der Sperlingsgasse

Am 24. Dezember.

Weihnachten! – Welch ein prächtiges Wort! – Immer höher türmt sich der Schnee in den Straßen; immer länger werden die Eiszapfen an den Dachtraufen; immer schwerer tauen am Morgen die gefrorenen Fensterscheiben auf! Ach in vielen armen Wohnungen tun sie es gar nicht mehr. – Hinter den meisten Fenstern lugen erwartungsvolle Kindergesichter hervor; da und dort liegt auf der weißen Decke des Pflasters ein verlorner Tannenzweig. Es wird viel Goldschaum verkauft, und bedeckte Platten von Eisenblech, die vorbeigetragen werden, verbreiten einen wundervollen Duft.

»Was ist ein echter Hamburger Seelöwe?« fragte Strobel, der bei mir eintrat und beim Abnehmen des Hutes ein Miniaturschneegestöber hervorbrachte.

»Ein Hamburger Seelöwe?« fragte ich verwundert. »Doch nicht etwa ein Mitglied des Rats der Oberalten?«

»Beinahe!« lachte der Zeichner. »Ein Hamburger Seelöwe ist eine Hasenpfote, auf welche oben ein menschenähnliches Gesicht geleimt ist. Ein solches Individuum versteht an einem Tischrande gar anmutige Bewegungen zu machen. Sehen Sie hier!«

Dabei zog er den Gegenstand unsres Gesprächs hervor, hing ihn an meinen Schreibtisch und brachte ihn durch einen Stoß wie eine Art Pendel in Bewegung.

»Ist das nicht eine wundervolle Erfindung?«

»Prächtig«, sagte ich, »in meiner Jugend brachte man aber denselben Effekt durch den abgenagten Brustknochen eines Gänsebratens, in welchen man eine Gabel steckte, hervor; aber die Kultur muß ja fortschreiten.«

»Ja, die Kultur schreitet fort!« seufzte der Zeichner. »Sogar die einfachen Tannen machen allmählich diesen Pyramiden von bunten Papierschnitzeln Platz. Papier, Papier überall! Aber was ich sagen wollte: wäre es nicht eigentlich die Pflicht zweier Mitarbeiter der ›Welken Blätter‹, jetzt auf die Weihnachtswandrung zu gehen?«

»Auch ich wollte Sie eben dazu auffordern«, sagte ich.

»Vorwärts!« rief Strobel und stülpte seinen Filz wieder auf, während ich meinen Mantel und roten, baumwollenen Regenschirm hervorsuchte.

Wir gingen. Den Hamburger Seelöwen ließen wir ruhig am Tisch fortbaumeln, nachdem ihm Strobel noch einen letzten Stoß gegeben hatte. Zur Weihnachtszeit habe ich gern ein solches Spielzeug in der Nähe, erfreute sich doch auch der alt und grau gewordene Jean Paul zu solcher Zeit gern an dem Farbenduft einer hölzernen Kindertrompete.

Welch ein Gang war das, den ich mit dem tollen Karikaturenzeichner in der Dämmerung des Abends machte! In wieviel Keller- und andere Fenster mußte der Mensch gucken; in wieviel kleine frostgerötete Hände, die sich an den Ecken und aus den Torwegen uns entgegenstreckten, ließ er seine Viergroschenstücke gleiten! Welch ein Gang war das! Die Geister, die den alten Scrooge des Meister Boz über die Weihnachtswelt führten, hätten mich nicht besser leiten können als Herr Ulrich Strobel. Jetzt betrachteten wir die phantastische Ausstellung eines Ladens, jetzt die staunenden, verlangenden Gesichter davor; jetzt entdeckte Strobel eine neue Idee in der Anfertigung eines Spielzeugs, jetzt ich; es war wundervoll!

An der Ecke des Weihnachtsmarktes blieben wir stehen, in das fröhliche Getümmel, welches sich dort umhertrieb, hineinblickend. Im ununterbrochenen Zuge strömte das Volk an uns vorbei: Väter, auf jedem Arme und an jedem Rockschoß ein Kind, Handwerksgesellen mit dem Schatz, den sie aus der Küche der »Gnädigen« weggestohlen hatten, ehrliche, unbeschreiblich gutmütig und dumm lächelnde Infanteristen, feine, schmucke Garde-Schützen, schwere Dragoner und »klobige« Artillerie. – Hier und da wanden sich junge Mädchen zierlich durch das Getümmel; jedes Alter, jeder Stand war vertreten, ja sogar die vornehmste Welt überschritt einmal ihre närrischen Grenzen und zeigte ihren Kindern die – Freude des Volks.

Der Zeichner war auf einmal sehr ernst geworden. »Sehen Sie«, sagte er, »da strömt die Quelle, aus welcher die Kinderwelt ihr erstes Christentum schöpft! Nicht dadurch, daß man ihnen von Gott und so weiter Unverständliches vorräsoniert, sie Bibel- oder Gesangbuchverse auswendig lernen läßt, nicht dadurch, daß man sie – womöglich in den Windeln – in die Kirchen schleppt, legt man den Keim der wunderbaren Religion in ihre Herzen. An das Gewühl vor den Buden, an den grünen funkelnden Tannenbaum knüpft das junge Gemüt seine ersten, wahren – und was mehr sagen will, wahrhaft kindlichen Begriffe davon!«

Ich wollte eben darauf etwas erwidern, als plötzlich eine Gestalt, in einen dunkeln Mantel gehüllt, ein Kind auf dem Arme tragend, an uns vorbeischlüpfen wollte. Ein Strahl der nächsten Gaslaterne fiel auf ihr Gesicht, es war die kleine Tänzerin aus der Sperlingsgasse. Ich freute mich über die Begegnung und rief sie an:

»Das ist prächtig, Fräulein Rosalie, daß wir Sie treffen. Vielleicht werden Sie uns erlauben, daß wir Sie begleiten; denn um die Mysterien eines Weihnachtsmarktes zu durchdringen, ist es jedenfalls nötig, ein Kind bei sich zu haben.«

Die Tänzerin knickste und sagte: »O, Sie sind zu gütig, meine Herren; Alfred hat mir den ganzen Tag keine Ruhe gelassen, und da kein Theater ist, so mußte ich ihm doch die Herrlichkeit zeigen.«

»Ja, Mann«, – sagte Alfred, unter einer dicken Pudelmütze gar verwegen hervorschauend – »mitgehen!«

Ich stellte der Tänzerin den Nachbar Zeichner vor, und das vierblättrige Kleeblatt war bald in der Stimmung, die ein Weihnachtsmarkt erfordert. Was für ein Talent, Kinder vor Entzücken außer sich zu bringen, entwickelte jetzt der Karikaturenzeichner! Er hatte der Mutter den dicken Bengel sogleich abgenommen, ließ ihn nun gar nicht aus dem Aufkreischen herauskommen und schleppte ihn hoch auf der Schulter durch das Gewühl voran. »O ich bin Ihnen so dankbar, so dankbar, Herr Wachholder«, flüsterte die kleine Tänzerin, zu deren Beschützer ich mich sehr gravitätisch aufwarf.

»Liebes Kind«, sagte ich, »ein Paar solcher Junggesellen wie ich und mein Freund würden solche Abende wie dieser sehr übel zubringen, wenn nicht dann ausdrücklich eine Vorsehung über sie wachte. Sie sollen einmal sehen, wie prächtig wir heute Abend noch Weihnachten feiern werden, – hören Sie nur, wie Alfred jubelt; sehen Sie, wie stolz und glücklich er unter der Pickelhaube vorguckt, die ihm eben der Herr Strobel übergestülpt hat!«

Der Karikaturenzeichner hätte sich in diesem Augenblick sehr gut selbst abkonterfeien können – er tat es auch, aber später. Wundervoll sah er aus. Im Knopfloche baumelte ein gewaltiger Hampelmann, in der rechten Hand hatte er eine große

Knarre, die er energisch schwenkte, während auf seinem linken Arm Alfred mit aller Macht auf eine Trommel paukte.

»Kleine Dame«, sagte der Zeichner jetzt zu unserer Begleiterin, »stecken Sie mir doch einmal jene Düte in die Rocktasche, ich komme nicht dazu! Heda, alter Wachholder«, schrie er dann mich an, »gleiche ich nicht aufs Haar einer Kammerverhandlung? Rechts Geknarre, links Getrommel, und für das Fassen und Einsacken der begehrten Süßigkeiten weder Kraft noch Platz!«

»Mama, *der* Onkel aber mal rechter Onkel!« rief der Kleine entzückt von seiner Höhe herab, als Rosalie der Anforderung Strobels nachkam und ich ebenfalls die Taschen mit allerlei füllte.

So ging es weiter, bis uns endlich die Kälte zu heftig wurde. Der Zeichner löste sich auf – wie er's nannte – und überlieferte mir die spielzeugbehangene Linke, behielt jedoch die Knarre in der Rechten, und nun ging's durch die menschen- und lichtererfüllten Straßen nach Hause. Wie glänzte heute abend die alte, dunkle Sperlingsgasse! Von den Kellern bis zum sechsten Stock, bis in die kleinste Dachstube war die Weihnachtszeit eingekehrt; freilich nicht allenthalben auf gleich »fröhliche, selige, gnadenbringende« Weise. Welch einen Abend feierten wir nun! Wir ließen unsere kleine Begleiterin natürlich nicht zu ihrem kaltgewordenen Stübchen hinaufsteigen. War ich nicht schon auf der Universität meines famosen Punschmachens wegen berühmt gewesen? (Eine Kunst, die mir mein Vater mit auf den Lebensweg gegeben hatte.) Der Karikaturenzeichner holte einen Tannenzweig, den er auf der Straße gefunden hatte, hervor und hielt ihn ins Licht.

»Das ist der wahre Weihnachtsduft«, sagte er, »und in Ermangelung eines Bessern muß man sich zu helfen wissen.«

Horch! was trappelt auf einmal da draußen auf der Treppe? Ein leises Kichern erschallt auf dem Vorsaal und scheint noch eine Treppe höher steigen zu wollen. »Zu mir?« sagt Rosalie und springt verwundert nach der Tür.

»Ach, *da* ist sie?!« schallt es draußen, und auch ich stecke meinen Kopf heraus.

»Guten Abend, alter Herr! Guten Abend, Rosalie! Guten Abend, Röschen!« erschallt ein Chor heller, lustiger Stimmen.

»Wo ist Alfred, wir bringen ihm einen Weihnachtsbaum!«

»Hurra, das ist's, was wir eben brauchen!« schreit der Zeichner, seine Knarre schwingend. »Schönen guten Abend, meine Damen, und fröhliche Weihnachten!«

Aus dunkeln Mänteln und Schals und Pelzkragen entwickelt sich jetzt ein halbes Dutzend kleiner Theaterfeen, die alle jubelnd und lachend meine Stube füllen und – auf einmal alle ein verschiedenes Musikinstrument hervorholen, welches sie auf dem Weihnachtsmarkt erstanden haben. Ein Heidenlärm bricht los; das knarrt und quiekt und plärrt und klappert, daß die Wände widerhallen und Rosalie, welche beschwörend von einer der kleinen Ratten zur andern läuft, zuletzt die Ohren zuhaltend in dem fernsten Winkel sich verkriecht.

Endlich legt sich der Skandal mit dem ausgehenden Atem und der ausgehenden Kraft des Karikaturenzeichners, der vor Wonne über das Pandämonium kaum noch seine Knarre schwingen kann.

Welch ein Punsch war das! Welche Gesundheiten wurden ausgebracht! Welche Geschichten wurden erzählt! Vom Souffleur Flüstervogel bis zum Ballettmeister Spolpato, ja bis zu Seiner Exzellenz dem Herrn Intendanten hinauf.

Heute abend malte Strobel keine Karikaturen, aber sich selbst machte er oft genug zu einer. Beim Versuch, sich auf einer mit dem Halse auf der Erde stehenden Flasche sitzend zu drehen, beim Zuckerreiben, beim Versuch, den glimmenden Docht eines ausgeputzten Wachslichtes wieder anzublasen und bei anderen Kunststücken.

Alfred, der durch Unterlegung von Pufendorfs und Bayles schweinslederner Gelehrsamkeit und durch Auftürmung verschiedener dickbändiger Erziehungstheorien dazu gebracht war, neben seiner kleinen Mutter sitzend, über den Tisch blicken zu können, jubelte mit, bis ihm die Augen zufielen und er auf meinem Sofa ein- und weiterschlief bis elf Uhr, wo das Fest endete, die kleinen Gäste wieder in ihre Mäntel krochen, mich für einen »gottvollen alten Herrn« erklärten, Röschen küßten und nach einem vielstimmigen »gute Nacht« die Treppe hinabtrippelten. Darauf trug Strobel den schlafenden Alfred eine Treppe höher (wozu ich leuchtete) und – auch dieser Weihnachtsabend der Sperlingsgasse war vorbei.

Wilhelm Busch
1832–1908

Der Stern

Hätt einer auch fast mehr Verstand,
Als wie die drei Weisen aus Morgenland,
Und ließe sich dünken, er wär wohl nie
Dem Sternlein nachgereist wie sie;
Dennoch, wenn nun das Weihnachtsfest
Seine Lichtlein wonniglich scheinen läßt,
Fällt auch auf sein verständig Gesicht,
Er mag es merken oder nicht,
Ein freundlicher Strahl
Des Wundersternes von dazumal.

Zum Neujahr
1876

Bald, so wird es zwölfe schlagen.
Prost Neujahr! wird mancher sagen;
Aber mancher ohne rrren!
Denn es gibt vergnügte Herren.
Auch ich selbst, auf meinen Wunsch
Mache mir ein wenig Punsch. –

Wie ich nun allhier so sitze
Bei des Ofens milder Hitze,
Angetan den Rock der Ruhe
Und die schön verzierten Schuhe,
Und entlocke meiner Pfeife
Langgedehnte Wolkenstreife;
Da spricht mancher wohl entschieden:
Dieser Mensch ist recht zufrieden!
Leider muß ich, dem entgegen,
Schüttelnd meinen Kopf bewegen. –
Schweigend lüfte ich das Glas.
(Ach, wie schön bekömmt mir das.) –

Sonsten, wie erfreulich war es,
Wenn man so am Schluß des Jahres,
Oder in des Jahres Mitten,
Zum bewußten Schrein geschritten
Und in süßem Traum verloren
Emsig den Coupon geschoren;
Aber itzo auf die Schere
Sickert eine Trauerzähre,
Während dem der Unterkiefer
Tiefer sinkt und immer tiefer. –
Traurig leere ich das Glas.
(Ach, wie schön bekömmt mir das.) –

Henriette, dieser Name
Füllt mich auch mit tiefem Grame.
Die ich einst in leichten Stoffen
Herzbeklemmend angetroffen
Nachts auf dem Kasinoballe;
Sie, die später auf dem Walle
Beim Ziewiet der Philomele
Meine unruhvolle Seele
Hochbeglückt und tief beseligt,
Sie ist anderweit verehlicht,
Ist im Standesamtsregister
Aufnotieret als Frau Pfister,
Und es wird davon gesprochen
Nächstens käme sie in Wochen. –
Grollend lüfte ich das Glas.
(Ach, wie schön bekömmt mir das.) –

Ganz besonders und vorzüglich
Macht es mich so mißvergnüglich,
Daß es mal nicht zu vermeiden,
Von hienieden abzuscheiden,
Daß die Denkungskraft entschwindet,
Daß man sich so tot befindet,
Und es sprechen dann die Braven:
Siehe da, er ist entschlafen;
Und sie ziehn gelind und lose
Aus der Weste oder Hose
Den geheimen Bund der Schlüssel,
und man rührt sich auch kein bissel,
Sondern ist, obschon vorhanden,
Friedlich lächelnd einverstanden. –
Schaudernd leere ich das Glas.
(Ach, wie schön bekömmt mir das.) –

Wo wird dann die Seele weilen?
Muß sie sich in Duft zerteilen?
Oder wird das alte Streben,
Hübsche Dinge zu erleben,
Sich in neue Form ergießen,
Um zu lieben, zu genießen,
Oder in Behindrungsfällen

Sehr zu knurren und zu bellen?
Kann man, frag ich angstbeklommen,
Da denn gar nicht hinter kommen?
Kommt, o kommt herbeigezogen,
Ihr verehrten Theologen,
Die ihr längst die ew'ge Sonne
Treu verspundet in der Tonne;
Überschüttet mich mit Klarheit! –
Doch vor allem hoff ich Wahrheit
Von dem hohen Philosophen;
Denn nur er, beim warmen Ofen,

Als der Pfiffigste von allen,
Fängt das Licht in Mäusefallen. –
Prost Neujahr! – Und noch ein Glas.
(Ei, wie schön bekömmt mir das!)

Uh! Mir wird so wohl und helle.
Himmel, Sterne, Meereswelle,
Weiße Möven, goldne Schiffe;
Selig schwanken die Be-jiffe,
Und ich tauche in das Bette
Mit dem Seufzer: Hen-i-jette!

JOHANNES TROJAN
1837–1915

Wiederfinden

Es kommt wohl um die Weihnachtszeit
Ein Tannenbäumchen in die Stadt,
Steht auf dem Markt, ganz überschneit
Und von dem Wege müd' und matt.

Und einer kommt und sucht sich's aus –
Dies Bäumchen grade dünkt ihn gut.
Wie er's mit Vorsicht trägt nach Haus,
Wird ihm das Herz so wohlgemuth.

Er kennt das Bäumchen schon, doch weiß
Er's nicht; es war an einem Tag,
Als er, nach einer Wandrung heiß,
Auf stiller Heide ruhend lag.

Da sang ein Vogel ihm sein Lied
Wohl von des Bäumchens Wipfel vor;
Und wie er nun des Weges zieht,
Klingt ihm das Lied, das Lied im Ohr.

Winter-Sonnenschein

Wie lieblich fällt der Wintersonnenschein
Mit hellem Glanz ins Zimmer mir herein.
Eisblumen an den Fenstern thaut er fort,
Die in der Nacht der Frost gewoben dort.
Auf armer Zimmerpflanzen Blättern dann
Weilt freundlich er und blickt sie tröstend an.
Aufglänzen Bilder jetzt, von ihm berührt,
Jetzt Bücherreihn, mit Gold von ihm verziert.
Sein Licht jetzt flimmernd um den Ofen spielt,
Als fragt' es scherzend, ob er es wohl fühlt.
Jetzt fällt ein Strahl auf ein geschliffnes Glas,
Und – o, seht her! – wie wunderbar ist das!
Aufleuchtet plötzlich an des Zimmers Wand
Ein Farbenbild, das zauberhaft entstand.
Dieselben bunten Farben sind es, die
Der Himmel einst den Fluren draußen lieh,
Die in den Blumenkelchen ohne Zahl
Einst wachgeküßt der Sommersonne Strahl;
Die, ach, verschwanden, als der grimme Gast,
Der Winter, kam. Wie schnell sind sie verblaßt!
Doch nicht für immer schwanden sie, es streut
Der Lenz sie wieder, wenn er sich erneut.
In Wald und Feld, auf Wiesen und am Rain
Schafft sie aufs neue der Frühlingssonnenschein.
Und jetzt im Winter schon zeigt sie mir all
Der Sonnenstrahl, gebrochen vom Krystall,
Vergänglicher noch als die bunte Pracht
Der Blumen, einem Traumbild gleich der Nacht.
Nicht an den Körpern haftend, nur ein Schein,
Und doch so schön, so leuchtend und so rein.
So glänzen sie am Wintertage mir,
Zukünft'ger Frühling, wie ein Gruß von dir!

Ludwig Anzengruber
1839–1889

Märchenhafte Zeit

Wer lobsänge dem Süden mit ungeheuchelter Begeisterung, wenn nicht sein Widerpart der Norden wäre? Was hätte ein ewiger Frühling, über die ganze weite Erde gebreitet, noch Besonderes? Aber da kommen die Kinder des Südens zu uns und hauchen in die Hände und sagen: »O, welch trauriges Land! Ihr habt eigentlich nur eine Jahreszeit, sieben Monate weißen und fünf Monate grünen Winter. Wie Ihr das nur aushalten könnt!« Und dann ziehen die Kinder des Nordens mitten im weißen Winter hinab nach dem Süden und sagen begeistert: »Ihr habt nur eine Jahreszeit, den Frühling. Wie glücklich seid Ihr!«

Das ist wohl ein wenig übertrieben, der Norden weiß das ganz gut. Er sagte einmal: »Pah, ich will mir eine ordentliche vierte Jahreszeit anschaffen; ich kann mir diesen Luxus erlauben, das riesige Polarmeer habe ich zur Hand, und dort bekomme ich um Billiges, was ich dazu brauche.« Sprach's und ließ sich einen ordentlichen Winter kommen.

Es ist das ein Patron, dem viel Uebles nachgesagt wird, nicht mit Unrecht. Anfangs beginnt er die Leute mit dichten Nebeln zu necken, er verhängt ihnen die luftige Ferne, Wege und Stege, Gruben und Rinnen. »So, da findet euch zurecht!« Jeder hat seinen eigenen Schatten verloren und glaubt auf einen entlaufenen fremden zu stoßen, wenn aus dem dichten Grau ein anderer Mensch auf ihn vorsichtig zuschreitet. Dann wieder macht er glatte Wege, um alles zu Fall zu bringen, oder er sagt: »Wie wär's, wenn wir's mit einem trockenen Regen versuchten?« Und da ballt er die Regentropfen zu Sternchen, Kügelchen und Pelzchen und läßt sie herunterrieseln, und das legt sich auf die Hüte, je breiter die Krempe, um so schwerer, auf die Aermel, als legte der Winter selbst seine Hand auf unsern Arm, um uns recht freundschaftlich an seine Anwesenheit zu erinnern, was ihm jedoch niemand recht Dank wissen will.

Nebel, Eis und Schnee breitet er über Stadt und Land; aber in der ersteren macht er sich kleine Nebenpläsirchen. Da sieht er die großen Fabriksschlote rauchen. »Ach, das ist ja prächtig«, sagt er, »wie hübsch, wenn ich diese braunen Wolken unter meine Nebelmassen steckte.« Und er steckt sie darunter, daß den Leuten die Augen brennen und sie zu ersticken vermeinen. Oder er sieht das schöne Pflaster, ob Würfel oder Platten, Granit oder Klinker, das ist ihm ganz gleich. »Herrlich! Wie nett sich das übereisen läßt!« Er thut's und die Leute rennen aus den Häusern und streuen Asche und Sand auf die Wege.

Aber ganz unausstehlich will er sich doch nicht machen; oft nach einem tüchtigen Schneegestöber läßt er den Himmel hell und rein, die Luft klar und kalt und hält den Menschen die Schlittenbahn bereit. Da jagen diese über Land. Weit – weit liegt alles blendend weiß, ruhig, still, feierlich. Der tiefdunkle Tannenwald hält auf den Aesten weiße Streifen und an den Bärten schimmernde Zapfen, die Häuschen haben Hauben auf, der kleinste Pfahl im Zaune trägt eine solche, Weiher und Teiche sind mattsilberne Spiegel, an den Menschen schmiegt sich die Kälte, drängt das warme Leben mehr nach innen und schränkt es ein, als wollte sie nur die Wärme des Herzens gelten lassen, die man denn auch mit doppeltem Behagen verspürt, und da sagen alle: »Es ist doch schön!«

Es ist doch schön. Der Winter hat etwas Märchenhaftes. Die Welt liegt weit und klar, die Wege sind schmal und Wanderer darauf wenige, man erwartet daher in jedem etwas Besonderes, in jedem Häuschen, das man betritt, ein Abenteuer, denn außen liegt die Welt so still, innen schlägt das Herz so froh, so erwartungsvoll. Je nun, man kann sich täuschen, und man täuscht sich auch, bis zu der Zeit, wo der leuchtende Tannenbaum in die Stube kommt, da lebt jeder ein Märchen. Selbst wenn er den Baum mit eigenen Händen geschmückt hat, wenn er ganz gut weiß, wieviel Thaler, Groschen und Pfennige auf all die Herrlichkeiten darauf gegangen; der Baum rauscht mit seinen Schleifen gar geheimnisvoll, die Herrlichkeiten wollen nicht Ware werden, sie bleiben ganz ungewöhnliche Dinge, die erst im Kinderjubel lebendig werden wollen; in diesem Jubel aber erwacht das Kind noch einmal in jedem, auch der kälteste, trockenste Geselle lebt – für einen Augenblick ein Märchen – seine Kindheit noch einmal!

Sie ist ein Märchen, wie nur eines sein soll. Vor den kaum erschlossenen Sinnen geschieht täglich, stündlich ganz Unerwartetes, immer Geheimnisvolles, aber das Kind beträgt sich, wie man von dem Helden eines Märchens billig erwarten kann, es wird leidvoll oder freudvoll überrascht – sei es auch nur, weil ihm ein böser Schrank eine Beule schlägt, oder weil ein ganz gewöhnliches Stück Holz plötzlich anheimelnde, zum Spielen einladende Gestalt gewinnt – aber es ist nie erstaunt darüber, daß sich irgend etwas ereignen kann, es vermag von den Wundern der Christnacht hingerissen zu werden, aber es wird sie ganz in der Ordnung finden; doch in dem brausenden Kinderjubel klingt in dem Herzen der Erwachsenen die verwandte Saite an.

Julius Stinde
1841–1905

Der Weihnachtsmarkt

Zu den vielen ausgesuchtesten Rätseln der Natur gehören, wie man so um Michaelis herum jedesmal in den Zeitungen liest, die Wandervögel, welche schon lange vor der Erfindung des Kompasses schnurgerade nach den fremden Ländern fliegen. Unerklärlich ist mir allerdings, daß sie sämtlich auf einmal abziehen, aber warum sie sich überhaupt aufmachen, das kann einem einigermaßen anschlägigen Kopfe keineswegs unergründlich sein: ... sie gehen der Annehmlichkeit nach, da der Mensch sich ebenso verhält. Im Frühling, sobald der erste erwärmende Sonntag lockt, wandert er in die Umgebung, am Karfreitag muß er nach dem Spandauer Bock, Pfingsten wandert er in den Grunewald, ein andermal wandert er nach Stralau oder Treptow, und sobald das Eis hält, ist die Rosseau-Insel im Tiergarten sein Wanderziel. Das liegt ihm so von klein auf in den Gehorganen. Kommt nun aber die Weihnachtszeit, dann halten ihn keine vier Pferde, dann zieht es ihn mit unerklärlicher Gewalt nach dem Weihnachtsmarkt. Genau ebenso kann man es sich mit den Wandervögeln denken, obgleich der Weihnachtsmarkt nicht ausschließlich Annehmlichkeiten bietet, zumal wenn ein Tauwetter dazwischenfährt und man einen Rand am Zeuge mitbringt, als wäre man von höherer Hand durch den Glitsch gezogen.

Wir hatten uns diesmal gemeinschaftlich mit Doktors, Onkel Fritz und Krauses verabredet, obgleich Doktoren wegen ihrer Praxis ziemlich unsichere Kantonisten sind, aber wir taten es hauptsächlich um Krauses willen, die der Aufheiterung bedurften, denn ihr Eduard hat ihnen zuviel Verdruß bereitet. Kann es auch wohl etwas Bitterlicheres geben, als wenn der Vater, der doch selbst Lehrer ist, seinen eigenen Jungen zu einem anderen Kollegen schicken muß, damit er bei dem seine Schularbeiten macht, was Eduard zu Hause nie einfiel? I bewahre! Anstatt Lateinisch zu lernen, war er ausgerückt und hatte mit den Jungens Räuber und Soldat im Friedrichshain gespielt oder war auf der Straße umhergestrolcht, und wenn er eingesperrt wurde, hatte er mit der Lampe gekokelt, daß es leicht hätte Brandstiftung geben können. Und wenn sie glaubten, daß er wirklich fleißig sei, weil er sich still und ruhig verhielt, dann hatte er einen heimlichen Robinson oder sonst ein Geschichtenbuch bei sich gehabt, und seine Aufgaben bestanden aus Fehlern und Tintenklecksen. Unbegreiflich war nur, daß die Mutter den Jungen immer noch in Schutz nahm. Wollte sie denn nicht sehen, daß er die ersten Kinderschuhe bereits ausgetreten hatte und kein Samtkittelchen und keine weißen Höschen mehr trug? »Es ist unrecht, das Kind mit so schweren Arbeiten zu quälen«, sagte sie, sogar wenn der Junge dabei war. Eduard brauchte nur gnauen, das Lateinische mache ihm Kopfweh, dann kajolierte sie ihn und sagte: »Papa wird dir einen Entschuldigungszettel schreiben, daß dir nicht ganz gut war, mein Engel«, worauf Edechen in den Wiegestuhl kroch und sich schaukelte, um die Zeit doch nur irgendwomit zu vertreiben. Herr Krause durfte natürlich keine Einwendungen machen, denn sie hatte sofort die Überbürdung der Schuljugend auf dem Tapet, und er mußte schweigen wie ein Rekrut. Solche Jammerbolle von Mann!

Und so wäre es noch wer weiß wie lange geblieben, wenn die Range nicht Veranlassung zu einem großen Skandal gegeben hätte. Das kam nämlich so. Unmittelbar neben der Landsberger Straße befindet sich nämlich der Georgenkirchhof, wo sie Anlagen eingerichtet und Bänke hingestellt haben, auf denen alte Leute sitzen können und Gebrechliche, denen die Sonne in ihrem Stübchen vielleicht nur des Morgens einen kurzen Augenblick in das Fenster sieht, oder wenn sie auf der Schattenseite wohnen, auch das nicht einmal. An kleinem Volk fehlt es natürlich erst recht nicht, und es läßt sich kein hübscheres Gemälde denken, als wenn eine feine Trauung stattfindet und das junge Paar ganz gerührt aus der Kirche tritt, um mit den Spreewälder Ammen und Wärterinnen, welche sich neugierig mit dem Kindersegen auf dem Arme herandrängen, eine, wenn auch nur flüchtige, so doch verheißend auf die Zukunft deutende Gruppe zu bilden.

Bei solchen Ereignissen bleiben die größeren Kinder jedesmal ohne Aufsicht, und dies benutzte Krausens Eduard zu seiner Schandtat, indem er auf einen Sandhaufen, wo gerade die meisten buddelten, ein kleines Kienrußtönnchen hinpraktizierte, über dessen Erwerb auch noch ein dunkler Schleier schwebt. Nun halten ja Kinder leider Gottes alles für Spielzeug, was ihnen in die Hände fällt, es mag Kienruß darin sein oder sonstiges Schädliche, und es hatte richtig keine zehn Minuten gedauert, da haben die süßen Wesen sich eingerahmt wie die Mohren: Hände und Gesicht und die Kleider, alles voll, und was die weißen Schürzen waren und die Strümpfe, da ist nie wieder Grund hineingekommen.

Aber die Nemesis hatte nicht geschlafen. Ein alter Mann, der sich ein bißchen auf einer Bank sonnte, hatte bemerkt, wie Eduard einen Gegenstand auf den Sandhaufen warf und sich dann hastig entfernte, aber weil die Brautkutsche gerade vorfuhr, achtete er nicht früher darauf, als bis das Unglück geschehen war und nichts weiter übrigblieb, als die kleinen Schweine nach Hause zu schaffen, was ohne Schelten und Schubsen und großes Geschrei nicht abgegangen ist. Der Mann hatte erzählt, was er gesehen, und da sie den Bengel sowieso auf dem Strich haben, wußten sie gleich Bescheid.

Nachher sind mehrere aufgeregte Mütter und auch einige laut redende Väter Herrn Krause auf die Bude gerückt und haben ihm das zuschandene Zeug zum Kauf angeboten, worauf er denn auch stellenweise, allerdings mit Widerstreben, eingegangen ist. Die halbe Landsberger Straße sprach noch längere Zeit von Eduards Hinterlist und die Polizeileutnantin sagte mir, ihr Mann hätte gesagt, wenn ein Antrag eingebracht worden wäre, hätte es leicht kriminell werden können, aber der Alte hätte es noch eben rechtzeitig unter der Hand abgemacht. Freilich hat Herr Krause seit dieser Zeit strengere Saiten aufgezogen, aber was nützen die? Es sind ja doch nur Zwirnsfäden. –

Etwas Zerstreuung und Erheiterung war Krauses daher mehr als paßlich und eine Weihnachtswanderung ihnen sehr willkommen. Wir erwarteten sie zu um sechsen bei uns, wie verabredet worden war, aber sie kamen erst um halb sieben. Die Krausen entschuldigte sich damit, sie hätte bemerkt, daß ihr japanisches Tablett weg wäre, und das hätte sie erst gesucht, ohne es jedoch finden zu können. Ich sagte, so etwas verkröche sich manchmal, es würde sich schon morgen oder sonst gelegentlich wieder angeben. Es fand sich auch an, aber anders, als wir gedacht hatten, und, wie ich sagen muß, in niederschmetternder Weise. Doch alles zu seiner Zeit –

Wir zögerten nun nicht lange, als wir komplett waren, und wanderten dem Schloßplatz zu, denn da ist doch der Hauptmarkt, indessen, wir kamen nur langsam vorwärts, teils wegen der Menschenmenge auf der Straße, teils wegen der Läden, die betrachtet werden wollten. Einer machte den anderen auf das aufmerksam, was ihm am besten gefiel. – »Nein, sieh doch bloß dies hier.« – »Oh, das möchte ich haben.« – »Seht doch nur, wie prachtvoll!« Und so ging es in einer Tour. Mancher Laden überbot sich auch wirklich selbst. In einem hatten sie sogar eine stilvolle Burg aus lauter Pfefferkuchen aufgebaut mit gleichfalls stilvollen Pflaumenmännern als Ritter.

Und nun erst die Stoff- und Porzellangeschäfte, die Bronzeläden und Seidenwarenhandlungen: alle miteinander hatten sich geputzt, indem sie das Feinste zum Vorschein brachten. Es ist alles prunkhaft um diese Zeit, als wenn Illumination wäre, sämtliche Gasflammen und Lampen, die nur brennen können, haben sie im Gange, und was irgend glitzert und blänkert, liegt in den Schaufenstern aus: man kann eben nicht vorbeikommen. Da wird immer soviel von den Schätzen des Orients geredet und von den Bazaren, die sie dort haben. Was will das sagen? Vor Weihnachten ist das ganze Berlin mit seinen stundenlangen gasstrahlenden Straßen ein einziger, ungeheurer Bazar.

Zwischen all dieser neuen Pracht liegt der Weihnachtsmarkt, wie die gute alte Zeit. So war es damals, als meine Eltern mich das erste Mal mitnahmen, und so ist es geblieben bis auf den heutigen Tag. Das sind dieselben schmalen, langen Budenreihen, dieselben Spielsachen liegen aus, die Verkäufer haben ebenso rotgefrorene Nasen und ebensolche warmen Kappen auf wie damals, und die Kinder mit den Dreierschäfken, den Sagemännern, Waldteufeln, Hampelmännern und womit sie sonst ihr kleines Handelsgeschäftchen betreiben, haben noch ebensolche dünnen Stimmen wie damals. Und wie balsamisch duften die dunklen Tannenbäume, von denen ganze Wälder umherstehen, dazu die maigrünen Pergamiten, aufgeputzt mit buntem Flitter und besteckt mit Lichtern. Und wie anheimelnd riecht es nach frischem Pfannkuchen und Schmalzgebackenem! Und die vielen Menschen, groß und klein, ergötzen sich, als hätten sie solche Herrlichkeiten nie zuvor gesehen, und bewundern aufs neue, was sie eigentlich doch schon kennen sollten. Die Spaßvögel kommen noch immer aus demselben Neste, sie sind rot und gelb und grün gemalt, mit einer Feder auf dem Kopf, und wenn an der Strippe gezogen wird, klappen sie ebenso zusammen wie in all den Jahren. Dazu wird immer noch gerufen: Vorne nickt er, hinten pickt er, nur einen Groschen der schöne Spaßvogel. Kaufen Sie, Madameken, es ist der letzte! Das klingt so vertraut wie aus der fernen Jugendzeit! – Mein alter lieber Weihnachtsmarkt. –

Was von jeher einen unbeschreiblichen Eindruck auf mich machte, das ist das ernste, schweigende Königsschloß, welches wie ein Riese die Zwerggezelte des Marktes überragt. Da summt es von Menschengewirr, da schimmert es rötlich von Tausenden Lichtlein um das stille, dunkle Schloß herum, als wenn die kribbelnde, wibbelnde Gegenwart keinen geschützteren Platz finden könnte als bei der unverrückbaren Vergangenheit. – »So ist es auch«, bestätigte Herr Krause. »Wo das Volk früher zu den Opferfesten zusammenströmte, wurden die Burgen der Herrscher oder christlichen Kirchen erbaut, und deshalb werden noch heute die Jahrmärkte an fast denselben Plätzen und Tagen abgehalten, an denen einst die heidnische Götzenfeier stattfand. Wer weiß, ob nicht gerade hier, wo wir jetzt gehen, zur Zeit der Wintersonnenwende Menschen geschlachtet wurden, während das Volk an der Stechbahn stand, ungefähr da, wo jetzt die sogenannte Radauecke des Weihnachtsmarktes ist, und zu den Göttern zeterte.« – »Herr Krause«, entgegnete ich, nachdem er sich ausgequasselt hatte, »ist Ihnen sonst auch wohl? Glauben Sie, daß ein preußischer König solche Zucht geduldet hätte, ... Menschenopfer und Tumult unter seinen Fenstern? Wozu wäre denn die Schloßwache da?« – »Erlauben Sie, dies alles geschah in der vorgeschichtlichen Zeit, als man noch kein Eisen kannte und sich der Steinmesser bediente.« – »Hier in Berlin?« – »Sicherlich ebensogut wie anderswo!« – »Wem wollen Sie das einbilden?« – »Sehen Sie sich doch die Steingeräte im Museum an, das sind handgreifliche Beweise.« – »Ich will zugeben, daß sie in Berlin vielleicht einmal mit Steinmessern gegessen haben, aber wenn schon, dann bloß aus Ulk.« – »Ich habe die vorgeschichtliche Forschung für mich.« – »Herr Krause, Sie sind Lehrer und müssen darum mehr wissen als andere Leute, aber ich will hoffen, daß Sie mit dieser Art Weltgeschichte aus Ihrer Schule bleiben.« – »Durchaus nicht, die Jugend muß mit den ersten Anfängen des Völkerlebens vertraut gemacht werden, wenn sie sich selbst und ihre Stellung als politisches Wesen begreifen soll.« – »Für mich fängt die Weltgeschichte mit dem großen Kurfürsten an und hört mit dem großen Friedrich noch lange nicht auf«, sagte ich, »und damit Punktum.« –

Aber was macht die Menschheit konfuse? ... Die Überklugheit, und daran scheint Herr Krause auch zu leiden. –

Wir waren jedoch nicht auf den Markt gezogen, um zu streiten, sondern nützliche Sachen einzukaufen. Die Handelsleute wollen ihre Waren absetzen, deshalb kommen sie von nah und fern, und gerade für den Hausstand wird Brauchbares in großer Auswahl feilgeboten. Herr Krause kann sich meinetwegen mit Steinmessern behelfen, wenn es ihm Spaß macht. Wir verteilten uns daher und gingen an das Geschäftliche.

Derweile ich und Emmi eine Reibesatte einhandelten, die ihr so notgedrungen fehlt und das Erbspüree, an dem der Doktor sich so gern donnerstags mit Eisbein labt, doch bedeutend erleichtert, ging Onkel Fritz an eine Bude und kaufte Honigkuchen mit Inschriften ein, um sie uns zu verehren, aber er hätte es lieber unterlassen sollen, denn auf meinem stand: »Olle, brumme nicht!« und auf Emmi ihrem: »Ewig will ich an Dir kleben. Klacks!« Der Doktor steckte den ihm gespendeten errötend in den Palétot. »Fritz«, sagte ich mit einem Anhauch von Mißmut, »ich kann nicht behaupten, daß mir diese Zuckerguß-Poesie behagte.« – »Denn kratze sie ab«, erwiderte er, »und lasse dir einen frischen Vers von Leuenfels daraufdichten. Dem Kuchen schadet das nicht.« – Er ist eben unverbesserlich.

Nun wollten wir noch nach der Breiten Straße und Rudolph Herzogs Auslage betrachten, einmal, weil sie das Glanzvollste ist, was man beaugenscheinigen kann, und zweitens, weil mein Karl einzelne Phantasieartikel für dies Geschäft liefert, die er extrafein weben läßt; aber so gut der Gedanke war, das Hinkommen hatte seine Schwierigkeit, denn solche Drängelbergerei wie an der Ecke vom Schloßplatz und der Breiten Straße gibt es nirgends. Aber wir kamen durch, weil der Berliner bei derartigem Festgedränge stets zur rechten Seite geht und nur der Fremdling gegen den Strom will, bis ihm einer zuruft: »Sie da, mit's Jesichte halten Sie sich rechts, sonst werden Ihnen die Plätteisen abjetreten!« Das hilft dann prompt.

Als wir frei aufatmen konnten und uns in unzerdrücktem Zustande wieder vorfanden, mußten wir eine lange Reihe von kleinen Verkäufern passieren. »Hier wird gekauft«, sagte Onkel Fritz, »ich gebrauche allerlei, und ihr werdet auch gewiß in eurer Nachbarschaft Leute kennen, die wohl Kinder, aber sonst nichts übrig haben. Denkt nur nach.« – Und merkwürdig, jeder von uns konnte sich besinnen. Wie das Geschäft blühte, als wir alle miteinander in die Portemonnaies griffen, das war vergnüglich. Onkel Fritz ramschte gleich ganze Reste, und ein Junge schrie: »Hurra, reeller Ausverkauf; wird meine Mutter abersch't kieken!« – Und fort rannte er.

Aber noch ein Junge rannte fort, und die Krausen stand da, mit einem japanischen Tablett in der Hand, sprachlos und entsetzt, wie eine versteinerte Salzstange. Herr Krause rannte ebenfalls davon, hinter dem Ausreißer drein. »Liebe!« rief ich, »was ist Omen, was bedeutet das?« – »Unser Tablett«, stöhnte sie. »O Eduard!« – Sie wankte. Onkel Fritz sprang ihr bei und gab ihr seinen Arm, indem er sagte: »Kommen Sie nur zu sich und nehmen Sie die Sache von der heiteren Seite.« Das tat sie aber nicht, sondern zog das Taschentuch und machte eine hysterische Szene.

Mittlerweile erschien Herr Krause wieder. »Er ist entwischt«, rief er zornig. –

»Wer?« fragte ich. – »Eduard«, stieß er hervor, »der Junge! Zigarren hat er mir ausgeführt und verkauft sie hier auf dem Weihnachtsmarkt. Auch das Tablett hat er genommen, Löcher hineingebohrt ... Schnur durchgezogen ... sich umgehängt. Steht hier mitten zwischen den armen Kindern. Wie ich ihn erblicke und glaube, ich fasse ihn schon ... er den Kopf aus der Schlinge gezogen und fort. Die Polizei soll ihn verhaften.« – »Wie kannst du so unmenschlich sein?« fing nun die Krausen an, »komm, laß uns nach Hause gehen, er wird sich gewiß ängstigen.« – »Nein«, sagte Herr Krause, »ich bleibe, ich würde zu strenge mit ihm ins Gericht gehen. Morgen früh soll er seinen Lohn haben.« – »Du wirst ihn doch nicht schlagen?« jammerte die Krausen. – »Ich werde ihm verkünden«, erwiderte Herr Krause weicher, »daß er jeden Tag eine Strafarbeit zu liefern hat und«, fügte er mit wehmutsverquollener Stimme hinzu, »daß er nichts zu Weihnachten bekommt.« – »Aber doch einen Baum?« schrie sie. – »Keinen Baum«, seufzte Herr Krause.

»Wenn das Wort 'ne Brücke wäre, ich ging nicht darüber«, flüsterte mein Karl mir zu. – »In drei Tagen ist alles vergessen«, antwortete ich, »er müßte meiner Meinung nach den Bengel so verbimsen, daß nur noch die Knopflöcher von seiner Jacke zu gebrauchen wären, sonst wird aus dem nie etwas Vernünftiges.« – Ich bin prinzipiell gegen jegliche Prügelstrafe, weil sie unaufgeklärt und inhuman ist, aber Keile muß sein. –

Für die Besichtigung der übrigen Weihnachtsherrlichkeiten, die aus den Fenstern der Läden leuchteten, war kein rechtes Interesse nach diesem Ereignis mehr vorhanden, und so folgten wir denn Onkel Fritz, der uns Revanchierens halber nach Dressel eingeladen hatte, da er in seiner eigenen Wohnung nicht auf Gegenseitigkeitsgesellschaften eingerichtet ist.

Wir hätten sehr amüsant zusammen sein können, wenn Krausens nicht in zu großer Zerknirschung gewesen wären: er mit den Zornfalten vor dem Kopf und sie mit dem verruinierten Tablett und ziemlich verweint. Onkel Fritz hatte mit Dresseln ein opulentes Abendbrot mit verschiedenen Seltenheiten abgekartet, die sich in die einfache bürgerliche Küche nicht hineinverirren. Er kann es ja, da sein Geschäft flotter geht als zu irgendeiner Zeit und er von Hause aus spendabel veranlagt ist.

Trotzdem jedoch alles vorzüglich war, herrschte aus Schonung gegen Krauses ziemliche Stummheit an unserem Tische. Onkel Fritz konnte deshalb nicht umhin, auszurufen: »Herr Jott, sind wir vergnügt und haben es gar nicht nötig.« – »Das sagen Sie wohl«, erwiderte Herr Krause, »aber wenn Ihnen Ihr eigen Fleisch und Blut erstens den Skandal mit der Kienrußbüchse macht ...« – »Er hat nichts Arges dabei gedacht«, fiel seine Frau ihm ins Wort – »So?« fragte Herr Krause, scharf wie Essigsprit. – »Du weißt doch, daß Eduard ganz ungewöhnlichen Anteil an fremden Völkern nimmt, ich kann wohl sagen, es kommt ihm kein Knabe seines Alters darin gleich, wie gut er alles von Kolumbus und Robinson behält ...« – »Aber Frau, was hat das mit dem Kienruß zu tun und den Kinderkleidern, die ich für schweres Geld einlösen mußte?« rief Herr Krause. – »Nun«, antwortete sie spitz, »mir hat er es gesagt, denn zu mir hat er Vertrauen, weil ich nicht heftig und gefühllos gegen ihn bin ... er wollte nämlich, daß die Kinder ein bißchen Ara Pequenna spielen sollten, wo doch die Schwarzen zu Hause sind ...«

Herr Krause sah seine Adelheid an, als wenn er fragen wollte: »Wen willst du damit wieder betimpeln?«, und sie schwieg verlegen. Onkel Fritz äußerte dagegen, es sei gewiß ein belustigendes Spiel, das voraussichtlich große Zukunft hätte, wenn es sich weniger schwarz einrichten ließe, und nannte Eduard ein kolossales Erfindungstalent. Dies nahm die Krausen nun übel. Ob man Zweifel in ihre Worte setzte? Beleidigen ließe sie sich nicht. Und hurr burr aufgestanden und weggewollt. Zu halten waren sie nicht länger, und unseren Segen hatten sie, als sie gingen.

Wir blieben noch. Herr Dressel, sehr elegant mit weißer Weste, überreichte uns Damen jeder einen reizenden Blumenstrauß und trug selbst Sorge, daß es nicht zu wenig Eis gab, Vanille- und Erdbeereis von unwiderstehlicher Kühle, und wir fanden unsere gute Laune bald wieder. Der Doktor schenkte mit liebenswürdiger Aufmerksamkeit ein und pellte mir eigenhändig eine Apfelsine ab. Wenn er will, ist er doch, bis auf die Donnerstage, recht angenehm. Zum Schluß stießen wir darauf an, im nächsten Jahre wieder eine Weihnachtswanderung zu unternehmen, aber nur allein die Familie, und ich toastete: »Es ist wie mit den Wandervögeln, wenn die Zeit da ist, muß man mitmachen, ob man nun über das Meer zieht oder von der Landsberger Straße nach dem Schloßplatz oder nach Dressel Unter den Linden, das bleibt sich gleich. Auf die paar Kilometer mehr oder weniger kommt es nicht an, die Hauptsache ist die richtige Empfindung im menschlichen Busen!«

»Wilhelmine«, rief Onkel Fritz, »das hast du wieder einmal sehr schön gesagt. Wärst du ein Mann, ich ließe dich ganz gewiß in meinem Wahlkreise aufstellen.«

Darauf mußte denn noch einmal angestoßen werden.

VOLKSLIED

Laßt uns froh und munter sein

Laßt uns froh und munter sein
und uns recht von Herzen freun!
Lustig, lustig, traleralera!
Bald ist Nikolausabend da,
bald ist Nikolausabend da!

Dann stell' ich den Teller auf,
Nikolaus legt gewiß was drauf.
Lustig, lustig, traleralera!
Bald ist Nikolausabend da,
bald ist Nikolausabend da!

Wenn ich schlaf, dann träume ich,
jetzt bringt Nikolaus was für mich.
Lustig, lustig, traleralera!
Bald ist Nikolausabend da,
bald ist Nikolausabend da!

Wenn ich aufgestanden bin,
lauf ich schnell zum Teller hin.
Lustig, lustig, traleralera!
Bald ist Nikolausabend da,
bald ist Nikolausabend da!

Nikolaus ist ein guter Mann,
dem man nicht genug danken kann.
Lustig, lustig, traleralera!
Bald ist Nikolausabend da,
bald ist Nikolausabend da!

HEINRICH SEIDEL
1842–1906

Weihnachten bei Leberecht Hühnchen

Ich hatte meinen Freund Leberecht Hühnchen sehr lange nicht gesehen, da traf ich ihn eines Tages kurz vor Weihnachten in der Leipziger Straße. Er hatte Einkäufe gemacht und war ganz beladen mit Paketen und Paketchen, die an seinen Knöpfen und Fingern baumelten und überall weggestaut waren, wo sich Platz fand, so daß er in seinem Überzieher ein höchst verschwollenes und knolliges Aussehen hatte und fast allen Begegnenden ein behagliches Lächeln auf die Lippen nötigte, denn um die Weihnachtszeit sieht man gern also verzierte Leute. Er freute sich unbändig, mich zu sehen, und sagte: »Wenn du Zeit hast, so begleite mich doch zum Potsdamer Bahnhof, daß wir noch ein wenig plaudern können.« Ich tat dies, und unterwegs zog er wie gewöhnlich alle Schleusen auf. (...)

»Übrigens, da fällt mir ein, wo wirst du an diesem Abend sein?«

Ich sagte, ich würde wohl zu Hause sitzen und meine melancholischen Gedanken mit einem einsamen Punsch begießen. Da leuchteten Hühnchens Augen auf: »Natürlich kommst du zu uns!« rief er, »Lore und die Kinder werden sich unbändig freuen. Selbstverständlich gibt es Karpfen, und Punsch bekommst du bei mir auch, sogar nach einem berühmten Rezept. Keine Widerrede.« Ich sah ein, daß ich wohl kommen mußte, und sagte zu. Unterdes hatten wir den Potsdamer Bahnhof erreicht, Hühnchen kam eben noch zurecht, mit seinen unzähligen Paketen in einen Wagen zu klettern, und während er aus dem Fenster winkte und »Auf Wiedersehen!« rief, rollte er alsbald nach Steglitz davon.

Am 24. Dezember lag der Schnee überall fußhoch, und es war bitterlich kalt. Hühnchen hatte mich gebeten, recht früh zu kommen, und so machte ich mich, nachdem ich um ein Uhr zu Mittag gegessen hatte, auf den Weg zum Bahnhofe. In der Stadt herrschte um diese Zeit, wenn man so sagen darf, eine friedliche Unruhe, und fast kein Mensch wurde gesehen, der nicht irgend etwas trug. Selbst der lässigste Junggeselle und der gewissenloseste Vater sowohl, als jene bedauernswerte Klasse von Menschen, die die Bescherung für eine lästige Komödie hält, hatten sich zu guter Letzt noch in Trab gesetzt, ihren weihnachtlichen Pflichten zu genügen und aus den Spielwaren- und anderen Läden, wo an diesem Tage Greuel der Verwüstung herrschten, einiges zu entnehmen.

Die Tannenbaumhändler standen frierend, aber zufriedenen Gemütes zwischen ihren gelichteten Beständen und wurden ihre Straßenhüter an die Nachzügler los. Schaukelpferde, die vor einiger Zeit in einem traurigen Zustande der Verwahrlosung auf geheimnisvolle Weise von ihrem gewohnten Standorte verschwunden waren, hatten sich auf der wunderbaren Himmelswiese des Weihnachtsmannes wieder glänzend herangefüttert, ihre Wunden waren geheilt, und mit großen blanken Augen schauten sie von den Schultern ihrer Träger in den kalten Wintertag. Puppenstuben von märchenhafter Pracht und eingewickelte große Gegenstände von phantastischen Formen schwankten vorüber, die Transportwagen der großen Geschäfte karriolten überall und hielten bald hier, bald da; die sogenannten Kremser, die die Post zur Weihnachtszeit zu mieten pflegt, rumpelten schwerfällig von Haus zu Haus, mit Schätzen reich beladen, Lastwagen donnerten auf den bereits gereinigten Straßen oder quietschten pfeifend auf dem hartgefrorenen Schnee, wo dies nicht der Fall war, – kurz, es war umgekehrt, wie sonst die gewöhnliche Redensart lautet, der Sturm vor der Stille.

Diese festliche Unruhe erstreckte sich auch bis auf den Zug, der nach Steglitz fuhr. Die Wagen waren erfüllt von verspäteten Einkäufern, die ängstlich Pakete von jeglicher Form hüteten und mächtige Tüten, denen ein süßer Kuchenduft entströmte, wahrlich, man hätte einen Preis aussetzen können für den, der heute nichts bei sich trug. Ich hätte ihn gewiß nicht gewonnen, denn außer einem Kästchen mit zarten Süßigkeiten von Thiele in der Leipziger Straße für Frau Lore führte ich für Hühnchen eine Zigarrenspitze bei mir, deren Kopf aus einem Gänseschädel gebildet war, dem durch geschickte Bemalung, ein Paar eingesetzte Glasaugen und eine Zunge von rotem Tuch das Ansehen einer abscheulichen, zackigen Teufelsfratze verliehen worden war. Ich wußte, daß dieses Kunstwerk Hühnchen in die höchste Begeisterung versetzen würde. Für Hans und Frieda, die beiden Kinder, hatte ich Robert Reinicks Märchen, Lieder und Geschichten eingekauft, ein Buch, das ich jedem Kinde schenken möchte, das es noch nicht hat, und eine Puppe, die nach dem Urteile weiblicher Kennerschaft »einfach süß« war. Ich kann also wohl sagen, daß mein Weihnachtsgewissen rein war, wie draußen der frisch gefallene Schnee, und daß ich mit jener Ruhe, die uns das Bewußtsein erfüllter Pflicht erteilt, in die nächste Zukunft sah.

Die »Villa Hühnchen«, wie ihr Besitzer das kleine Häuschen, nicht ohne einen leisen Anflug von Selbstironie, zu nennen pflegte, war trotz ihrer Vergrößerung immer noch eine merkwürdig winzige Wohngelegenheit, aber sie zeigte sich sehr sauber und niedlich, da sie bei dieser Gelegenheit neu abgeputzt und angemalt worden war. An einem der vereisten Fenster war ein talergroßes Guckloch sichtbar, wie Kinder es mit einem erwärmten Geldstück einzuschmelzen lieben, und von diesem verschwand, als ich in Sicht kam, ein Auge, während sofort dafür ein anderes sich zeigte, das freundlich zwinkerte.

Auf dem Flur, wo ein angenehmer Kaffeegeruch bemerklich war, kam Hühnchen mir vergnügt entgegen, indem er rief: »Willkommen, lieber Weihnachtsgast, tritt ein in die zwar nicht übermäßig warmen, aber dennoch behaglichen Fasträume. Gegen diesen Winter können wir nicht anheizen, obgleich die Öfen heute den ganzen Tag schon bullern. Die Kinder wollten so gerne nach dir ausschauen und baten mich, ihnen ein Markstück zu leihen, um sich ein Loch in die gefrorenen Fenster zu tauen. Ich aber sagte, Weihnachten ist nur einmal im Jahre und habe ihnen für diesen Zweck einen Taler gepumpt!«

Das Fräulein mit der vornehmen Vergangenheit war bereits da und hatte die Gnade, sich meiner zu erinnern. Die gute Dame schien mir heute ganz besonders aufgezäumt zu sein, es klirrte und funkelte allerlei Schmuck an ihr, und über die ganze Gestalt war ein phantastischer Schimmer von künstlicher Jugend verbreitet. Sie sah aus, als wenn man sich Matthissons Gedichte hat neu einbinden lassen. (…)

Unterdes waren die Kinder schon sehr unruhig geworden, und endlich kam Hans mit einer großen, perlmutterglänzenden Muschelschale, in der sich weiter nichts befand als ein Endchen Wachslicht. Dies reichte er dem Vater hin, während er ihn bittend anblickte und dabei von seiner Schwester unterstützt ward.

»Jawohl, Kinder«, sagte Hühnchen. »Zeit und Stunde sind da.« Dann nahm er das Endchen Wachslicht, zeigte es mir, indem er es mit liebevoller Feierlichkeit zwischen den Fingerspitzen hielt, und sagte: »Du weißt, teurer Freund, daß an manchen Orten noch der Gebrauch herrscht, am Weihnachtsabend den mächtigen Julblock in den Kamin zu legen, dessen unverbrannte Reste aufgehoben werden, den Block vom nächsten Jahre damit anzuzünden. Wir haben leider keinen Kamin, sie sind nicht ökonomisch und heizen die freie Natur mehr als unsere Zimmer. Da habe ich nun einen anderen Gebrauch eingeführt, den ich für nicht minder sinnreich halte. Alle die kleinen Wachslichtenden vom Tannenbaum hebe ich auf, hier in dieser Perlmutterschale, und das ganze Jahr hindurch dienen sie mir für solche Zwecke, wo man auf kurze Zeit ein Licht braucht, wie zum Siegeln und dergleichen. Fast an jedem haften einige Tannennadeln, und so geht bei uns durch das ganze Jahr eine Kette von süßem Weihrauchduft von einem Fest zum anderen, und jedesmal, wenn ein solches Licht ausgeblasen wird, rufen die Kinder entzückt: ›Ah, das riecht aber nach Weihnachten!‹ Das letzte jedoch – hier siehst du es – wird auch im Falle der äußersten Not nicht verbraucht, sondern damit werden die Lichter des nächsten Weihnachtsbaumes angezündet. Und zu diesem feierlichen Geschäft begebe ich mich jetzt an den Ort der Geheimnisse.« Damit schritt er zur Tür hinaus, indes die Kinder vor Vergnügen und freudiger Erwartung auf den Zehen hüpften. (...)

Nach einer Weile gellte plötzlich das Haus von dem fürchterlichen Sturmläuten einer Tischglocke, und die Kinder stürzten nach dem Flur, auf dessen anderer Seite sich das Weihnachtszimmer befand. Wir folgten in gemäßigterem Tempo und traten in das Heiligtum, aus dessen Türe ein glänzender Lichtschein hervorbrach. Ich muß gestehen, die Herrlichkeit war groß, und die beiden Kinder standen wie in einem Bann und wagten gar nicht, näherzutreten in diese prachtvolle Sesamhöhle voller schimmernder und funkelnder Schätze. Aber schließlich gewöhnte sich das Auge an all diesen Glanz, und bald ging es ans Besichtigen und Bewundern. Hühnchen nahm mich zunächst in Anspruch für den Tannenbaum. »Liebster«, sagte er, »es ist eine bekannte Tatsache, daß jeder seinen eigenen Tannenbaum am schönsten findet und alle übrigen ein wenig verachtet, aber du mußt doch auch sagen, mein Stolz auf ihn entbehrt nicht einiger Berechtigung. Findest du nicht, daß eine Harmonie der Farben von ihm ausstrahlt wie eine sanfte Musik? Und dies ist kein Zufall, nein, das Resultat weiser Berechnung und genauer Überlegung. Alle diese Papiere und farbigen Verzierungen sind bei Lichte ausgesucht, damit sie auch bei Lichte wirken, und sind zusammengestellt nach dem Komplementärprinzip. Was dir natürlich und einfach reizvoll erscheint, ist ein Resultat schweren Nachdenkens und liebevoller Vertiefung in die Sache, mein Sohn. Auch eine Neuerung haben wir diesmal daran, nämlich vergoldete

Erlenzäpfchen. Der Dichter Theodor Storm, dessen Werke ja auch du so hochschätzest, schmückt ebenfalls mit solchen seinen Tannenbaum. Zwar etwas schief ist die kleine Fichte und an manchen Stellen, wo ein Zweig sitzen sollte, ist merkwürdigerweise keiner da, aber gibt das nicht einen neuen Reiz? Nur der Philister schwärmt für absolute Symmetrie.«

Dann stand er eine Weile und blickte mit begeisterten Augen auf den kleinen schiefen Baum, der in seinem bunten Schmuck so aussah, wie sie alle aussehen, und setzte dazu eine Miene auf, als vertiefe er sich in die Schönheiten der Sixtinischen Madonna.

Für ihr kleines Mädchen hatten die Hühnchens gemeinsam eine Puppenstube angefertigt, die wahrlich zauberhaft war und einer zweiten Familie Hühnchen in ein Zehntel der natürlichen Größe zum Wohnsitz diente. Dieses Wunderwerk zu beschreiben, sind Worte zu schwach; es genügt zu sagen, daß in diesen Puppenräumen nichts, aber auch gar nichts fehlte von dem, was die wirklichen Räume der Hühnchenschen Wohnung enthielten, und daß alles von einer großartigen Eleganz und Zierlichkeit war. Die Schränke waren angefüllt mit den winzigsten Kleidern und Leinensachen und die Küche mit den niedlichsten Geschirren, selbst Kinderspielzeug, Bilderbücher und Schulhefte waren vorhanden in liliputanischer Größe und Porträte der Hühnchenschen Vorfahren an den Wänden, sauber in Gold gerahmt. Ja, die Naturwahrheit war fast zu weit getrieben, denn sogar jener Ort, zu dem selbst Karl der Große keinen Vertreter schicken konnte, fehlte nicht, wie mir Hühnchen unter großem Schmunzeln zeigte. Der Major hatte auch seine Künste entfaltet und für Hans aus Pappe einen Husaren angefertigt, der auf einem Pferde ritt, das offenbar arabisches Blut in seinen Adern führte, während der Reiter, aufs vorschriftsmäßigste ausgerüstet, eine so sieghafte Heldenschönheit zur Schau trug, daß niemand an seiner Macht über alle weiblichen Herzen zu zweifeln wagte.

Ein Kunstwerk zarterer Natur hatte er für Frieda gepappt und ausgemalt, nämlich Dornröschen in einer Rosenlaube, welche blaßrote Schönheit über alle menschlichen Begriffe süß und reizvoll war. Auch der himmelblaue Ritter, der ihr soeben nahte und sich über sie beugte, hatte so wunderzierliche Hände und Füßchen, so große Mondscheinaugen und einen so bezaubernden Schnurrbart, daß man ihm auf hundert Schritte den echten Prinzen ansehen konnte. Dabei war das Kunstwerk zugleich mechanischer Art, denn zog man an einem kleinen Bändchen, dann beugte sich der schöne Ritter nieder und küßte Dornröschen, während diese den Arm erhob, genau nach der Uhlandschen Vorschrift:

>»Der Königssohn, zu wissen,
>Ob Leben in dem Bild,
>Tät seine Lippen schließen
>Auf ihren Mund so mild:

Er hat es bald empfunden
Am Odem süß und warm,
Und als sie ihn umwunden,
Noch schlummernd, mit dem Arm.«

Es würde zu weit führen, wollte ich alle diese Überraschungen hier schildern und aufzählen, zum Beispiel die wunderbare Festung mit Wasserkunst, die Hühnchen für seinen Sohn hergestellt hatte, und alle die kleinen Dinge, womit die Eheleute selber sich erfreuten. Es war, nach Hühnchens eigenem Ausdruck, »einfach monumental«.

Die Lichter des Tannenbaumes brannten allmählich herunter und versengten schon mit Knistern und Puffen Nadeln und kleine Zweige, so daß zuletzt ein allgemeines wetteiferndes Ausblasen begann und das ganze Zimmer sich mit Weihnachtsduft erfüllte. Während wir dann in behaglichem Geplauder beieinander saßen, und die Kinder sich eifrig mit ihren neuen Schätzen abgaben, nahte die Zeit des Abendessens heran, und Hühnchen verschwand in geheimnisvoller Weise auf eine halbe Stunde. Als er dann wieder eintrat, kam durch die geöffnete Tür eine Wolke von köstlichem Punschgeruch mit ihm; wir begaben uns in das andere Zimmer zum Essen und taten dem vortrefflichen Karpfen und dem nicht minder guten Getränk alle Ehre an.

»Das Rezept zu diesem Weinpunsch habe ich von meinem Freunde Bornemann«, sagte Hühnchen. »Dieser gab in jedem Winter seinen guten Bekannten drei Punschabende, weil er selber dieses Getränk so außerordentlich liebte. Ich war gewöhnlich der erste, der kam, und fand ihn dann regelmäßig an dem gedeckten, mit allerlei guten Sachen besetzten Tische, und vor ihm stand eine ungeheure Punschbowle. Er sah ernst und nachdenklich aus und hatte schon einen ziemlich roten Kopf. ›Lieber Freund‹, sagte er dann, ›es freut mich, daß du kommst, denn ich bedarf deines Urteils. Ich sitze nun schon seit einer Stunde und probiere ein Glas nach dem anderen, ohne zu einem anderen Resultat zu kommen, als daß der Punsch gut ist. Trotz aller Aufmerksamkeit kann ich zu keiner anderen Ansicht gelangen; was sagst du?‹ Ich trank dann und antwortete: ›Wunderbar, wie immer!‹ ›Dies beruhigt mich sehr‹, sagte er dann, ›diese Bestätigung meines eigenen Urteils tut mir wohl.‹ Dann schlürfte er bedächtig ein neues Glas leer und fuhr fort: ›Ja, du hast recht, ich habe das Meinige getan, nun tut ihr das Eure.‹ Jedoch es gelang uns nie, in gemeinschaftlicher Arbeit auf den Grund dieser ungeheuren Bowle zu gelangen, aber wenn wir uns mit schweren Köpfen entfernt hatten, saß Freund Bornemann wie eine Eiche, schweigend und einsam, und rauchte und trank, bis er den Boden des Gefäßes sah. Dann schaute er melancholisch in den geleerten Abgrund, seufzte ein wenig und ging zu Bette.«

Peter Rosegger
1843–1918

Als ich Christtagsfreude holen ging

In meinem zwölften Lebensjahre wird es gewesen sein, als am Frühmorgen des heiligen Christabends mein Vater mich an der Schulter rüttelte: ich solle aufwachen und zur Besinnung kommen, er habe mir etwas zu sagen. Die Augen waren bald offen, aber die Besinnung! Als ich unter der Mithilfe der Mutter angezogen war und bei der Frühsuppe saß, verlor sich die Schlaftrunkenheit allmählich, und nun sprach mein Vater: »Peter, jetzt hör, was ich dir sage. Da nimm einen leeren Sack, denn du wirst was heimtragen. Da nimm meinen Stecken, denn es ist viel Schnee, und da nimm eine Laterne, denn der Pfad ist schlecht, und die Stege sind vereist. Du mußt hinabgehen nach Langenwang. Den Holzhändler Spreitzegger zu Langenwang, den kennst du, der ist mir noch immer das Geld schuldig, zwei Gulden und sechsunddreißig Kreuzer für den Lärchenbaum. Ich laß ihn bitten drum; schön höflich anklopfen und den Hut abnehmen, wenn du in sein Zimmer trittst. Mit dem Geld gehst nachher zum Kaufmann Doppelreiter und kaufst zwei Maßel Semmelmehl und zwei Pfund Rindsschmalz und um zwei Groschen Salz, und das tragst heim.«

Jetzt war aber auch meine Mutter zugegen, ebenfalls schon angekleidet, während meine sechs jüngeren Geschwister noch ringsum an der Wand in ihren Bettchen schliefen. Die Mutter, die redete drein wie folgt: »Mit Mehl und Schmalz und Salz allein kann ich kein Christtagsessen richten. Ich brauch dazu noch Germ (Hefe) um einen Groschen, Weinbeerln um fünf Kreuzer, Zucker um fünf Groschen, Safran um zwei Groschen und Neugewürz um zwei Kreuzer. Etliche Semmeln werden auch müssen sein.«

»So kaufst es«, setzte der Vater ruhig bei. »Und wenn dir das Geld zuwenig wird, so bittest den Herrn Doppelreiter, er möcht die Sachen derweil borgen, und zu Ostern, wenn die Kohlenraitung (Verrechnung für Holzkohle) ist, wollt ich schon fleißig zahlen. Eine Semmel kannst unterwegs selber essen, weil du vor Abend nicht heimkommst. Und jetzt kannst gehen, es wird schon fünf Uhr, und daß du noch die Achter-Meß erlangst zu Langenwang.«

Das war alles gut und recht. Den Sack band mir mein Vater um die Mitte, den Stecken nahm ich in die rechte Hand, die Laterne mit der frischen Unschlittkerze in die linke, und so ging ich davon, wie ich zu jener Zeit in Wintertagen oft davongegangen war. Der durch wenige Fußgeher ausgetretene Pfad war holperig im tiefen Schnee, und es ist nicht immer leicht, nach den Fußstapfen unserer Vorderen zu wandeln, wenn diese zu lange Beine gehabt haben. Noch nicht dreihundert Schritt war ich gegangen, so lag ich im Schnee, und die Laterne, hingeschleudert, war ausgelöscht. Ich suchte mich langsam zusammen, und dann schaute ich die wunderschöne Nacht an. Anfangs war sie ganz grausam finster, allmählich hub der Schnee an, weiß zu werden und die Bäume schwarz, und in der Höhe war helles Sternengefunkel. In den Schnee fallen kann man auch ohne Laterne, so stellte ich sie seithin unter einen Strauch, und ohne Licht ging's nun besser als vorhin.

In die Talschlucht kam ich hinab, das Wasser des Fresenbaches war eingedeckt mit glattem Eis, auf welchem, als ich über den Steg ging, die Sterne des Himmels gleichsam Schlittschuh liefen. Später war ein Berg zu übersteigen; auf dem Paß, genannt der »Höllkogel«, stieß ich zur wegsamen Bezirksstraße, die durch Wald und Wald hinabführt in das Mürztal. In diesem lag ein weites Meer von Nebel, in welches ich sachte hineinkam, und die feuchte Luft fing an, einen Geruch zu haben, sie roch nach Steinkohlen; und die Luft fing an, fernen Lärm an mein Ohr zu tragen, denn im Tal hämmerten die Eisenwerke, rollte manchmal ein Eisenbahnzug über dröhnende Brücken.

Nach langer Wanderung ins Tal gekommen zur Landstraße, klingelte Schlittengeschelle, der Nebel ward grau und lichter, so daß ich die Fuhrwerke und Wandersleute, die für die Feiertage nach ihren Heimstätten reisten, schon auf kleine Strecken weit sehen konnte. Nachdem ich eine Stunde lang im Tal fortgegangen war, tauchte links an der Straße im Nebel ein dunkler Fleck auf, rechts auch einer, links mehrere, rechts eine ganze Reihe – das Dorf Langenwang.

Alles, was Zeit hatte, ging der Kirche zu, denn der Heilige Abend ist voller Vorahnung und Gottesweihe. Bevor noch die Messe anfing, schritt der hagere, gebückte Schulmeister durch die Kirche, musterte die Andächtigen, als ob er jemanden suche. Endlich trat er an mich heran und fragte leise, ob ich ihm nicht die Orgel »melken« wolle, es sei der Mesnerbub krank. Voll Stolz und Freude, also zum Dienste des Herrn gewürdigt zu sein, ging ich mit ihm auf den Chor, um bei der heiligen Messe den Blasebalg der Orgel zu ziehen. Während ich die zwei langen Lederriemen abwechselnd aus dem Kasten zog, in welchen jeder derselben allemal wieder langsam hineinkroch, orgelte der Schulmeister, und seine Tochter sang:

> »Tauet, Himmel, den Gerechten,
> Wolken, regnet ihn herab!
> Also rief in bangen Nächten
> einst die Welt, ein weites Grab.
> In von Gott verhaßten Gründen
> herrschten Satan, Tod und Sünden,
> fest verschlossen war das Tor
> zu dem Himmelreich empor.«

Ferner erinnere ich mich, an jenem Morgen nach dem Gottesdienst in der dämmerigen Kirche vor ein Heiligenbild hingekniet zu sein und gebetet zu haben um Glück und Segen zur Erfüllung meiner bevorstehenden Aufgabe. Das Bild stellte die Vierzehn Nothelfer dar – einer wird doch dabeisein, der zur Eintreibung von Schulden behilflich ist. Es schien mir aber, als schiebe während meines Gebetes auf dem Bilde einer sich sachte hinter den andern zurück.

Trotzdem ging ich guten Mutes hinaus in den nebeligen Tag, wo alles emsig war in der Vorbereitung zum Fest, und ging dem Hause des Holzhändlers Spreitzegger zu. Als ich daran war, zur vorderen Tür hineinzugehen, wollte der alte Spreitzegger, soviel ich mir später reimte, durch die hintere Tür entwischen. Es wäre ihm gelungen, wenn mir nicht im Augenblick geschwant hätte: Peter, geh nicht zur vorderen Tür ins Haus wie ein Herr, sei demütig, geh zur hinteren Tür hinein, wie es dem Waldbauernbub geziemt. Und knapp an der hinteren Tür trafen wir uns.

»Ah, Bübel, du willst dich wärmen gehen«, sagte er mit geschmeidiger Stimme und deutete ins Haus, »na, geh dich nur wärmen. Ist kalt heut!« Und wollte davon.

»Mir ist nicht kalt«, antwortete ich, »aber mein Vater läßt den Spreitzegger schön grüßen und bitten ums Geld.«

»Ums Geld? Wieso?« fragte er. »Ja richtig, du bist der Waldbauernbub. Bist früh aufgestanden heut, wenn du schon den weiten Weg kommst. Rast nur ab. Und ich laß deinen Vater auch schön grüßen und glückliche Feiertage wünschen; ich komm ohnehin ehzeit einmal zu euch hinauf, nachher wollen wir schon gleich werden.«

Fast verschlug es mir die Rede, stand doch unser ganzes Weihnachtsmahl in Gefahr vor solchem Bescheid.

»Bitt wohl von Herzen schön ums Geld, muß Mehl kaufen und Schmalz und Salz, und ich darf nicht heimkommen mit leerem Sack.«

Er schaute mich starr an. »Du kannst es!« brummte er, zerrte mit zäher Gebärde seine große, rote Brieftasche hervor, zupfte in den Papieren, die wahrscheinlich nicht pure Banknoten waren, zog einen Gulden heraus und sagte: »Na, so nimm derweil das, in vierzehn Tagen wird dein Vater den Rest schon kriegen. Heut hab ich nicht mehr.« Den Gulden schob er mir in die Hand, ging davon und ließ mich stehen.

Ich blieb aber nicht stehen, sondern ging zum Kaufmann Doppelreiter. Dort begehrte ich ruhig und gemessen, als ob nichts wäre, zwei Maßel Semmelmehl, zwei Pfund Rindsschmalz, um zwei Groschen Salz, um einen Groschen Germ, um fünf Kreuzer Weinbeerln, um fünf Groschen Zucker, um zwei Groschen Safran und um zwei Kreuzer Neugewürz. Der Herr Doppelreiter bediente mich selbst und machte mir alles hübsch zurecht in Päckchen und Tütchen, die er dann mit Spagat zusammen in ein einziges Paket band und so an den Mehlsack hängte, daß ich das Ding über der Achsel tragen konnte, vorn ein Bündel und hinten ein Bündel. Als das geschehen war, fragte ich mit einer nicht minder tückischen Ruhe als vorhin, was das alles zusammen ausmache.

»Das macht drei Gulden fünfzehn Kreuzer«, antwortete er mit Kreide und Mund.

»Ja, ist schon recht«, hierauf ich, »da ist derweil ein Gulden, und das andere wird mein Vater, der Waldbauer in Alpl, zu Ostern zahlen.«

Schaute mich der bedauernswerte Mann und fragte höchst ungleich: »Zu Ostern? In welchem Jahr?«

»Na, nächste Ostern, wenn die Kohlenraitung ist.«

Nun mischte sich die Frau Doppelreiterin, die andere Kunden bediente, drein und sagte: »Laß ihm's nur, Mann, der Waldbauer hat schon öfters auf Borg genommen und nachher allemal ordentlich bezahlt. Laß ihm's nur.«

»Ich laß ihm's ja, werd ihm's nicht wieder wegnehmen«, antwortete der Doppelreiter. Das war doch ein bequemer Kaufmann! Jetzt fielen mir auch die Semmeln ein, welche meine Mutter noch bestellt hatte.

»Kann man da nicht auch fünf Semmeln haben?« fragte ich.

»Semmeln kriegt man beim Bäcker«, sagte der Kaufmann.

Das wußte ich nun gleichwohl, nur hatte ich mein Lebtag nichts davon gehört, daß man ein paar Semmeln auf Borg nimmt, daher vertraute ich der Kaufmännin, die sofort als Gönnerin zu betrachten war, meine vollständige Zahlungsunfähigkeit an. Sie gab mir zwei bare Groschen für Semmeln, und als sie nun noch beobachtete, wie meine Augen mit den reif feuchten Wimpern fast unlösbar an den gedörrten Zwetschken hingen, die sie einer alten Frau in den Korb tat, reichte sie mir auch noch eine Handvoll dieser köstlichen Sache zu: »Unterwegs zum Naschen.«

Nicht lange hernach, und ich trabte, mit meinen Gütern reich und schwer bepackt, durch die breite Dorfgasse dahin. Überall in den Häusern wurde gemetzgert, gebacken, gebraten, gekellert; ich beneidete die Leute nicht; ich bedauerte sie vielmehr, daß sie nicht ich waren, der, mit so großem Segen beladen, gen Alpl zog. Das wird morgen ein Christtag werden! Denn die Mutter kann's, wenn sie die Sachen hat. Ein Schwein ist ja auch geschlachtet worden daheim, das gibt Fleischbrühe mit Semmelbrocken, Speckfleck, Würste, Nieren-Lümperln, Knödelfleisch mit Kren, dann erst die Krapfen, die Zuckernudeln, das Schmalzkoch mit Weinbeerin und Safran! – Die Herrenleut da in Langenwang haben so was alle Tag, das ist nichts, aber wir haben es im Jahr einmal und kommen mit unverdorbenem Magen dazu, *das* ist was! – Und doch dachte ich auf diesem belasteten Freudenmarsch weniger noch ans Essen als an das liebe Christkind und sein hochheiliges Fest. Am Abend, wenn ich nach Hause komme, werde ich aus der Bibel davon vorlesen, die Mutter und die Magd Mirzel werden Weihnachtslieder singen; dann, wenn es zehn Uhr wird, werden wir uns aufmachen nach Sankt Kathrein und in der Kirche die feierliche Christmette begehen bei Glock', Musik und unzähligen Lichtern. Und am Seitenaltar ist das Krippel aufgerichtet mit Ochs und Esel und den Hirten, und auf dem Berg die Stadt Bethlehem und darüber die Engel, singend: Ehre sei Gott in der Höhe! – Diese Gedanken trugen mich anfangs wie Flügel. Doch als ich eine Weile die schlittenglatte Landstraße dahingegangen war, unter den Füßen knirschenden Schnee, mußte ich mein Doppelbündel schon einmal wechseln von einer Achsel auf die andere.

In der Nähe des Wirtshauses »Zum Sprengzaun« kam mir etwas Vierspänniges entgegen. Ein leichtes Schlittlein, mit vier feurigen, hochaufgefederten Rappen bespannt, auf dem Bock ein Kutscher mit glänzenden Knöpfen und einem Buttenhut. Der Kaiser? Nein, der Herr Wachtler vom Schlosse Hohenwang saß im Schlitten, über und über in Pelze gehüllt und eine Zigarre schmauchend. Ich blieb stehen, schaute dem blitzschnell vorüberrutschenden Zeug eine Weile nach und dachte: Etwas krumm ist es doch eingerichtet auf dieser Welt: da sitzt ein starker Mann drin und läßt sich hinziehen mit so viel überschüssiger Kraft, und ich vermag mein Bündel kaum zu schleppen.

Mittlerweile war es Mittagszeit geworden. Durch den Nebel war die milchweiße Scheibe der Sonne zu sehen; sie war nicht hoch am Himmel hinaufgestiegen, denn um vier Uhr wollte sie ja wieder unten sein, zur langen Christnacht. Ich fühlte in den Beinen manchmal so ein heißes Prickeln, das bis in die Brust hinaufstieg, es zitterten mir die Glieder. Nicht weit von der Stelle, wo der Weg nach Alpl abzweigt, stand ein Kreuz mit dem lebensgroßen Bilde – des Heilands. Es stand, wie es heute noch steht, an seinem Fuß Johannes und Magdalena, das Ganze mit einem Bretterverschlag verwahrt, so daß es wie eine Kapelle war. Vor dem Kreuz auf die Bank, die für kniende Beter bestimmt ist, setzte ich mich nieder, um Mittag zu halten. Eine Semmel, die gehörte mir, meine Neigung zu ihr war so groß, daß ich sie am liebsten in wenigen Bissen verschluckt hätte. Allein das schnelle Schlucken ist nicht gesund, das wußte ich von anderen Leuten, und das langsame Essen macht einen längeren Genuß, das wußte ich schon von mir selber. Also beschloß ich, die Semmel recht gemächlich und bedächtig zu genießen und dazwischen manchmal eine gedörrte Zwetschke zu naschen.

Es war eine sehr köstliche Mahlzeit; wenn ich heute etwas recht Gutes haben will, das kostet außerordentliche Anstrengungen aller Art; ach, wenn man nie und nie einen Mangel zu leiden hat, wie wird man da arm.

Und wie war ich so reich damals, als ich arm war!

Als ich nach der Mahlzeit mein Doppelbündel wieder auflud, war's ein Spaß mit ihm, flink ging es voran. Als ich später in die Bergwälder hinaufkam und der graue Nebel dicht in den schneebeschwerten Bäumen hing, dachte ich an den Grabler-Hansel. Das war ein Kohlenführer, der täglich von Alpl seine Fuhre ins Mürztal lieferte. Wenn er auch heute gefahren wäre! Und wenn er jetzt heimwärts mit dem leeren Schlitten des Weges käme und mir das Bündel auflüde! Und am Ende gar mich selber! Daß es so heiß sein kann im Winter! Mitten in Schnee und Eisschollen schwitzen! Doch morgen wird alle Mühsal vergessen sein. – Derlei Gedanken und Vorstellungen verkürzten mir unterwegs die Zeit.

Auf einmal roch ich starken Tabakrauch. Knapp hinter mir ging, ganz leise auftretend, der grüne Kilian. Der Kilian war früher einige Zeit lang Forstgehilfe in den gewerkschaftlichen Wäldern gewesen, jetzt war er's nicht mehr, wohnte mit seiner Familie in einer Hütte drüben in der Fischbacher Gegend, man wußte nicht recht, was er trieb. Nun ging er nach Hause. Er hatte einen Korb auf dem Rücken, an dem er nicht schwer zu tragen schien, sein Gewand war noch ein jägermäßiges, aber hübsch abgetragen, und sein schwarzer Vollbart ließ nicht viel sehen von seinem etwas fahlen Gesicht. Als ich ihn bemerkt hatte, nahm er die Pfeife aus dem Mund, lachte laut und sagte: »Wo schiebst denn hin, Bub?«

»Heimzu«, meine Antwort.

»Was schleppst denn?«

»Sachen für den Christtag.«

»Gute Sachen? Der Tausend sapperment! Wem gehörst denn zu?«

»Dem Waldbauer.«

»Zum Waldbauer willst gar hinauf? Da mußt gut antauchen.«

»Tu's schon«, sagte ich und tauchte an.

»Nach einem solchen Marsch wirst gut schlafen bei der Nacht«, versetzte der Kilian, mit mir gleichen Schritt haltend.

»Heut wird nicht geschlafen bei der Nacht, heut ist Christnacht.«

»Was willst denn sonst tun, als schlafen bei der Nacht?«

»Nach Kathrein in die Metten gehen.«

»Nach Kathrein?« fragte er, »den weiten Weg?«

»Um zehn Uhr abends gehen wir vom Haus fort, und um drei Uhr früh sind wir wieder daheim.«

Der Kilian biß in sein Pfeifenrohr und sagte: »Na, hörst du, da gehört viel Christentum dazu. Beim Tag ins Mürztal und bei der Nacht in die Metten nach Kathrein! So viel Christentum hab ich nicht, aber das sage ich dir doch: Wenn du dein Bündel in meinen Buckelkorb tun willst, daß ich es dir eine Zeitlang trage und du dich ausrasten kannst, so hast ganz recht, warum soll der alte Esel nicht auch einmal tragen!«

Damit war ich einverstanden, und während mein Bündel in seinen Korb sank, dachte ich: Der grüne Kilian ist halt doch ein besserer Mensch, als man sagt.

Dann rückten wir wieder an, ich huschte frei und leicht neben ihm her.

»Ja, ja, die Weihnachten!« sagte der Kilian fauchend, »da geht's halt drunter und drüber. Da reden sich die Leut in eine Aufregung und Frömmigkeit hinein, die gar nicht wahr ist. Im Grund ist der Christtag wie jeder andere Tag, nicht einen Knopf anders. Der Reiche, ja, der hat jeden Tag Christtag, unsereiner hat jeden Tag Karfreitag.«

»Der Karfreitag ist auch schön«, war meine Meinung.

»Ja, wer genug Fisch und Butter und Eier und Kuchen und Krapfen hat zum Fasten!« lachte der Kilian.

Mir kam sein Reden etwas heidentümlich vor. Doch was er noch weiteres sagte, das verstand ich nicht mehr, denn er hatte angefangen, sehr heftig zu gehen, und ich konnte nicht recht nachkommen. Ich rutschte auf dem glitschigen Schnee mit jedem Schritt ein Stück zurück, der Kilian hatte Fußeisen angeschnallt, hatte lange Beine, war nicht abgemattet – da ging's freilich voran.

»Herr Kilian!« rief ich. Er hörte es nicht. Der Abstand zwischen uns wurde immer größer, bei Wegbiegungen entschwand er mir manchmal ganz aus den Augen, um nachher wieder in größerer Entfernung, halb schon von Nebeldämmerung verhüllt, aufzutauchen. Jetzt wurde mir bang um mein Bündel. Kamen wir ja doch schon dem Höllkogel nahe. Das ist jene Stelle, wo der Weg nach Alpl und der Weg nach Fischbach sich gabeln. Ich hub an zu laufen; im Angesichte der Gefahr war alle Müdigkeit dahin, ich lief wie ein Hündlein und kam ihm näher. Was wollte ich aber anfangen, wenn ich ihn eingeholt hätte, wenn ihm der Wille fehlte, die Sachen herzugeben, und mir die Kraft, sie zu nehmen? Das kann ein schönes Ende werden mit diesem Tag, denn die Sachen lasse ich nicht im Stich, und sollte ich ihm nachlaufen müssen bis hinter den Fischbacher Wald zu seiner Hütte!

Als wir denn beide so merkwürdig schnell vorwärtskamen, holten wir ein Schlittengespann ein, das vor uns mit zwei grauen Ochsen und einem schwarzen Kohlenführer langsam des Weges schliff. Der Grabler-Hansel! Mein grüner Kilian wollte schon an dem Gespann vorüberhuschen, da schrie ich von hinten her aus Leibeskräften: »Hansel! Hansel! Sei so gut, leg mir meine Christtagsachen auf den Schlitten, der Kilian hat sie im Korb, und er soll sie dir geben!«

Mein Geschrei muß wohl sehr angstvoll gewesen sein, denn der Hansel sprang sofort von seinem Schlitten und nahm eine tatbereite Haltung ein. Und wie der Kilian merkte, ich hätte hier einen Bundesgenossen, riß er sich den Korb vom Rücken und schleuderte das Bündel auf den Schlitten. Er knirschte noch etwas von »dummen Bären« und »Undankbarkeit«, dann war er auch schon davon.

Der Hansel rückte das Bündel zurecht und fragte, ob man sich draufsetzen dürfe. Das, bat ich, nicht zu tun.

So tat er's auch nicht, wir setzten uns hübsch nebeneinander auf den Schlitten, und ich hielt auf dem Schoß sorgfältig mit beiden Händen die Sachen für den Christtag. So kamen wir endlich nach Alpl. Als wir zur ersten Fresenbrücke gekommen waren, sagte der Hansel zu den Ochsen: »Oha!« und zu mir: »So!« Die Ochsen verstanden und blieben stehen, ich verstand nicht und blieb sitzen.

Aber nicht mehr lange, es war ja zum Aussteigen, denn der Hansel mußte links in den Graben hinein und ich rechts den Berg hinauf.

»Dank dir's Gott, Hansel!«

»Ist schon gut, Peterl.«

Zur Zeit, da ich mit meiner Last den steilen Berg hinanstieg gegen mein Vaterhaus, begann es zu dämmern und zu schneien. Und zuletzt war ich doch daheim.

»Hast alles?« fragte die Mutter am Kochherd mir entgegen.
»Alles!«
»Brav bist. Und hungrig wirst sein.«
Beides ließ ich gelten. Sogleich zog die Mutter mir die klingendhart gefrorenen Schuhe von den Füßen, denn ich wollte, daß sie frisch eingefettet würden für den nächtlichen Mettengang. Dann setzte ich mich in der warmen Stube zum Essen.

Aber siehe, während des Essens geht es zu Ende mit meiner Erinnerung. – Als ich wieder zu mir kam, lag ich wohlausgeschlafen in meinem warmen Bett, und zum kleinen Fenster herein schien die Morgensonne des Christtages.

Friedrich Nietzsche
1844–1900

Wie ich mich auf Weihnachten freue

Pforta, 5. Dezember 1861

Liebe Mamma! oder Liebe Lisbeth! wer gerade den Brief zuerst liest.

Du konntest Dir denken, daß ich mich nach so vielen Veränderungen meiner Wünsche noch einmal anders entschließen könnte, und so ist es denn auch wirklich gekommen. Ich bin auch wieder zur Musik zurückgekehrt, denn ich kann mir eine Bescherung gar nicht recht ohne etwas Musikalisches denken. Ich hoffe, die Wahl ist gut, auch für Dich. Ebenso ist das Buch höchst interessant, vielleicht auch für Dich. Auf der andern Seite werde ich beides so aufschreiben, daß der abgerissne Zettel dem Buchhändler gezeigt werden kann. Eine Änderung ist jetzt gar nicht mehr möglich, schon der Zeit wegen nicht. Der Gedanke kam mir über Nacht, denn ich schwankte sehr heftig. (...)

Sonnabend über zwei Wochen! Es ist ein entzückender Gedanke! Ihr glaubt nicht, wie ich mich auf Weihnachten freue, das wunderschöne Weihnachten! Jetzt sind noch ziemlich arbeitsvolle Wochen. Aber dann! Sonnabend früh als nur irgend möglich, komme ich, es wird herrlich! Nicht wahr, der Onkel Burkhardt ist mit den kleinen Kusinen doch auch mit da? Ist die Mamma wieder zurückgekommen? Schreibt mir nur recht bald!

Euer Fritz

Eine große Neuigkeit! Heute ist Donnerstag und morgen wird deshalb – Freitag sein –

Wir verreisen doch nicht etwa Weihnachten? Vorigen Sonntag bin ich noch etwa sieben Minuten bei Gustav gewesen, der mich dann nach Pforta begleitete. –

Erkältungen sind jetzt überaus häufig. Die Krankenstube ist übervoll, es sollen neue Räume eingerichtet werden, Breithaupt ist auch drüben. Ich leide an Heiserkeit und Schnupfen. Weihnachten macht alles gut!

Übrigens habe ich noch einen Wunsch, nämlich irgendeine Photographie eines lebenden berühmten Mannes, z. B. Liszt oder Wagner oder eine Photographie aus dem Shakespearealbum des berühmten Kaulbach (z. B. zu Macbeth) eine einzelne kostet allerdings 27 1/2 Srg. Es soll eine Zierde für mein Album sein. Sie sind großes Format.

Ihr seht jedenfalls, daß ich die mannigfachsten Wünsche habe. Ihr müßt mir nun aber auch so schreiben, was Ihr Euch wünscht.

Emil von Schönaich-Carolath
1852–1908

Des Bettlers Weihnachtsgabe

An dem Strome, der schwarze, Treibeis führende Wassermassen durch die Winternacht wälzte, hoben sich ragende Mauern, düstere Speicher, finstere Mühlenwehre; hinter diesen lag, in einen trüb rötlichen Dunstkreis gehüllt, die Großstadt. Flackernde, windgequälte Gasflammen überquerten in Reihen den Strom, scharf gedehnte Umrisse mächtiger Brücken bezeichnend, vor deren Schutzpfeilern die Schollenmassen sich knirschend aufstauten. Um die Ecken der Straße flogen kalte, mit Schneeflocken vermischte Regenschauer, über die triefenden Dächer schnob in gewaltigen Stößen der Wasserwind. Er wirrte das tiefe Geläut der schwingenden Weihnachtsglocken und führte in brausender Flucht die flatternden, vielstimmigen Akkorde hinaus in die schwarze Christnacht.

Hinter den hellen Fensterscheiben strahlte Silberlicht von großen und kleinen Bäumen, durch alle Häuser begann der Weihnachtsengel zu wandern. Im Palaste des Börsenfürsten hellte elektrisches Licht den Bescherungssaal, auf damastschimmernder Tafel lag breit, wie durchtränkt von der weißen Glut seiner lichtsprühenden, eiförmigen Funkelsteine, ein schwerer Brillantschmuck. Er erschien vortrefflich geeignet zur Belastung eines behäbigen, reifen Frauenhalses. Daneben befanden sich Teller mit geschlossenen Briefkuverten, diese enthielten Sichtwechsel zu hohem Betrage und waren für die Söhne des Hauses bestimmt. Auf solche Art blieb das lästige Forschen nach passenden, dem Verlangen des einzelnen entsprechenden Festgeschenken erspart, dafür stand einem jedem es frei, seine jeweiligen Wünsche auf eigene Hand zu befriedigen. Es war dieses eine vorzügliche, wirklich praktische Bescherungsmethode, zumal sie nicht viel Zeit in Anspruch nahm und dem Familienoberhaupte Gelegenheit bot, sich zeitig in seine Gemächer oder seinen Klub zurückziehen zu können.

Weiter drüben, am Markte, lag die Front eines Patrizierhauses in breitem Lampenschimmer; der Türsteher, mit dichtem, vermummendem Mantel angetan, hatte die Torflügel, anfahrender Wagen harrend, geöffnet. Oben durchzuckte Kaminglut ein weites, durch Ausstellung kleiner Tische zum Spielzimmer eingerichtetes Gemach. Der Hausherr, wehrhaft von Gestalt, mit breiten Zügen, die ein kurzer, eisgrauer Bart umschloß, erhob sich vom Stuhle, indessen sein Gegenüber, ein Prediger in schwarzem Summar, mit allen Merkmalen gespanntester Erwartung zu dem Redenden emporsah.

»Wie bereits ich bemerkte, lieber Herr Pfarrer«, schloß der Kaufherr seine Rede, »steht meiner Firma, dank des Zusammentreffens tief angelegter, weitverzweigter Kombinationen, deren Erörterung nicht hierher gehört, ein besonders günstiger Jahresabschluß bevor. Da zudem« – hier wurde das Antlitz des Sprechers abstoßend hart – »meine Söhne, weil sie sich frühzeitig der Autorität ihres Vaters zu entziehen gewußt, an meinem Vermögen keinen Anteil mehr besitzen, so erscheint es der Stellung meines Hauses nur angemessen, daß ich einen Teil vorerwähnter Überschüsse zu gemeinnützigen Zwecken sowie zur Verschönerung unserer allgeliebten Vater- und Handelstadt anzuwenden gesonnen bin. Empfangen Sie somit, Herr Pastor, gegen gefällige Quittierung des Betrages, einliegende Summe, welche zum Ausbau der neuen Gemeindekirche bestimmt ist. Ich hoffe, daß dieses Weihnachtsgeschenk Ihnen die Möglichkeit gewähren wird, alle zu besagtem Zweck ein wenig aufdringlich betriebenen Sammlungen nunmehr abzuschließen.« Und während der Pastor laut preisend mit erhobenen Händen dem reichen Manne folgte, schritt dieser, seinen eintreffenden Gästen entgegenstrebend, dem Saale zu. Es kamen ältere Herren, die an Würde, an Formen, ja selbst ein wenig an äußerer Gestalt, ganz ohne Zweifel jedoch an kaufmännischer Bedeutung dem Gastgeber verwandt erschienen. Dieser nahm Platz an der reichbesetzten Tafel, deren Silberpracht, deren Orchideenflor in die Augen stach; aber obwohl der Pastor den Ehrenplatz einnahm und der Saal prächtig geschmückt war, fehlte im Hause nur eines: der Christbaum.

Dafür brannte dieser um so heller in anderen, weniger prunkvollen Wohnungen, deren lichte Fensterreihen in allen Stockwerken der einander kreuzenden Straßen und Stadtviertel von herzlicher, froher Familienfeier sprachen. Freilich waren die Gaben keineswegs kostbar zu nennen, bestanden sogar in den meisten Fällen nur aus nützlichen, zum täglichen Gebrauche bestimmten Gegenständen; allein höheren Wert erhielten sie dadurch, daß sie von sorgsam erspartem Gelde angeschafft waren, daß liebevolle Fürsorge den Einkauf geleitet und oftmals nur heimliche Entziehung kleiner Lebensgenüsse diesen ermöglicht hatte. Über den einfachen Stoffen, dem dauerhaften Hausgerät, dem bescheidenen Spielzeug lachten dennoch rote Äpfel, braune Weihnachtskuchen in reicher Fülle, und überall, bis in die Küchen, die Dienstbotenkammern hinein gab es Lichterglanz, Tannenduft und frohe Gesichter. Der warme, beseligende Drang, anderen Liebes zu erweisen, erfüllte heute die nüchternen Herzen, die Freude am Schenken trieb die Menschen lebhafter zueinander, und gleichsam als seien die hellen Häuser für ihn zu klein geworden, pflanzte sich dieser Drang aus ihnen fort auf die Straße, sich überall dort betätigend, wo Menschen im Treiben der unwirtlichen Winternacht aufeinander trafen.

Es war ein Vagabund, in schäbigem, mit Flicken bedecktem Rocke, der gebeugten Ganges einherkam. Seine Erscheinung ließ deutlich erkennen, wie wert ihm eine Gabe gewesen wäre, allein er mochte nicht betteln, und weil er wüst, elend, abstoßend aussah, dachte keiner daran, ihm eine Münze zu reichen. Auch wurden die Vorübergehenden seltener, neue Regenschauer überwuschen das schwarzglänzende Pflaster, und der ziellos dahinwankende Mann schauerte heftiger in seinem fadenscheinigen Wamse. Aus einer Kellertür drang rotes Laternenlicht trüb durch den Nebel, vor dem Eingange stand eine führerlose Droschke, das abgetriebene Pferd ließ den plumpen Kopf regungslos hängen. Unten im Schenkkeller zechte der Kutscher mit einem angetrunkenen Fahrgaste, ein paar einsame, schäbig aussehende Gesellen saßen stumpfsinnig hinter ihrem Glase. Der Vagabund näherte sich und sog gierig den fetten Speisegeruch ein, der aus der Küche in das Schenkzimmer drang. Er griff sorgsam in die Tasche und zog einige Kupfermünzen hervor, allein ihr Betrag mochte wohl nicht ausreichen zur Beschaffung einer Mahlzeit, denn der Wirt schüttelte auf eine vermutlich in diesem Sinne gestellte Anfrage mit dem Kopfe. Da holte der Abgewiesene eine platte Flasche hervor, ließ diese mit Branntwein füllen und verließ die Schenke. Draußen angelangt, setzte er die Flasche an den Mund und schluckte krampfhaft, hastig – das tat gut. Der Fusel rann ihm heiß durch den müden, frierenden Körper. Um das Wärmegefühl länger festzuhalten, setzte er sich auf einen Haufen Bretter und zog die Knie unter das Kinn hinauf. Es war spät geworden, ihm gegenüber in einer Marktbude bereitete ein Händler, der noch vereinzelter Kunden harren mochte, seinen Kindern die ärmliche Bescherung. An einem Tannenzweige prangten fünf Lichter neben vereinzelten Äpfeln und Nüssen, darunter lagen Fragmente einiger Pfefferkuchenmänner. Dennoch waren die Kinder zufrieden und fröhlich. Der Vagabund sah von weitem der bescheidenen Feier zu; seine Gedanken flogen zurück zur Vergangenheit, und sein Kopf senkte sich tiefer herab auf die spitzen, frostbebenden Knie.

Er hatte sich seinen Weihnachtsbaum durch eigene Schuld ausgelöscht. Einst war er ein fleißiger, geschickter Arbeiter, ein glücklicher Gatte und Vater gewesen. Schlechte Gesellen hatten ihn zu Müßiggang und Spiel verleitet, auch waren es wohl verborgene Sündenkeime, die plötzlich in ihm zum Durchbruche gelangen sollten. Er beging eine schwere Verirrung, für welche die menschliche Gesellschaft ernste Sühne fordert. Die Tat ward entdeckt, er selbst aus den Armen seiner entsetzten Frau in Untersuchungshaft geführt. Nach Monaten peinvollen Bangens erging über ihn der Apparat einer öffentlichen Gerichtsverhandlung; sie endigte mit seiner Verurteilung zu mehrjähriger Haft. In der Gefängniszelle erfuhr der Gebrochene, daß sein Kind gestorben sei, und daß die Frau, unfähig, dem Verbrecher zu verzeihen, ihre Scheidung eingeleitet habe. Dem endlich Entlassenen blieb trotz redlichen Strebens das Glück abhold. Er erkrankte, verfiel im Trunk und Elend; sehr tief empfand er, wie schnell es mit ihm abwärts gegangen war.

Nun blickte er still hinüber auf den fremden Christbaum, dessen ärmliche Lichter niederzubrennen begannen. Der Regen hatte nachgelassen, und daher geschah es wohl, daß eine spärliche Zahl eilender, verspäteter Käufer noch einmal die matt erleuchteten Budenreihen belebte. Vor diesen und den übriggelassenen armen Herrlichkeiten, die sie bargen, standen mit verlangenden Blicken Kinder, denen es deutlich anzusehen war, daß ihrer daheim keine Bescherung warte. Sie betrachteten sehnsüchtig die warmen Tücher, die Pfefferkuchen und die hölzernen, steifen Dreierschäfchen. So spät es war, und so eilig die Menschen es haben mochten, schien doch die echte Weihnachtsstimmung noch einmal Platz greifen, die Gebelust noch einmal aufflammen zu wollen. Vorübergehende, die wohl jubelnde Kinder im eigenen Heim wußten, neigten sich freundlich zu den kleinen enterbten und ließen ihnen eine Gabe, die auf den leidvollen Gesichtchen jenen Freudenschimmer wachrief, welcher an seligen Abglanz der großen, über allen Menschen waltenden Gottesliebe gemahnt. Der müde Mann freute sich des Glückes der Beschenkten und lohnte von seinem Platze aus den Gebern, als hätten sie es bemerken können, mit schwachem, beifälligem Kopfnicken. Könntest auch du schenken, dachte er still bei sich, einmal noch jemandem ein Gutes tun! Ach, auch dieses Recht hast du dir verscherzt gleich allem übrigen. Und Hochmut plagt dich obendrein; willst schenken, derweil du selbst der allerärmste, elendeste Tropf bist. Möcht' wohl ein jeder zu stolz sein, von dir etwas anzunehmen. Wenn es nur nicht so bitter kalt wäre, unterbrach er sich, von seinem Sitze herabgleitend. Auch mit dem Hunger ist's gar so arg heute, fast nicht mehr zum Ertragen.

Er ging eine Strecke weiter und gelangte an das Ende der Budenreihe. Dort verlor sich die Straße zwischen öden Bauplätzen und Lattenzäunen; in einer Schutzecke der hohen, verwitterten Gartenmauer stand ein steinernes Bildwerk. Es stellte die Gottesmutter mit dem Jesusknaben dar; vor ihm brannte die letzte Gaslaterne der Vorstadt. In ihrer Helle hemmte der Vagabund den Schritt und zog seine Schnapsflasche hervor; er wollte den Hunger täuschen, den Frost umbringen, für ein paar Stunden seines Elends ledig werden. Hastig hob sich die Flasche zum Munde, allein ehe die verklammten Finger ihre Arbeit vollbracht, hielt er auf halbem Wege inne. Sein müdes Gehirn hatte unbewußt nicht aufgehört, der Vorstellung des Schenkens nachzuhängen, an ihr festzuhalten, sich in sie zu vertiefen mit einer eigenartigen, hellseherischen Kraft. Dem Bettler blieb es vorbehalten, zu der Erkenntnis durchzudringen, die den meisten satten und reichen Leuten der Großstadt abging, der Erkenntnis, daß Schenken ein Opfer bedeute, daß es Liebe vereinen müsse mit Entsagung. Frierend drückte der Bettler unter einem neuen Regengusse sich an die Mauer; während er die Füße mit dem durchlöcherten Schuhwerk abwechselnd in die Höhe zog, um sich vor Nässe zu schützen, hielt er die verführerische Flasche unschlüssig umklammert. Deutlich, zwischen Bangen und Freude schwankend, erkannte er, daß es ein Geschenk noch, ein Opfer gebe, welches auszuüben ihm nicht benommen sei; er wußte auch mit einem Male, wer nicht zu stolz sein werde, die Gabe anzunehmen. Während drüben in der Großstadt die Weihnachtslichter niederflammten, brachte auch der Bettler sein Geschenk dar und schüttelte mit einem scheuen, demütigen Blicke den Branntwein, sein letztes Labsal, vor dem Bilde des Christkindes in den Schnee.

Gustav Falke
1853–1916

Weihnachtssperlinge

Vor meinem Fenster die kahlen Buchen
sind über und über mit Schnee behangen.
Die Vögel, die da im Sommer sangen,
wo die wohl jetzt ihr Futter suchen?
Im fernen Süden sitzen sie warm
und wissen nichts von Hunger und Harm.

Ihre ärmlichen Vettern, die Spatzen und Krähen,
müssen sich durch den Winter schlagen,
müssen oft mit leeren Magen
vergebens nach einem Frühstück spähen.
Da kommen sie dann auf mein Fensterbrett:
Gesegnete Mahlzeit, wie sitzt du im Fett!

Eine unverschämte Bemerkung!
Aber was will man von Spatzen verlangen?
Sind nie in die Anstandsstunde gegangen,
und Not gibt ihrer Frechheit Stärkung.
Und schließlich, hungern ist nicht gesund
und für manches ein Milderungsgrund.

Da laß ich's dann gelten und kann mich gar freuen,
wenn meine beiden Mädel leise
– leise ist sonst nicht ihre Weise –
den kleinen Bettlern Brotkrümlein streuen.
Ich belausch sie da gern, es ist ihnen mehr
als ein Spaß, es kommt von Herzen her.

Ja, sie geben beide gerne,
gütige Hände sind ihnen eigen.
Doch will ich mich nicht in Lob versteigen,
und daß ich mich nicht von der Wahrheit entferne:
Untereinander gönnt oft keins
dem anderen ein größeres Stück als seins.

Oft sind sie auch selbst wie die Spatzen und Raben,
das Brüderchen ist dann im Bunde der dritte,
da zwitschern sie auch ihr bitte! bitte!
reißen den Hals auf und wollen was haben.
Sommers und Winters, Winters zumeist,
und gar um Advent herum werden sie dreist.

Dann fangen sie an zu bitten und betteln:
Papa, zu Weihnacht, du hast mir's versprochen,
ich möcht einen Herd, so richtig zum Kochen,
und ich ein Zweirad. Auf Weihnachtswunschzetteln
wachsen die stolzesten Träume sich aus.
Knecht Ruprecht schleppt das schon alles ins Haus.

Und morgens, da steht von den zierlichsten Schuhen
je einer, ganz heimlich hingestellt,
an dem allersichtbarsten Platz der Welt.
Die Schelme können des Nachts kaum ruhen:
ob wohl der Weihnachtsmann sie entdeckt?
ob er wohl was in den Schuh uns steckt?

Der Weihnachtsmann! Er muß bald kommen.
Schon stapft er durch die beschneiten Felder,
hat vom Rand der weißen Wälder
ein grünes Tännlein mitgenommen.
Von unseren Buchen die Spatzen und Krähn
können ihn sicher schon erspähn.

Gewiß, sie haben den guten Alten
längst gesehen! Sie lärmen und kreischen,
als wollten sie doppelte Brocken erheischen,
und hätten sie Schühlein vom Herrgott erhalten,
ich fände sie morgens alle, ich wett,
eine zierliche Reih, auf dem Fensterbrett.

Das wär eine Wonne für meine Kleinen!
Die gütigen Hände würden sich regen
und jedem was in sein Schühlein legen,
ein Brötchen, ein Krümchen, vergäßen nicht einen,
und ihr rosiges Kindergesicht
strahlte dabei wie ein Weihnachtslicht.

Ich aber will doch morgen sehen,
– wir haben ja schon Advent geschrieben –
ob es beim alten Brauch geblieben
und wohl irgendwo Schühlein stehn.
Rechte Spatzenpantoffel mögen es sein,
und geht gewiß nicht viel hinein.

Peter Hille
1854–1904

Weihnachtsfee

Und Frieden auf Erden den Menschen,
die eines guten Willens sind.

Suchende Sterne ins eilende Haar,
Frierende Sterne, schmelzend zergangen
Über den wunderfeiernden Wangen
Und die Augen vor Liebe so klar.

Wie Glocken klar, wie Reif so rein
Und so duft und so jung und blühend vor Güte,
Herbe Frühe, himmlische Blüte,
Wie Rosen- und wie Fliederschnein.

Da steigen die Hände, ein bettelndes Meer,
Augen dunkeln nach Geschenken:
»Mir!« »Nein, mir! Mich mußt du bedenken!«
So steigen leere Teller her.

Dunkel wird's, ein Wundern steht
Strenge in der Feenseele,
Wie wenn rohes Nachten das Leuchten quäle
Und ernst in die Güte der Augen es geht.

Und es spricht wie klares Licht
Aus dem milden Angesicht:
Geben euch? Was soll ich euch geben?
Alle Wunder habt ihr ja hier,
Eine Erde, die könnt hegen ihr,
in euch selber da will der Himmel leben.

Kinder, ihr wünscht, so könnt ihr ja geben
Und selig sein und selig machen
Und innig sein wie Kinderlachen
Und wie wir von Wundern leben.

Tuet frohe liebe Gaben
Einer in des anderen Hand,
Tuet ab das Geizgewand –
Und ihr pflücket alles Haben.

Peter Altenberg
1859–1919

Winter auf dem Semmering

Ich habe zu meinen zahlreichen unglücklichen Lieben noch eine neue hinzubekommen – – – den *Schnee!* Er erfüllt mich mit Enthusiasmus, mit Melancholie. Ich will ihn zu nichts Praktischem benützen, wie Schneegleiten, Rodeln, Bobfahren; ich will ihn betrachten, betrachten, betrachten, ihn mit meinen Augen stundenlang in meine Seele hineintrinken, mich durch ihn und vermittelst seiner aus der dummen, realen Welt hinwegflüchten in das sogenannte »weiße und enttäuschungslose Zauberreich«! Jeder Baum, jeder Strauch wird durch ihn zu einer selbständigen Persönlichkeit, während im Sommer ein allgemeines Grün entsteht, das die Persönlichkeiten der Bäume und Sträucher verwischt. Ich liebe den Schnee auf den Spitzen der hölzernen Gartenzäune, auf den eisernen Straßengeländern, auf den Rauchfängen, kurz überall da am meisten, wo er für die Menschen unbrauchbar und gleichgültig ist. Ich liebe ihn, wenn die Bäume ihn abschütteln wie eine unerträglich gewordene Last, ich liebe ihn, wenn der graue Sturm ihn mir ins Gesicht nadelt und staubt und spritzt. Ich liebe ihn, wenn er in sonnigen Waldlachen zerrinnt, ich liebe ihn, wenn er pulverig wird vor Kälte wie Streuzucker. Er befriedigt mich nicht, ich will ihn nicht benützen zu Zwecken der süßen Ermüdung und Erlösung, ich will nicht kreischen und jauchzen durch ihn, ich will ihn anstarren in ewiger Liebe, in Melancholie und Begeisterung. Er ist also eine neue letzte »unglückliche Liebe« meiner Seele!

Arthur Schnitzler
1862–1931

Weihnachtseinkäufe

ANATOL, GABRIELE.
Weihnachtsabend 6 Uhr. Leichter Schneefall. In den Straßen Wiens.

ANATOL. Gnädige Frau, gnädige Frau …!
GABRIELE. Wie? … Ah, Sie sind's!
ANATOL. Ja! … Ich verfolge Sie! – Ich kann das nicht mit ansehen, wie Sie all diese Dinge schleppen! – Geben Sie mir doch Ihre Pakete!
GABRIELE. Nein, nein, ich danke! – Ich trage das schon selber!
ANATOL. Aber ich bitte Sie, gnädige Frau, machen Sie mir's doch nicht gar so schwer, wenn ich einmal galant sein will –
GABRIELE. Na – das eine da …
ANATOL. Aber das ist ja gar nichts … Geben Sie nur … So … das … und das …
GABRIELE. Genug, genug – Sie sind zu liebenswürdig!
ANATOL. Wenn man's nur einmal sein darf – das tut ja so wohl!
GABRIELE. Das beweisen Sie aber nur auf der Straße und – wenn's schneit.
ANATOL. … Und wenn es spät abends – und wenn es zufällig Weihnachten ist – wie?
GABRIELE. Es ist ja das reine Wunder, daß man Sie einmal zu Gesicht bekommt!
ANATOL. Ja, ja … Sie meinen, daß ich heuer noch nicht einmal meinen Besuch bei Ihnen gemacht habe –
GABRIELE. Ja, so etwas Ähnliches meine ich!
ANATOL. Gnädige Frau – ich mache heuer gar keine Besuche – gar keine! Und – wie geht's denn dem Herrn Gemahl? – Und was machen die lieben Kleinen? –
GABRIELE. Diese Frage können Sie sich schenken! – Ich weiß ja, daß Sie das alles sehr wenig interessiert!
ANATOL. Es ist unheimlich, wenn man auf so eine Menschenkennerin trifft!
GABRIELE. Sie – kenne ich!
ANATOL. Nicht so gut, als ich es wünschte!
GABRIELE. Lassen Sie Ihre Bemerkungen! Ja – ?
ANATOL. Gnädige Frau – das kann ich nicht!
GABRIELE. Geben Sie mir meine Päckchen wieder!
ANATOL. Nicht bös sein – nicht bös' sein!! – Ich bin schon wieder brav …
Sie gehen schweigend nebeneinander her.

GABRIELE. Irgend etwas dürfen Sie schon reden!
ANATOL. Irgend etwas – ja – aber Ihre Zensur ist so strenge ...
GABRIELE. Erzählen Sie mir doch was. Wir haben uns ja schon so lange nicht gesehen ... Was machen Sie denn eigentlich? –
ANATOL. Ich mache nichts, wie gewöhnlich!
GABRIELE. Nichts?
ANATOL. Gar nichts!
GABRIELE. Es ist wirklich schad' um Sie!
ANATOL. Na ... Ihnen ist das sehr gleichgültig!
GABRIELE. Wie können Sie das behaupten? –
ANATOL. Warum verbummle ich mein Leben? – Wer ist Schuld? – Wer?!
GABRIELE. Geben Sie mir die Pakete! –
ANATOL. Ich habe ja niemandem die Schuld gegeben ... Ich fragte nur so ins Blaue ...
GABRIELE. Sie gehen wohl immerfort spazieren?
ANATOL. Spazieren! Da legen Sie so einen verächtlichen Ton hinein! Als wenn es was Schöneres gäbe! – Es liegt so was herrlich Planloses in dem Wort! – Heut paßt es übrigens gar nicht auf mich – heut bin ich beschäftigt, gnädige Frau – genauso wie Sie! –
GABRIELE. Wieso?!
ANATOL. Ich mache auch Weihnachtseinkäufe! –
GABRIELE. Sie!?
ANATOL. Ich finde nur nichts Rechtes! – Dabei stehe ich seit Wochen jeden Abend vor allen Auslagefenstern in allen Straßen! – Aber die Kaufleute haben keinen Geschmack und keinen Erfindungsgeist.
GABRIELE. Den muß eben der Käufer haben! Wenn man so wenig zu tun hat wie Sie, da denkt man nach, erfindet selbst – und bestellt seine Geschenke schon im Herbst. –
ANATOL. Ach, dazu bin ich nicht der Mensch! – Weiß man denn überhaupt im Herbst, wem man zu Weihnachten etwas schenken wird? – Und jetzt ist's wieder zwei Stunden vor Christbaum – und ich habe noch keine Ahnung, keine Ahnung – !
GABRIELE. Soll ich Ihnen helfen?
ANATOL. Gnädige Frau ... Sie sind ein Engel – aber nehmen Sie mir die Päckchen nicht weg ...
GABRIELE. Nein, nein ...
ANATOL. Also Engel! darf man sagen. – das ist schön – Engel! –
GABRIELE. Wollen Sie gefälligst schweigen?
ANATOL. Ich bin schon wieder ganz ruhig!
GABRIELE. Also – geben Sie mir irgendeinen Anhaltspunkt ... Für wen soll Ihr Geschenk gehören?

ANATOL. ... Das ist ... eigentlich schwer zu sagen ...
GABRIELE. Für eine Dame natürlich?!
ANATOL. Na, ja – daß Sie eine Menschenkennerin sind, hab' ich Ihnen heut schon einmal gesagt!
GABRIELE. Aber was ... für eine Dame? – Eine wirkliche Dame?!
ANATOL. ... Da müssen wir uns erst über den Begriff einigen! Wenn Sie meinen, eine Dame der großen Welt, – da stimmt es nicht vollkommen ...
GABRIELE. Also ... der kleinen Welt? ...
ANATOL. Gut – sagen wir der kleinen Welt. –
GABRIELE. Das hätt' ich mir eigentlich denken können ...!
ANATOL. Nur nicht sarkastisch werden!
GABRIELE. Ich kenne ja Ihren Geschmack ... Wird wohl wieder irgend was vor der Linie sein – dünn und blond!
ANATOL. Blond – gebe ich zu ...!
GABRIELE. ... Ja, ja ... blond ... es ist merkwürdig, daß Sie immer mit solchen Vorstadtdamen zu tun haben – aber immer!
ANATOL. Gnädige Frau – meine Schuld ist es nicht.
GABRIELE. Lassen Sie das – mein Herr! – Oh, es ist auch ganz gut, daß Sie bei Ihrem Genre bleiben ... es wäre ein großes Unrecht, wenn Sie die Stätte Ihrer Triumphe verließen ...
ANATOL. Aber was soll ich denn tun – man liebt mich nur da draußen ...
GABRIELE. Versteht man Sie denn ... da draußen?
ANATOL. Keine Idee! – Aber, sehen Sie ... in der kleinen Welt werd' ich nur geliebt; in der großen – nur verstanden – Sie wissen ja ...
GABRIELE. Ich weiß gar nichts ... und will weiter nichts wissen! – Kommen Sie ... hier ist gerade das richtige Geschäft ... da wollen wir Ihrer Kleinen was kaufen.
ANATOL. Gnädige Frau! –
GABRIELE. Nun ja ... sehen Sie einmal ... da ... so eine kleine Schatulle mit drei verschiedenen Parfüms ... oder diese hier mit den sechs Seifen ... Patschuli ... Chypre ... Jockey-Club – das müßte doch was sein – nicht?!
ANATOL. Gnädige Frau – schön ist das nicht von Ihnen!
GABRIELE. Oder warten Sie, hier ...! – Sehen Sie doch ... Diese kleine Brosche mit sechs falschen Brillanten – denken Sie – sechs! – Wie das nur glitzert! – Oder dieses reizende, kleine Armband mit den himmlischen Berloques ... ach, – eins stellt gar einen veritablen Mohrenkopf vor! – Das muß doch riesig wirken ... in der Vorstadt! ...
ANATOL. Gnädige Frau – Sie irren sich! Sie kennen diese Mädchen nicht – die sind anders, als Sie sich vorstellen ...
GABRIELE. Und da ... ach, wie reizend! – Kommen Sie doch näher – nun – was sagen Sie zu dem Hut!? – Die Form war vor zwei Jahren höchst modern! Und die

Federn – wie die wallen – nicht!? Das müßte ein kolossales Aufsehen machen – in Hernals?!

ANATOL. Gnädige Frau ... von Hernals war nie die Rede .... und übrigens unterschätzen Sie wahrscheinlich auch den Hernalser Geschmack ...

GABRIELE. Ja ... es ist wirklich schwer mit Ihnen – so kommen Sie mir doch zu Hilfe – geben Sie mir eine Andeutung –

ANATOL. Wie soll ich das ... ?! Sie würden ja doch überlegen lächeln – jedenfalls!

GABRIELE. Oh nein, o nein! – Belehren Sie mich nur ... ! Ist sie eitel – oder bescheiden? – Ist sie groß oder klein? – Schwärmt sie für bunte Farben ...?

ANATOL. Ich hätte Ihre Freundlichkeit nicht annehmen sollen! – Sie spotten nur!

GABRIELE. Oh nein, ich höre schon zu! – Erzählen Sie mir doch was von ihr!

ANATOL. Ich wage es nicht –

GABRIELE. Wagen Sie's nur! ... Seit wann ...?

ANATOL. Lassen wir das!

GABRIELE. Ich bestehe darauf! – Seit wann kennen Sie sie?

ANATOL. Seit – längerer Zeit!

GABRIELE. Lassen Sie sich doch nicht in dieser Weise ausfragen ...! Erzählen Sie mir einmal die ganze Geschichte ...!

ANATOL. Es ist gar keine Geschichte!

GABRIELE. Aber, wo Sie sie kennengelernt haben, und wie und wann, und was das überhaupt für eine Person ist – das möcht' ich wissen!

ANATOL. Gut – aber es ist langweilig – ich mache Sie darauf aufmerksam!

GABRIELE. Mich wird es schon interessieren. Ich möchte wirklich einmal was aus dieser Welt erfahren! – Was ist das überhaupt für eine Welt? – Ich kenne sie ja gar nicht!

ANATOL. Sie würden sie auch gar nicht verstehen!

GABRIELE. Oh, mein Herr!

ANATOL. Sie haben eine so summarische Verachtung für alles, was nicht Ihr Kreis ist! – Sehr mit Unrecht.

GABRIELE. Aber ich bin ja so gelehrig! – Man erzählt mir ja nichts aus dieser Welt! – Wie soll ich sie kennen?

ANATOL. Aber ... Sie haben so eine unklare Empfindung, daß – man dort Ihnen etwas wegnimmt. Stille Feindschaft!

GABRIELE. Ich bitte – mir nimmt man nichts weg – wenn ich etwas behalten will.

ANATOL. Ja ... aber, wenn Sie selber irgend was nicht wollen ... es ärgert Sie doch, wenn's ein anderer kriegt? –

GABRIELE. Oh –!

ANATOL. Gnädige Frau ... Das ist nur echt weiblich! Und da es echt weiblich ist – ist es ja wahrscheinlich auch höchst vornehm und schön und tief ...!

GABRIELE. Wo Sie nur die Ironie herhaben!!

ANATOL. Wo ich sie herhabe? – Ich will es Ihnen sagen. Auch ich war einmal gut –

und voll Vertrauen – und es gab keinen Hohn in meinen Worten ... Und ich habe manche Wunde still ertragen –

GABRIELE. Nur nicht romantisch werden!

ANATOL. Die ehrlichen Wunden – ja! – Ein »Nein« zur rechten Zeit, selbst von den geliebtesten Lippen – ich konnte es verwinden. – Aber ein »Nein«, wenn die Augen hundertmal »Vielleicht« gesagt – wenn die Lippen hundertmal »Mag sein!« gelächelt, wenn der Ton der Stimme hundertmal nach »Gewiß« geklungen – so ein »Nein« macht einen –

GABRIELE. Wir wollten etwas kaufen!

ANATOL. So ein Nein macht einen zum Narren ... oder zum Spötter!

GABRIELE. ... Sie wollten mir ja ... erzählen –

ANATOL. Gut – wenn Sie durchaus etwas erzählt haben wollen ...

GABRIELE. Gewiß will ich es! ... Wie lernten Sie sie kennen ...?

ANATOL. Gott – wie man eben jemand kennenlernt! – Auf der Straße – beim Tanz – in einem Omnibus – unter einem Regenschirm –

GABRIELE. Aber – Sie wissen ja – der spezielle Fall interessiert mich. Wir wollen ja dem speziellen Fall etwas kaufen!

ANATOL. Dort in der ... »kleinen Welt« gibt's ja keine speziellen Fälle – eigentlich auch in der großen nicht ... Ihr seid ja alle so typisch!

GABRIELE. Mein Herr! Nun fangen Sie an –

ANATOL. Es ist ja nichts Beleidigendes – durchaus nicht! – Ich bin ja auch ein Typus!

GABRIELE. Und was für einer denn?

ANATOL. ... Leichtsinniger Melancholiker!

GABRIELE. ... Und ... und ich?

ANATOL. Sie? – ganz einfach: Mondaine!

GABRIELE. So ...! ... Und sie!?

ANATOL. Sie ...? Sie ..., das süße Mädl!

GABRIELE. Süß! Gleich »süß«? – Und ich – die »Mondaine« schlechtweg –

ANATOL. Böse Mondaine – wenn Sie durchaus wollen ...

GABRIELE. Also ... erzählen Sie mir endlich von dem ... süßen Mädl!

ANATOL. Sie ist nicht faszinierend schön – sie ist nicht besonders elegant – und sie ist durchaus nicht geistreich ...

GABRIELE. Ich will ja nicht wissen, was sie *nicht* ist –

ANATOL. Aber sie hat die weiche Anmut eines Frühlingsabends ... und die Grazie einer verzauberten Prinzessin ... und den Geist eines Mädchens, das zu lieben weiß!

GABRIELE. Diese Art von Geist soll ja sehr verbreitet sein ... in Ihrer kleinen Welt! ...

ANATOL. Sie können sich da nicht hineindenken! ... Man hat Ihnen zu viel verschwiegen, als Sie junges Mädchen waren – und hat Ihnen zu viel gesagt, seit Sie junge Frau sind! … Darunter leidet die Naivität Ihrer Betrachtungen –

GABRIELE. Aber Sie hören doch – ich will mich belehren lassen … Ich glaube Ihnen ja schon die »verzauberte Prinzessin«! – Erzählen Sie mir nur, wie der Zaubergarten ausschaut, in dem sie ruht –

ANATOL. Da dürfen Sie sich freilich nicht einen glänzenden Salon vorstellen, wo die schweren Portieren niederfallen – mit Makartbuketts in den Ecken, Bibelots, Leuchttürmen, mattem Samt … und dem affektierten Halbdunkel eines sterbenden Nachmittags.

GABRIELE. Ich will ja nicht wissen, was ich mir *nicht* vorstellen soll …

ANATOL. Also – denken Sie sich – ein kleines dämmeriges Zimmer – so klein – mit gemalten Wänden – und noch dazu etwas zu licht – ein paar alte, schlechte Kupferstiche mit verblaßten Aufschriften hängen da und dort. – Eine Hängelampe mit einem Schirm. – Vom Fenster aus, wenn es Abend wird, die Aussicht auf die im Dunkel versinkenden Dächer und Rauchfänge! … Und – wenn der Frühling kommt, da wird der Garten gegenüber blühn und duften …

GABRIELE. Wie glücklich müssen Sie sein, daß Sie schon zu Weihnachten an den Mai denken!

ANATOL. Ja – *dort* bin ich auch zuweilen glücklich!

GABRIELE. Genug, genug! – Es wird spät … wir wollten ihr was kaufen! … Vielleicht etwas für das Zimmer mit den gemalten Wänden …

ANATOL. Es fehlt nichts darin!

GABRIELE. Ja … ihr! – das glaub' ich wohl! – Aber ich möchte Ihnen – ja Ihnen! das Zimmer so recht nach Ihrer Weise schmücken!

ANATOL. Mir? –

GABRIELE. Mit persischen Teppichen …

ANATOL. Aber ich bitte Sie – da hinaus!

GABRIELE. Mit einer Ampel von gebrochenem, rotgrünem Glas … ?

ANATOL. Hm!

GABRIELE. Ein paar Vasen mit frischen Blumen?

ANATOL. Ja … aber ich will ja ihr was bringen –

GABRIELE. Ach ja … es ist wahr – wir müssen uns entscheiden – sie wartet wohl schon auf Sie?

ANATOL. Gewiß!

GABRIELE. Sie wartet? – Sagen Sie … wie empfängt sie Sie denn? –

ANATOL. Ach – wie man eben empfängt. –

GABRIELE. Sie hört Ihre Schritte schon auf der Treppe … nicht wahr?

ANATOL. Ja … zuweilen …

GABRIELE. Und steht bei der Türe?

ANATOL. Ja!

GABRIELE. Und fällt Ihnen um den Hals – und küßt Sie – und sagt … Was sagt sie denn … ?
ANATOL. Was man eben in solchen Fällen sagt …
GABRIELE. Nun … zum Beispiel!
ANATOL. Ich weiß kein Beispiel!
GABRIELE. Was sagte sie gestern?
ANATOL. Ach – nichts Besonderes … das klingt so einfältig, wenn man nicht den Ton der Stimme dazu hört … !
GABRIELE. Ich will ihn mir schon dazu denken: Nun – was sagte sie?
ANATOL. … »Ich bin so froh, daß ich dich wieder hab'!«
GABRIELE. »Ich bin so froh« – wie?!
ANATOL. »Daß ich dich wieder hab'!« …
GABRIELE. … Das ist eigentlich hübsch – sehr hübsch! –
ANATOL. Ja … es ist herzlich und wahr!
GABRIELE. Und sie ist … immer allein? – Ihr könnt Euch so ungestört sehen!? –
ANATOL. Nun ja – sie lebt so für sich – sie steht ganz allein – keinen Vater, keine Mutter … nicht einmal eine Tante!
GABRIELE. Und Sie … sind ihr alles … ?
ANATOL. … Möglich! … Heute … *Schweigen.*
GABRIELE. … Es wird so spät – sehen Sie, wie leer es schon in den Straßen ist …
ANATOL. Oh – ich hielt Sie auf! – Sie müssen ja nach Hause. –
GABRIELE. Freilich – freilich! Man wird mich schon erwarten! – Wie machen wir das nur mit dem Geschenk … ?
ANATOL. Oh – ich finde schon noch irgendeine Kleinigkeit … !
GABRIELE. Wer weiß, wer weiß! – Und ich habe mir schon einmal in den Kopf gesetzt, daß ich Ihrer … daß ich dem … Mädel – was aussuchen will … !
ANATOL. Aber, ich bitte Sie, gnädige Frau!
GABRIELE. … Ich möchte am liebsten dabei sein, wenn Sie ihr das Weihnachtsgeschenk bringen! … Ich habe eine solche Lust bekommen, das kleine Zimmer und das süße Mädel zu sehen! – Die weiß ja gar nicht, wie gut sie's hat!
ANATOL. … !
GABRIELE. Nun aber, geben Sie mir die Päckchen! – Es wird so spät …
ANATOL. Ja, ja! Hier sind sie – aber …
GABRIELE. Bitte – winken Sie dem Wagen dort, der uns entgegenkommt …
ANATOL. Diese Eile mit einem Mal?!
GABRIELE. Bitte, bitte! *Er winkt.*
GABRIELE. Ich danke Ihnen … ! Aber was machen wir nun mit dem Geschenk … ?
Der Wagen hat gehalten; er und sie sind stehen geblieben, er will die Wagentüre öffnen.
GABRIELE. Warten Sie! – … Ich möchte ihr selbst was schicken!
ANATOL. Sie … ?! Gnädige Frau, Sie selbst …

GABRIELE. Was nur?! – Hier ... nehmen Sie ... diese Blumen ... ganz einfach, diese Blumen ...! Es soll nichts anderes sein als ein Gruß, gar nichts weiter ... Aber ... Sie müssen ihr was dazu ausrichten. –
ANATOL. Gnädige Frau – Sie sind so lieb –
GABRIELE. Versprechen Sie mir, ihr's zu bestellen ... und mit den Worten, die ich Ihnen mitgeben will –
ANATOL. Gewiß.
GABRIELE. Versprechen Sie's mir? –
ANATOL. Ja ... mit Vergnügen! Warum denn nicht!
GABRIELE *hat die Wagentür geöffnet.* So sagen Sie ihr ...
ANATOL. Nun ...?
GABRIELE. Sagen Sie ihr: »Diese Blumen, mein ... süßes Mädl, schickt dir eine Frau, die vielleicht ebenso lieben kann wie du und die den Mut dazu nicht hatte ...«
ANATOL. Gnädige ... Frau!? – –
Sie ist in den Wagen gestiegen – – – Der Wagen rollt fort, die Straßen sind fast menschenleer geworden.
Er schaut dem Wagen lange nach, bis er um eine Ecke gebogen ist ...
Er bleibt noch eine Weile stehen; dann sieht er auf die Uhr und eilt rasch fort.
Vorhang.

PAULA DEHMEL
1862–1918

Sankt Niklas' Auszug

Sankt Niklas zieht den Schlafrock aus,
klopft seine lange Pfeife aus
und sagt zur heiligen Kathrein:
Öl mir die Wasserstiefel ein,
bitte hol auch den Knotenstock
vom Boden und den Fuchspelzrock,
die Mütze lege oben drauf,
und schütte dem Esel tüchtig auf,
halt auch sein Sattelzeug bereit;
wir reisen, es ist Weihnachtszeit.

Und daß ich's nicht vergeß, ein Loch
ist vorn im Sack, das stopfe noch!
Ich geh derweil zu Gottes Sohn
und hol mir meine Instruktion.

Die heilige Käthe, sanft und still,
tut alles, was Sankt Niklas will.
Der klopft indes beim Herrgott an,
Sankt Peter hat ihm aufgetan
und sagt: Grüß Gott! wie schaut's denn aus?
und führt ihn ins himmlische Werkstättenhaus.

Da sitzen die Englein an langen Tischen,
ab und zu Feen dazwischen,
die den kleinsten zeigen, wie's zu machen,
und weben und kleben die niedlichsten Sachen,
hämmern und häkeln, schnitzen und schneidern,
fälteln die Stoffe zu zierlichen Kleidern,
packen die Schachteln, binden sie zu
und haben so glühende Bäckchen wie Du.
Herr Jesus sitzt an seinem Pult
und schreibt mit Liebe und Geduld
eine lange Liste. Potz Element,
wieviel artige Kinder Herr Jesus kennt!
Die sollen die schönen Engelsgaben
zu Weihnachten haben.

Was fertig ist, wird eingesackt
und auf das Eselchen gepackt.
Sankt Niklas zieht sich recht warm an;
Kinder, er ist ein alter Mann,
und es fängt tüchtig an zu schnein,
da muß er schon vorsichtig sein.

So geht es durch die Wälder im Schritt,
manch Tannenbäumchen nimmt er mit;
und wo er wandert, bleibt im Schnee
manch Futterkörnchen für Hase und Reh.
Aus Haus und Hütte strahlt es hell,
da hebt er dem Esel den Sack vom Fell,

macht leise alle Türen auf,
jubelnd umdrängt ihn der kleine Hauf:
Sankt Niklas, Sankt Niklas,
was hast du gebracht?
was haben die Englein
für uns gemacht?
»Schön Ding, gut Ding,
aus dem himmlischen Haus;
langt in den Sack! holt euch was raus!«

Gerhart Hauptmann
1862–1946

Weihnachten

Ich weiß nicht, wo der Gebrauch herstammt, um die Weihnachtszeit den sogenannten Christbaum zu schmücken. Alles über den Ursprung des Christbaumes Gesagte läßt unbefriedigt.

Über die Lichterpyramide des deutschen Waldbaumes hängt eine schicksalsschwere Nacht herein. Nicht nur lachende Kinder drängen sich in den Lichtkreis der Kerzen – dieser nach Bienenwachs duftenden Opferflämmchen! –, sondern auch die Scharen der Unsichtbaren. Schon als Kind habe ich mitten in aller Freude des Weihnachtsabends die Nähe der Unsichtbaren gespürt.

Man sagt, der Geschenktisch sei ein Opfertisch. Die Nornen, die eiserne Berchta, Ruprecht, Dämonen, entthronte Götter, Geister und Kobolde werden von diesem Tisch und dem brennenden Busch darauf angezogen. Alle diese gespenstischen Wesen sehen wir Erwachsenen meistens nicht. Wahre Kinder dagegen spüren sie wie gleich und gleich überall gegenwärtig.

Moses sah Gott als brennenden Busch. Zwischen jener Lichtgegenwart Gottes und dem Tannenbaum besteht Verwandtschaft, wenn auch dieser nicht etwa die bewußte Darstellung jener Offenbarung ist, die Moses erfuhr. Gott aber strahlt auch hier aus dem Busch.

Wir mögen es leugnen, aber wir sind doch erfüllt von einem unzerstörbaren Sonnenkult. Oder nennen wir etwa nicht den Satan noch heut den Fürsten der Finsternis?

Die Legende von der Geburt des Weltheilands durch ein armes Weib aus dem Volke in einem Stall, bei Ochse und Eselein, wird mit dem Weihnachtsbaume verknüpft: »Die Kinder, sie hören es gerne.« Das sogenannte Krippel zeigt den Heiland der Welt im Stande tiefster Bedürftigkeit. Er ist in eine Futterkrippe gebettet und wird von Vater und Mutter bewacht. Über dem Stall aber leuchtet ein Stern. Und es kommen Hirten aus der Nähe und Könige aus dem fernen Morgenlande, ihm zu huldigen. Das Märchen ist von einer entzückenden Innigkeit: »Die Kinder, sie hören es gerne.« Es ist nicht zu leugnen: das recht verstandene deutsche Weihnachtsfest ist durch die Poesie der Einfalt und Armut verklärt, den Geist der Hütten, nicht der Paläste; weshalb auch der Zauber, der von einem kleinen und dürftigen Christbaum ausgeht, stärker ist als der eines großen und prunkhaften und weshalb auch der Zauber eines Bäumchens, das nicht von Kinderaugen gesehen wird, seine Kraft verliert.

Richard Dehmel
1863–1920

Der Esel

Der Esel, der Esel,
wo kommt der Esel her?
Von Wesel, von Wesel,
er will ans schwarze Meer.

Wer hat denn, wer hat denn
den Esel so bepackt?
Knecht Ruprecht, Knecht Ruprecht
mit seinem Klappersack.

Mit Nüssen, mit Äpfeln,
mit Spielzeug allerlei,
und Kuchen, ja Kuchen
aus seiner Bäckerei.

Wo bäckt denn, wo bäckt denn
Knecht Ruprecht seine Speis?
In Island, in Island,
drum ist sein Bart so weiß.

Die Rute, die Rute,
die ist dabei verbrannt;
heut sind die Kinder artig
im ganzen deutschen Land.

Ach Ruprecht, ach Ruprecht,
du lieber Weihnachtsmann,
komm auch zu *mir* mit deinem
Sack heran!

Arno Holz
1863–1929

Er freut sich / daß es wihder Winter wird

Qwodlibet.

Wihder ob der Flüssgens Rükken
baut der Winter blancke Brükken /
rund ümb den Marieen-Thurm
wettert schon sein Schlossen-Sturm.
Ümb die dikk verschneyte Bohlen
zancken krächtzend sich die Dohlen
und man hört für allen Dingen /
wie die Schlitten-Glökkgens klingen.

Im rohten Fuchs-Pältz am Kamin
siht man mich itzt mein Pfeiffgen zihn /
weil man / wenn es draussen flokkt /
gern auff seinem Stübgen hokkt.
Ceres nöthigt mich zum Essen /
Bachus schänckt mir dapffer eyn /
gantz und gar bleibt ohnvergessen
Sauer-Schwartz und Hasen-Klein.
Kraußgebakknes / Mandel-Krehm
munden mir drauff angenehm;
sälbst ein Reb-Huhn / prikk und zahrt /
hat man mir letzt auffgespahrt.
Gern nach solchem fätten Schmauß
spühl ich mir die Gurgel auß /
denn man muß / trutz all däm Prassen /
auch auff sein Gesund-seyn passen!
Ein Gläßgen Marziminer
hat mich noch stäts erqwikkt /
gleich heisst's ergebner Diener /
sorbald man sich erblikkt!
Süß ists / wenn zur Vesper-Zeit /
es dan graupelt / stihmt und schneyt /
abens spihlt man Blinde Kuh
und hört dem Oepffel-Brahten zu.

Dorillgen / gäntzlich ohngeschnührt /
sorgt for mir / wie sichs gebührt;
gleich so lässt sie ihren Mann /
wenn sie mir waß helffen kan.
Ümb den Haltz ein Pärlen-Kettgen /
zihrt sie mir mein Kabinettgen /
daß ich hindter ihrer Schürtze
gleichsam mir die Zeit verkürtze.
Ihre Augen / ihre Brust /
alles lacht an ihr für Lust /
Lökkgens kikkern ihr im Nakken /
Grübgens auff den Hindter-Bakken!
Schon mit ihren blohßen Blikken
kan sie gleichsahm mich erqwikken /
sie ist for ihren alten Knoll
zu Lilien-weiß und Rohsen-voll!
Mit Knall-Konfäkkt und Bommerantzen
bestopfft er sich den dikken Pantzen;
ich gläub / so war noch niemahls feister
kein Amsterdammer Burgermeister!
Ihn ab und zu so rächt bedrügen /
ist uns ein schaudrigtes Vergnügen.

Bundt auß Primuln und Aurikkeln
werden wir ihm Kräntzgens wikkeln /
wenn in wihder blauen Lüfften
wihder erst die Veilgens düfften.
Itzt verschnarcht er seinen Neid
in bedrogner Wachsamkeit!

Frank Wedekind
1864–1918

Silvester

Mein Fenster öffnet sich um Mitternacht,
Die Glocken dröhnen von den Türmen nieder,
Die Berge leuchten rings in Flammenpracht,
Und aus den dunklen Gassen hallen Lieder.
Will mir der Lärm, will mir der blut'ge Schein
Des nahen Völkerkriegs Erwachen deuten? –
Noch ist die Saat nicht reif. Die Glocken läuten
Dem neuen Jahr. – Wird es ein beßres sein?

Ein neues Jahr, in dem mit blassem Neid
Die Habsucht und die Niedertracht sich messen;
Ein neues Jahr, das nach Vernichtung schreit;
Ein neues Jahr, in dem Welt vergessen,
Daß sie ein Altar dem lebend'gen Licht;
Ein neues Jahr, des dumpfe Truggewalten
Den Adlerflug des Geistes niederhalten;
Ein neues Jahr! – Ein beßres wird es nicht.

Von Goldgier triefend und von Gaunerei,
Die Weltgeschichte, einer feilen Dirne
Vergleichbar, kränzt mit Weinlaub sich die Stirne,
Und aus der Brust wälzt sich ihr Marktgeschrei:
Herbei, ihr Kinder jeglicher Nation;
An Unterhaltung ist bei mir nicht Mangel.
Im Internationalen Tingeltangel,
Geschminkt und frech, tanz' ich mir selbst zum Hohn.

Den heil'gen Ernst der menschlichen Geschicke
Wandl' ich zur Posse, daß ihr gellend lacht;
Den Freiheitsdurst'gen brech' ich das Genicke,
Damit mein Tempel nicht zusammenkracht.
Ich bin der *Friede*, meine holden Blicke

Besel'gen euch in ew'ger Liebesnacht;
Wärmt euch an mir und schlaft bei meinem Liede
Sanft und behaglich ein; ich bin der Friede!

Drum segne denn auch für das künft'ge Jahr
Gott euren süßen Schlaf. Das Todesröcheln
Des Bruders auf der Freiheit Blutaltar
Verhallt, wenn meine fleisch'gen Lippen lächeln.
Nur wenn der eigne Geldsack in Gefahr,
Dann tanz' ich mit den schellenlauten Knöcheln
Sofort Alarm, damit euch eure Schergen
Zu den geraubten neue Schätze bergen.

Warum schuf Gott den Erdball rund, warum
Schuf Krupp'sche Eisenwerke er in Essen,
Als daß den Heiden wir mit Christentum
Und Schnaps das Gold aus den Geweiden pressen.
Ein halb Jahrtausend ist das nun schon Mode,
Doch sehr verfeinert hat sich die Methode:
Kauf' oder stirb! Wer seines Goldes bar,
Den plagt dann ferner auch kein Missionar.

Ich bin der Friede, meine Schellen läuten,
Sobald des Menschen Herz sich neu belebt,
Und meine Füße, die den Tod bedeuten,
Zerstampfen, was nach Licht und Freiheit strebt.
Ich bin der Friede, und so wahr ich tanze
Auf Gräbern in elektrisch grellem Glanze,
Es fällt zum Opfer mir das künft'ge Jahr,
Wie das geschiedne mir verfallen war!

So sang die Göttin. Aber Gott sei Dank,
Noch eh sie dirnenhaft von hinnen knixte,
Gewahrt' ich, daß die üpp'ge Diva krank
Und alt, so rot sie sich die Wangen wichste,
Daß schon der Tod ihr selbst die Brust gehöhlt;
Und tausend Bronchien rasselten im Chore:
Der rote Saft sprengt dieses Leichnams Tore,
Eh er noch einmal seine Jahre zählt.

Dann wurden unterird'sche Stimmen laut:
Der Mensch sei nicht zum Knecht vor goldnen Stufen,
Es sei zum Herrscher nicht der Mensch berufen,
Der Mensch sei nur dem Menschen angetraut.
Ein dumpfes Zittern, wie aus Katakomben,
Erschütterte den Boden. Alsogleich
Ward jeden Gastes Antlitz kreidebleich:
Bewahr' uns Gott vor Anarchie und Bomben!

Ich aber denke: Eh ein Jahr vergeht,
Vergeht die Kirchhofsruhe. Böse Zeichen
Verkünden einen Krieg, der seinesgleichen
Noch nicht gehabt, solang die Erde steht.
Noch ist die Saat nicht reif, doch wird sie reifen,
Und Habgier gegen Habgier greift zum Schwert;
Es wird der Bruder, seines Bruders wert,
Dem Bruder mörd'risch nach der Kehle greifen.

Die Glocken sind verhallt, verglommen sind
Die Feuerbrände und verstummt die Lieder;
Die alte, ew'ge, blinde Nacht liegt wieder,
Wie sie nur je auf Erden lag, so blind;
Und doch hängt das Geschick an einem Haar
Und läst sich doch vom Klügsten nicht ergründen.
Wie werden diese Welt wir wiederfinden,
Wenn wir sie wiederfinden, *übers Jahr?*

OTTO JULIUS BIERBAUM
1865–1910

Der armen Kinder Weihnachtslied

Hört, schöne Herr'n und Frauen,
Die ihr im Lichte seid:
Wir kommen aus dem Grauen,
Dem Lande Not und Leid;
Weh tun uns unsre Füße
Und unsre Herzen weh,
Doch kam uns eine süße
Botschaft aus Eis und Schnee:
Es ist ein Licht erglommen,
Und uns auch gilt sein Schein.
Wir habens wohl vernommen:
Das Christkind ist gekommen
Und soll auch uns gekommen sein.

Drum gehn wir zu den Orten,
Die hell erleuchtet sind,
Und klopfen an die Pforten:
Ist hier das Christuskind?
Es hat wohl nicht gefunden
den Weg in unsre Nacht,
Drum haben wir mit wunden
Füßen uns aufgemacht,
Daß wir ihm unsre frommen
Herzen und Bitten weihn.
Wir haben's wohl vernommen:
Das Christkind ist gekommen
Und soll auch uns gekommen sein.

ANNA RITTER
1865–1921

Weihnachten

Weißer Flöckchen Schwebefall,
Stille Klarheit überall,
Glockenklang und Schellenklingen,
Mäulchen, die vom Christkind singen,
Flammen, die von grünen Zweigen
Gläubig, strahlend aufwärts steigen,
Und im tiefsten Herzen drinnen
Ein Erinnern, ein Besinnen …

Neige dich, mein Herz, und bete,
Daß das Christkind zu dir trete,
Auch in deiner Schwachheit Gründen
Eine Flamme zu entzünden,
Die das Ringen deiner Tage
Gläubig strahlend aufwärts trage.

Winterschlaf

Auf allen Zweigen liegt die weiße Last ...
Nun ist kein Drängen mehr und keine Hast,
Hat Alles nun sein Bettlein aufgefunden,
In dem es schlafen mag und still gesunden
Von Sommerlust und quälender Begehr –
Ach, wer erst *selbst* so wohl geborgen wär' ...!

HERMANN LÖNS
1866–1914

Der allererste Weihnachtsbaum

Der Weihnachtsmann ging durch den Wald. Er war ärgerlich. Sein weißer Spitz, der sonst immer lustig bellend vor ihm auf lief, merkte das und schlich hinter seinem Herrn mit eingezogener Rute her.

Er hatte nämlich nicht mehr die rechte Freude an seiner Tätigkeit. Es war alle Jahre dasselbe. Es war kein Schwung in der Sache. Spielzeug und Eßwaren, das war auf die Dauer nichts. Die Kinder freuten sich wohl darüber, aber quieken sollten sie und jubeln und singen, so wollte er es, das taten sie aber nur selten.

Den ganzen Dezembermonat hatte der Weihnachtsmann schon darüber nachgegrübelt, was er wohl Neues erfinden könne, um einmal wieder eine rechte Weihnachtsfreude in die Kinderwelt zu bringen, eine Weihnachtsfreude, an der auch die Großen teilnehmen würden. Kostbarkeiten durften es auch nicht sein, denn er hatte so und soviel auszugeben und mehr nicht. So stapfte er denn auch durch den verschneiten Wald, bis er auf dem Kreuzwege war, dort wollte er das Christkindchen treffen. Mit dem beriet er sich nämlich immer über die Verteilung der Gaben.

Schon von weitem sah er, daß das Christkindchen da war, denn ein heller Schein war dort. Das Christkindchen hatte ein langes, weißes Pelzkleidchen an und lachte über das ganze Gesicht. Denn um es herum lagen große Bündel Kleeheu und Bohnenstiegen und Espen- und Weidenzweige, und daran taten sich die hungrigen Hirsche und Rehe und Hasen gütlich. Sogar für die Sauen gab es etwas, Kastanien, Eicheln und Rüben.

Der Weihnachtsmann nahm seinen Wolkenschieber ab und bot dem Christkindchen die Tageszeit. »Na Alterchen, wie geht's?« fragte das Christkind, »hast wohl schlechte Laune?« Damit hakte es den Alten unter und ging mit ihm. Hinter ihnen trabte der kleine Spitz, aber er sah gar nicht mehr betrübt aus und hielt seinen Schwanz kühn in die Luft.

»Ja«, sagte der Weihnachtsmann, »die ganze Sache macht mir so recht keinen Spaß mehr. Liegt es am Alter oder an sonst was, ich weiß nicht, ich hab kein Fiduz mehr dazu. Das mit den Pfefferkuchen und den Äpfeln und Nüssen das ist nichts mehr. Das essen sie auf und dann ist das Fest vorbei. Man müßte etwas Neues erfinden, etwas, das nicht zum Essen und nicht zum Spielen ist, aber wobei Alt und Jung singt und lacht und fröhlich wird.«

Das Christkindchen nickte und machte ein nachdenkliches Gesicht; dann sagte es: »Da hast du recht, Alter, mir ist das auch schon aufgefallen. Ich habe daran auch schon gedacht, aber das ist nicht so leicht.«

»Das ist es ja gerade«, knurrte der Weihnachtsmann, »ich bin zu alt und zu dumm dazu. Ich habe schon richtiges Kopfweh von dem alten Nachdenken, und es fällt mir doch nichts Vernünftiges ein. Wenn es so weiter geht, schläft allmählich die ganze Sache ein, und es wird ein Fest wie alle anderen, von dem die Menschen dann weiter nichts haben als Faulenzen, Essen und Trinken.«

Nachdenklich gingen beide durch den weißen Winterwald, der Weihnachtsmann mit brummigem, das Christkindchen mit nachdenklichem Gesichte. Es war so still im Walde, kein Zweig rührte sich, nur, wenn die Eule sich auf einen Ast setzte, fiel ein Stück Schneebehang mit halblautem Ton herab. So kamen die beiden, den Spitz hinter sich, aus dem hohen Holze auf einen alten Kahlschlag, auf dem große und kleine Tannen standen. Das sah nun wunderschön aus. Der Mond schien hell und klar, alle Sterne leuchteten, der Schnee sah aus wie Silber und die Tannen standen darin, schwarz und weiß, daß es eine Pracht war. Eine fünf Fuß hohe Tanne, die allein im Vordergrunde stand, sah besonders reizend aus. Sie war regelmäßig gewachsen, hatte auf jedem Zweig einen Schneestreifen, an den Zweigspitzen kleine Eiszapfen, und glitzerte und flimmerte nur so im Mondenschein.

Das Christkindchen ließ den Arm des Weihnachtsmanns los, stieß den Alten an, zeigte auf die Tanne und sagte: »Ist das nicht wunderhübsch?«

»Ja«, sagte der Alte, »aber was hilft mir das?«

»Gib ein paar Äpfel her«, sagte das Christkindchen, »ich habe einen Gedanken.«

Der Weihnachtsmann machte ein dummes Gesicht, denn er konnte es sich nicht recht vorstellen, daß das Christkind bei der Kälte Appetit auf die eiskalten Äpfel hatte. Er hatte zwar noch einen guten alten Schnaps in seinem Dachsholster, aber den mochte er dem Christkindchen nicht anbieten.

Er machte sein Tragband ab, stellte seine riesige Kiepe in den Schnee, kramte darin herum und langte ein paar recht schöne Äpfel heraus. Dann faßte er in die Tasche, holte sein Messer heraus, wetzte es an einem Buchenstamm und reichte es dem Christkindchen.

»Sieh, wie schlau du bist«, sagte das Christkindchen. »Nun schneid' mal etwas Bindfaden in zweifingerlange Stücke, und mach mir kleine spitze Pflöckchen.«

Dem Alten kam das alles etwas ulkig vor, aber er sagte nichts, und tat, was das Christkind ihm sagte. Als er die Bindfadenenden und die Pflöckchen fertig hatte, nahm das Christkind einen Apfel, steckte ein Pflöckchen hinein, band den Faden daran und hängte den an einen Ast.

»So«, sagte es dann, »nun müssen auch an die anderen welche und dabei kannst du helfen, aber vorsichtig, daß kein Schnee abfällt!

Der Alte half, obgleich er nicht wußte, warum. Aber es machte ihm schließlich Spaß, und als die ganze kleine Tanne voll von rotbäckigen Äpfeln hing, da trat er fünf Schritte zurück, lachte und sagte: »Kiek, wie niedlich das aussieht! Aber was hat das alles für'n Zweck?«

»Braucht denn alles gleich einen Zweck zu haben?« lachte das Christkind. »Paß auf, das wird noch schöner. Nun gib mal Nüsse her!«

Der Alte krabbelte aus seiner Kiepe Walnüsse heraus und gab sie dem Christkindchen. Das steckte in jedes ein Hölzchen, machte einen Faden daran, rieb immer eine Nuß an der goldenen Oberseite seiner Flügel und dann war die Nuß golden, und die nächste an der silbernen Unterseite seiner Flügel, und dann hatte es eine silberne Nuß, und hängte die zwischen die Äpfel.

»Was sagst' nun, Alterchen?« fragte es dann, »ist das nicht allerliebst?«

»Ja«, sagte der, »aber ich weiß immer noch nicht –«

»Kommt schon!« lachte das Christkindchen. »Hast du Lichter?«

»Lichter nicht«, meinte der Weihnachtsmann, »aber 'n Wachsstock!«

»Das ist fein«, sagte das Christkind, nahm den Wachsstock, zerschnitt ihn und drehte erst ein Stück um den Mitteltrieb des Bäumchens und die anderen Stücke um die Zweigenden, bog sie hübsch gerade und sagte dann: »Feuerzeug hast du doch?«

»Gewiß«, sagte der Alte, holte Stein, Stahl und Schwammdose heraus, pinkte Feuer aus dem Stein, ließ den Zunder in der Schwammdose zum Glimmen kommen und steckte daran ein paar Schwefelspäne an. Die gab er dem Christkindchen. Das nahm einen hellbrennenden Schwefelspan und steckte damit erst das oberste Licht an, dann das nächste davon rechts, dann das gegenüberliegende, und rund um das Bäumchen gehend, brachte es so ein Licht nach dem andern zum Brennen.

Da stand nun das Bäumchen im Schnee; aus seinem halbverschneiten dunklen Gezweig sahen die roten Backen der Äpfel, die Gold- und Silbernüsse blitzten und funkelten und die gelben Wachskerzen brannten feierlich. Das Christkindchen lachte über das ganze rosige Gesicht und patschte in die Hände, der alte Weihnachtsmann sah gar nicht mehr so brummig aus, und der kleine weiße Spitz sprang hin und her und bellte.

Als die Lichter ein wenig heruntergebrannt waren, wehte das Christkindchen mit seinen goldsilbernen Flügeln, und da gingen die Lichter aus. Es sagte dem Weihnachtsmann, er solle das Bäumchen vorsichtig absägen. Das tat der, und dann gingen beide den Berg hinab und nahmen das bunte Bäumchen mit.

Als sie in den Ort kamen, schlief schon alles. Beim kleinsten Hause machten die beiden Halt. Das Christkind machte leise die Tür auf und trat ein; der Weihnachtsmann ging hinterher. In der Stube stand ein dreibeiniger Schemel mit einer durchlochten Platte, den stellten sie auf den Tisch und steckten den Baum hinein. Der Weihnachtsmann legte dann noch allerlei schöne Dinge, Spielzeug, Kuchen, Äpfel und Nüsse unter den Baum, und dann verließen beide das Haus ebenso leise, wie sie es betreten hatten.

Als der Mann, dem das Häuschen gehörte, am andern Morgen erwachte und den bunten Baum sah, da staunte er und wußte nicht, was er dazu sagen sollte. Als er aber an dem Türpfosten, den des Christkinds Flügel gestreift hatte, Gold- und Silberflimmer hängen sah, da wußte er Bescheid. Er steckte die Lichter an dem Bäumchen an und weckte Frau und Kinder.

Das war eine Freude in dem kleinen Hause, wie an keinem Weihnachtstage. Keines von den Kindern sah nach dem Spielzeug und nach dem Kuchen und den Äpfeln, sie sahen nur alle nach dem Lichterbaum. Sie faßten sich an die Hände, tanzten um den Baum und sangen alle Weihnachtslieder, die sie wußten, und selbst das Kleinste, was noch auf dem Arme getragen wurde, krähte, was es krähen konnte.

Vor dem Fenster aber standen das Christkindchen und der Weihnachtsmann und sahen lächelnd zu.

Als es hellichter Tag geworden war, da kamen die Freunde und Verwandten des Bergmanns, sahen sich das Bäumchen an, freuten sich darüber und gingen gleich in den Wald, um sich für ihre Kinder auch ein Weihnachtsbäumchen zu holen. Die anderen Leute, die das sahen, machten es nach, jeder holte sich einen Tannenbaum und putzte ihn an, der eine so, der andere so, aber Lichter, Äpfel und Nüsse hängten sie alle daran.

Als es dann Abend wurde, brannte im ganzen Dorfe Haus bei Haus ein Weihnachtsbaum, überall hörte man Weihnachtslieder und das Jubeln und Lachen der Kinder.

Von da aus ist der Weihnachtsmann über ganz Deutschland gewandert und von da über die ganze Erde. Weil aber der erste Weihnachtsbaum am Morgen brannte, so wird in manchen Gegenden den Kindern morgens beschert.

VOLKSLIED

Leise rieselt der Schnee

Leise rieselt der Schnee,
still und starr liegt der See,
Weihnachtlich glänzet der Wald,
freue dich, Christkind kommt bald!

In den Herzen ist's warm,
still schweigt Kummer und Harm
Sorge des Lebens verhallt,
freue dich, Christkind kommt bald!

Bald ist heilige Nacht,
Chor der Engel erwacht,
hört nur, wie lieblich es schallt:
Freue dich, Christkind kommt bald.

LUDWIG THOMA
1867–1921

Der Christabend
Eine Familiengeschichte

Bei Oberstaatsanwalts Saltenberger hatten sie drei Töchter, Emerentia, Rosalie und Marie.

Alle im höchsten Grade fähig und entschlossen, dem ledigen Stande zu entsagen.

Das herannahende Weihnachtsfest brachte die geliebten Eltern auf den Gedanken, daß sie ihre Kinder am besten mit Männern bescheren würden, und sie überlegten lange, wie dieses zu ermöglichen wäre.

Mama Saltenberger meinte, ihr Mann sollte seine hervorragende Beamtenstellung in die Waagschale werfen und jüngere Kollegen durch die Macht seines Ansehens an ihre staatsbürgerlichen Pflichten erinnern.

Saltenberger war nicht prinzipiell abgeneigt, aber er betonte, daß dieser Einfluß nur in ganz familiären Grenzen ausgeübt werden dürfe, und daß man in der Wahl der Objekte sehr vorsichtig sein müsse.

In geheimer Beratung wurde zur engeren Wahl der zukünftigen Familienmitglieder geschritten.

Beide Eheleute einigten sich zunächst auf Karl Mollwinkler, zweiter Staatsanwalt. Er war ziemlich abgelebt, und sein kränklicher Zustand ließ hoffen, daß er sich nach der Pflege einer geliebten Frau sehne.

Als zweiter ging Sebald Schneidler, königlicher Landgerichtssekretär, durch.

Nicht ohne Widerspruch. Frau Saltenberger fand die Stellung denn doch etwas subaltern. Ihr Mann hatte Mühe, sie zu überzeugen, daß die gegenwärtige Zeitrichtung die Standesunterschiede einigermaßen nivelliert habe, und daß speziell in Heiratsfragen eine zu strenge Auffassung von Übel sei.

Schließlich kam man dahin überein, daß Schneidler sich in Anbetracht seiner sozialen Verhältnisse mit der ältesten Tochter, der vierunddreißigjährigen Emerentia zu begnügen habe.

Die Aufstellung des dritten Kandidaten bereitete Schwierigkeiten.

Unter den Juristen fand sich trotz sorgfältigster Prüfung keiner mehr, der des Vertrauens würdig gewesen wäre.

Man mußte wohl oder übel in eine andere Sparte hinübergreifen.

Aber auch da zeigten sich überall unüberwindliche Schwierigkeiten, und schon wollte der Oberstaatsanwalt an der gestellten Aufgabe verzweifeln, als im letzten Moment Frau Saltenberger den rettenden Gedanken faßte.

»Weißt du was, Andreas«, sagte sie, »wir nehmen einfach einen von der Post. Da sind die meisten Chancen, denn fast alle Verlobungen, welche man an Weihnachten in der Zeitung liest, gehen von Postadjunkten aus.«

Dieses leuchtete ihrem Manne ein, und er gab seine Zustimmung zur Wahl des Postadjunkten Jakob Geiger. Somit war die Sache gediehen; es galt nunmehr, die zur Bescherung Vorgemerkten unter die drei Töchter zu verteilen.

Und das war das Schwierigste.

Der Friede wich aus dem Hause des Oberstaatsanwalts Saltenberger.

Emerentia brach in Tränen aus, als die Eltern von dem Plane sprachen; sie sei immer das Stiefkind gewesen, die anderen Fratzen habe man verhätschelt und verzogen, nur sie sei mißhandelt worden und jetzt solle sie sich mit einem Sekretär begnügen.

Vielleicht müsse sie noch Komplimente machen vor dem ekelhaften Ding, der Rosalie, die man natürlich zur Frau Staatsanwalt nehme, obwohl sie die Dümmste von allen sei. Aber nein! nein! und nein! Da kenne man sie schlecht. Sie lasse nicht auf sich herumtrampeln, und lieber verhindere sie den Plan, so daß gar keine einen Mann erwische, als daß sie sich mit dem Affen von einem Sekretär abfinden lasse.

Ihr Widerstand war leidenschaftlich, aber nicht schlimmer als derjenige von Marie, welcher man den Postadjunkten zugedacht hatte. Sie war die Jüngste und durfte billig annehmen, daß sie auf dem Heiratsmarkte die besten Preise erzielen könne. Allerdings schielte sie, aber sie sagte sich, daß ein verständiger Mann solche Kleinigkeiten nicht beachte. Zudem, lieber schielen, als einen Kropf haben, wie Emerentia oder schlechte Zähne, wie Rosalie.

Papa Saltenberger hatte böse Tage; während er auf dem Bureau weilte, sammelte sich daheim eine unglaubliche Menge Sprengstoff an, welcher regelmäßig beim Mittagstisch explodierte.

So ging das nicht. Die Eltern beschlossen, die drei Herren als Ganzes zu bescheren und die Wahl den Kindern zu überlassen.

Auf diese Weise hatten wenigstens sie Ruhe gefunden, wenngleich der Krieg unter den Schwestern fortdauerte. Emerentia stickte in heimlicher Abgeschlossenheit an einem Paar Pantoffeln, und bei jedem Stich wurde sie fester entschlossen, dieselben nur dem zweiten Staatsanwalt Mollwinkler zum Zeichen ihrer Liebe an die Füße zu stecken.

Rosalie häkelte einen Tabakbeutel, Marie strickte wollene Handschuhe.

Und jede wußte, wem sie die Gabe weihen würde. Alle drei zogen die Mutter ins Vertrauen, und da Frau Saltenberger einen gutmütigen Charakter hatte, sagte sie zu jeder verstohlen: »Kindchen, Kindchen, ich seh' dich noch als Frau Staatsanwalt.«

Und jede war glücklich darüber. Erstens überhaupt, und dann, weil die zwei anderen Maulaffen vor Neid bersten würden.

So kam allmählich das heilige Weihnachtsfest heran mit seinem unvergeßlichen Zauber für die Familie, jener Tag, an welchem die Junggesellen so ganz besonders Sehnsucht empfinden nach einem schöneren Lose, nach einer liebenden Gattin und nach Kindern, welche mit ihren Spielzeugen um den Christbaum tanzen.

O, welche Gefühle walteten in dem Hause des Oberstaatsanwalts Andreas Saltenberger!

Das war ein Raunen und Flüstern, ein geheimnisvolles Weben, ein Hin und Her, von einem Zimmer in das andere, bis endlich um sieben Uhr Vater, Mutter und die drei Töchter sich im Salon versammelten, festlich geschmückt und sehr erwartungsvoll.

Jede der Schwestern erregte durch ihr reizendes Aussehen die Freude der Eltern und das verächtliche Mitleid der beiden anderen.

Es läutete. Das Dienstmädchen eilte zur Türe, im Salon hielten fünf Menschen den Atem an. Wer kam? Eine tiefe Stimme, unverständlich, dann schlurfte das Mädchen zurück und übergab dem hastig öffnenden Papa einen Brief. Aufreißen und lesen. Sekretär Schneidler sagt mit bestem Dank ab, da er heimreise. Die drei Schwestern atmeten auf. Auf diesen Menschen hatte keine reflektiert. Es läutete wieder. Das Dienstmädchen überbrachte einen zweiten Brief.

Die Absage des Herrn Staatsanwalts Mollwinkler wegen Unwohlseins.

Drei Lebenshoffnungen waren vernichtet; der Vater blickte die Mutter an, die Schwestern bissen sich auf die Lippen, und ihr Schmerz wäre unerträglich gewesen, wenn sich nicht ein klein wenig Freude an der Enttäuschung der anderen darein gemengt hätte.

Was tun? Papa Saltenberger raffte sich auf und sagte mit erzwungener Höflichkeit: »Wozu auch fremde Menschen? Nun wollen wir das Fest so recht unter uns begehen!«

Da läutete es wieder. Und diesmal kam der königliche Postadjunkt Geiger, welcher noch niemals abgesagt hatte.

Er hatte es nicht zu bereuen. Er war der verhätschelte Liebling der Familie; er bekam ein Paar Pantoffeln, einen Tabakbeutel und wollene Handschuhe, viele Süßigkeiten, Äpfel und Nüsse.

Er trank einen sehr guten Wein und einen famosen Punsch, er aß Rheinsalm, Rehbraten und Pudding und bewunderte die Freigebigkeit der Familie, welche für ihn allein so reichlich auftragen ließ.

Er sagte allen Damen Liebenswürdigkeiten und ließ sich von jeder in der gehobenen Stimmung auf die Füße treten.

Und als er ziemlich betrunken den Heimweg antrat, sagte er sich, daß das Familienleben doch sein gutes, besonders hinsichtlich der leiblichen Genüsse habe.

Und er verlobte sich am Sylvesterabend mit der wohlhabenden Witwe Reisenauer, welche ein gutgehendes Geschäft am Marktplatz hatte.

Rudolf G. Binding
1867–1938

Das Peitschchen
Eine Weihnachtsgeschichte drei Kindern erzählt

Als das Jesuskind durch Flandern zog – und es kannte wohl die ganze Welt – kam es mitsamt seiner Mutter in der großen Stadt Gent am Morgen eines Weihnachtstages an. Die ganze Stadt war für das Fest gerüstet. Auf den Straßen drängten sich die Menschen, um auf den Märkten und in den Läden die neuesten und letzten Herrlichkeiten zu erwischen mit denen sie ihren Angehörigen und ihrem Gesinde am Abend eine Freude machen könnten. Vor der großen Kirche St. Baafs, die wie ein gewaltiger grauer Magnetberg über die Stadt und die Menschen emporragte, die Häuser um sich versammelt hielt und die Menschenströme in sich hineinzog, war ein Weihnachtsmarkt errichtet, und die Pfefferkuchenstände, die Buden mit bunten Likören, mit Christbaumschmuck und Kerzen, mit Zinnsoldaten und Zinnlöffeln, mit Pfeifen, Trompeten und allerhand Kinderspielzeug standen hübsch in Reihen geordnet und einträchtig nebeneinander. Da es noch früh am dämmrigen Morgen war, die Leute vom Lande jedoch, um nichts zu versäumen und einen möglichst langen Tag des Betrachtens und Auswählens vor sich zu haben, schon in die Stadt hereinwogten, brannten in allen Ständen über den Auslagen die Lampen und die Verkäufer brachten die erste Ordnung in ihre Sachen, die der vorangegangene Tag etwas in Unordnung gebracht hatte. Gerade am Zugang zum Hauptportal der Kirche behauptete ein großer Spielwarenstand seinen Platz. Da waren Trommeln und Trompeten, Reifen und Kreisel, bunte Glasklicker, Puppen und Kegel, kleine Männchen, die in Glasröhren in einer rosa Flüssigkeit auf- und niederstiegen wenn man die Röhre in die Hand nahm, Mundharmonikas und winzige Drehorgeln, die das ›Ehre sei Gott in der Höh‹ in kleinen Tönen von sich gaben wenn man leise die Kurbel drehte. Und gerade hing eine Magd ein buntes Gedränge von blauen, roten und grünen Luftballons, alle eben neu mit Gas gefüllt und prall daß sie knirschten wenn sie aneinanderstießen, an der Ecke der Bude auf, und darunter hing sie ein ganzes Bündel kleiner Peitschen mit geflochtenen Schnüren aus weißem zartem Leder, gelben Schmitzchen und bunten Stielen. Jeder Stiel endete in ein rotes Pfeifchen aus Kirschenholz. Im Hintergrund der Bude aber hinter den langen Brettern und Tischen, auf denen alle die schönen Sachen ausgelegt waren, standen drei Kinder, so blond und auch wohl so alt wie ihr, denen diese Geschichte erzählt wird. Ihre Mutter war die Eigentümerin des Spielwarenstandes. Da sie zu so früher Stunde nicht auf Käufer hoffen konnte, war sie noch nicht zur Stelle sondern hatte es der Magd überlassen die Auslage zu besorgen; und diese hatte die Kinder mitgenommen. Da standen sie nun, und während sie teilnahmvoll und neugierig guckten, wie die Magd immer neue Reichtümer und Herrlichkeiten auspackte und zum Verkauf ordnete, begannen in ihren Herzen Wünsche hin und her zu jagen, begehrliche und vergleichende Gedanken hin und her zu wogen und süße Qualen auf und ab zu ziehen, welcher Gegenstand von allen ihnen wohl am besten gefiele, damit sie ihn sich von ihrer Mutter selbst als Weihnachtsgabe ausbitten könnten. Denn das wußten sie vom letzten Jahr und gedachten es auch diesmal dahin zu bringen daß ihre Mutter jedem von ihnen erlaubte, sich aus der Fülle der Dinge etwas herauszuwünschen. »Wenn es am Abend nicht verkauft ist«, pflegte dann die Mutter zu sagen; denn der geringe Erlös aus dem Spielzeug ließ es nicht zu daß sie die Dinge von vornherein für sie beiseitestellte. Und dann zitterten die Kinder den ganzen Tag um den gewünschten Gegenstand, und jedesmal wenn ein Käufer herantrat, stieg ihnen das Blut zu Kopf und sie fühlten ihr Herz schlagen. Ging er dann weg ohne, wie sie meinten, ihren Gegenstand entdeckt zu haben, waren sie glücklich. Aber beim nächsten wiederholte sich die Pein.

»Das vorige Jahr hatte ich mir eine Puppe gewünscht«, sagte das eine Mädchen, »aber nach wenigen Tagen zerbrach sie. Ich wünsche mir etwas anderes diesmal.«

Dann trat wieder Schweigen und Überlegen ein. Keines wollte sich verraten. »Eigentlich wäre ein Kreisel sehr schön«, sagte das ältere Mädchen, »er zerbricht nicht. Ich sehe Dinge gern die tanzen und sich drehen.« Alle drei guckten nach einem großen Haufen buntbemalter harter Kreisel, die eben aus einem Sack hüpften den die Magd auf den Tisch stülpte. – »Ich wünsche mir einen Kreisel und ein Peitschchen dazu«, sagte die Älteste, die mit sich im reinen war.

Die andern fanden die Idee auf einmal herrlich. »Ich wünsche mir auch einen Kreisel und ein Peitschchen«, sagte das zweite Mädchen, als ob sie nicht gesonnen wäre zurückzustehen.

»Ich auch«, sagte der Junge, dem es genug war daß die älteren Schwestern entschieden hatten. Und alle drei guckten eifrig und prüfend nach dem Haufen Kreisel auf dem Tisch und nach dem Bündel Peitschchen, das von der Ecke der Bude herabhing.

»Während der Kreisel Schwung hat und sich dreht, kann man pfeifen«, bemerkte der Junge und fand dies sehr beachtlich. Das Pfeifchen am Peitschenstiel mußte doch seinen Sinn haben. »Und dann versetzt man dem Kreisel wieder einen. Und dann pfeift man wieder.«

»Wer am besten kreiseln kann, kann am besten pfeifen«, sagte die Älteste.

»Wenn wir alle drei zugleich pfeifen –!« Dies sagte die Jüngere, sah mit großen Augen in die Ferne und hatte offenbar eine wundervolle Erscheinung.

Während sie so schwatzten, kam inmitten der Menge des Volkes, das der Kirche zuströmte, das Jesuskind daher. Es war damals schon größer und saß rittlings auf dem treuen Esel, der von den vielen Fahrten – nach Ägypten und in aller Welt umher – nicht mehr ganz frisch war und mit kleinen andächtigen Schritten in der Menge trippelte. Dem Jesusknaben ging das zu langsam. Vergebens zauste er das Eseltier mit seinen kleinen Händen im zottigen Fell, stieß es mit den Beinchen in die Seiten oder suchte es durch kleine Zurufe zu ermuntern. Der Esel blieb in seinem Gang, und die Jungfrau Maria, die lächelnd hinter ihrem Kinde schritt, trieb ihn nicht an.

Wie sie nun in diesem Aufzuge, oftmals gehemmt durch ein sanftes Stehenbleiben des Tieres, vor dem Spielwarenstande anlangten, gewahrte Jesus an der Ecke das Bündel Peitschchen, ergriff, indem er seinen Esel darunter hinwegtrieb, als rechter Herr der Welt eines am Stiel und zog es ohne viel zu fragen aus der Schlinge, in der es mit seinen Kameraden aufgehangen war. Dann schwang er es lustig über seinem Reittier.

»Halt! Nicht!« rief die Magd, und auch die Kinder wollten Halt! Nicht! rufen und krausten die Gesichter. Aber sie brachten keinen Ton aus den Kehlen. Das Jesuskind blickte sie nur aus seinen unergründlichen Augen einmal freundlich und sieghaft an. Da war es als ob es um sie geschehen wäre. Der Atem stockte ihnen, alle drei griffen nacheinander als müßten sie sich an etwas festhalten, und in einer süßen Bangigkeit der Herzen folgten sie mit den Augen dem wundersamen Knaben, der sie mit einem einzigen Blick in seinen Bann getan hatte wie sie wohl selbst ein paar Wasserkäfer in ein Glas steckten.

»Wer ist denn das?« fragten sie einander leise ohne sich anzusehen. Und als nun gar noch eine überirdische hohe Frau an ihnen vorüberzog und sie mit einem seltsam fremden Gruß zu streifen schien, und es ihnen so ganz weihnachtlich zumute wurde, da sagte die Älteste vorsichtig:

»Es könnte beinahe das Christkind gewesen sein.« »Was du nur immer hast!« sagte die Jüngere und war dabei froh daß ihr die Schwester eine plausible Erklärung für den Zustand ihrer Sinne unter den Fuß gegeben hatte; »natürlich war es das Christkind! Einem andern Kind hätten wir das Peitschchen doch gar nicht gelassen.«

»Welches war das Christkind?« fragte der Junge, der sich selbst noch nicht begriff. »Wenn ihr es gesehen habt, will ich es auch gesehen haben.«

»Das auf dem Esel«, sagten die beiden andern nun sehr bestimmt, da sie ihren Vorsprung fühlten. »Das auf dem Esel? Ja!« sagte der Knabe. »Wenn es nicht das Christkind gewesen wäre, hätte es ja auch das Peitschchen gar nicht nehmen dürfen.«

»Besonders hätten wir aber doch einem andern Kind das Peitschchen gar nicht gelassen«, sagte das zweite Mädchen wieder. »Und wir mußten es ihm doch lassen.«

In diesen Worten fanden die Kinder eine vollkommene Sicherheit und alle drei waren so gewiß das Christkind von Angesicht zu Angesicht gesehen zu haben, wie es gewiß war daß sie die Kinder ihrer Mutter waren. Und dann kam ihnen immer wieder der wundersame Blick des schönen Knaben, der Gruß der hochgewachsenen Frau wie in einem verklärten Schein zurück und erfüllten sie mit einer geheimnisvollen Erregung. Die Morgenglocken von St. Baafs erklangen feierlich über ihnen und der Weihnachtstag mit seinen Wundern zog herauf. Die Kinder hatten den Christusknaben gesehen, und wer es ihnen bestritten hätte, den hätten sie mitleidig ausgelacht.

Da kam die Mutter. »Mutter, wir haben das Christkind gesehen«, riefen sie alle drei. Aber es war ihnen gar nicht lieb, als ihre Mitteilung nicht recht verfing, die Mutter vielmehr nur belustigt schien und sagte: »So? Da habt ihr was Rechtes gesehn! Und was wünscht sich nun jedes zu Weihnachten?«

Daß das Christkind das Peitschchen genommen hat, sagen wir jetzt besser nicht, dachten die drei und antworteten lieber auf die Frage ihrer Mutter. »Ich wünsche mir einen Kreisel und ein Peitschchen«, sagte die Älteste. »Und ich auch«, sagte die Jüngere. »Und ich auch«, der Junge.

»Wenn es am Abend nicht verkauft ist«, erwiderte die Mutter und betrat den Stand. Die Käufer drängten sich, der kurze Tag brach an, die Lampen wurden gelöscht, und auch für die Kinder verschwanden die Ereignisse des Morgens im Grau des Tageslichts und im Gesumme des geschäftigen Treibens auf dem großen Markt. Zudem begann die Qual der Erwartung sie zu bewegen und zu erfüllen, ob denn für jedes am Abend ein Kreisel und ein Peitschchen übrig sein werde. Und dies alles beschäftigte sie zu sehr als daß sie an anderes hätten denken mögen. Jedesmal wenn ein

Käufer herantrat und einen Kreisel oder ein Peitschchen verlangte, gab es in drei kleinen Herzen drei kleine Stiche, und wenn einer einen Kreisel mitsamt einem Peitschchen kaufte, waren die drei Stiche in den drei Herzen noch deutlicher fühlbar.

Aber ihre Qualen wurden immer größer und ihre Gesichter immer länger. Der hochgetürmte Haufen von Kreiseln nahm reißend ab und das dicke Bündel Peitschen wurde schmächtig und schmächtiger. Noch einmal schüttete die Magd einen Sack Kreisel auf den Tisch, und noch ein Bündel Peitschen wurde an der Ecke der Bude aufgehangen. Dann war der Vorrat erschöpft. Die Kinder merkten gar nicht daß auch die Puppen weniger wurden und die Trommeln und die Glasröhren mit den steigenden Männchen und die Spieldosen und die Bälle. Als der Tag vorüber war und die Stände überall geschlossen wurden, war in dem ihren alles ausverkauft. Nur drei Kreisel, die ganz allein aus der Fülle der Dinge übriggeblieben waren, lagen verlassen an der Stelle wo der Haufen gewesen war. Aber kein Peitschchen mehr war da, sie anzutreiben, und so schienen sie völlig nutzlos und überflüssig.

Die Mutter überblickte ihren Stand, freute sich des flotten Geschäfts und guten Erlöses, den ihr der Tag gebracht, und hatte die Kinder ganz vergessen. Jetzt bemerkte sie sie wieder, wie sie traurig dasaßen und ihnen das Weinen nahe war.

»Nun? – Was ist?« fragte sie. Aber das war schon wie ein Stoß. Die Kinder brachen in helle Tränen aus und schnelle Perlchen rollten unaufhaltsam über ihre Kittel.

»Nun haben wir kein einziges Peitschchen«, jammerten sie durcheinander; »was sollen uns jetzt die Kreisel!« Die Mutter rückte zwischen sie, wußte aber noch keinen Trost.

»Und das letzte Peitschchen hat uns das Christkind auch noch weggenommen«, klagte der Junge.

»Das Christkind – ?« fragte die Mutter.

In diesem Augenblick öffneten sich, langsam und weit, die Flügeltüren am Hauptportal von St. Baafs, was sonst nur bei den feierlichsten Gelegenheiten geschah; denn die Menschen gingen seitlich durch zwei kleine Pforten ein und aus. Die Flügeltüren öffneten sich, und heraus trat die überirdische Frau, die in der Frühe die Kinder so seltsam gegrüßt hatte.

»Das ist sie, die mit dem Christkind war!« flüsterten die Kinder und krochen eng an ihre Mutter heran. Und während alle vier kein Auge von der Gestalt verwenden konnten, schritt diese ruhig auf den leeren Verkaufsstand zu und der Weihnachtsschauer ging vor ihr her. Wieder wie am Morgen stockte den Kindern der Atem, wieder griffen sie nach einander als müßten sie sich an etwas festhalten, und in einer süßen Bedrängnis der Herzen ergaben sie sich daß ihnen etwas widerführe was ihnen nie wieder in ihrem Leben widerfahren würde. Die Frau aber trug das Peitschchen in der Hand, das Jesus in der Frühe aus dem Bündel an der Ecke der Bude herausgezogen hatte, reichte es mit einer unnachahmlichen Bewegung der Mutter hin und sprach: »Dies Peitschchen gehört wohl in diesen Stand.« Darauf streifte sie Mutter und Kinder mit ihrem Gruß, wendete sich und trat, wie sie gekommen, in die große Kirchentür zurück, deren Flügel sich hinter ihr schlossen.

Den Kindern war es eng und heiß und doch auch wieder weit und frei, und obzwar sie anfänglich etwas enttäuscht schienen wie über ein halbes Glück, ging ihnen doch bald der Sinn auf: daß sie nämlich nun gar kein Peitschchen hätten, weil es längst mit den andern verkauft worden wäre, wenn das Christkind ihnen nicht am Morgen dieses Tages eines weggenommen hätte. Da wurden ihre Augen hell und sie sahen einander an.

Die Mutter küßte ihre Kinder. Wie auf Verabredung ergriff jedes einen der drei Kreisel, alle drei faßten das Peitschchen an als ob es ein langer Spieß gewesen wäre, und so trugen sie ihre Geschenke in einem glücklichen kleinen Triumphzug nach Hause.

Mit dem Peitschchen hatte es aber eine besondere Bewandtnis. Denn obgleich ein Peitschchen für drei Kreisel und drei Kinder reichlich wenig schien, so entstand doch nie ein Streit darum. Es wurde den Kindern wie zu einem Wahrzeichen daß Menschen alles miteinander teilen können.

Seit jener Zeit geht in Flandern eine Redeweise. Wenn mehrere so recht miteinander einig sind, sagt man wohl von ihnen: Ach, die! die haben ein Peitschchen miteinander.

Else Lasker-Schüler
1869–1945

Der Weihnachtsbaum

Später kommen sie meist alle in den Keller oder man wirft sie kurz und bündig auf den Schutthaufen. Aber ich kannte auch jemand, dem genügte es nicht, die erlesene Tanne im Silberkleide zu plündern, alle die Äpfel und Nüsse und Näschereien, er sog auch noch das edle Blut aus ihrem Stamm und ihren Zweigen. Und als das neue Jahr kam, warf er den Weihnachtsbaum mit dem schimmernden Wachsengel in der Krone – in die Wanne, zu stärken seine Glieder im duftenden Extrakt der frommen Nadeln.

Ähnlich wie dem Weihnachtsbaum ergehts dem Menschen; er ist des erkorenen Baumes: Symbol. Es unterhalten sich gerne über die Weihnacht der Liebe, in ihrer grünen Sprache, die der Wind zu vermitteln pflegt, die Tannenbäume; schon die, die noch in die Baumschule gehen.

Nicht jedes von uns Kindern, Sonntagsmenschenkindern, steht einmal »ganz« im Glanz! Angezündet auf dem blauen Tisch der Weihnachtszeit; aber »jede Mama« auf Erden mit Spiel und Zuckerzeug behangen. Ihre Lichte brennen ewiglich – denn der Mutter Liebe brennt noch im Grabe und vom Himmel für ihr Kind.

Jeder Mensch möchte wenigstens ein einziges Mal »ganz« im Lichte stehen ... Doch wenn auch nur ein *einziges* Zweiglein brennt! Im ganzen Zauber des Lichts mit glitzernden Wundern geschmückt, gehört freilich zum Ausnahmeglück.

Nur die Liebe vermag den Wandel vom Dunkelsein zur Lichtwerdung zu vollbringen. Die Liebe will immer Weihnachten feiern, will anzünden und angezündet werden, beschenken und behangen werden mit bunterlei Sternen. Störe die Weihnacht nicht – über sie leuchtet der Engel der Liebe ...

Trenne Liebende nicht – über sie leuchtet der Stern der Weihnacht. Es erlöschen so bald die Lichte der liebenden Herzen, sie werden – wie vom Wehen – über Nacht ausgeblasen.

Die Liebe ist der holde Baum der Weihnacht; er ist – in Wahrheit nicht käuflich noch umzupflanzen. *Er ist unser aller Liebesgut.* Immer neigt er seine strahlenden Zweige – uns Liebe zu pflücken. Sein leuchtendes Ebenbild zu werden, möchte ich mir wohl wünschen, immer wieder aufzuerstehen:

> Wir welken längst wo angelehnt,
> Am grauen Steine einer alten Mauer;
> So ausgelöscht und haben uns gesehnt,
> Nach einem einzigen Lichtlein in der Weltentrauer.
>
> Wie nie auf einmal standen wir im Glanz,
> Und unsere feierlichen Herzen hingegeben,
> Verglühten ineinander wie im Tempeltanz.
>
> Was soll ich weiter und auch du mit deinem Leben,
> Lichtlosem Dasein, das hell brannte in die Nacht,
> Jäh umgebracht –
> Mit meinem funkelte noch eben ...

Victor Auburtin
1870–1928

Grüne Weihnachten in Oberhof

In Oberhof in Thüringen ist mir jetzt ein alter Wunsch auf merkwürdigste Weise in Erfüllung gegangen.

Ich habe immer solche seltsamen Einfalle und Wünsche gehabt wie Ludwig II., der König von Bayern. Ganz allein einmal in der Großen Oper von Paris sitzen und »Tannhäuser« anhören, mit vollem Orchester und fünfhundert Balletteusen nur für mich. Oder auf dem größten Hapagdampfer allein, aber mit allem Komfort, um das Kap Hoorn schiffen. Oder in einem großen Hotel ganz allein wohnen mit sämtlichem Luxus.

Dieser letzte Wunsch ist mir nun Wirklichkeit geworden, hier zur Zeit der Wintersportsaison im Thüringer Wald.

In diesem schönen Golfhotel, das vor dem Ort zwischen Wald und Wiese liegt, sind alle Zimmer belegt, aber keines besetzt. Außer mir scheint höchstens nur noch ein Ehepaar anwesend zu sein, das manchmal am Ende der langen Korridore auftaucht und dann über meinen Anblick ebenso erschrocken ist wie ich über den seinen.

Nur für mich also ist der Betrieb des großen Hauses geheimnisvoll und leise im Gange. Nur für mich stehen fünfzig Gerichte auf der Speisekarte. Nur auf mich blicken von den Wänden die Ölgemälde der Herzoge bedeutend und mißvergnügt hernieder.

Abends kleide ich mich in meinen Smoking und sitze im schimmernden Festsaale, allein wie ein verrückter König, und acht Oberkellner beachten aufmerksam jede meiner Handlungen. Wenn ich die Gabel niederlege, um eine Seite in meinem Reclam-Heft umzublättern, setzen sich die acht Oberkellner lautlos auf mich zu in Bewegung, um nachzusehen, was los ist.

Draußen gehen Regen und Schneematsch hernieder, von allen Dächer tropft es, und der Tauwind singt einsam und schauerlich. Und dieses ist die Wintersportsaison von Oberhof, drei Tage vor Weihnachten.

Nun, ich finde diese Art von Saison entzückend, und wenn es auf mich ankäme, brauchte niemand anderes herzukommen. Aber offenbar kommt es auf mich allein nicht an bei der Bewertung von Wintersportsaisons.

Am nächsten Morgen breche ich auf, um im Ort die Tatbestände der verregneten Sache zu erkennen und dieses seltsamsten aller Gebirgswinter.

Es läßt sich sofort und leicht erkennen, daß der Ort Oberhof wie angelegt und angepaßt ist für den Rodelschlitten und den Skiverkehr, wie man sich diesen Skiverkehr vorstellt. Alles ist schiefer Hang und sich senkende Wiese, und die Straßen sind so sanft geschwungen, daß man vermutlich mit dem Schlitten vom Ansichtskartenladen bis in den Five-o-clock hineinrutschen könnte und umgekehrt.

Aber was nützen alle sanft gesenkten Matten und Bahnen, wenn kein Eis und kein Schnee da ist, und wenn im Wald die Amsel sich rüstet, ihr erstes Frühlingslied zu singen!

Übrigens: Eis ist schon da, aber, wie es scheint, nicht ganz an der richtigen Stelle. Alle Straßen sind mit dickem, halb geschmolzenem Glatteis verdeckt, so daß der Wagen kaum vorwärts kann. Der vorsichtige Wanderer aber, der des Weges will, hat bald herausgefunden, daß er am sichersten geht, wenn er immer in die Pfützen tritt, und zwar lieber in die tiefsten, wo das Wasser bis an die Knöchel reicht; dort hat der Fuß den besten Halt und die Gefahr des Hineinstürzens ist geringer.

Der Wintersport ist noch nicht im Gange, aber immerhin kann man sich schon sämtliche Knochen entzweibrechen. In der Konditorei sitzen nach Tisch die feinen Damen mit den großen Brillanten, klagen über das Wetter, schicken ihre Männer zum Barometer und essen ihrerseits Apfelkuchen.

Solange sie am Tisch sitzen, ist nichts Merkwürdiges an ihnen, aber wenn sie aufstehen, erkennt der Fremde mit Staunen, daß sie kurze, karierte Hosen und lange Gamaschen tragen, welches hier die Mode ist, wenn man Apfelkuchen ißt.

Sie genieren sich gar nicht, und es ist ihnen offenbar vollkommen gleichgültig, ob sie uns genieren.

Hinterher sieht man sie, wie sie auf Stöcke gestützt, vorsichtig über die gefährliche Straße schreiten und sich auf die Sportplätze in Bewegung setzen. Was mögen sie jetzt während des schönen warmen Regens auf den Sportplätzen zu schaffen haben? Vielleicht wollen sie die ersten Veilchen suchen.

Dieser meteorologischen Katastrophe nun ist es zu verdanken, daß ich das winterliche Gebirge ohne den Lärm eines Betriebes habe sehen dürfen, daß ich in der Sturmnacht dem Brausen und Sprechen des Waldes habe zuhören können und keine Hotelkapelle mit einer Jazz-Band dazwischenredete.

Und es ist ganz erstaunlich, was der Thüringer Wald in einer solchen Sturmnacht alles mitzuteilen hat.

Dem Fenster des Hotels gegenüber erhebt sich ein Waldhügel, der auch in der dunkelsten Mitternachtsstunde als etwas Schwarzes von dem Himmel abgezeichnet ist.

Die ganze Nacht hindurch ist der Wald dieses Hügels auf das stärkste beschäftigt.

Er spricht und widerspricht sich, er verliert alle Fassung, er braust auf wie in einer plötzlichen Entrüstung. Das Geräusch des Winterwaldes ist aber schöner als das des sommerlichen Laubes, es ist musikalischer, wie ein gläsernes Klingen durch die tieferen Schichten der Tonleiter hindurch.

Dabei habe ich immer das Gefühl, als seien menschenartige Stimmen aus all dem Lärmen herauszuhören, ein Rufen und Antworten zweifelhafter Zwischenwesen, die jetzt ihre Stunde haben, und die nicht gerade Gutes im Schilde führen mögen.

Selbstverständlich ist das nur eine Täuschung der Mitternacht; aber ich bin doch recht zufrieden, daß ich hier am sicheren Fenster stehe und in den dunklen Tälern dort drüben augenblicklich nichts zu besorgen habe.

CHRISTIAN MORGENSTERN
1871–1914

Das Fest des Wüstlings

Was stört so schrill die stille Nacht?
Was sprüht der Lichter Lüstrepracht?
Das ist das Fest des Wüstlings!

Was huscht und hascht und weint und lacht?
Was cymbelt gell? was flüstert sacht?
Das ist das Fest des Wüstlings!

Die Pracht der Nacht ist jach entfacht!
Die Tugend stirbt, das Laster lacht!
Das ist das Fest des Wüstlings!
(Zu flüstern)

Das Weihnachtsbäumlein

Es war einmal ein Tännelein,
mit braunen Kuchenherzlein
und Glitzergold und Äpflein fein
und vielen bunten Kerzlein:
Das war am Weihnachtsfest so grün,
als fing es eben an zu blühn.

Doch nach nicht gar zu langer Zeit,
da stand's im Garten unten,
und seine ganze Herrlichkeit
war, ach, dahingeschwunden.
Die grünen Nadeln war'n verdorrt,
die Herzlein und die Kerzlein fort.

Bis eines Tags der Gärtner kam,
den fror zu Haus im Dunkeln,
und es in seinen Ofen nahm –
hei! tat's da sprühn und funkeln!
Und flammte heim- und himmelwärts
in hundert Flämmlein an Gottes Herz.

CHRISTINA KIESBYE
1871–1930

Das Weihnachtsfest der Kinder vom Linneberge

War das Sedanfest vorüber, Korn und Kartoffeln geerntet, das Vieh aufgestaut, war ein Schwein geschlachtet, saß Mutter am Spinnrad, und war die Schneiderstunde wieder da, so kam Weihnacht. Lange vorher sangen wir abends, wenn Mutter die Kühe molk, sehr kräftig:

»Kindlein Jesus, bring' mi wat
In min Fatt, ut din Sack,
Alle gute Kinner wat!«

Es war sehr geheimnisvoll in unserem Hause. Unsere Puppen Rosa und Mine waren von der Wand verschwunden, und wenn wir abends noch einmal aufwachten, saß Mutter hoch still am Tisch zu nähen, und als wir zu Bett gegangen waren, hatte sie doch gesponnen. Vater war mit Torf in die Stadt, und er brachte die betrübende Nachricht heim, daß der Hahn beim Zuckerzeugbäcker den Backofen heruntergetreten habe und daß darum Kindlein Jesus nun kein Zuckerzeug für uns bekommen könne. Ein Kindesherz aber hofft, wo nichts zu hoffen ist, und so ließen wir eben auch die Hoffnung nicht fahren. In der Woche vor Weihnacht rührte Mutter den Pfeffernußteig, und an einem Abend stand das Spinnrad still. Mutter, Vater und wir alle machten Pfeffernüsse. Mutter rollte den Teig aus mit dem Wäschemangelholz, Vater schnitt nach seinem langen Zimmererlineal die Streifen, wir Kinder machten die kleinen Würfel. Platte auf Platte kam in den »Braten« unseres Ofens, dem man die Freude darüber, daß er an dieser schönen Arbeit das Wichtigste vollbrachte, warm anmerkte. Platte auf Platte voll schöner, bräunlicher Pfeffernüsse gab er uns wieder her. Aus dem Rest des Teiges stach Mutter mit einem Glase runde Scheiben, und mit einer Stricknadel punktierten wir jeder unseren Namen hinein. Dann formten wir noch Hühner und Hühnernester mit Eiern drin, und unser alter Ofen machte verständnisvoll alles gar und fest. Diese Hühner aus dem steifen, süßen Mehlteig können ein unendlich langes Dasein haben, und wenn man mich nicht auslacht, will ich noch erzählen, daß jetzt, nach mehr als dreißig Jahren, in meiner Kommode neben anderen Raritäten auch ein solches Huhn ist. Allemal, wenn ich das Hühnchen ansehe, gibt es mir einen ganz besonderen Blick zurück, und Jahr für Jahr lebt es weiter wie die Erinnerung an jene glücklichen Abende in der Weihnachtsvorwoche. – War der 24. Dezember gekommen, so rührte Mutter gleich am Morgen aus Eiern, Zitronen, weißem Mehl, Zucker und anderen Dingen in unserem großen braunen Topf einen feinen Teig für Apfelkuchen. In einem anderen Topf wurden aber noch Buchweizenapfelkuchen für den Mittag angerührt. Und nun fing das feierliche Geschäft des Backens an. Wir durften Mutter dabei nicht stören und nicht nach der Küche kommen, um Wasser zu trinken. Der schöne Duft drang zu uns in die Stube, und es war schrecklich langweilig. Mittags erhielten wir dann die Buchweizenapfelkuchen, und am Nachmittag stieg der Geruch von kochendem Kohl und Schweinskopf in unsere Nasen.

Hier aber muß ich folgendes Erlebnis aus unserer Kinderzeit einschalten. Der Schweinskopf war gar, Mutter saß am Ofen mit dem kleinsten Kinde, Andorte und ich putzten Messer und Gabeln zum Fest. Als wir damit fertig waren, sagte Mutter: »So, nun kann Kindlein Jesus kommen, die Messer sind ja blank!« In demselben Augenblicke klopfte es, und ein armer Reisender bat um Mittagessen. Für uns Kinder, die wir in der Schule das Gedicht vom frommen Landmann, der in der Kirche den lieben Heiland zu Gaste lud, gelernt hatten, stand es fest, daß dieser arme Mann ein Abgesandter des Herrn Jesu sei. Die Mutter dachte wohl auch so. Sie lud den armen Menschen an den Tisch und schnitt ihm unser schönstes frisches Weißbrot mit viel

Speck und Fleisch, gab ihm auch ein ebenso reichliches und gutes Mittagbrot für seinen Gefährten, der mit wunden Füßen oben am Wege seiner wartete, mit, und dann entließen ihn die Eltern freundlich mit dem herzlichen Wunsch, daß sein Kamerad und er am Abend in der Herberge der Stadt als Festgeschenk neue Stiefel erhalten möchten. Wir Kinder aber vergaßen es nicht, daß Kindlein Jesus zu uns gekommen, gerade, als wir unsere Messer festlich blank hatten.

Zum Nachmittagskaffee des 24. Dezember gab es kein Stück Schwarzbrot, sondern nur Roggenmehlfeinbrot, und so blieb es alle Festtage hindurch, selbst am Morgen erhielten wir Feinbrot mit Schmalz. Waren doch zum Fest statt der sonst üblichen dreißig bis vierzig Schwarzbrote eine fast ebenso große Anzahl Feinbrote gebacken! Wir aßen nach Herzenslust, bis das gewohnte alte Schwarzbrot wieder mächtig zu Ehren kam und Gegenstand der Sehnsucht wurde. – Wenn am Abend Mutter die Kühe molk, klang zum letzten Male sehnlichst unser »Kindlein Jesus, bring' mi wat!« Dann waren die Eltern fertig, wir saßen alle still in der Wohnstube, und ich meinte, daß ich draußen auf den leichten Nebelfittichen im lichten Mondschein einen Engel sähe. In unserem Pesel klingelte etwas, die Eltern nahmen uns an die Hand, die Kleinsten auf den Arm, und klopfenden Herzens gingen wir über die Schwelle. Da stand auf einem Stuhl unser Weihnachtsbäumchen in aller Herrlichkeit. Durch das noch offene Fenster hatte Kindlein Jesus, dessen Gewand ich gesehen, ihn in den Pesel gebracht. Das Bäumchen war nicht rund, wie es jetzt die Weihnachtsbäume sind, sondern es war breit, und das kam, weil Vater Kindlein Jesus geholfen, die untersten Zweige unserer Tannen im Garten abgeschlagen und einen Weihnachtsbaum daraus gemacht hatte. Kindlein Jesus hatte den Weihnachtsbaum dann geholt und ihn nun so schön wiedergebracht. Es waren feine Äpfel dran, und unsere Hoffnung hatte uns nicht betrogen; denn an schwarzen Zwirnsfäden hing an unserem Weihnachtsbaum doch feines Zuckerzeug. Das Bäumchen trug Vater in die Stube auf die »Draakist«, und nun sahen wir auch, daß jeder ein schönes, rotes Taschentuch mit Bildern und ganzen Geschichten darauf bekommen hatte. Erich hatte auch eine Tafel und eine Fibel, weil Kindlein Jesus ja wohl gewußt hatte, daß er nun bald in die Schule sollte. Wir anderen bekamen Holzpantoffeln, bunte Griffel und Federkasten, auch Rosa und Mine, die Puppen, waren wieder da in neuen Kattunkleidern. Andorte und ich hatten auch jede ein besonders feines Zuckerwickelkind erhalten; das bedeutete aber, daß wir nun bald ein kleines Geschwisterchen bekommen würden, und wirklich erhielten wir auch, ehe es wieder Weihnacht wurde, unsere liebe kleine Lisa. Unser Weihnachtsbaum hatte keine Lichter, und da wir keine Ahnung davon hatten, daß es auch Weihnachtsbäume mit Lichtern gab, so vermißten wir die Lichter nicht. In unserer Stube war es von Liebe und Freude hell genug, und fast alle Nachbarskinder der Umgebung erhielten überhaupt nie einen Weihnachtsbaum. Gerade wie wir mit dem wichtigen Geschäft des Zählens von Zuckerzeug und Äpfeln fertig waren und nun verhandelten, wieviele und welche Stücke davon jedes bei der Plünderung nach Neujahr bekommen könnte, rief Mutter zum Essen. Es gab Jahr für Jahr Langkohl und Schweinskopf mit trockenem Roggenmehlfeinbrot und »roten Beeten« und für Vater und für den, der es sonst noch mochte, auch Pfeffer und Senf, und dies Festgericht schmeckte so, wie es seitdem im Leben nie wieder geschmeckt hat, wie überhaupt kein Essen mehr schmecken kann. Nach dem Essen holte Mutter Hofackers Predigtbuch, und unsere Stunde hatte geschlagen. Wir unruhigen, überfrohen Kinder mußten mäuschenstill sitzen, eine ganze Dreiviertelstunde, so lange, bis Vater die Weihnachtsabendpredigt Ludwig Hofackers mit lauter Stimme langsam ausgelesen hatte. Wenn er endlich fertig war, ging die Freude von neuem an. Mutter holte aus dem »Braten« die schön duftenden Apfelkuchen, bestreute sie mit feingestoßenem Zucker, und wir durften ordentlich essen. Bald war dann aber leider der schönste aller Weihnachtsabende zu Ende, und wenn wir in der Nacht erwachten, schlüpften wir aus den Betten, um nachzusehen, ob unser Weihnachtsbaum und alle Herrlichkeit noch da sei.

An den Weihnachtsfeiertagen durften wir die Sonntagskleider anziehen und mit in die Kirche gehen; auch bekamen wir viel schönes, frisches Weißbrot mit Schmalz und jeden Nachmittag Apfelkuchen. Wir spielten und lasen, und wenn Eis und Schnee war, schlitterten und glitschten wir darauf herum. Am Nachmittag vor dem Silvesterabend aber schrieben wir nach bestem Können und Vermögen mit feingespitzten Griffeln auf unseren fein gewaschenen Tafeln jedes ein schönes Weihnachts- oder Neujahrslied. Die Tafeln wurden darauf behutsam beiseitegelegt.

Rosa Luxemburg
1871–1919

Weihnachten im Kittchen

Breslau, Mitte Dezember 1917

Jetzt ist es ein Jahr, daß Karl in Luckau sitzt. Ich habe in diesem Monat oft daran gedacht, und genau vor einem Jahr waren Sie bei mir in Wronke, haben mir den schönen Weihnachtsbaum beschert … Heuer habe ich mir hier einen besorgen lassen, aber man brachte mir einen ganz schäbigen, mit fehlenden Ästen – kein Vergleich mit dem vorjährigen. Ich weiß nicht, wie ich darauf die acht Lichtlein anbringe, die ich erstanden habe. Es ist mein drittes Weihnachten im Kittchen, aber nehmen Sie es ja nicht tragisch. Ich bin so ruhig und heiter wie immer. Gestern lag ich lange wach – ich kann jetzt nie vor ein Uhr einschlafen, muß aber schon um zehn ins Bett – dann träume ich Verschiedenes im Dunkeln. Gestern dachte ich also: wie merkwürdig das ist, daß ich ständig in einem freudigen Rausch lebe – ohne jeden besonderen Grund. So liege ich zum Beispiel hier in der dunklen Zelle auf einer steinharten Matratze, um mich im Hause herrscht die übliche Kirchhofsstille, man kommt sich vor wie im Grabe, vom Fenster her zeichnet sich auf der Decke der Reflex der Laterne, die vor dem Gefängnis die ganze Nacht brennt. Von Zeit zu Zeit hört man nur ganz dumpf das ferne Rattern eines vorbeifahrenden Eisenbahnzuges oder ganz in der Nähe unter den Fenstern das Räuspern der Schildwache, die in ihren schweren Stiefeln ein paar Schritte langsam macht, um die steifen Beine zu bewegen. Der Sand knirscht so hoffnungslos unter diesen Schritten, daß die ganze Öde und Ausweglosigkeit des Daseins daraus klingt in die feuchte, dunkle Nacht. Da liege ich still allein, gewickelt in diese vielfachen schwarzen Tücher der Finsternis, Langeweile, Unfreiheit des Winters – und dabei klopft mein Herz von einer unbegreiflichen, unbekannten inneren Freude, wie wenn ich im strahlenden Sonnenschein über eine blühende Wiese gehen würde. Und ich lächle im Dunkeln dem Leben, wie wenn ich irgendein zauberhaftes Geheimnis wüßte, das alles Böse und Traurige Lügen straft und in lauter Helligkeit und Glück wandelt. Und dabei suche ich selbst nach einem Grund zu dieser Freude, finde nichts und muß wieder lächeln über mich selbst. Ich glaube, das Geheimnis ist nichts anderes als das Leben selbst, die tiefe nächtliche Finsternis ist so schön und weich wie Sammet, wenn man nur richtig schaut. Und in dem Knirschen des feuchten Sandes unter den langsamen schweren Schritten der Schildwache singt auch ein kleines schönes Lied vom Leben – wenn man nur richtig zu hören weiß. In solchen Augenblicken denke ich an Sie und möchte Ihnen so gern diesen Zauberschlüssel mitteilen, damit Sie immer und in allen Lagen das Schöne und Freudige des Lebens wahrnehmen, damit Sie auch im Rausch leben und wie über eine bunte Wiese gehen. Ich denke ja nicht daran, Sie mit Asketentum, mit eingebildeten Freuden abzuspeisen. Ich gönne Ihnen alle reellen Sinnesfreuden. Ich möchte Ihnen nur noch dazu meine unerschöpfliche innere Heiterkeit geben, damit ich um Sie ruhig bin, daß Sie in einem sternbestickten Mantel durchs Leben gehen, der Sie vor allem Kleinen, Trivialen und Beängstigenden schützt. (…)

Ach, Sonitschka, ich habe hier einen scharfen Schmerz erlebt; auf dem Hof, wo ich spaziere, kommen oft Wagen vom Militär, voll bepackt mit Säcken oder alten Soldatenröcken und Hemden, oft mit Blutflecken …, die werden hier abgeladen, in die Zellen verteilt, geflickt, dann wieder aufgeladen und ans Militär abgeliefert. Neulich kam so ein Wagen, bespannt statt mit Pferden mit Büffeln. Ich sah die Tiere zum erstenmal in der Nähe. Sie sind kräftiger und breiter gebaut als unsere Rinder, mit flachen Köpfen und flach abgebogenen Hörnern, die Schädel also unseren Schafen ähnlicher, ganz schwarz mit großen sanften Augen. Sie stammen aus Rumänien, sind Kriegstrophäen … die Soldaten, die den Wagen führen, erzählen, daß es sehr mühsam war, diese wilden Tiere zu fangen, und noch schwerer, sie, die an die Freiheit gewöhnt waren, zum Lastdienst zu benutzen. Sie wurden furchtbar geprügelt, bis daß für sie das Wort gilt »vae victis« ... An hundert Stück der Tiere sollen in Breslau allein sein; dazu bekommen sie, die an die üppige rumänische Weide gewöhnt waren, elendes und karges Futter. Sie werden schonungslos ausgenutzt, um alle möglichen Lastwagen zu schleppen, und gehen dabei rasch zugrunde. – Vor einigen Tagen kam also ein Wagen mit Säcken hereingefahren, die Last war so hoch aufgetürmt, daß die Büffel nicht über die Schwelle bei der Toreinfahrt konnten. Der begleitende Soldat, ein brutaler Kerl, fing an, derart auf die Tiere mit dem dicken Ende des Peitschenstieles loszuschlagen, daß die Aufseherin ihn empört zur Rede stellte, ob er denn kein Mitleid mit den Tieren hätte! »Mit uns Menschen hat auch niemand Mitleid!« antwortete er mit bösem Lächeln und hieb noch kräftiger ein ... Die Tiere zogen schließlich an und kamen über den Berg, aber eins blutete ... Sonitschka, die Büffelhaut ist sprichwörtlich an Dicke und Zähigkeit, und die war zerrissen. Die Tiere standen dann beim Abladen ganz still, erschöpft, und eins, das, welches blutete, schaute dabei vor sich hin mit einem Ausdruck in dem schwarzen Gesicht und den sanften schwarzen Augen wie ein verweintes Kind. Es war direkt der Ausdruck eines Kindes, das hart bestraft worden ist und nicht weiß, wofür, weshalb, nicht weiß, wie es der Qual und der rohen Gewalt entgehen soll ... ich stand davor, und das Tier blickte mich an, mir rannen die Tränen herunter – es waren seine Tränen, man kann um den liebsten Bruder nicht schmerzlicher zucken, als ich in meiner Ohnmacht um dieses stille Leid zuckte. Wie weit, wie unerreichbar, verloren die freien, saftigen, grünen Weiden Rumäniens! Wie anders schien dort die Sonne, blies der Wind, wie anders waren die schönen Laute der Vögel oder das melodische Rufen der Hirten. Und hier – diese fremde, schaurige Stadt, der dumpfe Stall, das ekelerregende muffige Heu mit faulem Stroh gemischt, die fremden, furchtbaren Menschen, und – die Schläge, das Blut, das aus der frischen Wunde rinnt ...

Oh, mein armer Büffel, mein armer, geliebter Bruder, wir stehen hier beide so ohnmächtig und stumpf und sind nur eins in Schmerz, in Ohnmacht, in Sehnsucht. –

Derweil tummelten sich die Gefangenen geschäftig um den Wagen, luden die schweren Säcke ab und schleppten sie ins Haus, der Soldat aber steckte beide Hände in die Hosentaschen, spazierte mit großen Schritten über den Hof, lächelte und pfiff leise einen Gassenhauer. Und der ganze herrliche Krieg zog an mir vorbei ...

Schreiben Sie schnell, ich umarme Sie, Sonitschka.

Ihre Rosa

Sonjuscha, Liebste, seien Sie trotz alledem ruhig und heiter. So ist das Leben, und so muß man es nehmen, tapfer, unverzagt und lächelnd – trotz alledem.

MYNONA
1871–1946

Das Weihnachtsfest des alten Schauspielers Nesselgrün

Am 21. August 1910 wurde der bejahrte Schauspieler Giselher Nesselgrün so sentimental, wie er es sonst nur Weihnachten war, und mit einer von der Theatromanie begünstigten Einbildungskraft versetzte er sich in eine so festliche Stimmung, daß er beim Gärtner ein Tannenbäumchen erstand und alles irgend Nötige zur Ausschmückung und gehörigen Bescherung einkaufte. »Das ist doch geradezu lächerlich«, knurrte er, »die Feste zu feiern wie sie fallen! Die Natur ist nur eine Art unbequemes Theater mit unübersehbarer Regie – ach! und mit lumpiger Gage. Corrigeons la nature!« Gegen Abend entzündete Nesselgrün die ganze Pracht, sein Phonograph ließ einen herrlichen Choral ertönen. Der alte Herr schellte, seine Wirtin kam und geriet über das Ungewöhnliche in einige Besorgnis. »Ihre Kinderchen, bitte!« rief der alte Herr. »Ja, aber Herr Nesselgrün, mit Weihnachten hat es doch noch Zeit – fühlen Sie sich wohl?« – »Ich danke, Frau Julke; also bitte, die Kinder!« Die Kinder erschienen, von Frau Julke ängstlich behütet, zwei Buben, ein noch ganz kleines Mädchen. Sie brachen in ein gräßliches Halloh aus, als im Moment ein kleines Tischfeuerwerk losprasselte und abbrannte. Frau Julke seufzte und fuhr mit der Hand nach dem Herzen. Dann sagte sie: »Mir freut es gewiß, Herr Nesselgrün, wenn Sie meine Kinders so'ne Überraschung machen – das muß ich Sie aber doch sagen: so alt als wie ich geworden bin« –

»Julke!« unterbrach sie der alte Herr streng, »Sie verstehen nichts von Regie, und Ihr Kaffee schmeckt wie Langeweile mit Ekel drin – jehn Sie hinter die Kulissen, das rate ich Ihnen!« Die Kinder weinten, Frau Julke riß sie aus dem Zimmer und schlug die Tür hinter sich zu. »Eine schlimme Weihnacht«, brummte Giselher. Er sah aus dem Fenster, weil es ihm unten nicht geheuer schien. Eine Menge Menschen starrten zu ihm hinauf, unter ihnen stand Frau Julke, gestikulierte stark und hielt eine Rede. Die Leute lachten und johlten. Giselher stellte den Phonographen ins Fenster. »Stille Nacht, heilige Nacht« ertönte es in den Lärm hinein. Die Leute führten jetzt vor Vergnügen wahre Veitstänze auf. Nesselgrün wurde wütend: »Das Spiel ist vortrefflich«, schrie er hinunter, »die Regie bewährt sich vollkommen. Daß das Publikum aus der Rolle fällt und den dürftigen prosaischen Umstand, daß heute außerhalb unseres Spiels Ende August ist, nicht vergißt« – mit eins entstand unten tiefe Stille, alles hielt den Atem an, unwillkürlich gefesselt – »daß das Publikum«, fuhr Nesselgrün ingrimmig fort, »nicht so viel Illusionskraft hat, sich im Sommer den Winter vorzustellen, kommt mir bedenklich vor. Es ist ein Mangel an künstlerischer Kraft. Müßt ihr immer erst ins Theater gehen, Leute, oder auf Traum und Fastnacht, auf Rausch und Irrsinn warten, ehe ihr so kühn werdet, die Natur zu dirigieren? Ist nicht Weihnachten ein so schönes, erquickliches Fest, daß man es mindestens einmal in jedem Monat feiern sollte? Glaubt mir altem, ausgedienten Manne!« Damit schleuderte er Konfetti und künstlichen Schnee auf die Straße, und in einem Nu steckte er das kindliche Volk mit seiner Begeisterung an. Die allezeit zu Scherz, Fest und Freude aufgelegte Jugend riß die Eltern mit sich fort. Alle Gärtnerläden wurden geplündert. Bald flammten Lichtbäume an allen Fenstern; man sang heilige Lieder. Der kleine Ort war die ganze Nacht hindurch voller Fröhlichkeit. »Es ist der schönste Erfolg, den jemals ein Schauspieler errungen hat!« seufzte Nesselgrün. »Da leben sie nun, ganz in meine Illusion gehüllt. Ach! aber wer andere hineinversetzen will, darf selber nicht darin sein.« Er zog seinen Schlafrock eng um seine alten Glieder. »Frau Julke!« brüllte er. Die Frau steckte ihre Nase durch die Tür. »Welches Datum haben wir heute?« – »Außerhalb oder sonstwo?« replizierte die Julke. Nesselgrün lachte: »Sehen Sie, Frau Julke«, belehrte er sie, »dem Theater gegenüber muß man vorsichtig sein. Wäre die Regie noch besser gewesen, dann hätte es heute auch außerhalb geschneit.« »Oh, du mein Gott«, jammerte die Julke, »Sie machen alle Welt verrückt. Einen vons Theater nehme ich nie wieder!«

Wilhelm Lobsien
1872–1947

Am Abend vor Weihnachten

Dämmerstille Nebelfelder,
Schneedurchglänzte Einsamkeit,
Und ein wunderbarer weicher
Weihnachtsfriede weit und breit.

Nur mitunter, windverloren,
Zieht ein Rauschen durch die Welt,
Und ein leises Glockenklingen
Wandert übers stille Feld.

Und dich grüßen alle Wunder,
Die am lauten Tag geruht,
Und dein Herz singt Kinderlieder,
Und dein Sinn wird fromm und gut.

Und dein Blick ist voller Leuchten,
Längst Entschlaf'nes ist erwacht ...
Und so gehst du durch die stille
Wunderweiche Winternacht.

Alfred Polgar
1873–1955

Vor Weihnachten

Nun kommt bald Weihnachten.
Man merkt das schon an Verschiedenem. Auf den Straßen liegen, in Haufen, geschlachtete Nadelbäume; getrocknetes Harz-Blut klebt an ihrer Rinde. Aus den Schaufenstern der Kunsthandlungen verschwinden die unzüchtigen Darstellungen, und die »Mitternachtsmette im Gebirge« erscheint. Zwei zu zwei stapfen Bauern durch dicken Schnee dem Kirchlein zu, das Gebetbuch in schwieliger Faust. Der Weg, den sie schon gegangen sind, trägt die Spuren ihrer breiten Stiefelsohlen, aus dem Kirchenfenster fällt buttergelb ein Lichtstreifen über den beschneiten Pfad. Neben diesem, den Großstädter so ergreifenden Gemälde, hängen mancherlei Spezial-Weihnachten. Weihnachten des Leuchtturmwächters. Bahnwärters Christnacht. Kommerzienrats Tannenbäumchen. Weihnachten des Eremiten. Auf allen diesen Bildern tritt die Einsamkeitskomponente stark hervor. Es ist ja auch zur Weihnachtszeit, in der ein unruhvolles Bedürfnis nach Wärme und Anlehnung die Gefühle lockert, und der Schmelzpunkt, an dem sie in den Zustand der Liebe übergehen, tiefer liegt als selbst im Mai, es ist ja auch zur Weihnachtszeit besonders bitter, allein zu sein. Meine arme Freundin Elfriede, längst deckt Erde ihr zierliches Gebein, hielt auch sehr viel auf weihnachtlichen Zusammenschluß und wollte das liebe Zeremoniell des Festtages nicht missen. Dennoch geschah es am Abend eines vierundzwanzigsten Dezembers, daß sie keine andere Gesellschaft hatte als ihre beiden Hunde, die treue Dackelhündin Grete und den lebhaften Fox Rolph. Sie warteten in einem Nebenraum auf Einlaß in das Zimmer, wo das flimmernde Bäumchen stand und der Tisch mit den Gaben, zwei tannenzweiggeschmückten Knackwürsten. Elfriede setzte sich ans Klavier, Rolph und Grete auf die Hinterpfoten, und erst nach drei Strophen »Stille Nacht, heilige Nacht« durften sie zu den Würsten. Elfriede war aus Düsseldorf.

Eine Stimmgabel ist angeschlagen, eine Stimmungsgabel. Und die große Mehrheit weißer Menschen schraubt ihr Herz auf die gleiche Tonhöhe. Die Kinderchen schreiben auf vierzeilig liniertem Papier Briefe an das Christkind, an das sie nicht mehr glauben, und beschließen die Schrift mit einem Tintenklecks wie mit einem Siegel holder Einfalt. Sie hegen die nicht unbegründete Befürchtung, »praktische Sachen« geschenkt zu bekommen, die man ihnen ohnehin kaufen müßte. Einige, von Neugier geplagt, stecken sich hinter die etwa vorhandene Hausgehilfin. Ist die Hausgehilfin hübsch, kann solches Verstecken hinter sie für das künftige Leben der Kleinen von großer Bedeutung sein. Sind sie doch im glücklichen Alter, in dem die Grundlagen der Komplexe gelegt werden, der seelischen Vexirbauten, die dann später einmal der Analyse so viel Anregung und Freude bereiten.

Indes also die Kleinchen von der Frage erregt sind: Was bekomme ich geschenkt? sinnen die Erwachsenen der Frage nach: Was schenke ich? Oder eigentlich der Frage: Wo nehme ich das Geld her für Geschenke? Welch ein Friede wäre Weihnachten auf Erden und den Menschen ein Wohlgefallen, wenn zumindest die Erwachsenen gegenseitig sich das Schenken schenken wollten! Und einen Pakt schlössen, daß jeder nach seinen Möglichkeiten sich kaufe, was ihn freue und hiefür die Gesamtheit seiner Freunde – gefühlskommerziell gesprochen – »erkenne«. Allerdings: Geben ist seliger denn nehmen, sagt die christliche Lehre, dieser größte auf dem Gebiet irdischer Glücksspekulation je gewagte Vorstoß der Kontermine.

Nun kommt bald Weihnachten, und ein Golfstrom der Menschenliebe sendet warme Schauer über das frierende Land. Sogar die Presse kann sich dem innigen Gebot dieser Tage nicht entziehen. Sie rüstet die »Weihnachtsbeilage«, das Weihnachts-Beilager für Literatur und Wissenschaft. In der Redaktion duftet es, zumindest metaphorisch, nach Fichtennadeln, Äpfeln, Wachskerzen und leuchtenden Kinderaugen, deren in diesen Tagen eine große Menge für die journalistische Arbeit verbraucht wird. Auch blasse, verhärmte Wangen sind in der kapitalistischen Presse zur Weihnachtszeit lebhaft gefragt. Am Luster aber hängt stumpfgrün das Gewirr der Mistelzweige, und wer unter ihnen den Chefredakteur trifft, darf ihn küssen.

Weihnachten ist das Fest der Überraschungen. Verloren geglaubte Söhne wählen gern den Weihnachtsabend, um plötzlich einzutreten, und ebenso richten es die Mitglieder des Vereins »Enoch Arden«, die verloren geglaubten Ehemänner, womöglich so ein, daß sie am heiligen Abend ihre Frauen überraschen, wobei auch sie ihre Überraschungen erleben.

Übel dran zu Weihnachten sind die Menschenfeinde. An den Dämmen, die ihr Haß aufgerichtet hat, bricht sich das Meer von Liebe, das in diesen Tagen alle Küsten bespült, wo Christenmenschen und ihnen Assimilierte wohnen. Düster sitzen sie da in ihrer düstern Isoliertheit und giften sich. Sind nicht auch sie unsere Brüder? Wie verhilft man ihnen zu einem relativ gemütlichen Weihnachtsabend? Tun wir was für sie! Menschenfeinden Freude zu machen, kann doch nicht schwer sein. Lassen wir sie hineinblicken in die Not der Glücklichen! In den Krieg des häuslichen Friedens! In die Langeweile der guten Ehe! In die Ehrgeizqual der Begabten! In die marternde Furcht der Angekommenen vor denen, die nachdrängen! In die klägliche Unfreude des Reichtums! In die trostlose innere Einsamkeit der Geselligen!

Festesahnung überall. Auch die Stimme der Natur, der treue Grundbaß zu all unseren Melodien, hat bereits ein unverkennbar weihnachtliches Timbre. Die Luft weht dämmergrau, als wolle sie helfen, die Geheimnisse, die alle Guten jetzt voreinander haben, zu verschleiern. Schnee ist auf die nahen Berge gefallen und bleibt dort in strahlender Reine liegen, aus Pferdemäulern dampft es wolkig, Weihrauch dem Winter, zwischen gefrorenen Ackerschollen beut das muntere Häschen sein Fell dem Rohr, und mit frohem Geschnatter kündet es die Gans, wie üppig schon ihre Leber den hohen Feiertagen entgegenschwillt.

Dr. Owlglass
1873–1945

Fest der Liebe

Was klagt so durch die Nacht? ...
Sie haben unbeklommen
der Kuh das Kalb genommen
und zielbewußt dem Metzger zugebracht.

Ein Karpfen siedet blau.
Er hat dran glauben müssen,
das Fest uns zu versüßen,
nebst einer Gans und einer masten Sau.

Aus tausend Augen starrt
ins Kerzenlicht der »Liebe«
die Welt der dumpfen Triebe,
verständnislos-entsetzt, und starrt und harrt.

Karl Kraus
1874–1936

Weihnacht

Dezember 1908

Als ich am heiligen Abend mit einem Freunde reiste, um der Stimmung zu entgehen, zu der uns die Stimmung fehlte, erkannte ich, wie sich das Bild der Welt verändert hat, seitdem ihr die Stimmung vorgeschrieben ist. Drei Handlungsreisende, die in der dritten Wagenklasse nicht mehr Platz gefunden hatten, drangen in unser Coupé und begannen sofort von Geschäften zu sprechen. Sie sprachen aber in einem Ton, der etwa den Ernst jenes Lebens offenbarte, aus dem die Anekdoten ihren Humor schöpfen. Wir räumten das Feld, und nachdem wir eine Weile von draußen einem Kartenspiel hatten zusehen müssen, bekamen wir Plätze in der ersten Klasse angewiesen. Dort erkannte ich die Bedeutung dieses Abenteuers in dieser Nacht: Wer ohne Abschied von Gott den Zug bestiegen hat, wird ihn als guter Christ verlassen. Er ist bekehrt, er sehnt sich wieder nach dem Duft von Harz und Wachs und Familie. Ihm, nur ihm wurden solch heilige drei Könige gesendet ... So hätten auch wir unsere Weihnacht erlebt, wenn nicht die Stimmung, der wir uns also ergeben mußten, durch eben jene wieder gestört worden wäre. Denn sie drangen nun auch in die erste Klasse und verlangten Genugtuung, weil sie vermuten zu können glaubten, daß wir uns über ihr morgenländisches Betragen beim Schaffner beschwert hätten. Sie sagten stolz, sie seien Kaufleute. Sie zogen die Stiefel aus und spielten Tarock. Sie borgten sich die Ehre von Gott in der Höhe, nahmen den Frieden von der Erde und waren den Menschen kein Wohlgefallen. Wir aber, die den Weihnachtstraum wieder entschwinden sahen, beugten uns vor der Übermacht der Religion, für die sie reisten ... Wer vermöchte sich ihr zu entziehen? Sie drang aus der dritten empor in die zweite Klasse und sie übt Vergeltung bis in die erste Klasse. Im Diesseits und im Jenseits gewinnt sie um geringern Lohn den bessern Platz. Sie läßt das Leben nicht zur Ruhe kommen und in der Kunst erreicht sie es mühelos, daß man ihr die bequeme Geltung einräumt. Sie ist da, und man flüchtet auf den Korridor. Zieht man sich dann aber in die Unsterblichkeit zurück, so verschafft sie sich auch dort Einlaß. Sie ist da und dort. Vor der Allgewalt des Geschäftsreisenden ist in der Welt des heiligen Geistes kein Entrinnen.

Hugo von Hofmannsthal
1874–1929

Weihnacht

Weihnachtsgeläute
Im nächtigen Wind ...
Wer weiß, wo heute
Die Glocken sind,
Die Töne von damals sind?

Die lebenden Töne
Verflogener Jahr',
Mit kindischer Schöne
Und duftendem Haar,
Und tannenduftigem Haar,

Mit Lippen und Locken
Von Träumen schwer? ...
Und wo kommen die Glocken
Von heute her,
Die wandernden heute her?

Die kommenden Tage,
Die weh'n da vorbei. –
– Wer hört's, ob Klage,
Ob lachender Mai
Ob blühender, glühender Mai?

Thomas Mann
1875–1955

Weihnacht bei Buddenbrook

Die Vorzeichen mehrten sich ... Schon seit dem ersten Advent hing in Großmamas Eßsaal ein lebensgroßes, buntes Bild des Knecht Ruprecht an der Wand. Eines Morgens fand Hanno seine Bettdecke, die Bettvorlage und seine Kleider mit knisterndem Flittergold bestreut. Dann, wenige Tage später, nachmittags im Wohnzimmer, als Papa mit der Zeitung auf der Chaiselongue lag und Hanno gerade in Geroks ›Palmblättern‹ das Gedicht von der Hexe zu Endor las, wurde wie alljährlich und doch auch diesmal ganz überraschenderweise ein »alter Mann« gemeldet, welcher »nach dem Kleinn frage«. Er wurde hereingebeten, dieser alte Mann, und kam schlürfenden Schrittes, in einem langen Pelze, dessen rauhe Seite nach außen gekehrt und der mit Flittergold und Schneeflocken besetzt war, ebensolcher Mütze, schwarzen Zügen im

Gesicht und einem ungeheuren weißen Barte, der wie die übernatürlich dicken Augenbrauen mit glitzernder Lametta durchsetzt war. Er erklärte, wie jedes Jahr, mit eherner Stimme, daß *dieser* Sack – auf seiner linken Schulter – für gute Kinder, welche beten könnten, Äpfel und goldene Nüsse enthalte, daß aber andererseits *diese* Rute – auf seiner rechten Schulter – für die bösen Kinder bestimmt sei ... Es war Knecht Ruprecht. Das heißt, natürlich nicht so ganz und vollkommen der echte und im Grunde vielleicht bloß Barbier Wenzel in Papas gewendetem Pelz; aber soweit ein Knecht Ruprecht überhaupt möglich, war er *dies*, und Hanno sagte auch dieses Jahr wieder, aufrichtig erschüttert und nur ein- oder zweimal von einem nervösen und halb unbewußten Aufschluchzen unterbrochen, sein Vaterunser her, worauf er einen Griff in den Sack für die guten Kinder tun durfte, den der alte Mann dann überhaupt wieder mit sich zu nehmen vergaß ...

Es setzten die Ferien ein, und der Augenblick ging ziemlich glücklich vorüber, da Papa das Zeugnis las, das auch in der Weihnachtszeit notwendig ausgestellt werden mußte ... Schon war der große Saal geheimnisvoll verschlossen, schon waren Marzipan und Braune Kuchen auf den Tisch gekommen, schon war es Weihnacht draußen in der Stadt. Schnee fiel, es kam Frost, und in der scharfen, klaren Luft erklangen durch die Straßen die geläufigen oder wehmütigen Melodien der italienischen Drehorgelmänner, die mit ihren Sammetjacken und schwarzen Schnurrbärten zum Feste herbeigekommen waren. In den Schaufenstern prangten die Weihnachtsausstellungen. Um den hohen gotischen Brunnen auf dem Marktplatze waren die bunten Belustigungen des Weihnachtsmarktes aufgeschlagen. Und wo man ging, atmete man mit dem Duft der zum Kauf gebotenen Tannenbäume das Aroma des Festes ein.

Dann endlich kam der Abend des 23. Dezembers heran und mit ihm die Bescherung im Saale zu Haus, in der Fischergrube, eine Bescherung im engsten Kreise, die nur ein Anfang, eine Eröffnung, ein Vorspiel war, denn den Heiligen Abend hielt die Konsulin fest in Besitz, und zwar für die ganze Familie, so daß am Spätnachmittage des 24. die gesamte Donnerstagstafelrunde, und dazu noch Jürgen Kroger aus Wismar sowie Therese Weichbrodt mit Madame Kethelsen, im Landschaftszimmer zusammentrat.

In schwerer, grau und schwarz gestreifter Seide, mit geröteten Wangen und erhitzten Augen, in einem zarten Duft von Patschuli, empfing die alte Dame die nach und nach eintretenden Gäste, und bei den wortlosen Umarmungen klirrten ihre goldenen Armbänder leise. Sie war in unaussprechlicher stummer und zitternder Erregung an diesem Abend. »Mein Gott, du fieberst ja, Mutter!« sagte der Senator, als er mit Gerda und Hanno eintraf ... »Alles kann doch ganz gemütlich vonstatten gehen.« Aber sie flüsterte, indem sie alle drei küßte: »Zu Jesu Ehren ... Und dann mein lieber seliger Jean ...«

In der Tat, das weihevolle Programm, das der verstorbene Konsul für die Feierlichkeit festgesetzt hatte, mußte aufrechterhalten werden, und das Gefühl ihrer Verantwortung für den würdigen Verlauf des Abends, der von der Stimmung einer tiefen, ernsten und inbrünstigen Fröhlichkeit erfüllt sein mußte, trieb sie rastlos hin und her – von der Säulenhalle, wo schon die Marien-Chorknaben sich versammelten, in den Eßsaal, wo Rieckchen Severin letzte Hand an den Baum und die Geschenktafel legte, hinaus auf den Korridor, wo scheu und verlegen einige fremde alte Leutchen umherstanden, Hausarme, die ebenfalls an der Bescherung teilnehmen sollten, und wieder ins Landschaftszimmer, wo sie mit einem stummen Seitenblick jedes überflüssige Wort und Geräusch strafte. Es war so still, daß man die Klänge einer entfernten Drehorgel vernahm, die zart und klar wie die einer Spieluhr aus irgendeiner beschneiten Straße den Weg hierher fanden. Denn obgleich nun an zwanzig Menschen im Zimmer saßen und standen, war die Ruhe größer als in einer Kirche, und die Stimmung gemahnte, wie der Senator ganz vorsichtig seinem Onkel Justus zuflüsterte, ein wenig an die eines Leichenbegängnisses.

Übrigens war kaum Gefahr vorhanden, diese Stimmung möchte durch einen Laut jugendlichen Übermutes zerrissen werden. Ein Blick hätte genügt, zu bemerken, daß fast alle Glieder der hier versammelten Familie in einem Alter standen, in welchem die Lebensäußerungen längst gesetzte Formen angenommen haben. Senator Thomas Buddenbrook, dessen Blässe den wachen, energischen und sogar humoristischen Ausdruck seines Gesichtes Lügen strafte; Gerda, seine Gattin, welche, unbeweglich in einen Sessel zurückgelehnt und das schöne weiße Gesicht nach oben gewandt, ihre nahe beieinanderliegenden, bläulich umschatteten, seltsam schimmernden Augen von den flimmernden Glasprismen des Kronleuchters bannen ließ; seine Schwester, Frau Permaneder; Jürgen Kroger, sein Cousin, der stille, schlicht gekleidete Beamte; seine Cousinen Friederike, Henriette und Pfiffi, von denen die beiden ersteren noch magerer und länger geworden waren und die letztere noch kleiner und beleibter erschien als früher, denen aber ein stereotyper Gesichtsausdruck durchaus gemeinsam war, ein spitziges und übelwollendes Lächeln, das gegen alle Personen und Dinge mit einer allgemeinen medisanten Skepsis gerichtet war, als sagten sie beständig: ›Wirklich? Das möchten wir denn doch fürs erste noch bezweifeln‹ …; schließlich die arme, aschgraue Klothilde, deren Gedanken wohl direkt auf das Abendessen gerichtet waren: – sie alle hatten die Vierzig überschritten, während die Hausherrin mit ihrem Bruder Justus und seiner Frau gleich der kleinen Therese Weichbrodt schon ziemlich weit über die Sechzig hinaus war und die alte Konsulin Buddenbrook, geborene Stüwing, sowie die gänzlich taube Madame Kethelsen sich schon in den Siebzigern befanden.

In der Blüte ihrer Jugend stand eigentlich nur Erika Weinschenk; aber wenn ihre hellblauen Augen – die Augen Herrn Grünlichs – zu ihrem Manne, dem Direktor, hinüberglitten, dessen geschorener, an den Schläfen ergrauter Kopf mit dem schmalen, in die Mundwinkel hineingewachsenen Schnurrbart sich dort neben dem Sofa von der idyllischen Tapetenlandschaft abhob, so konnte man bemerken, daß ihr voller Busen sich in lautlosem, aber schwerem Atemzuge hob … Ängstliche und wirre

Gedanken an Usancen, Buchführung, Zeugen, Staatsanwalt, Verteidiger und Richter mochten sie bedrängen, ja, es war wohl keiner im Zimmer, dem diese unweihnachtlichen Gedanken nicht im Sinne gelegen hätten. Der angeklagte Zustand von Frau Permaneders Schwiegersohn, das Bewußtsein der gesamten Familie von der Gegenwart eines Mitgliedes, das eines Verbrechens gegen die Gesetze, die bürgerliche Ordnung und die geschäftliche Ehrenhaftigkeit geziehen und vielleicht der Schande und dem Gefängnis verfallen war, gab der Versammlung ein vollständig fremdes, ungeheuerliches Gepräge. Ein Weihnachtsabend der Familie Buddenbrook mit einem Angeklagten in ihrer Mitte! Frau Permaneder lehnte sich mit strengerer Majestät in ihren Sessel zurück, das Lächeln der Damen Buddenbrook aus der Breiten Straße ward um noch eine Nuance spitziger ...

Und die Kinder? Der ein wenig spärliche Nachwuchs? War auch er für das leis Schauerliche dieses so ganz neuen und ungekannten Umstandes empfänglich? Was die kleine Elisabeth betraf, so war es unmöglich, über ihren Gemütszustand zu urteilen. In einem Kleidchen, an dessen reichlicher Garnitur mit Atlasschleifen man Frau Permaneders Geschmack erkannte, saß das Kind auf dem Arm seiner Bonne, hielt seine Daumen in die winzigen Fäuste geklemmt, sog an seiner Zunge, blickte mit etwas hervortretenden Augen starr vor sich hin und ließ dann und wann einen kurzen, knarrenden Laut vernehmen, worauf das Mädchen es ein wenig schaukeln ließ. Hanno aber saß still auf seinem Schemel zu den Füßen seiner Mutter und blickte gerade wie sie zu einem Prisma des Kronleuchters empor ...

Christian fehlte! Wo war Christian? Erst jetzt im letzten Augenblick bemerkte man, daß er noch nicht anwesend sei. Die Bewegungen der Konsulin, die eigentümliche Manipulation, mit der sie vom Mundwinkel zur Frisur hinaufzustreichen pflegte, als brächte sie ein hinabgefallenes Haar an seine Stelle zurück, wurden noch fieberhafter ... Sie instruierte eilig Mamsell Severin, und die Jungfer begab sich an den Chorknaben vorbei durch die Säulenhalle, zwischen den Hausarmen hin über den Korridor und pochte an Herrn Buddenbrooks Tür.

Gleich darauf erschien Christian. Er kam mit seinen mageren, krummen Beinen, die seit dem Gelenkrheumatismus etwas lahmten, ganz gemächlich ins Landschaftszimmer, indem er sich mit der Hand die kahle Stirne rieb.

»Donnerwetter, Kinder«, sagte er, »das hätte ich beinahe vergessen!«

»Du hättest es ...«, wiederholte seine Mutter und erstarrte ...

»Ja, beinah vergessen, daß heut' Weihnacht ist ... Ich saß und las ... in einem Buch, einem Reisebuch über Südamerika ... Du lieber Gott, ich habe schon andere Weihnachten gehabt ...«, fügte er hinzu und war soeben im Begriff, mit der Erzählung von einem Heiligen Abend anzufangen, den er zu London in einem Tingeltangel fünfter Ordnung verlebt, als plötzlich die im Zimmer herrschende Kirchenstille auf ihn zu wirken begann, so daß er mit krausgezogener Nase und auf den Zehenspitzen zu seinem Platze ging.

»Tochter Zion, freue dich!« sangen die Chorknaben, und sie, die eben noch da draußen so hörbare Allotria getrieben, daß der Senator sich einen Augenblick an die Tür hatte stellen müssen, um ihnen Respekt einzuflößen – sie sangen nun ganz wunderschön. Diese hellen Stimmen, die sich, getragen von den tieferen Organen, rein, jubelnd und lobpreisend aufschwangen, zogen aller Herzen mit sich empor, ließen das Lächeln der alten Jungfern milder werden und machten, daß die alten Leute in sich hineinsahen und ihr Leben überdachten, während die, welche mitten im Leben standen, ein Weilchen ihrer Sorgen vergaßen.

Hanno ließ sein Knie los, das er bislang umschlungen gehalten hatte. Er sah ganz blaß aus, spielte mit den Fransen seines Schemels und scheuerte seine Zunge an einem Zahn, mit halbgeöffnetem Munde und einem Gesichtsausdruck, als fröre ihn. Dann und wann empfand er das Bedürfnis, tief aufzuatmen, denn jetzt, da der Gesang, dieser glockenreine A-capella-Gesang die Luft erfüllte, zog sein Herz sich in einem fast schmerzhaften Glück zusammen. Weihnachten ... Durch die Spalten der hohen, weißlackierten, noch fest geschlossenen Flügeltür drang der Tannenduft und erweckte mit seiner süßen Würze die Vorstellung der Wunder dort drinnen im Saale, die man jedes Jahr aufs neue mit pochenden Pulsen als eine unfaßbare, unirdische Pracht erharrte ... Was würde dort drinnen für ihn sein? Das, was er sich gewünscht hatte, natürlich, denn das bekam man ohne Frage, gesetzt, daß es einem nicht als eine Unmöglichkeit zuvor schon ausgeredet worden war. Das Theater würde ihm gleich in die Augen springen und ihm den Weg zu seinem Platze weisen müssen, das ersehnte Puppentheater, das dem Wunschzettel für Großmama stark unterstrichen zu Häupten gestanden hatte und das seit dem »Fidelio« beinahe sein einziger Gedanke gewesen war.

Ja, als Entschädigung und Belohnung für einen Besuch bei Herrn Brecht hatte Hanno kürzlich zum ersten Male das Theater besucht, das Stadttheater, wo er im ersten Range an der Seite seiner Mutter atemlos den Klängen und Vorgängen des »Fidelio« hatte folgen dürfen. Seitdem träumte er nichts als Opernszenen, und eine Leidenschaft für die Bühne erfüllte ihn, die ihn kaum schlafen ließ. Mit unaussprechlichem Neide betrachtete er auf der Straße die Leute, die, wie ja auch sein Onkel Christian, als Theaterhabitués bekannt waren, Konsul Döhlmann, Makler Gösch ... War das Glück erträgbar, wie sie fast jeden Abend dort anwesend sein zu dürfen? Könnte er nur einmal in der Woche vor Beginn der Aufführung einen Blick in den Saal tun, das Stimmen der Instrumente hören und ein wenig den geschlossenen Vorhang ansehen! Denn er liebte alles im Theater: den Gasgeruch, die Sitze, die Musiker, den Vorhang ...

Wird sein Puppentheater groß sein? Groß und breit? Wie wird der Vorhang aussehen? Man muß baldmöglichst ein kleines Loch hineinschneiden, denn auch im Vorhang des Stadttheaters war ein Guckloch ... Ob Großmama oder Mamsell Severin – denn Großmama konnte nicht alles besorgen – die nötigen Dekorationen zum »Fidelio« gefunden hatte? Gleich morgen wird er sich irgendwo einschließen und ganz allein eine Vorstellung geben … Und schon ließ er seine Figuren im Geiste singen; denn die Musik hatte sich ihm mit dem Theater sofort aufs engste verbunden …

»Jauchze laut, Jerusalem!« schlossen die Chorknaben, und die Stimmen, die fugenartig nebeneinander hergegangen waren, fanden sich in der letzten Silbe friedlich und freudig zusammen. Der klare Akkord verhallte, und tiefe Stille legte sich über Säulenhalle und Landschaftszimmer. Die Mitglieder der Familie blickten unter dem Drucke der Pause vor sich nieder; nur Direktor Weinschenks Augen schweiften keck und unbefangen umher, und Frau Permaneder ließ ihr trocknes Räuspern vernehmen, das ununterdrückbar war. Die Konsulin aber schritt langsam zum Tische und setzte sich inmitten ihrer Angehörigen auf das Sofa, das nun nicht mehr wie in alter Zeit unabhängig und abgesondert vom Tische dastand. Sie rückte die Lampe zurecht und zog die große Bibel heran, deren altersbleiche Goldschnittfläche ungeheuerlich breit war. Dann schob sie die Brille auf die Nase, öffnete die beiden ledernen Spangen, mit denen das kolossale Buch geschlossen war, schlug dort auf, wo das Zeichen lag, daß das dicke, rauhe, gelbliche Papier mit dem übergroßen Druck zum Vorschein kam, nahm einen Schluck Zuckerwasser und begann, das Weihnachtskapitel zu lesen.

Sie las die altvertrauten Worte langsam und mit einfacher, zu Herzen gehender Betonung, mit einer Stimme, die sich klar, bewegt und heiter von der andächtigen Stille abhob. »Und den Menschen ein Wohlgefallen!« sagte sie. Kaum aber schwieg sie, so erklang in der Säulenhalle dreistimmig das »Stille Nacht, heilige Nacht«, in das die Familie im Landschaftszimmer einstimmte. Man ging ein wenig vorsichtig zu Werke dabei, denn die meisten der Anwesenden waren unmusikalisch, und hie und da vernahm man in dem Ensemble einen tiefen und ganz ungehörigen Ton … Aber das beeinträchtigte nicht die Wirkung dieses Liedes … Frau Permaneder sang es mit bebenden Lippen, denn am süßesten und schmerzlichsten rührt es an dessen Herz, der ein bewegtes Leben hinter sich hat und im kurzen Frieden der Feierstunde Rückblick hält … Madame Kethelsen weinte still und bitterlich, obgleich sie von allem fast nichts vernahm.

Und dann erhob sich die Konsulin. Sie ergriff die Hand ihres Enkels Johann und die ihrer Urenkelin Elisabeth und schritt durch das Zimmer. Die alten Herrschaften schlossen sich an, die jüngeren folgten, in der Säulenhalle gesellten sich die Dienstboten und die Hausarmen hinzu, und während alles einmütig »O Tannebaum« anstimmte und Onkel Christian vorn die Kinder zum Lachen brachte, indem er beim Marschieren die Beine hob wie ein Hampelmann und albernerweise »O Tantebaum« sang, zog man mit geblendeten Augen und einem Lächeln auf dem Gesicht durch die weitgeöffnete hohe Flügeltür direkt in den Himmel hinein.

Der ganze Saal, erfüllt von dem Dufte angesengter Tannenzweige, leuchtete und glitzerte von unzähligen kleinen Flammen, und das Himmelblau der Tapete mit ihren weißen Götterstatuen ließ den großen Raum noch heller erscheinen. Die Flämmchen der Kerzen, die dort hinten zwischen den dunkelrot verhängten Fenstern den gewaltigen Tannenbaum bedeckten, welcher, geschmückt mit Silberflittern und großen, weißen Lilien, einen schimmernden Engel an seiner Spitze und ein plastisches Krippenarrangement zu seinen Füßen, fast bis zur Decke emporragte, flimmerten in der allgemeinen Lichtflut wie ferne Sterne. Denn auf der weißgedeckten Tafel, die sich lang und breit, mit den Geschenken beladen, von den Fenstern fast bis zur Türe zog, setzte sich eine Reihe kleinerer, mit Konfekt behängter Bäume fort, die ebenfalls von brennenden Wachslichtchen erstrahlten. Und es brannten die Gasarme, die aus den Wänden hervorkamen, und es brannten die dicken Kerzen auf den vergoldeten Kandelabern in allen vier Winkeln. Große Gegenstände, Geschenke, die auf der Tafel nicht Platz hatten, standen nebeneinander auf dem Fußboden. Kleinere Tische, ebenfalls weiß gedeckt, mit Gaben belegt und mit brennenden Bäumchen geschmückt, befanden sich zu den Seiten der beiden Türen: Das waren die Bescherungen der Dienstboten und der Hausarmen.

Singend, geblendet und dem altvertrauten Raume ganz entfremdet umschritt man einmal den Saal, defilierte an der Krippe vorbei, in der ein wächsernes Jesuskind das Kreuzzeichen zu machen schien, und blieb dann, nachdem man Blick für die einzelnen Gegenstände bekommen hatte, verstummend an seinem Platze stehen.

Hanno war vollständig verwirrt. Bald nach dem Eintritt hatten seine fieberhaft suchenden Augen das Theater erblickt ... ein Theater, das, wie es dort oben auf dem Tische prangte, von so extremer Größe und Breite erschien, wie er es sich vorzustellen niemals erkühnt hatte. Aber sein Platz hatte gewechselt, er befand sich an einer der vorjährigen entgegengesetzten Stelle, und dies bewirkte, daß Hanno in seiner Verblüffung ernstlich daran zweifelte, ob dies fabelhafte Theater für ihn bestimmt sei. Hinzu kam, daß zu den Füßen der Bühne, auf dem Boden, etwas Großes, Fremdes aufgestellt war, etwas, was nicht auf seinem Wunschzettel gestanden hatte, ein Möbel, ein kommodenartiger Gegenstand ... war er für ihn?

»Komm her, Kind, und sieh dir dies an«, sagte die Konsulin und öffnete den Deckel. »Ich weiß, du spielst gern Choräle ... Herr Pfühl wird dir die nötigen Anweisungen geben ... Man muß immer treten ... manchmal schwächer und manchmal stärker ... und darin die Hände nicht aufheben, sondern immer nur so peu à peu die Finger wechseln ...«

Es war ein Harmonium, ein kleines, hübsches Harmonium, braun poliert, mit Metallgriffen an beiden Seiten, bunten Tretbälgen und einem zierlichen Drehsessel. Hanno griff einen Akkord ... ein sanfter Orgelklang löste sich los und ließ die Umstehenden von ihren Geschenken aufblicken ... Hanno umarmte seine Großmutter, die ihn zärtlich an sich preßte und ihn dann verließ, um die Danksagungen der anderen entgegenzunehmen.

Er wandte sich dem Theater zu. Das Harmonium war ein überwältigender Traum, aber er hatte doch fürs erste noch keine Zeit, sich näher damit zu beschäftigen. Es war der Überfluß des Glückes, in dem man, undankbar gegen das einzelne, alles nur flüchtig berührt, um erst einmal das Ganze übersehen zu lernen ... Oh, ein Souffleurkasten war da, ein muschelförmiger Souffleurkasten, hinter dem breit und majestätisch in Rot und Gold der Vorhang emporrollte. Auf der Bühne war die Dekoration des letzten Fidelio-Aktes aufgestellt. Die armen Gefangenen falteten die Hände. Don Pizarro, mit gewaltig gepufften Ärmeln, verharrte irgendwo in fürchterlicher Attitüde. Und von hinten nahte im Geschwindschritt und ganz in schwarzem Sammet der Minister, um alles zum besten zu kehren. Es war wie im Stadttheater und beinahe noch schöner. In Hanno's Ohren widerhallte der Jubelchor, das Finale, und er setzte sich vor das Harmonium, um ein Stückchen daraus, das er behalten, zum Erklingen zu bringen ... Aber er stand wieder auf, um das Buch zur Hand zu nehmen, das erwünschte Buch der griechischen Mythologie, das ganz rot gebunden war und eine goldene Pallas Athene auf dem Deckel trug. Er aß von seinem Teller mit Konfekt, Marzipan und Braunen Kuchen, musterte die kleineren Dinge, die Schreibutensilien und Schulhefte, und vergaß einen Augenblick alles übrige über einem Federhalter, an dem sich irgendwo ein winziges Glaskörnchen befand, das man nur vors Auge zu halten brauchte, um wie durch Zauberspiel eine weite Schweizerlandschaft vor sich zu sehen ...

Jetzt gingen Mamsell Severin und das Folgmädchen mit Tee und Biskuits umher, und während Hanno eintauchte, fand er ein wenig Muße, von seinem Platze aufzusehen. Man stand an der Tafel oder ging daran hin und her, plauderte und lachte, indem man einander die Geschenke zeigte und die des anderen bewunderte. Es gab da Gegenstände aus allen Stoffen: aus Porzellan, aus Nickel, aus Silber, aus Gold, aus Holz, Seide und Tuch. Große, mit Mandeln und Sukkade symmetrisch besetzte Braune Kuchen lagen abwechselnd mit massiven Marzipanbroten, die innen naß waren vor Frische, in langer Reihe auf dem Tische. Diejenigen Geschenke, die Frau Permaneder angefertigt oder dekoriert hatte, ein Arbeitsbeutel, ein Untersatz für Blattpflanzen, ein Fußkissen, waren mit großen Atlasschleifen geziert.

Dann und wann besuchte man den kleinen Johann, legte den Arm um seinen Matrosenkragen und nahm seine Geschenke mit der ironisch übertriebenen Bewunderung in Augenschein, mit der man die Herrlichkeiten der Kinder zu bestaunen pflegt. Nur Onkel Christian wußte nichts von diesem Erwachsenenhochmut, und seine Freude an dem Puppentheater, als er, einen Brillantring am Finger, den er von seiner Mutter beschert bekommen hatte, an Hanno's Platz vorüberschlenderte, unterschied sich gar nicht von der seines Neffen.

»Donnerwetter, das ist drollig!« sagte er, indem er den Vorhang auf- und niederzog und einen Schritt zurücktrat, um das szenische Bild zu betrachten. »Hast du dir das gewünscht? – So, das hast du dir also gewünscht«, sagte er plötzlich, nachdem er eine Weile mit sonderbarem Ernst und voll unruhiger Gedanken seine Augen hatte wandern lassen. »Warum? Wie kommst du auf den Gedanken? Bist du schon mal im

Theater gewesen? ... Im ›Fidelio‹? Ja, das wird gut gegeben ... Und nun willst du das nachmachen, wie? nachahmen, selbst Opern aufführen? ... Hat es solchen Eindruck auf dich gemacht? ... Hör mal, Kind, laß dir raten, hänge deine Gedanken nur nicht zu sehr an solche Sachen ... Theater ... und so was ... Das taugt nichts, glaube deinem Onkel. Ich habe mich auch immer viel zu sehr für diese Dinge interessiert, und darum ist auch nicht viel aus mir geworden. Ich habe große Fehler begangen, mußt du wissen ...«

Er hielt das seinem Neffen ernst und eindringlich vor, während Hanno neugierig zu ihm aufsah. Dann jedoch, nach einer Pause, während welcher in Betrachtung des Theaters sein knochiges und verfallenes Gesicht sich aufhellte, ließ er plötzlich eine Figur sich auf der Bühne vorwärts bewegen und sang mit hohl krächzender und tremolierender Stimme: »Ha, welch gräßliches Verbrechen!«, worauf er den Sessel des Harmoniums vor das Theater schob, sich setzte und eine Oper aufzuführen begann, indem er, singend und gestikulierend, abwechselnd die Bewegungen des Kapellmeisters und der agierenden Personen vollführte. Hinter seinem Rücken versammelten sich mehrere Familienglieder, lachten, schüttelten den Kopf und amüsierten sich. Hanno sah ihm mit aufrichtigem Vergnügen zu. Nach einer Weile aber, ganz überraschend, brach Christian ab. Er verstummte, ein unruhiger Ernst überflog sein Gesicht, er strich mit der Hand über seinen Schädel und an seiner linken Seite hinab und wandte sich dann mit krauser Nase und sorgenvoller Miene zum Publikum.

»Ja, seht ihr, nun ist es wieder aus«, sagte er; »nun kommt wieder die Strafe. Es rächt sich immer gleich, wenn ich mir mal einen Spaß erlaube. Es ist kein Schmerz, wißt ihr, es ist eine Qual ... eine unbestimmte Qual, weil hier alle Nerven zu kurz sind. Sie sind ganz einfach alle zu kurz ...«

Aber die Verwandten nahmen diese Klagen ebensowenig ernst wie seine Späße und antworteten kaum. Sie zerstreuten sich gleichgültig, und so saß denn Christian noch eine Zeitlang stumm vor dem Theater, betrachtete es mit schnellem und gedankenvollem Blinzeln und erhob sich dann.

»Na, Kind, amüsiere dich damit«, sagte er, indem er über Hanno's Haar strich. »Aber nicht zuviel ... und vergiß deine ernsten Arbeiten nicht darüber, hörst du? Ich habe viele Fehler gemacht ... Jetzt will ich aber in den Klub ... Ich gehe ein bißchen in den Klub!« rief er den Erwachsenen zu. »Da feiern sie auch Weihnachten heut'. Auf Wiedersehn.« Und mit steifen, krummen Beinen ging er durch die Säulenhalle von dannen.

Alle hatten heute früher als sonst zu Mittag gegessen und sich daher mit Tee und Biskuits ausgiebig bedient. Aber man war kaum damit fertig, als große Kristallschüsseln mit einem gelben, körnigen Brei zum Imbiß herumgereicht wurden. Es war Mandelcreme, ein Gemisch aus Eiern, geriebenen Mandeln und Rosenwasser, das ganz wundervoll schmeckte, das aber, nahm man ein Löffelchen zuviel, die furchtbarsten Magenbeschwerden verursachte. Dennoch, und obgleich die Konsulin bat, für das

Abendbrot »ein kleines Loch offenzulassen«, tat man sich keinen Zwang an. Was Klothilde betraf, so vollführte sie Wunderdinge. Still und dankbar löffelte sie die Mandelcreme, als wäre es Buchweizengrütze. Zur Erfrischung gab es auch Weingelee in Gläsern, wozu englischer Plumcake gegessen wurde. Nach und nach zog man sich ins Landschaftszimmer hinüber und gruppierte sich mit den Tellern um den Tisch.

Hanno blieb allein im Saale zurück, denn die kleine Elisabeth Weinschenk war nach Hause gebracht worden, während er dieses Jahr zum ersten Male zum Abendessen in der Mengstraße bleiben durfte, die Dienstmädchen und die Hausarmen hatten sich mit ihren Geschenken zurückgezogen, und Ida Jungmann plauderte in der Säulenhalle mit Rieckchen Severin, obgleich sie, als Erzieherin, der Jungfer gegenüber gewöhnlich eine strenge gesellschaftliche Distanz innehielt. Die Lichter des großen Baumes waren herabgebrannt und ausgelöscht, so daß die Krippe nun im Dunkel lag; aber einzelne Kerzen an den kleinen Bäumen auf der Tafel brannten noch, und hie und da geriet ein Zweig in den Bereich eines Flämmchens, sengte knisternd an und verstärkte den Duft, der im Saale herrschte. Jeder Lufthauch, der die Bäume berührte, ließ die Stücke Flittergoldes, die daran befestigt waren, mit einem zart metallischen Geräusch erschauern. Es war nun wieder still genug, die leisen Drehorgelklänge zu vernehmen, die von einer fernen Straße durch den kalten Abend daherkamen.

Rainer Maria Rilke
1875–1926

Advent

Es treibt der Wind im Winterwalde
die Flockenherde wie ein Hirt,
und manche Tanne ahnt, wie balde
sie fromm und lichterheilig wird;
und lauscht hinaus. Den weißen Wegen
streckt sie die Zweige hin – bereit,
und wehrt dem Wind und wächst entgegen
der einen Nacht der Herrlichkeit.

Es gibt so wunderweiße Nächte

Es gibt so wunderweiße Nächte,
drin alle Dinge Silber sind.
Da schimmert mancher Stern so lind,
als ob er fromme Hirten brächte
zu einem neuen Jesuskind.

Weit wie mit dichtem Demantstaube
bestreut, erscheinen Flur und Flut,
und in die Herzen, traumgemut,
steigt ein kapellenloser Glaube,
der leise seine Wunder tut.

Paula Modersohn-Becker
1876–1907

Es ist solch ein wunderbares Fest
An Rainer Maria Rilke

Bremen, Wachtstraße 43
Immer noch Weihnachten

Lieber Freund,
Mir ist die ganze Zeit so nach Weihnachten zu Mute und mir ist so, als müßte ich zu Ihnen kommen und Ihnen das sagen. Es ist solch ein wunderbares Fest. Und ist eins das lebt und wärmt. Es ist ein Fest für Mütter und Kind, und auch für Väter. Es ist ein Fest für alle Menschheit. Es kommt über einen, und legt sich warm und weich auf einen und duftet nach Tannen und Wachskerzen und Lebkuchenmännern und nach vielem, was es gab und nach vielem was es geben wird. Ich habe das Gefühl, daß man mit Weihnachten wachsen muß. Mir ist als ob dann Barrikaden fallen, die man mühsam und kleinlich gegen so vieles und viele aufgebaut hat, als ob man weiter würde und das Gefäß allumfassender, auf daß darin jedes Jahr eine neue weiße Rose aufblühe und den andern zuwinkt und in sie hineinleuchtet und ihnen die Wange streicht mit ihrem Geschimmer und die Welt erfüllt mit Schönheit und Duft. Und das ist Leben, und ist ein Leben wie ein Gebet, ein frommes Gebet, ein jauchzendes Gebet, ein liebliches und lächelndes Gebet, welches immer tiefer hinabsteigt in den Sinn des Seins, dessen Auge größer wird und ernster, weil es viel gesehen. Und wenn es alles gesehen, das letzte, dann darf es nicht mehr schauen, dann kommt der Tod. Und vielleicht versöhne ich mich in diesem Sinne mit dem Tod, weil ich ihn ja auch einst leiden muß. Dann ist es besser so. – Ich freue mich darauf, wieder mit Ihnen zu sprechen. Sie hören so gut und freundlich zu und ich habe keine Scheu, die Dinge so

zu nennen, wie sie in mir liegen. – Wir haben eine schöne grüne Weihnachtslaube im Wohnzimmer. Mein kleiner Bruder hat sie gebaut. Das ist ein schöner Winkel für Ihre Geschichten vom lieben Gott. Ich habe sie Milly unter den Weihnachtsbaum gelegt, und sie ist sehr froh und läßt Sie grüßen. Und ich grüße auch schön und freue mich auf Sie und über Sie. Sie sind dann in Berlin mein einzigstes Stück Worpswede und das ist viel. Es dunkelt. Ich sitze im Wesererker und lasse das Wasser unter mir vorbeigleiten. Sonst macht mich dies Wasser immer so traurig. Es ist so langsam und lautlos und geduldig und die langen Kähne liegen darauf als weinten sie still. Und eigentlich weint sonst alles, was um das Wasser herum steht, die großen roten Speicher und die kleinen weißen Häuser und wenn sie sich im Wasser spiegeln, dann zittern sie und weinen noch mehr. Ich glaube aber heute weinen sie nicht, denn es ist Weihnachten. Die Häuser weinen heute, glaube ich, nicht und das Wasser auch nicht, nur ist es still und alt und traurig und gut und lächelt nur selten und wie mit Schmerzen, denn das Leben hat es gelb und mürbe gemacht. Wie mein lieber Vater, ist es. Dem war sein Leben auch zu schwer und der Tage zuviel, die die Lichtlein und Kerzen und Feuerbrände in ihm auslöschten. Ich muß Ihnen einmal etwas von ihm erzählen. Er ist einer, der mir den Gedanken gab, daß Altwerden schrecklich wäre. Nun glaube ich es aber doch nicht mehr. Leben Sie wohl. Ich muß abbrechen. Es war nur eine kurze stille Stunde die mir blühte. Jetzt kommt wieder die Welt mit ihren Anforderungen. Da versuche ich denn auch, manche zu erfüllen, denn ich habe es ja so gut.

Ihre Paula Becker

Volkslied

Ihr Kinderlein kommet

Ihr Kinderlein kommet, o kommet doch all!
Zur Krippe her kommet in Bethlehems Stall.
Und seht, was in dieser hochheiligen Nacht
der Vater im Himmel für Freude uns macht.

O seht in der Krippe im nächtlichen Stall,
seht hier bei des Lichtleins hellglänzendem Strahl
in reinlichen Windeln das himmlische Kind,
viel schöner und holder, als Engel es sind.

Da liegt es, das Kindlein, auf Heu und auf Stroh;
Maria und Joseph betrachten es froh.
Die redlichen Hirten knien betend davor;
hoch oben schwebt jubelnd der Engelein Chor.

O beugt wie die Hirten anbetend die Knie,
erhebet die Händlein und danket wie sie.
Stimmt freudig, ihr Kinder – wer sollt sich nicht freun? –,
stimmt freudig zum Jubel der Engel mit ein!

Was geben wir Kinder, was schenken wir dir,
du bestes und liebstes der Kinder, dafür?
Nichts willst du von Schätzen und Reichtum der Welt,
ein Herz nur voll Demut allein dir gefällt.

Hermann Hesse
1877–1962

Schaufenster vor Weihnachten

Weihnachten ist eine Angelegenheit, von der ich eigentlich nicht gerne spreche. Einerseits weckt das schöne Wort so tiefe, heilige Erinnerungen aus dem Sagenbrunnen der Kindheit, flimmert so magisch im Schein jener blonden Lebensmorgenfrühe und ist so durchstrahlt von unzerstörbar heiligen Symbolen: Krippe, Stern, Heilandkind, Anbetung der Hirten und Könige und Weise aus dem Morgenland! Und anderseits ist »Weihnacht« ein Inbegriff, ein Giftmagazin aller bürgerlichen Sentimentalitäten und Verlogenheiten, Anlaß wilder Orgien für Industrie und Handel, großer Glanzartikel der Warenhäuser, riecht nach lackiertem Blech, nach Tannennadeln und Grammophon, nach übermüdeten, heimlich fluchenden Austrägern und Postboten, nach verlegener Feierlichkeit in Bürgerzimmern unterm aufgeputzten Baum, nach Zeitungsextrabeilagen und Annoncenbetrieb, kurz, nach tausend Dingen, die mir alle bitter verhaßt und zuwider sind, und die mir alle viel gleichgültiger und lächerlicher vorkämen, wenn sie nicht den Namen des Heilands und die Erinnerungen unserer zartesten Jahre so furchtbar mißbrauchten. Nun, sprechen wir also nicht von Weihnachten – es kämen dabei ja doch lauter Verlegenheiten heraus, zum Beispiel, daß ich noch immer keine Ahnung habe, was ich meiner Freundin schenken soll, und ob zwanzig Mark für die Köchin richtig ist –, ach und wenn ich doch den Freund S. daran verhindern könnte, mir wieder ein so kostbares und dabei so jämmerlich unnützes Geschenk zu machen wie im letzten Jahr! Oder, falls es sich nicht ganz vermeiden läßt, an die Weihnacht zu denken, so laßt mich an jene wirkliche und echte Weihnachtsvorfreude denken, die ich auch heute noch, als enttäuschter und einsamer Mensch, zu empfinden vermag: an die Freude beim Herstellen jener Weihnachtsgeschenke, die ich auch heute noch, wie einst in den Knabenzeiten, für einige meiner Freunde mit eigener Hand herzustellen gewohnt bin, kleine Hefte mit neuen, handgeschriebenen Gedichten, Blätter mit Landschaftsaquarellen und dergleichen Dinge.

Nun, trotz allen widerstreitenden und beklemmten Gefühlen muß ich sagen: an manchen Abenden im Dezember, wenn es nach trübem, verschleiertem Nachmittag in den Geschäftsstraßen aufzuflammen beginnt, wenn alle die farbigen und grellen Schimmer aus den Schaufenstern auf den feuchten oder beschneiten Asphalt herausfallen und die Straße etwas festlich Belebtes bekommt, dann macht dieser verlogene, heftige Weihnachtsbetrieb mit seiner lichten Außenseite mir doch einigen Spaß, und ich kann dann eine Stunde lang gerade in jenem Stadtteil bummeln, den ich sonst vermeide, und kann eine Stunde lang verloren und gefesselt an den strahlenden Läden hinstreichen, ins Schauen verloren. Es träumt mir dann, ich sei ein Kalifensohn aus Bagdad und sei nach langer, abenteuerlicher Reise, aus Todesgefahr und bitterer Gefangenschaft entronnen, in eine leuchtende Stadt des fernen Ostens gelangt, und mische mich entzückt und neugierig in das Gewühl um die Basare der Händler.

Nachdenken verträgt sich schlecht mit dieser Stimmung, und das Schöne an dieser abendlichen Bummelstunde ist gerade das Erlöstsein vom Denkenmüssen. Aber wenn ich dabei doch je und je ein wenig gedacht und mich selber beobachtet habe, so machte ich dabei jedesmal mit einem gewissen (manchmal lachenden, manchmal eher peinlichen) Erstaunen die Entdeckung, daß ich, der rüstige Fünfziger mit dem leicht ergrauenden Scheitel und dem milden Brillengesicht, im Grunde meiner Seele ungewöhnlich infantil geblieben oder wieder geworden sein muß. Ich bemerke dies, wenn ich mir Mühe gebe darauf zu achten, wie eigentlich diese vollen, strahlenden Schaufenster auf mich wirken und welcherlei Gegenstände es sind, die mir auffallen und die mich zu Wünschen reizen. Ich mache alsdann die Wahrnehmung, daß die Sachen, die mir gefallen und die mich lüstern zu machen vermögen, beinahe alle noch dieselben sind wie in meiner Knaben- und frühen Jugendzeit.

In der Tat, inmitten dieses schreienden und etwas negerhaften Überangebotes von Waren sind es nur wenige, die ich für meine eigene Person zu begehren vermag, und alle die Errungenschaften der neueren Technik lassen mich schrecklich kalt. Ich sehe mit Erstaunen, daß auch vor solchen Schaufenstern neugierige und begehrende Menschen stehen, in die ich nicht ohne tiefe Langeweile zu blicken vermag und vor denen meinen Schritt zu verlangsamen mir niemals einfallen würde. Das sind zum Beispiel

Läden mit Kodaks, mit Grammophonen, mit Sportgeräten, mit Radioapparaten – wenn ich einen Freibrief hätte, der mir erlaubte, aus allen diesen Läden alles zu wählen, was nur irgend zu besitzen mich gelüstete, ich würde den Freibrief wegwerfen und weitergehen. Raffinierte Chronometer, witzige Rasierapparate, blitzende Mikroskope, niedliche Zimmerkinematographen – nichts von allem wäre mir auch nur das Einwickelpapier wert.

Anders steht es mit den Auslagen der Buchhändler. Obwohl auf diesem Gebiet reichlich verwöhnt und überfüttert, bleibe ich vor einem guten Buchladen doch fast immer ein wenig stehen, und nicht nur der geistige Markt interessiert mich, die Namen der Kollegen, die Anpreisungen der Verleger, sondern mindestens ebensosehr interessiert und lockt mich das Materielle dieser Bücher: ein roter Lederrücken, eine schöne englische Leinwand, ein schön getöntes Pergament, ein derbes knotiges Segeltuch als Mappenumschlag. Nun, und es sind ja auch immer wieder manche freundliche Erscheinungen in der Bücherwelt zu entdecken, wenn auch das Niveau im ganzen recht bescheiden ist. Ich sehe mit Freude die sechs braunen Bände mit Rilkes gesammelten Werken stehen und Martin Bubers Chassidische Schriften in einem Bande und Knut Hamsuns »Landstreicher« (O, August, du Teufelskerl), ich freue mich darüber, daß es neue Bände von Josef Conrad gibt, ich blinzle dem Steppenwolf zu und grüße die »Gäste« von Georg Munk, und einmal gehe ich sogar in einen Laden hinein und lasse mir ein Bilderwerk vorlegen, das ich im Fenster sah, Glasenapps »Heilige Stätten Indiens«, stehe lang über die Tafeln gebeugt, nach Indien verirrt, ergriffen davon, daß auch diese so sehr fremden, so sehr exotischen Riesentempel, Höfe, Teiche und Höhlengrotten dieselbe immer gleiche Sprache sprechen wie die französischen Kathedralen und die süditalienischen Tempel, die Sprache des Glaubens und der Hingabe, der Begeisterung und seligen Verschwendung vor dem Göttlichen.

Erinnern mich diese Buchläden an viele Begeisterungen und Begierden der Jünglingszeit, so führen andere Bilder mich noch weiter in meine Vergangenheit, ja eigentlich hätte ich sie zuerst nennen sollen. Das mit den Büchern war zwar keineswegs gelogen, aber ein klein wenig Schönfärberei war doch wohl dabei. Denn siehe, es sind andere Schaufenster und Kaufläden, vor denen ich die stärksten Eindrücke, die wärmsten Erlebnisse, die kräftigsten Wünsche habe. Mit kindlicher Bewunderung und primitiver Lust betrachte ich die verlockenden Eßwaren, und zwar am meisten die kindlichsten, die Süßigkeiten. Dem reisenden Kalifensohn kommen heftige Kindheitsbegierden zurück, wenn er diese riesigen Kristallschalen voll großer Pralinen betrachtet, diese Berge von farbig verpackten Schokoladetafeln, die üppigen Platten voll Mèringues und Schokoladeschäumchen. Und in einem anderen Fenster, das unendlich viel poetischer aussieht als jene Ausstellungen von Kodaks und Lautsprechern, entzücken mich, obwohl ich seit undenklichen Zeiten keine Wurst mehr gegessen habe, die feisten glänzenden Wurstkränze, die still und trocken herabhängenden Salami, die in Stanniol gerollten, schräg angeschnittenen Leberwürste, von denen ich mir niemals eine kaufen werde, von denen ich die meisten gar nicht essen und verdauen könnte, denn Wurst ist eine Speise für Optimisten, deren Anblick mich aber dennoch bezaubert und mir eine Vorstellung von Reichtum und Wohlleben gibt. O, und ein kleiner zarter Rollschinken, ein Kleinod von einem hübschen Schinkchen, führt mich tatsächlich in Versuchung – weiß Gott, ob ich ihn mir nicht kaufen werde. Indessen stellt der nächste Laden mir noch Köstlicheres vor die Sinne: in zauberhaften Farben wie große fremde Edelsteine leuchtend sind da kandierte Früchte zu sehen, Birnen, Pfirsiche, Pistazien, Oliven, Ananas. Nichts davon werde ich mir kaufen, nichts davon könnte ich verdauen. Kandierte Früchte sind zwar keine Spezialspeise für Optimisten, o nein, aber doch mehr für Frauen und Jugendliche, jedenfalls aber nicht für schonungsbedürftige, magenzarte und etwas leidende Halbgreise. Taumelt weiter, entzückte Augen!

Es kommt ein Geschäft mit Thermosflaschen, Wärmkissen, Bauchbettflaschen und dergleichen Dingen, ein Geschäft, welchem ich Aufmerksamkeit zu schenken Grund hätte, aber ich gehe kalt vorüber. Eine richtige Apotheke hingegen fesselt mich jetzt; das ist ein Jahrmarkt, den ich gern sehe, und wenn auch mein Verstand die hier veranschaulichte Verbindung von Wissenschaft und Industrie im Zeichen des Mammons eher ironisch betrachtet, so lese ich doch auf diesen farbigen Flaschen, auf diesen hübschen seidigen Packungen und Schachteln mit Interesse und Vergnügen die vielversprechenden Namen, deren Mehrzahl in einem arg verdorbenen Griechisch erfunden sind. »Keine Gicht mehr!« verspricht eine ovale Glasdose, aber weder auf diese Dose noch auf das Plakat »Sind Sie nervös?« lasse ich mich ein, ich hasse solche zutäppischen Fragen. Dagegen sehe ich hier und dort in Glasröhren, in Fläschchen, in Paketen gute Freunde liegen, Mittel, die ich kenne und schätze, und von denen es gut ist, eine kleine Auswahl im Reisekoffer zu haben. Namen nenne ich nicht – noch nie hat eine chemische Fabrik mir Rezensionsexemplare geschickt.

Herrlich leuchten die festlichen Läden. Zwei Arten von Läden gibt es, vor denen ich manchmal stehenbleibe, jedoch nicht um die Auslagen, sondern um die von ihnen angezogenen Menschen zu betrachten. Es sind die Läden, in denen man Kinderspielzeug kauft, und jene, in denen elegante Frauen für Kleidung, Schmuck, Haar und Haut, Nagel und Zehen das Nötige angeboten bekommen. Da sieht man schöne Augen, oft im prächtigen nackten Brand des primitivsten Begehrens glühend, und man stellt mit Freude fest, daß es Welten und Industriezweige gibt, deren Notwendigkeit man zwar nicht auf unmittelbarem, aber doch auf diesem indirekten Wege zu erkennen vermag. Höchst unmittelbare Wege aber schlägt mein Begehren ein, wenn ich vor einem diskreten Fenster halte, wo ausgesuchte Marken alten Kognaks und edler Weine stehen und ebenso vor jenen blanken, schönen Fenstern, wo auf Glasscheiben die Tabake und Zigarren locken, die schweren dicken, in Stanniol gewickelten Importen, die schwarzen guten Brasilzigarren, die hübschen lichten Holländer, die köstlichen Manilas.

Und noch eine Art von Geschäften gibt es, die seit den frühesten Zeiten ihren Zauber für mich nicht verloren haben. Es sind die Läden mit Papier, mit Bleistiften, Federn, Farben, Aquarellkästen, Linealen, Zirkeln, Zeichenkohle. Da bleibe ich lange stehen, verliebt in eine Kollektion herrlicher Pariser oder Londoner Wasserfarben, in ein Bündel edler Kohinoorstifte, in eine Schachtel mit sibirischem Graphit, in Rollen und Lagen edler Papiere. So ein Hundert Bogen von einem zart-festen, soliden Büttenpapier, das wäre ein Geschenk, mit dem man mich ködern könnte!

Aber am Ende bekommt man kalte Füße, und zum Kaufen ist ja auch ein andermal noch Zeit. Ach, wenn mir nur Freund S. zu Weihnachten nicht einen Kodak oder einen Korb Orchideen schenkt! (1927)

In Weihnachtszeiten

In Weihnachtszeiten reis' ich gern
Und bin dem Kinderjubel fern
Und geh in Wald und Schnee allein.
Und manchmal, doch nicht jedes Jahr,
Trifft meine gute Stunde ein,
Daß ich von allem, was da war,
Auf einen Augenblick gesunde
Und irgendwo im Wald für eine Stunde
Der Kindheit Duft erfühle tief im Sinn
Und wieder Knabe bin ...

HANS CAROSSA
1878–1956

Wald im Winter

Du hoher Wald, von Baum zu Baum durchsponnen
Mit blassen Reifs verschlungenen Gehängen,
Verführ mich nicht zu tief in finstern Gängen!
Früh schleicht hinab das gelbe Licht der Sonnen,
Frost blüht wie Locken von Asbest im Grunde,

Es zagt der Schritt, das Herz wagt nicht zu klopfen,
Wie Augen schaun die großen goldnen Tropfen
Von klarem Harz an alter Kiefer Wunde.
Und Beerenbüschel glühn, purpurne Zeichen,
Aus niedern Strauchs durchsichtiger Eisesbürde,
Wie Lippen, die ein Tod so jäh berührte,
Daß sie nicht Zeit mehr fanden zum Erbleichen.

Rudolf Alexander Schröder
1878–1962

Nun duftet Wachs, nun glimmt der Tann,
Die Weihnachtszeit hebt wieder an.

Noch freust du dich am Lichterkranz,
Bald steht der Baum im vollen Glanz.

Bald hältst und hast du, was dir frommt,
Und dankst dem Herrn, der wiederkommt.

Ein Kindlein bringt dir große Freud:
Ach denk, ach denk, was das bedeut!

Schau's an, als wär's dein eigen Kind:
Der Weg nach Golgatha beginnt.

ERICH MÜHSAM
1878–1934

Weihnachten

Nun ist das Fest der Weihenacht,
das Fest, das alle glücklich macht,
wo sich mit reichen Festgeschenken
Mann, Weib und Greis und Kind bedenken,
wo aller Hader wird vergessen
beim Christbaum und beim Karpfenessen; – –
und groß und klein und arm und reich – –
an diesem Tag ist alles gleich.
So steht's in vielerlei Varianten
in deutschen Blättern. Alten Tanten
und Wickelkindern rollt die Zähre
ins Taschentuch ob dieser Märe.
Papa liest's der Familie vor,
und alle lauschen und sind Ohr …
Ich sah, wie so ein Zeitungsblatt
ein armer Kerl gelesen hat.
Er hob es auf aus einer Pfütze,
daß es ihm hinterm Zaune nütze.

Prosit 1932!

Ergreift den Löffel, gießt das Blei!
Die Zeit der Knechtschaft ist vorbei.
Die Freiheit kommt gezogen,
Zum Hakenkreuz verbogen.
Die Freiheit kommt im Stechschritt her,
Sie präsentiert das Schießgewehr
Hitler zur Ehr!

Laßt sehn, wie sich das Blei ergießt:
Ein Schädel, dem das Hirn zerfließt,
Ein Stahlhelm drauf als Hülle,
Dazu Gerät in Fülle:
Ein Galgen und ein Giftgasschlauch
Und Bomben aller Sorten auch
Zum Hausgebrauch.

Das neue Jahr, vom Nazi-Troß
Umhegt im Rotenberger Schloß
– Nur Arbeiterparteiler! –,
Wird ein Geschäft für Seiler:
Die Gräfin Yrsch, der Zollernprinz
– Beseligt rauscht's durch die Provinz –
Hitlersche sind's!

Die Sozialisten-Hautevolée
Schuf das Aktionsprogramm beim Tee:
Zuerst wird Blei gegossen
Und dann damit geschossen!
Wird's nach den Nazi-Wünschen wahr,
Dann kriegen wir – soviel ist klar –
Ein duftes Jahr!

Robert Walser
1878–1956

Weihnacht

Unsere Stadt ist besonders deshalb so schön, weil sie so nah am bewaldeten Berg liegt. Ich bin heute gegen den Abend rasch in den Wald hinaufgegangen, wo mir drei richtige Wald- und Weihnachtsmänner mit Tannenbäumen auf den Schultern begegneten. Ich möchte ihnen um keinen Preis nicht begegnet sein. Schon von weitem hörte ich ihre Stimmen durch den abendlichen und winterlichen Wald hallen. Wie urtümlich sahen sie mit ihren Bärten und schwärzlichen Gesichtern aus.

Ich kam dann in die Stadt hinunter, die so eng am Berg liegt, daß man sie fast eine Wald- und Bergstadt nennen möchte. So aus dem stillen, dunklen, weiten Naturwald herauszukommen, auf abstürzendem, felsigem Weg, und nachher über die Treppen hinab, gleich in die Stadt hinein, so warm, so nah, so unvermittelt, wie ist das schön, wie ist das so herzerfrischend. Ich kann mir Natur und Stadt nirgends so lieblich verknüpft und verbunden vorstellen, wie sie es bei uns sind. Und ist man dann in der Stadt, wie wird man von den Häusern gleich so heimelig umschlossen. Man geht wie in einer Burg, wo alles eng und nah beieinander ist, das Rathaus mit dem Rathausplatz, die Ober- und Untergasse und die hochaufragende gute alte Kirche, und rings herum kleinere Nebengassen mit dunkeln Ecken und Winkeln. Und dann so die netten, freundlichen Gestalten, die ruhigen Gesichter. Hellere und dunklere Gestalten, helle und dunkle Stellen. Da gehst du über einen altertümlichen Platz, ehemaligen Festungsgraben, der ganz traumhaft still und schön und ruhig ist, da und dort ein Dach, ein kühner Giebel, eine Laterne oder ein uralter Festungsturm.

Und die Winternacht dazu so sanft, mit so dunkeln, guten, stillen, ehrlichen Augen. Und dazu der alte, ewig schöne Gedanke, daß jetzt bald Weihnacht sein wird und sein soll in diesen Mauern, wo auf alle Gemüter und in alle Menschenherzen ein so eigentümlich-süßes, schwer und leichtes Gewicht fällt, wo jedes Auge seinen Weihnachtsbaum und seine Weihnachtskerze sieht, wo es in allen engen und breiten Straßen nach Frieden, nach lieblichem Verzeihen und nach allen schönen, innigen Versöhnungen tönt und duftet. O wie schön, wie großäugig-sanft und wie weich ist unsere Stadt um diese stille Winterszeit, um die stille Abendzeit, um diese süße, stille, liebe Weihnachtszeit. Alle Schaufenster sind voll der hübschesten Sachen. Man sieht von der Straße her den Metzger im Metzgerladen, den Bäcker im Bäckerladen, den Milchhändler im Milchladen stehen. Alle Läden strahlen, ganz besonders die Spielwarenläden, die den Kindern in die Herzen reden. Ich kam heute abend, wie gesagt, aus dem Walde in die Stadt herab und war ganz verliebt in sie, ganz entzückt von ihr.

Das Christkind

Nicht glänzend ging es damals zu,
ein Kälbchen machte friedlich muh,
ein Eselchen stand an der Krippe,
beschnüffelte mit seiner Lippe
ein kleines Bündelchen von Stroh,
es gab noch keinen Bernhard Shaw,
ein Satz, womit ich illustriere
die Einfalt meiner lieben Tiere,
die man am Abhang weiden sah.
Als sei die Nacht dem Tage nah
war's hell üb'rall in der Umgebung,
und in bezug auf die Bewegung,
die ich dem Lied hier geben will,
verhielt sich die Madonna still,
als sei sie selig; ihr Gemahl
stand im durchaus nicht prächt'gen Saal,
als habe sich hier nimmermehr
etwas ereignet, das er sehr
schwer etwa hätte nehmen müssen.
Die Hirten würden es nun grüßen,
das kindlich auf dem Schoß ihr lag,
und ich nun nichts mehr sagen mag,
weil es mir scheint, was ich berichte,
beziehe sich auf Weltgeschichte.
In engem Stalle fing die Bahn
von etwas Einflußreichem an.

Agnes Miegel
1879–1964

Die Stunde im Winterwald

Der alte Oheim aus Ostpreußen erzählt:

Manchmal träume ich wieder, wir sitzen alle in dem alten Gutshaus in Mutters Stube um den Kamin, und Großtante Riekchen erzählt wieder ihre herrlichen Spukgeschichten: von dem erfrorenen Zigeunerkind, das der hartherzige Schulze vom Hof jagte, von der Lehrersfrau, hinter deren Schlitten der Teufel als schwarzer Hund lief – und die »ganz wahre« Geschichte von dem Kutscher des alten Grafen, der bei dem großen Schneesturm Anno 17 nicht mit den anderen im Krug blieb, sondern losfuhr, allen Warnungen zum Trotz, und schon im nahen Hohlweg mitsamt dem Vierergespann im Schnee umkam. »Und das war der Onkel von unserm Borchert!« fügte die Mutter dann bekräftigend hinzu und ließ das Strickzeug sinken. Wir saßen alle ganz still, und es war sehr tröstlich, dann draußen Borchert zu hören, wie er den Schnee von den Stiefeln stampfte und an Vaters Tür klopfte zum Abendbericht.

Das war jenes Schneeweihnachten, als der Vater in Berlin war und Theo, der von Niesky kam, in Küstrin zu ihm steigen sollte. Unterwegs schneiten sie ein, irgendwo bei Krojanke, und wir warteten bis zum Heiligen Abend. Ich war gerade noch mit dem letzten Kleinbahnzug von Königsberg gekommen, auch mit Verspätung. Borchert mußte immer wieder zur D-Zug-Station mit dem Schlitten, und Mutter machte dann endlich die große Leutebescherung allein und war so aufgeregt, daß sogar Treff und Deta im Bogen um sie herumgingen. Am Heiligen Abend, gleich nach dem Frühstück, entdeckte Deta, daß ihr Teddy noch nicht da sei – mein erstes Mitbringsel aus München, Teddy der Geliebte, der immer dicht unter dem Weihnachtsbaum sitzen mußte! Er war im Kampf mit Mamsellchens dickem Kater schwer verwundet worden, hatte ein Auge verloren und war zum alten Fräulein Empacher im Städtchen in Behandlung gegeben und noch nicht abgeholt. Borchert mußte eben wieder einmal zur Station fahren, konnte aber nicht mit diesem Auftrag betraut werden, da er ja wohl bis zum Abend zu warten hatte. Der Teddy aber mußte herbei, ja, es ergab sich noch eine ganze Reihe allernotwendigster Besorgungen, die ich erledigen sollte, samt etlichen Rezepten für die Apotheke. Auch flüsterte mir Deta rasch ins Ohr, daß es im Wirtschaftsgeschäft am Markt reizende Puppenschneeschläger gäbe, und Treff und Waldi wären gewöhnt, daß Vater ihnen am Heiligen Abend drei Paar Knobelwürstchen mitbrächte. Großtante Riekchen bestand noch rasch auf einem Pfund Teekonfekt aus der Konditorei am Mühlentor. Ich ergriff meine Zettel, sprang unter die blauen Pelzdecken und sauste unterm Schellengebimmel an der großen Kastanie vorbei und die Allee abwärts in die weiße Weite, ehe noch andere Bestellungen und Mahnrufe Borchert und mich erreichen konnten.

Es war ein ganz stiller Wintervormittag. Rein und glatt lag der Schnee. Der Himmel war wie mit Silber unterlegt, unerträglich blendete das zartgraue Gewölk, und die weiße Fläche, Hügel und Grund waren verwischt, dick lag der Schnee auf den Kastanien der Allee, dick wie eine Kappe auf dem großen Strohhaufen. Der Gräberberg vor uns zur Rechten sah aus wie Silber. Tief unten, eine unendliche Wiese, dehnte sich der verschneite See hinter dem braunen Strich des Röhrichts. Unten sah das Abbaugehöft aus dem Weiß, und ganz fern, an der dunklen Uferlinie des Kanals, leuchteten das rote Haus des Sägemüllers und die gelben Holzstapel. Aber alles, auch der winzige Staffelturm der Heiligendorfer Kirche, lag wie erstickt in diesem weißen, kaum gewellten, blendenden Daun. Ganz von weitem hörte man manchmal Schlittenglocken, nicht so hell und silbern wie die unseren, näherkommend, vorübergleitend, unten auf der verschneiten Chaussee davoneilend und verhallend. Es war schön, ein bißchen geisterhaft und sehr einschläfernd.

Am Markt hielt Borchert mit einem Ruck, als müßte er für den Vater am »Preußischen Hof« vorfahren, und sah mißbilligend, wie verschlafen ich mich aus den Decken wickelte. Er murmelte mahnend »man nuscht vergessen!« und war mit Schlitten und Braunen wie ein Spuk verschwunden, ehe ich noch auf den Stufen vor der Kgl. privilegierten Apotheke »Zum Schwarzen Adler« meinen Besorgungszettel durchstudiert hatte. Es schien, daß die halbe Umgebung plötzlich erkrankt war, so voll war es drinnen, aber auch in allen übrigen Läden, deren Auslagen immer noch verlockend von Engelshaar und Sternen funkelten, so daß auch ich noch allerlei kleine Geschenke erstand. Dem dicken Martin vom Sägemüller, der mich zurück bis zur Brücke mitnehmen wollte und geduldig wartete, bis ich mit dem Teddy kam, mußte ich auch etwas zustecken. Der Teddy saß schon auf der weißen Kommodendecke neben dem noch ungeputzten Weihnachtsbäumchen im Giebelzimmer des alten Fräuleins, und beide blickten gleich verängstigt, daß man ihn hier vergessen könnte. Er ging nicht mehr in meinen von allen Päckchen überfüllten Rucksack, und so stopfte ich ihn in seiner weißen Seidenpapierhülle unter meine Pelzjacke.

Auf der Rückfahrt blendete der Schnee noch mehr, obgleich das Gewölk dichter wurde. Ein immer wachsender, eisiger Wind stieß uns hier im Freien sausend entgegen, trieb feine Eiskristalle, scharf wie Messerchen, in unser Gesicht und gegen die tränenden Augen. Martin knurrte vor Ärger, und die schweren Ermländer jagten dahin wie besessen. An dem verschneiten Brückchen neben der Weide am Bachgrund hielt der Schlitten. »Rasch, steig aus, mach, daß du über den Berg kommst!« mahnte Martin, – »gleich geht's los mit Stiemwetter!« Er wandte sich noch einmal um, ehe der breite Schlitten mit Gebimmel und Peitschenknall um die Ecke bog, in den Landweg nach dem Sägewerk zu.

Ich stand wie betäubt, plötzlich kalt bis ins Mark und von einem mir ganz fremden Verlassenheitsgefühl wie mit Wasser beschüttet. Trotz der dicken Pelzjacke spürte ich das schneidende Sausen des Ostwinds und hörte das Orgeln in den sich hin und her wiegenden Tannenwipfeln oben auf dem Kamm des Hangs. Ein Hohlweg war es, wenn auch nicht der, in dem der alte Kutscher so nahe am Krug umgekommen war, – aber viel weiter doch von aller Menschenwohnung abgelegen als jener. Es wurde hier unten dunkler, der immer stärker einsetzende Sturm jagte zerrissenes Gewölk vorbei, und nun fielen erst ein paar große, wirbelnde Flocken. Dann aber setzte es ein, heulend und sausend, in so ungestümem Kreisen, daß Schwindel mich ergriff. Kein weißes Flockenwehen mehr, ein gräßlicher, wilder Tanz schwarzgrauen, gespenstischen Drehens. Eisig wie kalte Tücher schlug es in mein Gesicht, ließ mich nach Atem ringen, warf sich mir immer wieder wütend entgegen.

Zum ersten Male war ich ganz allein in diesem Ringen mit einer nicht greifbaren Gewalt. Es war anders als auf den Skiern im Gebirge, wo die Spur der anderen Läufer überall zu sehen war, ihr Vorübergleiten, ihre frohe Weltlichkeit immer erreichbar schien. Hier fühlte ich nur eins: ich mußte bergauf kommen gegen alles, was sich mir entgegenstemmte. Aber ich wußte nicht, ob ich wirklich weitergelangte, so schwindlig war ich, so ausgelöscht schien mein Denken. Manchmal blies der Wind stärker, dann tauchte aus dem weißen Strudeln ein schwarznadeliger Tannenast oder ein dorniger Zweig mit welkem Brombeerblatt dürr und böse vor mir auf.

Einmal versank ich in einer Schneewehe, aber ich raffte mich auf, schweißüberströmt und zitternd vor Erschöpfung, aufgetrieben von letztem, halbbewußtem Lebenswillen wie ein Ertrinkender, und stolperte weiter. Und dann – mit langem, tierischem Aufheulen – fuhr der Sturm bergab. Es wurde jählings still bis auf ein letztes, verhallendes Sausen. Nur noch ein paar milchig weiße Flocken taumelten in mein Gesicht, ringsum war wieder silbrige Helle, ja, ein blasser, gelblicher Schein sah durch die Stämme, die auf einmal ganz nahe, nicht mehr hoch über mir standen. Ich lehnte an einem Eschenstamm, immer noch von der Anstrengung keuchend, und fühlte auf meiner Brust drückend, aber warm und weich wie etwas Lebendiges unter dem knisternden Papier – den Teddy!

Bei dieser Berührung war auf einmal alles wieder da, was in dem Kampf mit dem Schnee wie in einen weißen Brunnen versunken gewesen: das alte Haus oben unter der großen Kastanie, der Hof mit den Ställen, die Weihnachtsstube, Detas Rufen, Mutters eiliger Schritt – und über alle Müdigkeit meines Körpers, über das Verlangen, mich in den Schnee zu werfen und zu schlafen, siegte dieses: zu ihnen zu kommen, ihre Wärme und Nähe zu spüren!

Ich stand nun auf dem Kamm des Gräberbergs, und wenn ich auch hier noch nicht hinuntersehen konnte nach unsern Wiesen, nach dem Feldweg, der in unsere Allee einbog, ich wußte ihn doch nahe. Ich schüttelte den Schnee von Rucksack und Kappe und trabte weiter. Irgendein Laut traf mein Ohr. Hatte jemand gerufen? Nein, es blieb ganz still. Nur das leise Sausen der Wipfel oben war zu hören und das weiche Fallen der Schneeklumpen von den Ästen. Aber nun knackte ein Zweig, und etwas stöhnte und atmete qualvoll.

Ich war schon ein paar Schritte bergab gegangen, aber nun zögerte ich doch und drehte um, nach einem kurzen Augenblick, in dem das alte Kindergrauen mich überfiel. Aber ich schämte mich gleich. Der Weg lag so glatt wie gefegt, die Schneewächten waren an den Steinhaufen zur Seite geweht, Schlittenspuren glänzten bis in den Seitenweg, wo der Schnee auf den hohen Holzklaftern lag. Zugedeckt war der Graben, fast verweht das wirrwachsende Unterholz, das wie eine Hecke daran entlanglief. Aber dann kam das Stöhnen wieder, nun lauter. Ich bog um den Holzstapel – und dann traf mich ein Blick, gelb glühend wie Feuer in der Qual des Todeskampfes, der Blick des sterbenden, riesigen Keilers, der da mit zerschmettertem Rückgrat unter der Fichte lag, die wohl der Sturm der letzten Nacht entwurzelt hatte, denn auf ihrem Stamm und in dem zerzausten Wurzelnest lag schon dicker Schnee. In dem dichten, verwachsenen Unterholz hatte er Schutz gesucht, als der Stamm über ihn fiel. Nun lag er hier, todverfallen, in einer Qual, die ich nicht lindern, nicht einmal verkürzen konnte. Nichts vermochte ich, nur dies eine: bei ihm zu bleiben, bis alles vorüber war. In der eisigen Winterwelt seines Waldes erlebte ich zum ersten Male den Tod, den schrecklichen, stummen, verlassenen Tod der Kreatur.

Wie lange ich dort war, weiß ich nicht mehr. Manchmal, wenn ich ganz erstarrt war, ging ich auf und ab, ein paar Schritte hin und her auf dem vor Frost immer fester werdenden Schneegrund, und schwenkte die Arme wie Marktleute früh am Schlitten. Jedesmal fühlte ich dann den kleinen Teddy an meinem Herzen wie etwas unbeschreiblich Tröstliches. Aber nie nahm ich den Blick von dem des sterbenden Keilers.

Eine ungeheure Qual stand in dem gelben Glühen, niemals ließ sein Auge von mir, und auf einmal hörte ich ihn röcheln, leise, anders wie solch gewaltiger, urweltlicher Leib im Todeskampf um Atem ringen mußte, und über die verkrusteten Tannenzweige rann frisches, dunkles Blut. Im Unterholz knackte es. Ich war sicher, daß anderes Schwarzwild hervorbrechen würde – aber hinter den Wacholderbüschen stob etwas davon und oben, aus den Tannenwipfeln, die sich nun sacht wieder hin und her bewegten im aufkommenden Abendwind, hoben sich laut krächzend ein paar Krähen. Ich spürte die fürchterliche Anstrengung, mit der der Keiler versuchte, sich zu heben. Wieder schrien die Krähen lauter und lauter. Und dann, immer noch mit dem Blick zu mir, wollte er sich aufrichten in einem letzten Aufbäumen. Schnee stäubte von Geäst und Stamm, Blut quoll noch einmal bis in den Schnee – und dann erlosch der gelbe Blick. Aus dem zerrissenen Gewölk sah blasses, zerflossenes Abendlicht und ich kratzte den lockeren Schnee unter dem Geäst vor und warf ihn auf das dunkle Tierhaupt und einen Bruch von der kleinen Tanne dazu.

Hinter den Wipfeln erlosch das Abendlicht, und dann ging ich, nein ich lief, lief bergab, schneller und schneller und merkte kaum, daß ich weinte. Dann kam das freie

Feld und immer näher die ersten Kastanien unserer Allee. Aber etwas anderes kam auch durch die rasch sinkende Dämmerung, in der der Schnee dunkelblau schimmerte: das Geläut unserer Schlittenglocken! Und da hielt auch schon der Schlitten dicht vor mir, Borcherts gutes, rotes Gesicht beugte sich vor, und er sagte, vertraut und heiser: »Nanu – verbiestert? Na, nu man rasch unter die Decken! Der Herr Rittmeister hat auf der Station angerufen. Jetzt sind sie schon bis Marienburg, so morgen mittag werden sie ja wohl hier sein, denn soll ich wieder hinkommen.«

Dann aber sah er mich an. »Warst auf dem Gräberberg? Hast was gesehen? Bloß nich der gnädigen Frau davon erzählen!« Aber ehe wir losfuhren, drehte er sich noch einmal um und lachte ein bißchen: »Hast auch nicht der Detachen ihren Teddy vergessen? Na, denn is man gut!« Und wir fuhren bergauf durch die Allee. Beim Gärtner brannte schon der Baum, und wir hörten die Kinder singen, gerade als die Tür oben auf der Veranda aufging und sie alle dort in dem hellen Licht standen und winkten.

Heinrich Lautensack
1881–1919

Eine Heiligabend-Betrachtung
Meiner Stiefgroßmutter

Ich denke an meine Heimat ...

In einer handschriftlichen Chronik, die aber ganz und gar verschollen ist, soll's gestanden haben: Eh' noch die Stadt staatlich geworden, alsdann wie der Bischof noch über die Stadt regierte, da soll sie quasi nach einem Plan erbaut gewesen sein, einem solchen, daß kein Haus mit seinen vier Ummauern völlig freistand, vielmehr eins mit dem andern verbunden war, so zwar, daß du von irgendeinem beliebigen Haus aus – immer wieder durch unsichtbare hohle Gänge! – bis ins Palais des Bischofs und geradeaus in dessen Arbeitszimmer gelangen konntest. Wovon aber kein Bürger etwas wußte – natürlich! – und alleinig der jeweilige Bischof geheimste Wissenschaft besaß: Recte, daß kein einziger Hausbesitzer eine leise Ahnung hatte davon, daß des Tages wie des Nachts zu jeder bewachten und unbewachten Stunde und Minute der Bischof durch eine Tapetentür von jenem Arbeitszimmer aus – ohne einen Fuß auf die freie Gasse oder auch nur auf einen unüberdeckten Hof setzen zu müssen! – durch unsichtbare Hohlwege wie eine unirdische Erscheinung plötzlich im geringsten der Häuser unvermutet auftauchen konnte.

In einer andern, gedruckten Chronik freilich, da steht es schier Seite auf Seite zu lesen, in welch fortwährendem Krieg die freche Bürgerschaft mit dem frommen Bischof gelegen – und dieses wäre ja ein möglicher Beleg für jenes obige. Indes, so verlockend es an und für sich sein muß, an einen solchen echt mittelalterlich anmutenden Stadtbebauungsplan zu glauben, so tut man doch gut daran, ein wenig skeptisch zu sein und lieber zu vermuten, daß, selbst wenn die bischöfliche Gewaltherrschaft über der Stadt von allem Anfang an ein Ähnliches beabsichtigt und auch betrieben hätte, daß selbst dann noch wohl manchesmal es beim bloßen Plan hätte verbleiben müssen. – Ich für meine Person mutmaße heute sogar, daß das alles nur eine Legende ist, die sich spät bildete, darum weil die Stadt früh schon und auch weiterhin immer so aussah, gerade als ob sie nach einem ebensolchen Grundriß hätte aufgebaut sein können! – Gleichviel aber ging dies Märlein zu meiner Kinderzeit noch sehr um, und – wie es gar nicht anders zu erwarten stand! – sonderlich um die herannahende heilige Weihnachtszeit sahen wir in dunkeln Winkeln unsrer dunkeln Häuser aus den unheimlich dicken Mauern das dem Bischof vorausleuchtende mystische Licht bereits deutlich durch die Fugen der Quadern scheinen, die sich im nächsten Augenblick in unsäglich verborgenen Scharnieren drehen und öffnen wollten ...

Die Stadt gleicht von oben, vom Oberhauserberg etwa gesehen, heute noch in ihren Linien – so geheimnisvoll wie die Linien deiner Hand – einer wahren Magie.

Und da bin ich wieder in unserm »Wohnzimmer« und stehe an einem unsrer Fenster ...

Den rätselhaft dicken Mauern entsprechend, gehen auch alle Fensternischen so eines alten Hauses gar tief. Ja, sie bilden wahre Erker, vorausgesetzt, mein' ich, daß du sie dir – umgekehrt – nach innen gerichtet denken kannst. Und auch ist es hier immer so ein bißchen erkerlich kühl. Da mag's im mächtigen Kachelofen zuhinterst förmlich mit Peitschen knallen: hier vorne ist schier nur was wie das Echo von derselbigen lauten Wärme. – Dabei liegt's zwischen den Doppelfenstern höher als mannesfausthoch aufgeschichtet von Sägespänen, und darüber breitet sich, gleichermaßen zum Schmuck als zur Warmhaltung, noch dazu eine völlige Decke Moos, darinnen die kleinen holzgeschnitzten und grün angefärbten Jäger unter den stilisierten Baumkronen das Gewehr auf viel springende braune Hirsche und Rehböcke anlegen ... und dennoch, und dennoch bleibt einem immerdar ein leises Frösteln in so einer Ecke.

Aber schließlich müssen diese vielleicht nur eingebildeten kleinen Frostschauer den kindlichen Rücken hinab nun einmal sein, sonst wär's doch wohl nicht das ganz Richtige! Das sind eben die nötigen schauerlich-schönen Stimulantia, ohne die der starrende Winter da draußen kein Winter wär' und der große, eisschollentreibende Fluß kein winterlicher Fluß.

Wann übrigens mag dieser eine Jäger da im Moos denn umgefallen sein, daß er, auf dem Rücken liegend, mit immer noch gezücktem Gewehr, gerade wie nach einem hoch in der Höh' gedachten schwebenden Luftballon zielt? – Ob das gar wohl 's Christkindl war? Ei ja! 's Christkindl wird's gewesen sein – wie's gestern am Abend vorbeiflog – und mit dem blitzenden Widerschein vom goldenen Saum seines Gewandes den Jäger leicht anstreifte.

Selbstverständlich hat das heilige Christkind den Jäger nur ganz leicht, eben nur mit jenem Widerschein vom Goldsaum angestreift! Aber das genügte ja auch schon reichlich! Bei so einem hölzernen Jäger, der ja gar kein richtiger Jäger ist!

Das Christkind!

Das ist der Wallfahrtsort, zu dem hin alle kindlichen Wünsche reisen! – Das ist das wundertätige Gnadenbild, das selbst vermessenes Begehren stillen soll, sowie »Maria Hilf« eine schlimme Hand heilt!

Ach! Wer Weihnachten sich nie viel Dinge gewünscht hat, von denen er von Anfang an genau wußte, daß er sie sämtlich niemals erhalten würde, und wer nie aus diesem Widerstreit heraus und wie sieghaft darüber dennoch für sich erhoffte, daß das allmächtige Christkind diesmal vielleicht ein einzig-einziges Mal eine Ausnahme von der sonst durchgängigen leise-linden Enttäuschung vorbereiten würde, der kennt eine (von mystischen Schatten erfüllte!) Falte am Silberkleid des Christkinds nicht ... doch dafür hat Gott bei uns Kindern schon gesorgt, daß vor die feine und leichte Karosserie unsers Herzens die nie aussetzenden Motoren der Phantasie gespannt sind ... und höchstens Kindern von Multimilliardären, die so fabelhaft sind, daß sie überhaupt in keine bestehende Steuerklasse mehr taugen, ist da ein Radschuh lähmend untergelegt ... aber solche Multimilliardärssprößlinge hinwiederum wissen wohl erst gar von keinem Christkind nicht ...

Es mag ja – überm großen heidnischen Teich – ein paar Kinder geben, die – mögen sie auf ihren Wunschzettel hinschreiben, was sie auch wollen – immer wieder nur treffen, was innerhalb der Grenzen des Erreichbaren liegt ... aber du mein Gott! Was denn liegt beispielsweise für einen Jungen, der nur ein wenig hellhörig für die häuslichen sorgenvollen Erörterungen zwischen Vater und Mutter ist, denn nicht ganz außerhalb der unerschütterlichen Marksteine des Niezuverwirklichenden? Und so vertraut dieser seinem zittrig geschriebenen »Brief ans Christkind« den Wunsch nach einer ganz, ganz kleinen Dampfmaschine überhaupt erst gar nicht an und hofft aber desto mehr, daß das Christkind »zwischen den Zeilen lesen« möge.

Und so kommt das so: daß der Junge in seinem »Brief«, den er am Abend ins Fenster legt und der dann beim Erwachen nicht mehr da ist, immer ein wenig sehr notgedrungener Materialist bleibt, um sich in seinen Träumen aber um so inbrünstiger dem Christkind gerade wie immerfort zu Füßen zu werfen.

Und so beginnt denn – in dieser von religiösen Legenden wahrhaft unterminierten Stadt – ein Kult, der in gleicherweis religiöse Ekstasen ausartet ... und der sich vor Wünschen verkrampfende Herzmuskel des Knaben bewirkt, daß die Augen wie halluzinieren, die ohnehin durch das brennende Starren ins Schneelicht verwirrt und geblendet werden ... und zumindest bei jedem viertelstündlichen Glockenton hoch vom nahen Turm scheint die tiefgraue Luft wie von lichtgolden blitzenden Streifen durchquert ... und viele Engel vom Himmel eilen dem göttlichen Christkind am hellichten Tage zur Hilfe herbei ... und tief bis in seine Träume hört der Knabe Surren und Rauschen von großen und strahlenden Flügeln ...

Und als ob ich – im selben unsrigen Wohnzimmer in derselbigen alten Stadt – wieder unter all meinen Geschwistern wäre, geradeso ist mir ...

Oh! Und da gab es ein sehr Kurioses, das – also gesteigert – gleichfalls nur um die vorweihnachtliche Zeit der Fall war ...

In andern, zumal in nördlicheren Gegenden, glaube ich, ist das lange nicht mehr so sehr im Schwang oder bestand diese uralt-bayerische patriarchalische Sitte überhaupt nie: daß es bestenfalls dem jeweils kleinsten von den Kindern – und auch ihm nur, solange es halt noch ganz und gar nicht vernünftig sprechen kann – verstattet sein mag, zu Mutter und Vater du zu sagen. Bei uns wie bei den unsrigen Nachbarn aber war es von jeher so, daß von dieser Vergünstigung selbst das »Kleine« so gut wie keinen Gebrauch machte. Und das ist leicht erklärlich. Nämlich indem es von uns »Größeren« fortwährend nichts als das ihm weit seltsamere, schon weil weit scheuer hingeredete Sie zu den Eltern hörte und die Auszeichnung, als alleiniges Drauflosduzen-zu-dürfen, ja noch nicht im geringsten zu würdigen verstand, setzte es vielmehr etwas wie einen gar heftigen Eifer darein, es uns im förmlichen Siezen gleichzutun.

Und war dies das ganze Jahr über von seiten des jeweiligen Kleinsten (der allerkleinste Nachfolger, der lag meist schon in der Wiege) mehr als ein purer kindlicher Nachahmungstrieb – ein wenn auch nur unbewußtes, doch bereits fleißig beobachtetes Distanzinnehalten (welches später zur obersten Forderung wird) zwischen Eltern und Kind: um noch wieviel mehr fiel das dann erst um die heilige Weihnachtszeit auf!

Denn zu Weihnacht, da mußten uns ja die Eltern schier noch um einen Kopf größer und fremder erscheinen. Genau so wie uns der Brunnen vorm Haus erhöhter und unnahbarer erschien, seit er, von Stroh umgürtet, hochauf eine Schneekappe trug. Ja, also um Weihnacht mußten uns die Eltern doch noch ragender und ferner vorkommen – wie wir es nämlich täglich und täglich vernahmen, daß sie mit dem Christkind »direkt persönlich« verkehrten!

Ach! Wenn da Vater oder Mutter von einem Geschäft, von dem wir nichts erfahren durften, nach Hause kamen, dann war uns der Schnee auf ihren Schultern oder in ihrem Haar nicht Schnee – sondern der aus himmlischen Wolken gradaus herabgesandte Beweis dafür, daß sie soeben direkt mit dem Christkind persönlich gesprochen!

Nein – und ich möchte diese heiligen Schauer nicht missen, die uns da selbst unsre leiblichen Erzeuger einflößten. – Und es ist vielleicht nicht zuviel gesagt, wenn ich behaupte, daß unsre jungen Leiber wohl schier ein wenig asketisch abmagerten vor all den inneren Gesichten, die keine andre Kirchenfestzeit des Jahres in solcher beziehungsreichen Fülle aus unserm Blut aufstehen zu machen vermochte. So wie jenem Mann in der Mythe erging es uns: alles um und um, was unser aufgeregter Atem auch nur von fern anhauchte, verwandelte seinen Sinn sogleich in einen goldenen weihnachtlichen.

Und dann endlich war Heiligerabend da …

Der Vater solle die Kinder doch in Gottes Namen auf die Eisbahn ziehen lassen, bittet die Mutter ein soundsovieltes Mal. Und auf dem Weg mögen sie dann in der Klosterkirche die von dem Englischen Fräulein wunderbar aufgebaute große Krippe ansehen. Nur daß sie mit Gottes Hilfe von hier zu Haus weggebracht sind, indem doch das Christkind noch mindestens zweimal herkommen muß mit allerlei …

Die Straße, die wir trippeln, tanzt von allerlei Leuten. Von jungem Volk, das gleich uns zur Eisbahn geschickt wird. Und von Erwachsenen, die – als ob die ganze Straße lauter Wetterhäuschen wären und in einem fort gar große Witterungsumstürze stattfänden – zur einen Tür herauslaufen und in eine andre schon wieder hinein!

Mitten auf dem Weg aber stehen da einmal zwei Uniformierte. Der eine – ein Vizefeldwebel vom Oberhaus, der Militärstrafgefangenenanstalt; der andre – ein Gefängniswärter von der städtischen Fronfeste. Beide – ebenfalls »Christkindl«; militärisch und polizeilich angestellte Christkindl. Und der eine hat für die eingesperrten Soldaten auf Oberhaus, was auf den Wunschzetteln stand, besorgt: Schnupftücher nämlich und Brasiltabak. Während der andre für die Gerichtsgefangenen in der Fronfeste die Weihnachtswünsche einkaufte: nämlich Brasiltabak und Schnupftücher …

In der Klosterkirche der Englischen Fräulein knien wir vor der großen, großen Krippe. Der erbärmliche Stall. Die heilige Familie. Das Christkindl! Herbeieilend die Hirten, von einem Engel gewiesen. Engel in der Höh'. Und über den Berg hinten nahend schon die heiligen drei Könige, von ihrem Stern geleitet. – Bis zum Dreikönigstag rücken die zentimeterweise mit Dienerschaft und Kamelen und den noch wohlverpackten Schätzen immer näher – am Dreikönigstag selber endlich sind sie ganz nah und treten in die Hütte ein und haben dann auch ihren Weihrauch, Gold und Myrrhen schon ausgepackt … Wunderschön! …

Und wieder geht durch die vexierten Straßen dieselbige Legende von den Bischöfen mit uns mit … und auf der Eisbahn selber kommt heut' keine rechte Freude am Sport auf … ein paar richtige Gassenjungen ausgenommen, die da herumlärmen …

Ich laufe in einem fort nur in einem Kreis, und der Kreis wird immer enger und enger … und all wir Geschwister bleiben auf der spiegelnden Fläche einander ganz nah, fiebrig wartend, daß endlich das Älteste das Wort sprechen möge, daß es Zeit sei, zu gehen ... Und wie einer von den rohen Gassenbuben hellauf schreit: Haha! Es gäbe überhaupt gar kein Christkindl nicht! – da ringen wir all unsre schwisterlichen Hände ineinand' ob solchem Frevel und fliehen, fürchtend, das berstende Eis möchte auch uns Unschuldige sonst mitstrafen ...

Und wie sich zu Haus endlich die seit vielen Tagen verschlossen gewesene Tür vom »schönen Zimmer« (mit dem von innen all die Zeit zugedeckt gewesenen Schlüsselloch) auftut, da vermein' ich es heute zu sehen: unterm Tannengrün im Lichterglanz zwischen spiegelnden Kugeln – sind da nicht flammend schier zwei blutrote Herzen aufgehängt – unsrer Eltern Herzpaar – mit vor Liebe zitternden Fingern aus der Brust genommen und an den Baum getan – ?

Weihnacht kommt

Weihnacht kommt.
Wenn sie uns die Liebe brächte:
Scheue Liebe verhangener Tage;
Reueliebe vergangener Nächte:
Liebe, die den Seelen frommt –

– – – –

Liebeine, sage:
ob Weihnacht kommt ...

KARL VALENTIN
1882–1948

Das Christbaumbrettl

Arme kleine Leute wollen sechs Monate nach Weihnachten das Fest nachfeiern. Das Bühnenbild zeigt ihre armselige Stube, man erblickt durch das große Fenster in der Mitte die herrliche Aussicht auf eine Frühlingslandschaft mit blühenden Bäumen. In buntem Durcheinander steht der Hausrat umher: ein Kinderdreirad an der Rückwand, mit einem alten Sack zugedeckt, eine Kommode mit zerbrochenem Geschirr, ein Grammophon und ein alter eiserner Ofen, eine Küchenuhr, billige Öldrucke und eine Zugposaune an den Wänden, ein Tischtelefon, Tintenlöscher und Strickzeug mit dicker Wolle vervollständigen die Unord-

nung. *Daß ein Festtag ist, erkennt man an der lecker aussehenden Schaumtorte, die auf einem Stuhl neben dem Kleiderschrank steht. Die Abenddämmerung fällt allmählich ein. Ehe sich der Vorhang gehoben hat, hört man das Grammophon ›O du fröhliche, o du selige, gnadenbringende Weihnachtszeit‹ spielen.*

DIE MUTTER *(Liesl Karlstadt) sitzt in einem ärmlichen Hauskleid und mit einer blauen Schürze in Fleckerlschuhen an einem kleinen runden Tisch in der Mitte der Bühne unter der altmodischen Petroleumhängelampe; sie hat weinend den Kopf in die Hände gestützt und spricht* Die Weihnachtsglocken läuten; o hätte ich nie mehr diesen Tag erlebt. Ich kann keine Freude mehr haben. Mein Sohn, mein Alfred, er ist ja nicht mehr bei mir, er ist hinausgezogen in ein fernes Land, aus dem er wohl nie wieder zurückkehren wird. Ach Alfred, warum hast du mir das angetan! Er ist nach Oberammergau gegangen, er wollte Fremdenführer werden; aber als er hinkam nach Oberammergau, waren die Passionsspiele bereits schon lange beendet. Ach Alfred, was Blöderes hätte dir gar nimmer einfallen können. Die alten Augen sind müde vor Weinen und das Bild ist schon so verstaubt, ich kann ihn gar nicht mehr sehen! Pfui! *Sie spuckt auf das Bild und wischt es mit dem Taschentuch ab* – So, jetzt ist es besser, jetzt schaut er wieder so frisch in die Welt, daß man seine Freude daran haben kann. *Sie wirft das Bild ein paarmal in die Höhe* Ach ja! – *Sie zündet sich eine Zigarre an* Wo nur mein Mann so lange bleibt? Mein guter Mann – diesen langweiligen Uhu habe ich heute auf den Viktualienmarkt geschickt, daß er ein Christbäumchen heimbringt für die kleinen Kinder, und nun kommt er so lange nicht heim. Ich glaub, daß er gar nimmer heimfindet, der alte Depp. Es wird ihm wohl nichts passiert sein. Es ist schon so spät, die Sonne muß auch schon bald aufgehen. Eins – zwei – drei – Aha, da ham mas schon. Ich muß doch nachschaun, wo er sich momentan wieder herumtreibt. *Sie nimmt das Telefon* Sebastian, wo bist du denn augenblicklich? So, am Viktualienmarkt gehst du grad? – Hast schon ein Christbäumchen? – Dann ists schon recht – geh nur glei heim! Gib Obacht, wenn du über die Straße gehst, daß dich keine Frau überfährt mitn Kinderwagl. *Es klopft* Ja, herein! Also adje, Sebastian, komm nur gleich! – ich wart auf dich – Grüß dich Gott, Sebastian! *Es klopft* Ja, herein! *Sie legt den Hörer auf. Im selben Moment kommt der Vater (Karl Valentin) mit dem Christbaum herein. Er trägt einen schneebestäubten Raglan, Brille, schneebestäubten Hut, Fäustlinge und einen Christbaum.* Ah, da ist er ja! Im Moment hab ich mit dir noch telefoniert und jetzt bist du schon da!

DER VATER Ja, i hab glei eingehängt und bin glei hergelaufen.

DIE MUTTER Das ist recht – da hast ja's Bäumerl, ah der is nett – wunderschön.

DER VATER No ja, kindisch ist er halt.

DIE MUTTER Er gehört ja auch nur für d' Kinder.

DER VATER Ja, ich war in zwei Christbaumfabriken, und da hams mir den gebn.

DIE MUTTER Ja, da is ja kein Christbaumbrettl dran, hast dus verloren? Ich hab doch ausdrücklich gsagt, du sollst an Baum mit Brettl bringen.
DER VATER Ja, der hat ja keins.
DIE MUTTER Das seh ich ja, daß er keins hat.
DER VATER Wie kannstn das sehn, wenn keins dran ist?
DIE MUTTER Aufgschriebn hab ich dirs sogar, an Baum *mit* Brettl!
DER VATER Ja, die haben lauter Bäum mit Brettl ghabt, das war der einzige *ohne* Brettl.
DIE MUTTER Und den hast extra rausgesucht?
DER VATER Aber so ist er doch viel natürlicher, im Wald wächst er doch auch ohne Brettl.
DIE MUTTER Aber den kann man doch nicht brauchen, den kann ich ja nicht hinstellen am Tisch.
DER VATER Dann legn man halt heuer hin – jetzt ham man fünfzehn Jahre hin*gstellt*, jetzt *legn* ma amal heuer hin.
DIE MUTTER Ich möcht doch den Baum aufputzen. Ich hab solche Sprüch gmacht bei den Kindern, ich hab gsagt, wenn du kommst, dann kommt's Christkindl auch gleich. Und jetzt bringt er an Baum ohne Brettl! Da wärs mir schon lieber gwesn, du hättst bloß a Brettl bracht und gar koan Baum.
DER VATER Am Brettl allein hätten die Kinder auch kei Freud ghabt.
DIE MUTTER Aber so kann ich ihn nicht hinstellen!
DER VATER Ja, dann halt ich ihn halt.
DIE MUTTER Geh, du kannst doch nicht bis am heiligen Dreikönigstag so dastehn und kannst den Baum halten.
DER VATER Warum nicht, ich hab ja so nichts zu tun, ich bin ja arbeitslos.
DIE MUTTER Aber da sind doch noch vierzehn Tag hin, du kannst doch nicht Tag und Nacht den Christbaum halten, du mußt doch auch manchmal wieder amal nausgehen.
DER VATER Dann nimm ich ihn mit.
DIE MUTTER Das kannst dir denken – jetzt gehst da hin, wo du den Baum kauft hast, und tauschtn um, sagst, sie sollen dir an andern geben.
DER VATER Naa, naa, der is froh, daß er den anbracht hat.
DIE MUTTER Dann muß ma halt selber a Brettl hinmachen.
DER VATER Ja, ich geh zu der Hausmeisterin und hol a paar Bretter vom Hof rauf, da schneiden wir a Stück runter.
DIE MUTTER Holst einfach so ein kleines Brett rein, das machen wir hin.
DER VATER So ein Stück Brett halt.
DIE MUTTER Aber zieh dich zuerst aus.
DER VATER Ganz?
DIE MUTTER Dein Mantel und dein Hut – aber leg mir an Hut nicht aufs Bett nauf, sonst zerlauft der ganze Schnee.

Der Vater Der zlauft nicht, das ist ja ein Christbaumschnee.
Die Mutter Jetzt geh nur.
Der Vater Ich trag jetzt mein Raglan naus und hol die Bretter. *Er geht ab.*
Die Mutter So ein schönes Bäumchen hat er bracht, er ist ein guter Mann, aber ein furchtbares Rindvieh – bringt er einen Baum ohne Brettl daher. – *Man hört Kindergeschrei* Pst! – Ja, wer hat denn das Kind verkehrt hergelegt, da steigt ja 's ganze Blut in den Kopf. *Abermals Kindergeschrei* Ja, sei nur still – Hundsbankert, hör doch auf, der ist gewiß wieder naß. *Sie legt das Kind auf den Tisch* Ja, ja, ich werde dich gleich trocken legen. *Sie nimmt den Tintenlöscher und trocknet das Kind damit, das Kind schreit immer noch* Jetzt sei doch ruhig – wart, ich werd dir ein Wiegenlied blasen. *Sie nimmt die Posaune von der Wand* So, mein Kind, jetzt paß schön auf. *Sie bläst ›Schlaf, Kindlein, schlaf‹ usw. – beim letzten Ton ist das Kind eingeschlafen. Der Vater kommt mit zwei langen Brettern herein, bleibt damit in der Hängelampe hängen, stößt alles um, der Tisch fällt auseinander, der Fliegenfänger klebt ihm im Gesicht, ein verzweifeltes Durcheinander entsteht, die Mutter will ihm helfen* Da, nimms Kind. *Sie drängt ihm das Kind auf und hängt die Posaune wieder an die Wand.*
Der Vater Nimm mir doch die Bretter ab!
Die Mutter Mein Gott, wie ders Kind hat! Mein Gott, ist das was! *Umständlich befreit sie ihn vom Fliegenfänger, von den Lampenketten usw.*
Der Vater Sind die Bretter recht? Daraus können wir uns Christbaumbrettln im voraus machen für mindestens zwanzig Jahr.
Die Mutter Was hast denn jetzt da für lange Bretter bracht, waren denn keine längeren mehr da?
Der Vater Naa, des war des längste.
Die Mutter Ja, dann hol eine Säge und schneid ein Brettl runter!
Der Vater Ja, dann hol ich jetzt ein Stück Säge.
Die Mutter Und ich heiz einstweilen ein.
Der Vater *kommt mit der Säge und legt den Christbaum der Länge nach auf das Brett* Das gibt drei Christbaumbrettl.
Die Mutter O Gott, o Gott, raucht der Ofen wieder!
Der Vater Hastn höchstens angezunden.
Die Mutter Dummes Gered! Vor zwei Jahren hab ich schon zu dir gsagt, du sollst den Kaminkehrer holen.
Der Vater Ich telefonier ihm halt, weißt du die Kaminnummer? *Er telefoniert* Wie bitte? Die Nummer wissen wir beide nicht, Fräulein.
Die Mutter Wer ist denn eigentlich da?
Der Vater Wir sind falsch entbunden, der König Herodes hat, glaub ich, grad gesprochen.
Die Mutter *reißt ihm das Hörrohr aus der Hand* Wer ist denn da? Wie? – Ah, grüß Gott!

DER VATER Wer is denn?
DIE MUTTER Die Frau vom Kaminkehrer ist da! Grüß Gott Frau Kaminkehrersgattin! Ist Ihr Mann daheim? Geh, sagn S' zu ihm, er soll gleich rüberkommen. *Der Vater spricht dazwischen* Sagn S' bei uns raucht der Ofen.
DER VATER Er soll rauskehren vom Ofen.
DIE MUTTER Ich sags ihm schon.
DER VATER Ich kanns ja auch.
DIE MUTTER Dann sagst dus ihr, wenn du so gscheit bist.
DER VATER Ach bitt schön, möchten S' nicht mit der Leiter bei uns den Ofen auskehren?
DIE MUTTER Schmarrn, sie weiß doch schon alles, was sagts denn?
DER VATER Sie sagt, er kommt vielleicht ganz bestimmt. *Er legt das Hörrohr in den Geschirrhafen hinein.*
DIE MUTTER Schneid doch amal das Brett ab! *Sie kniet noch immer beim Ofen am Boden. Der Vater nimmt die Säge und setzt sich auf die Mutter* Was machst denn, siehgst nimmer, blinder Heß?
DER VATER Wie groß soll denn das Brettl eigentlich sein?
DIE MUTTER Hast denn noch nie a Christbaumbrettl gsehn?
DER VATER Schon oft, aber das hab ich nimmer so im Gedächtnis.
DIE MUTTER Dann nimm halt das vorjährige Brettl als Muster. *Der Vater sägt das Brett ab, die Mutter hilft ihm dabei.* Gib obacht, daß du dich nicht schneidst!
DER VATER *redet immer* Die Kinder werden a Freud haben. Jetzt kommt ein Ast. – *Die Mutter geht ab und holt das Kaffeeservice.* Bring mir eine Schweinsschwarte zum Schmieren. *Die Mutter geht an den Tisch. Er drückt mit der Säge das Brett in die Höhe und stößt der Mutter das Geschirr aus der Hand* Ich hab doch gesagt, du sollst 's Brett halten.
DIE MUTTER Wo hast du denn das Brettl, das du runtergschnitten hast?
DER VATER Da ists. *Er hält das lange Brett immer noch in der Hand. Die Mutter steigt am anderen Ende drauf. Das Brett haut den Vater auf die Füße* Au, au, jetzt ists am Fuß naufgfallen.
DIE MUTTER Auf was fürn Fuß?
DER VATER Auf unsern Fuß. *Er hebt das Brett auf, fahrt der Mutter unterm Rock damit herauf.*
DIE MUTTER Was machst denn? Heute am Heiligen Abend macht er so saudumme Sachen.
DER VATER Ist doch erst der Heilige Nachmittag.
DIE MUTTER Jetzt hat er so a kleins Brettl runtergschnitten, das können wir doch nicht brauchen. Da nehmen wir halt das alte her, aber da mußt du noch ein Loch hineinbohren.

DER VATER Dann hol ich den Bohrer. *Er tut es und bohrt ins Brettl ein Loch hinein; das Brettl dreht sich immer.*
DIE MUTTER Komm, laß dir helfen. Das Brett legt man daher am Tisch, ich halt dir und du bohrst. *Der Vater bohrt und spricht dabei.* So red doch nicht immer, paß doch aufs Loch auf!
DER VATER Ja, ich kann doch unterm Bohren reden.
DIE MUTTER Das brauchst gar nicht.
DER VATER So! *Er hat durch das Brett und durch den Tisch gebohrt, daß der Bohrer unten raussteht.*
DIE MUTTER Das sieht dir wieder gleich! Bohrt er in den schönen Tisch a Loch hinein, da brauchst dir noch was einbilden drauf, das schönste Stück in unserer Wohnung is jetzt auch kaputt.
DER VATER Das war vorauszusehen.
DIE MUTTER Das Loch ist überhaupt zu groß, da paßt der Christbaum gar nicht hinein.
DER VATER Das Brettl brauchen wir ja jetzt nicht. Jetzt können wir den Christbaum glei in den Tisch neistecken.
DIE MUTTER Das hättest glei tun können, da hätten wir überhaupt kein Brettl braucht.
DER VATER Das sag ich ja immer, drum hab ich ja an Christbaum ohne Brettl kauft.
DIE MUTTER Jetzt schmück amal den Baum, häng a paar Kugeln hin, die Kinder freun sich ja schon drauf.
DIE KINDER *hinter der Szene* Mama, dürfen wir schon rein?
BEIDE Nein, noch lange nicht.
DIE MUTTER Schick dich doch, die Kinder möchten schon herein.
Der Vater hängt ein paar Christbaumschmuck-Glaskugeln hin, wirft aber dabei Tisch und Baum um.
DIE MUTTER Jessas, jessas, was machst denn wieder? *Die Kinder schreien wieder.* Gleich, Kinder, schreit doch nicht so! *Zum Vater* Schick dich doch, mach die Kerzen hinauf. *Die Kinder schreien abermals.* Seids doch still – ihr Hundsbankerten, ihr miserablen!
DER VATER Hundsbankerten brauchst net sagn zu dene Saukrüppeln! *Die Kinder schreien erneut.*
DIE MUTTER Seids doch ruhig, der Teufel soll euch holen!
DER VATER Vergiß dich doch nicht, der Teufel solls holen: wenns der Teufel holt, braucht ma uns doch die ganze Arbeit nicht machen.
DIE MUTTER Das geht dich gar nichts an, schick dich doch!
DER VATER O tuh, tuh! *Er heult furchtbar.*
DIE MUTTER Seids still, Kinder, der Vater is narrisch wordn. *Zum Vater* Was machst

denn jetzt? *Der Vater hat sich einen Kerzenhalter an den Finger gezwickt.* Um Gottes willen, das Unglück auch noch! *Die Kinder schreien wieder.* Gleich kommts Christkindl – *Zum Vater* So, du zündest jetzt amal den Baum an und ich bring derweil die Kinder.
DER VATER Die hast schon einmal gebracht.
DIE MUTTER Ich mein, ich brings herein. *Sie geht ab. Der Vater nimmt ein Zündholz und zündet den Baum unten an.*
DIE MUTTER *kommt herein und schreit* Was machst denn da, du zündest ja den Baum an!
DER VATER Du hast doch gesagt, ich soll den Baum anzünden!
DIE MUTTER Ich hab doch gemeint die Kerzen.
DER VATER An Baum hast gsagt.
DIE MUTTER No ja, wie man halt so sagt. *Sie geht ab. Der Vater zündet die Kerzen an, läutet mit der Handglocke und läßt das Grammophon spielen. Die Mutter und die Kinder kommen herein* So, Kinder, jetzt is 's Christkindl kommen. *Alle stellen sich um den Baum.*
KINDER Ah, ah, der ist schön!
DER VATER No, gar so schön ist er nicht.
ALLE *singen* Ein Prosit, ein Prosit, der Ge – müt – lich – keit! Eins – zwei – drei – Gsuffa!
DER VATER No, no, no, jetzt bist in an Frühschoppen hineingekommen.
DIE MUTTER *zum Kind* Jetzt sagst du dein Gedicht. Kannst es noch? Jetzt sags schön, daß der Vater a Freud hat.
DAS KIND
»Sankt Niklas durch die Wälder schritt
Manch Tannenbäumchen nimmt er mit,
Und wo er wandert, bleibt im Schnee
Manch Futterkörnchen für Hase und Reh.
Leise macht er die Türen auf,
Jubelnd umdrängt ihn der kleine Hauf:
Sankt Niklas, Sankt Niklas,
Was hast du gebracht?
Was haben die Englein für uns gemacht?«
Vater und Mutter weinen währenddem.
DER VATER Schön hat sies gsagt, sehr schön!
DAS KIND So, gute Mutter, und das gehört dir! *Es schenkt der Mutter eine Haube.*
DIE MUTTER *freut sich* Ach du gutes Kind, ich danke dir! Da schau her, Vater, so was Schönes!
DER VATER Ah, Ölsardinen!
DIE MUTTER Geh, mach doch deine Batzlaugen auf. A Haube hat sie mir geschenkt,

die is schön, die kann ich notwendig brauchen. Ja, hast du die Haube selbst gestrickt?
DAS KIND Nein, Mutter, die hab ich nicht selbst gestrickt, die hab ich gestohlen.
DER VATER Ja was is des?
DIE MUTTER Ja, wo hast denn die Haube gestohlen?
DAS KIND Beim Oberpollinger.
DER VATER Des is recht!
DIE MUTTER So, beim Oberpollinger? Ja habns denn da so schöne Hauben? Das gute Kind, jetzt is alles so teuer, man kann so nichts mehr kaufen.
DER VATER Natürlich, man ist ja direkt verpflichtet dazu.
DIE MUTTER Hoffentlich hat dich kein Mensch gesehen!
DAS KIND Nein, Mutter, da hat mich niemand gesehen.
DIE MUTTER Dann gehst nächste Woch noch einmal hinein und holst mir eine.
DER VATER Und wennst amal beim Henne vorbeikommst, dann nimmst mir an ›Mercedes‹ mit.
DIE MUTTER Du bist ein gutes Kind, du bist jetzt schon reif fürs Zuchthaus. – Mach nur so fort. Da schau her, was dirs Christkindl bringt, eine Zugharmonika.
DAS KIND Ah, danke, Mutter!
DIE MUTTER *zum zweiten Kind* Und dir ein Springseil.
DAS ZWEITE KIND Ah, danke, Mutter.
DER KAMINKEHRER, *entsetzlich lang, mit hohem schwarzem Zylinder, Hacke, Leiter und Besen, kommt plötzlich herein.* Grüß Gott beieinander! *Die Kinder schreien und fürchten sich vor ihm.*
DIE MUTTER Seid ruhig, Kinder, der tut euch nichts – *Zum Kaminkehrer* Um Gotteswillen, Herr Kaminkehrer, Sie können wir jetzt nicht brauchen, wir haben doch jetzt gerade Bescherung.
DER VATER Ausgerechnet jetzt kommt er. Ich hab doch eigens telefoniert, Sie sollen morgen am Feiertag kommen. Speziell als Kaminkehrer sollen S' soviel Anstand haben, daß S' jetzt nicht am Ofen umananderkratzn.
DER KAMINKEHRER Das werden wir gleich haben. Ich bin gleich fertig. *Er fängt am Ofen sehr laut zu klopfen und zu kratzen an.*
DIE MUTTER Geh, warten S' doch einen Moment, Sie sehn doch, daß wir gerade Bescherung haben, man versteht sein eigenes Wort nicht mehr, vor lauter Lärm. *Die Kinder machen auch Lärm.* So hört doch auf, ihr Fratzen!
DER VATER Wartens S' an Moment, Herr Kaminkehrer. *Zur Mutter* Da schau her, du bekommst deine Fotografie, die hab ich vergrößern lassen. *Er überreicht ihr einen Papierdrachen.*
DIE MUTTER Was, an Drachen? Ich glaub, du willst mich derblecken. Was meinst denn da damit? Da schau her, Vater, du kriegst von mir auf Weihnachten ein Cockorell-Motorrad – aber heuer mußt noch selber treten; 's nächste Jahr

kriegst dann an Hilfsmotor dazu. *Sie gibt ihm das Kinderdreirad, das zugedeckt auf der Bühne steht.* *Zum Kaminkehrer* Herr Kaminkehrer, nehmen S' an Moment Platz.

DER KAMINKEHRER Bin so frei! *Er setzt sich von rückwärts auf den Stuhl, auf dem der Schaumkuchen liegt, mitten in denselben hinein.*

DIE KINDER *schreien* Mutter, der Kaminkehrer hat sich in den Schaumkuchen gesetzt!

DER KAMINKEHRER Jessas Maria! Daß mir des grad auf Johanni passieren muß. *Er dreht sich um und wischt mit der Hand den Schaum von seiner Hose.*

DER VATER *hat sich währenddessen auf das Rad gesetzt und fährt damit über die Bühne, wobei alles umfällt – die Lampe fällt herunter – es entsteht ein fürchterlicher Tumult. Die Mutter und die Kinder schreien. Er bleibt plötzlich mit offenem Munde in fassungslosem Staunen in der Mitte stehen* Ja wia komma denn Sie auf Johanni?

DER KAMINKEHRER Was wolln S' denn, heut ist doch der 24. Juni!

DER VATER Himmikreuzsapprament! Da geht nacha mei Abreißkalender nach!

DIE MUTTER Des schaugt dir scho gleich!

DER VATER Siehgst, Alte, drum hab ich ja heut den Christbaum auch so billig kriagt!

Vorhang

JOACHIM RINGELNATZ
1883–1934

Die Weihnachtsfeier des Seemanns Kuttel Daddeldu

Die Springburn hatte festgemacht
Am Petersenkai.
Kuttel Daddeldu jumpte an Land,
Durch den Freihafen und die stille heilige Nacht
Und an dem Zollwächter vorbei.
Er schwenkte einen Bananensack in der Hand.
Damit wollte er dem Zollmann den Schädel spalten.
Wenn er es wagte, ihn anzuhalten.
Da flohen die zwei voreinander mit drohenden Reden.
Aber auf einmal trafen sich wieder beide im König von Schweden.

Daddeldus Braut liebte die Männer vom Meere,
Denn sie stammte aus Bayern.
Und jetzt war sie bei einer Abortfrau in der Lehre,
Und bei ihr wollte Kuttel Daddeldu Weihnachten feiern.

Im König von Schweden war Kuttel bekannt als Krakehler.
Deswegen begrüßte der Wirt ihn freundlich: »Hallo old sailer!«
Daddeldu liebte solch freie, herzhafte Reden,
Deswegen beschenkte er gleich den König von Schweden.
Er schenkte ihm Feigen und sechs Stück Kolibri
Und sagte: »Da nimm, du Affe!«
Daddeldu sagte nie »Sie«.
Er hatte auch Wanzen und eine Masse
Chinesischer Tassen für feine Braut mitgebracht.
Aber nun sangen die Gäste »Stille Nacht, heilige Nacht«,
Und da schenkte er jedem Gast eine Tasse
Und behielt für die Braut nur noch drei.
Aber als er sich später mal darauf setzte,
Gingen auch diese versehentlich noch entzwei,
Ohne daß sich Daddeldu selber verletzte.

Und ein Mädchen nannte ihn Trunkenbold
Und schrie: er habe sie an die Beine geneckt.
Aber Daddeldu zahlte alles in englischen Pfund in Gold.
Und das Mädchen steckte ihm Christbaumkonfekt
Still in die Taschen und lächelte hold
Und goß noch Genever zu dem Gilka mit Rum in Sekt.
Daddeldu dacht an die wartende Braut.
Aber es hatte nicht sein gesollt,
Denn nun sangen sie wieder so schön und so laut.
Und Daddeldu hatte die Wanzen noch nicht verzollt,
Deshalb zahlte er alles in englischen Pfund in Gold.

Und das war alles wie Traum.
Plötzlich brannte der Weihnachtsbaum.
Plötzlich brannte das Sofa und die Tapete,
Kam eine Marmorplatte geschwirrt,
Rannte der große Spiegel gegen den kleinen Wirt.
Und die See ging hoch und der Wind wehte.

Daddeldu wankte mit einer blutigen Nase
(Nicht mit seiner eigenen) hinaus auf die Straße.
Und eine höhnische Stimme hinter ihm schrie:
»Sie Daddel Sie!«
Und links und rechts schwirrten die Kolibri.

Die Weihnachtskerzen im Pavillon an der Mattentwiete erloschen.
Die alte Abortfrau begab sich zur Ruh.
Draußen stand Daddeldu
Und suchte für alle Fälle nach einem Groschen.
Da trat aus der Tür seine Braut
Und weinte laut:
Warum er so spät aus Honolulu käme?
Ob er sich gar nicht mehr schäme?
Und klappte die Tür wieder zu.
An der Tür stand: »Für Damen«.

Es dämmerte langsam. Die ersten Kunden kamen,
Und stolperten über den schlafenden Daddeldu.

Schenken

Schenke groß oder klein,
Aber immer gediegen,
Wenn die Bedachten
Die Gaben wiegen,
Sei dein Gewissen rein.

Schenke herzlich und frei.
Schenke dabei
Was in dir wohnt
An Meinung, Geschmack und Humor,
So daß die eigene Freude zuvor
Dich reichlich belohnt.

Schenke mit Geist ohne List.
Sei eingedenk,
Daß dein Geschenk
Du selber bist.

Ernst Stadler
1883–1914

Gang im Schnee

Nun rieseln weiße Flocken unsre Schritte ein.
Der Weidenstrich läßt fröstelnd letzte Farben sinken,
Das Dunkel steigt vom Fluß, um den versprengte Lichter blinken,
Mit Schnee und bleicher Stille weht die Nacht herein.

Nun ist in samtnen Teppichen das Land verhüllt,
Und unsre Worte tasten auf und schwanken nieder
Wie junge Vögel mit verängstetem Gefieder –
Die Ebene ist grenzenlos mit Dämmerung gefüllt.

Um graue Wolkenbündel blüht ein schwacher Schein,
Er leuchtet unserm Pfad in nachtverhängte Weite,
Dein Schritt ist wie ein fremder Traum an meiner Seite –
Nun rieseln weiße Flocken unsre Sehnsucht ein.

René Schickele
1883–1940

Des Doktors Advent

Wenn es am 21. oder 22. Dezember Mitternacht schlägt, tritt unser Freund, der Doktor Savarin, an einen gotischen Kirchenleuchter, der in der Ecke seines Zimmers steht, und entzündet eine dicke, gelbe Kerze. Darauf löscht er das elektrische Licht und feiert gleichzeitig Weihnachten und Advent.

Für ihn beginnt die Adventszeit gerade im Augenblick, wo sie für die übrige Welt zu Ende ist – nämlich wenn die Sonne ihren tiefsten Stand erreicht hat und, nach dem Kalender, der Winter beginnt. Mit andern Worten: nach der Meinung des Doktors leuchtet Weihnachten dem Frühling auf den Weg, von Weihnachten an herrscht die große Erwartung des Tages, da auf einmal der Föhn die kahlen Wälder schüttelt, daß die Erde selbst zu tanzen scheint, tausend kleine Bäche mit dem Ungestüm froher Botschaft den Berg hinabrennen und im Schnee die Frühlingsblumen auftauchen: Anemonen, Veilchen, Primeln, Lungenkraut. Dieser Tag kann sehr bald kommen, Ende Januar schon, sicher aber im Februar, und wenn dann auch der Winter Rache nimmt und die erlöste Erde nochmals vergewaltigt, so ist es dennoch schon Frühling gewesen und wird es bald wieder.

In solchen Jahren, wo der Frühling öfter vom zurückschlagenden Winter übermannt wird und er sich seinen Weg gewissermaßen sprunghaft erkämpfen muß, in solchen Jahren erkennt der Doktor und preist die Kraft und Zuversicht des Knaben, seine verwegene Tollheit, die übrigens gar nicht so verwegen ist, wie es den Anschein hat, da sie auf der größten Gewißheit der Erde, dem Bündnis mit der Sonne, beruht. Immer höher steigt die Sonne, der Frühling springt ihr nur nach! Aber daß er es wie ein Verliebter tut, davon wird die Erde schallend vor Heiterkeit und Wagemut.

Vom Augenblick an, da die mächtige gelbe Kerze brennt, lebt der Doktor in seiner Erwartung. Das ist sein Advent, und so erklärt er sich, daß es in seinem Kalender keinen Winter gibt. Die Unruhe aber, die jeden beim Nahen des Weihnachtsfestes befällt, selbst den Widerstrebenden, selbst ihn, den Doktor, dieses durchaus frühlingshafte Kribbeln deutet er als den Vorboten des Heils und seiner blühenden Schauer.

Als Junggeselle verbringt er seit vielen Jahren den Heiligabend in unserer Familie. Er tritt vor den Lichterbaum mit der Überlegenheit eines Hochzeiters, der sich bewußt ist, das Wesentliche bei der Braut in aller Stille bereits vorweggenommen zu haben, also in falscher Bescheidenheit und glühend vor Besitzerfreude.

Emmy Ball-Hennings
1885–1948

Advent

Wie soll ich dich empfangen
Und wie begegn' ich dir,
O aller Welt Verlangen,
O meiner Seele Zier ...

Wie gern habe ich dieses Lied im Advent gesungen, allabendlich um vier Uhr in der Schule mit vielen andern Kindern zusammen. Der Lehrer selbst sang mit, und unsere jungen Stimmen klangen so froh, als wollten sie einander umarmen.

Wie wundervoll ist es, in der Freude mit vielen einig zu sein und in Erwartung zu singen: Wie soll ich dich empfangen?

Das ist die Liebesfrage im Advent, die immer wieder in uns auftaucht, wenn das Weihnachtsfest nahe bevorsteht.

Es wurde früh dunkel, und doch war es irgendwo licht und hell. Durch das hohe Fenster sah man am Himmel den ersten Stern schimmern. Jeden Abend war er da, wenn wir sangen. Es war der Herold unter den Sternen, der Millionen kommende Sterne ankündigte. Dann wieder war es Gabriels und Mariens Stern. Oder es war derselbe Stern, den die fremden Könige einst gesehen. Die heiligen drei Könige, die einem Sterne nachgegangen waren, und mit ihnen war die Sehnsucht der fernen Völker gewandert, die noch nichts vom Jesuskinde wußten und sich doch schon nach ihm sehnten. Denn die Sehnsucht nach Erlösung lag in jedem Menschen. Das war uns gesagt worden, und jetzt wußten wir es für immer. So sehr von weitem waren sie gekommen, die drei Weisen aus dem Morgenlande, umgeben von fremdländischem Duft, beladen mit Gold, Weihrauch und Myrrhen, singend auf dem Wege: O aller Welt Verlangen ... Wie reich sie doch waren, diese Sternerfüllten, reich an Liebe und an Gold! Irgendwo aber mußten sie doch ihre Paläste verlassen haben, ihre stolzen, glänzenden Häuser ließen sie leer stehen, da sie nach Bethlehem gingen. Sie waren ja Könige, und doch schienen sie ihre Kronen vergessen zu haben um Jesu willen.

Jeder König sang dasselbe, was wir in der Schule sangen:

Mein Herze soll dir grünen
In stetem Lob und Preis,
Will deinem Namen dienen,
So gut es kann und weiß ...

Noch stand das Zeichen am Himmel, und nichts war leichter als Sterndeuten. Beim Nachhauseweg von der Schule ging immer der Stern mit mir. Er eilte mir voraus oder folgte mir. Der Stern behielt den Menschen im Auge. Und einmal hatte er über dem Stall zu Bethlehem gestanden, zwischen den Zweigen eines Palmbaumes geglänzt. Wir haben seinen Stern gesehen im Morgenlande und sind gekommen, ihn anzubeten.

Oh, ich erinnere mich, wie meine liebe Mutter von der Geburt Jesu erzählte. Was waren alle Märchen gegen dieses eine, das die Wahrheit aller Wahrheiten enthielt? Die Kunde war mir noch neu, und ich hatte noch nicht gar viel von Jesus gehört. Es war so tief erstaunlich und schön, daß das Jesuskind alles von mir wußte, immer gewußt hatte. Und daß es dann so klein war, daß man das Verlangen trug, es wie ein Brüderchen zu betrachten.

Nicht genug konnte man davon zu hören bekommen, und Mutter wußte so lieb Bescheid, als wäre sie dabeigewesen. Alles, aber auch alles ließ sie sich abfragen.

»Mutter, sag, warum ist das Jesuskind nicht daheim geboren worden im Hause seiner Eltern? Hätte der liebe Gott nicht machen können, daß Maria und Joseph nicht in Wohnungsnot kamen? Der liebe Gott hätte auch die Volkszählung leicht verlegen können, meine ich. Und daß die beiden mit ihrem Kinde fliehen mußten! Mutter, du hast vergessen zu sagen, ob wohl ein Ofen im Stall zu Bethlehem war? Wenn das Kind auch gut eingehüllt war in Windeln und Wolle, kann es doch nicht recht warm gehabt haben. Und Maria und Joseph. Ob es nicht kalt war in der Nacht?«

Bei uns im Wohnzimmer glühte und wärmte das Feuer. Die Ofentür stand geöffnet, und wir saßen um den Ofen und sahen in die schöne Glut. Die Lampe war noch nicht angezündet. Mutter liebte es, uns Kindern in der Dämmerung zu erzählen, und man sah und dachte nichts anderes als an die wundersame Geschichte von der Geburt Jesu. Wie lieb und warm war es bei uns! Wie leicht hätte hier ein Kind geboren werden können! Es hätte in meinem Kinderbett schlafen können, unter der hübschen blauen Decke. Wie schade, daß wir damals nicht in Bethlehem waren! Wie sehr ich dies bedauerte! Meine Eltern hätten bestimmt das Jesuskind aufgenommen mitsamt seiner holden Mutter und dem heiligen Joseph. Dies wäre schon gegangen, wenn man sich ein wenig eingeschränkt hätte. Wir hatten ja oben eine Dachkammer, und dann die kleine Abseite, und ich hätte mit Rebekka leicht im Holzraum schlafen können. Rebekka war dazu bereit, daran fehlte es nicht. Und in der Küche, auf unserem Herd mit drei Kochlöchern und einem Wasserschiff, war es eine Kleinigkeit, für zwei Familien zu kochen. Einige Teller und Schüsseln hätten wir vielleicht noch gebraucht, aber das war das wenigste. Das hätten die Nachbarn uns ja auch zur Not geliehen. Etwas Geld hätte Vater sich zum voraus geben lassen können vom Werftdirektor, dem man ja leicht erklären konnte, warum man Geld brauchte und wer bei uns zu Gaste war. Onkel Erich, der gleich nebenan wohnte, war Zimmerer und hatte eine eigene große Werkstatt, und ob der heilige Joseph nicht bei Onkel Erich Arbeit annehmen würde? Mutter hielt dies nicht für ausgeschlossen. Onkel Erich hätte den heiligen Joseph so gut wie zum Meister machen können, und beide würden sich dabei nicht schlecht gestanden haben. Aber bei uns hätten alle drei wohnen müssen. O wie wundervoll! Wie unausdenkbar schön! Ob die Heilige Familie wohl einverstanden gewesen wäre? Wenn sie gesagt hätten: »Ja, wir kommen ganz gern – !«

»Mutter, meinst du, daß sie ›Ja‹ gesagt hätten?«
»Ich weiß es nicht, mein Kind. Es kann sein.«

Es kann sein. Es hätte sein können! Ach, wir konnten ja auch nicht dafür, daß wir in eine so späte Zeit geraten waren. Schade, wirklich schade. Aber man konnte doch durch die Jahrhunderte zurücklaufen wie durch eine Allee, bis man nach Bethlehem kam, wo das göttliche Kind im Stall lag.
»Und warum lag es im fremden Stall?«
»Es geschah nach dem Willen Gottes. Und das Jesuskind wollte wohl dadurch zeigen, daß es nur ein Gast und ein Fremdling auf der Erde war. Es kam doch vom Himmel und war bei seinem Vater im Himmel daheim. Auch wir sind nur zu Gaste hier, und einmal müssen auch wir das Haus verlassen …«
Und dann brach Mutter das Gespräch ab, um uns das schöne Adventslied zu singen: »Vom Himmel hoch, da komm' ich her …«

Ernst Bloch
1885–1977

Landschaft um Silvester und Neujahr

Es macht sonst heiter, von unserer Frühe zu sprechen. Das merken Freunde, wenn sie sich an ihren jungen Tag erinnern, an Lehrer, die nicht mehr sind. Haben sie sich lange nicht gesehen, so können sie auf diese Weise wieder miteinander anfangen zu leben, man reist gemeinsam zurück. Dorthin, wo sich erinnert, was am Weg oft kaum erst dämmerte. Das kann gemütlich und bald schal, kann auch echt sein, die Stoffe geben etwas aus.

Was sie geben, war dann von vornherein schon wie Leben für später. Der graue Morgen, wenn man zur Schule ging, der nüchterne Mittag, der ermüdete Abend, wenn man sie verließ. Die Angst der Sache erreicht einen nicht mehr, sie ist zu den

Freuden gestoßen und oft kaum von ihnen unterscheidbar. Die Angst ist nur noch im Traum, dort greifen ihre Bilder noch an Ort und Stelle nach uns. In der wachen Erinnerung, vor allem der gemeinsamen, ist das Böse fast gepreßt und ausgetrocknet, liegt neben dem Guten so unschädlich und interessant wie Giftpflanzen neben heilenden in den Blättern. Reise in die Jugend hat ihre Fälschungen, sie gibt erst recht freilich Spielzeug für Erwachsene, Weihnachtsbücher aus dem eigenen Leben.

Fährt man aber weiter hinaus, so wirken diese Anfänge nicht nur als fröhlich. Vom eigenen Leben ist dann nicht die Rede, wohl aber von dem draußen dämmernden, auch streunenden, dem man in der Jugend und durch sie nicht eingebunden, sondern offen begegnet. Genau um Weihnacht läßt sich in diese Gegend kommen, und zwar buchstäblich, nämlich in die Landschaft dieser Tage selber. Dann entsteht nicht bloß persönliche Erinnerung, vielmehr mit ihr und durch sie erscheint das, was mitten im Schulwegdämmer, am Zeigerstand der Turmuhr dreiviertel Stund vor Tag Leben für später ansetzte, objekthaft an Ort und Stelle. Erscheint vorzüglich in der Landschaft des Silvester, wo die Natur selber wie das finstere Gebälk einer Turmuhr wird, mit neu anzuhebender Zeit. Kaum vom Fleck der verlassenen Jugend wegbewegt, läuft mitten in der Weihnachtszeit, erst recht am Altjahrsabend ein Stück Frühnatur, unerhellter Dämmernatur im Glockenstuhl der Welt. Das Leben, zu welchem solch Datum ein Schlüssel wird, dieses Leben aber ist, als in wirkliche Anfänge versenkt, nicht fröhlich, sondern betroffen, betreffend, uns in der verstecktesten Freude betreffend, und zwar so wie in späteren Lebensjahren und Jahreszeiten keines mehr. Das Thema ist nicht Weihnacht, sondern Silvester, und hier ist kein bloßes Vakuum eines gläubigen *Festes* gekommen, wie das mit Weihnacht, auch Ostern und Pfingsten heute oft der Fall ist. Sondern Silvester war immer eine merkwürdige, christlich unbetonte, vom Weihnachtsfest der aufsteigenden Sonne ersetzte und doch unersetzte Zeit, der ein Vakuum in der *Jahreszeit* selber entsprach, ja im höchst unerloschenen, allen Menschen merkbaren Chok des *Naturgangs*. Gerade im Hohlraum unserer heutigen Tage, der keinen müßigen Hauch, kein verlogenes Fest mehr erlaubt, ist nicht minder ein Sprung von Zusammenhängen und Gewordenheiten; und dieser kann so gebärend sein, daß kein Hauch müßig bleibt, kein Gedicht ganz einsam, kein Gedanke skurril, der seine Betroffenheit ausdrückt, als welche gerade von Ursprungs-Gestalten des noch Ungewordenen herkommt und daher auch am *Silvestereinbruch der nackten Zeit in den gewordenen Raum* ein zentrales Bild ihrer selbst, im Rahmen der Natur, hat. Ganz gleichgültig ist hierbei, daß der 31. Dezember nachdatiert ist, statt daß Neujahr, astronomisch richtig, zehn Tage früher begänne. Läuten die Glocken des Umschlags später als sie angezogen wurden, so kommt es hier auf die entstandene Qualität der Sache und ihres Brauchs an, nicht auf die mechanische Auslösung. Also spürt der Bewohner der erwachsenen und künstlichen Stadt in diesen Tagen, mitgenommen, an Anfänge gefahren worden zu sein. Das Volk knallt, wenn auch gegen niemand, auf der Straße, die Familien trinken sich Zukunft, immerhin Zukunft, und die Glocken läuten mit der neuen Jahrzahl einen deutlichen Umschwung des Lichts an. Ums Jahresende gibt es Kalendermenschen, auch wenn sie es das Jahr über nur ungefähr oder somatisch waren; sind die Christbäume den meisten tot, so die Silvesterglocken nicht, welche außer der eines Wunschtraums keine Religion haben, also auch mit keiner entzaubert werden konnten. Im Gebälk dieser Landschaft steht die Zeit einen Augenblick auf der Waage; eine Produktivkraft der Natur, nämlich das auf der Erde wieder ansteigende Licht, wird Fortuna, und sie zeigt den Menschen – im eindrucksvollen Symbol dieses Augenblicks – das Gegenbild des Schicksals, nämlich ihre Unentschiedenheit, Beherrschbarkeit. Zwar springt die Zeit immer wieder in den alten Kreislauf zurück, die Geschichte nimmt ohnehin nicht an solchen natürlichen Einschnitten teil und der Naturraum hat noch keine mit den Menschen vermittelte Geschichte; doch er hat im Silvester von der Zeit ihre besten Augenblicke und ohne das sonstige Gleichmaß des Gewordenen. Das Buch der Natur, es mag in Zahlen geschrieben sein, ihr Weihnachtsbuch, am Jahresende gelesen, lieber in Märchenelementen und kleinen wetterhaltigen Chiffern.

Hier etwas zu merken, dazu taugt schon das Zimmer bei sich selbst. Ist man darin zu Hause, so braucht es den Dingen draußen nicht fremd zu sein. Es hat zwar Wärme, die sich von draußen abhebt, gelbes Licht ist in den Häusern, um die es so früh dunkel wird. Aber überraschend kann in ihnen ein unterirdischer Gang ins Dunkel sein, als dessen Licht gerade das Zimmer erwärmt und erhellt ist. Das Leben im Haus, wenn man noch eines hat, wird von der kalten Straße oder dem öden Feld um diese Zeit nicht bloß so umgeben, daß man sich vor ihnen geschützt fühlt, sondern diese beiden mengen sich ein und sprechen mit. Füchse und Wölfe, die es nicht mehr gibt, sagen sich im Hause dann noch gute Nacht; Sturm ist noch im Ofen oder Kamin, auch wenn es diese beiden nicht mehr gibt. Alles ist näher und enger geworden, so daß sich die Gesichter tauschen, das Draußen heimlich, das Drinnen offen wird.

Hier weiter etwas zu merken, dazu taugen zweitens Bilder, worin es schnöde hergeht. Verse und andere Stellen dieser Art bekommen dann einen rauhen und heimlichen Geschmack, der an der Wurzel der Dinge ist. Die Heide, sie vor allem, auch die mit den Zigeunerfeuern aus dem »Götz von Berlichingen«, grenzt hier an. Alle Abendbilder solch entlegener Art richten sich nach dem, was man in der Jugend zwischen solchen Zeilen gesehen hat, im Nebel und Glanz, der dort liegt und der, in seiner Rauhnachtluft, viel mit Herbst, dann mit Weihnacht, dann vor allem mit Silvester gemein hat. Aber durch die bei jedem verschiedene Betroffenheit oder Betreffbarkeit wirkt dieselbe Sache, und die Skurrilität, welche dem Nebelbild dieser Frühwege (am Abend) eignet, ist eine aller zentralen Dinge, welche noch durch abseitige oder durch noch abseitige ausgedrückt werden müssen. Schlesische Kramladenaura bei Hauptmann, in tiefem Winter auf der Dorfstraße, bei knisternden Kerzen hinter halb vereisten Fenstern, kam dergleichen bisweilen sehr nahe, und in der Musik »die tiefe Freudigkeit des früh hereinbrechenden Dunkels«, worin fast ein anderer Tag zu scheinen scheint als der der bisherigen Natur. Hier sind Felder der letzten Grenze draußen in den wirklichen; selten können Menschen so nahe und objekthaft an sie hingelangen wie in den Landschaftsbildern und der Landschaft um diese Zeit. Kehricht vom alten Jahr und schnöder Frühklang, Zigeunerklang eines neuen grüßen in der Landschaft dieses Altjahrabends, dergestalt, daß man hindurchgeht wie durch Rumpelstilzchens Reich, wo es tagt.

Hier weiter etwas zu merken, dazu taugt drittens der Umweg ins Freie selbst, ohne sich zu verlieren. Die Nächte sind so finster, auch die kurzen trüben Tage, aber die Abende dazwischen sind den Menschen merkwürdig nahe. Gewiß doch, um vom Organischen zu reden, das auch sonst in uns und dem Wetter verwandt hochzusteigen scheint: auch der März ist in den Geschöpfen und treibt sie. Ein Garten am heiteren Junimorgen sieht so Jean-Paulhaft nach Jugend aus, als ob es nichts wie Blumen gäbe oder nichts als Klang übrig geblieben wäre. Wieder der Sommer – in Wäldern, im Wasser, am Strand – löscht nicht nur das verdinglichte Stadtleben, sondern die Wachzeit selber aus. Kurz nach dem höchsten Sonnenstand scheint die Landschaft mit uns zu schlafen und blüht im Schlaf als ihrem fruchtbarsten Zustand; es ist ein Schlaf mit brennender Sonne darin, die Nachmittage sind gleich ihm unbewegt, es gibt träumende Gewitter. Soweit, sogut mit dem Jahreszeithaften, intra muros et extra: aber nichts eben lebt so fällig in einem zugleich menschlichen Wetter wie die dialektischen Abende einer Adventsnatur. Der höchst zeitliche Naturinhalt der Silvesterlandschaft: ein altes Jahr verschwindet und niemand weiß, wohin es geht, ein neues kommt herauf und niemand weiß, woher es kommt – der Naturinhalt dieser Zeit, auch wenn aus ihrem angehaltenen Atem immer wieder nur März, Juni und der alte Hochsommer entspringen, enthält in statu nascendi etwas, was die Menschen mehr angeht und mehr aus ihrer Wurzel, mehr »Geschichte« ist als der übrige Jahrlauf der unbekümmerten Natur. Hier ist, wie wir sahen, eine Bruchstelle des gewordenen Raums, ein Advents- und Silvestereinbruch der Zeit in den Raum, dergestalt daß auch die Bruchstelle, im Unvermögen eine feste Religion daran zu haben, seit alters mit ebensoviel unausgekrochenen Dämonien wie mit der Hoffnung unerschienenen Glücks bevölkert werden konnte. Bauern früher hatten noch in dieser ihrer Rauhnachtszeit heidnische Orgien voller Blutmärchen und Räucherungen, ja der Hochaltar selber gab so wenig deutliche Religion dagegen, daß er gerade um die Neujahrsstunde gemieden wurde, als Tummelplatz böser, auch gänzlich ungenannter Geister – kurz, an das seltsame Silvester kam weder Religion von dieser noch von jener Welt recht heran, weder mit Rauhnächten (die das neue Jahr bloß umgeben) noch mit Weihnachten (die das neue Jahr nicht bezeichnen und nicht aufgehoben haben), und es bleibt – selbst in der städtischen Ermattung – ein Zeitstück Natur mit undeutlichem Glück, höchst launisch, aber auch höchst menschlich. Durch einen Riß blickt der Stadtmensch in Erinnerungen fast archaischer, mindestens lang nicht mehr gewohnter Art, die vielmehr utopische sind, in ein Kalenderbild ohne noch gewordenen Raum.

So sehr macht betroffen, wenn auch äußerlich Zeit sich wendet. Zwei Pulse, ein eigener und ein äußerer, schlagen ineinander, sind in diesen Tagen nicht so ganz verschieden. Deshalb sagten wir, daß auch der verdinglichte Mensch um diese Zeit ein Kalendermensch wird; ein Kalender der Großstadt als Bild dessen, was noch als Natur mitspielt, könnte von hier aus unternommen oder beendet werden. Die entfremdende Wirtschaft entfernte sich zwar immer weiter davon, sie hat die Naturschranke technisch zurückgeschoben, sie hat den Naturmythos, den das Christentum nur überboten hatte, entzaubert und mechanisch entfernt. Das alles aber um den Preis von Entseelung, Verdinglichung und Quantifizierung des Lebens, ja um den Preis einer Hypertrophie der Apparate, welche dasselbe wurde wie eine neue oder zweite Natur über den Menschen, nach Seite ihres Zwangs, nicht nach Seite ihrer Abwechslung, Geheimnisse und Feste. Doch die organisch-kalendarische Welt, in die man gesetzt ist, dringt auch durch diese Hülle herein, – reaktionär nur deshalb mißbrauchbar, weil progressiv ausgekreist. Sie scheint selbst durch die künstliche zweite Natur und sprengt sie nicht nur vom lebenden Menschen, sondern auch von jenen Naturinhalten her, die nur scheinbar zurückgeschoben oder mechanisch eingeebnet worden sind. Eine wachsende Aufhebung der Unterschiede von Stadt und Land wird auch die Natur nicht mehr nur als Rohstoff oder sportlich als Rutschbahn und sonst höchstens mit »kalt staunendem Besuch« zugänglich machen. Überall steckt sie voll qualitativer Merkwürdigkeiten und ferner Entsprechungen, nicht zuletzt eben beim ungetauften Silvester und dem, was darin oder besser dazwischen ist; eine rauchige Hoffnung blickt durch die Luke seiner Landschaft. Seit alters wird der Silvesterpunsch Fortuna zugetrunken, einer unbeherrschten und dämonischen Göttin, aber der letzten und wichtigsten, die bleibt. Sie wird, ist sie in der Entstehung beherrscht, vom Geschick befreit und als Glück getauft, die menschlichste. Altjahrabend weist eingehüllt auf Wende hin, mit einer Zeit, die auf der Kippe steht, einem Stilleben draußen, das sich sehen, noch nicht sehen lassen kann.

Max Herrmann-Neisse
1886–1941

Weihnachtslied
(unter Benutzung von Kirchenchoral und Modecouplet)

»Stille Nacht, heilige Nacht« –
Haben Sie Dollars, tschechische Kronen?
In den Schaufenstern ballt sich die Pracht:
Würste, Schokladen, Liköre, Melonen,
Pelze, Juwelen, unendliche Fracht,
Nippes und Luxuskinkerlitzchen,
alles schläft, einsam wacht
morgen damit unterm Christbaum zu sitzen
über den Kursen das traute Paar:
Staatskokotte und Kapitalist.
Wir sind die Stützen, wir feiern in bar
den Heiligen Christ!
Des laßt uns alle fröhlich sein
und mit den Hirten gehn hinein
ins Hotel zur Nachtigall
und zum weißen Rinde,
der Dollarstern steht überm Stall
und unsrer Sektpfropfen Geknall
gilt dem schönen Kinde.
(Jazzband): Es ist ein weiter Weg
zum Christ der Armen,
der riecht nach Revolution,
mein Gott ist Privileg
und hält im Warmen
die Führer der Nation! (Echo: Hohn – Hohn – Hohn –)
Für uns wird alles,
wie's kommt, gereichen
zum Besten des Profits,
wir schreien: Dalles!
um über Leichen
zu setzen kühnen Ritts!

»Stille Nacht, heilige Nacht«:
mein Zimmer ist eisig, ich hab keine Kohlen,
am Güterbahnhof hielten sie Wacht,
als ich mir den Abfall wollte holen,
ich hätte die Weihnachtsfreude gemacht
den Meinen mit einer warmen Stube,
nun schlafen wir morgen, wenn alles wacht,
im Kalten – mein Weib und ich und mein Bube,
um vier Uhr wird's dunkel, teuer ist Gas,
aus der Beletage klingt der Choral,
uns orgelt im Bauche der Schwarzbrotfraß,
freut euch Christen allzumal!
Der Sammet und die Seiden dein
das ist grob Heu und Windelein
du zukünftiger Menschensohn
meiner Elendsklasse.
Vater kriegt den Hungerlohn
und der Geldwanst hockt zum Hohn
weiter an der Kasse.
(Abgesang, von Martin Luther): »So merket nun die Zeichen recht,
die Krippen, Windelein so schlecht,
da findet ihr das Kind gelegt,
das alle Welt erhält und trägt.«
(Fortsetzung:) Hört *nicht* auf solche Trostschalmein,
dann wird euch Weihnacht schöner sein,
der alle Welt trägt und erhält,
der Stand wird dann der Herr der Welt!

GOTTFRIED BENN
1886–1956

1956

Ich erinnere mich der Silvesternacht, in der das jetzige Jahrhundert sich erhob. Diese Nacht lag über einem Dorf jenseits der Oder-Neiße-Linie. Es war für die damalige so glückliche Welt eine Sensation, daß ein neues Jahrhundert begann. Alles wachte, alles feierte, die Kirchenglocken läuteten um Mitternacht, man erwartete irgendetwas ganz besonderes, eine Art Anbruch des Paradieses innen und außen. Mein Vater trat aus seinem Pfarrhaus und umarmte den Dorfschulzen, einen großen reichen Bauern, alles umarmte sich, es war eine schnee- und regenlose Nacht, es war ein großes Ereignis.

Ich erinnere mich an eine Silvesternacht im ersten Krieg. Wir waren in einer glänzenden eleganten Stadt, einer Hauptstadt. In der berühmten wunderbaren weißen Kathedrale fand die Mitternachtsmesse statt. Das Land war katholisch, der Dom war überfüllt, die meisten mußten stehen, wir fremden Soldaten standen in Uniform zwischen ihnen, und alles gehörte in dieser Nacht zusammen.

Ich erinnere mich an eine Silvesternacht im zweiten Krieg. In einer kleinen Stadt im Osten, im Warthegau. Es war in einer Kaserne. Ein schneereicher Dezember war gewesen, ungewöhnliche Kälte herrschte seit Wochen, Frost – und wir hatten nichts zu heizen. Wir hatten 100 Gramm Streichmettwurst als Sonderzulage erhalten und Bratlingspulver. Damals feierte man nicht Weihnachten sondern Wintersonnenwende, und die Kommandeure hatten in der Neujahrsparole über Erneuerung des Lichts zu sprechen. Am Morgen war ein schwerer Angriff auf Berlin gewesen und man fragte sich, ob die Wohnung noch stünde und was von den wenigen Bekannten, die dort noch lebten, übriggeblieben war.

1900, 1914, 1944, drei Silvester-Nächte! Drei Silvester-Nächte, alle in diesem Europa, in diesem Abendland, tief und gleißnerisch, universal und abstrakt, Olymp und Golgatha, Leda und Maria. Drei Silvester-Nächte, sie umschließen zwei Generationen, zwei verwundete Generationen, denen alles fraglich wurde, für die es zwar wieder Komfort, aber keinen Inhalt mehr gibt. Ich überblicke am heutigen Neujahrsmorgen 1956 diese alten Silvester-Nächte, ihre geschichtliche Silhouette, ihr menschliches Geschehen. Welche Flüge der Dämonen, welche Gespinste der Parzen! Ich überblicke sie im Geiste und im Sinne eines bedeutenden, Deutschland sehr verbundenen Ausländers, dessen Tod wir gerade betrauern. Er hatte ein sehr ernstes Anliegen an diese Generation und ihr Geschick. Er schrieb am Schlusse seines Lebens über ihre Lage:

»Das archaische Heimweh nach der Herde setzt ein, man strebt zum Hirten, zum Wachhund hin. Der Staat ist der Hirte, und vom Hirten müssen wir wegstreben, wenn wir wieder wirklich Europäer, freie nach den höchsten Zielen strebende Individuen werden wollen. Der Geist darf nicht als öffentliche Angelegenheit verwaltet werden, der geistige Mensch, wenn er seine Aufgabe erfüllen will, muß sich wieder absondern.« Soweit dieser Autor. Sich absondern – das klingt vielen nicht gut, das klingt vielen provokatorisch und wahlurnenfeindlich, ist es aber nicht, es handelt sich vielmehr um etwas Innerliches, das man lange vergaß: Im Anfang war das Wort und nicht das Geschwätz, und am Ende wird nicht die Propaganda sein, sondern wieder das Wort. Das Wort, das bindet und schließt, das Wort der Genesis, das die Veste absondert von den Nebeln und den Wassern, das Wort, das die Schöpfung trägt. Der Autor, dessen Sätze ich zitierte, ist Ortega y Gasset, und ich schließe mich mit allen Hoffnungen für das neue Jahr diesen seinen Sätzen hiermit an.

Ernst Wiechert
1887–1950

Weihnachtspredigt für Tiere

Und es waren Hirten in derselbigen Gegend auf dem Felde bei den Hürden, die hüteten des Nachts ihre Herden.« Ja, ihr wart dabei. Als das Licht der Liebe über die Erde fiel und des Herrn Engel in die Verkündigung trat, wart ihr dabei. Aus dem Dunkel des Stalles wandtet ihr eure großen, sanften Augen nach dem Schrei der Gebärenden und dem Strahlenden um ihren Scheitel. Eine Krippe war des Kindes erstes Haus. Bei euch ward es geboren, gekleidet, angebetet. Über eurem Dach stand der Stern. Die Menschen hatten keinen Raum, aber ihr hattet Raum, hattet Geduld, Sanftheit, Schweigen.

Alt wart ihr. Schon damals. Ewigkeiten schimmerten schon damals in eurem Blick, die begonnen hatten, als der Mensch noch ein Traum war. Und als er der Herr der Erde wurde, wart ihr da, schweigsam, geduldig, wie Untertanen da sind, wenn der König kommt. Auch als die Liebe über die Erde fiel, wart ihr da, wart Herberge, Wärme, Nahrung, Gehorsam, Demut.

Und wart vergessen, gleich den toten Dingen im Raum, damals wie heute. »Denn euch ist heute der Heiland geboren«, sprach der Engel des Herrn. Ihr saht sein Licht, ihr hörtet seinen Segen. Aber »euch«, das war der Herr der Erde, der Mensch, deren jeder um diese Stunde ein König der Empfängnis war. »Siehe, ich verkündige euch große Freude!« Ihm, nicht euch. Die große Freude vergaß euch, die ewige Seligkeit vergaß euch. Nur als man nach Bildern für das gottselige Wunder suchte, dachte man an euch, an das Unbeseelte, Schweigende. »Es ist ein Ros' entsprungen«, sang man. »Ein Lämmlein geht und trägt die Schuld«, sang man. Aber es gab keinen Himmel für die Blumen, keine goldene Stadt für das Tier.

Ihr Vergessenen, ihr Schweigenden und Unerlösten, zu euch will ich sprechen in dieser Weihnachtsnacht. Ihr hört mich nicht. Aber hört das Meer mich, wenn ich an seinem Ufer stehe, ein Erschütterter seiner Ewigkeit? Hört die Blume mich, über die ich beseligt mich beuge? Der Baum, an dessen Rinde ich meine Wange lege? Der Mensch, dessen Hand ich ergreife? Gott, zu dem ich rufe?

Wir sprechen nicht um Erhörung. Wir sprechen wie eine Glocke, die der Wind anrührt. *Sie* bebt und tönt, sie fragt nicht, ob die Herzen erbeben und tönen, zu denen sie spricht. Das Unerhörte ist mehr als das Erhörte.

Ihr Vergessenen, immer wart ihr bei den Heiligen und bei den Kindern, bei Franziskus und in den Märchen. Ihr sangt, als Siegfried war und Grane Gold trug von der Heide, ihr sangt, als Gudrun wusch am Meeresstrand, ihr spracht im Haupte Faladas, ihr wart die sieben Schwäne und die sieben Raben. Ihr Brüder und Schwestern aus unserer Kinderzeit und der Kinderzeit der Menschen, ich möchte euch bitten, uns zu vergeben, was wir euch angetan. Ich möchte euch so viel Gutes tun um diese Weihnachtszeit. Denn ich bin euer Schuldner für Zeit und Ewigkeit.

Als ich ein Kind war, hatte ich einen Kranich. Er lebte in meinem Garten, und der Garten war der Garten Eden, in dem wir als zwei Brüder miteinander wohnten. Um die Mittagsstunde lag ich auf dem Rasen und rief nach meinem Vogel. Er kam und blieb zu meinen Füßen stehen. Dann legte er sich nieder, daß sein Leib zwischen meinem Arm und meinem Herzen lag und verbarg seinen Kopf an meiner Brust. Ein leise träumender Laut kam unaufhörlich aus seiner Kehle, unsäglich geborgen und glückselig. Meine Hand strich über sein bläuliches Gefieder wie über die Wange eines Kindes, und dann schliefen wir ein, während die Bienen über uns summten und der Pirol vom Walde rief.

Ja, ich bin sein Schuldner für Zeit und Ewigkeit. Ich bin ein Schuldner jeder Drossel, die am Abend in den Fichten sang, als ich meine Verse schrieb, ein Schuldner jener jungen Schwalbe, die einst auf meiner Schulter saß, als ich zum erstenmal aus dem Kriege kam, ein Schuldner des Pferdes, das mich trug, des Hundes, der mich tröstete, ein Schuldner aller derer, die mich nun in meiner Stille besuchen, von den Meisen vor meinem Fenster bis zu dem Weberknecht, der jeden Abend auf meinem Schreibzeug sitzt und zu meiner schreibenden Hand hinübersieht.

Ach, ich möchte euch soviel Gutes tun, ich möchte ein Zauberer sein und an diesem Heiligen Abend durch eure Wohnungen gehen, durch die Tannen des Winterwaldes und die Höhlen der Erde, zu den kalten Nestern, wo das Eichhorn schläft, und unter der Rinde der Bäume, wo die Käfer ruhn. Ich möchte euch Futter streuen und Frieden mit meiner Hand, und ich möchte zu euch sprechen können, daß ihr mich versteht. Ja, ich möchte wohl Lichter anzünden auf einem Baum der tiefen Wälder und euch zu mir bitten, ihr Vergessenen. Und ich möchte die Verheißung des Jesaja zu euch sprechen: »Die Wölfe werden bei den Lämmern wohnen und die Pardel bei den Böcken liegen. Ein kleiner Knabe wird Kälber und junge Löwen und Mastvieh miteinander treiben. Kühe und Bären werden an der Weide gehen, daß ihre Jungen beieinanderliegen, und ein Säugling wird seine Lust haben am Loch der Otter.« Das wird sein, wenn der Gottesfriede auf der Erde sein wird, von dem die Weissagungen und Offenbarungen sprechen.

»Wartet, ihr meine Brüder!« möchte ich zu euch sprechen unter den Kerzen im Winterwald. »Auch die Stillen unter uns warten des Gottesfriedens. Auch einander hassen, verfolgen und töten wir. Einmal werden wir des müde sein: Einmal wird der Zauber von uns fallen, das Harte unserer Augen und Hände, und ihr werdet aufstehen aus euch, wie das Königskind im Märchen aus dem häßlichen Entlein aufstand. Dann werden wir teilen mit euch, wie Joseph, der Erhöhte, mit seinen Brüdern teilte. Nicht nur die Speise teilte, nicht nur die Erde, nicht nur das Leid, sondern auch den Himmel, von dem wir träumen. ›Ich glaube‹, sagt Luther, ›daß auch die Belferlein und Hündlein in den Himmel kommen und jede Kreatur eine unsterbliche Seele habe.‹

Wartet, ihr meine Vergessenen. ›Ich träumte‹, erzählt die Legende des Orients, ›ich träumte, ich sei im Himmel. Da kam ein Fuß hinein. ›Der Mann‹, sagte der Engel, ›dem dieser Fuß gehört, war böse in allen Dingen und ist deshalb jetzt in der Hölle. Mit diesem Fuß aber hat er einmal einem durstigen Kamel den Wasserkübel nähergeschoben!‹ Wartet, ihr meine Vergessenen, auf den Himmel, in dem ihr euch unserer Füße erbarmen werdet.«

Georg Trakl
1887–1914

Ein Winterabend
2. Fassung

Wenn der Schnee ans Fenster fällt,
Lang die Abendglocke läutet,
Vielen ist der Tisch bereitet
Und das Haus ist wohlbestellt.

Mancher auf der Wanderschaft
Kommt ans Tor auf dunklen Pfaden.
Golden blüht der Baum der Gnaden
Aus der Erde kühlem Saft.

Wanderer tritt still herein;
Schmerz versteinerte die Schwelle.
Da erglänzt in reiner Helle
Auf dem Tische Brot und Wein.

Kurt Tucholsky
1890–1935

Weihnachten

Nikolaus der Gute
kommt mit einer Rute,
greift in seinen vollen Sack –
dir ein Päckchen – mir ein Pack.
Ruth Maria kriegt ein Buch
und ein Baumwolltaschentuch,
Noske einen Ehrensäbel
und ein Buch vom alten Bebel,
sozusagen zur Erheiterung,
zur Gelehrsamkeitserweiterung ...
Marloh kriegt ein Kaiserbild

und nen blanken Ehrenschild.
Oberst Reinhard kriegt zum Hohn
die gesetzliche Pension ...
Tante Lo, die, wie ihr wißt,
immer, immer müde ist,
kriegt von mir ein dickes Kissen. –
Und auch hinter die Kulissen
kommt der gute Weihnachtsmann:
Nimmt sich mancher Leute an,
schenkt da einen ganzen Sack
guten alten Kunstgeschmack.
Schenkt der Orska alle Rollen
Wedekinder, kesse Bollen –
(Hosenrollen mag sie nicht:
dabei sieht man nur Gesicht ...).
Der kriegt eine Bauerntruhe,
Fräulein Hippel neue Schuhe,
jener hält die liebste Hand –
Und das Land? Und das Land?
Bitt ich dich, so sehr ich kann:
Schenk ihm Ruhe –
         lieber Weihnachtsmann!

Neues Leben

Berlin, den 31. Dezember 1920
Berlin, den 31. Dezember 1921
Berlin, den 31. Dezember 1922
Berlin, den 31. Dezember 1923
Berlin, den 31. Dezember 1924
Berlin, den 31. Dezember 1925
(abends im Bett)

Von morgen ab fängt ein neues Leben an.

Der Doktor Bergmann hat einen ordentlichen Schreck bekommen, als er mich ansah, und ich bekam einen noch viel größeren. »Was machen Sie denn, lieber Freund?« fragte er leise. »Was ... was ist denn, Doktor?« sagte ich. »Haben Sie etwas mit der Leber?« fragte er. »Ihre Augen gefallen mir gar nicht. Kommen Sie mal in den nächsten Tagen zu mir!« Natürlich gehe ich hin. Ich weiß schon, was er mir sagen will, und er hat auch ganz recht. So geht das nicht mehr weiter.

Also von morgen ab hört mir das mit dem Bier bei Tisch auf. Wenn mir Mutter wieder Hamann-Schokolade durch Emmy schicken läßt, gebe ich sie den Kindern. Und Edith darf nicht mehr so fett kochen. Gestern hab ich ihr noch gesagt ... Nein, gestern hab ich gefragt, ob noch Stopfleber da ist – das ist wahr. Aber das hört mir jetzt auf.

Der Sandow-Apparat – wo ist der Sandow-Apparat? Er liegt auf dem Boden. Das Mädchen soll ihn morgen herunterholen. Von morgen ab fange ich wieder an, regelmäßig jeden Morgen zu turnen. (›Wieder‹ – denke ich deshalb, weil ich mir das schon so oft vorgenommen habe.) Und fünfzig Kniebeugen, wenn ich fleißig trainiere, kann ichs mit Leichtigkeit auf hundert bringen. Ich war doch ein sehr guter Turner, seinerzeit – wenn ich nicht gerade dispensiert war. Na ja, aber heute ist das ja ganz was anderes.

Von morgen ab stehe ich früh auf. Dieses ewige Lange-im-Bett-herum-Geliege – das führt ja zu nichts. Ich stehe einfach um sechs auf, turne ordentlich, dann schön brausen und frottieren – ah – darauf freue ich mich. Ob ich nicht doch anfangen soll, zu reiten ...? Na, das ist vielleicht zu teuer – aber ein Stündchen durch den Tiergarten – großartig! Ich werde ins Geschäft gehen! Das härtet ab – in drei Monaten bin ich ein anderer Kerl. Schlank, elegant, gesund – Bergmann wird sich wundern.

Von morgen ab nehme ich den spanischen Unterricht wieder auf. Jeden Tag abends im Bett ein halbes Stündchen Spanisch – das geht ganz gut und bringt einen auf andere Gedanken. Dann kann ich die Reise nach Südamerika machen – ich werde Edith nichts sagen – das wird eine Überraschung, wenn ich auf dem Dampfer so ganz lässig Spanisch spreche ... Als ob sich das von selbst verstände ... Hähä ... Übermorgen fängt ein neues Jahr an – ich werde ein anderer Mensch.

Von übermorgen ab wird das alles ganz anders. Also erst mal muß die Bibliothek aufgeräumt werden – das wollte ich schon lange. Aber jetzt gehts los. Von übermorgen ab mache ich nicht mehr diese kleinen Läpperschulden – eigentlich sind das ja gar keine Schulden –, aber ich will das nicht mehr. Und die alten bezahle ich alle ab. Alle. Von übermorgen ab höre ich wieder regelmäßig bildende Vorträge – man tut ja nichts mehr für sich. Ich will wieder jeden Sonntag ins Museum gehen, das kann mir gar nichts schaden. Oder lieber jeden zweiten Sonntag – den anderen Sonntag werden wir Ausflüge machen –, man kennt die Mark überhaupt nicht. Ja, und neben die Waschtoilette kommt mir jetzt endlich die Tube mit Vaseline – das macht die rauhe Haut weich, so oft habe ich das schon gewollt. Übermorgen ist frei – da setze ich mich hin und lerne Rasieren. Diese Abhängigkeit vom Friseur ... Außerdem spart man dadurch Geld. Das Geld, was ich mir da spare – davon lege ich eine kleine Kasse an – für die Kinder. Ja. Das ist für die Ausstattung, später. Von übermorgen ab beschäftige ich mich mit Radio – ich werde mir ein Lehrbuch besorgen und mir den Apparat selbst bauen. Die gekauften Apparate ... das ist ja nichts. Ja, und wenn ich morgens durch den Tiergarten gehe, da werde ich vorher Karlsbader Salz nehmen – so weit ist es bis zum Geschäft gar nicht …

Man kommt eben zu nichts. Das hört jetzt auf.

Denn die Hauptsache ist bei alledem: man muß sich den Tag richtig einteilen. Ich lege mir ein Büchelchen an, darin schreibe ich alles auf – und dann wird jeden Tag unweigerlich das ganze Programm heruntergearbeitet – unweigerlich. Von morgen ab. Nein, von übermorgen ab. Im nächsten Jahr … Huah – bin ich müde. Aber das wird fein:

Kein Bier, keine Süßigkeiten, turnen, früh aufstehen, Karlsbader Salz, durch den Tiergarten gehn, Spanisch lernen, eine ordentliche Bibliothek, Museum, Vorträge, Vaseline auf den Waschtisch, keine Schulden mehr, Rasieren lernen. Radio basteln – Energie! Hopla! Das wird ein Leben!

Anmerkung des ›Uhu‹: Wir wollen mal nächstes Jahr wieder vorbeifliegen.

Klabund
1890–1928

Bürgerliches Weihnachtsidyll

Was bringt der Weihnachtsmann Emilien?
Ein Strauß von Rosmarin und Lilien.
Sie geht so fleißig auf den Strich.
O Tochter Zions, freue dich!

Doch sieh, was wird sie bleich wie Flieder?
Vom Himmel hoch, da komm ich nieder.
Die Mutter wandelt wie im Traum.
O Tannebaum! O Tannebaum!

O Kind, was hast du da gemacht?
Stille Nacht, heilige Nacht.
Leis hat sie ihr ins Ohr gesungen:
Mama, es ist ein Reis entsprungen!
Papa haut ihr die Fresse breit.
O du selige Weihnachtszeit!

Schnee

Schnee, Schnee, Schnee fällt. Millionen weißer Sterne taumeln lautlos auf die braune Erde nieder. Die braune Erde ist feucht, und Millionen Sterne erlöschen, ehe einer, noch einer, immer mehr haften bleiben; tausende müssen sich, im Sumpf versickernd, opfern, damit einer kristallisch erblinkt. Immer größer werden die weißen Flächen am Hang. Ein riesiger, weißer Krake scheint hundert weiße Arme um ihn zu schlingen.

Auf der Straße schlitteln schon Kinder. Die kleinen Schlitten gleiten holpernd auf dem noch erdigen Untergrund. Man sieht auch einen großen, eleganten Mietschlitten mit pelzverbrämtem Kutscher. Natürlich ist das Pferd, das ihn zieht, ein Schimmel; aber dieser Schimmel sieht elend eilfertig zurechtgemacht aus. Als wäre er eigentlich ein Rappe und nur aus Stilgefühl, weil im Winter eben alles weiß sein muß, mit weißer Ölfarbe angestrichen. Er fühlt sich auch sichtlich nicht wohl in seiner Haut und äugt alle Augenblicke nach dem in Heidschnuckenpelz gehüllten Kutscher. Du da, sagt der Blick, sind wir beide nicht eigentlich zu schade, um zahlungskräftige Herrschaften durch die Winterlandschaft zu jagen? Wie wäre es, wenn du mit mir, wie vor langen Jahren, wieder einmal nachts im Mondschein durch den schweigenden Hochwald nach Clavadel hinauf rittest? Aber der Kutscher schweigt und zwinkert nur mit den Wimpern, die Schneeflocken, die sich darin festgesetzt, zu vertreiben.

Vor einer Delikatessenhandlung sehe ich Hasen hängen, tote Hasen, weiße Schneehasen, die mit rot unterlaufenen Augen in das Schneegestöber linsen. Sie fordern den Vorübergehenden auf, sie zwecks sonntäglicher Verspeisung käuflich zu erwerben. Denn zum Schnee gehören natürlich Schneehasen, auch Schneehühner. Zu Hause aber im wärmenden Ofen brutzeln schon die Bratäpfel, und ihr Duft erinnert an Kindheit, weihnachtliche Vorfreude, Adventspiele, überhaupt an alles Glück der Erde, die, selbst nur eine schimmernde Schneeflocke, durch den Äther wirbelt.

Fred Endrikat
1890–1942

Die Weihnachtsbescherung

Es war in Hamburg einst, am Heilgen Abend.
Und kalter Regen niedergoß in Flüssen.
Ich kam zurück von einer Weihnachtsfeier,
wo steifer Grog herniederfloß in Güssen.
Ich wankte, schwerbeladen, heimwärts von St. Pauli.
Wie spät es war, ich nicht beschwören kann.
Ich hörte vor und hinter mir Gebimmel.
Es war die erste – oder letzte Straßenbahn.
Es kann auch sein die Feuerwehr gewesen,
ich weiß es nicht – doch eins weiß ich genau:
Am neuen Pferdemarkt, da stieß ich auf ein menschlich Wesen,
es war kein Schutzmann – es war eine Frau. –
Sie murmelte in ihren Bart: »Na, Kleiner,
willst du ein bißchen mit mich gehn? –
Bei mich is kalt. Hast du 'ne warme Bude,
komm ich bei dich!« – Ich lallte drauf: »Na, schön!« –
Mit meinem Findling bin ich dann hinaufgeklettert
bei mir zu Hause in den vierten Stock.
Sie zündet an am Baum die beiden Kerzen,
ich kochte schnell noch einen steifen Grog.
Sie flötet sanft: »Mariechen ist mein Name.« –
Ich sagte drauf: »Das hab' ich gleich geahnt!« –
Ihr Körper war von Riesendimensionen –
Zweizentner-Weib – »Mariechen« kurz benannt.
Die Gegenwart Mariechens war mir völlig schnuppe.
In solchem Zustand bin ich nämlich niemals Gent.
Ich sagte: »Prost«, und das noch ziemlich fließend,
und habe mich dann langsam kleidet-ent. –
Was dann geschah, entzieht sich meiner Kenntnis.
Ich schnarchte bald und weiß das eine bloß,
es weckte mich ein Jammern und ein Stöhnen,
Mariechens Stimme wimmert leise: »Es geht los« – –

Ich schreckt' empor – was schauten meine Ohren? –
Das klang wie die Posaune Jerichos. –
Vor Grausen meine Augen sich enthöhlten. –
Mariechens Stimme wimmert nochmals: »Es geht los!« – –
Ich sprang mit beiden Beinen gleich in die Krawatte,
band mir die Stiefel um – stürzt' in den Hut mich rin,
nahm untern Arm die Weste und die Hose
und eilt' hinaus und wußte nicht wohin! –
Gepeitscht von Furien saust' ich durch die Straßen.
Auf jede Klingel drückte ich mit wildem Stoß.
Auf jede Frage gab ich nur die eine Antwort
und stammelt' weiter nichts als: »Es geht los!« – –
Als ich nach Haus kam, fand ich die Bescherung,
Mariechen hielt in ihrem Arm ein Knäblein froh.
Ich stand nun da, wie'n Esel an der Krippe,
und tat, was Joseph tat – ich floh! – –
Doch nicht von selbst, o nein, ich ward geflohen
von meiner Wirtin, denn ein Pappkarton, so groß,
war schon gepackt. Zwei Kragen drin, zwei Bürsten,
versehen mit der Aufschrift: »Es geht los!« –
Da stand ich nun, am ersten Weihnachtsmorgen,
verstoßen auf der Straße, obdachlos –
und jeder, der den müden Wandrer fragte,
bekam die eine Antwort: »Es geht los!« –
Und hör' ich heute Weihnachtslieder singen,
entringt ein Seufzer tief sich meinem Schoß,
dann höre ich die Worte, tannenduftdurchschwängert,
Mariechens, diese inhaltschweren
    »Es geht los!« – – –

Der Wald schläft

Friedlich schläft der Winterwald.
Rauhreif glitzert auf den Fichten.
Märchen werden zur Gestalt,
und es leben Spukgeschichten.

Ruprecht steigt herab ins Tal.
Unter tiefverschneiten Tännchen

stapft der alte Rübezahl,
trippeln kleine Wichtelmännchen.

Brombeerstrauch und Seidelbast
schlummern an der Haselhecke.
Eichkatz träumt auf einem Ast
unter weißer Daunendecke.

Buchen ragen stark und alt
aus dem Schnee wie Patriarchen.
Friedlich schläft der Winterwald,
und man hört die Bäume schnarchen.

Georg Britting
1891–1964

Krähentanz

Vögel gibts im Winter auch,
Raben, Krähen, solch Getier,
Schwarz von Farbe, krumm
               geschnäbelt,
Und den Bauch voll Freßbegier.

Auf den weißen Feldern hocken,
Vor bereiften Büscheln Grases,
Vor den Mäuselöchern sie,
Kämpfen wild um jeden Brocken
Faulen Aases.

Und die Sieger fliegen
Schweren Fluges und verwegnen
Schreiens auf das Hüttendach.
Die gerupften Unterlegnen
Äugen ihnen nach.

Zupfen schamvoll am Gefieder,
Und die Schmach
Empfangner Prügel,
Die der Federn sie beraubt,
Bergen sie im Auf und Nieder
Eines tollen Wackeltanzes,
Daß der Schnee staubt
Bei den Schlägen ihrer Flügel,
Ihres Schwanzes.

Ernst Penzoldt
1892–1955

Die Kunst, Weihnachten richtig zu feiern

»Und jeder behauptete, daß Scrooge am besten wisse, wie man Weihnachten halten müßte, und daß sich darin kein Mensch in der Christenheit mit ihm messen könne.« Das ist weiß Gott eine starke Behauptung. Sie steht in Dickens' Weihnachtsmärchen, (»Christmas Carol«), das bei uns jedes Jahr in den Weihnachtsfeiertagen gelesen wird, obwohl wir es fast auswendig können oder gerade darum. Wir freuen uns jedesmal auf die Beschreibung des Londoner Nebels, auf die Stelle, wo Scrooge, des alten Geizkragens armer Schreiber, sein kleines Feuerchen schürt und für immer den letzten schwachen Funken erstickt oder wo von Scrooges Wohnung die Rede ist »in einem finsteren Gebäude eines Hinterhofes, in den dasselbe so wenig paßte, daß man auf den Gedanken kam, es habe als junges Häuschen beim Versteckspiel mit anderen Häusern sich dorthin verkrochen und nicht mehr herausgefunden«. Es ist eine wunderbare rührende Geschichte! Auch der Satz: »Dunkelheit ist billig, und das liebe Scrooge«, steht dort und die zweifelnde Frage an den Geist Marleys: »Kannst du sitzen?« Ach, und dann die Schilderung der Geschäfte, der Weihnachtsauslagen! »Die kandierten Früchte so dick mit geschmolzenem Zucker überreift und übersiebt.« Ich muß gestehen, daß es nicht leicht war während des Krieges gerade diese Stellen zu lesen. Aber wir lasen sie dennoch.

Nun, nicht alle Weihnachten, die ich während bald 60 Jahren erlebte, waren gleich schön. Einmal, im Ersten Weltkrieg, saß ich am Christabend in einem dunklen Zug mit zerbrochenen Scheiben und fuhr aus dem Urlaub an die Front in Frankreich. Von Saclin nach Wavrin mußte ich zu Fuß gehen. Um Mitternacht lief der Urlaub ab. Ich war der einzige Mann auf der Straße. Dennoch: es war mir weihnachtlich zumute. Ich fand Humor bei der Sache, wie ich, der sich mit Scrooge (nach seiner »Bekehrung«) vergleichen konnte, was nämlich rechte Weihnachten feiern heißt, mutterseelenallein, moi tout seul durch die Nacht ging, mit dem Kalbsfelltornister, dem »Muckl«, auf dem Rücken. Das mußte mir passieren, am Weihnachtsabend. Aber es war lange nicht so traurig wie das Weihnachtszimmer, das ich einmal in einer übrigens gutsituierten Familie sah. Sie hätte kein armseligeres Bäumchen finden können. Es mußte in einer trostlosen Gegend gewachsen sein, so mager und freudlos sah es aus. Es bestand eigentlich nur aus Zwischenräumen, und der dürftige Schmuck machte es eher schlimmer als besser. Dabei waren Kinder im Haus.

Freilich müssen die Menschen, die das schönste Fest feiern, zwei Eigenschaften besitzen, von denen die zweite fast wichtiger ist als die erste, nämlich schenken können und beschenkt werden können. Es ist kein gutes Zeichen, wenn man sich erst lang besinnen muß, womit man dem oder jenem eine Freude machen kann. Wer leicht zu beschenken ist, scheint mir der wahre weihnachtliche Mensch zu sein, der, welcher die Gnade besitzt, sich freuen zu können.

Ja, und wie feierst du Weihnachten? Das Merkwürdige bei diesem Fest ist, daß es in jeder Familie anders gefeiert, der Baum anders geschmückt, auch das traditionelle Weihnachtsessen anders sein wird und zugleich, wenn es am schönsten gelingt, es den andern am ähnlichsten ist. Ich bin nicht für elektrisch beleuchtete Christbäume. Man muß auch selber, und wäre es kein musikalischer Genuß, die Weihnachtslieder singen, wobei »Stille Nacht, heilige Nacht« nicht fehlen darf, und natürlich gehört die Erzählung von Christi Geburt dazu: »Es begab sich aber zu der Zeit ...«

Meine Mutter pflegte jedes Weihnachten zu sagen: »So schön war der Baum noch nie!« Und allen sei gesagt, nie sind die Gesichter der Menschen so schön als beim Licht des Christbaumes, doch nur wenn es echte, nach Honig duftende Wachskerzen sind. Daß der Baum, wie manche behaupten, im Wald gestohlen sein müsse, ist Volksaberglaube und nicht unbedingt notwendig.

(um 1951)

JOSEF WEINHEBER
1892–1945

Heilige Nacht

Zuhinterst im Stall,
wo die Bleß umstand,
lehnt Marie, die Magd,
an der feuchten Wand.

Die Küh' schau'n her
und schau'n wieder fort.
Die Magd – trägt schwer
in der Finster dort.

Die Hirten und Knecht'
sind alle fern.
Es kreißt und stöhnt:
Wo bleibt denn der Stern!

Auf einmal ist
der Stall voll Licht –
Und die drei Weisen
wissen es nicht.

Die Ochsen brüll'n,   Sie sagt's dem Sepp
der Esel klagt.   still in die Ohr'n:
Die Stalltür geht –   Mann – unser Heiland,
Da liegt die Magd.   das Kind ist gebor'n.

WALTER BENJAMIN
1892–1940

Ein Weihnachtsengel

Mit den Tannenbäumen begann es. Eines Morgens, als wir zur Schule gingen, hafteten an den Straßenecken die grünen Siegel, die die Stadt wie ein großes Weihnachtspaket an hundert Ecken und Kanten zu sichern schienen. Dann barst sie eines schönen Tages dennoch, und Spielzeug, Nüsse, Stroh und Baumschmuck quollen aus ihrem Innern: der Weihnachtsmarkt. Mit ihnen aber quoll noch etwas anderes hervor: die Armut. Wie nämlich Äpfel und Nüsse mit ein wenig Schaumgold neben dem Marzipan sich auf dem Weihnachtsteller zeigen durften, so auch die armen Leute mit Lametta und bunten Kerzen in den besseren Vierteln. Die Reichen aber schickten ihre Kinder vor, um denen der Armen wollene Schäfchen abzukaufen oder Almosen auszuteilen, die sie selbst vor Scham nicht über ihre Hände brachten. Inzwischen stand bereits auf der Veranda der Baum, den meine Mutter insgeheim gekauft und über die Hintertreppe in die Wohnung hatte bringen lassen. Und wunderbarer als alles, was das Kerzenlicht ihm gab, war, wie das nahe Fest in seine Zweige mit jedem Tage dichter sich verspann. In den Höfen begannen die Leierkasten die letzte Frist mit Chorälen zu dehnen. Endlich war sie dennoch verstrichen und einer jener Tage wieder da, an deren frühesten ich mich hier erinnere.

In meinem Zimmer wartete ich, bis es sechs werden wollte. Kein Fest des späteren Lebens kennt diese Stunde, die wie ein Pfeil im Herzen des Tages zittert. Es war schon dunkel; trotzdem entzündete ich nicht die Lampe, um den Blick nicht von den Fenstern überm Hof zu wenden, hinter denen nun die ersten Kerzen zu sehen waren. Es war von allen Augenblicken, die das Dasein des Weihnachtsbaumes hat, der bänglichste, in dem er Nadeln und Geäst dem Dunkel opfert, um nichts zu sein als nur ein unnahbares und doch nahes Sternbild im trüben Fenster einer Hinterwohnung. Doch wie ein solches Sternbild hin und wieder eins der verlassenen Fenster begnadete, indessen viele weiter dunkel blieben und andere noch trauriger im Gaslicht der früheren Abende verkümmerten, schien mir, daß diese weihnachtlichen Fenster die Einsamkeit, das Alter und das Darben – all das, wovon die armen Leute schwiegen – in sich faßten.

Dann fiel mir wieder die Bescherung ein, die meine Eltern eben rüsteten. Kaum aber hatte ich so schweren Herzens, wie nur die Nähe eines sichern Glücks es macht, mich von dem Fenster abgewandt, so spürte ich eine fremde Gegenwart im Raum. Es war nichts als ein Wind, so daß die Worte, die sich auf meinen Lippen bildeten, wie Falten waren, die ein träges Segel plötzlich vor einer frischen Brise wirft: »Alle Jahre wieder, kommt das Christuskind, auf die Erde nieder, wo wir Menschen sind« – mit diesen Worten hatte sich der Engel, der in ihnen begonnen hatte, sich zu bilden, auch verflüchtigt. Doch nicht mehr lange blieb ich im leeren Zimmer. Man rief mich in das gegenüberliegende, in dem der Baum nun in die Glorie eingegangen war, welche ihn mir entfremdete, bis er, des Untersatzes beraubt, im Schnee verschüttet oder im Regen glänzend, das Fest da endete, wo es ein Leierkasten begonnen hatte.

Hans Fallada
1893–1947

Der gestohlene Weihnachtsbaum

Ein wesentlicher Unterschied zwischen Kindern und Erwachsenen ist der, daß die Großen ungefähr wissen, was sie vom Leben zu erwarten haben, die Kinder aber erhoffen noch das Unmögliche. Und manchmal behalten sie damit sogar recht.

Seit Mitte Dezember der erste Schnee gefallen war, dachte Herr Rogge wieder an den Weihnachtsbaum und die alljährlich wiederkehrenden endlosen Schwierigkeiten, bis er ihn haben würde. Die Kinder aber nahmen allmorgendlich ihre kleinen Schlitten und zogen in den Wald, den Weihnachtsmann zu treffen. Natürlich war es einfach lächerlich, daß es in diesem Lande mit Wald über Wald keine Weihnachtsbäume geben sollte. Überall standen sie, sie wuchsen einem gewissermaßen in Haus, Hof und Garten, aber sie gehörten nicht Herrn Rogge, sondern der Forstverwaltung. Der alte Förster Kniebusch aber, mit dem Herr Rogge sich übrigens verzankt hatte, verkaufte schon längst keine Baumscheine mehr.

»Wozu denn?« fragte er. »Es kauft ja doch keiner einen. Und wenn sie sich ihren Baum lieber ›so‹ besorgen, habe ich doch den Spaß, sie zu erwischen, und ein Taler

Strafe für einen Baum, den ich ihnen aus den Händen und mir ins Haus trage, freut mich mehr als sechs Fünfziger für sechs Baumscheine.«

So würde also Herr Rogge sich entweder den Baum »so« besorgen müssen – was er nicht tat, denn erstens stahl er nicht, und zweitens gönnte er Kniebusch nicht die Freude –, oder er würde achtzehn Kilometer in die Kreisstadt auf den Weihnachtsmarkt fahren müssen, zur Besorgung eines Baumes, der ihm vor der Nase wuchs – und das tat er erst recht nicht, und den Spaß gönnte er Kniebuschen erst recht nicht. Blieb also nur die unmögliche Hoffnung auf den Weihnachtsmann und seine Wunder, die die Kinder hatten.

Gleich hinter dem Dorf ging es bergab, einen Hohlweg hinunter, in den Wald hinein. Manchmal kamen die Kinder hier nicht weiter, über dem schönen sausenden Gleiten vergaßen sie den Weihnachtsmann und liefen immer wieder bergan. Heute aber sprach Thomas zum Schwesterchen: »Nein, es sind nur noch drei Tage bis Weihnachten, und du weißt, Vater hat noch keinen Baum. Wir wollen sehen, daß wir den Weihnachtsmann treffen.«

So ließen sie das Schlitteln und traten in den Wald. Was der Thomas aber nicht einmal dem Schwesterchen erzählte, war, daß er Vaters Taschenmesser in der Joppe hatte. Mit sieben Jahren werden die Kinder schon groß und fangen an, nach Art der Großen ihren Hoffnungen eine handfeste Unterlage zu verschaffen. –

Der alte Kakeldütt war das, was man früher ein »Subjekt« nannte, wahrscheinlich, weil er so oft das Objekt behördlicher Fürsorge war. Aus dem mickrigen Leib wuchs ihm ein dürrer, faltiger, langer Hals, auf dem ein vertrocknetes Häuptlein wie ein Vogelkopf nickte. Wenn der Herr Landjäger sagte: »Na, Kakeldütt, denn komm mal wieder mit! Du wirst ja wohl auch allmählich alt, daß du vor den sehenden Augen von Frau Pastern ihre beste Leghenne unter deine Jacke steckst«, dann krächzte Kakeldütt schauerlich und klagte beweglich: »Ein armer Mensch soll es wohl nie zu was bringen, was? Die Pastern hat 'ne Pieke auf mich, wie? Und Sie haben auch 'ne Pieke auf mich, Herr Landjäger, wie? Natürlich in allen Ehren und ohne Beamtenbeleidigung, was?« Und bei jedem Wie und Was ruckte er heftig mit dem Häuptlein, als sei er ein alter Vogel und wolle hacken. Aber er wollte nicht hacken, er ging ganz folgsam und auch gar nicht unzufrieden mit.

Wir aber als Erzähler denken, wir haben unsere Truppen nun gut in Stellung gebracht und die Schlacht gehörig vorbereitet: Hier den alten Förster Kniebusch, der gern Tannenbaumdiebe fängt. Dort den Vater Rogge, in Verlegenheit um einen Baum. Ziemlich versteckt das anrüchige Subjekt Kakeldütt mit großer Findigkeit für fragwürdigen Broterwerb, und als leichte Truppen, die das Gefecht eröffnen, Thomas mit dem Schwesterchen, ziemlich gläubig noch, aber immerhin mit einem nicht einwandfrei erworbenen Messer in der Tasche. Im Hintergrund aber die irdische Gerechtigkeit in Gestalt des Landjägers und die himmlische, vertreten durch den Weihnachtsmann.

Alle an ihren Plätzen? Also los!

Das erste, was man durch den dick mit Schnee gepolsterten, stillen Wald hört, ist: ritze-ratze, ritze-ratze ... Kakeldütt, erfahrener auf dunklen Pfaden als der siebenjährige Thomas, weiß, daß ein Tannenbaum sich schlecht mit einem Messer, gut mit einer Säge von den angestammten Wurzeln lösen läßt.

Herr Rogge, in Zwiespalt mit sich, greift nach Pelzkappe und Handstock: Hat man keinen Tannenbaum, kann man sich doch welche im Walde beschauen. Kniebusch stopft seine Pfeife mit Förstertabak, ruft den Plischi und geht gegen Jagen elf zu, wo die Forstarbeiter Buchen schlagen. Die Kinder haben unter einem Ginsterbusch im Schnee ein Hasenlager gefunden, hinten ist es zart gelblich gefärbt.

»Osterhas Piesch gemacht!« jauchzt Schwesterchen.

Die alte gichtige Brommen aber hat schon zwanzig Pfennig für den Kakeldütt, der ihr weißwohlwas besorgen soll, bereitgelegt. Ritze-ratze ... Ritze-ratze ...

Förster Kniebusch – die akustischen Verhältnisse in einem Walde sind unübersichtlich –, Förster Kniebusch ruft leise den Hund und windet. »I du schwarzes Hasenklein! War das nun drüben oder hinten – ? Warte, warte ...«

Ritze-ratze ...

Thomas und das Schwesterchen horchen auch. Schnarcht der Weihnachtsmann wie Vater – ? Hat er Zeit, jetzt zu schnarchen – ?! Friert er nicht – ? Erfriert er gar – und ade der bunte Tisch unter der lichterleuchtenden Tanne?!

Ritze-ratze ...

Herr Rogge hat die Fußspuren seiner Kinder gefunden und vergnügt sich damit, ihre Spuren im Schnee nachzutreten, mal Schwesterchens, mal Brüderchens. Auch er findet das Hasenlager, auch er spitzt die Ohren. Thomas wird doch keine Dummheiten machen? denkt er. Ich hätte doch in die Stadt fahren sollen.

»Ach nee, ach nee«, stöhnt ganz verdattert Kakeldütt, wackelt mit dem Vogelkopf und starrt auf die Kinder. »Wer seid denn ihr? Ihr seid wohl Rogges – ?«

»Das ist der Weihnachtsbaum«, sagt Thomas ernst und betrachtet die kleine Tanne, die mit ihren dunklen Nadeln still im Schnee liegt.

»Weihnachtsbaum – Weihnachtsmann«, brabbelt Schwesterchen und sieht den ollen Kakeldütt zweifelnd an. Ist das ein echter Weihnachtsmann? Enttäuschung, Enttäuschung – ins Leben wachsen heißt ärmer werden an Träumen.

»Ich hab 'nen Baumschein vom Förster, du Roggejunge«, verteidigt sich Kakeldütt ganz unnötig.

»Hilfst du mir auch bei unserer Tanne?« fragt Thomas und greift in die Joppentasche. »Ich hab ein Messer.«

In Kakeldütts Hirn erglimmen Lichter. Rogges haben Geld. Sie zahlen nicht nur zwanzig, sie zahlen fünfzig Pfennig für einen Weihnachtsbaum. Sie zahlen eine Mark, wenn Kakeldütt den Mund hält. »Natürlich, Söhning«, krächzt er und greift wieder zur Säge. »Nehmen wir gleich den – ?«

Herr Rogge auf der einen, Förster Kniebusch auf der andern Seite den Tannen enttauchend, sehen nur noch Thomas und Schwesterchen. Keinen Kakeldütt.

»Thomas!« ruft Herr Rogge drohend.

»Rogge!« ruft Kniebusch triumphierend.

»Nanu!« wundert sich Thomas und starrt auf die Äste, die sich noch leise vom weggeschlichenen Kakeldütt bewegen.

Der Sachverhalt aber ist klar: ein abgeschnittener Baum, ein Junge mit einem Messer in der Hand ...

»Ich freu mich, Rogge«, sagt Kniebusch und freut sich ganz unverhohlen. »Stille biste, Plischi!« kommandiert er dem Hund, der in die Schonung zieht und jault.

»Du glaubst doch nicht etwa, Kniebusch?« ruft Rogge empört. »Thomas, was hast du getan?! Was machst du mit dem Messer?«

»Deinem Messer, Rogge«, grinst Kniebusch. »Hier war 'n Mann«, sagt Thomas unerschüttert. »Wo ist der Mann hin?«

»Weihnachtsmann«, kräht Schwesterchen. Kinder zu erziehen ist nicht leicht – Kinder vorm Antlitz triumphierender Feinde zu erziehen ist ausgesprochen schwer. »Komm einmal her, Thomas«, sagt Herr Rogge mit aller verhaßten väterlichen Autorität. »Was machst du mit meinem Messer? Woher hast du mein Messer?« Er gerät unter dem Blick des andern in Hitze. »Wie kommt die Tanne hierher? Wer hat dir gesagt, du sollst eine Tanne abschneiden?«

»Hier war 'n Mann«, sagt Thomas trotzig im Bewußtsein guten Gewissens. »Vater, wo ist der Mann hin?«

»Weihnachtsmann weg!« kräht Schwesterchen.

»Sollst du lügen, Tom?« fragt Herr Rogge zornig. »Ekelhaft ist so was! Komm, sage ich dir ...« Und mit aller väterlichen Konsequenz eilt er mit erhobener Hand auf den Sohn zu. Ausgerechnet angesichts von Kniebusch als Waldfrevler erwischt! Nichts mehr scheint eine väterliche Tracht Prügel abwenden zu können.

»Halt mal, Rogge!« sagt Förster Kniebusch mit erhobener Stimme und zeigt mit dem Finger auf den frischen Baumstumpf. »Das ist gesägt und nicht geschnitten.«

Rogge starrt. »Wo hast du die Säge, Junge?«

»Hier war 'n Mann«, beharrt Thomas.

»Und recht hat der Junge, und du hast unrecht, Rogge«, freut sich der Kniebusch. »Da die Spuren – das sind nicht deine und nicht meine. – Und du hast überhaupt meistens und immer unrecht, Rogge. Damals, als wir uns verzürnt haben, hattest du auch unrecht. Fische können nicht hören! Du bist rechthaberisch, Rogge, und was war hier für ein Mann, Junge?«

»Ein Mann.«

»Und wenn ich dieses Mal unrecht hab, aber ich hab's nicht, denn wozu hat er das Messer? – Damals hatte ich doch recht. Und Fische können sehr wohl hören ...«

»Unsinn – in den Kuscheln muß er noch stecken, Rogge! Los, Plischi, such, du guter Hund! Los, Rogge, den Kerl zu fassen soll mir zehn Weihnachtsbäume wert sein. Los, Junge, faß deine Schwester an, wenn du ihn siehst, schreist du!«

Und los geht die Jagd, immer durch die Tannen, wo sie am dicksten stehen.

»Weihnachtsmann!« ruft Schwesterchen. Die Tannennadeln stechen, und der Schnee stäubt von den Zweigen in den Nacken.

»Also lassen wir es«, sagt nach einer Viertelstunde Förster Kniebusch mißmutig. »Weg ist er. Wie in den Boden versunken. – Du kannst doch die Tanne brauchen, fünfzig Pfennig zahlst du, und so hat das Forstamt wenigstens was von dem Gejachter.«

Aber wo ist die Tanne? Dies ist der Platz, denn hier steht der Stumpf – aber wo ist die Tanne?

»I du schwarzes Hasenklein!« sagt Förster Kniebusch verblüfft. »Der ist uns aber über, Rogge! Holt sich noch den Baum, während wir hier auf ihn jagen. Na, warte, Freundchen, wenn ich dir mal wieder begegne! Denn die Katze läßt das Mausen nicht, und einmal treffe ich sie alle ... Gib mir das Messer, Junge, damit ihr wenigstens nicht leer nach Hause geht. Ist der dir recht, Rogge? Schneidet sich elend schlecht mit 'nem Messer, das nächstemal bringst du besser 'ne Säge mit, Junge, weißt du, einen Fuchsschwanz ...«

»Kniebusch – !« schreit Herr Rogge förmlich. Aber auf diesen Streit der beiden brauchen wir uns nicht auch noch einzulassen, er ist schon alt und wird aller Wahrscheinlichkeit nach noch sehr viel älter werden.

Jedenfalls faßte Thomas auf dem Heimwege seine Meinung dahin zusammen: »Ich glaube, es war doch der Weihnachtsmann, Vater. Sonst hätt er doch nicht so verschwinden können, Vater! Wo der Hund mit war.«

»Möglich, möglich, Tom«, bestätigte Herr Rogge.

»Aber, Vater, klauen denn die Weihnachtsmänner Weihnachtsbäume?«

»Ach, Tom – !« stöhnte Herr Rogge aus tiefstem Herzensgrunde – und war sich gar nicht im klaren darüber, wie er diesen Wirrwarr in seines Sohnes Herzen entwirren sollte. Aber schließlich war in drei Tagen Weihnachten. Und vor einem strahlenden Tannenbaum und einem bunten Bescherungstisch werden alle Zweifel stumm und alle Kinderherzen gläubig.

Oskar Maria Graf
1894–1967

Die Christmette

Die schönsten Sachen, die wo ich als Schulbub mitgemacht habe, hängen gar nicht mit unseren Indianerspielen und unserem sonstigen Umtreiben zusammen. Bei diesen wunderschönen Sachen ist auch eigentlich gar nichts Richtiges passiert, wir haben uns bloß immer sehr darauf gefreut, und wir haben uns noch lang nachher ungemein wohlig daran erinnert. Da war zum Beispiel das Mettengehen in der Weihnachtsnacht. Nachdem wir schon eine Zeitlang unseren hellleuchtenden Christbaum mit dem künstlichen Schnee, den Silberfäden und den farbigen Kugeln, den daran hängenden Nüssen, Äpfeln und den Mürbteigplätzchen bewundert gehabt und unser Spielzeug, die Indianerbücher oder was wir sonst noch zum Christkindl bekommen, halbwegs ausprobiert und durchgeschaut haben, hat es geheißen, jetzt gehts nach Aufkirchen in die Mette. Da sind wir, wenn es auch schon spät nach zehn Uhr in der Nacht gewesen ist, sofort wieder lebendig geworden, haben uns in aller Schnelligkeit unser dickes Winterzeug angezogen und sind hinaus aus dem Haus. In der tiefverschneiten, eiskalten Dunkelheit haben wir Dorfkinder uns gesammelt und allesamt auf die breite, hölzerne, von vier Rössern gezogene Schneeschloapf gehockt, die wo der Schatzl-Knecht in unser Pfarrdorf hinaufgefahren hat, um den Weg zu bahnen.

Je mehr wir Kinder gewesen sind, um so besser ist es gewesen, weil alsdann die Schloapf wegen dem Gewicht tiefer gegangen ist. Endlich haben die prustenden Rösser angezogen, und die in den mannshohen Schnee gesteckten Windlaternen außerhalb vom Dorf haben gelbe Linien wie lange Schwerter in die Finsternis geworfen, die rundherum bis in den Himmel hinauf kohlschwarz, kalt und stad um uns gewesen ist. Wir Kinder haben gelacht, ineinandergeplappert, uns von unseren Christkindlgeschenken erzählt und auch zwischenhinein gesungen, und wenn wir bei unserm Feldkreuz angekommen sind, haben die Windlichter aufgehört, und auf einmal war bloß noch die schwarze Nacht da, wo keiner mehr weitergefunden hätte. Droben aber, vom Aufkirchner Berg herunter, haben die hohen, schmalen, märchenhaft schön bemalten Fenster von unserer uralten Kirche geleuchtet und schier wie überirdisch gestrahlt, und je näher wir gekommen sind, um so deutlicher sind die Umrisse von der Kirche selber aufgetaucht. Auf einmal waren die Mauern, das Dach und der Turm zu sehen, so fest und ruhig und gottesmächtig wie seit ewiger Zeit ...

Wie die Schloapf endlich im Pfarrdorf haltgemacht hat, sind wir heruntergesprungen und samt dem tiefen Schnee hinter das Pfarrhaus gelaufen, und nichts hat man mehr gehört als wie unser fast juchzendes: »Ah! Ah! Do schaugts obi, do kemma dö Farchner! Und do, ah, ah! Do drenten die Bachhauser! Und sechts ös, do ganz weit weg, do hintn die Mörlbacher. Ah, wia schön ois dös is!«

Da sind sie dahergestapft, aus dem weiten, breiten Farchach-Bachhauser-Tal herauf, die Bauern und Weiber und Kinder; durch die schwarze Nacht und den tiefen, tiefen Schnee wateten sie mit ihren Windlaternen, und das hat ausgeschaut, als wie wenn wirkliche Sternketten dahergewandert wären.

Vor lauter Frieren haben unsre Zähne aufeinandergeklappert, der bissige Wind und die Eiskälte haben durch unser dickes Zeug geweht bis auf die Haut. Aber wir haben bloß fort und fort auf die näherkommenden Sternketten geschaut, geschaut und geschaut; und die Zehen oder die Hände haben wir uns oft dabei erfroren, bloß Augen haben wir noch gehabt.

Und wenn dann beim tiefbrummenden Glockenläuten so nach und nach die strahlend erleuchtete, steil ins Gewölbe aufstrebende Pfarrkirche sich dicht und immer dichter mit den Mettenbesuchern gefüllt hat, wir Kinder mitten drinnen, wenn der Pfarrer im schönsten, goldstrotzenden Ornat und hinter ihm die klingelnden Ministranten aus der Sakristei gekommen und über die von einem roten Teppich belegten Stufen zum Hochaltar hinaufgegangen sind, wenn in dem Augenblick, fast wie noch mal so laut als wie sonst, die Orgel erklungen ist und Chorstimmen eingefallen sind – wahr und wahrhaftig, das ist jedesmal gewesen, als wie wenn unser allmächtiger Herr und Gott selber dieses prangende, prunkende Inwendige von unsrer Pfarrkirche aus Licht und Farben und Gold, aus Orgeltönen und Gesang wie ein märchenhaft prachtvolles Schmuckkästlein mitten in unsere tiefverschneite, eiskalte, stockdunkle Weltkugel herabgestellt hätte, und ich glaub, nicht bloß uns Kinder, sondern jeden, der wo da frierend und vom langsam aufgleimenden Schnee durch und durch naß in den Betstühlen gekniet oder auf dem rutschigen, nassen Pflasterboden gestanden ist, hat es da wie ein Wunder überkommen. Ganz und gar aber hat uns alle schier verzaubert, wenn am Schluß der Mette – von den rostigen, tiefbassigen Mannsbildern, den heller singenden Weibern bis zu den dünnen Stimmen von uns Kindern – das gemeinsame Tedeum gesungen worden ist, dieses gewaltig zum Himmel hinauf brausende »Großer Gott, wir loben dich ...«

Joseph Roth
1894–1939

Weihnachten bei den Alten

Um mich herum saßen: Herr Wiedermut, Herr Balke und Frau Kürschstein, die Hausmutter, und sie waren zusammen rund zweihundertdreißig Jahre alt. Wir sprachen von Weihnachten.

»Das war einmal ganz anders«, sagte Herr Wiedermut. »Heute ist das nicht mehr so. Ich weiß noch, wie es – ach Jott, war das ein Rummel vor Weihnachten.« »Da war der Weihnachtsmarkt noch am Schloßplatz«, warf Herr Balke von Zimmer 20 ein. »Da kamen selbst die Prinzen und die hohen Herrschaften herunter vom Schloß und beteiligten sich an den Volksbelustigungen. Und die Studenten zogen in Couleur daher und trieben Ulk, und die Arbeiter und die Gewerkschaftsinnungen, au je!« »Na, und erst die Schlowaken«, sagte die Hausmutter Frau Kürschstein. »Was die nicht alles zu verkaufen hatten.« »Und manche darunter waren gar keine Schlowaken«, sagte Herr Wiedermut, der die Wahrheit liebt. »Es waren verkleidete Berliner.« »Freilich, freilich«, sagte Herr Balke.

Ich saß am Vormittag in einem Zimmer der Weydringer-Stiftung und sprach mit den alten Leuten über Weihnachten von einst. Das war eine Zeit, in der es noch keine Marburger Studenten gab, sondern solche, die mit Arbeitern gemeinsam Ulk trieben. Und die Prinzen saßen nicht auf fernen Schlössern, sondern mischten sich unter das Volk. Und der Schloßplatz und der Lustgarten und überhaupt die ganze Stadt, das war ein einziges Weihnachtsfest. Sozusagen eine Weihnachtswarenstadt.

Am Bürgersteig, es muß furchtbar kalt gewesen sein, saßen die kleinen Kinder und riefen: Een Sechser die Knarre! 'n Dreier det Schaf! Een Sechser die laufende Maus! Und sie mußten alles verkaufen, die armen Kinder, denn wenn sie ohne Erlös nach Hause kamen, gab's Keile. Und da saß einmal ein Mädelchen, das hatte drei Bücher zu verkaufen, und die drei Bücher kosteten dreißig Pfennig. Weil aber damals um die Weihnachtszeit jeder Mensch seinen Bildungshunger mit Pfefferkuchen sättigen konnte, kaufte dem armen Mädchen niemand etwas ab. Als es aber finster wurde, raffte sie sich zu einem verzweifelten Entschluß auf: Sie rief einen reichen Herrn an und erzählte ihm ihr Leid. Der reiche Herr war so unerhört reich, daß er dem kleinen Mädchen die Bücher abkaufte und *fünfzig Pfennig* gab. Dreißig für die Bücher und zwanzig so. Weil es aber ein Herr aus einer vergangenen Zeit ist, sagte er zu dem Mädchen: Aber nicht vernaschen! I wo! sagte das Mädchen und ging nach Hause.

Diese Geschichte hat auf Frau Kürschstein einen so unerhörten Eindruck gemacht, daß sie sie mir heute wieder erzählt. »Oh, welch ein Herr! Fünfzig Pfennig gab er statt dreißig.«

»Merkwürdig ist diese neue Mode der Tannenbäume, der vielen Tannenbäume«, sagt Herr Balke. »In früherer Zeit hat es nämlich gar nicht so viele Tannenbäume gegeben. Man gebrauchte Pyramiden und Kronen, die waren aus Holz geschnitzt und bunt verziert. Heute sind allerdings Tannen modern geworden. Vielleicht, weil die Menschen keine Geduld mehr haben, Kronen zu schnitzen, oder weil die Welt so liederlich unpraktisch ist und einen haltbaren Kronenbaum verschmäht, der zwanzig und dreißig Jahre als Weihnachtsbaum dienen könnte.«

Damals war Herr Wiedermut noch Weber. Er gehört immer noch der Innung an, aber er webt nicht mehr. Er wird zu Weihnachten erst zu seinen Kindern gehen und dann nach Weihnachten zu seinen Enkeln. Unter Umständen ist es sehr gut, wenn man alt wird, weil sozusagen der Bekanntenkreis sich mit jedem Jahr vermehrt.

Während ich mich mit den Alten unterhielt, saßen die kleinen Buben, die Enkel des Hausverwalters, respektvoll hinter den Greisen und hatten ganz große, runde Augen. Sie dachten fortwährend an die Knarren um einen Sechser. Und an den Schloßplatz und an Schlowaken, die ohne Einreisebewilligung und Paß nach Deutschland kommen durften und übrigens gar keine Schlowaken waren, sondern Berliner.

Eugen Roth
1895–1976

Ein Gleichnis

Ein Mensch beäugt im halben Traum
Die Lichter still am Weihnachtsbaum.
Und Wehmut schleicht sich ihm ins Herze,
Wie Kerze niederbrennt um Kerze.
Oft sind es grad die starken, stolzen,
Die unverhofft hinweggeschmolzen.
Zuletzt sind sechse oder sieben
Als arme Stümpflein übrig blieben.
Der Mensch, nicht aberglaubenfrei,
Sucht eins, daß es das seine sei.

Hoch oben flackert eins und lischt,
Tief unten raucht eins und verzicht.
Ein drittes blau nach Luft noch schnappt –
Schon ist sein Wachs davongeschwappt.
Doch seines, wie's auch knisternd keucht,
Erhebt sich neu zu Goldgeleucht.
Die Schatten werden riesengroß –
Das eine – seine – hält sich bloß.
Ein letztes Tasten noch des Lichts –
Dann kommt das ungeheure Nichts.
Der Mensch entreißt sich seinem Wahn –
Und knipst die Deckenlampe an ...

CARL ZUCKMAYER
1896–1977

Eine Weihnachtsgeschichte

Könnt ihr euch an den Heiligen Abend des vorletzten Jahres erinnern? Den ganzen Tag über hing schon Schnee auf der Stadt, aber vormittags strich die Luft noch aus Nordnordwest, schleppte Frost mit und kalten Dunst, der wie eine Mauer nach oben stand und den Schnee in die Wolken zurückpreßte. Man roch ordentlich, wie der Schnee im Himmel stockte, und wie der Boden unter dem vielen Stein und in den hartgefrorenen Gärten nach ihm verlangte, und wie die niedrigen Wolken ganz voll Drang waren, ihn zu gebären und ihre schweren Bäuche auszuflocken.

Aber das Licht an diesem Tag blieb streng, kalt, glasig, und die Straßenverkäufer traten von einem Fuß auf den anderen, klapperten mit harten Sohlen auf dem Pflaster wie Tänzer auf einer Rollplatte und schlugen sich mit den Armen unter die Achselhöhlen. Erst gegen Dämmerung flaute die kalte Luft ab; es war, als ob von den vielen Lichtern und Laternen, die im Zwielicht milchig und kugelig erstrahlten, ein dünner Wärmestrom aufzitterte wie von Kastanienöfen an den Straßenecken. Als es dunkel ward, rieselte ganz lichter strähliger Schnee herunter, vor den Bogenlampen schien er unbeweglich zu stehen wie ein feinmaschiges weißes Netz, und er blieb auf der Erde wie Sand ohne Feuchtigkeit liegen, klebte an den Sohlen der Fußgänger und polierte die Reifen der langsam gleitenden Autos gefährlich blank und glatt.

Um diese Zeit, als in den Läden noch die letzten Einkäufe gemacht wurden und die heiseren Straßenverkäufer im Westen das Bündel Lametta, Restbestand, schon um drei Pfennige ausschrien, als man ältere Herren in ihren Privatwagen, mit unförmigen Paketen umstellt, so daß sie sich kaum vorbeugen konnten, um die angelaufene Scheibe zu wischen, in Richtung Dahlem oder Grunewald nach Hause fahren sah, als in den Fenstern der Parterre-Wohnungen da und dort schon die Lichterbäume aufstrahlten und die Glocken der wenigen Kirchtürme, mit unwahrscheinlicher Feierlichkeit inmitten all der kleinen und großen Stadtgeräusche, die Christnacht einläuteten, wälzte sich ein dunkler, sonderbar unförmiger Menschenzug von Osten und Norden her, irgendwo stromartig zusammenmündend – langsam, schwerfällig, in einem müden, aber unbrechbar gleichmäßigen Takt der Schritte, in die westlichen Stadtviertel hinein. Die Trambahnen und Autobusse stauten sich an den großen Kreuzungen, und Schutzleute, die die Spitze des Zuges flankierten, hielten Radfahrer und Passanten auf, die aus Eiligkeit oder Ungeduld den Strom durchbrechen wollten. »Weiterjehn, laßt se nur weiterjehn« –, sagten die Schutzleute mit einem fast väterlichen Ton in der Stimme, denn sie wollten nicht, daß es irgend etwas gäbe, und bangten vor jedem Aufenthalt als vor dem Einfallstor des Unvorhergesehenen. Und der Menschenstrom, von den Fenstern oberer Stockwerke anzusehen wie ein grauer, gekerbter, mühsam kriechender Riesenwurm, aus der Nähe mehr wie ein still geschlossener Ausbruch aus den Geschäftsstraßen der Altkleiderhändler, wie ein filziger Zopf aus abgeschabten Mänteln, Umschlagtüchern, Rockkragen, runden Hüten, Schirmmützen und Wolljacken, all das fast ohne Gesichter und von Schneegeriesel und Kältedunst umschwankt, schob sich mit schlurfenden Sohlen unaufhaltsam voran. Einzelne Schildträger da und dort in der freien Straßenmitte schleppten an Stangen genagelt große Bretter, deren Aufschriften man nicht lesen konnte, nur manchmal im stechenden Strahl eines Scheinwerfers einzelne Worte wie »… Nieder mit …« oder »… Volksbetrüger …« oder ähnliches, was mit dem Schnee und der Nacht und den vielen feuchten Kleidern zusammen nur einen dumpfen, bedrückenden Sinn ergab. Von Zeit zu Zeit drang von sehr weit hinten aus dem Zug – die Vordersten marschierten stumm und gleichsam widerstandslos dahin – eine belegte, knarrende Stimme, die ein Kommando zu formen suchte, und dann murmelten viele Stimmen, mit hoffnungsloser Bemühung um Gleichklang, in einem unsicheren Rhythmus: »Hunger, Hunger, Hunger.« –

In den Seitenstraßen flatterten die Gerüchte auf, schwirrten wie Dohlenschwärme nach allen Seiten in die stilleren Stadtviertel hinaus. Dienstmädchen und Portiersleute, etwa im bayrischen Viertel oder im westlichen Charlottenburg, schienen in heimlicher Funkverbindung mit den belebten Hauptstraßen zu stehen, wußten immer Neues, noch bevor das Alte widerlegt worden war. »In Jrunewald steht ne ganze Villenstraße in Flammen«, hieß es, als irgendwo, eines Zimmerbrandes wegen, das Läutezeichen des Feuerwehrautos gellte. »Am Wittenbergplatz is jeschossen worden«, hieß es. »Zwanzig Tote liegen am Wittenbergplatz.« Aber am Wittenbergplatz fiel kein Schuß.

Hingegen stand am Wittenbergplatz, dicht bei einem der geschlossenen Portale des Kadewe, um diese Zeit ein junger Mensch von etwa dreißig Jahren, der dadurch auffiel, daß er am Kinn ein blondes krauses Bärtchen trug, und hielt unter einer Art Radmantel, wie sie in früheren Zeiten von Droschkenkutschern oder Naturfreunden getragen wurden, eine menschliche Gestalt eng an sich gepreßt, von der man nichts sah als das stoßweise Beben des verhüllten Körpers. Es war ungewiß, ob sie schmerzhaft atmete, schluchzte oder nur fror.

Der Blick des Mannes folgte mit wachem, etwas erstaunten Ausdruck dem Ende des Hungerzuges, das eben in den Lichtschächten zwischen Gedächtniskirche und Kinopalästen verschwand, von einigen großen offenen Kraftwagen langsam gefolgt, über deren niedrige Seitenwände steif wie Spielzeugpuppen die Uniformen und Helmtöpfe der Schutzpolizisten unbeweglich ragten.

Es standen jetzt außer diesen beiden nur noch wenige Menschen an derselben Ecke, denn die Straßenverkäufer und Zeitungsausrufer hatten Feierabend gemacht; ein Wächter des Kaufhauses, als Weihnachtsmann gekleidet mit weißem Wattebart, stapfte ungehalten hin und her, eine kleine Gruppe von Chauffeuren, deren Droschken drüben an der Trottoirkante des Platzes hielten, hatte sich debattierend an der Straßenecke gesammelt, ein Mädchen in einem zu kurzen, sehr angeschabten Kalbfellmantel und roten Glanzlederstiefeln, die bis zum Knie hinaufreichten, beschrieb in kurzen Schritten einen Kreis von ganz engem Radius, und einige Leute mit hochgeschlagenen Mantelkragen warteten auf den Autobus. Niemand schien das fremdartige Paar zu bemerken, und keiner kümmerte sich um die beiden, bis plötzlich die Gestalt unter dem Radmantel, lautlos und ohne Heftigkeit, am Körper des jungen Mannes herunter aufs Pflaster glitt.

Der Mann beugte sich über sie und versuchte, sie an den Schultern hochzuziehen. Als ihm dies nicht gleich gelang, drehte er sich ohne Hast zur Gruppe der Chauffeure um, die nun alle, zunächst unberührt und ohne besonderes Interesse, zu ihm hinschauten, und lächelte ein wenig. Gleichzeitig war das Mädchen mit den hohen roten Stiefeln hinzugetreten und starrte mit hängender Unterlippe auf die unbeweglich am Boden liegende Frau hinab.

Nun löste sich aus der Chauffeurgruppe ein älterer Mann mit grauem Schnurrbart, kam langsam herbei, von zwei jüngeren gefolgt, schüttelte den Kopf, räusperte sich und spuckte gegen die Glasscheibe des Warenhauses. »Wat hat'n die?« sagte er dann mit ziemlich klarer Stimme. »Wat wird se haben«, knautschte das Mädchen mit den Stiefeln, das sehr durch die Nase sprach, »Hunger wird se haben!« – »Die's dot«, meinte einer der jüngeren Chauffeure, die dazugekommen waren, »die's dot. Man sieht's an de Lippen. Da kenn ich mir aus mit von Weltkriech.« Der junge Mann im Radmantel lächelte immer noch vor sich hin und antwortete nichts, und in diesem

Augenblick richtete sich die Gestalt am Boden halb auf und sagte leise: »Ach« –, und dann lächelte sie auch. »Na pack doch man zu!« schrie der ältere Chauffeur plötzlich ganz aufgeregt. Er und der Fremde griffen ihr unter die Oberarme, und sie ließ sich ganz leicht emporstützen. Sie lehnten sie an die Glasscheibe, und man sah nun im elektrischen Licht, daß es eine junge Frau war, der rechts und links dunkle Haarsträhnen unter einem kleinen, kecken Hütchen auf die Schläfen fielen, und deren zartes, stumpfnasiges Gesicht, mit leicht umschatteten, weit geöffneten und wie von Belladonna flackrig vergrößerten Augen man lange ansehen mußte, um zu merken, daß es sehr schön war. Sie hatte einen losen, cremefarbenen Frühlingsmantel an, der eher auf eine elegante Hotelterrasse im Süden gepaßt hätte, um den Hals trug sie einen groben grauen Wollschal, der offenbar von ihrem Begleiter stammte, und an den Beinen hatte sie schwarze Seidenstrümpfe. Auf dem rechten Schienbein war ein kreisrundes Loch, wohl von einem Sturz oder Stoß, unter dem ein wenig geronnenes Blut zu sehen war. Darüber deckte sie jetzt beim Aufstehen rasch die eine Hand. Und ihre Hände, schmal und durchsichtig und trotz der Kälte gar nicht rot, streckte sie wie abwehrend ein kleines Stück vor den Leib.

Inzwischen war der als Weihnachtsmann verkleidete Wächter herangekommen und musterte die Gruppe, die nun etwas verlegen beisammenstand und auch, nachdem die Frau aufgerichtet war, schon gar keine Gruppe mehr darstellte, sondern in lauter fremde Leute zerfiel. »Hier könnse nich bleiben mit die kranke Frau«, sagte der Wächter nach einer Weile zu dem jungen Mann. Der antwortete nicht und schien den großen Christbaum im Schaufenster zu betrachten, der mit künstlichem Reif bedeckt und mit vielen elektrischen Birnen behaftet war und zu dessen Füßen weiße Wäsche lag. »Ick jeh mal rin«, sagte der Weihnachtsmann nach kurzer Pause, »und telefoniere nach der Rettungswache.« Da aber verzerrte sich das Gesicht der jungen Frau ängstlich, und sie hob wie bittend beide Hände, »Nein«, sagte sie mit etwas zu heller Stimme, »ich geh schon weiter!« Und sie machte eine kurze Bewegung von der Scheibe weg, wankte aber, und der Fremde mit dem Bärtchen, immer noch auf den Christbaum schauend, nahm sie am Arm und stützte sie unter der Achsel. »Lasse man'n Schluck heißen Kaffee trinken«, sagte plötzlich der eine jüngere Chauffeur, ein schwarzhaariger Mensch mit einem übermäßig breiten Mund. Er sagte das zu dem Fremden und bot auch, in einer unbewußten Scheu davor, sich mit der Frau selbst in Verbindung zu setzen, dem Fremden seine Thermosflasche. Der nahm sie, schraubte sie auf, füllte etwas in den Verschlußbecher und setzte es der Frau an die Lippen. Es war so still, daß man sie leise schlürfen hörte, und keiner sagte ein Wort.

Das Mädchen mit den Stiefeln hatte sich geschneuzt und malte sich nun die Lippen nach, und eine andere, die zu ihr getreten war, starrte ihr über die Schultern in den im Innenleder ihrer Tasche angebrachten Spiegel. Dann setzte die Frau den Becher ab, hielt ihn dem schwarzhaarigen Chauffeur hin und sagte – wobei man zum erstenmal bemerkte, daß sie eine nicht hiesige, eher etwas ausländisch klingende

Mundart sprach – : »Dank schön, das war gut!« – »Na, 's jut«, sagte der Chauffeur und schraubte seine Flasche zu. Der Wächter hatte sich den beiden Mädchen zugewandt. »Kein Jeschäft heute, wat?« sagte er brummig. »Kommt noch«, meinte das Stiefelmädchen, »wenn de Lokale schließen. Weihnachtsfeier für Junggesellen, mit Gemüt und Zaster.« Einige lachten, und die Mädchen schlenkerten mit ihren Taschen um die Ecke. Jetzt aber hatte der ältere Chauffeur mit dem grauen Schnurrbart, nach einigem Räuspern und Spucken, etwas überlegt. »Wo wollt ihr denn hin, ihr beide?« sagte er zu dem fremden jungen Mann. »Hier is nischt los heite, ick bring euch'n Stück.« – »Wo wollen *Sie* denn hin?« sagte der Fremde freundlich. »Ich meine, in welche Richtung?« Er schien aber nur aus Höflichkeit zu fragen und ohne eine besondere Absicht. »Ich«, sagte der Chauffeur, »mach in de Standkneipe an Stadtpark. Ick bin unverheiratet«, fügte er hinzu, und gleichsam sich entschuldigend sagte er noch: »Mit Fuhre is nischt mehr los heite.« Nun aber war der schwarzhaarige Chauffeur mit dem breiten Mund, der vorher seine Thermosflasche gegeben hatte, plötzlich sehr lebhaft. »Weißte was, Fritze«, sagte er zu dem älteren, »wir nehmen se mit in de Standkneipe und stiften se ne heiße Wurst«, und dann sagte er mit einer formellen Wendung zu dem Fremden: »Ick lade det Fräulein uff ne Bockwurscht ein.«

»Bockwürschte könnse an der Ecke Passauer ooch haben«, sagte der Alte. »Aber nich von mir«, lachte der Schwarzhaarige, der immer munterer wurde. »Bei Jahnke hab ick unbegrenzten Kredit. Kommense, Fräulein«, sagte er, und faßte die Frau, die sich noch mit dem einen Arm auf ihren Begleiter stützte, an der freien Hand. Die sah den Blondbärtigen unschlüssig fragend an, aber der nickte nur und sagte zu dem älteren Chauffeur, von dem die ganze Einladung eigentlich angeregt worden war: »Dann fahren wir wohl alle zusammen?« – »Meinetswegen«, erwiderte der und stapfte zu seinem Wagen, während der Schwarzhaarige schon der Frau in den seinen half und den fremden jungen Mann nicht daran hinderte, leichtfüßig hinterher zu steigen und sich an ihrer Seite im Wagen zurückzulehnen. Dann ließ er anspringen und fuhr los, so flott, daß sie auf dem schneeglatten Asphalt bedenklich schleuderten, während der ältere bedächtiger folgte. Am Stadtpark schlossen sie ihre Wagen an die Reihe der wartenden Droschken an und gingen, die Frau in der Mitte, wie alte Bekannte alle vier in die kleine Kneipe am Eck, unter deren Schild »Schultheiß-Patzenhofer« ein Adventskranz aus Fichtenzweigen mit roter Schleife und niedergebrannten Wachslichtern hing.

Es war sehr warm in Jahnkes kleiner Bierstube, denn das lange Ofenrohr ging mitten durchs Lokal. Drei oder vier Holztische standen teils an der Wand, teils an der nach innen offenen Auslage, die nach der Straße zu durch einen Rolladen verschlossen war und in der man, außer zwei leeren kupferbeschlagenen Bierfäßchen und einigen etikettierten Flaschen, mehrere Teller mit kalten Schweineschnitzeln, Sülzkoteletten, Bouletten, Käsebrötchen und sogenannten illustrierten Gurken sah.

Das gefrorene Fett an den kalten Speisen und auf dem Porzellan der Teller sah talgig weiß aus, wie von Stearinkerzen abgetropft. Zigaretten- und Tabakrauch übertäubte nicht ganz den Geruch des Tröpfelbiers und des schlechten Fettes aus der Küche. Aber es roch auch ein wenig nach verschüttetem Grog aus Rumverschnitt und nach den Lederwesten und Schmierstiefeln der Chauffeure. Etwa fünf Chauffeure saßen herum, drei davon spielten Karten, und die anderen tranken kleine Bierschlucke und stierten in die Abendzeitung. Am Büfett, das blank metallisch glänzte und immer von einer schaumigen Wasserflut überspült schien, lehnte ein Mensch, der offenbar kein Chauffeur war, zigarettenrauchend, und beobachtete die Tätigkeit von Jahnkes Schankmamsell. Die trug eine Art weißen Laborkittels über Rock und Bluse, mit aufgekrempelten Ärmeln, und sah so frisch und glanzbäckig aus, als stünde sie nicht Tag und Nacht in einer rauchigen Bierkneipe, sondern verbringe ihre Zeit mit Freiluftturnen und Wintersport. Sie schenkte wundervoll ein, indem sie die Gläser schräg unter die Siphonkranen hielt, und schnitt mit einem flachen Stück Holz den überstehenden Schaum glatt am Glasrand ab. Jahnke selbst trat gerade aus der Küche ins Lokal und kaute auf beiden Backen. Er trug eine Art Litewka aus graugrünem Sackleinen, die unterhalb seines heftig vorgewölbten Bauches in einem Gürtel steckte, und hielt den grauen Lockenkopf immer etwas vorgeneigt, als wollte er jemanden hirschartig mit der Stirne forkeln. Gewohnt, von seinen Gästen zuerst gegrüßt zu werden, sah er den Neuankömmlingen schweigend entgegen und nickte kaum auf ihr zuvorkommendes Gutenabend. »Laß man vier Paar Heiße anfahren«, rief der Schwarzhaarige, nachdem sie sich alle an einem freien Tisch nahe beim Büfett gesetzt hatten.

»Und vier Mollen vonet jute Dortmunder Union.« – »Dortmunder Union nur gegen bar«, knirschte Jahnke kauend, »für Kreide jenügt ooch det schene helle Schultheiß.« – »Dortmunder Union«, wiederholte der Chauffeur und kramte ein Fünfmarkstück aus der Hosentasche. Er legte es hart auf den Tisch und sagte: »Wenn det alle is, können wir immer noch det scheene helle Schultheiß jenießen. Oder wat?« Er sprach dies alles immer halb zu der jungen Frau gewandt, die ihn blaß und verschwommen anlächelte. Inzwischen hatte der Fremde mit dem Bärtchen seinen komischen Radmantel abgelegt und sah darunter aus wie ein normaler konfektionsbekleideter Stadtbewohner. Er sah mit dem immer gleichen, stets wachen und etwas erstaunten Blick vor sich hin und schien mit dem Zeigefinger der rechten Hand auf der Tischplatte zu zeichnen. Die Frau weigerte sich trotz der großen Wärme, ihren Mantel abzulegen. Sie öffnete ihn nur obenher, und man sah, daß sie darunter seltsamerweise eine leichte sommerliche Spitzenbluse anhatte, die den Ansatz einer schönen runden Brust freiließ. Der schwarze Chauffeur schaute unablässig dahin und rückte ihr langsam näher, was sie gar nicht zu bemerken schien, aber sie ließ sich gern und dankbar von ihm die Bockwurst, die nun kam, zerschneiden und Senf darauf schmieren und Brot brechen und aß, wie auch ihr Begleiter, der auf ihrer anderen Seite saß, recht heißhungrig und mit Genuß. Fast übersehen hätten wir aber bei der Betrachtung dieses Ausschanks, daß in einer freien Ecke, neben der Telefonzelle, ein sehr kleines Christbäumchen stand, mit etwas Watte als Schnee und einigen Strähnen drahtig glitzernden Engelshaars behangen, von sechs langen farbigen Wachskerzen verziert, die jetzt noch brannten und in die Blumenscherbe, in der das Bäumchen saß, hinuntertropften.

»Soll ja ne Schießerei jewesen sein«, sagte Jahnke und kam leutselig an den Tisch heran, »an Wittenberch.« – »Wir kommen ja von Wittenberch«, antwortete der Ältere. »Na und?« – »Na wenn da wat jewesen wäre, denn hätten wa längst schon jeredet von.« – »Kann ich nich wissen«, sagte Jahnke, »ob ihr von redet, wenn da wat war.« »Nischt war«, sagte nun der Schwarze. »Wie soll'n da wat sind, waren ja mehr Jrüne bei als Proleten.«- »Wat woll'n dien ooch an Christabend auf'n Wittenberch«, brummte Jahnke. »Jar nichts auf'n Wittenberch«, rief der Schwarze. »Demonstrieren hamse wolln gegen de Arbeitslosigkeit und de Hungerlöhne, det is et jute Recht von de Proleten.« – »Aber doch nich an Christabend auf'n Wittenberch«, beharrte Jahnke eigensinnig. »Nee, an Kaisers Jeburtstach auf'n Tempelhofer, wat?« schnauzte der andere. »Halt die Klappe, Karl!« sagte der ältere Chauffeur und warf ihm einen Blick zu. »Nee Fritze«, rief Karl aufgeregt, »det willste nich glauben, der Jahnke, det is'n Reaktionär.« – »Ick bin'n Jastwirt«, sagte Jahnke gewichtig, »und wenn's dir nich paßt, denn mach deine Rechnung glatt und jeh bein andern.« – »Deswejn noch lange nich«, meinte Karl bedeutend ruhiger. Und dann wandte er sich plötzlich an den fremden jungen Mann mit dem Spitzbärtchen.

»Organisiert?« sagte er zu ihm. Der schien nicht gleich aus seinem Geschaue zu erwachen, gab sich aber Mühe, sein Gesicht höflich zu konzentrieren. »Wie?« fragte er. »SPD? KPD?« drängte Karl in ihn. Der Fremde lächelte. »Ich bin nicht von hier«, sagte er nach einer Weile. »Ach so«, machte Karl und sah ihn verständnislos an.

»Aber Sie, Fräulein«, rückte er der jungen Frau auf den Leib, »ick meine, wat Ihnen betrifft, wenn ick mir heflichst erkundigen dürfte.« – Auf den durchsichtigen Jochbeinen in dem kindhaften Frauengesicht erschienen plötzlich hektische rote Flecke, die Augen verschwärzten sich böse. »Was geht das Sie an?« sagte sie fast schrill – wobei der fremdländische Akzent in ihrer Aussprache noch stärker zu hören war –, »sind Sie vielleicht von der Polizei?« – »Entschuldigense mal, Fräulein«, stotterte Karl betroffen, »ick wollte ja nur nach Ihren Vornamen jefragt haben – « Da passierte etwas Merkwürdiges. Nämlich die junge Frau ließ ihr Gesicht langsam niedersinken, ganz tief, daß es fast den Hals und die Brust berührte, ihre Hände öffneten und schlossen sich mehrfach, und dann, als sie mit einer plötzlichen, fast wilden Bewegung das Gesicht wieder hob, war es von Tränen überglänzt, die tropften, rannen, liefen, strömten, als könnten sie nie mehr aufhören. Dabei war sie ganz lautlos, und ihr Mund völlig unbewegt. Die Männer saßen eine Weile in tiefer Beklommenheit. Jahnke hatte beide Fäuste auf den Tisch gestützt und starrte der Frau, vornübergebeugt, mit offenem Mund ins Gesicht. Fritz, der ältere Chauffeur, zuckte die Achseln und machte ein Gesicht, als ob er sich vor sich selbst geniere, und die Schankmamsell kam neugierig und mitleidsvoll hinterm Büfett vor. »Was hat se denn? Was hat se denn?« fragte sie, aber keiner antwortete, bis Karl schließlich zu stammeln begann. »Aber Frollein«, sagte er, »aber Sie, Frollein«, – – weiter kam er nicht, denn jetzt passierte etwas noch Merkwürdigeres. Der fremde junge Mann stand nämlich auf und machte Karl ein ziemlich heftiges Schweigezeichen. Dann trat er an das Christbäumchen neben der Telefonzelle, machte mit den Händen ein paar taktierende Bewegungen in der Luft, schnupperte einen Augenblick in den Duft der wenigen Kerzenstümpfe, die knisternd niederbrannten, legte den Kopf weit zurück und begann zu singen.

Er sang mit einer tiefen und doch recht hellen Stimme, und sang so laut und kunstlos und unbekümmert, als ob er ganz allein wäre. Ohne darauf zu achten, daß inzwischen die Tür klingelnd aufging und andere Gäste kamen, und daß wieder Bier ausgeschenkt wurde und sogar ein paar laute Stimmen dazwischenquarrten, sang er Weihnachtslieder, die kaum einer von denen in der Kneipe je gehört hatte. »Auf dem Berge, da wehet der Wind«, sang er, und »Josef, liebster Josef mein«, und viele andere, und schließlich, in einem fast hüpfenden Takt, rasch, munter, frohlockend, und mit dem Fuß den Rhythmus mitstampfend, sang er: »Kommet ihr Hirten, ihr Männer und Frau'n«; er sang es und tanzte es, daß die Gläser klirrend wackelten und das Ofenrohr schepperte und das Deckenlicht im Rauch zu schwanken schien – »fürchtet euch nicht« – und dann hörte er plötzlich auf und setzte sich wieder neben die Frau, die zu weinen abgelassen hatte, und sah alle andern mit lachenden Augen an, während er den Rest seines Bieres austrank und sich den Mund abwischte. »Wat heißt hier Hofsänger, inn anständiges Lokal«, brüllte ein baumlanger, breiter Mensch in dickem uniformartigem Wintermantel, in dessen Schnurrbart Eiszapfen hingen. Er war gerade während des letzten Liedes eingetreten und stapfte an den Tisch der Fremden heran. – »Der is wohl von de Zeltmission, is der Junge wohl«, schrie er den Fremden an, »'n bisken doof, Junge, wat?« Aber die Chauffeure, die Schankmamsell und sogar Jahnke persönlich nahmen den Fremden sofort einmütig in Schutz. »Du, Parkbulle«, sprach Jahnke mit seiner absolutistischen Stimme, die jeden Widerstand sinnlos machte, »kümmer du dir mal um deine eigenen Anjelegenheiten. Wenn hier bei mir eener 'n Jesang riskiert, dann jeht et nur mir an, det is mein Hausrecht und meine private Jeschmackssache.« – »Von mir aus kannste hier 'n Cäcilienverein blöken lassen«, sagte der Wächter. »Ich mecht'n Helles.« Er bekam's, verschärfte es durch zwei doppelte Korn und blieb verärgert am Büfett stehen, während am Tisch, von den anderen umsitzenden Chauffeuren durch Zwischenbemerkungen und Zurufe befeuert, ein lebhaftes und sonderbares Gespräch mit dem fremden krausbärtigen Jüngling entstanden war.

»Singe, wem Jesang jejeben«, rief ein Chauffeur namens August Schmöller, ein blonder Mensch mit einer Narbe auf der Stirn, indem er an den Tisch der Fremden herantrat. »Wenn ick zu Hause komme und habe mir unterwejens an ne verstopfte

Düse jeärjert oder an de Verkehrsordnung, denn drehck mirn Radio uff und laß een schmettern. Det hilft.« – »Sag det nich zu dem«, meinte Fritz und deutete mit dem Kopf auf den Fremden. »Bei uns war neulich einer von de Heilsarmee, der hat jesagt, det Radio sei Teufelswerk und gegen de Religion.« – »Das ist Unsinn«, sagte der Fremde vergnügt, »wenn einer so was sagt. Das Radio ist Menschenwerk, wie das Bierglas oder die Schnapsflasche. Es kommt nur auf den Inhalt an!« – und da Fritz ihn verständnislos ansah, fügte er wie entschuldigend hinzu: »Wir wissen einfach noch nichts damit anzufangen!« – »Na hörnse mal«, ließ Karl sich vernehmen, »bei die technische Höchstleistung! Wir in unsre Zelle ham jeden Abend Moskau janz klar, und wir ham ooch Amerika jekriegt, wie Schmeling jeboxt hat« – »Wir hören die Stimmen der Welt«, sagte der Fremde, »aber wir verstehen sie nicht.«

Diese Bemerkung ging in einer allgemeinen Radiodebatte unter, in der alle gleichzeitig redeten. »Ich zum Beispiel«, brach sich der alte Chauffeur Fritz allmählich Bahn, »ich interessiere mir für Fußball. Nu kann ick aber nie bein Matsch jehn, weil wir sonntags det beste Jeschäft ham. Da flitzick denn immer zwischen zwei Fuhren mal rasch ins Haus Vaterland rin und hör de Erjebnisse, frisch wie ne Nachtschrippe. Ich kenn mir da 'n bisken aus, wissen se, und wenn ick zum Beispiel höre: Concordia Spandau gegen Bohemia Prag zwo Mitteltore drei zu eins« – hierbei ahmte er die Stimme des Lautsprechers nach, ohne es zu merken –, »denn sehck det vor mir, denn sehck det janz jenau vor mir!« sagte er ganz aufgeregt und wie zu sich selbst. Keiner hörte ihm zu, und er wendete sich an den Fremden. »Und deshalb sage ich, det is'n jesegneter Fortschritt, det war früher nich!« – »Da haben Sie recht«, sagte der, »wenn's Ihnen Freude macht!« Aber dann fing er plötzlich an zu reden, und zwar ziemlich leise, aber alle verstummten in ihrem Gespräch und hörten ihm zu. »Ich war einmal, auch an einem Weihnachtsabend«, sagte er, »in Holland. Es war in einer Villa, ziemlich nahe am Meer. Wir saßen zusammen und schraubten am Radio herum. Ich war da auch nur vorübergehend«, sagte er nebenbei mit einer höflich lächelnden, schrägen Kopfneigung zu der Frau neben ihm, die ganz lebhaft und mit geröteten Wangen allem lauschte. »Wir wollten die Übertragung des Christmettesingens hören, die im Programm angekündigt war, und hatten vorher viel Punsch getrunken, und waren einfach voll Festesfreude, wißt ihr, so, daß alle sehr gern zusammen im Zimmer sind, auch wenn sie sich sonst kaum kennen.« Er sah dabei in den Gesichtern herum, und fast alle lachten mit den Augen, obwohl sie ernsthafte Mienen machten.

»Der Radiokundige unter uns suchte nach der richtigen Welle, und einen Moment lang hatte er sie auch schon, die fernen Glocken erklangen, von einem süddeutschen Dom, und man hörte einen hellen Hauch von Knabenstimmen, die gerade einsetzten, – sooo – !«, und er sang leise die ersten Töne von dieser Melodie. »Da aber drehte unser Radiobesitzer die Schraube noch einmal kurz zurück, vielleicht, um alles noch besser zu machen, und da gellte plötzlich ein Signal in unser Weihnachtszimmer hinein, es übertrug sich eigentlich nur ganz leise, aber es ging uns allen gellend ins Ohr.

So!« Er klopfte den Rhythmus dieses Signals auf den Tisch und pfiff es zwischen den Zähnen – »SOS – – SOS – – Schiff in Seenot!! Die Brigg ›Zuidersee‹ bei Ebbe gestrandet, schwerer Flutgang, Leck im Schiff, höchste Gefahr für die Besatzung, 23 Seeleute in Lebensgefahr, zu Hilfe, zu Hilfe!«

Er schwieg. Alle schwiegen. Dann sagte August Schmöller: »Junge, Junge«, und Jahnke schnappte mit einem Laut, wie wenn ein Pinscher Fliegen fängt, die Schaumkappe von seinem frischen Bier.

»Und wat habt'n ihr jemacht?« fragte Karl nach einer Weile.

»Wir haben dann die süddeutsche Welle gesucht und den Gesang der Regensburger Domspatzen gehört«, sagte der Fremde ernsthaft. »Es war sehr schön.«

Die Frau neben ihm hielt seine Hand in der ihren.

»Na ja«, sagte dann Karl wie zu seinem eigenen proletarischen Gewissen.

»Helfen hätten se ja sowieso nich können.«

»Nein«, lächelte der Fremde. »Aber das waren die Stimmen der Welt.«

Ein Dienstmädchen stürzte plötzlich herein, es hatte einen Mantel mit Pelzkragen über die Schultern geworfen und darunter noch die Serviertracht, schwarzes Kleid mit weißer Trägerschürze. »Raus«, rief sie ins Lokal, »bei Meyers is Schluß. Fünf Taxen werden jebraucht.« Einige Chauffeure sprangen auf und liefen hinaus, während man schon die sonoren und fülligen Motorstimmen abfahrender Privatwagen hörte. Das Mädchen war ans Büfett zur Schänkmamsell getreten und zählte Geldstücke, die sie lose in einer Schürzentasche trug. »Die reichen Kantoreks, mit'n Mercedes-Kompressor«, sagte sie zur Mamsell, »haben mir achtzig Fennje jejeben, und dabei warnse vier Personen hoch. Ihrn Schofför ham se zu Weihnachten ne Jarnitur Netzhemden jeschenkt, aus'n Ollen sein Engrosgeschäft. Wat sagt man!« – Sie stützte sich dabei mit dem Ellbogen auf die Schulter des Mannes, der als einziger Nichtchauffeur schon den ganzen Abend über am Büfett saß, und küßte ihn nun unvermittelt aufs Ohr. »Na, Männe«, sagte sie, »haste dir jelangweilt?« – »Nee«, antwortete ihr Freund. »Langeweile kenn wir nich. Habe immer ne schöne Aussicht jehabt«, sagte er und blinzelte zu der Schänkmamsell, die rot wurde. »Du Schlimmer«, sagte das Dienstmädchen gleichgültig und zwickte ihn in die Backe. Indessen war am Tisch der Fremden wieder etwas Merkwürdiges geschehen.

Der Mann mit dem blonden Krausbärtchen hatte nämlich alle Bierfilze gesammelt, deren er habhaft werden konnte, einige Bleistifte aus der Tasche gezogen, und nun war er damit beschäftigt, während sein Gesicht einen so gedankenlosen und fast blöden Ausdruck zeigte, wie das eines mit sich allein spielenden Kindes, die Rückseiten der Bierfilze mit Strichen und Schraffierungen zu bedecken. Seine Hand fuhr so hastig hin und her, daß man sich kaum vorstellen konnte, es werde dabei etwas Erkennbares herauskommen. Plötzlich aber überreichte er Herrn Jahnke einen Bierfilz, auf dem, in groben Zügen zwar, aber deutlich im Ausdruck getroffen, Jahnkes selbstsichere Physiognomie zu sehen war, mit allen menschlichen Reserven und aller heimlichen Helligkeit des Jahnkeschen Eigenwesens. Und schon war er dabei, den Chauffeur Fritz zu porträtieren. Die andern merkten, was los war, schauten ihm über die Schulter und machten Gesichter wie beim Fotografieren, wodurch sich aber der junge Mann nicht stören ließ. Nur Karl interessierte sich wenig für die künstlerischen Ereignisse, die er wohl als den beiläufigen kulturellen Überbau des Abends auffaßte. Seine fünf Mark waren längst in Dortmunder Union aufgelöst, und er genoß nun schon das schöne helle Schultheiß auf Pump. Aber weit weg von diesen ökonomischen Tatsachen schlug ihm das Herz grundlos und bang im Halse; die Frau neben ihm, die immer noch den Mantel trug, hatte dessen Kragen oben sehr weit zurückgeschlagen, und mit zunehmender Scheu starrte Karl auf die Haut an ihren Schlüsselbeinen, die von ganz zarten bläulichen Adern durchzeichnet war. Plötzlich beugte er sich, rabiat vor unbekannter Schüchternheit, weit vor und küßte sie einfach auf die Schulter, dicht neben dem Halsansatz und den Haaren, die ihr vom Ohr herabfielen. Und nun kam das Merkwürdigste, nämlich die Frau nahm ihr Hütchen ab und strich ihr schönes, volles, etwas kupfriges Haar zurück und neigte ihr Gesicht mit einem zauberischen, undurchsichtigen Lächeln sehr nah dem ganz erschreckten Karl zu und wühlte ihm ein wenig in den Haaren, und legte ihm ihren Arm um die Schulter. Schon malte sich etwas wie ein törichtes Besitzerlächeln auf Karls einfachem und männlichem Gesicht, da begann der Fremde, freundlich vorgeneigt, ihn auf den Bierfilz zu zeichnen, und sofort wurden Karls Züge wieder kindlich und leise verstört.

»Wie kannste det aber nu auf der Welt zusammenbringen«, sagte der Chauffeur Fritz plötzlich laut, längst Gesprochenes und Vergessenes aus seinem Kopf wieder aufgreifend. »Wenn auf der einen Welle Amerika is und auf de andren Deutschland, und eener funkt Notsignale und der andere Tanzmusik, so kannste das doch nich alles auf einmal hören, sondern erst det eene und nachher det andre, und wenn man sich det alles zu jleicher Zeit vorstellt, wie will denn'n Mensch da Ordnung reinbringen, wat?« – »Ja, siehst du«, sagte der Fremde, den er hilflos fragend anstarrte, »es läßt sich doch auf der Welt nicht alles in Ordnung bringen. Ordnung ist eine Nebensache. Ordnen läßt sich immer nur ein kleiner Teil! Und wenn du alles das besser und richtiger ordnest, was jetzt falsch geordnet ist« – sagte er zu Karl, der unsicher blinzelte – »dann fängt doch das Leben und sein Geheimnis überhaupt erst an!« – »Ordnung muß sein«, brüllte da auf einmal der Parkwächter vom Büfett her, und kam schwankend und drohend näher. »Ich sage: Ordnung muß sein!« wiederholte er sichtlich herausfordernd.

Als ihm aber keiner widersprach, fuhr er, scheinbar zusammenhanglos, fort: »Jetzt in Winter, da is ja nischt los in der Beziehung. Aber in Sommer, da könnt ihr wat erleben!« Er lachte blöd und setzte sich dem Fremden gegenüber. »So in de warmen Julinächte«, sagte er, »wenn sich de Liebespaare in Park auf de Bänke rumdrücken, denn pürsch ick mir janz leise von hinten ran, und wennse denn jrade mitten bei sind, denn nehm ick 'n Jummiknüppel raus und hau den Herrn Bräutijam von oben runter uffn Kopp. Denn sinse jeheilt, kann ick Ihn'n sa'n.« – Der Fremde sprang auf und hatte plötzlich rote Flecke im Gesicht. »Aber das ist doch nicht wahr, was Sie da erzählen!« rief er laut. »Das können Sie doch gar nicht tun!« – »Det kann ick nich?« wiederholte der Parkbulle geringschätzig. »Wenns ne jute Nacht is, komm ick manchmal uff zehn, fuffzehn Stück.« – »Und warum machen Sie denn das?« fragte der Fremde fassungslos. »Warum?« schrie der Wächter und schlug auf den Tisch. »Na, – Ordnung muß sein, sag ick!!« Der Fremde war wieder ganz ruhig geworden. »Wenn das wahr ist, was Sie da erzählen«, sagte er, »dann sind Sie ein ganz gemeiner Kerl.« Alle waren still und erwarteten eine Katastrophe. »Was bin ick?« fragte der Parkbulle lauernd. »Ein ganz gemeiner Patron«, bekräftigte der Fremde voll Überzeugung, »und außerdem direkt gottlos! Geheilt!! Haben Sie denn nie bedacht, was Sie da tun? Sie verletzen ja« – und er verstummte kopfschüttelnd. Der Wächter hob den Arm, und die Chauffeure spannten schon die Muskeln, denn jeder glaubte, es käme ein Faustschlag. Es kam aber nichts.

Der Wächter schnaufte, völlig außer Fassung gebracht. Dann drehte er sich auf dem Gesäß um, ohne aufzustehen. »Noch 'n Helles!« rief er, und in diesem Augenblick fing die Frau am Tisch hell und heiter zu lachen an. Plötzlich lachten die andern auch. Irgendeiner sagte was Komisches, Jahnke schlug sich knallend auf den Schenkel, und ehe man sich's versah, hatte der Fremde wieder zu singen begonnen, diesmal am Tisch sitzend, mit seiner tiefen, aber lichten Stimme sang er das Trinklied der Nonnen im Rosenhaag »Schenket ein den Cypernwein«, und bei der zweiten Strophe schon sangen die Chauffeure die Melodie mit! Der Parkbulle kaute nachdenklich an seinem Bier und schüttelte den Kopf zu alledem, und mitten in der Schlußstrophe sah man auf einmal, daß Karl ganz steif und merkwürdig verkrampft dasaß und vergeblich durch Grimassen die andern zum Schweigen zu bringen suchte. Es wurde allmählich still, der Fremde hatte zuerst aufgehört, und jetzt sahen alle, was los war: die Frau lag mit dem Kopf seitlich an Karls Schulter, ihre Augen waren geschlossen und ihre Haut ganz weiß, man wußte nicht recht, ob sie schlief oder ob ihr das Herz stillstand. Während nun aber alle zu ihr hinsahen, verzog sich plötzlich der Mund wie von einem grausam reißenden Schmerz, das ganze Gesicht zuckte und flog, ohne daß die Augen sich öffneten, die Wangen fielen jählings ein und bekamen schwarze Löcher, und gleich darauf schlug sie die Augen wieder auf, atmete tief, bekam Farbe ins Gesicht und lächelte ein wenig. Milly, das Dienstmädchen von Meyers, war hinzugetreten und sah ihr mit einem schwimmenden und zärtlichen Blick auf die Hände. »Wat für Hände«, sagte sie dann mehrmals und streichelte vorsichtig die Fingerspitzen der Frau. »Laßt se doch ins Vereinszimmer auf det scheene Sofa liegen«, riet die Schänkmamsell, die auch herzugetreten war und die Ratlosigkeit der Männer spürte. »Nich wahr, Herr Jahnke«, sagte sie, »warum soll se nich in Vereinszimmer auf det Sofa liegen, wenn se müde is.« – »Meintswegen«, sagte Jahnke wie erlöst, »schafft se man rüber, da kann se pennen bis in die Puppen. Jeputzt wird nich an Feiertag!« Der Fremde verbeugte sich dankbar vor Herrn Jahnke und reichte der Frau die Hand. Sie stand zögernd auf, während Karl steif und ein wenig enttäuscht sitzenblieb, und ging mit leicht schwankenden Knien, von dem Fremden geführt und von Milly und dem Schänkmädchen gefolgt, in das verdunkelte kleine Hinterzimmer. An der Tür blieb der junge Mann zurück, die beiden Mädchen gingen mit der Frau hinein und schlossen die Tür hinter sich. Eine Zeitlang blieb es still, und von dem Fremden sah man nur den Rücken. Er stand mit etwas gesenktem Kopf und schien ins Leere zu sehen. Kurz darauf kam das Schänkmädchen zurück. »Nu jeht's ihr besser«, sagte es. »Sie liegt längelang, de Milly bleibt bei ihr drinnen.« – »Ich danke Ihnen«, sagte der junge Mann und begab sich zum Tisch zurück.

»Sag mal, wer bist denn du eigentlich«, wandte sich Karl plötzlich an ihn. »Ich meine – nichts für ungut – weil du sone komische Kruke bist …«

»Ich bin«, sagte der Fremde in einem Tonfall, von dem man nicht wußte, ob er sich über die anderen oder sich selbst lustig mache, oder ob er es vielleicht ganz ernst meine, »ich bin ein seltsamer Mensch. Ich vertrage nämlich kein Eisbein, und erst recht kein Sauerkraut. Als ich sehr jung war, hielt ich dies jedoch für das Beste.« Die Chauffeure nickten verständnisvoll. »Da ich aber nicht auf Lebenszeit mit Sodbrennen herumlaufen wollte, machte ich mich auf, das Land zu finden, wo man Nektar und Ambrosia speist.« – »Wat?« fragte Fritz. »Schlampanjer und Austern«, meinte der Parkbulle verächtlich. »Nein«, sagte der Fremde ernsthaft, »die Götterspeisen, die ja bestimmt leicht verdaulich sind. Und ich kam an die Grenze eines fremden Landes, da stand ein Erzengel Wache, in grüner Uniform, und fragte mich nach meinem Begehr, und als ich es genannt hatte, sagte er zu mir: Was du wirklich suchst, ist ›Jugend ohne Alter und Leben ohne Tod‹. Da ward ich sehr fröhlich, denn genau das war es, was ich suchte, ich hätte es aber selbst nie nennen können. Sechs Mal wirst du in die Irre gehn, sagte der Engel und hob den Grenzpfahl auf, beim siebten Mal magst du dein Ziel erreichen. Bei diesen Worten zeigte er auf einen nahgelegenen Friedhof. Ich aber machte mir nichts daraus und zog wohlgemut weiter. Da kam ich in einen finsteren Wald, der war voll von bösen Geistern und Ungeheuern, und da ich bald meinen Weg verloren hatte und auf ihre Gnade angewiesen war, verführten sie mich, böse Dinge zu tun, so böse und so verworfen, wie ihr es euch gar nicht denken könnt. Denn ihr wart ja noch nicht in der Gewalt böser Geister.

Eines Tages hörte ich leises Weinen an einem Felsenquell, und da saß eine verstoßene Prinzessin, die schon lange über Land gelaufen war, und versuchte die Läuse in ihrem seidenen Hemd zu knicken. Und die Stimme des Engels sagte zu mir: Hilf ihr, dann hast du den ersten Ausweg gefunden. Da half ich ihr Läuse knicken, und wanderte weiter mit ihr, und so sind wir entkommen. Aber noch sind sie hinter uns her.« – »Wer?« fragte einer, »die Grünen?« – »Die bösen Geister«, sagte der junge Mensch, »die wird man nicht so leicht los.«

Der Parkbulle hatte ihn die ganze Zeit über höhnisch betrachtet, aber nicht gewagt, die allgemeine Stille des Zuhörens zu unterbrechen. Nun sagte er mit biederem

Ton: »Na, Mensch, wenn de wirklich so'n Rübezahl bist, denn tu doch man jefälligst 'n Wunder. Det möcht ick besehn hier, verstehste?« Der Fremde nickte nur und zuckte dabei die Achseln. »Haste verstanden?« sagte der Parkbulle schon bedeutend angriffslustiger, da Karl leise gelacht hatte, »'n Wunder sollste tun. Kannste det?« – »Jeder kann Wunder tun«, sagte der Fremde ziemlich unbeirrt, »also auch ich.« – »Na denn laß man ne Runde Schnaps auf'n Tisch erscheinen, für jeden 'n doppelten Korn, det wär'n Wunder«, sagte der Parkbulle, dem trotz einer Pause des Nachdenkens kein ungewöhnlicheres Wunder eingefallen war.

»Das will ich«, sagte der Fremde und strich sich über sein krausblondes Bärtchen. »So«, rief der Bulle, »und wie machstn det?« – »Indem ich den Wirt bitte, uns eine Runde Schnaps zu schenken«, sagte der junge Mann bescheiden und ohne Spott. Jahnke, der an seinem Schanktisch eingenickt war, sah ihn mit merkwürdig verträumten Augen an, die anderen grinsten. »Ich bitte Sie, Herr Jahnke«, sagte der Fremde mit gleichmütiger Stimme zu ihm, »schenken Sie uns eine Runde Schnaps. Für jeden einen doppelten Korn.« Jahnke glotzte einen Augenblick, wie hypnotisiert, und es griff plötzlich eine große Spannung um sich. Auf einmal warf Jahnke gebieterisch den Kopf herum zur Schänkmamsell, die in der Ecke beim Ofen mit dem Freund des Dienstmädchens flüsterte. »Laß man anfahren«, befahl er. »Sechs doppelte Korn!« Jetzt aber brach, wie wenn ein Druck von allen Lungen, ein heimlicher Griff von jeder Kehle gewichen wäre, ein allgemeines tobendes Hallo aus, man ließ Jahnke hochleben und noch mehr den Wundertäter, denn daß es sich um ein offensichtliches Wunder handelte, dem Jahnke, der noch nie in seinem Leben einen ausgegeben hatte, zum Opfer gefallen war, lag klar zutage. Der Schnaps kam rasch und wuchs wie von selbst auf den Tisch, denn es waren jetzt alle so mit Lachen, Reden, Schreien beschäftigt, daß kaum einer gemerkt hatte, wie er gebracht und hingestellt wurde. Plötzlich hatte man ihn in der Hand und im Mund und durch Gurgel und Speiseröhre hinab wohlbrennend im Gekröse, und als der Fremde nun wieder zu singen anhub, brauchte er nicht lange um Teilnahme zu werben: gleich fielen alle in das Lied ein, das er anstimmte und das alle kannten: »Wenn du denkst, der Mond geht unter, er geht nicht unter, er tut nur so.« Es war ein blödsinniges Lied vielleicht, aber es war dieser Stunde voll angemessen, und wer von uns hat nicht einmal so eine Stunde erlebt? Und gerade als das Lied im schönsten Anschwellen war, da kam das Dienstmädchen Milly aus dem Vereinszimmer heraus und sagte Herrn Jahnke ganz aufgeregt etwas ins Ohr. Herr Jahnke stand schweigend auf und ging ohne weiteres sehr rasch zur Telefonzelle. Von dort winkte er nach rückwärts den Fremden herbei, der den Vorgang stumm beobachtet hatte, und zog ihn mit in die Zelle hinein. Und während die Männer vorn eine neue Lage Schnaps ausknobelten, hörte man Herrn Jahnke im Hintergrund laut und erregt eine Telefonnummer verlangen.

Eine halbe Stunde später war der Arzt da. »Wo liegt sie?« fragte er und winkte dem Dienstmädchen Milly, ihm zu folgen. In der Tür zum Vereinszimmer drehte er sich noch einmal um und befahl der Schänkmamsell, kochendes Wasser vorzubereiten, und nach zehn Minuten kam er wieder aus dem Zimmer heraus, klappte seinen Handkoffer auf und trug ihn in die Küche, wo er Instrumente abkochte und sich eine Ewigkeit lang die Hände wusch. Dann trat er wieder ins Lokal, er war nun in Hemdsärmeln und hatte Gummihandschuhe an, blinzelte durch seine Goldbrille einen Augenblick mißtrauisch zu Jahnke und den Gästen hin und verschwand ins Vereinszimmer. Es wurde fast nichts mehr gesprochen am Tisch, wo alle wie vorher beisammensaßen und sich einander nicht anzuschauen trauten. Der Fremde zeichnete auf die Tischplatte Bäume, die sich im Wind bogen, kahle Bäume, verkrüppelte, niederbrechende Baumstrünke, Schößlinge, Zweige, Blätter und ragende Hochtannen. Es war sehr still, die Uhr tickte laut, und durch die offene Tür zur Küche hörte man das kochende Wasser singen.

Aus dem Vereinszimmer keinen Laut. Nach gar nicht langer Zeit aber ging die Tür auf, und Milly lief stolpernd vor Aufregung durchs Lokal, sie hatte hochrote Backen, und alles flog an ihr. »Sie hat«, flüsterte sie unter lautem Atem zu den Männern am Tisch hin, »Krönchen in die Wäsche jestickt, sieben Zacken, det is ne Gräfliche, oder wenigstens 'n Freifräulein!« – »Selber Fräufreilein«, brummte Fritz ungläubig. »Aber nee doch!« rief Milly etwas lauter und verschwand in die Küche, »wie se nich bei sich war, da hatse ausländisch jesprochen. Mamma mia, hatse jesagt!« Der Fremde am Tisch barg sein Gesicht in den Händen. »Und man hat ihr so gut wie nischt anjesehn«, sagte Karl verbittert, »ich dachte, die isn bisken mollig, dachte ick, untenrum.«

Als Milly mit einem Topf Wasser langsam aus der Küche zurückkam, räusperte sich Jahnke und wollte sie etwas fragen, aber in diesem Augenblick erscholl aus dem Vereinszimmer, dessen Tür Milly nur angelehnt hatte, ein zarter und doch durchdringender Laut, gleich darauf anschwellend, quäkend, quarrend, plärrend, gellend, und dann in ein stockendes Gemauze übergehend. Kindergeschrei. Milly stolperte wieder und verschüttete etwas Wasser, bevor sie ins Zimmer verschwand. Der Parkbulle stand auf, streckte die Glieder, wollte einen Witz machen, verschluckte ihn, und sagte dann: »Nu jehck mal 'n Rundgang. Morjn die Herrn.« – Er machte die Tür auf, blieb einen Moment auf der Schwelle stehen und knöpfte seinen Mantel zu. Von draußen fiel schon ein graugrieseliges Morgenlicht herein, in das der viele Rauch sich kräuselnd hinausdrehte. Durch die offene Tür sah man schattenhaft die kahlen Bäume und darunter, vom Licht der Laternen besprengt, das in der Dämmerung wesenlos zerflatterte, mit verhängten Kühlern die Kette der Autodroschken, wie Schafe, Rinder, Maultiere und schlummernd gekauerte Kamele.

Der Arzt trat heraus. »Macht mal die Tür zu!« herrschte er die Männer an. Dann ging er in die Küche, um sich schon wieder die Hände zu waschen. Jahnke trat, von den Männern gefolgt, in die Tür des Vereinszimmers. Er und der Fremde gingen hinein, die andern blieben auf der Schwelle stehen und schauten in einer engen Gruppe einander über die Schulter.

Plötzlich war auch der Parkbulle wieder da und winkte den beiden Chauffeuren Fritz und Karl heimlich mit einem Zeitungsblatt, es war die dicke Feiertagsausgabe, die er mit hereingebracht hatte. Mißtrauisch traten sie zu ihm an den Tisch. Die Seite »Aus aller Welt« und »Gerichtsteil« war aufgeschlagen, und der Parkbulle tippte mit seinem dicken Wollhandschuhfinger auf ein verschwommenes Photoporträt, unter dem ein fettgedruckter Bericht stand. Fritz, der schwer und langsam las, murmelte halb lautlos vor sich hin, einzelne Worte hoben sich wie Schreckschüsse heraus. »... gesucht ...« – »... Großbetrug eines gewerbsmäßigen Kurpfu-Kurpf« – »Kurpfuschers ...«, sagte der Parkbulle. – »Entführungsverdacht und Sittlichkeits-« – »Aber nu man ocke«, sagte Karl, »bei denen, da is doch keene Sittlichkeit – «. Er war ganz weiß, und der Schweiß stand ihm auf der Stirn. »Wat willstn machen!« fragte Fritz leise den Parkbullen. »Ick weeß ja nich«, sagte der vor sich hin, »hier drinnen, det is nich mein Revier.« – »Und auf dem Photo, da hat er ooch keen Bart«, sagte Karl. »Den kann er jeklebt haben«, sagte der Parkbulle, »ick hab da nischt mit zu tun.«

Damit drehte er sich auf dem Absatz und ging so leise hinaus, wie er wohl noch nie im Leben irgendwo hinausgegangen war. Das Blatt blieb auf dem Tisch liegen.

Milly und das Schänkmädchen hatten Millys Freund rechts und links untergefaßt und standen mit ihm im Vereinszimmer neben der Tür, eng an die Wand gepreßt. »Is'n Junge«, flüsterte Milly kaum hörbar zu den Chauffeuren hin.

Die Frau lag auf dem Sofa, und man hatte ein weißes Leintuch über sie gedeckt. Neben ihr, auf einem Stuhl, lagen ihre Kleider, am Boden standen zwei Waschbecken und ein Blecheimer, daneben die Tasche des Arztes, aus der Nickel blitzte. Das Kind lag in ihrem rechten Arm und quakte ein wenig. Und die Mutter hatte die Augen weit auf, und man sah, daß es tief schwarzblaue Augen waren in einem bleichen, schönen, irdischen Gesicht.

»Sie sind wohl der Vater von dem Kind?« sagte der Arzt zu dem Fremden, und klappte ein Notizbuch mit Vordrucken und Registereinteilung auf.

»Ich?« erwiderte der, mit einem ganz erstaunten Blick. »Wieso?«

»Na«, sagte der Arzt und zog seinen Rock an.

»Ich schicke dann jemanden her, der das aufnimmt«, sagte er. »Es genügt ja zunächst einer vom Revier – «, und dann, während er in seinen Mantel schlüpfte, rief er der Schänkmamsell zu: »Fencheltee, aber nicht zu heiß!«

Dann ging er.

Jahnke war ziemlich lange fortgewesen und kam nun zurück, offenbar aus seiner Wohnung im Hochparterre. Er hatte Milly und ihren Freund mit hinaufgenommen, und die trugen nun einen Packen älterer Wäschestücke, windelartigen Kinderzeugs und Decken hinter ihm her. Während sie das alles ins Vereinszimmer schleppten, trat der Fremde zu Jahnke hin. »Verzeihen Sie«, sagte er, »haben Sie vielleicht einen Fahrplan?«

Jahnke sah ihn an. »Jewiß«, sagte er dann, und nahm ihn aus einer Schublade des

Büfetts heraus. »Wollen Se wech?« sagte er nach einer Weile. Aber der Fremde hörte es nicht, er saß mit abwesender Miene über den Fahrplan gebeugt und schrieb sich Züge heraus. Die Chauffeure hatten inzwischen nach ihren Wagen gesehen und kamen allmählich wieder herein. »Mal 'n Kaffee kochen«, sagte Jahnke zur Schänkmamsell und ging hinter ihr her in die Küche. Auch die Chauffeure gingen im Raum hin und her, denn es schien nicht mehr richtig zu sein, daß man sich wieder hinsetzte: es war alles aufgelöst, fremd und morgendlich.

Nach einiger Zeit stand der Fremde auf und sprach leise mit dem alten Chauffeur Fritz. »Ja, wird'n det jehn?« sagte der. »Natürlich«, antwortete der Fremde. »Von mir aus«, sagte Fritz, und dann zu Karl, der hinzutrat: »Zum Schlesischen Bahnhof.« – »So«, sagte Karl und verstand. Der Fremde war ins Vereinszimmer gegangen und packte zusammen.

»Mit de Behörde woll'n die ooch nich aus die gleiche Schüssel essen«, sagte August Schmöller zu den beiden andern. »Det jeht mir nischt an«, sagte Karl. »Jewiß nich«, bekräftigte August. »Ick meinte nur bloß.« Als Jahnke später die Küchentür öffnete, aus der ein dicker warmer Kaffeegeruch drang, sah er nur noch, wie Karl und August die Frau, die in einem Bündel das Kind an sich gepreßt hielt, auf gekreuzten Armen hinaustrugen. Fritz ging hinterher und schleppte zwei Decken mit. Um Jahnke kümmerte sich niemand, und der Fremde schien schon im Auto zu sein. Auf dem Tisch, zwischen verschüttetem Schnaps und Aschenresten, lag noch der Bierfilz mit Jahnkes Porträt. Darauf hatte der Fremde das Datum geschrieben, 24.12.1929, und ein Herz und eine Hand darunter gemalt.

Langsam ging Jahnke ins Vereinszimmer. Blieb stehen, schaute ins Lokal zurück. Draußen sprangen Motore an, dann schlurrten die Wagen davon.

Im Vereinszimmer war aufgeräumt worden, das Leintuch lag zusammengefaltet überm Stuhl, und sonst erinnerte nichts mehr an das Geschehene.

Nur ein leiser Geruch von Jodoform und anderen Medikamenten, den der Arzt mit seinen Kleidern und seiner Tasche hereingeschleppt hatte, hing noch in der Luft.

Als aber nun Jahnke gedankenvoll das Fenster öffnete und die erste Sonnenhelle hereinließ, die draußen auf dem Rauhreif der Bäume und über der dünnen Eisschicht des Stadtparkteiches flimmerte, ging auch dieser Geruch hinaus, und es blieb von allem gar nichts mehr übrig.

Karl Heinrich Waggerl
1897–1973

Der Tanz des Räubers Horrificus

Gegen Abend nach der ersten Rast wollte Josef mit den Seinen wieder weiterziehen. Er nahm aber den Esel und ritt voraus hinter einen Hügel, um den Weg zu erkunden. »Es kann doch nicht mehr weit sein bis Ägypten«, dachte er.

Indessen blieb die Muttergottes mit dem Kinde auf dem Schoß allein unter der Staude sitzen, und da geschah es, daß ein gewisser Horrificus des Weges kam, weithin bekannt als der furchtbarste Räuber in der ganzen Wüste. Das Gras legte sich flach vor ihm auf den Boden, die Palmen zitterten und warfen ihm gleich ihre Datteln in den Hut und noch der stärkste Löwe zog den Schweif ein, wenn er die roten Hosen des Räubers von weitem sah. Sieben Dolche steckten in seinem Gürtel, jeder so scharf, daß er den Wind damit zerschneiden konnte, an seiner Linken baumelte ein Säbel, genannt der krumme Tod, und auf der Schulter trug er eine Keule, die war mit Skorpionsschwänzen gespickt.

»Ha!« schrie der Räuber und riß das Schwert aus der Scheide.

»Guten Abend«, sagte die Mutter Maria. »Sei nicht so laut, er schläft!«

Dem Fürchterlichen verschlug es den Atem bei dieser Anrede, er holte aus und köpfte eine Distel mit dem krummen Tod.

»Ich bin der Räuber Horrificus«, lispelte er, »ich habe tausend Menschen umgebracht …«

»Gott verzeihe dir!« sagte Maria.

»Laß mich ausreden«, flüsterte der Räuber, – »und kleine Kinder wie deines brate ich am Spieß!«

»Schlimm«, sagte Maria. »Aber noch schlimmer, daß du lügst!«

Hiebei kicherte etwas im Gebüsch und der Räuber sprang in die Luft vor Entsetzen, noch nie hatte jemand in seiner Nähe zu lachen gewagt. Es kicherten aber nur die kleinen Engel, im ersten Schreck waren sie alle davongestoben und nun saßen sie wieder in den Zweigen.

»Fürchtet ihr mich etwa nicht?« fragte der Räuber kleinlaut.

»Ach, Bruder Horrificus«, sagte Maria, »was bist du für ein lustiger Mann!«

Das drang dem Räuber lind ins Herz, denn, die Wahrheit zu sagen, dieses Herz war weich wie Wachs. Als er noch in den Windeln lag, kamen schon die Leute gelaufen und entsetzten sich, »wehe uns«, sagten sie, »sieht er nicht wie ein Räuber aus?« Später kam niemand mehr, sondern jedermann lief davon und warf alles hinter sich, und Horrificus lebte gar nicht schlecht dabei, obwohl er kein Blut sehen und kaum ein Huhn am Spieß braten konnte.

Darum tat es nun dem Fürchterlichen in der Seele wohl, daß er endlich jemand gefunden hatte, der ihn nicht fürchtete.

»Ich möchte deinem Knaben etwas schenken«, sagte der Räuber, »nur habe ich leider nichts als lauter gestohlenes Zeug in der Tasche. Aber wenn es dir gefällt, dann will ich vor ihm tanzen!«

Und es tanzte der Räuber Horrificus vor dem Kinde und kein lebendes Wesen hatte je dergleichen gesehen. Den krummen Tod hob er über sich gleich der silbernen Sichel des Mondes, die Beine schwang er unterhalb mit der Anmut einer Antilope und so geschwind, daß man sie nicht mehr zählen konnte. Er schleuderte alle sieben Dolche in die Luft und sprang durch den zerschnittenen Wind, gleich einer Feuerzunge wirbelte er wieder herab. So gewaltig und kunstvoll tanzte der Räuber, so überaus prächtig war er anzusehen mit seinen Ohrringen und dem gestickten Gürtel und den Federn auf dem Hut, daß sogar die Jungfrau Maria ein wenig Glanz in die Augen bekam. Auch die Tiere der Wüste schlichen herbei, die königliche Uräusschlange und die Springmaus und der Schakal, alle stellten sich im Kreise auf und klopften mit ihren Schwänzen den Takt in den Sand.

Schließlich sank der Räuber erschöpft zu Füßen Marias nieder und da schlief er auch gleich ein. Josef war längst weitergezogen, als Horrificus endlich wieder aufwachte und benommen seines Weges ging. Alsbald merkte er auch, daß ihn niemand mehr fürchtete. »Er hat ja ein weiches Herz!«, erzählte die Springmaus überall. »Vor dem Kinde hat er getanzt«, zischte die Schlange.

Horrificus blieb in der Wüste, er legte seinen fürchterlichen Namen ab und wurde ein mächtiger Heiliger im Alter, es soll verschwiegen bleiben, wie er im Kalender heißt.

Wenn aber einer von euch etwas zu verbergen hätte und nur sein Herz wäre weich geblieben, so mag er getrost sein. Gott wird ihm dereinst verzeihen um des Kindes willen, wie dem großen Räuber Horrificus.

Bertolt Brecht
1898–1956

Die gute Nacht

Der Tag, vor dem der große Christ
Zur Welt geboren worden ist
War hart und wüst und ohne Vernunft.
Seine Eltern hatten keine Unterkunft
Und auf den Straßen herrschte ein arger Verkehr
Und die Polizei war hinter ihnen her
Und sie fürchteten sich vor seiner Geburt
Die gegen Abend erwartet wurd.
Denn seine Geburt fiel in die kalte Zeit.

Aber sie verlief zur Zufriedenheit.
Der Stall, den sie doch noch gefunden hatten
War warm und mit Moos zwischen seinen Latten
Und mit Kreide war auf die Tür gemalt
Daß *der* Stall bewohnt war und bezahlt.
So wurde es doch noch eine gute Nacht
Auch das Heu war wärmer, als sie gedacht
Ochs und Esel waren dabei
Damit alles in der Ordnung sei.
Eine Krippe gab einen kleinen Tisch
Und der Hausknecht brachte ihnen heimlich einen Fisch.
(Denn es mußte bei der Geburt des großen Christ
Alles heimlich gehen und mit List.)
Doch der Fisch war ausgezeichnet und reichte durchaus
Und Maria lachte ihren Mann wegen seiner Besorgnis aus.
Denn am Abend legte sich sogar der Wind
Und war nicht mehr so kalt, wie die Winde sonst sind.
Aber bei Nacht war er fast wie ein Föhn.
Und der Stall war warm. Und das Kind war sehr schön.
Und es fehlte schon fast gar nichts mehr –
Da kamen auch noch die Dreikönig daher!

Maria und Joseph waren zufrieden sehr.
Sie legten sich sehr zufrieden zum Ruhn.
Mehr konnte die Welt für den Christ nicht tun.

Das Paket des lieben Gottes
Eine Weihnachtsgeschichte

»Nehmt eure Stühle und eure Teegläser mit hier hinter den Ofen und vergeßt den Rum nicht. Es ist gut, es warm zu haben, wenn man von der Kälte erzählt.

Manche Leute, vor allem eine gewisse Sorte Männer, die etwas gegen Sentimentalität hat, haben eine starke Aversion gegen Weihnachten. Aber zumindest *ein* Weihnachten in meinem Leben ist bei mir wirklich in bester Erinnerung. Das war der Weihnachtsabend 1908 in Chicago.

Ich war anfangs November nach Chicago gekommen, und man sagte mir sofort, als ich mich nach der allgemeinen Lage erkundigte, es würde der härteste Winter werden, den diese ohnehin genügend unangenehme Stadt zustande bringen könnte. Als ich fragte, wie es mit den Chancen für einen Kesselschmied stünde, sagte man mir, Kesselschmiede hätten keine Chancen, und als ich eine halbwegs mögliche Schlafstelle suchte, war alles zu teuer für mich. Und das erfuhren in diesem Winter 1908 viele in Chicago, aus allen Berufen.

Und der Wind wehte scheußlich vom Michigan-See herüber durch den ganzen Dezember, und gegen Ende des Monats schlossen auch noch eine Reihe großer Fleischpackereien ihren Betrieb und warfen eine ganze Flut von Arbeitslosen auf die kalten Straßen.

Wir trabten die ganzen Tage durch sämtliche Stadtviertel und suchten verzweifelt nach etwas Arbeit und waren froh, wenn wir am Abend in einem winzigen, mit erschöpften Leuten angefüllten Lokale im Schlachthofviertel unterkommen konnten. Dort hatten wir es wenigstens warm und konnten ruhig sitzen. Und wir saßen, so lange es irgend ging, mit *einem* Glas Whisky, und wir sparten alles den Tag über auf für dieses eine Glas Whisky, in das noch Wärme, Lärm und Kameraden mit einbegriffen waren, all das, was es an Hoffnung für uns noch gab.

Dort saßen wir auch am Weihnachtsabend dieses Jahres und das Lokal war noch überfüllter als gewöhnlich und der Whisky noch wässeriger und das Publikum noch verzweifelter. Es ist einleuchtend, daß weder das Publikum noch der Wirt in Feststimmung geraten, wenn das ganze Problem der Gäste darin besteht, mit einem Glas eine ganze Nacht auszureichen, und das ganze Problem des Wirtes, diejenigen hinauszubringen, die leere Gläser vor sich stehen hatten.

Aber gegen zehn Uhr kamen zwei, drei Burschen herein, die, der Teufel mochte wissen woher, ein paar Dollar in der Tasche hatten, und die luden, weil es doch eben

Weihnachten war und Sentimentalität in der Luft lag, das ganze Publikum ein, ein paar Extragläser zu leeren. Fünf Minuten darauf war das ganze Lokal nicht wiederzuerkennen.

Alle holten sich frischen Whisky (und paßten nun ungeheuer genau darauf auf, daß ganz korrekt eingeschenkt wurde), die Tische wurden zusammengerückt, und ein verfroren aussehendes Mädchen wurde gebeten, einen Cakewalk zu tanzen, wobei sämtliche Festteilnehmer mit den Händen den Takt klatschten. Aber, was soll ich sagen, der Teufel mochte seine schwarze Hand im Spiele haben, es kam keine rechte Stimmung auf.

Ja, geradezu von Anfang an nahm die Veranstaltung einen direkt bösartigen Charakter an. Ich denke, es war der Zwang, sich beschenken lassen zu müssen, der alle so aufreizte. Die Spender dieser Weihnachtsstimmung wurden nicht mit freundlichen Augen betrachtet. Schon nach den ersten Gläsern des gestifteten Whiskys wurde der Plan gefaßt, eine regelrechte Weihnachtsbescherung, sozusagen ein Unternehmen größeren Stiles, vorzunehmen.

Da ein Überfluß an Geschenkartikeln nicht vorhanden war, wollte man sich weniger an direkt wertvolle und mehr an solche Geschenke halten, die für die zu Beschenkenden passend waren und vielleicht sogar einen tieferen Sinn hatten.

So schenkten wir dem Wirt einen Kübel mit schmutzigem Schneewasser von draußen, wo es davon gerade genug gab, ›damit er mit seinem alten Whisky noch ins neue Jahr hinein ausreiche‹. Dem Kellner schenkten wir eine alte erbrochene Konservenbüchse, ›damit er wenigstens ein anständiges Servicestück hätte‹, und einem zum Lokal gehörigen Mädchen ein schartiges Taschenmesser, ›damit sie wenigstens die Schicht Puder vom vergangenen Jahr abkratzen könnte‹.

Alle diese Geschenke wurden von den Anwesenden, vielleicht nur die Beschenkten ausgenommen, mit herausforderndem Beifall bedacht. Und dann kam der Hauptspaß.

Es war nämlich unter uns ein Mann, der mußte einen schwachen Punkt haben. Er saß jeden Abend da, und Leute, die sich auf dergleichen verstanden, glaubten mit Sicherheit behaupten zu können, daß er, so gleichgültig er sich auch geben mochte, eine gewisse unüberwindliche Scheu vor allem, was mit der Polizei zusammenhing, haben mußte. Aber jeder Mensch konnte sehen, daß er in keiner guten Haut steckte.

Für diesen Mann dachten wir uns etwas ganz Besonderes aus. Aus einem alten Adreßbuch rissen wir mit Erlaubnis des Wirtes drei Seiten aus, auf denen lauter Polizeiwachen standen, schlugen sie sorgfältig in eine Zeitung und überreichten das Paket unserm Mann.

Es trat eine große Stille ein, als wir es überreichten. Der Mann nahm das Paket zögernd in die Hand und sah uns mit einem etwas kalkigen Lächeln von unten herauf an. Ich merkte, wie er mit den Fingern das Paket anfühlte, um schon vor dem Öffnen festzustellen, was darin sein könnte. Aber dann machte er es rasch auf.

Und nun geschah etwas sehr Merkwürdiges. Der Mann nestelte eben an der Schnur, mit der das ›Geschenk‹ verschnürt war, als sein Blick scheinbar abwesend auf das Zeitungsblatt fiel, in das die interessanten Adreßbuchblätter geschlagen waren. Aber da war sein Blick schon nicht mehr abwesend. Sein ganzer dünner Körper (er war sehr lang) krümmte sich sozusagen um das Zeitungsblatt zusammen, er bückte sein Gesicht tief darauf herunter und las. Niemals, weder vor- noch nachher, habe ich je einen Menschen so lesen sehen. Er verschlang das, was er las, einfach. Und dann schaute er auf. Und wieder habe ich niemals, weder vor- noch nachher, einen Mann so strahlend schauen sehen wie diesen Mann.

Da lese ich eben in der Zeitung, sagte er mit einer verrosteten, mühsam ruhigen Stimme, die in lächerlichem Gegensatz zu seinem strahlenden Gesicht stand, daß die ganze Sache einfach schon lang aufgeklärt ist. Jedermann in Ohio weiß, daß ich mit der Sache nicht das Geringste zu tun hatte. Und dann lachte er.

Und wir alle, die erstaunt dabei standen und etwas ganz anderes erwartet hatten und fast nur begriffen, daß der Mann unter irgendeiner Beschuldigung gestanden und inzwischen, wie er eben aus diesem Zeitungsblatt erfahren hatte, rehabilitiert worden war, fingen plötzlich an, aus vollem Halse und fast aus dem Herzen mitzulachen, und dadurch kam ein großer Schwung in unsere Veranstaltung, die gewisse Bitterkeit war überhaupt vergessen und es wurde ein ausgezeichnetes Weihnachten, das bis zum Morgen dauerte und alle befriedigte.

Und bei dieser allgemeinen Befriedigung spielte es natürlich gar keine Rolle mehr, daß dieses Zeitungsblatt nicht wir ausgesucht hatten, sondern Gott.«

Erich Kästner
1899–1974

Weihnachtslied, chemisch gereinigt
(Nach der Melodie: »Morgen, Kinder, wird's was geben!«)

Morgen, Kinder, wird's nichts geben!
Nur wer hat, kriegt noch geschenkt.
Mutter schenkte euch das Leben.
Das genügt, wenn man's bedenkt.
Einmal kommt auch eure Zeit.
Morgen ist's noch nicht so weit.

Doch ihr dürft nicht traurig werden.
Reiche haben Armut gern.
Gänsebraten macht Beschwerden.
Puppen sind nicht mehr modern.
Morgen kommt der Weihnachtsmann.
Allerdings nur nebenan.

Lauft ein bißchen durch die Straßen!
Dort gibt's Weihnachtsfest genug.
Christentum, vom Turm geblasen,
macht die kleinsten Kinder klug.
Kopf gut schütteln vor Gebrauch!
Ohne Christbaum geht es auch.

Tannengrün mit Osrambirnen –
lernt drauf pfeifen! Werdet stolz!
Reißt die Bretter von den Stirnen,
denn im Ofen fehlt's an Holz!
Stille Nacht und heil'ge Nacht –
weint, wenn's geht, nicht! Sondern lacht!

Morgen, Kinder, wird's nichts geben!
Wer nichts kriegt, der kriegt Geduld!
Morgen, Kinder, lernt fürs Leben!
Gott ist nicht allein dran schuld.
Gottes Güte reicht so weit ...
Ach, du liebe Weihnachtszeit!

Sechsundvierzig Heiligabende

Fünfundvierzigmal hintereinander hab ich mit meinen Eltern zusammen die Kerzen am Christbaum brennen sehen. Als Flaschenkind, als Schuljunge, als Seminarist, als Soldat, als Student, als angehender Journalist, als verbotener Schriftsteller. In Kriegen und im Frieden. In traurigen und in frohen Zeiten. Vor einem Jahr zum letztenmal. Als es Dresden, meine Vaterstadt, noch gab. Diesmal werden meine Eltern am Heiligabend allein sein. Im Vorderzimmer werden sie sitzen und schweigend vor sich hinstarren. Das heißt, der Vater wird nicht sitzen, sondern am Ofen lehnen. Hoffentlich hat er eine Zigarre im Mund. Denn rauchen tut er für sein Leben gern. »Vater hält den Ofen, damit er nicht umfällt«, sagte meine Mutter früher. Mit einem Male wird er »Gute Nacht« murmeln und klein und gebückt, denn er ist fast achtzig Jahre alt, in sein Schlafzimmer gehen.

Nun sitzt sie ganz einsam und verlassen. Ein paarmal hört sie ihn nebenan noch husten. Schließlich wird es in der Wohnung vollkommen still sein ... Bei Grüttners oder Ternettes singen sie vielleicht »O du fröhliche, o du selige«. Meine Mutter tritt ans Fenster und schaut auf die weißbemützten Häuserruinen gegenüber. Am Neustädter Bahnhof pfeift ein Zug. Aber ich werde nicht in dem Zuge sein.

Dann wird sie in ihren Kamelhaarpantoffeln leise und langsam durchs Zimmer wandern und meine Fotografien betrachten, die an den Wänden hängen und auf dem Vertiko stehen. In den Büchern, die ich geschrieben habe und die sie auf den Tisch gelegt hat, wird sie blättern. Seufzen wird sie. Und vor sich hinflüstern: »Mein guter Junge«. Und ein wenig weinen. Nicht laut, obwohl sie allein im Zimmer ist. Aber so, daß ihr das alte, tapfere Herz weh tut.

Wenn ich daran denke, ist mir es, als müßte ich, hier in München, auf der Stelle vom Stuhl aufspringen, die Treppen hinunterstürzen und ohne anzuhalten bis nach Dresden jagen. Durch die Straßen und Wälder und Dörfer. Über die Brücken und Berge und verschneiten Äcker und Wiesen. Bis ich endlich außer Atem vor dem Hause stünde, in dem sie sitzt und sich nach mir sehnt, wie ich mich nach ihr.

Aber ich werde die Treppen nicht hinunterstürzen. Ich werde nicht durch die Nacht nach Dresden rennen. Es gibt Dinge, die mächtiger sind als Wünsche. Da muß man sich fügen, ob man will oder nicht. Man lernt es mit der Zeit. Dafür sorgt das Leben. Sogar von euch wird das schon mancher wissen. Vieles erfährt der Mensch zu früh. Und vieles zu spät.

Meine liebe Mutter ... Nun bin ich doch selber schon ein leicht angegrauter, älterer Herr von reichlich sechsundvierzig Jahren. Aber der Mutter gegenüber bleibt man immer ein Kind. Mutters Kind eben. Ob man sechsundvierzig ist oder Ministerpräsident von Bischofswerda oder Johann Wolfgang von Goethe persönlich. Das ist den Müttern, Gott sei Dank, herzlich einerlei! Später wird sie sich eine Tasse Malzkaffee einschenken. Aus der Zwiebelmusterkanne, die in der Ofenröhre warmsteht. Dann wird sie ihre Brille aufsetzen und meinen letzten Brief noch einmal lesen. Und ihn sinken lassen. Und an die fünfundvierzig Heiligabende denken, die wir gemeinsam verlebt haben. An Weihnachtsfeste besonders, die weit, weit zurückliegen. In längstvergangenen Zeiten, da ich noch ein kleiner Junge war.

An das eine Mal etwa, wo ich ihr einen großen, schönen, feuerfesten Topf gekauft hatte und mit ihm, als sie mich zur Bescherung rief, hastig durch den Flur rannte. Als ich ins Zimmer einbiegen wollte, begann ich strahlend: »Da, Mutti, hast du ...« Ich wollte natürlich rufen: »... einen Topf!« Aber nein, Mutters feuerfester Topf kam leider, als ich in die Zielgerade einbog, mit der Tür in Berührung. Er zerbrach, und ich stammelte entgeistert: »Da, Mutti, hast du – einen Henkel!« Denn mehr als den Henkel hatte ich nicht in der Hand.

Wenn sie daran denkt, wird sie lächeln. Und einen Schluck Malzkaffee trinken. Und sich anderer Weihnachten erinnern. Vielleicht jenes Heiligabends, an dem ich ihr die »sieben Sachen« schenkte. Verlegen überreiche ich ihr eine kleine, in Seidenpapier gewickelte Pappschachtel und sagte, während sie diese unterm Christbaum vorsichtig und gespannt auspackte: »Weißt du, ich habe doch nicht viel Geld gehabt – aber es sind sieben Sachen, und alle sieben sind sehr praktisch!« In der Schachtel fand sie eine Rolle schwarzen Zwirn, eine Rolle weißen Zwirn, eine Spule schwarzer Nähseide, eine Spule weißer Nähseide, ein Briefchen Sicherheitsnadeln, ein Heftchen Nähnadeln und ein Kärtchen mit einem Dutzend Druckknöpfchen. Sieben Sachen! Da freute sie sich sehr, und ich war stolz wie der Kaiser von Annam. Oder ihr fällt jener Weihnachtsabend ein, an dem ich, nach der Bescherung, noch zu Försters Fritz, meinem besten Freunde, lief, um zu sehen, was denn der bekommen hatte. Seinen Eltern gehörte das Milchgeschäft an der Ecke Jordanstraße … Ganz plötzlich kam ich wieder nach Hause. Ich stand, als meine Mutter die Tür öffnete, blaß und verstört vor ihr. Försters Fritz hatte eine Eisenbahn geschenkt bekommen, und als ich damit hatte spielen wollen, hatte er mich geschlagen!

Da stand ich nun klein und ernst vor ihr und fragte, was ich tun solle. Zurückschlagen hatte ich nicht können. Er war ja mein bester Freund. Und warum er mich eigentlich geschlagen hatte, begriff ich überhaupt nicht. Was hatte ich ihm denn getan?

Damals hatte meine Mutter zu mir gesagt: »Es war richtig, daß du nicht zurückgeschlagen hast! Einen Freund, der uns haut, sollen wir auch nicht prügeln, sondern mit Verachtung strafen.«

»Mit Verachtung strafen?« Ich machte kehrt.

»Wo willst du denn hin?« fragte meine Mutter.

»Wieder zurück!« erklärte ich energisch. »Ihn mit Verachtung strafen!« Und so ging ich wieder zu Försters und verbrachte den Rest des Abends damit, meinen Freund Fritz gehörig zu verachten. Leider weiß ich nicht mehr, wie ich das im einzelnen gemacht habe. Schade. Sonst könnte ich euch das Rezept verraten.

Oder meine Mutter wird an einen anderen Heiligabend denken, der nicht ganz so weit zurückliegt. Es sind höchstens zwanzig Jahre her – da gingen wir, nach unserer Bescherung, an den Albertplatz zu Tante Lina, um dabeizusein, wenn der kleine Franz beschert bekäme. Franz war das Kind meiner früh verstorbenen Base Dora.

Ich war damals ungefähr fünfundzwanzig Jahre alt. Und plötzlich sagte Tante Lina, der Weihnachtsmann, der zum kleinen Franz hätte kommen sollen, habe in letzter Minute wegen Überlastung abtelefoniert, und ich müsse ihn unbedingt vertreten! Sie zogen mir einen umgewendeten Pelz an, hängten mir einen großen weißen Bart aus Watte um, drückten mir einen Sack mit Äpfeln und Haselnüssen in die Hand und stießen mich in das Zimmer, wo Franz, der kleine Knirps, neugierig und etwas ängstlich auf den richtigen Weihnachtsmann wartete. Als ich ihn mit kellertiefer Stimme fragte, ob er auch gefolgt habe, antwortete er: O ja, das habe er schon getan. Und dann kitzelte mich der alberne Wattebart derartig in der Nase, daß ich laut niesen mußte.

Und der kleine Franz sagte höflich: »Prost, Onkel Erich!« Er hatte den Schwindel von Anfang an durchschaut und hatte nur geschwiegen, um uns Erwachsenen den Spaß nicht zu verderben. Meine Mutter in Dresden wird also an vergangene glücklichere Weihnachten denken. Und in München werde ich es auch tun. Erinnerungen an schönere Zeiten sind kostbar wie alte goldene Münzen. Erinnerungen sind der einzige Besitz, den uns niemand stehlen kann und der, wenn wir sonst alles verloren haben, nicht mitverbrannt ist. Merkt euch das! Vergeßt es nie!

Während ich am Schreibtisch sitze, werden meiner Mutter vielleicht die Ohren klingen. Da wird sie lächeln und meine Fotografien anblicken, ihnen zunicken und flüstern: »Ich weiß schon, mein Junge, du denkst an mich.«

ÖDÖN VON HORVÁTH
1901–1938

Wintersportlegendchen

Wenn Schneeflocken fallen, binden sich selbst die heiligen Herren Skier unter die bloßen Sohlen. Also tat auch der heilige Franz.

Und dem war kein Hang zu steil, kein Hügel zu hoch, kein Holz zu dicht, kein Hindernis zu hinterlistig – er lief und sprang und bremste derart meisterhaft, daß er nie seinen Heiligenschein verbog.

So glitt er durch winterliche Wälder. Es war still ringsum und – eigentlich ist er noch keinem Menschen begegnet und auch keinem Reh. Nur eine verirrte Skispur erzählte einmal, sie habe ihn auf einer Lichtung stehen sehen, wo selbst er einer Gruppe Skihaserln predigte. Die saßen um ihn herum im tiefen Schnee, rot, grün, gelb, blau – und spitzten andächtig die Ohren, wie er so sprach von unbefleckten Trockenkursen im Kloster »zur guten Bindung«, von den alleinseligmachenden Stemmbögen, Umsprung-Ablässen und lauwarmen Telemarkeln. Und wie erschauerten die Skihaserln, da er losdonnerte wider gewisse undogmatische Unterrichtsmethoden!

Marieluise Fleisser
1901–1974

Als wir noch auf das Christkind warteten

Heute beim Stadttheater bin ich dem Christkind begegnet, sagte die gute Mutter in jenen Tagen, wo das Licht im Zimmer um vier Uhr angezündet werden mußte. Mama, wie sieht es denn aus? Die Mutter sagte, die Erwachsenen wissen, wie das Christkind aussieht, aber sie dürfen nicht darüber reden. Ich steckte meinen Kopf hinter den Fenstervorhang und hatte Herzweh, weil die Zeit so langsam verging. Dann trieb mich die Erwartung wieder heraus. Mama, hast du es denn nicht wenigstens kommen sehen? Man sieht das Christkind nicht kommen, sagte die Mutter fromm. Auf einmal steht es in den dunklen Straßen mit seinen bloßen Füßen, die den Boden nicht berühren. Wenn du einmal groß bist, wirst du es auch sehen. Ich dachte, wenn ich doch groß wäre.

Ich hatte meine bestimmten Vorstellungen von den Unsichtbaren, die ich an niemand verriet. Der liebe Gott war gelb wie eine Sonnenblume und ging mit einer Gießkanne spazieren und das Christkind war kein Kind – ein Kind war ich selbst – eher war es eine engelhafte feine Dame mit einem überweißen Gesicht und einem weißen Gewand, das bis auf den Boden ging. Ja, da das Gaslicht das Weißeste war, was ich kannte, war es für mich so weiß wie ein Gaslicht. Das Christkind blendet so, daß es seine eigenen Augen nicht aufmachen kann, dachte ich.

Glaubst du an das Christkind? fragten wir einander in der Klasse. Es war die Frage, die die Böcke von den Schafen schied. Ich war lange bei denen, die den Glauben nicht hergeben wollten. Ich weiß noch, wie ich aus der kleinen Naturgeschichte alle zwölf Absätze »besondere Merkmale« von den einzelnen Klassen der Säugetiere zusammenfassend lernte, damit die Zeit bis zum Heiligen Abend schneller verging. Ich war also damals in der vierten Vorklasse. Die Lehrerin war ganz gerührt, als ich ihr am anderen Morgen mein Wissen vortrug, und prophezeite mir, daß ich diese Übersicht über die Säugetiere mein Leben lang nicht vergessen würde! Ich schämte mich, weil hier meine Unruhe mit besonderem Fleiß verwechselt wurde.

Endlich kam die Zeit, wo ich bei den unmittelbaren Weihnachtsvorbereitungen mithelfen durfte. Dabei stiegen mir keine Zweifel auf. Das Christkind kann nicht alles allein machen, sagte die Mutter, denke nur an die vielen Familien. Ich war selig, daß meine Schwestern nichts merken durften und trieb sie an zum frühzeitigen Schlafengehen. Im Bett mußte ich furchtbar Schlaf haben und auf das eifrige Gewisper keine Antwort geben, bis die Köpfe nachdenklich und eingesponnen in den Kissen lagen.

Wenn ich dann tief und gleichmäßig atmete, kam früher als sonst wie eine Suggestion der Schlaf in die Stube und mein Herz fing zu zittern an. Ich legte mich sacht aus dem Bett auf den Boden und kroch unter dem Bett meiner jüngeren Schwester durch langsam zur Tür, die ich vorher nur angelehnt hatte! Ich erschrak über das kleine letzte Einschnappen der Klinke. Unten im Wohnzimmer saß schon meine Mutter über einem Korb Äpfel und einem Netz Nüsse. Meine Mutter hatte am Abend meistens Kopfweh und eine himmlische Geduld. Ich durfte mit einem Tuch die Äpfel klarreiben, bis sie rote Bäcklein zeigten. Jetzt sind sie so schön wie die Äpfel aus Seife, sagte ich in meinem Glück. Dann steckte ich die gedrehten, unten platten Christbaumdrähte in die Nüsse an ihrer einzigen verwundbaren Stelle, am Stielansatz, wo das schwarze Blattkeimchen besonders nach Nuß roch. Manchmal waren die Nüsse an dieser Stelle hohl und ich schob immer mehr Draht nach, bis er sich innen sperrte und festsaß. An diesem Draht wurde die Nuß in einem flachen Schüsselchen Bier herumgewirbelt. Vorsichtig wie einen Schmetterlingsflügel legte ich ein Blättchen Rauschgold in die Hand, drehte die angefeuchtete Nuß in das Blatt ein und tupfte die Fetzen mit Watte fest. Die fertigen Nüsse hängten wir die Wände einer Pappschachtel entlang, so daß sie sich nicht aneinander rieben.

Am Heiligen Abend gab es das Christkind zweimal, um sechs Uhr das »kleine« Christkind bei meiner Großmutter und um sieben Uhr das eigentliche und »große« in meinem Elternhaus. Wir sind nie in einer sogenannten guten Stube beschert worden, wie ich das bei Freundinnen häufig sah, in Zimmern, die immer kalt sind. Nein, der Tannenduft gehörte an Weihnachten zu unserem Wohnzimmer wie die Bratäpfel in der Röhre nach dem Schlittschuhlaufen.

Meine Mutter entfernte »die kleine Ware«, wie sie uns nannte, schon am frühen Morgen, damit das Zimmer gestöbert wurde. Den ganzen Tag hielten wir uns in der Großen Rosengasse bei meiner Großmutter auf. Nie wieder sind Tage so lang. Ich sah diese Stube später von Fremden bewohnt, da war es nicht mehr diese Stube, die lebte, weil ein ganzes Leben in ihr verbracht wurde. Die Großmutterstube nannten wir sie. Ständig hing es wie ein leiser warmer Ton zwischen den schattigen stillen Wänden. Irgendwo blinkte eine Goldleiste, und die alte Uhr tickte ruckweise dazwischen. Das geschweifte schwarze Lederkanapee in der Ecke glänzte friedlich mit den weißen Porzellanknöpfen trotz der beiden Ritterinnen, die in steifem Rahmen über ihm hingen, barbarisch-süßlichen Damen mit engen Taillen, die eine trug einen wallenden himmelblauen, die andere einen blutrünstigen Federbusch auf dem Hut. Ich studierte diese aufregenden Damen aus allen Entfernungen, während ich meinen Schemel aus einem Winkel der Stube in den anderen rückte. Zwischenhinein ging ich auf die Gasse und blickte zum Himmel auf, was der Mond machte. Noch stand er oben wie ein weißer Schemen, ohne zu leuchten.

Kinder warten vier Wochen lang auf den Heiligen Abend; am Tag selbst ist ihnen das Warten zu einer Manie geworden. Ich mochte nicht zeichnen, nicht bauen, nicht schreiben, nicht mit der Schere schneiden, nicht die Raubmorde aus den Zeitungen lesen – Raubmorde sind das erste, was Kinder an den Zeitungen interessiert –, ich konnte nichts essen außer zwei Mandarinen, die das Christkind über dem Haus abgeworfen hatte. Das Christkind ließ mir sagen, es werde nicht kommen, wenn ich nicht endlich Ruhe gebe; so nahe war es, ohne daß ich es fliegen sah! Ich lief an das kleine seitliche Fenster, durch das man bei dieser Bauart den Hausgang überblicken konnte; ungeduldig zupfte ich an dem weißen gefältelten Vorhang, der steif wie Oblaten war. Ich fuhr mit dem Finger die Einlegearbeiten der Biedermeierkommode entlang, klopfte an das lange schwarze Barometer. Ich stand vor der alten Uhr mit den Säulen aus Alabaster und den Spiegelwänden, in die ich hineinblickte wie in einen kleinen Spiegelsaal, als ob ein gutes Geistchen heraustreten müßte. Ich stieg sogar unters Dach hinauf, wo in einer Kammer ein junger Schreiner Feierabend machte. Er begoß seine bloßen Arme und Hände mit Spiritus, zündete ihn an und rieb und wusch sich mit den blauen Flammen. In acht Tagen habe ich Hände so fein wie ein Schreiber, prophezeite er. Als es unten in der Stube schummerig wurde, kuschelte ich mich mit aufgezogenen Füßen in den großen runden Stuhl. Ein Auge ließ ich offen und sah damit nach dem Feuer, das hinter den Spalten des alten Ofentürchens auf und nieder glitt. Ich behauptete nachher, ich habe mit einem offenen Auge geschlafen wie die Hasen. Aber das Christkind war doch dicht neben dir, als es den Baum aufstellte, sagten mir die Großen. Ja, davon hatte ich nichts gesehen. Ich wachte erst auf, als meine Geschwister mit hoher Stimme sangen und die Kerzen brannten.

Der Christbaum der Großmutter war für mich der Christbaum zum Angewöhnen, das Bäumchen mit den dünnen, schief aufgesteckten Kerzen, das nicht ganz bis zur Decke reichte. Und es war gut so, sonst wäre es nachher nicht so schön geworden. Nach frommem Brauch zog die Großmutter die Vorhänge an den Fenstern auf, damit die, die in den Straßen herumliefen und keinen Baum bekamen, an dem Kerzenglanz teilnehmen konnten. Wie in einem Schaukasten standen wir alle da und sangen. Bei der ersten und zweiten Strophe schauten wir unentwegt in die zitternden Lichte, bei der dritten schielten wir nach dem Gabentisch. Ich begriff lange nicht, warum wir der Großmutter die Hand geben und danke schön sagen mußten, wenn das Christkind doch alles gebracht hatte. Dann holte uns das Mädchen ab, das Schneeflocken im Stirnhaar trug. Wir stapften durch den krachenden Schnee der Straßen, den neuen Schulranzen, der noch ganz leicht war, auf dem Rücken und steckten den Kopf tief in den Nacken. Heute können wir es noch fliegen sehen, sagten wir, morgen nicht mehr. Das Mädchen sagte, das Christkind fliegt doch hinter den Dächern. Aber wir ließen uns das Suchen nicht nehmen. Vielleicht, dachten wir glücklich, vielleicht – – –. Im Badezimmer wechselten wir die Schuhe; die Mutter kam mit einem heißen Gesicht und reiner Haut. Sie trug einen Faden Silberfall hinten am Rock, den sie damit erklärte, daß das Christkind über sie hinweggeflogen war. Es ist jetzt drinnen, sagte sie, seid nur alle artig. Es war so leicht, artig zu sein in dieser

Minute, wo die Herzen klopften. Ein unsäglich feines Glöckchen läutete. Wie ein Rudel stürmten wir über den Gang nach der Tür, die sperrangelweit in rötlichen Glanz führte. Die Mutter machte schnell das offenstehende Fenster hinter dem Christbaum zu. Soeben ist das Christkind um die Ecke geflogen, sagte sie. Das silberne Glöckchen zitterte noch. Es hing in jedem Jahr an derselben Stelle. Überhaupt hingen die gleichen Sachen an den gleichen Zweigen wie immer; meine Mutter überlegte es sich jedes Jahr aufs neue und kam glücklich zu demselben Ergebnis; und doch war der Baum in jedem Jahr ein Wunder. Ich hatte später Gelegenheit, ihr zuzusehen; der Baum war mit Liebe aufgehängt, das war es, was ihn so lebendig machte. Die Äpfel mehr nach unten, sagte sie, damit sie die dickeren Zweige waagerecht ziehen, ich habe sonst nichts zum Beschweren. Die Schokoladenringe nach oben, damit mir die Kinder nicht stehlen lernen. Die Nüsse kommen an die Zweigspitzen, immer eine silberne und eine goldene abwechselnd. Die Eiszapfen an die dünnen Zweige der Spitze, unten werden sie mir nur zerbrochen. Den weißen Hirsch (aus Milchglas geblasen) nehmen wir wieder vorne in die Mitte, da macht er sich immer gut, nur nicht zu hoch, damit die Kinder ihn richtig springen sehen. So, nun werden die Lücken mit Silberfall verbunden. Zum Schluß stieg sie auf einen Stuhl, um eine riesenlange Perlenkette um den Baum zu wickeln. Jedes Jahr fand mein Vater die Kette barbarisch. Ein grüner Baum wird doch nicht geschnürt, sagte er, und überhaupt sind mir Bäume im natürlichen Grün am liebsten. Aber Mann, sagte sie, der Baum kommt doch aus dem Himmel, es muß etwas sein, was Menschen sich nicht ausdenken können. Am Heiligen Abend hatten die Kinder recht. Die Mutter wußte, was den Kindern gefiel und daß wir als erstes nach der Kette sahen. Sie fühlte sich reich, wenn unsere ersten aufsteigenden Zweifel am Christkind durch den Glanz wieder besiegt waren. Dieses Jahr konnte ich ihnen den Glauben noch retten, sagte sie dann. Wir gingen in die Schule und sagten, so was können doch Eltern nicht machen.

Der Vater trug bei der Bescherung eine vorsichtige Starrheit in den Zügen, als ob er sich nicht gerne versprechen möchte; die Mutter war es, von der die Wärme und das Wunder strömten, die mit den Engeln auf du und du stand; niemand konnte Stille Nacht singen wie sie mit zarter, etwas zerscherbter Stimme, in der Glaube, Liebe und Hoffnung zitterten. Die gute Mutter, sie sparte ein Jahr lang dafür, es war ihr Fest, und als Mutter nicht mehr lebte, war es kein Weihnachten mehr.

Marie Luise Kaschnitz
1901–1974

Alle Jahre wieder
Eine Weihnachtserzählung

Gestern hat mich der junge Munk besucht. Es war der dritte Adventssonntag, und natürlich kamen wir bald auf Weihnachten zu sprechen und auch auf jenes besondere Weihnachten, das letzte, das der junge Munk in unserer Stadt verlebte. Er war damals elf Jahre alt, und seine Freunde, der kleine Sepp und der große Anton, waren ungefähr ebenso alt, sie gingen alle in dieselbe Klasse, und weil sie auch in demselben Mietshause wohnten, waren sie unzertrennlich, was jedoch nur heißen soll, daß es nach allen Krächen und Schlägereien immer wieder zu einer Versöhnung kam. Ich wohnte in demselben großen Hause, ich kannte die drei Buben und kannte auch ihre Eltern, denen es in den letzten Jahren immer besser gegangen war, so daß sie schon vor jenem besonderen Weihnachten im Sinn hatten wegzuziehen, in schöne Häuser mit Gärten weit vor der Stadt.

Das Haus, in dem wir lebten, war in mancher Beziehung auch unerfreulich. Es war gleich nach dem zweiten Kriege eilig und aus schlechtem Material erbaut worden, und seine Wände und Decken waren so dünn, daß man aus den Nachbarwohnungen, aber auch von oben und unten alle Geräusche hörte, Stimmen und Schritte, den Staubsauger und das Radio und natürlich auch am Heiligen Abend die Weihnachtslieder und die kleinen Glocken, mit denen man die Kinder zu den Bescherungen rief. Aber diesem Umstand hatte ich es doch zu verdanken, daß ich in jener nun schon Jahre zurückliegenden Christnacht ahnte, warum die drei Buben sofort nach der Bescherung wegliefen und warum sie erst wiederkamen, als die Mitternachtsglocken ausgeläutet hatten. Was sie in der Zwischenzeit gemacht haben, habe ich freilich erst gestern von dem jungen Munk erfahren. Es erschien mir gleich wert, es aufzuschreiben, und das will ich tun, aber langsam und mit der Vorgeschichte, die aus lauter erlauschten Weihnachtsabenden besteht. Und am Ende will ich auch sagen, was ich über das alles denke, und warum mir die traurige Christnacht der drei Buben gar nicht so traurig erscheint.

Die erlauschten Weihnachtsabende, – nun, man muß sich nicht vorstellen, daß sie einander glichen, wie eine silberne Christbaumkugel der anderen gleicht. Ich erinnere mich, daß in den ersten Jahren überall im Hause noch Weihnachtslieder gesungen wurden und daß über vielen unreinen und schwankenden Stimmen immer eine schwebte, die so klang, wie man sich die Stimme eines Engels vorstellt, hell, unbeirrbar und rein. Später dann wurde nicht mehr gesungen, man holte sich die Musik aus dem Rundfunk, unterbrach sie auch und ließ Glocken läuten oder einen Redner reden und unterbrach am Ende auch diesen, um sich zu Tisch zu setzen, zu diesen Weihnachtsmählern, die in jeder Festzeit üppiger wurden.

In den folgenden Jahren aber war es auch mit der Radiomusik vorbei. Es wurden von den Kindern keine Gedichte mehr aufgesagt, die zitternden Töne der Bescherungsglöckchen waren nicht mehr zu vernehmen und auch nicht die Stimme des kleinen Sepp, der früher dazu angehalten worden war, neben dem brennenden Christbaum die Weihnachtsgeschichte aus dem Lukas-Evangelium vorzulesen. Übrigens zog um diese Zeit auch der Geruch der Christbaumkerzen schon nicht mehr durch das Haus. Die Eltern des großen Anton hatten es überflüssig gefunden, dem Gymnasiasten noch einen Baum zu putzen, und die Eltern des kleinen Sepp hatten ein künstliches Ding gekauft, das sich mit Glühbirnen besteckt im Kreise drehte und dazu »Stille Nacht« spielte, welche Töne man aber auch abstellen konnte und abstellte, schon im zweiten Jahr.

Nur in der Familie Munk gab es noch einen Tannenbaum mit Lichtern. Aber diese Lichter wurden bereits nach fünf Minuten wieder ausgeblasen, weil der Vater des kleinen Munk jetzt sehr nervös war, immer einen Eimer Wasser bereit hielt und schon die ganzen fünf Minuten lang mit seiner schrillen Stimme »Ausmachen, Ausmachen« rief.

Das waren die Geräusche, die ich hörte oder auch nicht mehr hörte im Laufe der acht Jahre, während derer die Buben heranwuchsen und in die Volksschule und dann in die höhere Schule kamen. Ich hatte mir nie recht klar gemacht, was sich da so langsam veränderte, so daß schließlich von Weihnachten fast nichts mehr übrigblieb als ein Tisch voller Geschenke, ein zu fettes Essen und ein unruhiger Schlaf. An dem Abend, von dem ich erzählen will, aber ging ich kurz vor 9 Uhr mit meinem Hund noch einmal auf die Straße, und da sah ich das Haus von außen, sah die Eltern Munk in ihrem 220 SE schön angezogen wegfahren, sah den großen Anton in einem kahlen Zimmer allein am Tisch hocken und begegnete an der Ecke den Bekannten, die zu den Eltern des kleinen Sepp zum Kartenspielen kamen. Und ein wenig später sah ich auch die Buben, die sich aus den Fenstern beugten und einander Zeichen machten und wie sie dann plötzlich alle zusammen aus der Haustüre und die Straße hinunterliefen. Ich hatte da wohl einen Augenblick lang die Absicht, sie zurückzurufen, aber ich tat es nicht. Ich folgte ihnen nur ein paar Schritte weit, und dabei bemerkte ich, daß an der Ecke ein Mädchen sich ihnen anschloß und daß sie dieses Mädchen mit Schimpfworten und sogar mit Schlägen, aber ganz vergeblich zu vertreiben versuchten.

Wie der junge Munk mir gestern erzählte, hatte er dieses Mädchen schon vorher gekannt. Er hatte es des öfteren an der Getränkebude getroffen, wo er für seinen Vater Bier holte. Es hatte dort auf einem niederen Mäuerchen seltsame Tanzschritte gemacht und dazu so unzusammenhängende Worte gemurmelt, daß er es für schwachsinnig hielt. An jenem Abend nun hatte es ihm dann noch gewinkt und so getan, als habe es ihm Wichtiges mitzuteilen, und darum war der junge Munk es gewesen, der das Mädchen am lautesten angeschrieen und sogar geschlagen hatte. Aber dann hatte er sich schließlich nur an die Stirne getippt und hatte das Kind mitlaufen lassen, weil an diesem Weihnachtsabend ja doch schon alles verdorben und nichts mehr zu retten war.

Denn was ist noch zu retten, wenn man, wie Munk, von einer zügellosen und später nicht mehr begreiflichen Vorfreude erfüllt, den Vater im Nebenzimmer höhnisch sagen hört: Alle Jahre wieder, und: Könnte auch einmal ausfallen, dieses blödsinnige Weihnachten, alle zwei Jahre wäre genug. Und was ist noch zu retten, wenn Eltern, wie die des Anton, nicht einmal an diesem Abend Frieden halten können, sondern sich die schlimmsten Vorwürfe machen und schließlich beieinander hocken, verbissen und stumm. Und was ist noch zu retten, wenn, wie in der Wohnung des kleinen Sepp, das Weihnachtszimmer voll fremder Leute sitzt, die Karten spielen und sich Witze erzählen, und nicht einmal die Schienen kann man zusammenstecken, und der kleine schäbige Engel, den man geliebt hat, hängt auch nicht mehr am Baum. Da muß man doch einfach weglaufen und gar nichts mitnehmen als ein paar uralte Murmeln, und das taten die drei Jungen auch und gingen mit ihren Murmeln an einen Ort, den sie kannten, auf ein großes, noch unbebautes Grundstück am Rande der Stadt. Dort versuchten sie noch einmal, das Mädchen loszuwerden, indem sie es mit feuchten Erdbrocken bewarfen. Aber das Mädchen blieb trotzdem stehen, wiegte eine aus Stroh geflochtene Puppe und murmelte etwas, das wie Wurmsturmstirnstern, also völlig unsinnig klang.

Es war da draußen ziemlich dunkel, kein Schnee, warme Luft und leise Schritte überall, auch gegen den Park und die Schrebergärten hin, so als seien viele Kinder an diesem Abend unterwegs. Die Jungen auf dem mit Gras überwachsenen und teilweise schon aufgegrabenen Grundstück fingen an zu spielen, sie spielten mit ihren ganz gewöhnlichen blaugrauen und braunen Murmeln, die sie von einem Grashügel in ein Loch laufen ließen, in dem ein wenig schwarzes Wasser stand. Munk war nicht ganz bei der Sache, er hätte gern erzählt, was er seinen Vater hatte sagen hören, und den Sepp gefragt, ob so etwas überhaupt möglich wäre; aber er genierte sich vor dem großen Anton, dessen Eltern aus der Kirche ausgetreten waren und der zweimal in der Woche ausschlafen durfte, weil er nicht in die Religionsstunde ging.

Plötzlich lief eine Murmel den Hügel herunter, die anders aussah, als die übrigen, größer, glasklar, mit etwas Weißem mitten drin. Munk stürzte hin und holte sie heraus, das Weiße in der Mitte war ein winziges Lamm mit einem Fähnchen aus gelbem Metall. Munk schrie den Weihnachtsgeschichten-Vorleser an: Woher hast du die, seit wann hast du die? Aber es stellte sich heraus, daß die Kugel dem großen Anton gehörte, der sie bereits vor Monaten von einem katholischen Jungen eingehandelt hatte.

Dämlich, sagte Munk, ein Schaf mit einer Fahne, und der Sepp sagte nur: Das ist das Lamm Gottes, und gab die Riesenmurmel dem großen Anton zurück. Munk ließ auch diese Gelegenheit zu fragen vorübergehen, er behielt nur alle Fenster am Stadtrande im Auge, einige waren schon dunkel, einige hell, aber von ganz gewöhnlichem elektrischem Licht.

Der große Anton sah auf seine Uhr, legte den Kopf in den Nacken und sagte: Explorer 205, und schon sahen sie das leuchtende Pünktchen zwischen Wolkenfetzen hinziehen und fingen an, sich darüber zu streiten, zum wievielten Male der kleine Satellit die Erde umkreiste. Das Mädchen klatschte in die Hände und rief: Gehtaufgehtuntergehtabgehtschief, bis ihm die Buben mit Prügel drohten. Danach schlug eine Turmuhr zehnmal, und der kleine Munk verkroch sich hinter einem Busch, weil sein Gesicht plötzlich naß und salzig war. Ein paar Tropfen fielen auch vom Himmel, und das Mädchen winkte, es schien sich hier auszukennen, es führte die Jungen zu einer halbverfallenen Bretterhütte, die als Geräteschuppen diente.

Der große Anton lief in die Hütte, steckte den Kopf zum Fenster heraus und schrie Muh Muh, was die anderen nicht ruhen ließ, so daß sie nun alle mit Muh und Bäh und Iah einen gewaltigen Lärm vollführten.

Das Mädchen hatte sich in der Hütte auf einen Holzklotz gesetzt und wiegte da töricht lachend seine Strohpuppe, und der große Anton schlich hin, zog seine Stablaterne heraus und leuchtete ihm ins Gesicht. Munk überlegte, was sie jetzt tun könnten, nach Hause auf keinen Fall, lieber noch weiter fort, und es fielen ihm nur lauter schlimme Dinge ein, von der Autobahnbrücke Steine auf die unten hinrollenden Wagen fallen lassen, eine große Schaufensterscheibe einwerfen, den blöden Strohwisch verbrennen, den das Mädchen da schaukelte wie ein lebendiges Kind. Mit bösen Augen und verkniffenem Mund kroch er an die Tür und wollte seine Vorschläge machen, da sagte der Sepp ganz ruhig: Das waren die Tiere, jetzt kommen die Hirten, zog sich die Jacke wie eine Kapuze über den Kopf, ging zu dem Mädchen hinein und beugte vor ihm das Knie.

Du bist wohl verrückt, schrie der große Anton, und Munk dachte, verrückt, verrückt, und machte dem Sepp schon alles nach, weil er sich plötzlich an die Krippe erinnerte, die früher unter dem Weihnachtsbaum gestanden hatte, aber schon lange nicht mehr, weil den Eltern das Aufbauen zu mühsam geworden war. Der große Anton natürlich tat nichts dergleichen, er ließ noch immer seinen Lichtstrahl wandern, nur manierlicher jetzt, so daß das Mädchen nicht mehr geblendet wurde und wieder sanft und ein wenig irre lächeln konnte. Aber dann knipste Anton seine Laterne mit einemmal aus und sagte streng: Was soll der Quatsch? Und gerade in diesem Augenblick dröhnte das Nachtflugzeug nach Irland über die Hütte hin.

Es ist die Weihnachtsgeschichte, sagte der Sepp, als sie wieder miteinander reden konnten, und fing schon an, sie zu erzählen, aber, nicht in dem alten Wortlaut, den er doch auswendig wissen mußte, sondern ganz anders, grausam und hart.

Da war die Heilige Nacht sehr dunkel und sehr kalt, der Joseph war ein hilfloser Alter, und die schwangere Maria war sehr verzagt. Der Stern funkelte höchst unheimlich, und der erste Schrei, den das Jesuskind tat, war ein Schrei der Angst. Die Hirten kamen aus bloßer Neugierde, und die drei Könige aus dem Morgenland saßen vor dem Stall und überlegten sich, warum sie eigentlich diese weite Reise gemacht hatten.

Aber dann, sagte der Sepp, schlug das Kind die Augen auf.

Na und? fragte der große Anton und setzte sich auf die Schwelle der Hütte, und die beiden anderen Jungen setzten sich neben ihn, so daß sie nun da im Finsteren hockten wie die alten ratlosen Könige, nur daß kein Kind da war und kein besonderer Stern. Was war dann? fragte der große Anton noch einmal und nicht höhnisch, sondern so, als läge ihm etwas daran, eine Antwort zu bekommen.

Da war die Freude, sagte Munk, und: Da war die Liebe, sagte Sepp, und weil sie das eigentlich gar nicht hatten sagen wollen, vielmehr etwas aus ihnen heraus gesprochen hatte, eine alte Menschenerinnerung, schämten sie sich so furchtbar, daß sie anfingen, mit kleinen Stöcken um sich zu werfen und einander mit Füßen zu treten.

Wieso, warum? fragte der große Anton, und nun sollten sie erklären, was sie gesagt hatten und konnten es nicht. Darum wurde es plötzlich ganz still vor der Hütte, nur daß drinnen das Mädchen die Worte aufgeschnappt hatte und sie vor sich hinplapperte, Freudeliebefreudeliebefreudeliebe, das war wieder zum Verrücktwerden und klang doch auch ganz schön, wie eine Glocke oder wie ein Gedicht. Halt's Maul, schrieen die Jungen alle zugleich, aber sie konnten nicht helfen, daß sie plötzlich guter Dinge waren und auf dem Hügel wie die Geißen herumsprangen. Und als das Mädchen jetzt erschrocken zu weinen anfing, wühlten sie in ihren Hosentaschen und förderten etwas zutage, das sie dem Mädchen zum Geschenk hinwarfen, der Sepp eine Rolle Bindfaden, und der Munk eine Streichholzschachtel mit einem Sternbild darauf. Der große Anton zog sogar seine Riesenmurmel heraus, die mit dem Schäfchen, das seltsamerweise Lammgottes hieß. Da, sagte er unfreundlich und gab sie dem Mädchen, das gierig seine Finger um die glasklare Kugel schloß. In diesem Augenblick aber fuhren alle Kinder zusammen, weil es jetzt zu läuten anfing, und zwar sehr heftig und von allen Türmen der Stadt.

Natürlich habe ich dieses Mitternachtsläuten auch gehört. Ich bin auch zusammengefahren, und zuerst habe ich mich sogar geärgert, weil diese neuen, elektrisch betriebenen Glocken einen Lärm vollführen, der erschreckend und schon beinahe gesundheitsschädlich ist. Aber dann war ich ganz zufrieden, weil ich mir plötzlich einbildete, daß es gerade diesen lauten, heftigen Glocken gelingen würde, die weggelaufenen Kinder heimzurufen in die Stadt.

Ich hatte da nämlich schon eine ganze Weile am Fenster gestanden und nach den drei Buben Ausschau gehalten, und vor etwa einer Viertelstunde waren die Eltern, alle drei Elternpaare, aus dem Haus gekommen, um dasselbe zu tun. Sie hatten sich dabei laut und aufgeregt unterhalten, und aus ihren Stimmen hatte Angst geklungen, aber keine Einsicht, weswegen es dann auch, als die Kinder bald nach dem letzten Glockenschlag auftauchten, ein großes Gezeter gab. Die Jungen widersprachen nicht und heulten auch nicht. Freundlich lächelnd und so, als ginge sie das alles gar nichts an, standen sie unter der Laterne und gingen am Ende ganz folgsam mit ihren Eltern ins Haus. Ich sah ihnen nach, und obwohl ich doch damals noch gar nicht wissen konnte, wie sie diese Stunden verbracht hatten, taten sie mir nicht mehr leid.

Ich muß wohl damals schon geahnt haben, was ich seit gestern weiß, nämlich daß die Kinder an jenem Abend ihr Weihnachten selbst gefunden hatten, – das richtige, mit dem es nie zu Ende sein kann, weil Freude und Liebe immer neu geboren werden, solange es Menschen gibt.

Franz Bauer
1901–1969

Zwetschgenmännlein

In einem der alten Wehrtürme unterhalb des Laufertors – sie sind um die Jahrhundertwende samt der Mauer abgerissen worden – lebte vor Jahr und Tag ein alter Mann, ein Drahtzieher. Er hauste in drei kleinen Kammern, die übereinander lagen. In der untersten Kammer war seine Küche mit einem großen Dörrofen, in der nächsten seine Werkstatt und Wohnstube und in der obersten sein Lagerraum, seine Rumpelkammer und Schlafstube. Er lebte schlecht und recht; denn was ihm sein Drahtzug einbrachte war wenig – und reichte gerade noch fürs tägliche Brot. Trotzdem sah es in seinem Türmchen immer blitzsauber aus, und die Leute kamen gern zu ihm, besonders die Kinder. Er scherzte mit ihnen in seiner freundlichen Art und wußte manch lustige Geschichte. Sie aber dankten ihm mit ihren Liedern; denn die Nachbarskinder gingen zu einem Singmeister in die Schule, der sie die schönsten Lieder lehrte.

Das Mauertürmchen des Alten stand am Hang des Grabens, der gerade hier mit etlichen Zwetschgen- und Birnenbäumen bewachsen war. ›Bäume‹ ist ja eigentlich zu viel gesagt; es waren verkrüppelte Stämme, seltsame Gewächse, die ihre Zweige und dürren Äste verkrampft in die Höhe reckten wie Gespenster. Aber sie trugen jeden Herbst die allerbesten Früchte, süß wie Sirup. Der Alte erntete reichlich und verstand es gut, die bescheidene Obsternte auszuwerten. Einen Teil von den Zwetschgen hat er wohl heimlich zu Schnaps gebrannt; denn es duftete zu gewissen Zeiten stark und süßlich um den kleinen Turm. Außerdem verstand es der Drahtzieher sehr wohl, aus Birnen und Zwetschgen schmackhaftes Dörrobst – zu Nürnberg ›Hutzeln‹ genannt – in seiner dunklen Küche zu bereiten. Manche Hausfrau, die ihm einen Gefallen erwies, eine Besorgung für ihn machte oder ihm einen Knopf an den Kittel nähte, erhielt dann und wann eine Handvoll von diesen köstlichen Hutzeln, die, zu Kartoffelbrei gegessen, ein rechtes Festmahl waren.

Zum Ende eines kühlen Sommers aber wurde der alte Mann sehr krank und lag nun recht einsam in seinem Bett in der obersten Kammer. Der Arzt kam und ließ nichts über den Zustand des Alten verlauten. Der wußte auch so, woran er war und wartete auf die Stunde, in welcher der Dunkle an seine Tür klopfen würde. Er fühlte sich so verlassen und traurig, daß er allen Lebensmut verlor. Als es ihm an einem düsteren Abend besonders schlecht erging, hörte er aus der Nachbarschaft die Kinder singen. Sie sangen einen Choral, den er sehr wohl kannte und liebte. Es war ein Lied, das die Menschen zum Glauben und zur Hoffnung aufrief, das sie an Gottes Hilfe erinnerte und ihnen die Bestätigung dafür gab, daß der himmlische Vater alle Macht habe über Leben und Tod.

Als der Alte diesen Choral hörte, war er wie umgewandelt. Er spürte neue Kräfte in seinen schwachen Gliedern und eine neue Hoffnung senkte sich in sein trauriges Herz. Innig betete er zu Gott und wurde dabei immer zuversichtlicher und fröhlicher.

Nach wenigen Wochen schon wurde er gesund und konnte bald, wenn auch ein bißchen wackelig, seiner täglichen Arbeit am Drahtzug wieder nachgehen.

Um sich den Kindern gegenüber dankbar zu erweisen, die ihm, wie er fest glaubte, durch ihr Lied Genesung geschenkt hatten, kam er in den Wochen vor Weihnachten auf einen seltsamen Einfall: Aus Draht formte er einfache Gestelle, die wie Menschen gestaltet waren mit dünnen Leibern, Armen und Beinen. Auf diese Gestelle steckte er gedörrte Zwetschgen, die er von seinen Krüppelbäumen geerntet hatte. Das sah gar lustig aus, besonders als er, dieser erfindungsreiche alte Mann, den schwarzen Kerlchen hübsche Spitzhüte aus buntem Papier auf die verrunzelten Köpfe setzte. Dieser einzige Schmuck stand den krummen Gesellen heiter ›zu Gesicht‹.

Das war eine Freude, als die Nachbarskinder diese Zwetschgenmännlein zum Weihnachtsfest geschenkt erhielten! Die kleinen Sänger fühlten sich überglücklich und dankten dem Alten durch fromme Lieder, die sie ihm am Heiligen Abend vorsangen.

Ja, es waren bescheidene Kinder; sie konnten sich noch an einer schlichten Figur aus gedörrten Zwetschgen ergötzen, und sie wünschten sich künftig zu jedem Weihnachtsfest solch ein Zwetschgenmännlein.

So kam's, daß Jahr für Jahr mit dem Beginn des Winters der Alte alle Hände voll zu tun hatte, um die nötigen Zwetschgenmänner herzustellen. Schließlich wurden die liebenswürdigen schwarzen Gnomen in der ganzen Stadt bekannt und beliebt, weshalb es sich lohnte, daß der Drahtzieher eine kleine Bude auf dem Christkindlesmarkt aufschlug, um dort seine drollige Gesellschaft zum Kauf feilzubieten.

Und so ist es geblieben bis heute: Die Zwetschgenmännlein dürfen auf dem Nürnberger Christkindlesmarkt nicht fehlen. Sie ziehen von dort aus in viele Häuser und Stuben, ja, sie werden seit Jahren schon ins Ausland verkauft und gelangen so in alle Teile der Welt. Nach dem Erfinder der heiteren Figuren aber fragt niemand mehr, nicht einmal sein Name ist erhalten geblieben. Gegen das Ende seines Lebens wurde er ein wackeliger Greis, der, gleichsam wie eine Hutzel, immer mehr einschrumpfte. Schließlich nannte man ihn nur noch den ›Zwetschgermoh vom Laffer Türmla‹, und auch diese Gepflogenheit hat sich bis heute in Nürnberg erhalten: Solch ein kleines, dürres Männlein heißt man immer noch – zwar nicht sehr freundlich, aber treffend – : ›an Hutzldada‹ oder ›a klahns Zwetschgermännla‹.

WERNER FINCK
1902–1978

Advent

Es ist die trübste Jahreszeit.
Ich werde täglich blasser.
Kaum, daß es einmal richtig schneit,
Ist es schon Matsch und Wasser.

Das macht mir meine Strümpfe naß,
Und rieselt in den Sohlen.
Und, wie gesagt, man wird so blaß –
Und dieses Mehr an Kohlen!

Die Bettler sind nochmal so groß
Als zu normalen Zeiten.
Ich werde ihren Blick nicht los,
Mit dem sie mich begleiten.

Wer diese öden Blicke kennt
Und hat nichts zum Verschenken,
Der kann sich bei dem Wort Advent
Nichts Trauliches mehr denken.

Theodor W. Adorno
1903–1969

Umtausch nicht gestattet

Die Menschen verlernen das Schenken. Der Verletzung des Tauschprinzips haftet etwas Widersinniges und Unglaubwürdiges an; da und dort mustern selbst Kinder mißtrauisch den Geber, als wäre das Geschenk nur ein Trick, um ihnen Bürsten oder Seife zu verkaufen. Dafür übt man charity, verwaltete Wohltätigkeit, die sichtbare Wundstellen der Gesellschaft planmäßig zuklebt. In ihrem organisierten Betrieb hat die menschliche Regung schon keinen Raum mehr, ja die Spende ist mit Demütigung durch Einteilen, gerechtes Abwägen, kurz durch die Behandlung des Beschenkten als Objekt notwendig verbunden. Noch das private Schenken ist auf eine soziale Funktion heruntergekommen, die man mit widerwilliger Vernunft, unter sorgfältiger Innehaltung des ausgesetzten Budgets, skeptischer Abschätzung des anderen und mit möglichst geringer Anstrengung ausführt. Wirkliches Schenken hatte sein Glück in der Imagination des Glücks des Beschenkten. Es heißt wählen, Zeit aufwenden, aus seinem Weg gehen, den anderen als Subjekt denken: das Gegenteil von Vergeßlichkeit. Eben dazu ist kaum einer mehr fähig. Günstigenfalls schenken sie, was sie sich selber wünschten, nur ein paar Nuancen schlechter. Der Verfall des Schenkens spiegelt sich in der peinlichen Erfindung der Geschenkartikel, die bereits darauf angelegt sind, daß man nicht weiß, was man schenken soll, weil man es eigentlich gar nicht will. Diese Waren sind beziehungslos wie ihre Käufer. Sie waren Ladenhüter schon am ersten Tag. Ähnlich der Vorbehalt des Umtauschs, der dem Beschenkten bedeutet: hier hast du deinen Kram, fang damit an, was du willst, wenn dir's nicht paßt, ist es mir einerlei, nimm dir etwas anderes dafür. Dabei stellt gegenüber der Verlegenheit der üblichen Geschenke ihre reine Fungibilität auch noch das Menschlichere dar, weil sie dem Beschenkten wenigstens erlaubt, sich selber etwas zu schenken, worin freilich zugleich der absolute Widerspruch zum Schenken gelegen ist.

Gegenüber der größeren Fülle von Gütern, die selbst dem Armen erreichbar sind, könnte der Verfall des Schenkens gleichgültig, die Betrachtung darüber sentimental scheinen. Selbst wenn es jedoch im Überfluß überflüssig wäre – und das ist Lüge, privat so gut wie gesellschaftlich, denn es gibt keinen heute, für den Phantasie nicht genau das finden könnte, was ihn durch und durch beglückt –, so blieben des Schenkens jene bedürftig, die nicht mehr schenken. Ihnen verkümmern jene unersetzlichen Fähigkeiten, die nicht in der Isolierzelle der reinen Innerlichkeit, sondern nur in Fühlung mit der Wärme der Dinge gedeihen können. Kälte ergreift alles, was sie tun, das freundliche Wort, das ungesprochen, die Rücksicht, die ungeübt bleibt. Solche Kälte schlägt endlich zurück auf jene, von denen sie ausgeht. Alle nicht entstellte Beziehung, ja vielleicht das Versöhnende am organischen Leben selber, ist ein Schenken. Wer dazu durch die Logik der Konsequenz unfähig wird, macht sich zum Ding und erfriert.

Peter Huchel
1903–1981

Die Hirtenstrophe

Wir gingen nachts gen Bethlehem
und suchten über Feld
den schiefen Stall aus Stroh und Lehm,
von Hunden fern umbellt.

Und drängten auf die morsche Schwell
und sahen an das Kind.
Der Schnee trieb durch die Luke hell
und draußen Eis und Wind.

Ein Ochs nur blies die Krippe warm,
der nah der Mutter stand.
Wie war ihr Kleid, ihr Kopftuch arm,
wie mager ihre Hand.

Ein Esel hielt sein Maul ins Heu,
fraß Dorn und Distel sacht.
Er rupfte weich die Krippenstreu,
o bitterkalte Nacht.

Wir hatten nichts als unsern Stock,
kein Schaf, kein eigen Land,
geflickt und fasrig war der Rock,
nachts keine warme Wand.

Wir standen scheu und stummen Munds:
Die Hirten, Kind, sind hier.
Und beteten und wünschten uns
Gerät und Pflug und Stier.

Und standen lang und schluckten Zorn,
weil uns das Kind nicht sah.
Griff nicht das Kind dem Ochs ans Horn
und lag dem Esel nah?

Es brannte ab der Span aus Kien.
Das Kind schrie und schlief ein.
Wir rührten uns, feldein zu ziehn.
Wie waren wir allein!

Daß diese Welt nun besser wird,
so sprach der Mann der Frau,
für Zimmermann und Knecht und Hirt,
das wisse er genau.

Ungläubig hörten wirs – doch gern.
Viel Jammer trug die Welt.
Es schneite stark. Und ohne Stern
ging es durch Busch und Feld.

Gras, Vogel, Lamm und Netz und Hecht,
Gott gab es uns zu Lehn.
Die Erde aufgeteilt gerecht,
wir hättens gern gesehn.

Dietrich Bonhoeffer
1906–1945

Von guten Mächten

1. Von guten Mächten treu und still umgeben
   behütet und getröstet wunderbar, –
   so will ich diesen Tag mit euch leben
   und mit euch gehen in ein neues Jahr;

2. noch will das alte unsre Herzen quälen
   noch drückt uns böser Tage schwere Last,
   Ach Herr, gib unsern aufgeschreckten Seelen
   das Heil, für das Du uns geschaffen hast.

3. Und reichst Du uns den schweren Kelch, den bittern,
   des Leids, gefüllt bis an den höchsten Rand,
   so nehmen wir ihn dankbar ohne Zittern
   aus Deiner guten und geliebten Hand.

4. Doch willst Du uns noch einmal Freude schenken
   an dieser Welt und ihrer Sonne Glanz,
   dann woll'n wir des Vergangenen gedenken,
   und dann gehört Dir unser Leben ganz.

5. Laß warm und hell die Kerzen heute flammen
die Du in unsre Dunkelheit gebracht,
führ, wenn es sein kann, wieder uns zusammen!
Wir wissen es, Dein Licht scheint in der Nacht.

6. Wenn sich die Stille nun tief um uns breitet,
so laß uns hören jenen vollen Klang
der Welt, die unsichtbar sich um uns weitet,
all Deiner Kinder hohen Lobgesang.

7. Von guten Mächten wunderbar geborgen
erwarten wir getrost, was kommen mag.
Gott ist bei uns am Abend und am Morgen,
und ganz gewiß an jedem neuen Tag.

Geschrieben Ende 1944 im Kellergefängnis
der Prinz-Albrecht-Straße in Berlin.

Günter Eich
1907–1972

Schlüssel

In einem Kästchen hebe ich Schlüssel auf, ich weiß nicht, in welche Türen sie gehören. Aber für alle Fälle. Wenn ich es wissen will, muß ich sie wegwerfen. Ich werfe nichts weg. In meinen Erinnerungen stehen alle Türen offen. Meine Erklärungen wehen ungehindert hindurch, was sie freilich auch durch Schlüssellöcher täten. Meist sind sie ungereimt und in freien Rhythmen, das mag mancher nicht. Reime prägen sich besser ein, aber in meinen Zimmern geht es so zu. Meine Frau versteht es.

Früher gab es Apfelbäume im Garten, noch früher Brennesseln, die man sammeln und zu Kleidern verarbeiten konnte. Sie mögen grüne Hemden, sagte unser Hausarzt, das ist gut für die Augen. Er hatte den Namen einer Stadt und immer unsern Hausschlüssel, manchmal brauchte ich nachts Pfefferminztee. Diese alten, geduldigen Zeiten!

Die Apfelbäume kannte ich namentlich, sie hielten länger als die Nesseln. Aber wenn ich an Masern und Mumps denke, ist auch das lange her. Mäuse in Papprollen gab es damals, die Ziegel waren körnig und verkauften sich schlecht. Ich litt an Ratlosigkeit.

Von überall her nehme ich Schlüssel mit, es macht mir nichts. Sie klirren gegeneinander, selbst im geschlossenen Kästchen, das ist ihr Unwille und ihre Zustimmung, es ist alles zugleich, das entspricht mir. Zu Weihnachten schmücke ich mit ihnen den Apfelbaum und wünsche ihnen ein gleich gutes Jahr.

Erstes Eis

Gestern troff der graue Regen,
Staub ward Moder auf den Wegen.
Heute klirrt das Land im Frost,
scharfer Wind weht von Nordost.

Wo im Dorf die Wagen fuhren,
Schuh- und Huf- und Räderspuren,
alle Pfützen glänzen weiß.
Oh in dieses erste Eis

mit den Füßen einzuhacken,
bis die dünnen Flächen knacken,
sprechend ihren spröden Ton, –
horche, du vernimmst ihn schon!

Damals mit dem Schritt der Kinder
stampftest du ins Eis gelinder,
Scherben klirrten unterm Schuh
und du sangst dem Abend zu.

ROSE AUSLÄNDER
1907–1988

Die Flocken flogen wie verirrte Vögel
um unser traumverlornes, leises Gehn.
Der Himmel wölbte als ein weißer Kegel
sich über die verlassenen Alleen.

Die Bäume waren schlanke, weiße Kerzen.
Die Erde war ein atlasweißes Feld.
Der Schnee fiel flammend über unsre Herzen,
bis sie verschmolzen mit dem Weiß der Welt,

bis alles sich zu einem Kranz des Reinen
verflocht, und keine Lücke blieb im Ring,
und über uns der sanfte Rausch des Einen
wie eine Melodie der Gnade hing.

Sebastian Haffner
1907–1999

Die Kunst, sich beschenken zu lassen

Daß Schenken eine Kunst ist, hat sich unter Vorgeschrittenen so ziemlich herumgesprochen; daß es aber auch eine Kunst ist, Geschenke mit Anmut zu empfangen, scheint in weitesten Kreisen noch wenig bekannt zu sein. Daher wird auf diesem Gebiet auch so viel gesündigt. In Wirklichkeit ist es eine sehr hohe und vornehme Kunst, sich beschenken zu lassen – eine weit schwerere als die Kunst des Schenkens. Deren Geheimnis ist einfach: Es heißt: Liebe. Die Kunst, Geschenke zu empfangen, hat eine viel seltenere Voraussetzung: Liebenswürdigkeit.

Nicht nur das Schenken erfordert eine lange Vorbereitung, eine Vorarbeit des Ausspähens und Auswitterns von Wünschen, Geschmacksnuancen, Liebhabereien; auch das Empfangen will vorbereitet sein, wenn es eine Freude für beide Teile werden soll; man muß dem andern etwas zu spähen und zu wittern gegeben haben. Es gibt Menschen, bei denen man ständig hundert Dinge weiß, mit denen man sie erfreuen könnte, und andere – jeder kennt sie wohl –, bei denen jedes Fest eine neue Verlegenheit bedeutet, was man ihnen nur schenken soll. Und dies sind keineswegs immer die Menschen, die »schon alles haben«; im Gegenteil, verwöhnte Menschen machen es einem meist leicht, sie noch mehr zu verwöhnen. Nein, es sind die Menschen, die keine Wünsche äußern oder, noch schlimmer, keine haben. Kraftvolle, starke, verschlossene Charaktere zumeist, autarke Seelen, die Respekt einflößen mögen – nur, man kann sie nicht beschenken, man kann sie nicht lieben. Um leicht beschenkbar zu sein, muß man offen begeisterungsfähig, arglos sein, man muß vieles hübsch und schick und begehrenswert finden und nicht damit hinter dem Berge halten, daß man es tut, man muß zu den Menschen gehören, die an Schaufenstern stehenbleiben; man muß Liebhabereien und vor allem, man muß Schwächen haben: Man muß alten Weinbrand, erlesene Zigaretten oder feines Konfekt lieben, man muß sämtliche

Handschuhe oder sämtliche Casalsplatten der Welt besitzen wollen, man muß Autographen, Erstausgaben, Pfeifenköpfe, Goldfische sammeln. Wer sich für alles zu schade ist, kann sich nicht wundern, wenn er Pulswärmer bekommt.

Die Wunschlosen werden es nie lernen, sich beschenken zu lassen; sie werden jedes Geschenk nur mit einem mehr oder minder hörbaren Seufzer darüber entgegennehmen, daß ihre Lebensbürde nun wieder um ein Stück vermehrt ist. Aber die Weltfreundlicheren mögen nicht denken, es genüge schon, sich dies und das zu wünschen, um ein Künstler im Beschenktsein zu sein. O nein! Viele sind berufen, aber wenige sind auserwählt. Die eigentlichen Schwierigkeiten fangen erst an, wenn man nun wirklich das glatte, rätselhafte, wohlverschnürte Paket in die Hand gedrückt bekommt, begleitet von einigen gemurmelten Glückwünschen und einem stolz-erwartungsvollen Lächeln: Ja, dies Lächeln des Schenkenden, wie oft bemerken es die Beschenkten wohl? Sehen sie niemals, wieviel Erwartung und Vorfreude darin liegt? Hier ist es nun, das Geschenk, die Frucht so vieler Erwägungen, das Zeugnis so zarter Aufmerksamkeit, das Ergebnis so langen Aussuchens: Wie wird es aufgenommen werden? Wird man sich jetzt an Überraschung und Jubel weiden dürfen, wird man es jetzt zusammen ausprobieren, genießen, loben, kritisieren und wieder loben? Wird jetzt dies kleine Fest der Zuneigung und Dankbarkeit und Dankbarkeit für die Dankbarkeit gefeiert werden, das der Sinn des Schenkens ist? Schüchtern und erwartungsvoll lächelt der Schenkende – und der Beschenkte merkt nicht, wie aus diesem Lächeln, das schönmacht, auf einmal das trübe Clownslächeln des Enttäuschten wird. Man ist an diese Enttäuschung schon so gewöhnt, daß man sie selbst nur noch selten bemerkt. Die Sitten der Beschenkten sind rauh. Allgemein verbreitet findet sich noch der barbarische Irrglaube, mit Hinnehmen und Dankesagen sei es abgetan. Aber das ist noch das Harmloseste. Sollte man es für möglich halten, daß die Leute gar nicht so selten sind, die Geschenke mit Äußerungen quittieren wie: »Aber das kann ich ja gar nicht annehmen« oder, im intimeren Kreis: »Du hast wohl zuviel Geld?« Zu schweigen von denen, die es fertig bringen, ein Geschenk unausgepackt auf den Geburtstagstisch zu legen! Geschenke empfangen, das ist ein Gebiet, auf dem noch weit und breit die Ahnungslosigkeit ihre blutigen Triumphe feiert. Man könnte weinen, wenn man sieht, wie viele Freuden hier im Keim abgewürgt werden.

Freilich, man muß den Beschenkten einiges zugute halten: Sie haben in dem reizenden Spiel, das der Schenkende mit ihnen spielen will, bei weitem die schwerere und undankbarere Rolle. Sie haben nicht, wie der glückliche Schenker, lange Zeit, das Richtige herauszufinden; unvorbereitet, überrascht vielleicht, müssen sie das Geschenk verstehen, – die Aufmerksamkeit, die Anspielung heraushören, merken, worauf der andere hinauswill. Und gerade in diesem Augenblick fällt ihnen die Führung des Spiels zu. Der Schenkende hat fürs erste das Seinige getan; er würde nur alles verderben, wenn er jetzt, nach Art mancher Leute, die Initiative in der Hand behalten und sein Geschenk unaufgefordert kommentieren wollte. Nein, jetzt ist der Beschenkte dran; er ist in einer Lage, als ob er im Pfänderspiel auf einen beliebig hingeworfenen Satz sofort einen sinngemäßen Reim finden müßte. Die Kunst des Empfangens fordert Geistesgegenwart und Konzentration.

Und das ist noch nicht das Schlimmste. Das eigentlich Schwierige liegt anderswo. In jedem liegt irgendwo etwas auf der Lauer, was sich gegen das Beschenktwerden heimlich wehrt; eine uneingestandene Reserve, ein leise gekränktes Mißtrauen, eine Scheu davor, verpflichtet zu sein, eine Angst vor der Dankbarkeit. Der Schenker hat es leicht; er steht in jedem Fall groß und strahlend da. Der Beschenkte dagegen fühlt sich nicht nur geschmeichelt und geliebt, sondern – wenn er kein Kind ist – in irgendeinem Winkel seines Herzens leise gedemütigt. Er hat sich etwas schenken lassen! Es ist dies Gefühl, das ihm so oft, fast ohne daß er es merkt, die schrecklichen Worte eingibt: »Aber das ist ja viel zuviel« – »aber wie kannst du nur« – und das aus einem Vorgang, der heiter, festlich und übermütig sein sollte, so oft etwas Peinliches und Gequältes machen kann.

Hier liegt die Ursache, warum Männer am wenigsten Begabung für das Beschenktwerden haben – wofür hätten sie nicht am wenigsten Begabung? – und Kinder am meisten. Kinder zu beschenken ist wirklich eine Freude, weil Kinder jedes Geschenk, das nicht gerade allzugrob danebengreift, mit dem belohnen, womit der Schenker eigentlich belohnt sein will: mit Freude. Man muß das sehen, wie sie mit ihrer Puppe oder ihrer Eisenbahn jubelnd losziehen, so hingenommen, daß sie sogar das Dankesagen vergessen, wie sie die neuen Bleisoldaten ohne Gnade sofort aus der Kiste in die Feuertaufe führen: So muß es sein; hier kann man etwas lernen – wenn man auf diesem Gebiet überhaupt etwas lernen kann. Das Wichtigste muß man wohl in sich haben: den Kindersinn, die Arglosigkeit, die Fähigkeit, sich erfreuen zu lassen, die Fähigkeit, all die schönen Errungenschaften der Erwachsenen, Scham, Eitelkeit, Würde, einmal in den Wind zu schlagen –

Sieht man jetzt, wie schwer die Kunst ist, sich beschenken zu lassen? Ich fürchte fast, daß ich sie schon allzu schwer geschildert habe und daß mancher hier den Mut sinken läßt, sie jemals zu lernen. »So ihr nicht werdet wie die Kinder –«; welch Ansinnen! Aber nur Mut, es ist nicht so schlimm; es gibt ja gewisse sanfte und freundliche Paßstraßen in die Kindlichkeit, Einrichtungen, wie gemacht, uns die Harmlosigkeit zurückzugeben. Wie wäre es zum Beispiel mit Weihnachten? Der liebenswürdige Geruch von Lebkuchen, Gänsebraten und Wachskerzen – wie sanft er uns die Seele massiert und einölt; schon schmilzt der Panzer ein wenig, in dem wir sie zu verbergen lieben; vielleicht wird es uns doch noch sogar gelingen, uns mit Grazie etwas schenken zu lassen.

Albrecht Goes
1908–2000

Der goldne Baum

Haben wirs recht wohl erdacht
Für die hohe heilge Nacht,
Abendlang und rein entzückt,
Heiter endlich aufgeschmückt
Weißen Tann und rotes Licht,
Stern und Engelsangesicht,
Silberlust im dunklen Grün,
Sel'ges Blühn und Überblühn –
Weh, schon blinkt durchs Fensterglas
Tag Sankt Epiphanias,
Und das Jahr mit Recht und Fug
Spricht: genug.

Nur noch einmal, komm, entzünde
Aller Kerzen Ernst und Spiel,
Mit dem Bunten dich verbünde,
Wie dirs eh und je gefiel:
Sieh, der Engel kehrt sich leise
Dem Trompetenbläser zu,
Horch, der Violinen Weise,
Und der Dirigent bist du.
Lischt die Kerze. Im Ermatten
Geistert Schattenspiel im Raum –
Traumesbilder, Abschiedsschatten,
Dir zum Abschied, goldner Baum!

Ach, nun kommt ein langes Jahr,
Eismond, Frost und Februar,
Weidenrute, Osterschmaus,
Birke, Mai und Immenbraus,
Junibeere, Juliglut,
Erntefeld und Traubenblut,
Spätoktober, Nebelschritt –

Glanz vom goldnen Baum, geh mit!

Heinz Erhardt
1909–1979

Ein Weihnachtslied

Es ist Weihnachten geworden.
Kalter Wind bläst aus dem Norden
und hat Eis und Schnee gebracht.

Doch am Weihnachtsbaum die Kerzen,
die erwärmen unsre Herzen,
und des Kindes Auge lacht.

Und man sieht auf den verschneiten
Straßen weiße Engel schreiten
durch die stille, heil'ge Nacht.

Hilde Domin
1909–2006

Banges Neujahr

Das tiefere Rot der Hyazinthe die
    stirbt:
die Schwermut steigt in dem Stengel,
ihr dunkler Saft
Pegel des Tods in der Dolde.

Weihnachten ist dahin,
alle Kerzen sind niedergebrannt,
Wachsflecken auf dem Tischtuch.
Das Kind, das Neue Jahr,
regt sich nicht in der Krippe.

Wir warten auf sein Lächeln,
wir warten auf seinen Schrei,
wir halten den Atem vor Angst.
Die Nacht ist so naß,
so sternenlos,
die Reiser blühn,
die Hyazinthe stirbt.
Das Wunder
– kaum ein Glänzen am Horizont –
geht in weiter Ferne vorüber.

Irmgard Keun
1910–1982

Heute ist Weihnachten

Heute ist Weihnachten. Von Schnee werden Menschen betrunken. Richtig betrunken wie vom Wein. Betrunken sein ist das einzige Mittel für nicht alt zu sein. Viele Jahre kriechen auf mich zu.

Ich habe Therese über Tilli eine Tafel Nußschokolade geschenkt, und ich wünsche ihr, daß die einsame Tapete von ihrem Zimmer viele Münder kriegt, die ihr lebendige Küsse geben.

Ich habe meiner Mutter einen Kaffeewärmer über Therese und Tilli geschickt. Ich wünsche ihr, daß ihr Mann, was mein Vater ist, sie mal umarmt, ohne betrunken zu sein.

Ich habe Tilli mein eignes lilaseidnes Hemd geschenkt und wünsche ihr, daß ihr Albert es bemerkt, wenn sie es anhat, und auch sonst Arbeit bekommt.

Die Hulla war eine Hure, vielleicht hat solche kein Grab, und man macht den Menschen das Leben auf der Erde manchmal wohl zu sehr schwer, und darum ist es ganz albern, für sie zu beten, wenn sie dann glücklich tot sind. Und wenn es keine Männer gibt, die bezahlen, dann gibt es doch auch keine Hullas – kein Mann darf Schlechtes über die Hulla sagen. Ich wünsche ihr wirklich einen Himmel, in dem das Gute in ihren Augen Verwendung findet. Und wenn sie ein Engel ist, dann soll sie Flügel haben ohne Leukoplast geklebt.

Ich wünschte mir sehr die Stimme von einem Mann, die wie eine dunkelblaue Glocke ist und mir sagt: Doris, höre auf mich; was ich sage, ist richtig.

Ich schenke meinem Feh ein Geduftes von Lavendel und wünsche ihm, daß er keine Haare verliert. Und das uns allen. –

Ich habe dem Lippi Wiesel drei Bilderrahmen gestickt mit unterschiedlichen Blumen und habe einen Weihnachtsbaum gekauft und geschmückt und eingeschlossen ins Badezimmer. Und werde dann Lichter entzünden und anfachen und möchte, wir hätten dann doch mal ein Denken zueinander wie so Menschen.

Ich bin in einem Lokal. Hatte ich Weihnachten gemacht. War Heilig Abend. Ist ja alles Dreck. Ich habe Lichter gemacht und einen Tisch mit Tannenzweigen. Und warte. Das Lippi kommt nicht. Ich bin nämlich eine, von der werden die Männer eingeladen an Festtagen in eine Familie, wo es langweilig ist, aber eine gleiche Stufe und Gesellschaft bedeutet. Und da feiert er, indem was ich bin, wartet. Und ging schlafen. Auf meinem Baum brannten Lichter und ein Zweig fing Feuer.

Ein großes rotes Feuer – ich habe Lust auf so ein Feuer – auf der Schule war Paul – wir haben ein Feuer gemacht in der Laubenkolonie – Kartoffelfeuer – die gebrannten Schalen haben wir gegessen – Paul war der schwarze Bär, der Himmel hatte einen steilen grauen Dunst – wir bauen einen Turm aus einer Flamme – ich war eine Indianische mit einer Hühnerfeder hinter meinen abstehenden Ohren, was sie aber jetzt kaum noch tun. Außerdem sind die Haare darüber. Ich will auf einer ganz krunkligen harten polkigen Erde ein Feuer.

»Verzeih mir, Cherie« – da ist er – das Schwein ist betrunken. »Entschuldje, die Brennings ließen mich nicht fort, ich habe ihr für fünfzehn Mark Orchideen gebracht, glaubst du, es genügt? Der Mann hat nämlich Einfluß – sie hat zwei junge Scotchterriers bekommen, wir werden sie nächstens bringen im Bilderteil – putzige Tiere – leider nicht stubenrein – siehste den Fleck auf mein Knie – kannste den rausmachen morgen früh?«

»Stell wenigstens mal bitte doch das Radio ein«, sag ich. Stille Nacht – heilige Nacht, alles schläft, einsam wacht nur – auf der Schule hab ich erste Stimme gesungen – stiehiele Nacht –

»Meine gute Kleine, da hab ich keine Geschenke für dich, weißte, die Zeiten sind so miserabel, mein Käfer, überall wollnse abbaun, mein letztes Honorar hab ich auch noch nicht – überhaupt Weihnachten! nur was für Jeschäftsleute – aber Kind du – ich hab ein Geschenk für dich, das Schönste und beste, was ich dir geben kann – ich schenke dir mich« – und hopst mir da mitsamt von Schuhen und Hosenträgern aufs Bett.

»Bitte bleiben Sie bedeckt, Herr«, sag ich und schäume vor Wut.

»Unsre deutsche Weihnacht«, japst er.

»Hat sich was mit Ihre deutsche Weihnacht!« Und bin raus aus dem Bett – mit einem Besoffnen schlafen – nein, mein Koffer – »Gleich, mein Süßer, gleich komm ich, ich such nur noch was« – mein Koffer, Pantoffeln, Kleid, Schuhe – schnell, schnell – »ja, ich komm gleich« – Schlüssel auf dem Tisch, Gott sei Dank, schnell, schnell - stille Nacht, heilige – wo sind die Schlüssel – stille ... die Seife nehm ich mit, die ist mir – Wiedersehn! – der pennt schon – lassen Sie's sich man gutgehn!

Und habe dann eine Nacht im Winter im Tiergarten halb geschlafen auf einer Bank. Das kann ja keiner verstehn, der's nicht erlebt hat.

Max Frisch
1911–1991

Weihnachten beim Militär

Weihnachten beim Militär erlebte ich ein Mal. Sonderdienst als Zeichner in einer Festung. In der niedrigen Kantine gab es einen Christbaum, Essen aus Tellern, am Tisch zwei oder drei Frauen von Offizieren und Lieder und zum Schluß einen Kuchen, den die Frauen von Offizieren gestiftet hatten, und draußen schneite es, und die einfachen Soldaten waren dankbar. So familiär war die Armee. Ich glaube, es gab nicht bloß Tee. Und wir bekamen sogar ein Geschenk in weihnächtlichem Papier: ein Paar gute Socken, ein Taschentuch. Es war Stimmung; sie erinnerte an Weihnachten auf einem Gutshof, wenn das Gesinde beschenkt wird, und wir trugen den Waffenrock, alle manierlich. Ein Kommandant, ohne Mütze auch er, redete kurz, Dank im Namen der Armee, auch er konnte Weihnachten nicht im Kreis seiner Familie verbringen und erinnerte an die vielen vielen Soldaten auf den Schlachtfeldern an diesem heiligen Abend.

Luise Rinser
1911–2002

Engelmessen

Der Herbst ging hin, der Advent begann, und mit ihm kamen jene täglichen frühen Morgenfeiern in der Kirche, die »Engelmessen« hießen. Um sechs Uhr schon begannen sie, noch ehe die kalte frühwinterliche Nacht gewichen war. Ich beschloss, in diesem Jahr keine der Morgenmessen zu versäumen. Es war nicht leicht, den Entschluss auszuführen. Allerlei Widerstände erhoben sich. Meine Mutter, in der Sorge, das frühe Aufstehen und das Verweilen in der kalten Kirche könne meiner Gesundheit schaden, verbot es mir, der Großonkel aber sprach für mich, und endlich willigte die Mutter ein, wohl in der Annahme, dass diese kindliche Laune bald von selbst vorüberginge. Ich erinnere mich mit allen Sinnen an jene Morgen. Um ein halb sechs

Uhr klingelte der Wecker im Zimmer meine Mutter. Davon erwachte ich und ohne mich zu besinnen sprang ich aus dem Bett. Es war sehr kalt in dem großen, nie geheizten Zimmer; ich zitterte, so fror ich. Ich eilte über den gepflasterten Gang, lose Steine klapperten, das hohe Gewölbe widerhallte. Noch war es nächtlich dunkel. Ich tastete mich nach dem durchkälteten Waschraum. Das Wasser lief aus dem Hahn in die Schüssel, und dieses erst dumpfe, dann immer heller werdende Geräusch war schlimmer zu überstehen als das plötzliche Verlassen des warmen Bettes. Ein Frühstück gab es nicht vor der Engelmesse, denn es gehörte zur Feier, nüchtern zu sein. So schwierig dies alles für ein Kind war, so erfüllte es mich mit einer unsäglichen Freude. Während ich vor Frost bebte, war ich schon dem Frieren und allem Unbehagen entrückt. Ich hielt eine inständige wortlose Zwiesprache mit dem Morgen. Wenn ich aus dem Hause trat, standen meist die Sterne frostklar und funkelnd über den Giebeln. In der Luft klirrte die Kälte, manchmal fiel leise wolliger Schnee, die Glocken läuteten durch den Morgen, und die Klosterfrauen eilten schweigsam und dunkel zur Kirche. Der Kirchenraum war noch unerhellt, die Tante zog einen Wachsstock aus der Tasche, stellte ihn auf das Betpult, bog das dünne Wachsband in die Höhe und entzündete mit feierlicher Umständlichkeit den Docht. Noch war unser Licht einsam, unzulänglich, aufgesogen von der Nacht, die das hohe Kirchenschiff füllte; bald aber strahlten da und dort ebenfalls kleine Flammen auf, und endlich stand ein Lichterwald über den dunklen Bänken, hell genug, die Gesichter und Gesangbücher zu beleuchten, aber zu schwach, um die tiefe Dämmerung zwischen den Pfeilern, in Nischen und Gewölben zu durchdringen. Sooft das Portal sich öffnete, fuhr ein kalter Windstoß in den Lichterwald und ließ die Flammen heftig flackern, dass sie fast erloschen. Als die Messe begonnen hatte, brannten die Lichter einhellig und still und verströmten mit zartem Knistern köstlichen Wachsduft und milde Wärme. Ich las in einem großen ledergebundenen Gebetbuch, das so alt war, dass ›sei‹ noch mit Ypsilon geschrieben war, und dass Stockflecken auf den Blättern waren. Es sprach eine einfältige kindliche Sprache, ich liebte es sehr. Zwischen Gebete waren alte Legenden eingeflochten. Ich las am liebsten von Einsiedlern in der Wüste, deren Herz so einfach und so liebreich war, dass wilde Tiere kamen und ihnen dienten. Mit Begierde atmete ich den Duft von heilig durchsichtigem Geheimnis, der den nüchternen wortkargen Berichten entströmte. In diesen morgendlichen Stunden, da meine Hände und Füße vor Frost brannten, widerfuhren mir mühelos, ungesucht jene Entrückungen in ein leidenschaftliches Glück der innern Anschauung oder auch in einen bilderlosen, schlafverwandten Frieden, die ich nie und nimmer durch Bußübungen hätte erzwingen können.

Erwin Strittmatter
1912–1994

Die erste Friedensweihnacht

Ich weiß nicht, ob Weihnachten herankommt, weil der Kalender die Herankunft des Festes vorschreibt, der Kalender, den sich die Menschen selber schufen und zum Überwächter machten, oder ob die nimmermüden Wünsche und Erwartungen der Leute, ob in Brotzeiten, ob in Notzeiten, dieses Weihnachten herbeisehnen.

Das Markenaufkleben wird zu einer kleinen Vorweihnachtsfeier im Hause Matt umgerüstet. Meine Mutter bäckt Kartoffelplinsen in Lebertran und schenkt Kakao aus gerösteten roten Rüben aus. Schmeckt drum ganz scheene, nich woahr nich, nich woahr?

Die erste deutsche Friedensweihnacht naht, heißt es in den Zeitungen. Für die Bossdomer war der Krieg ein Würgetraum, in den man sie hineinstieß. Jetzt aber werden sie – auch in den Zeitungen – Kollektiv-Schuldner genannt. Meine Anderthalbmeter-Großmutter also eine Kollektivschuldnerin. Weshalb ist sie den Anmaßungen des österreichischen Gefreiten Schickelhuber nicht entgegengetreten? Weshalb hat sie *ihre Soldaten* mit Landraub, Brandstiftungen und Morden beauftragt?

Die wenigsten Bossdomer zeigen sich schuldbewußt. Mitschuld haben die vier, fünf Einwohner, die dem verrückten Österreicher und seinen Gehilfen den Ursch leckten. Aber von denen ist, bis auf den von den Russen geheiligten Konsky, keiner nach Bossdom zurückgekommen.

Die Markenkleberinnen in der Stube der Matts singen vom Christbaum, der der schönste Baum auf Erden sein soll, und dann schwätzen sie über Sterbefälle und phantasieren von Lebensmittel-Sonderzuteilungen, die in Sicht sein sollen.

Dann preisen sie wieder den Weihnachtsbaum, an dem die Lichter brennen, und dann stimmt jede der Frauen ihr Lieblingslied an. Die kleine Cousine singt: Wenn ich groß bin, liebe Mutter ... Meine Schwester singt: Ein Mädchen wollte Wasser holn an einem tiefen Brunnen ... Jeder Singsang sagt etwas über den Charakter seiner Sängerin aus. Das Hertchen sagt: Von mir werd ihr nischt hern, ich woar schont in die Schule Brummer.

Die Mutter singt: Ach, könnt ich noch einmal so lieben wie damals im Monat Mai ... Das ist ein Operettenschlager, ein Schmachtfetzen, doch wenn ihn die Eltern früher gemeinsam sangen, war Friede im Haus, und wir Kinder atmeten auf. Meine ganze Kindheit war ein Gieren nach Hausfrieden.

Elvira schlägt die Beine übereinander und singt: Ich bin die fesche Lola ... Sie behauptet, wenn sie in Berlin aufgewachsen wäre, hätte sie Marlene Dietrich das Wasser reichen können.

Weihnachtswünsche stehen auf. Der Vater wünscht sich een orntliches Sticke Fleesch als Weihnachtsbroaten. Was wäre Weihnachten ohne bißchen Weihnachtsstolle, sagt die Mutter. Sie beauftragt Schwägerin Elvira, die wieder auf *Geschäftsreisen* geht, Weizenmehl mitzubringen. Was sie Elvira zum Tauschen mitgibt, bleibt ein Geheimnis.

Schwägerin Hertchen hofft auf die Rückkehr des Bruders aus der amerikanischen Gefangenschaft. Es kommt aber nur ein tröstender Brief von ihm. Er teilt mit, daß er die *erste deutsche Friedensweihnacht* noch nicht daheim verbringen wird. Die von den Zeitungsleuten benutzte Stanze *Friedensweihnacht* ist also schon nach Italien vorgedrungen. Sie, die Kriegsgefangenen, schreibt der Bruder, haben manches, was für die besiegten Deutschen nur ein Traum ist, Semmeln und Fruchtmarmelade, Zigaretten und Wein, und sie werden Weihnachten einen Bunten Abend abhalten. Der Bruder hat sich eine Mandoline zusammengebastelt, ein Mitgefangener hat einen *Schlager* geschnitzt: Wenn der Bobby mit der Lisa auf dem Schiefen Turm zu Pisa Tango tanzt ...

Schwägerin Hertchen findet sich ein wenig getröstet. Wie leicht hätte der Bruder in russische Gefangenschaft getrabt sein können! Von den russischen Gefangenen hört man so gut wie *nischt nich*.

Ich entpuppe mich als einer der ungeschicktesten Spielzeughersteller, die je über die Erde gingen. Sohn Jarne und Neffe Gottliebchen wünschen sich je ein Holzpferd. Ein Holzpferd? Aber ja doch ja, was wäre ich für ein Vater, wenn ich nicht so etwas wie ein Pferd aus trockenem Holz herauslocken könnte!

Aber gefehlt, soviel ich mich auch mühe und mühe, ich bringe es nur zu zwei Gebilden, von dem das eine ein Seepferd und das andere ein Heupferd sein könnte, doch die Stangen hinter den Köpfen sind einwandfrei und glatt. Mein Trost ist: die Kerlchen werden mit ihrer Phantasie schon was aus den Schnitzwerken machen und werden auf Weihnachten durch den Schnee reiten.

Rudolf Hagelstange
1912–1984

Festtagsmonolog des Managers

Sehr mäßig. Überaus mäßig. Aber ich hatte ja gleich das Gefühl: Bleib bei der alten Marke. Was man kennt, das kennt man. Das ganze Getue mit den Festartikeln ist doch nur Absatzrummel. Der Fest-Kaffee, die Fest-Gans. Na ja, und die Fest-Zigarre. Kostet 1,20 Mark das Stück. Siebzig Pfennig die Zigarre, fünfzig das Fest. Ärgerlich. Aber ich wußte es ja. Deshalb ärgert's mich ja so.

Merkwürdige Sache, so'n paar Festtage. Bis unter den Weihnachtsbaum wird gejagt und gehetzt. Dann heißt es: Feiern! Nicht bloß ausruhen, Feierabend machen, nee: richtig feiern, stillsitzen mit dem Hosenboden und die Seele fliegen lassen. Festfreude! Freude allein tut's nicht. Festfreude muß es sein. Wie mit der Zigarre.

Könnte ganz hübsch sein; ist sogar ganz hübsch. Aber es könnte noch hübscher sein, wenn diese dumme Vorfeierei nicht wäre. Erst am 19. die Weihnachtsfeier im Werk, mit zwei Monster-Tannenbäumen. Dann am 20. das Weihnachtsessen im Klub. Mit Edeltanne. Am 21. die Bescherung im Waisenhaus. Einfache Tanne. Am 22. dann Anstandswauwau bei der Konkurrenzweihnachtsfeier gespielt. Wieder zwei Monster-Tannen. Am 23. – was war am 23.? Nee, da war nichts. Wieso war am 23. keine Weihnachtsfeier? Kaum zu fassen.

Offenbar bin ich dadurch ganz aus der Übung gekommen, Festfreude zu entwickeln. Oder warum sagte Hiltrud gestern plötzlich so pikiert: Kannst du dich denn gar nicht mal'n bißchen mehr freuen!? Sie hat immer noch die Bühne im Kopp. Da lernt man sogar das Heulen und Zähneklappern.

Ich wäre ja am liebsten in den Schnee gefahren; und der Junge auch. Ganz raus aus der Gewohnheit! Aber die weibliche Seele nistet im Heim. Soll sie. Haben's gemütlich. Sehr gemütlich sogar – bis auf die paar neuen Bilder, die ich dem neuen Malerfreund von Trix abkaufen mußte. Mag die Abstrakten nicht. Nicht Fisch, nicht Fleisch. Sparen sogar mit der Farbe – aus Wahrheitsliebe angeblich. Aber an mein Chefporträt für das Werk traut er sich nicht ran. Spricht aber offenbar an bei meinen Damen.

Aus is'se. Man soll beim Rauchen nicht zuviel denken. Man sollte drei Tage überhaupt nicht denken. Das erholte! An nichts denken! Keine Bilanz, keinen Auftrag, keine Reise, keinen Geschäftsbesuch. Auch nicht an Zigarren. Ich sollte überhaupt nicht mehr rauchen. Es ist die pure Nervosität. Vor allem nicht so mäßige Sorten.

Ich könnte mit Schwunghammer telefonieren – der würde sicher aushelfen. Oder zu »Hammelschotten« fahren und mir dort ein paar mitnehmen. Ein kleines Pils könnte auch nicht schaden. Es spitzt den Appetit an für den Truthahn.

Gans wäre mir eigentlich lieber gewesen. Aber Gans ist zu bürgerlich, meint Hiltrud. Wenn der Chauffeur Gans ißt, muß der Chef mindestens Kapaun essen, sonst ist die soziale Marktwirtschaft nicht in Ordnung. Sonst ist das kein Festmahl. Magenerweiterung als Standesmerkmal. Wie lange kämpfe ich schon um Grünkohl mit Brägenwurst. Ich werde mal mit Ottos Frau reden. Sie werden ja nicht immer Gans essen.

Wer bloß die vielen Bücher lesen soll. Na, mir soll's gleich sein. Immerhin: drei Tage keine Zeitung; da steckt eine echte Chance für unsere Literatur. Vielleicht nehme ich mir den Bestseller mal vor, von dem sie alle tuscheln. Mir scheint, die Geschmäcker ändern sich sehr. Ich habe keine Zeit dazu, meinen Geschmack zu ändern. Man wird auch älter ...

Wie war's eigentlich vor dreißig Jahren? Das muß man schon sagen: Welches Wunder – durch Gottes Fügung. Jung war man ja noch, jung, hoffnungsvoll und aussichtslos. Ohne es zu wissen, 1949 war es hoffnungslos, aber aussichtsreich. Auch ohne es zu wissen. Das Leben hat seine Tragik. Wenn man sich endlich in die Lage versetzt sieht, aufzubauen, baut man schon ab. Oberleutnant am Westwall möchte ich nicht wieder sein, aber erst 25 schon. Am besten 45 in heutiger Position. Das wäre ein guter Kompromiß.

Ich werde Emmelmann heute abend mal anrufen, gutes Fest wünschen und so weiter. Und dann nach diesem komischen Sanatorium fragen. So beiläufig. Ehe ich Mitte Januar nach drüben fliege, sollte ich zehn Tage ausspannen. Auf lactovegetabiler Grundlage. Trennkost, Weizengel. Ein bißchen Entfettung. Kleine Blutwäsche. Auch der Körper verschmutzt, nutzt sich ab. Das bißchen Festfreude kann das nicht schaffen. – Immerhin. Man soll's nicht schmähen. Die Sache mit dem kleinen Pils und einer besseren Zigarre ist nicht schlecht. Bewegung schadet auch nicht. Man kann nicht immer im Sessel sitzen und Festfreude mimen. Man muß sie auch haben können! Ich werde mal mit Otto telefonieren, ihn fragen, ob er für ein Stündchen zu haben ist, oder ein gutes halbes? Soll mich zu »Hammelschotten« fahren.

Netter Kerl, dieser Otto. Sein Festtag ist mir natürlich heilig. Aber ein knappes Stündchen? Kriegt 'nen blauen Schein extra. Na ja, den Leuten geht's ja nicht schlecht. Immerhin – ich möchte nicht Chauffeur bei mir sein.

ARNO SCHMIDT
1914–1979

Verschneite Wiesenweiten

Oh ja, verschneite Wiesenweiten, fein schraffiert mit Vorjahrsgräsern: »Das ›Lokkere Moor‹.« 1, 2 rüstige Birken darin, (die eine leider mißbräuchlich als Jagdsitz hergerichtet); die schönste Erlengruppe der ganzen Gemeinde, mit denen man reden konnte, wie mit Bäumen von Alter & Erfahrung. (›Ein Baum, der habituell gegrüßt wird‹: das müßte man den Herren Landwirtn wieder suggerieren können; wie zu Hermann's Zeitn; (obwohl ich gar so entsetzliche Stücke auf ihn, Hermann, nicht halte). Am ehesten noch durch drohende Weisgetüme: ›So lange stehet der Mathbergwald: so lange Hillfeld zusammenhalt'!‹), (›Wenn Sylvester es schneit, ist Neujahr nicht weit‹.).) / »Oh ja: selbs' der Schuppm wirkt doll.« Während wir, auf Hermelinteppich, bis an den Rand der Sandgrube vorschritten, wo Einem nun endgiltig aëronautisch im Gemüt wurde; (und die Luft=Mienen noch enthusiastischer). / Schon zog ich meinen Koste=Löffel, ›meß mer'n Tee‹, den ich winters grundsätzlich bei mir führe; (kräftiges Aluminium; ohne Beschriftung wäre er unschätzbar – aber in unserer Welt gibt es nichts Unbeschriftetes mehr); schöpfte vom nächsten Baumstummf. Und schmeckte. – (So kennerlich, so sachlich, daß Jule sofort erst neugierig, dann neidisch wurde. Und ihn ebenfalls verlangte. (Sehr wohlschmekkend, nebenbei bemerkt: das sind auch so alte Columellen, die uris weitgehend abhanden – richtiger ab=munden, ab=zungen – gekommen sind, die Geschmäcker von Regen & Schnee festzustellen; und dann daraus zu schließen, was zu schließen ist. Da gibt es Rübenartigen; solchen, der wie Hunde riecht; manchmal nach laschem rohem Fleisch; heute schien er neu=tral. Bzw. das Züngelein an der Waage, durch den zuvor genossenen Bergtau träger gemacht, gab nicht den genügenden Ausschlag; das findet man aber bei jedem Instrument mal.) Und Jule schaufelte, ›im Busen fühl ich den Weh=Suuf‹.): »Nun folgere aber auch einiges! – Was iss=iss für Schnee?: stammt er aus tiefer Luft, vom Dümmer her? Kommt er vom Harz, wo das Gespenst brockt, nehst & silberschlackt? ErschmexDu die ›sogenannte DDR‹? Oder tippsDe auf Richtung Äidt-kuhnen, wenn nicht gar Alma Ata?: sag doch was!«; (und schaufelte zwischendurch zwischenein, daß selbst der Griff mit Gefrorenem belegt war). – »Ich möchte meinen: es ist jener Schnee, der immer von vorn kommt.« Und frostig schweigen (ich); und betroffen sinnen (er). / (Ganzfern, SSO, ein Automotor. Vielleicht ein Tierarzt, der einem armen Schwein half. Jule vernahm es nicht; er hörte schon ein bißchen …):

: ›Kss. – Kn=Knpp ! – Knn.‹ –

:??; Jules Blaßgesicht; (ich verriegelte gleich, beispielhaft, den Mund mit dem Finger:!). ›Sie sind diebisch, und scheuen nicht den Mond‹; und zeigen: etwas rechts von der widerlichen Jagd=Kabine ...? ...:!!. (Ein Marder nämlich.) Der schlanke Horizontal=Kerl; mit dem weißen Winkel als Pullover=Ausschnitt: »Daran erkennsDu ihn.« (Irgend ein Halb=Meyer schien neuen Müll angefahren zu haben; vom ausrangierten blauen Kachelöfchen an, Kinderwagen & Stuhltrümmer, bis zu abgenuddltn Konservenbüchsen, und aussortiertn Kartoffln.) Ein Mal warf er 1 Blick zu uns hoch, ganz ›Falkenauge‹; grüßte aber mit nichten, sondern botanisierte einfach weiter, geruhsamst über gefrorene Sandscheibchen dahin. – Wir entfernten uns dann auch bald; ehrerbietig, auf Zehenspitzen, schräg durch den schütteren Wald.

Karl Krolow
1915–1999

Eine Weihnachtserinnerung, die ich nicht vergaß

Denke ich an Weihnachten in den Jahren meiner Kindheit, so verbinde ich solche Erinnerung mit der Erinnerung an Landschaft. Fast immer haben Augenblicke in mich umgebender niederdeutscher Landschaft die Weihnachtszeit mit beeinflußt. Meine Eltern, besonders mein Vater, erzogen mich früh zu derartigem natürlichen Verhältnis in meiner keineswegs ländlichen Umwelt, denn ich wuchs am Rande einer Großstadt auf. Das unregelmäßige und eigentlich unschöne Terrain, das begann, wo die letzten Neubauten aufhörten und sich saure Wiesen hinzogen, Gärtnereien und die Anwesen einiger Gemüsebauern, Schrebergärtensiedlungen, ehe das erste Waldstück sichtbar wurde, ehe der wichtige Wald meiner jungen Jahre, der hannoversche Stadtwald, die Eilenriede, begann. Diese Eilenriede, die sich halbkreisförmig um die Stadt zog, war damals noch ein richtiger Forst oder gab mir doch als Buben diese Illusion, wenn man vom Felde her auf sie zukam. Dann war das Wald-Massiv, die Mischwald-Fläche – besonders bei unsichtigem Wetter – etwas mich mächtig Anziehendes, eine dunkle Wildnis.

Ich kannte den Wald zu jeder Jahreszeit. Im Grunde war die Entfernung zwischen meinem Elternhaus und ihm gering, vielleicht zwanzig Minuten weit, und nur die dazwischen liegenden, verstreuten Gehöfte, das von Geometern bereits abgemessene Gebiet zwischen ausfallender und dann jäh im Feldstück endender städtischer Straße, zwischen dem Ende der Wohnstraße und dem eigentlichen Wiesengrün und Ackerbraun, unterbrach die Vorstellung, daß der Wald eigentlich recht schnell erreichbar sein müsse. Das beiläufige und durch die Witterung so oft trist verhängte Übergangsgebiet, in dem ich mich bewegte und in dem ich mich rasch auskannte als einem idealen Spielgelände, machte den großen Flächenwald dann für mich um so begehrenswerter, in dessen Randbezirken wir Kinder unsere persönlichen Verstecke anlegten, die wir nie verrieten und schon gar nicht mit jemandem teilen würden, Zufluchten im dichten, grünen Unterholz, in das wir uns mit unserer Phantasie zurückzogen.

Im Eilenriedewald floß in seinem Südteil, entlang der nach Hildesheim führenden Bahnlinie, ein Rinnsal, ein verkrauteter Wassergraben, der an einer bestimmten Stelle seines Verlaufes unter einer Waldchaussee weitergeführt wurde. Der massiv gemauerte Eingang zu dieser Unterführung, bogenartig angelegt, glich dem Eingang zu einer Art Wald-Unterwelt, zu einem grünen, dichten Hades. Wie hier das träge Wasser verschwand, um erst sehr viel später an einer von hier aus nicht einzusehenden Stelle wieder ans Licht zu treten, das war für uns Kinder immer mit einem Gefühl der Ungewißheit, des Bangens, der Beklemmung und der Neugier betrachtet worden. Im Winter fror die winzige Wasserfläche vor der Unterführung schnell zu. Man konnte auf ihr dann ein paar Schritte tun, wagte sich allerdings niemals fort ins Dunkle der unterirdischen Weiterführung.

Ich muß noch ein sehr kleiner Junge gewesen sein, als mir mein Vater in der Vorweihnachtszeit, als wir wieder einmal gemeinsam diesen Ort passierten, vom Eingang zur unterirdischen Grabenweiterführung als vom Eingang zur Höhle des Knechtes Ruprecht zu erzählen begann, sicherlich ganz beiläufig, wie es seine Art war und wie man einem Buben meines damaligen Alters vielleicht Landschaft spannend, abenteuerlich machen kann. Ruprechts Bereich, das mir der Vater als ein Schatzversteck mit allen den Gaben, die er zu Weihnachten dann den Kindern unter den Christbaum legen würde, zu schildern verstanden hatte, ließ mich zunächst vermutlich nichts als nachdenklich werden. Dieser Höhleneingang – gerade an solcher Stelle – schien mir unbedingt glaubwürdig. Man mußte sich hier unterirdisch wunderbar verstecken können, um dann im tiefen Höhleninneren ein ganzes Schatzlager anzulegen. Auf dieses Lager aber hatte ich es abgesehen. Die Vorstellung von den verborgenen Sachen ließ mich ganz offenbar nicht los. Weihnachten, das in jedem Jahr ungeduldig erwartete Fest, rückte näher mit dem unberechenbaren Dezember, unberechenbar mit dem Auf und Ab der niederdeutschen Witterung, die zwischen nassem, flüchtigem Schnee und Nebel- oder Regenwetter schwankte, bei ständig gehendem Wind, der aus der Ebene fegte und nirgends Widerstand fand.

Plötzlich gab es einen frühen Wintereinfall mit Frost und lange niedergehendem Schnee, einige Tage vor dem Fest. Die Schnee-Einsamkeit des Eilenriedewaldes, durch die mich mein Vater nun mit dem Schlitten zog, war überwältigend. Ein richtiger Märchenwald war entstanden, in dem der Schnee von den Ästen in die Augen stäubte, nachdem es sich endlich ausgeschneit hatte und alles in seiner weißen Pracht dalag. Wir kamen sicherlich auch an jenen Waldfleck, wo Ruprechts Höhle lag. Ich erinnere mich dessen nicht mehr genau. Genau dagegen weiß ich, daß es für mich – ausgerechnet am Vormittag des Heiligen Abends – kein Halten mehr gab. Meine Erwartungen waren wie meine Ungeduld auf das höchste gespannt. Ich hatte Ruprechts Höhle nicht vergessen können, die jetzt sicherlich, mit dem vereisten Wasserloch davor, halb zugeschneit war, die vor allem auch für ein gewöhnliches Menschenkind, für mich, erreichbar, passierbar sein mußte, nachdem das Grabenwasser wohl bis auf den Grund gefroren war. Auf einmal war ich auf dem Wege zu Ruprechts Reich, mit dem Schlitten, den ich hinter mir her zog, in einem günstigen Augenblick Haus, Straße und Spielgefährten verlassend. Die Neugier, das Abenteuer, meine Phantasie hatten mich überwältigt. An diesem kalten Wintervormittag, der schon fast Mittag war, war ich unversehens unterwegs, allein, wie es sich gehört, denn ich wollte das Geheimnis für mich allein haben. Ich wollte niemanden dabei haben, bei meiner Entdeckung. Ich war unerschrocken genug, nach alldem, was ich mir erhoffte, um das Wagnis allein auf mich zu nehmen. Ich weiß die Einzelheiten dieses Hinweges, des Hingezogenwerdens nicht mehr. Auf einmal fand ich mich jedenfalls an jener Waldstelle mit vereistem Krautgraben und an dieser Stelle merkwürdig dünner Schneedecke.

Hier angekommen, muß sich bei mir einiges verändert haben. Das Zeitgefühl muß ausgesetzt haben. Habe ich gezögert? – Habe ich – mit dem im Gebüsch schließlich abgestellten Schlitten – den Höhleneingang, nun doch vielleicht furchtsam geworden, immer langsamer und doch zugleich immer geduldiger, erwartungsvoller umkreist und eingekreist? Bin ich dabei allmählich ermüdet, ohne es zunächst zu merken, ohne es danach wahrhaben zu wollen? Meine Eltern haben mir später zuweilen erzählt, wie der Heilige Abend oder doch die Stunden vor diesem Abend verliefen: in quälender Unruhe, in Sorge um meinen Verbleib. Mein Verschwinden war bald bemerkt worden. Und als ich noch nicht heimgekommen war, als mein Vater vom Dienst und einem anschließenden Zusammensein mit Kollegen nach Hause zurückkehrte, war die Aufregung groß. Etwas mußte geschehen. Die Zeit verstrich. Niemand wußte genau, wie lange ich fort war, weil ich – wie gesagt – mich unbeobachtet fortgestohlen hatte. Die Eltern überlegten ratlos, wohin ich mich gewendet haben könnte. Sie fragten die Spielkameraden aus. Niemand konnte Auskunft geben. Ich hatte niemanden eingeweiht, weil ich niemanden hatte bei mir haben wollen. Ich wollte allein das Abenteuer meiner Erwartungen, meiner kindlichen Weihnachtsneugier bestehen und hatte es inzwischen bekommen: Abenteuer des Alleinseins im eiskalten, einsamen Winterwald, bei allmählich, dann immer rascher sinkendem Tageslicht.

Was von diesen Heiligabend-Stunden im verschneiten Wald vor der Weihnachts-Höhle des Knecht Ruprecht sich in meinem Gedächtnis erhalten hat, sind verwischte Kleinigkeiten: die Erinnerung an eine knisternde Schneestille, an vom Wind seufzendes Geäst, an eine kalte, von mir, meinen Gliedern, meinem Körpergefühl langsam Besitz ergreifende Einsamkeit, ein Abgeschnittensein, ein Leben in einem Zwischenbereich, mit aufkommender, dann wieder niedergekämpfter Angst, von Isolation und Fortsein von allem, von Mutlosigkeit, von einer merkwürdigen Verlorenheit und einem ebenso merkwürdigen Entzücken, während es um mich zu dämmern begann. Ich blieb gebannt. Ich konnte den verlorenen Waldort nicht aufgeben. Ich war unschlüssig. Ich wußte nicht weiter, vermutlich. Ich hatte das Wagnis nicht bestanden, war nicht in die Höhle eingedrungen, sondern hatte sie immer nur angestarrt, hatte vor ihr und ihrem Dunkel haltgemacht und hatte vergessen, was vorher war und was nachher kam.

Auf einmal sah ich mich in meiner Verlassenheit meinem Vater gegenüber. Er hatte sich mit einem Freund auf die Suche gemacht, hatte sich daran erinnert, was er mir von Knecht Ruprechts Versteck verheißen hatte, und hatte dann schnell geahnt, daß ich nur in oder vor ihm aufzufinden sein müßte. Die beiden jungen Männer waren verlegen und froh, als sie mich sahen. Mein Vater hatte mich richtig eingeschätzt. Er hatte nicht die Polizei verständigen müssen. Und nun mußte er mich aus einem Traum hochreißen, den ich nur halb und ganz unvollkommen zu träumen begonnen hatte, an diesem Tage, den man den Heiligen Abend nennt: ein Traum, auf den ich später nicht habe zurückkommen brauchen. Ein Traum, auf den man niemals zurückkommen wird, weil er nicht wiederholbar ist.

Christine Busta
1915–1987

Der Stern

Nachts erwachen und mit herrlichem Erschrecken
hell im Fenster einen Stern entdecken,
und um ihn die sichre Angst verlassen,
wie Kolumbus nach dem Steuer fassen,
und gehorsam wie aus Morgenland die Weisen
durch die Wüste in die Armut reisen,
und im Stern des Engels Antlitz schauen:
wie ein Hirt zu Bethlehem vertrauen.

Isabella Nadolny
1917–2004

18. Dezember
Wie war das damals mit meinen Adventskalendern? Zuerst war das Bild dunkel und leer, dann wurde es mit der Zeit immer bunter und bewegter. Ich habe eine Variation dieser Vorfreudenspender neu für mich erfunden. Die leidigen »Glückwünsche zum Fest« in allen Farben und Formen, die künstlerischen und kitschigen, lieben, merkantilen, repräsentativen kommen alle mit Reißzwecken auf eine große Pappe an der Wohnzimmerwand, werden täglich mehr. So um den 22. herum müssen Onkel Peter aus Kopenhagen und der Kohlenhändler schon ein wenig zusammenrücken.

19. Dezember
Wieder überall die Sehnsucht nach weißen Weihnachten, dem Symbol des strengen Winters der Bilderbücher: »kernfest und auf die Dauer«, Sehnsucht nach der Welt der Großeltern, die wenigstens hierin in Ordnung gewesen zu sein scheint. Statt dessen schmutzig-grauer Übergang und auf manchen Gabentischen die Pauschalfahrkarte zu südlichwarmen Inseln, die Flucht in eine fremde Zwischenjahreszeit.

20. Dezember
Habe ich eigentlich als Kind bekommen, was ich auf den Wunschzettel geschrieben hatte? Wenn nicht, ist es mir frühestens nach Heiligdreikönig eingefallen. Wie stark muß der Glanz des Festes gewesen sein. Wie stark ist er noch immer. Auch diesmal wünsche ich mir Säckchen mit getrocknetem Lavendel und warme Einlegsohlen und bekomme statt dessen alles mögliche andere. Und bin nicht enttäuscht.

22. Dezember
In der Kutsche, in der unsere kleine Familie durchs Leben fährt, sitzen Michael und der Junge in Fahrtrichtung, ich nach rückwärts gewendet. Ich sehe die Dinge erst wirklich, wenn sie vorüber sind und weit hinten in der Ferne verschwinden. Je näher Weihnachten kommt, desto weiter sehe ich zurück.

Wenn ich mit der Mama am 24. von der Markuskirche in der Amalienstraße zur Bescherung heimging, wurde es dunkel und kalt. Mach schön den Mund zu, sagte die Mama. Bei jedem zehnten Schritt mußte ich in gewaltiger Vorfreude ein bißchen hopsen, und die Wollstrümpfe kratzten. Ich fragte, ob hinter dem erleuchteten Fenster hier, da, dort drüben auch bestimmt, ganz bestimmt jetzt alle Leute glücklich wären. Was hat die Mama geantwortet? (Sie war gewarnt, meine Tränenströme über alles, was arm und unglücklich war, hatten sie so manche halbe Stunde Wiegen und Trösten, so manches Glas Zuckerwasser und Baldriantropfen gekostet. Andersens Märchen vom kleinen Mädchen mit den Schwefelhölzern durfte nicht mehr vorgelesen werden.) Sicherlich habe ich gar keine Antwort erwartet. Die Erwachsenen würden sich der Sache schon irgendwie annehmen.

Nun bin ich erwachsen. Nun wäre es an mir, das Helfen und Trösten, bei den vielen, die den Heiligen Abend bagatellisieren und versachlichen müssen, weil ihnen sonst das Herz zu schwer würde. – Gestern sagte jemand zu mir: »So ein Heiliger Abend geht ja auch vorbei, und am ersten Feiertag essen wir meist recht gut.« Auch solche Menschen werden hinter den erleuchteten Fenstern gewesen sein, damals schon.

23. Dezember

Alles ist fertig verpackt. (Mein Kleiderschrank geht vor Päckchen nicht mehr zu.) Die »Ordnung für das Christkind«, auf die in der Kinderstube so streng geachtet wurde, ist hergestellt. Unter den Geleegläsern müßte natürlich noch feucht gewischt werden, aber darauf kommt es nicht an. Die Briefe sind beantwortet, die Rechnungen bezahlt, und weil ich nach den Feiertagen immer etwas überfressen und unlustig bin, sind auch die guten Vorsätze fürs neue Jahr schon jetzt gefaßt. Übrigens: Was würde ich tun, wenn ich wüßte, daß es mein letztes ist? Dasselbe! (Nun ja, und mir außerdem vielleicht den Persianermantel zurückkaufen, den Mama in den schlimmen Zeiten hat hergeben müssen. Vielleicht. Nur wenn es wirklich das letzte wäre.) Morgen vormittag werden wir, wie seit Jahren, allen Vernunftgründen zum Trotz, einen weiten Spaziergang zu unbekannten Dorfkirchen machen. (Ein wunderbares Rezept gegen die Hetzerei der Hausfrau.) Und nach Tisch kommt die stillste Stunde des ganzen Jahres, in der ich hinter verschlossener Tür den Baum schmücke. Nichts kürzt sie ab, man kann sie gar nicht abkürzen, denn wenn man eilig wird, hängt nachher die Lametta schief. In völliger Ruhe kann man daher weit in die Ferne denken, an alle Freunde, an alle, die jetzt irgendwo auf der Welt den Baum schmücken, an die liebsten Lebenden, die liebsten Toten. Da wir Silvester meist nicht allein sind, ist dies der Augenblick des Jahresabschlusses himmlisch-irdischer Konten und die Dividendenausschüttung all der Liebe, die ein Jahr lang in mich investiert worden ist.

Dann erst öffne ich die Tür.

28. Dezember

Von allen Seiten kommen Berichte, wie schön, wie gemütlich, wie ganz besonders Weihnachten heuer war. Einige wissen sogar, warum: Unsicherheit und Bedrohung haben das gesteigerte Lebensgefühl der bösen Jahre wiedererweckt. Für viele ist daher die kostbare Stunde noch kostbarer, vielen schmeckt die Gänseleberpastete deshalb so unvergleichlich, weil sie nicht sicher wissen, ob sie sie nächstes Weihnachten noch kriegen werden. Und für andere wiederum verwandelt sie sich gerade bei diesem Gedanken in Sägemehl.

29. Dezember

Der vergilbte, fleckige, bekritzelte Wandkalender (1100 Gramm wiegt der große Einkochtopf leer, die Putzfrau hat 2.20 gut, 8 Wochen reicht die größere Propangasflasche) ist abgerissen und verheizt, der neue an die Wand genagelt. Suchend schaut man sich darauf um, wie auf einer Luftaufnahme, um bekannte Punkte zu entdecken. Ostern ist spät, es wird also schon recht warm sein. Dickis Geburtstag fällt auf einen Sonntag, vielleicht bekommt er Urlaub. Es ist das Pfeifen eines Kindes im Dunkeln, das sich Mut macht. Denn was da hängt, ist das Antlitz der Sphinx, das Unbekannte, das wir fürchten, ist darin versteckt. Verschlossen und lauernd nennen sich Tage Kamillus, Arbogast oder Joh. v. Cap., an denen uns unerhörtes Glück begegnen oder der Blinddarm durchbrechen kann (von der Politik einmal ganz abgesehen!). »Herr General haben wohl Angst?« fragte der forsche frischgebackene Leutnant im Feuer den Deckung suchenden Erfahrenen. »Wenn Sie so Angst hätten wie ich, mein Junge, wären Sie gar nicht mehr hier«, sprach der Ältere milde.

1. Januar

Warum nur sind die Kirchenglocken im Radio, die das neue Jahr einläuten, so ergreifend, viel ergreifender als etwa Beethovens Neunte? Nun, weil man dabei den Atem der Zeit wirklich zu hören meint, aus Ehrfurcht vor dem Alter dieser erzenen Bässe und Tenöre? Oder weil die Phantasie den nächtlich-kalten, leeren Platz, auf dem sie stehen, so deutlich sieht, die kalkigweißen Straßenlaternen, den hohen Turm, der sich nach oben im Dunkeln verliert?

»Sehr rührend«, sagte jemand ganz Gescheites von oben herab, als er Feuchtigkeit in meinen Augen bemerkte. »Die Tränen beim Sekt«, sagte ich, »kommen daher, mein Herr, daß mir immer die Kohlensäure in die Nase steigt.«

4. Januar

Morgen kommen, wenn es dunkel wird, die Heiligen Drei Könige. Sie gehen durchs Bauernhaus, ihre unsichtbaren Brokatmäntel schleifen über die Schwelle von Stall, Küche, Milchkammer und Schuppen. Zurück bleiben Weihrauchduft und drei frische Kreidekreuzchen für Caspar, Melchior, Balthasar.

Als meine Fausthandschuhe noch mit einer Schnur zusammengehängt waren und man mich vor den Krippen der Münchner Kirchen hochheben mußte, fragte ich, wie die Könige den weiten Weg aus dem Morgenland vom 24. Dezember bis 6. Januar zurücklegen konnten. Heute nehme ich Wunder, wie sie kommen. Ich frage nicht mehr.

Johannes Bobrowski
1917–1965

Der verspätete Hirt

Ich schreckte auf vom Schlafe,
fuhr in die Nagelschuh,
und meine braven Schafe
die taten halb im Schlafe
noch ihre Stimm' dazu

zu jenem hellen Schalle,
der mich vom Schlafe rief,
die andern Hirten alle
die eilten schon dem Schalle
nach, da lag Schnee so tief.

Der Wind sprang mir entgegen,
als ich die Tür auftat,
da kam auf allen Wegen
vom Himmel hoch entgegen
ein Jubellied aus Gnad.

Da steh ich vor der Hütte,
wie brennt das Herz in mir!
sie knien um die Schütte,
die andern in der Hütte,
ich stehe an der Tür.

Soll ich hinein mich wagen
zum Kindlein dort so zart?
Es rinnt, kaum zu ertragen
(warum, ich kann's nicht sagen)
die Trän' mir in den Bart.

Heinrich Böll
1917–1985

Krippenfeier

Die großen Lampen brannten schon, als er dort ankam; sie bildeten einen Lichtschirm, der parallel zum Himmel stand und die Dunkelheit wie ein Gewölbe erscheinen ließ. Der große Tannenbaum in der Bahnhofshalle tropfte von Nässe, und von den kerzenförmigen Glühbirnen hingen ein paar schief, und einige schienen defekt zu sein. Die Halle war fast leer: Eben packte eine Heilsarmee-Kapelle ihre Instrumente ein, und die Männer und Frauen mit ihren roten Mützenrändern klemmten die Noten unter den Arm und trotteten müde auf den Vorplatz hinaus. Der Mann an der Wurstbude sah Benz scharf an und rief: »Wurst, mein Herr, ganz heiße Wurst!«; er fixierte Benz so scharf, daß er sich losreißen mußte, um links herum nach unten zu schwenken, wo die Telefonzellen sind. Plötzlich setzte im großen Lautsprecher die Musik ein: Beethoven, Neunte Symphonie; sie erfüllte für einen Augenblick fortissimo die Halle, dann schien jemand am Knopf zu drehen, und die Musik wurde sehr leise.

Unten, wo die Telefonzellen sind, war es muffig und lichtlos, und aus den Aborten in der Ecke strömte der beständige Geruch sedimentierter Männlichkeit. Benz kam an dem gläsernen Café vorüber, in dem Leute hockten, um lustlos Salat, Butterbrote und Wurst zu essen: Sie schienen in eine Falle geraten zu sein, wo sie gewaltsam gespeist wurden. Er ging weiter. Die beiden Telefonzellen waren besetzt, und er drehte sich herum und wartete: Oben schimmerten die lichtgefüllten Röhren in der Reihe von Kaufläden: Zigarrenkisten und Blumen, Zeitschriften und Parfümflaschen standen in diesem quälenden, bläulichen Licht, und über einem großen, weiß-gelben Transparent, das ein Verhütungsmittel anpries, schwebte ein lächelnder Sperrholz-Engel, silbern bemalt, der den Stern von Bethlehem gegen das blaugekachelte Gewölbe der Halle hielt. Irgendwo rechts nicht weit von ihm entfernt hatte eine religiöse Handlung ihren Kasten aufgehängt: »Katholischer Schriftenvertrieb-Belieferung von Vereinen« stand darüber; grimassierende Krippenfiguren schienen auf dem rötlichen Samt des Kastens zu tanzen, flankiert von harfespielenden Engeln, deren Rücken man benutzt hatte, um Spruchbänder aufzustellen, die an lackierten Holzstäben befestigt waren: »Gloria in excelsis Deo« und »Friede den Menschen auf Erden« stand über den starren Engellocken. Benz wandte sich um: Immer noch waren die Zellen besetzt, und durch die defekte Scheibe der linken Zelle hindurch sah er das Gesicht einer weinenden Frau, deren schmerzhaft verzogener Mund sich manchmal zu einem Flüstern schloß. Sie weinte ganz haltlos; über ihr blasses Gesicht rollten die Tränen wie über Wachs.

Von den gekachelten Wänden tropfte es, die Decke hatte einen feuchten Schimmer, und Beethoven wurde durch den Lautsprecher gequetscht. Benz klappte seinen Kragen hoch und zündete seine Pfeife an –, da schlug ihm jemand die Tür der Nebenzelle ins Kreuz, und als er sich umblickte, sah er einen schwarzgekleideten Mann, der ihn wütend ansah und schnell die Stufen zum gläsernen Café hinaufstieg. Benz ging in die Zelle hinein, setzte seine Tasche ab und suchte Kleingeld aus dem Mantel. Durch das Glas sah er den Schatten der Frau nebenan: An der Silhouette des Telefon-Apparates sah er, daß der Hörer aufgelegt war; die Frau stand da und tupfte sich mit einem rötlichen Quast im Gesicht herum; ihr grünes Kopftuch war verrutscht; sie zog es sehr langsam hoch. Dann hörte er, wie sie die Klinke herunterdrückte, und er öffnete die Tür seiner Zelle einen Spalt, um sie zu sehen. Er sah sie nur einen Augenblick: Sie war schön und lächelte jetzt. Er schloß langsam die Tür seiner Zelle und wählte.

Zwischen den Klingelzeichen hörte er das sanfte Rauschen der amtlichen Stille, und den Beethoven nahm er jetzt nur sehr leise mit dem rechten Ohr wahr. Dazwischen eine sehr kräftige männliche Stimme, die einen verspäteten Zug ankündigte, und dann sagte eine Frauenstimme im Hörer ärgerlich: »Was ist los? Was ist denn?«, und er hörte jetzt die Neunte Symphonie doppelt: mit dem linken Ohr im Hörer und mit dem rechten draußen, und er sagte leise: »Nichts –, nichts ist los«, und plötzlich brach im Telefon die Symphonie ab, und er wußte, daß die Frau eingehängt hatte. Er legte den Hörer auf und begriff, daß er vergessen hatte, den Zahlknopf zu drücken: Sie hatte ihn nicht gehört. Er drückte auf den anderen Knopf, das Geld rollte in die Metallschnauze zurück, und er nahm es heraus. Er nahm sein Notizbuch aus der Tasche, blätterte es durch und schrieb drei Telefon-Nummern auf die stählerne, gelblackierte Sprosse zwischen den Scheiben.

Wieder schien jemand am Knopf gedreht zu haben, denn von draußen kam der Beethoven wieder fortissimo zu ihm hinein; er warf zögernd das Geld ein und wählte; es blieb nicht lange still, und die Männerstimme, die »hallo!« rief, »hallo«, war kaum zu hören, so laut war auch dort hinten die Musik, und es war die gleiche, die aus der Halle zu ihm kam. Er hängte ein, ohne etwas zu sagen, drückte wieder auf den Knopf, ließ das Geld in seine Hand rollen, verließ die Zelle und ging langsam an den Aborten vorbei wieder hinauf. Die großen Lampen waren jetzt ausgeknipst, nur von den kerzenförmigen Glühbirnen des Tannenbaums kam Licht, und das Engelhaar war zusammengeklebt von Nässe und hing in Strähnen herunter. Aus einer unsichtbaren Ecke der Halle kam Beethoven herunter. Draußen auf dem nassen Platz sah er einen grell erleuchteten Schaukasten stehen. Er ging langsam darauf zu: Eine große blonde Puppe stand da im Ski-Dreß und lächelte ihn an, sie hielt ihm einen silbrig bepuderten Tannenzweig entgegen. Ihre Perücke schien echt zu sein, es war warmleuchtendes, goldblondes Haar; nur als er genauer ihren aufgesperrten Mund betrachtete, sah er, daß sie keinen Gaumen hatte: Dunkelblaues Nichts gähnte hinter ihren rosigen Lippen. Er ging langsam in die dunkle Stadt hinein; irgendwo in der Nähe war eine Kirche gewesen, und vielleicht stand sie noch da. Er ging an einem rötlich erleuchteten Hotel vorbei, hinter dessen schweren Vorhängen der Beethoven fast gesummt zu werden schien. Sehr sanft war diese Musik. Aber auch die Kirche war schon wieder aufgebaut, in den großen Fenstern spiegelten sich die Laternen, und an der Tür klebte ein großes, weißes Schild, mit korrekten, schwarzen Buchstaben beschriftet: »Mette: 0.00 Uhr, Einlaß 23.00 Uhr«. Obwohl er wußte, daß es vergeblich war, rüttelte er an der Klinke und beugte sich dann tief nach unten, um durchs Schlüsselloch zu sehen: Kerzenförmige Glühbirnen umrandeten den Altar und verdunkelten das Ewige Licht. Er ging langsam zum Bahnhof zurück. Es war erst neun Uhr. Schon als er um die Ecke bog, hörte er die Musik, sie quoll aus dem schwarzen Schlund des Bahnhofs und stieg wie eine Art Dampf aus allen seinen Öffnungen.

Im Wartesaal waren nicht viele Leute. Sie saßen vor ihren Gläsern und Tassen, und auf den Tischen standen Tannenzweige in den Vasen, mit kleinen, rötlichen Holzpilzchen behangene Tannenzweige, und mitten im Wartesaal hing ein Transparent mit der Inschrift: »Frohes Fest allen Reisenden«. Unter dem Transparent stand ein gähnender Kellner, der sich die Serviette vor den Mund hielt.

Benz stellte sich vor den Kasten mit den Krippenfiguren, und er sah im Hintergrund des Kastens die Heiligen Drei Könige, bärtige, feingekleidete Männer, die auf künstlichem Moos einhertappten und imaginäre Kamele an den nach rückwärts ausgestreckten Händen hinter sich herzogen. Vor dem Heiligen Joseph war eine Preistafel aufgestellt, die ihm bis ans Kinn reichte: »256,– DM – auch einzeln käuflich« stand darauf, und Benz dachte: »Wenn der Heilige Joseph soviel Geld gehabt hätte, wäre er im besten Hotel Bethlehems untergekommen, und die ganze Krippenindustrie wäre illusorisch geblieben.«

Aus dem Lautsprecher kam jetzt der Schlußchor der Neunten Symphonie, und es war aufregend, wie der Chor nach dem »Freude!« immer wieder aussetzte und für Augenblicke eine atemlose Stille aus dem Lautsprecher kam. »Freude«, sang der Chor, »Freude, schöner Götterfunken«. Über den Kasten hinweg sah er jetzt dem Mann an der Sperre zu, der seine Brille zurechtrückte und dann langsam den Takt des Chorgesangs mit seiner Knipszange auf das eiserne Törchen schlug.

»… freudetrunken, göttliche, dein Heiligtum, Heiligtum.« Jetzt hob der Mann an der Sperre seine Zange, schob eine Fahrkarte in die Schnauze, knipste sie, schob eine zweite hinein, knipste sie und fing wieder an, den Takt zu klopfen. Benz erschrak für einen Augenblick und spürte sein Herz klopfen: Die Frau mit dem grünen Kopftuch war durch die Sperre gegangen, aber sie war nicht allein; ein Mann, dessen Arm sie hielt, lächelte zu ihr hinab.

»… wo dein sanfter Flügel weilt – Flügel weilt.«

Benz ging vom Kasten weg, schlenderte ein paar Mal durch die Halle und spielte mit den beiden Zehnpfennig-Stücken, die er lose in der Manteltasche hatte. Er versuchte, sich einzureden, daß er mit seinem letzten Geld zurückfahren und allein zu Hause sitzen würde. Oben rollte ein Zug übers Gewölbe, und er dachte einen Augenblick wieder an das schöne Gesicht der Frau und spürte sein Herz, für einen Augenblick. Der Zug hielt jetzt oben, eine Stimme rief etwas, und Leute kamen die Bahnsteigtreppe herunter. Es waren nicht viele Leute, und sie kamen sehr schnell. Benz blieb stehen und sah ihnen entgegen, aber er kannte keinen von denen, die eilig an ihm vorbei in die Stadt gingen, und er fühlte sich plötzlich erleichtert, weil die Halle wieder leer war. Der Mann an der Sperre stand auf, schloß das eiserne Törchen, und nun erloschen auch die kerzenförmigen Glühbirnen, und der Tannenbaum sah im Dunkeln fast schön aus.

»... Kuß der ganzen Welt«, sang der Chor – »der ganzen Welt.« Dann war auch der Lautsprecher still, und es fiel etwas wie Frieden über den Bahnhof. Alles war dunkel, auch draußen das Mädchen im Ski-Dreß leuchtete nicht mehr; nur in dem Kasten mit den Krippenfiguren brannte noch Licht, Benz blieb noch ein paar Minuten vor ihnen stehen und lächelte ihnen zu, bevor er in den Wartesaal ging, um auf seinen Zug zu warten.

Hans Bender
*1919

Die Herberge

Rechts vom Pult, zwei und zwei hintereinander, saßen die Buben, links die Mädchen der ersten Klasse. Ich saß in der letzten Bank neben Edwin, den ich beneidete, weil er eine Federbüchse aus Amerika hatte.

Der Ofen glühte. Die Schritte und Räder vor den Fenstern dämpfte frisch gefallener Schnee. Es war vor Weihnachten. Lehrer Kuhn erzählte die Geschichte der Herbergssuche in Bethlehem. In der Bibel stand nur ein Satz darüber, aber, was machte Lehrer Kuhn daraus!

Er setzte sich mit gekreuzten Beinen auf das Pult, nahm die Pfeife aus den Zähnen und begann: Ja, damals kamen Maria und Josef auch durch unser Dorf. Es war schon dunkel, als sie die Straße von Eichtersheim herzogen. Maria saß auf einem Esel, Josef ging voraus und suchte mit Stock und Laterne den Weg. Maria sagte: »Ich habe Hunger und bin sehr müde.« Josef sagte: »In der ersten Gastwirtschaft werden wir übernachten.«

Vor dem Gasthaus »Zum Adler« band Josef den Esel ans Treppengeländer, klopfte die Stiefel an der untersten Stufe ab und ging hinein. Babette – ihr kennt sie alle! – stand hinter der Theke und schwenkte die Gläser. Josef fragte: »Haben Sie ein Zimmer für zwei Personen? Nicht zu teuer?« Babette war an diesem Tag mit dem linken Fuß aufgestanden. Sie sagte kurz: »Wir haben eins, aber das ist schon belegt. Leider.«

Josef nahm den Esel am Halfter und zog ein paar Häuser weiter vor das Gasthaus »Zum Lamm«. Erschrocken blieb er unter der Türe stehen, denn an den Tischen saßen vornehme Herren mit weißen Kragen und weißen Manschetten. Das waren die Geometer, die das neue Bachbett vermessen sollten. Der Lammwirt sah Josef unter der Türe stehen und ging rasch zu ihm hin, weil er nicht wünschte, daß die Herren gestört würden.

»Nein, mein Lieber, es geht nicht. Bei mir nicht. Aber frag doch in der ›Sonne‹ nach, die haben ein Extrazimmer für Handwerksburschen! Vielleicht kannst du da –.« Das mit dem Extrazimmer sagte er so laut, daß es die Geometer hören konnten.

Der Sonnenwirt und die Sonnenwirtin waren freundlich zu Josef. Sie sagten beide fast gleichzeitig: »Aber beim besten Willen, es geht nicht! – Das Handwerksburschenzimmer ist schon voll. Dann ist unser Ältester in Ferien da, er studiert in Freiburg Theologie, sonst hätten wir recht gern sein Zimmer zur Verfügung gestellt.«

»Danke«, sagte Josef. »Gute Nacht, gute Reise!« sagten der Sonnenwirt und die Sonnenwirtin.

Auch im nächsten Gasthaus, in der »Reichspost«, hatten Maria und Josef kein Glück. Die Lichter waren schon gelöscht, und als Josef mit dem Knotenstock gegen das Tor schlug, fuhr der Kopf des Wirtes oben aus dem Fenster. »Was ist los? Ist das eine Manier?«

»Haben Sie ein Zimmer für meine Frau und mich? Meine Frau ist krank!« rief Josef hinauf. »Schert euch fort!« schrie der Wirt. »Ich vermiete meine Zimmer nicht an Vagabunden!« Klirrend schlug das Fenster zu.

Josef war traurig. Maria nahm den Schal über den Kopf und sagte: »Vielleicht gibt es noch ein Gasthaus im Dorf.«

Lehrer Kuhn sah zu mir. Alle Buben und Mädchen drehten die Gesichter zu mir. Sie wußten nämlich, das letzte Gasthaus, bevor das Dorf zu Ende war, war der Gasthof meiner Eltern, der »Badische Hof«.

Mir schoß das Blut in die Stirne, und ich wußte nicht, wohin ich blicken sollte. »Na, Hansel«, fragte Lehrer Kuhn, »was hättest du gemacht, wenn Josef bei euch um eine Herberge gebeten hätte?«

Ich stand auf und stotterte hervor: »O, Herr Lehrer … ich … ich, ich hätte sie bestimmt aufgenommen.«

Die Wirkung der Erzählung war tief. Wir schworen den unfreundlichen Gastwirten, die Maria und Josef abgewiesen hatten, Rache. Die Fensterscheiben wollten wir einwerfen, dem Lammwirt, wenn er am Sonntag zum Hochamt ging, einen Knallfrosch am Rockschoß entzünden.

Zwei, drei Jahre waren seitdem vergangen. Heiligabend war zu feiern. Wir, meine Geschwister und ich, warteten in der Gaststube auf die Bescherung. Erst mußten die Gäste gehen, die lästigen, die nicht mal den Heiligen Abend zu Hause verbringen wollten. Am Stammtisch saßen sie und bestellten noch einen Wein, noch ein Bier, noch einen Schnaps.

Endlich wurde auch mein Vater ungeduldig und sagte: »Schluß! Feierabend! Geht jetzt. Wenigstens an diesem Abend wollen wir unter uns sein.«

Nacheinander zahlten sie und gingen.

Hinter dem letzten Gast wollte mein Vater den Riegel vorschieben, als auf der Straße ein Auto anhielt. Ein Mann und eine Frau kamen die Staffel herauf und redeten auf meinem Vater ein.

Eigentlich wollten sie noch bis Heilbronn fahren, sagte der Mann. Aber die Straße sei spiegelglatt, und seiner Frau gehe es nicht gut. Hoffentlich habe sie kein Fieber ...

»Es ist Heiligabend«, sagte mein Vater. »Die Kinder warten auf die Bescherung.«

Vielleicht wären sie doch noch weitergefahren, aber mein Vater ließ sie eintreten und sagte: »Gut, es wird sich machen lassen. Heute sind alle Zimmer frei.«

Ich, der alles mitangehört hatte, war wütend. Neue Gäste machten Arbeit. Wahrscheinlich wollten sie auch noch essen. Das Zimmer mußte geheizt werden. Und wieder waren wir nicht allein.

Ich ging weg, hinauf in den zweiten Stock, in mein Zimmer. Ich drehte innen den Schlüssel um, warf mich aufs Bett und heulte leis und laut ins Kopfkissen, und noch lauter, als meine Mutter an die Tür klopfte und sagte, ich solle aufschließen und herunterkommen zur Bescherung. Ich gab keine Antwort.

Später hörte ich die Schritte meines Vaters draußen im Flur kommen. Als er an die Tür klopfte, stand ich rasch auf. Vor meinem Vater hatte ich Angst.

Er jedoch war ruhig, und seine Stimme klang sanfter als sonst. Er legte mir die Hand auf den Kopf, der noch vom Schluchzen gestoßen wurde, und fragte: »Du kennst doch die Geschichte von Bethlehem? Von Josef und Maria, als sie nach einer Herberge suchten und alle Gastwirte sie abwiesen?«

O ja, ich kannte die Geschichte und schämte mich, jetzt daran erinnert zu werden.

Als ich in die Gaststube kam, saß mein Bruder Hugo am Klavier und spielte »Stille Nacht, Heilige Nacht«. Die Kerzen am Baum brannten schon, und die Tannenzweige dufteten, wie immer.

Die Fremden saßen an einem der Tische vor den Fenstern. Sie legten die Messer und Gabeln neben die Teller, sahen zu uns herüber und sangen mit.

Ein schöner Weihnachtsabend wurde es noch. Ich bekam einen Anker-Steinbaukasten, zum dritten und letzten Mal, den »Robinson Crusoe«, einen ärmellosen Sweater und eine Pelzmütze mit Ohrenklappen. Wertvoller war jedoch die Erkenntnis, die mir gleichfalls damals geschenkt wurde: Wie schwer es ist, das Gute, von dem man gehört hat, auch zu tun.

WOLFDIETRICH SCHNURRE
1920–1989

Die Leihgabe

Am meisten hat Vater sich jedesmal zu Weihnachten Mühe gegeben. Da fiel es uns allerdings auch besonders schwer, drüber wegzukommen, daß wir arbeitslos waren. Andere Feiertage, die beging man, oder man beging sie nicht; aber auf Weihnachten lebte man zu, und war es erst da, dann hielt man es fest; und die Schaufenster, die brachten es ja oft noch nicht mal im Januar fertig, sich von ihren Schokoladenweihnachtsmännern zu trennen.

Mir hatten es vor allem immer die Zwerge und Kasperles angetan. War Vater dabei, sah ich weg; aber das fiel meist mehr auf, als wenn man hingesehen hätte; und so fing ich dann allmählich doch wieder an, in die Läden zu gucken.

Vater war auch nicht gerade unempfindlich gegen die Schaufensterauslagen, er konnte sich nur besser beherrschen. Weihnachten, sagte er, wäre das Fest der Freude; das Entscheidende wäre jetzt nämlich: nicht traurig zu sein, auch dann nicht, wenn man kein Geld hätte.

»Die meisten Leute«, sagte Vater, »sind bloß am ersten und zweiten Feiertag fröhlich und vielleicht nachher zu Silvester noch mal. Das genügt aber nicht; man muß mindestens schon einen Monat vorher mit Fröhlichsein anfangen. Zu Silvester«, sagte Vater, »da kannst du dann getrost wieder traurig sein; denn es ist nie schön, wenn ein Jahr einfach so weggeht. Nur jetzt, so vor Weihnachten, da ist es unangebracht, traurig zu sein.«

Vater selber gab sich auch immer große Mühe, nicht traurig zu sein um diese Zeit; doch er hatte es aus irgendeinem Grund da schwerer als ich; wahrscheinlich deshalb, weil er keinen Vater mehr hatte, der ihm dasselbe sagen konnte, was er mir immer sagte.

Es wäre bestimmt auch alles leichter gewesen, hätte Vater noch seine Stelle gehabt. Er hätte jetzt sogar wieder als Hilfspräparator gearbeitet; aber sie brauchten keine Hilfspräparatoren im Augenblick. Der Direktor hatte gesagt, aufhalten im Museum könnte Vater sich gern, aber mit Arbeit müßte er warten, bis bessere Zeiten kämen.

»Und wann, meinen Sie, ist das?« hatte Vater gefragt.

»Ich möchte Ihnen nicht weh tun«, hatte der Direktor gesagt.

Frieda hatte mehr Glück gehabt; sie war in einer Großdestille am Alexanderplatz als Küchenhilfe eingestellt worden und war dort auch gleich in Logis. Uns war es ganz angenehm, nicht dauernd mit ihr zusammenzusein; sie war jetzt, wo wir uns nur mittags und abends mal sahen, viel netter.

Aber im Grunde lebten auch *wir* nicht schlecht. Denn Frieda versorgte uns reichlich mit Essen, und war es zu Hause zu kalt, dann gingen wir ins Museum rüber; und wenn wir uns alles angesehen hatten, lehnten wir uns unter dem Dinosauriergerippe an die Heizung, sahen aus dem Fenster oder fingen mit dem Museumswärter ein Gespräch über Kaninchenzucht an.

An sich war das Jahr also durchaus dazu angetan, in Ruhe und Beschaulichkeit zu Ende gebracht zu werden. Wenn Vater sich nur nicht solche Sorge um einen Weihnachtsbaum gemacht hätte.

Es kam ganz plötzlich.

Wir hatten eben Frieda aus der Destille abgeholt und sie nach Hause gebracht und uns hingelegt, da klappte Vater den Band »Brehms Tierleben« zu, in dem er abends immer noch las, und fragte zu mir rüber:

»Schläfst du schon?«

»Nein«, sagte ich, denn es war zu kalt zum Schlafen.

»Mir fällt eben ein«, sagte Vater, »wir brauchen ja einen Weihnachtsbaum.« Er machte eine Pause und wartete meine Antwort ab.

»Findest du?« sagte ich.

»Ja«, sagte Vater, »und zwar so einen richtigen, schönen; nicht so einen murkligen, der schon umkippt, wenn man bloß mal eine Walnuß dranhängt.«

Bei dem Wort Walnuß richtete ich mich auf. Ob man nicht vielleicht auch ein paar Lebkuchen kriegen könnte zum Dranhängen?

Vater räusperte sich. »Gott –«, sagte er, »warum nicht; mal mit Frieda reden.«

»Vielleicht«, sagte ich, »kennt Frieda auch gleich jemand, der uns einen Baum schenkt.«

Vater bezweifelte das.

Außerdem: so einen Baum, wie er ihn sich vorstellte, den verschenkte niemand, der wäre ein Reichtum, ein Schatz wäre der.

Ob er vielleicht eine Mark wert wäre, fragte ich.

»Eine Mark – ?!« Vater blies verächtlich die Luft durch die Nase: »Mindestens zwei.«

»Und wo gibt's ihn?«

»Siehst du«, sagte Vater, »das überleg' ich auch gerade.«

»Aber wir können ihn doch gar nicht kaufen«, sagte ich; »zwei Mark: wo willst du die denn jetzt hernehmen?«

Vater hob die Petroleumlampe auf und sah sich im Zimmer um. Ich wußte, er überlegte, ob sich vielleicht noch was ins Leihhaus bringen ließe; es war aber schon alles drin, sogar das Grammophon, bei dem ich so geheult hatte, als der Kerl hinter dem Gitter mit ihm weggeschlurft war.

Vater stellte die Lampe wieder zurück und räusperte sich. »Schlaf mal erst; ich werde mir den Fall durch den Kopf gehen lassen.«

In der nächsten Zeit drückten wir uns bloß immer an den Weihnachtsbaumverkaufsständen herum. Baum auf Baum bekam Beine und lief weg; aber wir hatten noch immer keinen.

»Ob man nicht *doch* – ?« fragte ich am fünften Tag, als wir gerade wieder im Museum unter dem Dinosauriergerippe an der Heizung lehnten.

»Ob man *was*?« fragte Vater scharf.

»Ich meine, ob man nicht doch versuchen sollte, einen gewöhnlichen Baum zu kriegen?«

»Bist du verrückt?!« Vater war empört. »Vielleicht so einen Kohlstrunk, bei dem man nachher nicht weiß, soll es ein Handfeger oder eine Zahnbürste sein? Kommt gar nicht in Frage.«

Doch was half es; Weihnachten kam näher und näher. Anfangs waren die Christbaumwälder in den Straßen noch aufgefüllt worden; aber allmählich lichteten sie sich, und eines Nachmittags waren wir Zeuge, wie der fetteste Christbaumverkäufer vom Alex, der Kraftriemen-Jimmy, sein letztes Bäumchen, ein wahres Streichholz von einem Baum, für drei Mark fünfzig verkaufte, aufs Geld spuckte, sich aufs Rad schwang und wegfuhr.

Nun fingen wir doch an traurig zu werden. Nicht schlimm; aber immerhin, es genügte, daß Frieda die Brauen noch mehr zusammenzog, als sie es sonst schon zu tun pflegte, und daß sie uns fragte, was wir denn hätten.

Wir hatten uns zwar daran gewöhnt, unseren Kummer für uns zu behalten, doch diesmal machten wir eine Ausnahme, und Vater erzählte es ihr.

Frieda hörte aufmerksam zu. »Das ist alles?«

Wir nickten.

»Ihr seid aber komisch«, sagte Frieda; »wieso geht ihr denn nicht einfach in den Grunewald, einen klauen?«

Ich habe Vater schon häufig empört gesehen, aber so empört wie an diesem Abend noch nie.

Er war kreidebleich geworden. »Ist das dein Ernst?« fragte er heiser.

Frieda war sehr erstaunt. »Logisch«, sagte sie; »das machen doch alle.«

»Alle – !« echote Vater dumpf, »alle – !« Er erhob sich steif und nahm mich bei der Hand. »Du gestattest wohl«, sagte er darauf zu Frieda, »daß ich erst den Jungen nach Hause bringe, ehe ich dir hierauf die gebührende Antwort erteile.«

Er hat sie ihr niemals erteilt. Frieda war vernünftig; sie tat so, als ginge sie auf Vaters Zimperlichkeit ein, und am nächsten Tag entschuldigte sie sich.

Doch was nützte das alles; einen Baum, gar einen Staatsbaum, wie Vater ihn sich vorstellte, hatten wir deshalb noch lange nicht.

Aber dann – es war der 23. Dezember, und wir hatten eben wieder unseren

Stammplatz unter dem Dinosauriergerippe bezogen – hatte Vater die große Erleuchtung.

»Haben Sie einen Spaten?« fragte er den Museumswärter, der neben uns auf seinem Klappstuhl eingenickt war.

»Was?!« rief der und fuhr auf, »was habe ich?!«

»Einen Spaten, Mann«, sagte Vater ungeduldig; »ob Sie einen Spaten haben.«

Ja, den hätte er schon.

Ich sah unsicher an Vater empor. Er sah jedoch leidlich normal aus; nur sein Blick schien mir eine Spur unsteter zu sein als sonst.

»Gut«, sagte er jetzt; »wir kommen heute mit zu Ihnen nach Hause, und Sie borgen ihn uns.«

Was er vorhatte, erfuhr ich erst in der Nacht.

»Los«, sagte Vater und schüttelte mich, »steh auf.«

Ich kroch schlaftrunken über das Bettgitter. »Was ist denn bloß los?«

»Paß auf«, sagte Vater und blieb vor mir stehen: »Einen Baum stehlen, das ist gemein; aber sich einen borgen, das geht.«

»Borgen – ?« fragte ich blinzelnd.

»Ja«, sagte Vater. »Wir gehen jetzt in den Friedrichshain und graben eine Blautanne aus. Zu Hause stellen wir sie in die Wanne mit Wasser, feiern morgen dann Weihnachten mit ihr, und nachher pflanzen wir sie wieder am selben Platz ein. Na – ?« Er sah mich durchdringend an.

»Eine wunderbare Idee«, sagte ich.

Summend und pfeifend gingen wir los; Vater den Spaten auf dem Rücken, ich einen Sack unter dem Arm. Hin und wieder hörte Vater auf zu pfeifen, und wir sangen zweistimmig »Morgen, Kinder, wird's was geben« und »Vom Himmel hoch, da komm' ich her«. Wie immer bei solchen Liedern, hatte Vater Tränen in den Augen, und auch mir war schon ganz feierlich zumute.

Dann tauchte vor uns der Friedrichshain auf, und wir schwiegen.

Die Blautanne, auf die Vater es abgesehen hatte, stand inmitten eines strohgedeckten Rosenrondells. Sie war gut anderthalb Meter hoch und ein Muster an ebenmäßigem Wuchs.

Da der Boden nur dicht unter der Oberfläche gefroren war, dauerte es auch gar nicht lange, und Vater hatte die Wurzeln freigelegt. Behutsam kippten wir den Baum darauf um, schoben ihn mit den Wurzeln in den Sack, Vater hing seine Joppe über das Ende, das raussah, wir schippten das Loch zu, Stroh wurde drübergestreut, Vater lud sich den Baum auf die Schulter, und wir gingen nach Hause.

Hier füllten wir die große Zinkwanne mit Wasser und stellten den Baum rein.

Als ich am nächsten Morgen aufwachte, waren Vater und Frieda schon dabei, ihn zu schmücken. Er war jetzt mit Hilfe einer Schnur an der Decke befestigt, und Frieda hatte aus Stanniolpapier allerlei Sterne geschnitten, die sie an seinen Zweigen aufhängte; sie sahen sehr hübsch aus. Auch einige Lebkuchenmänner sah ich hängen.

Ich wollte den beiden den Spaß nicht verderben; daher tat ich so, als schliefe ich noch. Dabei überlegte ich mir, wie ich mich für ihre Nettigkeit revanchieren könnte.

Schließlich fiel es mir ein: Vater hatte sich einen Weihnachtsbaum geborgt, warum sollte ich es nicht fertigbringen, mir über die Feiertage unser verpfändetes Grammophon auszuleihen? Ich tat also, als wachte ich eben erst auf, bejubelte vorschriftsmäßig den Baum, und dann zog ich mich an und ging los.

Der Pfandleiher war ein furchtbarer Mensch; schon als wir zum erstenmal bei ihm gewesen waren und Vater ihm seinen Mantel gegeben hatte, hätte ich dem Kerl sonst was zufügen mögen; aber jetzt mußte man freundlich zu ihm sein.

Ich gab mir auch große Mühe. Ich erzählte ihm was von zwei Großmüttern und »gerade zu Weihnachten« und »letzter Freude auf alte Tage« und so, und plötzlich holte der Pfandleiher aus und haute mir eine herunter und sagte ganz ruhig:

»Wie oft du *sonst* schwindelst, ist mir egal; aber zu Weihnachten wird die Wahrheit gesagt, verstanden?«

Darauf schlurfte er in den Nebenraum und brachte das Grammophon an. »Aber wehe, ihr macht was an ihm kaputt! Und nur für drei Tage! Und auch bloß, weil du's bist!«

Ich machte einen Diener, daß ich mir fast die Stirn an der Kniescheibe stieß; dann nahm ich den Kasten unter den einen, den Trichter unter den anderen Arm und rannte nach Hause.

Ich versteckte beides erst mal in der Waschküche. Frieda allerdings mußte ich einweihen, denn die hatte die Platten; aber Frieda hielt dicht.

Mittags hatte uns Friedas Chef, der Destillenwirt, eingeladen. Es gab eine tadellose Nudelsuppe, anschließend Kartoffelbrei mit Gänseklein. Wir aßen, bis wir uns kaum noch erkannten; darauf gingen wir, um Kohlen zu sparen, noch ein bißchen ins Museum zum Dinosauriergerippe; und am Nachmittag kam Frieda und holte uns ab.

Zu Hause wurde geheizt. Dann packte Frieda eine Riesenschüssel voll übriggebliebenem Gänseklein, drei Flaschen Rotwein und einen Quadratmeter Bienenstich aus, Vater legte für mich seinen Band »Brehms Tierleben« auf den Tisch, und im nächsten unbewachten Augenblick lief ich in die Waschküche runter, holte das Grammophon rauf und sagte Vater, er sollte sich umdrehen.

Er gehorchte auch; Frieda legte die Platten raus und steckte die Lichter an, und ich machte den Trichter fest und zog das Grammophon auf.

»Kann ich mich umdrehen?« fragte Vater, der es nicht mehr aushielt, als Frieda das Licht ausgeknipst hatte.

»Moment«, sagte ich; »dieser verdammte Trichter – denkst du, ich krieg' das Ding fest?«

Frieda hüstelte.

»Was denn für einen Trichter?« fragte Vater.

Aber da ging es schon los. Es war »Ihr Kinderlein, kommet«; es knarrte zwar etwas, und die Platte hatte wohl auch einen Sprung, aber das machte nichts. Frieda und ich sangen mit, und da drehte Vater sich um. Er schluckte erst und zupfte sich an der Nase, aber dann räusperte er sich und sang auch mit.

Als die Platte zu Ende war, schüttelten wir uns die Hände, und ich erzählte Vater, wie ich das mit dem Grammophon gemacht hätte.

Er war begeistert »Na – ?« sagte er nur immer wieder zu Frieda und nickte dabei zu mir rüber: »na – ?«

Es wurde ein sehr schöner Weihnachtsabend. Erst sangen und spielten wir die Platten durch; dann spielten wir sie noch mal ohne Gesang; dann sang Frieda noch mal alle Platten allein; dann sang sie mit Vater noch mal, und dann aßen wir und tranken den Wein aus, und darauf machten wir noch ein bißchen Musik; und dann brachten wir Frieda nach Hause und legten uns auch hin.

Am nächsten Morgen blieb der Baum noch aufgeputzt stehen. Ich durfte liegenbleiben, und Vater machte den ganzen Tag Grammophonmusik und pfiff zweite Stimme dazu.

Dann, in der folgenden Nacht, nahmen wir den Baum aus der Wanne, steckten ihn, noch mit den Stanniolpapiersternen geschmückt, in den Sack und brachten ihn zurück in den Friedrichshain.

Hier pflanzten wir ihn wieder in sein Rosenrondell. Darauf traten wir die Erde fest und gingen nach Hause. Am Morgen brachte ich dann auch das Grammophon weg.

Den Baum haben wir noch häufig besucht; er ist wieder angewachsen. Die Stanniolpapiersterne hingen noch eine ganze Weile in seinen Zweigen, einige sogar bis in den Frühling.

Vor ein paar Monaten habe ich mir den Baum wieder mal angesehen. Er ist jetzt gute zwei Stock hoch und hat den Umfang eines mittleren Fabrikschornsteins. Es mutet merkwürdig an, sich vorzustellen, daß wir ihn mal zu Gast in unserer Wohnküche hatten.

Hans Carl Artmann
1921–2000

dieser neujahrstag, leute,
dieser neujahrstag liegt schon heute
in den gittern aller bäume ...
ich drehe am zauberknopf meines holzpferds
und schon wird die luft um mich
wie salziges eis.
mein mädchen hat krapfen gebacken
und ich, ein kenner von orient und polarstern,
fliege geradaus dem duft nach,
ein schöner ofen im schnee,
der mir den weg weist,
kein vogel sicherer.
schnabellos,
flügellos,
ein meister der nase,
durchschneide ich die restlichen dezember,
meine kniee frieren an die seiten eines wunders,
mit rauhreif bedeckt der lack meiner stute,
der wind, eine gläserne levkoje aus eis,
spröde,
sie ist mein geschenk, das ich nicht mitbringen werde.
viel eher will ich ihr meinen mund bringen,
meine zunge, meinen schnurrbart
und das blaue auftauen meiner augen,
wenn ich dann die zügelverstriemten hände
über den duft ihrer pfanne halte,
fröhlich, müde und warm,
ein reiter der zehn tage,
eine rote kalendereins,
ein beliebter gast,
ein neujahr
um ofen, pfanne und krapfen!

23. 12. 60

Wolfgang Borchert
1921–1947

Die drei dunklen Könige

Er tappte durch die dunkle Vorstadt. Die Häuser standen abgebrochen gegen den Himmel. Der Mond fehlte und das Pflaster war erschrocken über den späten Schritt. Dann fand er eine alte Planke. Da trat er mit dem Fuß gegen, bis eine Latte morsch aufseufzte und losbrach. Das Holz roch mürbe und süß. Durch die dunkle Vorstadt tappte er zurück. Sterne waren nicht da.

Als er die Tür aufmachte (sie weinte dabei, die Tür), sahen ihm die blaßblauen Augen seiner Frau entgegen. Sie kamen aus einem müden Gesicht. Ihr Atem hing weiß im Zimmer, so kalt war es. Er beugte sein knochiges Knie und brach das Holz. Das Holz seufzte. Dann roch es mürbe und süß ringsum. Er hielt sich ein Stück davon unter die Nase. Riecht beinahe wie Kuchen, lachte er leise. Nicht, sagten die Augen der Frau, nicht lachen. Er schläft.

Der Mann legte das süße mürbe Holz in den kleinen Blechofen. Da glomm es auf und warf eine Handvoll warmes Licht durch das Zimmer. Die fiel hell auf ein winziges rundes Gesicht und blieb einen Augenblick. Das Gesicht war erst eine Stunde alt, aber es hatte schon alles, was dazugehört: Ohren, Nase, Mund und Augen. Die Augen mußten groß sein, das konnte man sehen, obgleich sie zu waren. Aber der Mund war offen und es pustete leise daraus. Nase und Ohren waren rot. Er lebt, dachte die Mutter. Und das kleine Gesicht schlief.

Da sind noch Haferflocken, sagte der Mann. Ja, antwortete die Frau, das ist gut. Es ist kalt. Der Mann nahm noch von dem süßen weichen Holz. Nun hat sie ihr Kind gekriegt und muß frieren, dachte er. Aber er hatte keinen, dem er dafür die Fäuste ins Gesicht schlagen konnte. Als er die Ofentür aufmachte, fiel wieder eine Handvoll Licht über das schlafende Gesicht. Die Frau sagte leise: Kuck, wie ein Heiligenschein, siehst du? Heiligenschein! dachte er und er hatte keinen, dem er die Fäuste ins Gesicht schlagen konnte.

Dann waren welche an der Tür. Wir sahen das Licht, sagten sie, vom Fenster. Wir wollen uns zehn Minuten hinsetzen. Aber wir haben ein Kind, sagte der Mann zu ihnen. Da sagten sie nichts weiter, aber sie kamen doch ins Zimmer, stießen Nebel aus den Nasen und hoben die Füße hoch. Wir sind ganz leise, flüsterten sie und hoben die Füße hoch. Dann fiel das Licht auf sie.

Drei waren es. In drei alten Uniformen. Einer hatte einen Pappkarton, einer einen Sack. Und der dritte hatte keine Hände. Erfroren, sagte er, und hielt die Stümpfe hoch. Dann drehte er dem Mann die Manteltasche hin. Tabak war darin und dünnes Papier. Sie drehten Zigaretten. Aber die Frau sagte: Nicht, das Kind.

Da gingen die vier vor die Tür und ihre Zigaretten waren vier Punkte in der Nacht. Der eine hatte dicke umwickelte Füße. Er nahm ein Stück Holz aus seinem Sack. Ein Esel, sagte er, ich habe sieben Monate daran geschnitzt. Für das Kind. Das sagte er und gab es dem Mann. Was ist mit den Füßen? fragte der Mann. Wasser, sagte der Eselschnitzer, vom Hunger. Und der andere, der dritte? fragte der Mann und befühlte im Dunkeln den Esel. Der dritte zitterte in seiner Uniform: Oh, nichts, wisperte er, das sind nur die Nerven. Man hat eben zuviel Angst gehabt. Dann traten sie die Zigaretten aus und gingen wieder hinein.

Sie hoben die Füße hoch und sahen auf das kleine schlafende Gesicht. Der Zitternde nahm aus seinem Pappkarton zwei gelbe Bonbons und sagte dazu: Für die Frau sind die.

Die Frau machte die blassen blauen Augen weit auf, als sie die drei Dunklen über das Kind gebeugt sah. Sie fürchtete sich. Aber da stemmte das Kind seine Beine gegen ihre Brust und schrie so kräftig, daß die drei Dunklen die Füße aufhoben und zur Tür schlichen. Hier nickten sie nochmal, dann stiegen sie in die Nacht hinein.

Der Mann sah ihnen nach. Sonderbare Heilige, sagte er zu seiner Frau. Dann machte er die Tür zu. Schöne Heilige sind das, brummte er und sah nach den Haferflocken. Aber er hatte kein Gesicht für seine Fäuste.

Aber das Kind hat geschrien, flüsterte die Frau, ganz stark hat es geschrien. Da sind sie gegangen. Kuck mal, wie lebendig es ist, sagte sie stolz. Das Gesicht machte den Mund auf und schrie.

Weint er? fragte der Mann.

Nein, ich glaube, er lacht, antwortete die Frau.

Beinahe wie Kuchen, sagte der Mann und roch an dem Holz, wie Kuchen. Ganz süß.

Heute ist ja auch Weihnachten, sagte die Frau.

Ja, Weihnachten, brummte er und vom Ofen her fiel eine Handvoll Licht hell auf das kleine schlafende Gesicht.

Christine Brückner
1921–1996

Wenn es dämmert am Heiligen Abend ...

Wann begann eigentlich die Weihnachtszeit in unserem Pfarrhaus? Ich glaube, wenn Mutter die Adventskränze band. Zuerst den großen für die Kirche und dann den kleinen für uns. Wenn sie die schwarzen Samtdecken vom Totenfest abnahm und die roten auf Kanzel und Altar breitete und im Hausflur des Pfarrhauses den goldenen Stern aufhängte – dann war Weihnachten nicht mehr weit.

Abends zogen die jungen Mädchen aus dem Dorf mit ihren Nähmaschinen in die warme Küche und nähten: Kinderhemdchen und Männerhemden für die Berliner Stadtmission. An anderen Abenden kamen die älteren Frauen aus dem Dorf und schälten Äpfel, die im alten Backhaus auf Horden getrocknet wurden; andere strickten aus Schafwolle Strümpfe und Kopfschützer und Leibbinden. Mutter saß zwischen ihnen und stimmte Adventslieder an, und wenn es gar zu spät wurde, kam Vater aus dem Studierzimmer herunter und bot Feierabend. Wenn alles fertig war, wurden Pakete gepackt: mit Wollsocken und Hemden, einem Stück Speck, einer Wurst, mit Honigkuchen, und in Notzeiten lag auch ein Brot darin oder ein Säckchen mit Erbsen, auch der Tannenzweig war nicht vergessen. Pakete für die Männer aus dem Dorfe, die im Felde standen, und nach dem Kriege Pakete für die Armen in den großen Städten.

Auf dem Boden des Pfarrhauses standen drei große Kisten. In einer waren Ständer und Schmuck für den Baum in der Kirche, in der anderen Krippe und Baumschmuck und die bunten Teller für unser Weihnachtszimmer, und in der dritten lagen Engelsflügel und weiße Gewänder mit silbernen Borten, Stab und Stern der Heiligen Drei Könige und goldene Haarreifen. – Abends deklamierten Engel und Hirten und Könige ihre Verse im Hausflur unterm Adventsstern, sangen, nähten an ihren Gewändern, flüsterten und lachten, und oben lagen wir Kinder in unseren Betten und horchten.

Zwei Tage vor dem Fest brachte der Förster die Tanne für die Kirche. Mutter war überall und niemals zu finden. Eben stand sie noch auf der Treppenleiter in der Kirche und schmückte den Baum. Oder probte sie das Krippenspiel? Oder war sie etwa doch im Weihnachtszimmer? Wir Schwestern hockten mit unseren Handarbeiten hinterm Ofenschirm und lernten Gedichte und Strophen auswendig. Nur der Pfarrherr saß fern von Vorbereitungen und Geheimnissen in seiner Studierstube über der Weihnachtspredigt hinter Tabakwolken und Büchern und tauchte erst wieder auf, wenn es am Heiligen Abend dämmerte.

Wenn es dämmerte am Heiligen Abend! Wenn sich der Frieden der Heiligen Nacht über unser kleines Dorf breitete, wenn das Vieh versorgt war und das Sonntagskleid angezogen, wenn die Glocken läuteten, dann kamen sie in kleinen schwarzen Gruppen durch den Schnee gestapft in die Kirche, die so wunderbar verändert war: Holzscheite prasselten im eisernen Ofen, die Kerzen gaben ihren Duft dazu, und auf dem Transparent des Altars leuchtete das blaue Kleid Marias, das Weiß der wolligen Schafe und der goldene Stern von Bethlehem. Mutters Engelschor sang ›Vom Himmel hoch da komm ich her‹, und wenn Vater anhob, die Weihnachtsgeschichte zu lesen: ›Es begab sich aber zu der Zeit, daß ein Gebot ausging vom Kaiser Augustus‹ – dann ging ein Schauer des Glücks durch uns alle. Und während wir noch standen und das letzte Lied sangen, verlöschten die Kerzen am Baume, und die Kirche wurde dunkel, wie in allen anderen Nächten des Jahres.

Dann läutete im Weihnachtszimmer das Christkind, und die Tür tat sich auf – ach, alles war anders als sonst: zum Abendbrot gab es Holundersekt, den Mutter im Frühling selbst angesetzt hatte, und die Spielsachen durften mit ins Bett. Wir lagen und warteten, daß es Mitternacht wurde und die Weihnachtsglocken läuteten. Eine Stunde lang beiern bei uns die Burschen, schlagen mit ihren Hämmern an die Glocken und singen laut vom hohen Turm herab: Dies ist die Nacht, da mir erschienen des großen Gottes Freundlichkeit.

Am ersten Feiertag ging Mutter mit den jungen Mädchen zu den Alten und Kranken im Dorf. Vor dem Haus wurden die Kerzen am Tannenbäumchen angezündet, und sie sangen ›Fröhliche Weihnacht überall‹. Hinter den Türen wartete man schon auf sie. Das Bäumchen blieb zurück und ein Korb mit Bohnenkaffee und Würfelzucker, Kakao und Plätzchen und weihnachtlicher Liebe. Und so zogen wir in der Dämmerung des Abends singend von einem Ende des Dorfes zum anderen.

Auch heute noch liegt dieses Dorf in der Weihnachtszeit in tiefem Schnee in den weiten Wäldern Waldecks, aber aus mir ist längst eine Stadtfrau geworden, die ihren Weihnachtsbaum beim Händler kauft und im Flur keinen Platz hat für den goldenen Stern. Die Krippe aus unserem Pfarrhaus ist in einer Bombennacht verbrannt. Der Vater ist schon lange tot, wir nähen keine Hemden für die Berliner Stadtmission mehr – aber wir packen in jedem Jahr ein Paket für ein unbekanntes, armes Kind, und dieses Paket wird jedesmal das schönste und größte, es bekommt keinen Absender, und es geht nach Berlin. An unserem Weihnachtsbaum hängt für jeden, den wir liebhaben und der nicht bei uns sein kann, ein Stern.

Vergangenes und Neues. Es ist schwer geworden, ein Weihnachtsfest zu feiern, das mehr Raum braucht als ein Zimmer und einen brennenden Baum und einen Gabentisch. Aber wenn wir zurückkommen aus der Lichterkirche und unsere Haustür aufschließen, dann spüren wir es, wie in dieser Nacht die Welt beschützt ist von einem unzerreißbaren Netz, gesponnen aus Fäden der Liebe, sichtbaren und unsichtbaren, aus Briefen und Päckchen, aus Gedanken, Erinnerungen und Gebeten.

Erich Fried
1921–1988

Bethlehem heißt auf deutsch Haus des Brotes

Jetzt ist wieder ein Kind verhungert
Jetzt ist wieder ein Kind verhungert
Diesen Satz kannst du sagen
sooft du willst
    Während du ihn sagst
    verhungert wieder ein Kind
    denn du brauchst zu dem Satz
    etwa zweieinhalb Sekunden
Das ist ungefähr richtig
denn 12 Millionen Kinder
verhungern in jedem Jahr
Jetzt ist wieder ein Kind verhungert
    Halt: Das stimmt nicht
    In Wirklichkeit sind es viel mehr
    Gezählt wurden hier nur die Kinder
    im Alter von unter fünf Jahren
Die älteren Kinder
sind gar nicht mitgerechnet
auch nicht die Väter und Mütter
die gleichfalls verhungern
    Verglichen etwa
    mit dem Kindermord des Herodes
    zu Bethlehem
    sind auch 12 Millionen schon viel
Doch es gibt größere Zahlen
zum Beispiel Rüstungsausgaben:
derzeit fünfhundertfünfzig
Milliarden Dollar im Jahr
    Das geben die Herren der Welt aus
    in *einem* Jahr
    zu ihrem Schutz vor einander
    und jedes Jahr wird es mehr

Auch König Herodes hat damals
die Kinder in Bethlehem
sterben lassen
um seine Herrschaft zu schützen
    550 Milliarden
    durch 12 Millionen Kinder
    das ergibt pro verhungertes Kind
    125 Dollar am Tag
Mit weniger als
einem einzigen Dollar pro Tag
hätte keines von diesen Kindern
verhungern müssen
    Und auch wenn wir nicht nur die Kleinsten
    sondern alle Hungernden nehmen
    kommen auf jeden von ihnen
    150 Dollar im Monat
Nur kommt dieses Geld nicht wirklich
zu diesen Menschen:
Nicht 150 Dollar
im Monat für jeden der hungert
    und nicht 125
    täglich für jedes Kind
    unter fünf Jahren das hungert
    sondern gar nichts: Drum sterben sie weiter
Herodes wollte sich schützen
wie die Herren von heute – doch er
ließ in Bethlehem nur eine Handvoll
Kinder sterben
    Keine 12 Millionen im Jahr
    Jetzt ist wieder ein Kind verhungert
    Und Bethlehem heißt auf deutsch
    Haus des Brotes

Kurt Marti
*1921

Vorweihnacht

Am Elektrogeschäft lehnte eine Tanne. Idiot, sagte der Elektrohändler, das ist ja ein Riesenbaum. Der Waldarbeiter kratzte in seinem Haar. Ja, ja, sagte er, er ist wirklich zu groß, man muß ihn stutzen. Wenn ich ihn stutze, dachte der Elektrohändler, wird er zum Krüppel, wenn nicht, ist das Schaufenster zu klein. So ein Idiot, sagte er seiner Frau. Später befahl er seinem deutschen Gesellen, einen Kübel hinaus vor das Haus zu tragen und mit Erde zu füllen. Gemeinsam hoben sie den Baum in den Kübel und drehten ihn fest in die Erde ein. Der Elektrohändler stützte die Arme in seine Hüften und dachte, das ist ja prima, besser sogar als letztes Jahr! Seine Frau sagte, ja, er macht sich gut hier draußen. Der Deutsche holte die Kerzen und montierte sie samt dem Kabelgehänge im Baum. Um fünf Uhr abends flammten die Kerzen, alle in der gleichen Sekunde und hart am Gehsteig auf. Die alte Luise ging eben vorüber. Sie tat einen schnellen Schritt rückwärts, herjesses, krähte sie auf, was ist das jetzt wieder!

Friedrich Dürrenmatt
1921–1990

Es war Weihnacht

Es war Weihnacht. Ich ging über die weite Ebene. Der Schnee war wie Glas. Es war kalt. Die Luft war tot. Keine Bewegung, kein Ton. Der Horizont war rund. Der Himmel schwarz. Die Sterne gestorben. Der Mond gestern zu Grabe getragen. Die Sonne nicht aufgegangen. Ich schrie. Ich hörte mich nicht. Ich schrie wieder. Ich sah einen Körper auf dem Schnee liegen. Es war das Christkind. Die Glieder weiß und starr. Der Heiligenschein eine gelbe gefrorene Scheibe. Ich nahm das Kind in die Hände. Ich bewegte seine Arme auf und ab. Ich öffnete seine Lider. Es hatte keine Augen. Ich hatte Hunger. Ich aß den Heiligenschein. Er schmeckte wie altes Brot. Ich biß ihm den Kopf ab. Alter Marzipan. Ich ging weiter.

Georg Kreisler
*1922

Weihnachten bringt alles durcheinander

Ich wasch mich jeden Morgen so um sieben,
geh jeden dritten Mittwoch zum Ballett,
schreib Mutter jeden Elften
und in beiden Monatshälften
geh ich einen Tag besonders früh zu Bett.
Ich schwimm im Sommer dienstags nach der Arbeit
und kriege jeden Fünfzehnten mein Geld.
Ich darf an jedem Achten
bei der Käthe übernachten,
wenn der Neunte nicht auf einen Montag fällt.

Ich esse mittags stets in der Kantine.
Dort ißt man billig, wenn auch schlecht.
Ich fahre jeden Sonntag raus ins Grüne,
und wenn es regnet, dann erst recht.

In andern Worten, ich bin sehr zufrieden,
ich hab mein Leben sorgsam arrangiert,
nur Weihnachten bringt alles durcheinander,
durcheinander, durcheinander.
Die Leute bevölkern die Straßen
bis spät in den Abend mit tausend Paketen
und sind so zerstreut und verworren
und irgendwie glücklich, man könnte sie treten.

Ich irre umher und ich weiß nicht wohin
und mein Leben wird zum Labyrinth,
in dem ich warten muß,
bis der Alltag wieder beginnt.

Der Alltag kommt und mit ihm meine Freude.
Ich darf mich wieder kurz nach sieben rasieren,

trink abends meinen Schoppen,
darf mir Untergebene foppen
und mir allzu Untergebene ignorieren,
darf wieder meine Vorgesetzten grüßen –
nach Weihnachten erwidern sie's nicht so schnell –
darf wieder streng vermeiden,
mich so weit zu unterscheiden,
daß man glaubt, ich wäre individuell.

Ich gehe durch die Straßen mit Migräne
und lächle niemals, wo ich auch geh.
Ich zeige überhaupt nie meine Zähne,
außer beim Zahnarzt, da tut's auch weh.

In andern Worten, ich bin sehr zufrieden.
Mein Leben ist vor allen Dingen ernst.
Nur Weihnachten bringt alles durcheinander,
durcheinander, durcheinander.
Denn plötzlich erwartet man grundlos,
ich solle die ärmeren Leute bedauern,
womöglich am Boden mit rotzigen Kindern
bei 'nem schäbigen Tannenbaum kauern.
Zu Weihnachten wird die Bevölkerung verrückt,
jeder Bettler bekommt Appetit.
Da muß man stark sein,
sonst macht man am Ende noch mit.

Von Zeit zu Zeit betracht ich meine Umwelt.
Die meisten Menschen halten ziemlich dicht.
Man arbeitet, man frißt was,
manchmal fühlt man, man vermißt was,
aber trotzdem tut man immer seine Pflicht.
Man fährt zur Kirche oder nach Italien,
man kauft sich erst ein Auto, dann ein Haus,
man kriecht entlang des Lebens –
daß man jung war, war vergebens –
und man sucht sich einen Lieblingsfilmstar aus.

Man ließe sich für's Vaterland zerlegen,
man wählt den Kanzler, schreit hurra

und geht der Zukunft frohgemut entgegen.
Erst wenn sie da ist, ist sie da.

In andern Worten, ich bin sehr zufrieden.
Die meisten Leute sind genau wie ich.
Nur Weihnachten bringt alles durcheinander,
durcheinander, durcheinander.
Die Menschen vergessen die Zukunft,
vor allem diejenige, die schon gewesen.
Sie kaufen einander Geschenke,
darunter auch Bücher, die könnten sie lesen.
Zu Weihnachten ziehn sich die Völker zurück,
man wird weich und empfindsam und schlapp.
Deutschland erwache! Schaff Weihnachten ab!

JOSEF GUGGENMOS
1922–2003

Am 4. Dezember

Geh in den Garten
am Barbaratag.
Gehe zum kahlen
Kirschbaum und sag:

Kurz ist der Tag,
grau ist die Zeit.
Der Winter beginnt,
der Frühling ist weit.

Doch in drei Wochen,
da wird es geschehn:
Wir feiern ein Fest,
wie der Frühling so schön.

Baum, einen Zweig
gib du mir von dir.
Ist er auch kahl,
ich nehm ihn mit mir.

Und er wird blühen
in seliger Pracht
mitten im Winter
in der heiligen Nacht.

Ernst Jandl
1925–2000

niemals war ein weihnachtsmann.
aber das Christkind,
der glanz war blendend
wunderbar,
das ganze zimmer war
blendend.
und der schöne christbaum und
die vielen schönen sachen.
seit über vierzig jahren
hab ich nicht mehr daran
geglaubt.
aber jetzt beginnt sich
etwas zu ändern.
alles kann mich plötzlich
blenden
nämlich jedes gewöhnliche
ding.
ich halte
nichts in den händen
nach so langer zeit,
aber es ist nicht mehr
so weit bis dorthin
als es schon war.
das wird das ganze
Zimmer
in das ich eingesperrt bin
groß und weiß und
blendend wunderbar.

Hanns Dieter Hüsch
1925–2005

Die Bescherung

Daß mir keiner ins Schlafzimmer kommt! Alle Jahre wieder ertönt dieser obligatorische Imperativ aus dem Munde meiner Frieda, wenn es darum geht, am Heiligen Abend Pakete und Päckchen in geschmackvolles Weihnachtspapier zu schlagen, wenn es darum geht, den Rest der Familie in Schach zu halten, damit auch ja keiner einen voreiligen Blick auf die Geschenke werfen kann.

Ich dagegen habe es etwas einfacher: Ich schmücke den Baum! Punkt 17.00 Uhr begebe ich mich auf die Veranda und hole den schönen Baum herein.

Es ist wirklich ein schöner Baum, sagt die Frieda.

Doch, sage ich, der Baum ist schön.

Dann kommt die kleinere Frieda auch noch und sagt, daß der Baum schön ist.

Und nachdem wir alle noch ein paarmal um den schönen Baum herumgegangen sind, sagt die Frieda: Mein Gott! Es ist ja schon halb sechs!

Und damit beginnt offiziell in allen Familien, die sich bei diesem Fest noch bürgerlicher Geheimnistuerei bedienen, der nervöse Teil der Bescherung.

Deshalb stecke ich mir vorbeugend – einmal im Jahr – zunächst mal eine Zigarre an und überlege in aller Ruhe, welche formalen Prinzipien ich dieses Mal zur Ausschmückung des schönen Baumes anwende.

Habe ich dann den Baum nach einigen Schnitzereien mit einem Sägemesser glücklich in den Christbaumständer gezwängt, weiß ich auch schon, wie ich's mache:

Dieses Mal werde ich endlich dem Prinzip huldigen: Je schlichter, desto vornehmer! Zwei, drei Kugeln. Vier bis fünf Kerzen, hie und da einen Silberfaden, aus! Schließlich ist das ja ein Baum und keine Hollywoodschaukel.

Das soll natürlich nicht heißen, daß wir nicht genug Kugeln und Kerzen, Lametta und Engelshaar, Glöckchen und Trompetchen hätten. Im Gegenteil. Ich könnte damit drei Bäume, Pardon, drei schöne Bäume schmücken.

Und schon erhebt sich die Frage: Nur bunte Kugeln oder nur silberne? Nur weiße Kerzen oder nur rote? Engelshaar oder kein Engelshaar? Ja, was sollen meine intellektuellen Freunde denken, wenn die am 2. Feiertag zu Besuch kommen und sehen dann meinen Mischmasch aus Sentimentalität und Kunstgewerbe. In diese meine präzisen ästhetischen Überlegungen hinein platzt die Frieda mit dem Ruf: Wie weit bist du? Um sechs Uhr ist Bescherung!

Das schaffe ich nicht, rufe ich zurück, ich kann ja den Baum nicht übers Knie brechen.

Wir haben zu Hause, sagt die Frieda, immer um sechs Uhr die Bescherung gehabt.

Wir haben die Bescherung, sage ich, immer um halb acht gehabt.

Wir haben sie um sechs gehabt, sagt die Frieda.

Um sechs Uhr schon Bescherung, sage ich, warum dann nicht schon gleich um vier oder im Oktober. Wir haben die Bescherung immer um halb acht gehabt, manche Leute haben ja die Bescherung erst am anderen Morgen.

Und wann sollen wir essen, fragt die Frieda.

Nach der Bescherung, sage ich.

Also um 9.00 Uhr, sagt die Frieda, bis dahin sind wir ja verhungert. Wer hat übrigens das Marzipan gegessen, das hier auf der Truhe lag?

Ich nicht, ruft die kleinere Frieda, aus der Küche.

Also, sagt die Frieda, also, wenn du jetzt nicht den Baum in einer Viertelstunde fertig hast, dann könnt ihr euch eure Bescherung sonstwo hinstecken!

Vielleicht fängt schon mal einer an zu singen, sage ich, desto leichter geht mir der Baum von der Hand. Und alle ästhetischen Überlegungen nun über den Haufen werfend, überschütte ich den schönen Baum mit allem, was wir haben, so daß man schließlich vor lauter Glanz und Gloria keinen Baum mehr sieht, und die Frieda kommt herein und sagt: Nun hast du's ja doch wieder so gemacht wie im vorigen Jahr, das nächste Mal schmücke ich den Baum!

Ja, sage ich, wenn ihr mir keine Zeit laßt, dann kann natürlich kein Kunstwerk entstehen.

Nun steh hier mal nicht im Weg, sagt die Frieda, geh jetzt mal raus, ich muß nämlich jetzt hier die Geschenke packen und aufbauen!

Ja, wo soll ich denn hingehen, frage ich, darf ich vielleicht ins Wohnzimmer?

Nein, ruft da meine Schwägerin, die inzwischen eingetrudelt ist, daß mir keiner ins Wohnzimmer kommt, ich bin noch nicht fertig. Und in die Küche darf ich auch nicht, da bastelt nämlich die kleinere Frieda noch an diesen entzückenden Kringelschleifchen für jedes Päckchen herum.

Die Frieda kommt aus dem Christbaumzimmer und sagt: Augen zu! Ich halte mir die Augen zu und sage: Ins Bad nur über meine Leiche, da hab ich nämlich meine Geschenke versteckt!

Und so geht das die ganze nächste halbe Stunde: Dreh dich mal um, guck nur nicht unter den Teppich, wer hat den Schlüssel vom Kleiderschrank, ich brauche noch geschmackvolles Weihnachtspapier, der Klebestreifen ist alle, willst du wohl von der Tür da weggehn, such lieber mal die Streichhölzer, meine Mutter hat das alles alleine gemacht, das ist gemein, du hast geguckt, die paar Minuten wirste wohl noch warten können.

Bis es dann endlich soweit ist, aber selbst dann kommt bei uns keine Ordnung zustande, dann heißt es nämlich: Wer packt zuerst aus? Du! Nein, ich nicht, zuerst das Kind, dann du. Nein, du dann, Wieso ich? Also, dann du und dann ich. Ich zuletzt, bitte.

Nun werden Sie vielleicht fragen, mit Recht fragen:

Wird denn bei Ihnen gar nicht gesungen, wird denn bei Ihnen nur eingepackt und ausgepackt?

Doch, doch natürlich, eine Strophe wird schon gesungen, aber dann fällt das Singen meist auseinander. Aber, wissen Sie, beim Einpacken und Auspacken, da sind wir alle so nervös und verlegen, dabei merkt man die Liebe und den Frieden und den Menschen ein Wohlgefallen viel stärker als beim Singen. Und auch der Baum, der kann dann sein, wie er will, groß oder klein, dürr oder dicht, bunt oder schlicht, die Frieda sagt dann jedesmal – auch dieses Mal wieder – : Also, der Baum … also, der Baum … der Baum ist wunderschön!!!

Siegfried Lenz
*1926

Risiko für Weihnachtsmänner

Sie hatten schnellen Nebenverdienst versprochen, und ich ging hin in ihr Büro und stellte mich vor. Das Büro war in einer Kneipe, hinter einer beschlagenen Glasvitrine, in der kalte Frikadellen lagen, Heringsfilets mit grau angelaufenen Zwiebelringen, Drops und sanft leuchtende Gurken in Gläsern. Hier stand der Tisch, an dem Mulka saß, neben ihm eine magere, rauchende Sekretärin: alles war notdürftig eingerichtet in der Ecke, dem schnellen Nebenverdienst angemessen. Mulka hatte einen großen Stadtplan vor sich ausgebreitet, einen breiten Zimmermannsbleistift in der Hand, und ich sah, wie er Kreise in die Stadt hineinmalte, energische Rechtecke, die er nach hastiger Überlegung durchkreuzte: großzügige Generalstabsarbeit.

Mulkas Büro, das in einer Annonce schnellen Nebenverdienst versprochen hatte, vermittelte Weihnachtsmänner; überall in der Stadt, wo der Freudenbringer, der himmlische Onkel im roten Mantel fehlte, dirigierte er einen hin. Er lieferte den flockigen Bart, die rotgefrorene, mild grinsende Maske; Mantel stellte er, Stiefel und einen Kleinbus, mit dem die himmlischen Onkel in die Häuser gefahren wurden, in die ›Einsatzgebiete‹, wie Mulka sagte: die Freude war straff organisiert.

Die magere Sekretärin blickte mich an, blickte auf meine künstliche Nase, die sie mir nach der Verwundung angenäht hatten, und dann tippte sie meinen Namen, meine Adresse, während sie von einer kalten Frikadelle abbiß und nach jedem Bissen einen Zug von der Zigarette nahm. Müde schob sie den Zettel mit meinen Personalien Mulka hinüber, der brütend über dem Stadtplan saß, seiner ›Einsatzkarte‹, der breite Zimmermannsbleistift hob sich, kreiste über dem Plan und stieß plötzlich nieder. »Hier«, sagte Mulka, »hier kommst du zum Einsatz, in Hochfeld. Ein gutes Viertel, sehr gut sogar. Du meldest dich bei Köhnke.«

»Und die Sachen?« sagte ich.

»Uniform wirst du im Bus empfangen«, sagte er. »Im Bus kannst du dich auch fertigmachen. Und benimm dich wie ein Weihnachtsmann!«

Ich versprach es. Ich bekam einen Vorschuß, bestellte ein Bier und trank und wartete, bis Mulka mich aufrief; der Chauffeur nahm mich mit hinaus. Wir gingen durch den kalten Regen zum Kleinbus, kletterten in den Laderaum, wo bereits vier frierende Weihnachtsmänner saßen, und ich nahm die Sachen in Empfang, den Mantel, den flockigen Bart, die rotweiße Uniform der Freude. Das Zeug war noch nicht ausgekühlt, wohltuend war die Körperwärme älterer Weihnachtsmänner, meiner Vorgänger, zu spüren, die ihren Freudendienst schon hinter sich hatten; es fiel mir nicht schwer, die Sachen anzuziehen. Alles paßte, die Stiefel paßten, die Mütze, nur die Maske paßte nicht: zu scharf drückten die Pappkanten gegen meine künstliche Nase; schließlich nahmen wir eine offene Maske, die meine Nase nicht verbarg.

Der Chauffeur half mir bei allem, begutachtete mich, taxierte den Grad der Freude, der von mir ausging, und bevor er nach vorn ging ins Führerhaus, steckte er mir eine brennende Zigarette in den Mund: in wilder Fahrt brachte er mich raus nach Hochfeld, zum sehr guten Einsatzort. Unter einer Laterne stoppte der Kleinbus, die Tür wurde geöffnet, und der Chauffeur winkte mich heraus.

»Hier ist es«, sagte er, »Nummer vierzehn, bei Köhnke: mach' sie froh. Und wenn du fertig bist damit, warte hier an der Straße; ich bring nur die andern Weihnachtsmänner weg, dann pick ich dich auf.«

»Gut«, sagte ich, »in einer halben Stunde etwa.«

Er schlug mir ermunternd auf die Schulter, ich zog die Maske zurecht, strich den roten Mantel glatt und ging durch einen Vorgarten auf das stille Haus zu, in dem schneller Nebenverdienst auf mich wartete. ›Köhnke‹, dachte ich, ›ja, er hieß Köhnke damals in Demjansk.‹

Zögernd drückte ich die Klingel, lauschte; ein kleiner Schritt erklang, eine fröhliche Verwarnung, dann wurde die Tür geöffnet, und eine schmale Frau mit Haarknoten und weißgemusterter Schürze stand vor mir. Ein glückliches Erschrecken lag für eine Sekunde auf ihrem Gesicht, knappes Leuchten, doch es verschwand sofort: ungeduldig zerrte sie mich am Ärmel hinein und deutete auf einen Sack, der in einer schrägen Kammer unter der Treppe stand.

»Rasch«, sagte sie, »ich darf nicht lange draußen sein. Sie müssen gleich hinter mir kommen. Die Pakete sind alle beschriftet, und Sie werden doch wohl hoffentlich lesen können.«

»Sicher«, sagte ich, »zur Not.«

»Und lassen Sie sich Zeit beim Verteilen der Sachen. Drohen Sie auch zwischendurch mal.«

»Wem«, fragte ich, »wem soll ich drohen?«

»Meinem Mann natürlich, wem sonst!«

»Wird ausgeführt«, sagte ich.

Ich schwang den Sack auf die Schulter, stapfte fest, mit schwerem freudebringendem Schritt die Treppe hinauf – der Schritt war im Preis einbegriffen. Vor der Tür, hinter der die Frau verschwunden war, hielt ich an, räusperte mich tief, stieß dunklen Waldeslaut aus, Laut der Verheißung, und nach heftigem Klopfen und nach ungestümem »Herein!«, das die Frau mir aus dem Zimmer zurief, trat ich ein.

Es waren keine Kinder da; der Baum brannte, zischend versprühten zwei Wunderkerzen, und vor dem Baum, unter den feuerspritzenden Kerzen, stand ein schwerer Mann in schwarzem Anzug, stand ruhig da mit ineinandergelegten Händen und blickte mich erleichtert und erwartungsvoll an: es war Köhnke, mein Oberst in Demjansk. Ich stellte den Sack auf den Boden, zögerte, sah mich ratlos um zu der schmalen Frau, und als sie näher kam, flüsterte ich: »Die Kinder? Wo sind die Kinder?«

»Wir haben keine Kinder«, antwortete sie leise, und unwillig: »Fangen Sie doch an.«

Immer noch zaudernd, öffnete ich den Sack, ratlos von ihr zu ihm blickend: die Frau nickte, er schaute mich lächelnd an, lächelnd und sonderbar erleichtert. Langsam tasteten meine Finger in den Sack hinein, bis sie die Schnur eines Pakets erwischten; das Paket war für ihn. »Ludwig!« las ich laut. »Hier!« rief er glücklich, und er trug das Paket auf beiden Händen zu einem Tisch und packte einen Pyjama aus. Und nun zog ich nacheinander Pakete heraus, rief laut ihre Namen, rief einmal »Ludwig«, und einmal »Hannah«, und sie nahmen glücklich die Geschenke in Empfang und packten sie aus.

Heimlich gab mir die Frau ein Zeichen, ihm mit der Rute zu drohen; ich schwankte, die Frau wiederholte ihr Zeichen. Doch jetzt, als ich ansetzen wollte zur Drohung, jetzt drehte sich der Oberst zu mir um; respektvoll, mit vorgestreckten Händen kam er auf mich zu, mit zitternden Lippen. Wieder winkte mir die Frau, ihm zu drohen – wieder konnte ich es nicht.

»Es ist Ihnen gelungen«, sagte der Oberst plötzlich, »Sie haben sich durchgeschlagen. Ich hatte Angst, daß Sie es nicht schaffen würden.«

»Ich habe Ihr Haus gleich gefunden«, sagte ich.

»Sie haben eine gute Nase, mein Sohn.«

»Das ist ein Weihnachtsgeschenk, Herr Oberst. Damals bekam ich die Nase zu Weihnachten.«

»Ich freue mich, daß Sie uns erreicht haben.«

»Es war leicht, Herr Oberst; es ging sehr schnell.«

»Ich habe jedesmal Angst, daß Sie es nicht schaffen würden. Jedesmal – «

»Dazu besteht kein Grund«, sagte ich, »Weihnachtsmänner kommen immer ans Ziel.«

»Ja«, sagte er, »im allgemeinen kommen sie wohl ans Ziel. Aber jedesmal habe ich diese Angst, seit Demjansk damals.«

»Seit Demjansk«, sagte ich.

»Damals warteten wir im Gefechtsstand auf ihn. Sie hatten schon vom Stab telefoniert, daß er unterwegs war zu uns, doch es dauerte und dauerte. Es dauerte so lange, bis wir unruhig wurden und ich einen Mann losschickte, um den Weihnachtsmann zu uns zu bringen.«

»Der Mann kam nicht zurück«, sagte ich.

»Nein«, sagte er. »Auch der Mann blieb weg, obwohl sie nur Störfeuer schossen, sehr vereinzelt.«

»Wunderkerzen schossen sie, Herr Oberst.«

»Mein Sohn«, sagte er milde, »ach mein Sohn. Wir gingen raus und suchten sie im Schnee vor dem Wald. Und zuerst fanden wir den Mann. Er lebte noch.«

»Er lebt immer noch, Herr Oberst.«

»Und im Schnee vor dem Wald lag der Weihnachtsmann, mit einem Postsack und der Rute, und rührte sich nicht.«

»Ein toter Weihnachtsmann, Herr Oberst.«

»Er hatte noch seinen Bart um, er trug noch den roten Mantel und die gefütterten Stiefel. Er lag auf dem Gesicht. Nie, nie habe ich etwas gesehen, das so traurig war wie der tote Weihnachtsmann.«

»Es besteht immer ein Risiko«, sagte ich, »auch für den, der Freude verteilt, auch für Weihnachtsmänner besteht ein Risiko.«

»Mein Sohn«, sagte er, »für Weihnachtsmänner sollte es kein Risiko geben, nicht für sie. Weihnachtsmänner sollten außer Gefahr stehen.«

»Eine Gefahr läuft man immer«, sagte ich.

»Ja«, sagte er, »ich weiß es. Und darum denke ich immer, seit Demjansk damals, als ich den toten Weihnachtsmann vor dem Wald liegen sah – immer denke ich, daß er nicht durchkommen könnte zu mir. Es ist eine große Angst jedesmal, denn vieles habe ich gesehn, aber nichts war so schlimm wie der tote Weihnachtsmann.«

Der Oberst senkte den Kopf, angestrengt machte seine Frau mir Zeichen, ihm mit der Rute zu drohen: ich konnte es nicht. Ich konnte es nicht, obwohl ich fürchten mußte, daß sie sich bei Mulka über mich beschweren und daß Mulka mir etwas von meinem Verdienst abziehen könnte. Die muntere Ermahnung mit der Rute gelang mir nicht.

Leise ging ich zur Tür, den schlaffen Sack hinter mir herziehend; vorsichtig öffnete ich die Tür, als mich ein Blick des Obersten traf, ein glücklicher, besorgter Blick: »Vorsicht«, flüsterte er, »Vorsicht«, und ich nickte und trat hinaus. Ich wußte, daß seine Warnung aufrichtig war.

Unten wartete der Kleinbus auf mich; sechs frierende Weihnachtsmänner saßen im Laderaum, schweigsam und frierend, erschöpft vom Dienst an der Freude; während der Fahrt zum Hauptquartier sprach keiner ein Wort. Ich zog das Zeug aus und meldete mich bei Mulka hinter der beschlagenen Glasvitrine, er blickte nicht auf. Sein Bleistift kreiste über dem Stadtplan, wurde langsamer im Kreisen, schoß herab: »Hier«, sagte er, »hier ist ein neuer Einsatz für dich. Du kannst die Uniform gleich wieder anziehen.«

»Danke«, sagte ich, »vielen Dank.«

»Willst du nicht mehr? Willst du keine Freude mehr bringen?«

»Wem?« sagte ich. »Ich weiß nicht, zu wem ich jetzt komme. Zuerst muß ich einen Schnaps trinken. Das Risiko – das Risiko ist zu groß.«

James Krüss
1926–1997

Die Weihnachtsmaus

Die Weihnachtsmaus ist sonderbar
(Sogar für die Gelehrten),
Denn einmal nur im ganzen Jahr
Entdeckt man ihre Fährten.

Mit Fallen oder Rattengift
Kann man die Maus nicht fangen.
Sie ist, was diesen Punkt betrifft,
Noch nie ins Garn gegangen.

Das ganze Jahr macht diese Maus
Den Menschen keine Plage.
Doch plötzlich aus dem Loch heraus
Kriecht sie am Weihnachtstage.

Zum Beispiel war vom Festgebäck,
Das Mutter gut verborgen,
Mit einemmal das Beste weg
Am ersten Weihnachtsmorgen.

Da sagte jeder rundheraus:
Ich hab es nicht genommen!
Es war bestimmt die Weihnachtsmaus,
Die über Nacht gekommen.

Ein andres Mal verschwand sogar
Das Marzipan vom Peter,
Was seltsam und erstaunlich war,
Denn niemand fand es später.

Der Christian rief rundheraus:
Ich hab' es nicht genommen!
Es war bestimmt die Weihnachtsmaus,
Die über Nacht gekommen!

Ein drittes Mal verschwand vom Baum,
An dem die Kugeln hingen,
Ein Weihnachtsmann aus Eierschaum
Nebst andren leckren Dingen.

Die Nelly sagte rundheraus:
Ich habe nichts genommen!
Es war bestimmt die Weihnachtsmaus,
Die über Nacht gekommen!

Und Ernst und Hans und der Papa,
Die riefen: Welche Plage!
Die böse Maus ist wieder da,
Und just am Feiertage!

Nur Mutter sprach kein Klagewort.
Sie sagte unumwunden:
Sind erst die Süßigkeiten fort,
Ist auch die Maus verschwunden!

Und wirklich wahr: Die Maus blieb weg,
Sobald der Baum geleert war,
Sobald das letzte Festgebäck
Gegessen und verzehrt war.

Sagt jemand nun, bei ihm zu Haus –
Bei Fränzchen oder Lieschen –
Da gab es keine Weihnachtsmaus,
Dann zweifle ich ein bißchen!

Doch sag ich nichts, was jemand kränkt!
Das könnte euch so passen!
Was man von Weihnachtsmäusen denkt,
Bleibt jedem überlassen!

Martin Walser
*1927

Überredung zum Feiertag

Ich sage mir: nimm ein Blatt vor den Mund, die Feiertage nahen.

Ich sage mir: mach was du willst, Edelrauhreif fällt gezielt auch auf den sprödesten Fleck, das Klima ist teuer präpariert, mach was du willst, es weihnachtet sehr. Zögere, ganz zuletzt schlüpfst du doch noch in eine Rolle. Es muß ja nicht das am meisten getragene Drogistenlächeln sein. Schau einen Winterbaum an, beachte den durchdringenden Ernst, mit dem er auf dürren Zweigen Schnee trägt, als ginge ihn der was an. Mach was du willst, du wirst mitmachen. Schließlich sind das deine Festspiele.

Ich sage mir: wer jetzt eine Großmutter hat oder ganz kleine Kinder, der hat Glück, der hat rasch eine Rolle. Gib dir feierlich Mühe, sag' ich mir. Dazu stehen ja die Feiertage mit hohen Wänden im Wind als Vitrinen auf Zeit, daß wir in angestrengter Gelassenheit darin spielen, für uns, für den beliebten Himmel oder bloß so, daß gespielt wird. Am Ende hat jedes Jahr seine gefürchteten Feiertage verdient. Die Schneegrenze sinkt ins Tal, Maiwege sind nur noch mit Ketten befahrbar, nun rück schon zusammen mit allen, der trauliche Gemeinplatz wärmt auch dich. Schellengeläut der Erinnerung und so. Taube Nüsse, Wehmut, der Geruch der Jahrzehnte, Lach doch nicht. Das ganze Jahr flüssiger Maskenwechsel, jetzt wird dir doch nicht zuletzt noch das Gesicht ausgehen für ein bißchen Kerzengerechtigkeit. Und ist denn das gar nichts, wenn dir im Hals das Silberglöcklein wächst, die Kerze dir fünfsterniges Edelweiß auf dem Zahnschmelz züchtet und in deinen Ohrgängen Chöre nisten, daß es dich vor inwendigem Brausen auf die Zehenspitzen hebt? Du kannst sogar ausführlich von Liebe reden. Das ist das rechte Wort für diese Festspiele. Das hat Kunstcharakter, darin klirrt Leistung. Denk, was das Ballett der schieren Natur abringt. Trau dir was zu. Ganz positiv. Tu, als könntest du momentan nicht anders. Wähl also Liebe, wähl Heimlichkeit, furchigen Ernst, wähl einen weißen Bart oder verhalten flackernde

Würde, beobachte die Wirkung, und dein Lampenfieber ist weg. Du spielst dich frei, und ringsum verfallen die Glocken sofort in wildfröhliches Läuten.

Ich sage mir: was soll dir jetzt Asien? Vergiß doch Asien. Vergiß alle möglichen Brüder. Ausgerechnet zur hohen Festspielzeit fällt es dir ein, den Christmenschen zu spielen, dem sein Punsch nicht schmeckt, weil andere noch immer kein gutes Wasser haben. Überhaupt, wenn du an Christus denkst, hört sich sowieso alles auf. Dann können wir einpacken. Hübsch barbarisch-kultivierte Feiertage, mehr ist nicht drin. Falls zwiespältige Empfindungen dich stören, bleib schön irdisch, bleib hart. Keine christlichen Anfechtungen. Du willst am Leben bleiben und deine Anzüge selber tragen. Das ist schon eine Welt, in der man sich wegen eines so schlichten Vorsatzes gleich Gewissensbisse einbilden muß zur eigenen Beruhigung. Zum Beispiel, nein, bitte keine Beispiele. Daß das Fräulein im fünften Stock besonders kalte Füße hat und irgendwo einen Pilz, ist ja auch kein Beispiel. Die Misere blüht so gut wie die Riviera. Darum haben wir doch die Vitrinen. Also Vorsicht. Sonst zieht es gleich, und die Feiertage kriegen die Schwindsucht. Bewegungen nur wie am Steuer eines Autos auf Glatteis. Und allen Mitspielern einen um Beschränktheit bemühten Verschwörerblick. Wir wollen Feiertag spielen, auch wenn uns auf blankem Eis Asche und Asche serviert wird. Daß Regen als Schnee fällt zur Zeit, ist kalkuliert. Wer ein Glas hebt, zerbricht es, vielleicht. Aber wenn du dann trotz allem deinem Freund über den Kopf streichst, beherrsch dich, zähl nicht seine Haare. Wir bekommen sonst einfach nicht die richtige Stimmung. Zuletzt müssen wir die Feiertage noch abblasen mit Trompeten aus Himmelsrichtungsschrott. Wenn aber jeder weiß, er ist ein ungesunder Elefant, dann wird schon ein Zauber mäßig gelingen. Viel Musik. Wenig Text. Den Blick starr auf die Kerze. Bis sie qualmt. Dann dürfte es ohnehin spät genug sein, Zeit, das Blatt wieder vom Mund zu nehmen.

Günter Grass
*1927

Advent

Wenn Onkel Dagobert wieder die Trompeten vertauscht
und wir katalytisches Jericho mit Bauklötzen spielen,
weil das Patt der Eltern
oder das Auseinanderrücken im Krisenfall
den begrenzten Krieg,
also die Schwelle vom Schlafzimmer zur Eskalation,
weil Weihnachten vor der Tür steht,
nicht überschreiten will,
    wenn Onkel Dagobert wieder was Neues,
    die Knusper – Kneißchen – Maschine
    und ähnliche Mehrzweckwaffen Peng! auf den Markt wirft,
    bis eine Stunde später Rickeracke … Puff … Plops!
    der konventionelle, im Kinderzimmer lokalisierte Krieg
    sich unorthodox hochschaukelt,
    und die Eltern,
    weil die Weihnachtseinkäufe
    nur begrenzte Entspannung erlauben,
    und Tick, Track und Trick –
    das sind Donald Ducks Neffen –
    wegen nichts Schild und Schwert vertauscht haben,
    ihre gegenseitige, zweite und abgestufte,
    ihre erweiterte Abschreckung aufgeben,
    nur noch minimal flüstern, Bitteschön sagen,
wenn Onkel Dagobert wieder mal mit den Panzerknackern
und uns, wenn wir brav sind, doomsday spielt,
weil wir alles vom Teller wegessen müssen,
weil die Kinder in Indien Hunger haben
und weniger Spielzeug und ABC-Waffen,
die unsere tägliche Vorwärtsverteidigung
vom Wohnzimmer bis in die Hausbar tragen,
in die unsere Eltern das schöne Kindergeld stecken,
bis sie über dreckige Sachen lachen,

> kontrolliert explodieren
> und sich eigenhändig,
> wie wir unseren zerlegbaren Heuler,
> zusammensetzen können,
>> wenn ich mal groß und nur halb so reich
>> wie Onkel Dagobert bin,
>> werde ich alle Eltern, die überall rumstehen
>> und vom Kinder anschaffen und Kinder abschaffen reden,
>> mit einem richtigen spasmischen Krieg überziehen
>> und mit Trick, Track und Tick –
>> das sind die Neffen von Donald Duck –
>> eine Familie planen,
>> wo bös lieb und lieb bös ist
>> und wir mit Vierradantrieb in einem Land-Rover
>> voller doll absoluter Lenkwaffen
>> zur Schule dürfen,
>> damit wir den ersten Schlag führen können;
> denn Onkel Dagobert sagt immer wieder:
> Die minimale Abschreckung hat uns bis heute –
> und Heiligabend rückt immer näher –
> keinen Entenschritt weiter gebracht.

Helmut Qualtinger / Carl Merz
1928–1986 / 1901–1979

Travniceks Weihnachts-Einkäufe

FREUND Was, Travnicek, denken Sie, wenn Sie Weihnachtseinkäufe machen?

TRAVNICEK Ich denk, was das kostet. Wann i die Sachen im Frühjahrsverkauf besorgt hätt, wär's dasselbe g'wesen, aber um die Hälfte billiger.

FREUND Aber Travnicek, im Frühjahr können S' doch nicht wissen, was Ihre Leut sich zu Weihnachten wünschen.

TRAVNICEK Des weiß i jetzt a net.

FREUND Na, für wen haben S' denn alles eingekauft?

TRAVNICEK Was is das für a Frage? I geh in a Geschäft eini, schnapp, was i kriegen kann, und schau, daß i mit meim Wagen weiterkomm, bevor sie mich aufschreiben.
FREUND Na und?
TRAVNICEK Zu Haus pack i's aus, denk nach, wem i's anhängen kann –.
FREUND Was, Travnicek, grübeln Sie?
TRAVNICEK Ich denk nach, ob ich mehr Pakete oder mehr Verwandte hab.
FREUND Sie sind prosaisch, Travnicek. Man schenkt doch, um den Leuten eine Freude zu machen. Macht es Ihnen keine Freude, wenn Sie was geschenkt kriegen?
TRAVNICEK Schaun Se, schaun Se, voriges Jahr zu Weihnachten schenk i mein Onkel a Krawatten, die mir gfallt. Er schenkt mir a Krawatten, die ihm gfallt. Also, was soll i mit der Krawatten? Wann i a Glück hab, kann i mi dran aufhängen.
FREUND Sie haben, Travnicek, keine Poesie. Denken Sie doch an Ihre Kindheit. Was pflegten Sie zu Weihnachten zu kriegen?
TRAVNICEK Watschen.
FREUND Wie das, Travnicek?
TRAVNICEK Ich pflegte den Baum anzuzünden.
FREUND Absichtlich?
TRAVNICEK Nein, es hat sich so ergeben.
FREUND Na, glücklicherweise gibt es aber noch Leut, die sich ihr kindliches Gemüt bewahrt haben, die was noch ans Christkindel glauben.
TRAVNICEK Ja, die Geschäftsleut.
FREUND Nicht nur die. Schaun S' mi an. I zum Beispiel. I zieh mir zu Weihnachten immer einen Pelz und einen Bart an.
TRAVNICEK Da werd'n S' gut ausschaun.
FREUND Und ich bring den Kindern Geschenke. Gehen S' auch als Weihnachtsmann, Travnicek?
TRAVNICEK Ja, zu meiner Schwester.
FREUND Haben Sie da auch einen Bart und einen Pelz?
TRAVNICEK Na.
FREUND Warum nicht?
TRAVNICEK Wann i kommen bin, da hab'n die Kinder immer gesagt: der Onkel Travnicek. Hab i mir denkt, gehst amal in Zivil, ohne Bart.
FREUND Aber das ist doch keine Überraschung.
TRAVNICEK Wieso, die Kinder waren sehr überrascht, sie haben nicht mehr gesagt, der Onkel Travnicek kommt als Weihnachtsmann, sie haben gesagt, der Weihnachtsmann kommt als Onkel Travnicek.
FREUND Kinder haben eben Fantasie. Des kommt von die vielen Märchen, wo s' lesen. Wissen Sie, Travnicek, ich les auch noch Märchen. Haben S' jemals Märchen g'lesen?

TRAVNICEK Natürlich, natürlich, warum denn net, hör'n S'. Da hab i g'lesen: der Ratenschwindler von Hameln, die Prinzessin auf der Erbsensuppe und des Schneewittchen und die fünf Zwerge.
FREUND Wieso fünf, es sein doch siebene.
TRAVNICEK Ja, zwa hab i vergessen.
FREUND Na, und Aschenbrödel?
TRAVNICEK Laß'n S' mi aus mit der Dienstbotenfrage.
FREUND Dornröschen?
TRAVNICEK Dornröschen. Hör'n S', mich hat neulich einer aufgeweckt.
FREUND Mit an Kuß?
TRAVNICEK Na, mit an Moped, was glauben S', was i dem erzählt hab.
FREUND Sie san prosaisch, Travnicek. Hänsel und Gretel?
TRAVNICEK Das mit dem Lebkuchenhaus ist ganz und gar unpädagogisch. Die Kinder verderb'n sich den Magen, kriegen a Gastritis, wer'n bösartig. Nachher schmeißen s' die Alte ins Feuer – Halbstarkenproblem.
FREUND Travnicek, streiten wir nicht! Für mich ist zu Weihnachten die ganze Stadt ein Märchen. Überall auf den Geschäftsstraßen blitzt es und flimmert es. Kranzeln, Girlanden und Sterndeln. Wenn Sie's so funkeln und leuchten sehn, Travnicek, was wünschen Sie sich?
TRAVNICEK An Kurzschluß.
FREUND Sehen S', und mi freut's, das ist eben der Unterschied zwischen uns beiden. Der schönste Brauch für mich aber, Travnicek, ist eine Spezialität, die was nur Österreich hat.
TRAVNICEK Was hat nur Österreich?
FREUND Die Stempel.
TRAVNICEK Was für Stempel?
FREUND Na, die Poststempel auf den Briefen. Ist des net schön? Das ist für mich der sinnigste Brauch in der ganzen Weihnachtszeit.
TRAVNICEK Des ist kein sinniger Brauch, des ist a Zufall.
FREUND Was ist a Zufall?
TRAVNICEK Daß der Ort so heißt, der Ort in Oberösterreich. Wann i Christkindel haßen möcht, könnt i zu Weihnachten auch Briefe abstempeln.
FREUND Sie können auf jeden Fall zu Weihnachten Briefe abstempeln.
TRAVNICEK Ja, was hab i davon, wann i zu Weihnachten Briefe abstempel, nachher steht Travnicek drauf, glauben S', da kommt jemand in Weihnachtsstimmung?

Günter Bruno Fuchs
1928–1977

Nationalhymne des gesamtdeutschen Weihnachtsmannes

O Tannenbaum, o
Tannenbaum, beschissen
ist das Wetter! Links
Hoffnung, rechts
Beständigkeit
sind deine
grünen
Blätter. Die Masken
auf! Die Säcke um!
So kommt man
durch das liebe Land: den
tapfren
Hintern
in der Hand.

Der möchte überwintern.

Günter Kunert
*1929

Winterabend

Der Blick aus einem der Fenster meiner Kindheit richtet sich hinunter auf die Straße, deren Namen ich noch kenne, auch wenn er schon lange nicht mehr auf den Schildern an ihren Ecken steht: Weißenburger. Und die Stunde des Hinausschauens heißt: »Früher Winterabend« – eine Phase bezeichnend, scheinbar unendlich länger als der gesamte Tag, zu dessen Nachmittagsstunde sie sich bereits anzeigt.

Im Zimmer brennt kein Licht, ohne daß ich den Grund dafür wüßte. Mir ist, ich sei allein in der Wohnung. Die einzige Helligkeit kommt von draußen und sammelt sich drinnen als matter Widerschein an der Decke. Von einer Zimmerecke her spüre ich die Wärme des Ofens im Rücken. Es schneit schwere, senkrecht sinkende Flocken, aus denen die Gaslaterne auf dem Bürgersteig gegenüber einen in sich bewegten Kegel schafft. In ihrem Leuchten, das um den Eisensockel eine weiße Kreisfläche legt, blinken die Flocken auf, während sie außerhalb des Scheins kaum zu bemerken sind. Es hat den Anschein, als falle der Schnee aus der Laternenkuppel wie aus einer Düse sich verbreiternd zu Boden. Ein glanzvoller Anblick ohne Anfang und Ende, durch die Einheit von Reglosigkeit und Bewegung hypnotisch wirkend: die geglückte Übersetzung des Begriffs »Ewigkeit« ins Optische. Aber sie hält nicht vor. Denn mein Großvater, aus dessen Fenster ich ja sehe, wird in einigen Monaten nach Theresienstadt deportiert werden, der Durchgangsstation zu den Gaskammern. Das Haus selber, in dessen zweitem Stockwerk ich mich aufhalte, trifft eine Bombe und fällt in sich zusammen, wie so viele Häuser der Weißenburger Straße. Auch die Gaslaternen werden verschwinden; nur die Winterabende kommen wieder, später, an anderer Stelle, vor meinen anderen Augen, aber mit dem Schnee von gestern.

Gabriele Wohmann
*1932

Ist das Leben nicht schön?

Dann war mitten in Veras Wörterchaos er wieder dran, mein linkes Ohr glühte schon, und ich wechselte zum rechten, und er, ängstlich klang er, quängelte weiter. Vorhin hatte er sich beschwert, weil er nur noch 50 Kilo wiegen würde (Veras aus dem OFF gebrüllte *Sechzig!* waren halbwegs beruhigend). Jetzt kam irgendwas wie: er hätte zu wenig Mutter gehabt. Sein Analytiker sei ganz früh bei ihm eingestiegen ... Das ist ja wohl der letzte Blödsinn, rief ich ihm rein. Von wegen zu wenig Mutter! Verwöhnt hab ich dich, du warst deshalb mein Scheidungsgrund.

Zeit, die Küchentür zuzumachen. Besser für den Rest des Abends, wenn Jonathan nicht mitkriegte, was hier los war. Nachher würde ich, aber abgeschwächt, davon erzählen müssen. Nicht mehr lang, und es gäbe sowieso Ärger, weil ich nie radikal *Jetzt ist Schluß* sagen kann und unser Abendessen sich verspätete. Das mit Jonathan ist meine zweite Ehe, und Sascha und Vera sind mein Sohn aus meiner ersten Ehe und seine Frau. Keiner glaubt mehr dran, daß sie je erwachsen werden. Jonathan mag Sascha, obwohl er ihm nichts Vernünftiges zutraut, ich auch nicht. Als fände ich es abwechslungsreich, und wenn wir überhaupt von ihm reden, sage ich: Er ist ganz schön verrückt. Ganz schön verrückt zu sein, genießt leider nicht einmal Sascha selber. Vera ist ihm darin ähnlich, ein Glück für beide, denke ich. Jonathan teilt meine Ansicht nicht. Lieber fange ich nie von mir aus mit Anmerkungen über die zwei an, was mich an mir als ziemlich pervers und treulos irritiert. Briefe schreibt Sascha keine. Telephonate kommen unregelmäßig vor, dummerweise nur dann, wenn er einen sitzen hat. Deshalb sage ich immer *Gib ihn mir* bei Sascha-Anrufen. Oberflächlich und gespielt vergnügt rede ich, wenig, denn Sascha will reden, womit ich Gleichmut vortäusche, während ich unentwegt merke, daß ich unglücklich bin, weil er sich betrinken muß und es selber ist, unglücklich. Früher wenigstens hat zwischen ihm und Vera alles gestimmt, zwei Ausgeflippte können sich nicht mit Vorwürfen traktieren. Neuerdings aber stimmt da irgendwas nicht mehr. Sascha ist willensschwach und talentiert. Angeblich hat er sein Studium nur unterbrochen. Er wechselt Jobs. Und so weiter, das ist nichts Neues. Das mit ihm und Vera, die in einem kleinen Zoo arbeitet und außerdem als Springer bei der Post, ist für mich eine Kinderehe, obwohl beide mittlerweile über dreißig sind. Verdammt: Es ist immer nur meine Familie mit Kalamitäten und Durcheinander, nie Jonathans, Sohn und Tochter sind was oder sie werdens, Glück hat er auch mit seinen nach Babylon/North Carolina für immer abgeschwirrten Eltern. Während meine, wie könnte es anders sein, erschreckend leicht erreichbar in aufgerundet 40 km Entfernung leben und mich trotzdem selten zu sehen bekommen.

Und ausgerechnet an meinem Abend mit gutem Gewissen mußten die zwei gesetzlosen unordentlichen Gruselmärchenkinder hier anrufen. Es ist solch ein Kontrast, hatte ich schon am Anfang protestiert, wir kommen friedlich vom Weihnachtenfeiern bei deinen Großeltern zurück, bis eben hab ich mich gut gefühlt, ich laufe mit dem transportablen Telephon in der Küche rum, nebenan wartet Jo aufs Abendessen, ich hab den Lachs zur Hälfte aus der Packung geschnitten ... und so weiter, es half nichts. Sascha löste Vera ab, die verdrängte ihn, dann wieder er sie. Seine Klagequängelei erinnerte mich an Lügengeschichten aus seiner Kindheit. Jetzt gings um eine neue Frau in seinem Leben und daß der Analytiker in der seine *Anima* entdeckt hätte, früher um erfundene Freunde und Erfolge in der Schule. Mit so was wie einer *Anima* kann man mich jagen, sagte ich ihm, wie ich glaubte, aber Vera hatte wieder den Hörer gegrapscht und fing von neuem damit an, Sascha wäre abgestürzt (in ihrer Sprache das Wort für betrunken) und schwankend in der Taxi-Zentrale erschienen, worauf es natürlich mit diesem Job aus und vorbei sei.

Was ist eigentlich da nebenan los? rief Jonathan. Hörst du heut noch mal auf?

Sofort, bald! schrie ich durch einen Spalt in der Küchentür.

Ich bin nicht mehr eifersüchtig, sagte Vera. Ich verdiene besser, und Sascha ist dort abgestürzt aufgetaucht ...

Hör mal, unterbrach ich sie, die Lage hier ist die ... also total ungünstig und einfach grotesk, Jo wird bald vor Wut kochen ...

Drück dem Kerl die Kehle zu! rief Vera. Wir lieben uns, trotz der andern, weißt du, wir lieben uns, und er ist abgestürzt ...

Es ist Weihnachten! brüllte Jonathan. Zum Glück war er zu faul, sich aus seinem Sessel zu bugsieren und bei mir in der Küche zu ermitteln.

Vera, hör zu, Jo hat mich gerufen, und wenn ihr zwei so abgestürzt seid, krieg ich so gut wie gar nicht mit, was los ist ...

Statt ihrer antwortete Sascha, zum ersten Mal hörte er sich nüchtern und fürsorglich an, nicht beleidigt: Okay. Machen wir Schluß.

Aber konnte ich bei diesem Angebot zugreifen? Mit *Ciao, Servus* oder sonstwas aus ihrer Sprache die zwei in ihrer Zimmerschlacht gepeinigten Kinder aus einem Gruselmärchen einfach abhängen? Bis zu dieser neuen *Anima*-Frau mußte ich bei Sascha und Vera immer an Hänsel und Gretel denken, im Wald verirrt für immer, aber vereint; jetzt an eine eklige Fortsetzung (mit neuer Besetzung der Hexenrolle?). Klingt rührselig, ich war aber das Gegenteil davon, ich war zornig und ungeduldig zwischen meinen angebrochenen Essensvorbereitungen und verpanzert gegen ihre verfluchten Abstürze. Erst später, mit Zeit dafür und Ruhe, würde ich mir Sorgen machen und überlegen, womit ihr ruinierter Weihnachtsabend noch zu retten wäre, ehe er als Trümmerhaufen zusammenbrach. Was ich fürchtete, war Jonathans Kritik, und Kritik ist ein nobles Etikett auf den Schmähreden und dem Räsonnieren, das mich und meine beiden Unglücksraben erwartete. Und weil mir schon das Überschreiten der Zimmerlautstärke auf den Magen schlägt, Umweg übers Gemüt, fürchtete ich auch um den. Schon fing es damit an: Zusammen mit dem angenehmen Rückblick für das endlich wieder einmal abgeleistete Eltern-Quantum verging mir der Appetit. Das hasse ich: ohne Appetit Mahlzeiten vorzubereiten, dann zu essen. (Mir fällt auf, daß ich bis hin zu banalen Vorgängen wie essen im Zusammenleben mit anderen immer eine Rolle spielen muß. Wer zwingt mich eigentlich dazu? Das bin doch ausschließlich ich selber. Um des lieben Friedens willen? Das auch, ja. Aber der wahre und häßlichere Grund hört sich so an: Ich will meine Ruhe haben. Und dazu, sie mir auf ehrliche Weise zu verdienen, bin ich nicht mutig genug.)

Mit wem quasselst du eigentlich da, hört das heut nochmal irgendwann auf? Jonathan klang gar nicht Gutes versprechend. Er ist prinzipiell mutig genug, sich seine Ruhe oder was er darunter versteht zu verschaffen.

Gleich, sofort! rief ich, und leiser: Verdammt nochmal! Benimm dich nicht wie ein Baby. Wieder laut: Es sind schließlich Sascha und Vera. Doch er sähe nicht ein, daß ich zu denen nicht genauso schnöde wie bei jemand x-beliebigem *Ich hab jetzt leider keine Zeit mehr* sagen könnte.

Sag ihnen, es ist Weihnachten, verdammt, brüllte Jonathan, und Sascha, wieder auf Hochtouren, sagte gleichzeitig: Doktor Spielmann meint mit zu wenig Mutter, daß du mich nicht gestillt hast, und *Woher hast du das denn?* rief ich, während ich Vera *Dreckskerl* rufen hörte, ich schimpfte weiter: Was soll dieser Muttermilch-Quatsch überhaupt, Muttermilch hat längst keinen guten Ruf mehr (aber wie stand es damit vor dreißig Jahren?) und mit eurem Saufen und den Ehefunktionsstörungen nichts zu tun.

Nebenan drehte Jonathan den Ton am Fernsehapparat voll auf. Vom Gedröhn schwachsinniger Wunschkonzertvolksfröhlichkeit versprach er sich, meine Rebellion wäre mir wichtiger als das Telephonat, und ich würde diesen Mist stoppen. Und auch, daß mir unser Abendprogramm inklusive Spielfilm einfiele. Das mit der zweiten Absicht funktionierte, aber in dieser melodramatischen ekelhaften Gleichzeitigkeit von SOS-Ruf aus über 700 km Entfernung und Tobsüchtigkeit nebenan konnte ich mich auf nichts konzentrieren, hier der glänzend rosige Lachs in der halb offenen Packung, dort das Elend, von dem ich nichts wissen wollte, in dieser Mischung aus Weihnachten und Schereien bemitleidete ich mich selbst, ich dachte: *Schade um den Lachs,* wirklich, so profan und selbstsüchtig dachte ich, rief: Ich kapier nichts, ihr kapiert nichts, wir reden wieder, wenn ihr nicht gerade abgestürzt seid. Aber Sascha erklärte leicht verständlich: Doktor Spielmann meint nicht die Muttermilch mit dem Stillen, er meint die erste Empfindung der Geborgenheit, und wenn die nicht stattfindet ... und er belehrte mich über die aus der Babyforschung der Analytiker gewonnenen Erkenntnisse, und gleichzeitig schimpfte aus dem Wohnzimmer sein Rivale, mein zweiter Mann Jonathan, und *Trink trink, Brüderlein trink* beschallte diese schizophrene Wahnsinnsklimax. Und später, endlich beim Essen, war der Lachs wirklich die reine Vergeudung. Ich find nicht, daß wir ihn schlecht gelaunt essen sollten, sagte ich, wie wärs, wenn ich ihn gut in Folie verpacken und ins Eisfach legen würde?

Bestimmt nicht fachmännisch, sagte Jonathan, du denkst immer, der Kühlschrank ist die Garantie für ewige Haltbarkeit.

Fischvergiftungen sind gräßlich, sagte ich, damit wir nicht wieder über das von Sascha und Vera versaute Rest-Weihnachten reden müßten, und ich beneidete Jonathan, dem es auch bei schlechter Laune noch schmeckt, überhaupt kann er mit allem, was er geplant hat, weitermachen und deshalb so lang als Griesgram durchhalten.

Hoffentlich hat dein endloses Telephonieren auch irgendeinen praktischen Nutzen gehabt, sagte Jonathan. Hat diese zwei auf den Boden der Tatsachen runtergeholt.

Aber sie sind am Boden. Sie sind zwischen einem Gerümpel von Tatsachen, und über was Vernünftiges zu reden war ja total zwecklos.

Dann war das ganze Theater zwecklos. So was muß man doch fertigbringen, erklären: Schluß, aus, wir wollten jetzt essen, und außerdem ist Weihnachten.

Eben: Weihnachten. Ich wartete, vielleicht ginge Jonathan der höhere Sinn meiner Betonung auf: Weihnachten. Eben drum. Als nichts weiter kam, sagte ich, umrahmt von einem vergifteten kleinen Lachen: Was für ein Glück, es hat dir trotzdem nicht den Appetit verschlagen!

Warum sollte es? Muß etwa ich mir irgendwas vorwerfen?

Manchmal frag ich mich, wie das wohl wäre, ein Leben mit gleichmäßig gutem Gewissen.

Angenehm. Fest steht, ich wäre mit dem Problem besser zurechtgekommen und vor allem: schneller.

Mit dem Kommentar *geteilt* schob ich Jonathan die letzte Hälfte vom Eisbergsalat hin, den ich zum Glück vor dem Gemischten-Doppel-Drama (dort und hier) und noch in bester Kondition (Stimmung, Magen) mit einer Packung Krabbensalat und zerbröckelten Walnüssen angemacht hatte und der nicht erkennbar in sich zusammengefallen war, weil die Eisbergsalatblätter sehr stabil sind. Er ist wirklich gut, oder? Ich wollte wieder ins Es-ist-alles-halb-so-schlimm-Fahrwasser.

Ist er, aber ich laß dir den Rest. Ich sag dir immer, dieser Salat ist eine Art Kohl, man verträgt nur kleine Portionen davon.

Verdammt, all das Herumgranteln, es macht ihm einfach nichts aus. Obwohl das nicht schlau von mir ist, lasse ich mich dann doch leider auch wieder gehen. Ein Engel bin ich nun mal nicht und auch keine Friedenstaube. Aber ich wußte, daß es ein Fehler war, der außerdem nur mir schadete, als ich sagte: Tut mir leid, ich seh nicht, daß ich was falsch gemacht habe. Erstens: Konnte ich ihnen die Tür vor der Nase zuschlagen? Es war ein Hilferuf! Und dazu dein Weihnachten. Und zweitens waren beide ganz tief abgestürzt, und red da mal rational ...

Abgestürzt, abgestürzt! Übrigens: Du hast nicht zufällig noch vom Appenzeller? Besoffen sind sie. Drücks doch so unpoetisch aus, wie es ist. Übernimm nicht immer sofort den Jargon der andern.

Mir tats gut, daß ich aufstehen und in der Küche nach dem Appenzeller forschen mußte. Ah, noch welcher da, gut so. Mit dem Anrichten ließ ich mir Zeit, pumpte Luft, schnitt Grimassen. Bei der Rückkehr an den Eßtisch, Blick auf die Krippe unter dem römischen Glitzerbäumchen mit seiner Nadelimitation aus rotem und silbernem Aluminium, sagte ich: Und sie fanden keinen Raum in der Herberge.

Sonst. Sonst keinen Raum. Jonathan grinste mich an, was ich vielversprechend fand. Wenn schon, denn schon. Er klang gutmütig. Außerdem paßt *sonst*. Falls du deine zwei Pechvögel in der Misere von Maria und Joseph und ihrem Baby sehen willst. *Sonst* wäre in eurem Fall: Du hast ihnen zugehört.

Aber es war nur ein Stall. Ich machte den Einwand, weil ich scharf drauf war, mehr von ihm getröstet zu werden.

Warm genug. Du hast ihnen lang genug zugehört.

Was soll ich sagen? Bis aufs Einschlafen ist der 24. 12. wieder friedlich geworden. Clarence, dieser Engel zweiter Klasse, wurde nicht nur in Bedford Falls aktiv: Ab zweiundzwanzig Uhr fünfzehn haben wir »Ist das Leben nicht schön?« gesehen, einen der paar Filme aus unserem Weihnachtstraditions-Proviant, und pünktlich zum Heiligabend hat wieder Clarence der netten, glücklichen Familie von James Stewart und

Donna Reed beigestanden; ehe James Stewart sich das Leben nimmt und damit Donna Reed wieder glücklich lächeln und die vier drolligen Kinder genießen kann, wendet er den Bankrott ab und beweist der kleinen Familie, daß das Leben schön ist. Ich sagte zu Jonathan, undeutlich mit Zahnpasta im Mund später im Bad: Clarence war da. Und er fragte *Wie bitte* und wollte es nicht unbedingt wissen, und ich wollte nicht unbedingt verstanden werden, als ich sagte: Wär schön, wenn die zwei Abgestürzten wenigstens ein Engel dritter Klasse ein bißchen retten würde. Anscheinend hatte Jonathan doch etwas mitgekriegt, denn er fragte, schon von seinem Bett aus: Ist das Leben nicht schön? Ich habe zwar ja gesagt, aber wenns schön wäre, brauchten wir den ganzen 24. 12. nicht, nicht diesen besonderen Geburtstag, keinen Engel, Gott, all das …

Peter Härtling
*1933

Verschlossene Türen

Die Türen zu Herren- und Speisezimmer sind verschlossen; dort werden Geschenke gestapelt. Aber andere Geschenke dürfen wir sehen und in Empfang nehmen. Wenn es schellt, rennen Lore und ich zur Tür. Manchmal werden wir enttäuscht, dann ist es der Briefträger oder irgendein Besucher, doch oft stehen eine Bäuerin oder ein Bauer vor der Schwelle, verlangen Vater und Mutter zu sprechen. Sie werden in die Küche geführt und dort ziehen sie aus Korb oder Tasche den Segen, der uns graust und anzieht: einen Hasen, eine Gans, eine Ente. Es seien »Naturalien«, erklären sie. Ein Wort, das sich mir einprägt, sich ständig weitet und am Ende zahllose nützliche Dinge einschließt. Mit diesen Naturalien danken sie Vater, der sie vor Gericht verteidigt hat. Oft sind es Tschechen, die aus kleinen Orten in der Hana, der großen Ebene an der March, angereist kommen.

So gut wird es uns nie wieder gehen, sagt Mutter ein ums andere Mal. Vater ist stolz. Er erzählt von den Spendern, diesen »armen Wursteln«, die sich mit dem neuen Recht nicht auskennen.

Eine Gans und zwei Hasen bleiben übrig; alles andere wird weiterverschenkt, an Bohumila, unser tschechisches Dienstmädchen, an den alten Anwalt, an dessen Freunde, an Klienten. Mutter hält sich fast nur noch in der Küche auf, rupft, zieht ab, berauscht sich mit Bohumila über die Erweiterung des Küchenzettels: daß wir einmal richtig schlemmen können und nicht nur zwischen Erbseneintopf, Armem Ritter und Kartoffelgulasch zu wählen haben.

Es wäre schön, wir könnten so, geschäftig und redend, auf das Fest zutreiben, ich könnte ungefragt von der Schule erzählen, vor der ich mich geängstigt habe, in der ich aber unerwartet rasch Freunde gewann und die beherrscht wurde von dem Oberlehrer Kögler, der aus dem Riesengebirge stammte, wie Rübezahl aussah und ein noch gewaltigerer Heldenbeschwörer war als Kutzschebauch in Hartmannsdorf, Tschechen als Kreaturen bezeichnete und die Schlacht um Stalingrad als den Schlußpunkt des Kampfes gegen den Bolschewismus ansah. Nur ist es wichtig, Buben, fürs Winterhilfswerk zu sammeln, damit die Soldaten auch dicke Mäntel und festes Schuhwerk bekommen. Mutter schüttelt den Kopf, nennt den Oberlehrer einen dummen Schwärmer. Ich finde das ungerecht, denn schließlich hat er im Ersten Weltkrieg am Isonzo gestanden und war verwundet worden.

Wenn Vater mir zuhört, preßt er die Lippen zusammen. Kögler zählt offenbar zu denen, die er meidet. Immerhin redet er sie mir nicht aus. Er will nichts von ihnen wissen, wie von vielem nicht. Insgeheim und in Wachträumen rufe ich die Bewunderten gegen Vater zusammen, fühle mich stärker als er, fast schon wie ein Held. Weil Vater den Helden ausweicht und sich vor dem Kampf drückt, bin ich eigentlich ein Kind des Führers. Und natürlich liebe ich Mutter, die mir ab und zu mit ihrem Spott zwar unheimlich ist, aber niemals feige sein wird.

Die Vorbereitungen wurden turbulent, als der Weihnachtsbesuch, Großmutter und Tante Käthe, eintraf. Ein Plan Vaters verdarb mir schließlich alle Vorfreude. Er machte mich erst am Tag vor Weihnachten damit vertraut, weil er wohl ahnte, in welche Pein er mich bringen würde. Er saß an dem leeren Schreibtisch im Herrenzimmer, bat mich, ein wenig gereizt, Platz zu nehmen und, bitte, zuzuhören.

Ich möchte, begann er, daß wir diese Weihnachten besonders feierlich begehen, und habe dir eine wichtige Aufgabe zugedacht. Hörst du? Eine besonders wichtige Aufgabe. Du hast eine hübsche Stimme und deklamierst ja gerne. Ich habe also einen Geiger engagiert, der dich beim Singen begleiten soll. Mehr als zwei Lieder wünsche ich gar nicht. Sagen wir, Stille Nacht und Oh du fröhliche. Im übrigen – Vater sah auf die Armbanduhr – wird der Musiker gleich hier sein. Ihr solltet wenigstens einmal zusammen proben.

Ich antworte nicht. Ich kann es nicht. Schreck und Verblüffung machen mich starr, ich hoffe, daß ich die Stimme verliere, niemals singen kann, niemals.

Er merkt anscheinend nicht, daß ich die Sprache verloren habe und beugt sich fragend nach vorn: Was meinst du?

Endlich kann ich mich hören. Das Nein steht sichtbar vor meinem Mund, wie eine Sperre.

Bist du verrückt? Er steht auf. Seine Hand drückt meinen Hals. Willst du mir alles verderben?

Da er genau geplant hat, führt Bohumila den Geiger herein, einen kleinen verschwitzten Herrn, der eine Verbeugung nach der andern macht, mir flüchtig mit feuchter Hand die Wange tätschelt und dennoch entschieden den Herrn Doktor bittet, »uns zwei Musikanten« allein zu lassen. Dem Geiger scheint der Auftrag nicht weniger peinlich zu sein und er beginnt mich zu trösten: Also, Bub, ein solches Konzert geht schneller vorüber als man denkt. Besonders an Festen. Da ist jeder so aufgeregt, daß ein Patzer gar nichts bedeutet. Die Kunst muß das Gefühl verstärken, sonst nichts. Und was heißt schon Kunst. Ich rate dir, sing leis, dann werden sie besonders gerührt sein, auch wenn du stockst oder ein Wort vergißt. Es schadet nichts. Und überhaupt bin ich hier, um dir zu helfen. Denk daran, die Geige läßt dich nicht im Stich. Zwei Lieder, was sag ich, vergehen wie im Flug.

Er zieht ein schmutziges, zerknülltes Tuch aus der Hosentasche, klemmt es zusammen mit der Geige unters Kinn, stimmt das Instrument, blinzelt mir zu, zieht mich in ein Vertrauen, das ich zu ihm so wenig wie zu den anderen Erwachsenen habe und befiehlt: Stell dich am gescheitesten direkt neben mich, schon von wegen der Intonation.

Die Geige klingt zu meiner Überraschung mächtig und klar. Zaghaft stimme ich ein. Ich flüstere mehr als daß ich singe. Er unterbricht das Spiel.

Ein bissel lauter müßte es schon sein. Piano meinetwegen, nicht pianissimo. Verstehst mich?

Ich versteh ihn gut.

Am liebsten würde ich ihm bloß zuhören.

Wir proben jedes Lied zweimal. Dann packt er unverzüglich die Geige in den Kasten, tätschelt mir die Wange, riecht, als habe er sich in Eukalyptusessenz gebadet.

Wir werden's überstehen, Bub. Denk an die Rührung.

Ich höre, wie er im Vorsaal mit Vater redet. Vater muß gelauscht und ihn abgefangen haben, vielleicht, um ihn zu bezahlen, vielleicht auch, um sich nach meiner Gesangskunst zu erkundigen.

Am Heiligen Abend weckte mich Geschrei. Die drei Frauen überboten sich in lärmender Hilfsbereitschaft. Nein, laß mich den Vorsaal bohnern, inzwischen kannst du in der Küche – Ich bitte dich, das macht doch keine Umstände, noch den Teppich – Ehe Rudi den Baum schmückt, sollte aber – Die Fülle für die Gans müßte jetzt, wenn nicht – Die Würstel müßten noch heute vormittag – Wer geht mit den Kindern spazieren, ehe –

Ich hasse sie, ich hasse diese Stimmen, die mir die Freude nehmen, ich möchte das Fest verschlafen, das sie für sich und nicht für Lore und mich veranstalten, ich möchte ihnen nicht vorsingen müssen und ihnen helfen, in Tränen auszubrechen. Aber Mutter ist schon im Zimmer, zieht die Rolläden hoch und ihre Unrast elektrisiert uns. Raus! ihr Siebenschläfer! Ihr habt eine Menge zu tun. Ihr müßt einkaufen gehen und Bohumila das Weihnachtsgeschenk bringen.

Wir werden von Befehlen, Anordnungen, Bitten, Zurufen in Bewegung gehalten, dürfen da nicht hinein, müssen dort die Augen schließen, gehen Großmutter auf die Nerven, sollen Tante Käthe in Frieden lassen.

Die Kartoffelsuppe, »jetzt-will-sie-keiner-mehr-gekocht-haben«, um die wir uns mittags versammeln, schmeckt angebrannt. Die Frauen streiten sich, bis die Schüssel leer ist, Vater wortlos den Stuhl hinter sich schiebt, und uns Kinder mit einem Kopfnicken auffordert, ihm zu folgen.

Er sagt: Es wird ihnen gar nicht auffallen, wenn wir verschwinden. Er hilft uns in die Mäntel, wickelt die Schals um unsere Hälse und wendet sich mit dieser ungewohnten Aufmerksamkeit gegen die Zerstörung, den Zwist. Wir wandern an seinen Händen durch die Stadt. Erst an dem Marcharm entlang, der hinter unserem Haus vorbeiführt, dann hinauf zu den beiden großen Plätzen, umkreisen die Dreifaltigkeitssäule und mehrfach das Rathaus, ziehen Spuren durch den Schnee, sehen zur Kunstuhr hoch, deren Erbauer, so erfuhr ich in der Schule, geblendet wurde, weil man ihn für einen Hexenmeister hielt, und beenden unseren Rundgang, wie ich es erwartet habe, im Café Rupprecht, in dem Vater Stammgast ist, wo er abends oft Billard spielt.

Wir sitzen zwischen alten Männern, schlürfen Tee, ich spüre, daß ihnen meine Blicke lästig sind. Ich komme mir vor wie auf einem Schiff, auf dem man vergessen hat, daß Weihnachten ist.

Ein Herr tritt an unseren Tisch, fragt Vater, ob er auf eine Partie Billard Lust habe. Wir ziehen ihm nach, in den Raum, wo die drei Billardtische stehen, setzen uns. Ich höre, wie die Kugeln aufeinanderprallen, träume vor mich hin, wünsche mir, daß die Ruhe bis zur Bescherung nicht gestört werde.

Als wir das Café verlassen, ist es dunkel. Schön, sagt Vater und saugt die kalte Luft hörbar ein. Sie werden uns sicher schon erwarten.

Wir werden tatsächlich erwartet, doch anders, als wir es erhoffen, mit einer Art Kriegsbericht, und erst allmählich verstehen wir, was für ein Unglück geschehen ist: Mutter habe den Gasofen anzünden wollen und er sei explodiert, eine Flamme sei aus der Röhre geschossen. Schaut sie euch an, die Haare versengt, Lider und Augenbrauen verbrannt. Schaut sie euch doch an, die Ärmste!

Mutter wird vorgeführt. Sie wehrt sich gegen den Jammer von Großmutter und Tante Käthe. Es ist nicht so schlimm, sagt sie. Ich möchte lachen, traue mich aber nicht.

Es wird Zeit, daß ihr euch umzieht, sagt Vater sehr ruhig. Die Bescherung ist auf acht angesetzt, schon wegen des Geigers. Ich kann ihn nicht warten lassen. Wir sollten also um sieben abendessen.

Wo sollen wir bleiben? fragt Lore.

Geht ins Kinderzimmer und spielt, bis ihr gerufen werdet.

Wir setzen uns auf unsere Betten und warten im Dunkeln.

Mutter holt uns. Sie hat sich umgezogen und hat neue Augenbrauen. Die hab ich mir angemalt.

Beim Abendessen führt Großmutter das Gespräch.

Sie findet die Würstchen gut, lobt Mutter für den Kartoffelsalat, der durch eine winzige Prise Zucker erst delikat werde.

Plötzlich läuft sie blau an, greift sich mit der Hand an den Hals, ringt nach Luft.

Der Erstickungsanfall überrascht uns so, daß wir alle wie angenagelt sitzen.

Mutter ist die erste, die etwas sagt: Sie hat sich verschluckt. Mein Gott!

Tut doch was! schreit Tante Käthe. Sie erstickt uns doch. Mein Gott!

Lore beginnt zu weinen. Ich möchte schon wieder lachen. Vater schüttelt den Kopf. Großmutter droht zu sterben. Sie verdreht die Augen, so daß man nur noch das Weiße sieht.

Vater steht auf, schlägt ihr mit einer ungeheuren Wut ein-, zweimal auf den Rücken. Es dröhnt, und plötzlich schießt, wie aus einem Kanonenlauf, ein Stück Wurst aus Großmutters Mund. Ächzend zieht sie die Luft ein.

Nein, sagt Mutter.

Vater zündet sich eine Zigarette an.

Lore weint.

Ich wage leise zu lachen und Tante Käthe stimmt laut ein.

Großmutter sagt: So schlimm hättest du ja auch nicht losdreschen müssen.

Obwohl Großmutter sich noch nicht erholt hat, weiter nach Luft ringt, drängt Vater, den Tisch abzuräumen. Der Geiger müsse gleich erscheinen. Er werde nach nebenan gehen und inzwischen die Kerzen am Baum anzünden.

Ich sitze auf meinem Stuhl und rühre mich nicht.

Du kannst doch wenigstens die Teller zusammenstellen. Mutter sieht mich vorwurfsvoll an. Sie merkt nicht, daß ich eigentlich gar nicht mehr vorhanden bin. Ich werde stumm sein. Stumm und taub. Ich werde die Geige nicht hören und keinen Ton herausbringen.

Gleich ist Bescherung!

Lore rennt hinter Mutter her, in die Küche, ich bleibe allein mit Großmutter, die sich nicht beruhigen kann, vor sich hinmurmelt, seufzt, sich das Taschentuch vor den Mund hält, mit ihrem Schreck beschäftigt ist, während ich auf meinen warte.

Es klingelt. Es kann nur der Geiger sein. Großmutter ist, ohne daß es mir auffiel, aus dem Zimmer verschwunden. Ich könnte mich verstecken, hinterm Vorhang, unter der Couch. Aber ich sitze, starre auf die Tür, die jetzt auch geöffnet wird, und Mutter sagt mit einer Stimme, die trösten will: Komm, wir warten schon alle auf dich.

Im dunklen Vorsaal steht der Musiker. Er hat die Geige aus dem Kasten genommen. Mutter schiebt mich auf ihn zu. Die Tür zum Speisezimmer wird aufgerissen. Ich sehe die Kerzen brennen, Vaters Schatten, und stehe mit einem Mal vor allen anderen, die auf Stühlen Platz nehmen, wie im Theater, mich anglotzen, auffordernd anlächeln.

Ich höre den Geiger sagen: In der Reihenfolge, wie wir es besprochen haben, nicht wahr?

Der Geiger klemmt sich sein Instrument unters Kinn, schiebt sich noch näher an mich heran, zählt leise: Eins, zwei, drei, und die Geige singt, während meinem Mund ein krächzender Laut entfährt, nicht mehr. Der Geiger bricht ab, sagt sehr ruhig: Wir fangen noch einmal an. Du mußt, wie ich dir erklärt hab, nicht laut singen, Bub. Nicht laut.

Ich halte mich an seinen Rat, bin erstaunt, daß ich ihm folgen kann, die Sätze nicht vergessen habe, flüstere einfach mit, schaue auf den Boden, höre jemanden seufzen, singe schneller, als die Geige es will und bekomme einen Stoß in die Seite: Nicht so rasch, Bub!, singe mehr und mehr gegen die Musik, gegen die albernen Zuhörer, gegen Vaters Erwartung, renne zu Mutter hin und werfe mich auf sie, weine, schreie.

Es war doch zu viel für ihn. Mutter preßt mich an sich.

Schade, sagt Vater, es hätte sehr feierlich sein können.

Der Geiger spielt nun allein weiter, ohne mich. Ich beginne, mein Gesicht gegen Mutters Brust gepreßt, zuzuhören und verberge mich, auch nachdem er geendet hat, Vater ihn hinausbringt, Lore schon Geschenke auspackt.

Willst du dir deine Geschenke nicht ansehen? fragt Großmutter. Mutter läßt mich los. Es ist schon gut, sagt sie.

Ich kann mich nicht erinnern, was ich geschenkt bekommen habe, bis auf die alte Ausgabe des »Sigismund Rüsting«, denn ich habe den ganzen Abend gelesen, mich gegen alle wehrend, die sich nun um mich bemühen, auch Vater, der sich für eine Weile neben mich setzt, nichts spricht, nur manchmal den Kopf schüttelt. Ehe er aufsteht und zu Großmutter geht, sagt er: Wir hätten uns vorher über alles unterhalten sollen.

Yaak Karsunke
*1934

engels botschaft

Wenn ich Marx lese so
hat das gründe & nicht
viel zu bedeuten
ihr müßt euch also nicht fürchten

wenn ihr euch aber fürchtet
(wenn ich Marx lese
so)
hat das vielleicht zu bedeuten
ich müßte beginnen
auch noch Engels zu lesen

wer denkt noch des engels
der sagte
fürchtet euch nicht

Peter Bichsel
*1935

24. Dezember

Immer am 24. Dezember, immer um vier Uhr nachmittags, treffen sich Otto und Peter im Restaurant »Rössli«. Das war zwanzig Jahre so etwas wie ein Zufall, aber letztes Jahr sagte Peter, daß er leider nicht kommen könne, weil er ausnahmsweise für das Kochen des Rollschinklis verantwortlich sei, und dieses Rollschinkli habe eine Kochdauer von fast zwei Stunden, und um sieben sei die Familie versammelt. Da sagte

Otto: »Aber das ist doch eine Tradition, daß wir uns treffen am 24. Dezember um vier Uhr.« Seither ist der Zufall eine Tradition.

Am 24. Dezember um vier Uhr holt Franz Brunner seine Jagdflinte aus dem Schrank. Schon seit über dreißig Jahren holt er am 24. Dezember seine Jagdflinte aus dem Schrank. Nicht eigentlich, um sie zu putzen, vielmehr, um sie zu streicheln. Das Entfernen des Laufs und das Siebeln des Laufs ist unwichtig und nur eine Gewohnheit. Viel wichtiger ist das Polieren der kleinen Silberbeschläge am Schaft. Am 24. Dezember streichelt Franz Brunner die Silberbeschläge seiner Jagdflinte. Franz ist sonst kein zärtlicher Mensch.

Am 24. Dezember bestellen Otto und Peter im Rössli einen halben Roten. Sie treffen sich oft im Rössli, jede Woche dreimal. Aber am 24. Dezember ist es etwas anderes, ist es eine Tradition.

Am 24. Dezember um vier Uhr holt Walter Binswanger seine Schuhschachtel aus dem Kasten, wie immer am 24. Dezember. Bevor er sie öffnet, streichelt er sie. Walter Binswanger ist sonst kein zärtlicher Mensch.

Am 24. Dezember gegen vier Uhr rennt Fritz zum Einkaufszentrum. Er hatte, wie immer, gesagt, daß ihm kein Weihnachtsbaum ins Haus komme. Um vier Uhr schließen die Läden. Nun rennt er doch noch. Jahr für Jahr überrascht er seine Frau damit, daß er doch einen Weihnachtsbaum bringt. Fritz kauft sonst nie im Zentrum, er findet das Zentrum scheußlich. Fritz mag das Wort »Blautanne«, das klingt so schön. Sonst mag Fritz wenig.

Um vier Uhr zwanzig bestellen Otto und Peter einen zweiten Halben.

Um vier Uhr zwanzig zündet Franz Brunner eine Zigarette an. Es ist die erste in diesem Monat. Franz Brunner raucht im Dezember nie, er beginnt erst wieder an Weihnachten. Barbara Brunner, seine Frau, freut sich, wenn er wieder raucht. Er war nicht auszuhalten. Die Flinte strahlt.

Weil sich Otto und Peter gut kennen, wissen sie heute nicht, über was sie sprechen sollen. Man kann jetzt nicht über irgend etwas sprechen.

Walter Binswanger öffnet den Deckel seiner Schuhschachtel. In der Schachtel ist für jeden Mieter eine Karte. Binswanger hat ruhige, anständige und regelmäßige Mieter. Er hat heute nichts einzutragen. Er zählt heute nicht zusammen. Heute freut er sich nur über seinen Besitz, und er spricht die Namen seiner Mieter zärtlich aus: Graber,

Leuenberger, Moser, Hürlimann. Frau Binswanger mag ihren Mann wieder, wenn er die Namen seiner Mieter mit den Lippen nachbildet.

Otto und Peter langweilen sich.

Immer am 24. Dezember um halb fünf bringt Fritz der anderen Frau die Alimente. Er bringt sie immer am Ende des Monats, aber im Dezember ist das etwas anderes. Es ist sonst immer ein wenig ärgerlich, im Dezember ist es ein wenig traurig. Es ist traurig, weil Fritz sich ein wenig freut. Er bringt sehr schöne Geschenke mit.

Otto und Peter sind ein wenig nervös. Sie haben heute noch anderes zu tun. Sie bestellen vielleicht doch noch einen letzten Halben.

Franz Brunner raucht seine erste Zigarette ganz bewußt, ab jetzt wird er wieder viel rauchen und ohne Genuß. Das ist eine wunderbare Zigarette am 24. Dezember. Er drückt sie aus, geht zum Schrank und holt die Ordonnanzpistole. Ordonnanz ist ein wunderschönes Wort, denkt Franz. So wie das Wort Ordonnanz klingt, so stellt sich Direktor Brunner das Leben vor.

Otto und Peter.

Nur am 24. Dezember sitzt Binswanger hemdsärmlig hinter seiner Schuhschachtel. In Sachen Mieter hält er nichts von Computern. Daß er das alles von Hand auf weiße Karten schreibt, das hält Binswanger für Menschlichkeit. Walter wäre nicht auszuhalten, sagt seine Frau, wenn er nicht seine Mieter hätte.

Von den Alimenten weiß die Frau von Fritz nichts. Das ist recht so, denkt Fritz. Aber irgendwie trennt es Fritz von seiner Frau. Fritz ist an Weihnachten immer ein wenig allein.

Peter muß jetzt dann wirklich nach Hause, und Otto hat auch noch etwas zu tun.

Immer am 24. Dezember um zwanzig vor fünf sagt Brunner: »Gopfriedstutz«. Brunner flucht sonst viel und laut, aber heute – wie immer am 24. Dezember – sagt er es fast zärtlich. Er sagt es, weil heute – wie immer am 24. Dezember – die Feder vom Verschluß der Ordonnanzpistole wegfliegt. Brunner kriecht unters Kanapee, die Feder liegt Jahr für Jahr immer am selben Ort, eine Handbreit vor dem hinteren rechten Fuß des Kanapees.

Die Mieter mögen Herrn Binswanger nicht. Aber Herr Binswanger legt Wert darauf, daß ihn seine Mieter mögen. Das wissen die Mieter. Herr Binswanger kann sehr förmlich werden, wenn man ihm die Zuneigung verweigert. Aber die Enkel mögen Großvater Binswanger. Das ist Binswangers Weihnacht, daß er gemocht wird von seinen Enkeln.

Es gibt nichts Friedlicheres als eine Jagdflinte, denkt Direktor Brunner. Weihnachten hat für ihn mit Jagd zu tun. Er sagt: Mit dem Wald. Die Ordonnanzpistole, das ist Heimat, sagt Brunner. Er besitzt auch einen Browning. Jahr für Jahr fürchtet sich Frau Brunner davor, daß er auch noch den Browning reinigen und streicheln könnte. Das ist eine schreckliche Vorstellung für Frau Brunner. Aber so ist Brunner nicht.

Um halb sechs legt Peter vorsichtig das Rollschinkli ins Wasser. Bei achtzig Grad zwei Stunden ziehen lassen. Das ist eine Tradition.

Nach der fünften Zigarette wird Brunner schon wieder ein wenig mürrisch.

Sarah Kirsch
*1935

Zwischenlandung

Wenn es auf Weihnachten geht
kehren die Dichter
zu ihren tüchtigen Frauen zurück
Ach was sind sie das ganze Jahr
über die Erde gelaufen
was haben sie alles gehört was
nachgedacht, ihre Zeitung geschrieben
durch Fabriken gestiegen, den Kartoffeln
brachten sie menschliche Umgangsformen bei, sahn
dem Rauch nach der kriecht und steigt
sie haben alles geschluckt manchmal Manhattan-
Cocktails wegen des Namens, sie verschärften
den Klassenkampf meditierten

über das Abstrakte bei Fischen, bis eines Tags
durch ihre dünnen Mäntel die Kälte kommt
Sehnsucht
nach einem wirklichen Fisch in der Schüssel
sie jäh überfällt und Erinnrung
an die Frau die sich am Feuer gewärmt hat
da bleibt
der Zorn in den großen Städten zurück, sie kommen
mit seltsamen Hüten für ihre Kinder
spüln sogar Wäsche spielen Klavier, bis
sie es satt haben nach Neujahr, da
brechen sie Streit vom Zaun, gehen erleichtert
weg in den Handschuhn von unterm Weihnachtsbaum

Christoph Meckel
*1935

Schneetiere

Ich hörte, daß Schneetiere, ausgehungert, in die Wohnungen der Menschen vordringen, über kilometerbreite Meerstraßen auf schneearme Inseln kommen, die ihnen ergiebiges Weideland versprechen. Ich hörte von Armut und Unwirtlichkeit ihrer Wohnplätze und daß es schwierig sei, sie zu Gesicht zu bekommen, unmöglich, sie zu erlegen. Man sagte mir: über der Schneegrenze, wenn überhaupt, wirst du sie finden, schnelle weiße Schatten vor dem Schnee, Lebewesen wie Schneeflocken, spurlos.

Ich mietete eine Hütte im Gebirge, ließ Nahrungsmittel kommen, Holz für die Schneezeit, tausend Schuß Munition und zwei gute Gewehre. Meine Absicht war, die Schneetiere zu beobachten, doch behauptete ich, meine Absicht sei die Jagd. Es leuchtet immer ein, wenn einer mit dem Gewehr über der Schulter an Gebirgshöfen vorbeikommt und behauptet, er sei auf der Jagd nach Schneetieren. Man wird ihm zwar sagen, davon verstünde er nichts und sei hier fremd (das Schneehuhn zum Beispiel sei kein Schneetier), aber man wird ihn in Ruhe lassen.

Ein paar Wochen lang war ich im Gebirge unterwegs, suchte liegenden und fallenden Schnee, verhängten und offenen Himmel nach Schneetieren ab, hoffte, daß sich ein Schneetier durch Bewegung verrate, bekam aber keins zu Gesicht. Ich ging geräuschlos durch tiefen und flachen Schnee, hielt Ausschau von Felsen und Halden, saß horchend in Mulden und ließ mich verschneien. Ich stieß das Gewehr ins Unterholz, verbreitete Lärm mit Schüssen und Rufen, ohne Ergebnis. Ich dachte: sie sind scheu, sie sind vielleicht neugierig. Man muß wissen, wie sie reagieren, man muß zunächst ein Schneetier gesehen haben (kein Mensch schien jemals ein Schneetier gesehen zu haben), um sich ihm gegenüber richtig zu verhalten. Man muß erreichen, daß sie aus ihren Verstecken kommen, absichtlich oder zufällig. Man muß erreichen, daß die weiße Grenze von ihnen durchbrochen wird, Geräuschlosigkeit, Schneetarnung, denn sie sind nicht unsichtbar.

Wo immer sich ein Tier durch Bewegung verriet, aus dem Gestrüpp flog oder aufgeschreckt über eine Halde lief – es handelte sich in keinem Fall um ein Schneetier. Ich erlegte Hasen und Füchse, Krähen und Murmeltiere, die Jagd ernährte mich, brachte aber kein Schneetier zum Vorschein.

Wie leben sie denn, überlegte ich. Wo würde ich mich an ihrer Stelle verbergen.

Im dichten Schnee, in der Wurzelhöhle des Baums, in der Mulde unter dem Fels würde ich mich versteckt halten und durch wachsende Schichten Schnee einen Rest von Licht im Auge behalten. Ich würde vorbeigehen lassen, was geht, Schuh oder Pfote, vorbeifliegen lassen, was fliegt, Schrot oder Vogel. Ich würde sein und bleiben unter dem Schnee. In der Gewißheit, unauffindbar zu sein, wäre ich zufrieden im Schnee, der mir den Namen gab.

Meine Gedanken brachten mich nicht weiter. Lawinen, Schneefall und Schneeschmelze halfen nicht. Ich entdeckte kein Schneetier. Nach ein paar Wochen gab ich die Suche auf und fing etwas anderes an.

Ich verbrachte die Tage in meiner Hütte vorm Feuer und versuchte, mir vorzustellen, wie sie aussehen und was sie tun (außer im Schnee zu sein und dort zu bleiben), wovon sie sich ernähren und wie sie sich zueinander verhalten. Waren sie Vierbeiner oder Vögel? Alles schien möglich und weniges treffend, nichts war gewiß.

Ich kam zu dem Ergebnis, daß es ihren Namen, nicht aber sie selber gab. Es gab keine Schneetiere, jedenfalls keine, die ein Jäger als Beute vorweisen konnte. Doch gab es Schneetiere insofern, als ihr Name vorhanden war, Vorstellungen erweckte und Jäger und Forscher ins Gebirge zog. War nicht die Tatsache, daß ich mich ein paar Wochen lang mit Schneetieren, nichts als Schneetieren beschäftigt hatte, ein Beweis für ihr Vorhandensein! Wo immer Schnee fiel, wurden Schneetiere lebendig. Man sprach ihren Namen aus und versuchte sich vorzustellen, wer sie waren und wo sie lebten. Und wer wußte denn, ob nicht in schneelosen Ländern gerade Schneetiere glaubhafter waren als Gürteltiere und Feuerfliegen. Ich verstand, daß das Unsichtbare ein Reichtum ist, der nicht zerstört, nur vermehrt werden kann.

Ich verließ die Hütte und kehrte heim. Auf die Frage, wo ich gewesen sei, antwortete ich mit Berichten vom Schneetier. Ich trug dazu bei, wie viele vor mir, daß von Schneetieren die Rede war. Und ich werde dafür sorgen, daß, solange ich lebe, das Schneetier lebendig bleibt. Was immer ausstirbt, dem Vergessen anheimfällt – das Schneetier nicht. Wir sind viele.

WOLF BIERMANN
*1936

Neujahrsbotschaft

Und schlägt epileptisch das Schicksal die Beine
Nach dir, nach mir – dann wollen wir nicht
Gleich betteln und bitten, bereuen zum Scheine
Nicht fürchten den Bettelstab, noch das Gericht

Du, mach dir nichts vor, tu dich nicht schonen
Und nimm die Zeit so, wie sie war
Tritt aus die Kippe, die Illusionen
Und öffne die Brust für das andre Jahr

Du, laß dich nicht falln in faule Bitterkeiten
Den Glauben an Menschen schmeiß nicht weg
Es gibt nicht Heuchler nur in diesen Breiten
Noch Denunzianten, Kriecher, Spießerspeck

Sieh, daß du neue Wege findest
In jenes unbekannt bekannte Land
Laß gleiten deiner Freunde gute Namen
Wie Perlen eines Rosenkranzes durch die Hand

Bewahr dir klaren Blick, sei frech und fröhlich
Und überstehen wird nur, wer besteht
Und hast du Recht, vergiß nicht schmerzensselig
Wie sich die Welt in deiner Richtung dreht

Christine Nöstlinger
*1936

Ans
Christkind:
Meine Eltern sind
seit Wochen zerstritten,
also möchte ich dich bitten,
heuer die Geschenke sein zu lassen.
Mach lieber, dass die zwei sich nimmer hassen
und sich am Heiligen Abend zur Versöhnung küssen
und die Nachbarn nicht wieder die Polizei rufen müssen.
Deine
kleine
Brigitte.
Wohnhaft: Wien-Mitte

Advent, Advent,
der Weihnachtsmann kennt
eine alte Frau, die strickt aus Resten
ganz abscheuliche Westen.
Liefert ihm jährlich drei Stück davon,
ganz gratis, nur für Gotteslohn!
Klar, dass er das Zeug nicht ablehnen kann,
wär zu unhöflich vom Weihnachtsmann.
Aber warum kriege ich zu allen Festen
die drei schockabscheulichen Westen?
Will auch mal Diesel oder Replay tragen,
hab's satt, dass mich die Kinder fragen:
»Was hast denn du heut Komisches an?«
Sei nett, gütiger Weihnachtsmann,
hab dir das Zeug lang genug abgenommen,
lass es heuer bitte wem andern zukommen!

ROBERT GERNHARDT
1937–2006

Die Falle

Da Herr Lemm, der ein reicher Mann war, seinen beiden Kindern zum Christfest eine besondere Freude machen wollte, rief er Anfang Dezember beim Studentenwerk an und erkundigte sich, ob es stimme, daß die Organisation zum Weihnachtsfest Weihnachtsmänner vermittle. Ja, das habe seine Richtigkeit. Studenten stünden dafür bereit, 25 DM koste eine Bescherung, die Kostüme brächten die Studenten mit, die Geschenke müßte der Hausherr natürlich selbst stellen. »Versteht sich, versteht sich«, sagte Herr Lemm, gab die Adresse seiner Villa in Berlin-Dahlem an und bestellte einen Weihnachtsmann für den 24. Dezember um 18 Uhr. Seine Kinder seien noch klein, und da sei es nicht gut, sie allzulange auf die Bescherung warten zu lassen. Der bestellte Weihnachtsmann kam pünktlich. Er war ein Student mit schwarzem Vollbart, unter dem Arm trug er ein Paket.

»Wollen Sie so auftreten?« fragte Herr Lemm.

»Nein«, antwortete der Student, »da kommt natürlich noch ein weißer Bart darüber. Kann ich mich hier irgendwo umziehen?«

Er wurde in die Küche geschickt. »Da stehen aber leckere Sachen«, sagte er und deutete auf die kalten Platten, die auf dem Küchentisch standen. »Nach der Bescherung, wenn die Kinder im Bett sind, wollen noch Geschäftsfreunde meines Mannes vorbeischauen«, erwiderte die Hausfrau. »Daher eilt es etwas. Könnten Sie bald anfangen?«

Der Student war schnell umgezogen. Er hatte jetzt einen roten Mantel mit roter Kapuze an und band sich einen weißen Bart um. »Und nun zu den Geschenken«, sagte Herr Lemm. »Diese Sachen sind für den Jungen, Thomas«, er zeigte auf ein kleines Fahrrad und andere Spielsachen –, »und das bekommt Petra, das Mädchen, ich meine die Puppe und die Sachen da drüben. Die Namen stehen jeweils drauf, da wird wohl nichts schiefgehen. Und hier ist noch ein Zettel, auf dem ein paar Unarten der Kinder notiert sind, reden Sie ihnen mal ins Gewissen, aber verängstigen Sie sie nicht, vielleicht genügt es, etwas mit der Rute zu drohen. Und versuchen Sie, die Sache möglichst rasch zu machen, weil wir noch Besuch erwarten.«

Der Weihnachtsmann nickte und packte die Geschenke in den Sack. »Rufen Sie die Kinder schon ins Weihnachtszimmer, ich komme gleich nach. Und noch eine Frage. Gibt es hier ein Telefon? Ich muß jemanden anrufen.«

»Auf der Diele rechts.«

»Danke.«

Nach einigen Minuten war dann alles soweit. Mit dem Sack über dem Rücken ging der Student auf die angelehnte Tür des Weihnachtszimmers zu. Einen Moment blieb er stehen. Er hörte die Stimme von Herrn Lemm, der gerade sagte: »Wißt ihr, wer jetzt gleich kommen wird? Ja, Petra, der Weihnachtsmann, von dem wir euch schon so viel erzählt haben. Benehmt euch schön brav ...«

Fröhlich öffnete er die Tür. Blinzelnd blieb er stehen. Er sah den brennenden Baum, die erwartungsvollen Kinder, die feierlichen Eltern. Es hatte geklappt, jetzt fiel die Falle zu. »Guten Tag, liebe Kinder«, sagte er mit tiefer Stimme. »Ihr seid also Thomas und Petra. Und ihr wißt sicher, wer ich bin, oder?«

»Der Weihnachtsmann«, sagte Thomas etwas ängstlich.

»Richtig. Und ich komme zu euch, weil heute Weihnachten ist. Doch bevor ich nachschaue, was ich alles in meinem Sack habe, wollen wir erst einmal ein Lied singen. Kennt ihr ›Stille Nacht, heilige Nacht‹? Ja? Also!«

Er begann mit lauter Stimme zu singen, doch mitten im Lied brach er ab. »Aber, aber, die Eltern singen ja nicht mit! Jetzt fangen wir alle noch mal von vorne an. Oder haben wir den Text etwa nicht gelernt? Wie geht denn das Lied, Herr Lemm?«

Herr Lemm blickte den Weihnachtsmann befremdet an. »Stille Nacht, heilige Nacht, alles schläft, einer wacht ...«

Der Weihnachtsmann klopfte mit der Rute auf den Tisch: »Einsam wacht! Weiter! Nur das traute ...«

»Nur das traute, hochheilige Paar«, sagte Frau Lemm betreten, und leise fügte sie hinzu: »Holder Knabe im lockigen Haar.«

»Vorsagen gilt nicht«, sagte der Weihnachtsmann barsch und hob die Rute. »Wie geht es weiter?«

»Holder Knabe im lockigen ...«

»Im lockigen Was?«

»Ich weiß es nicht«, sagte Herr Lemm. »Aber was soll denn diese Fragerei? Sie sind hier, um ...«

Seine Frau stieß ihn in die Seite, und als er die erstaunten Blicke seiner Kinder sah, verstummte Herr Lemm.

»Holder Knabe im lockigen Haar«, sagte der Weihnachtsmann, »Schlaf in himmlischer Ruh, schlaf in himmlischer Ruh. Das nächste Mal lernen wir das besser. Und jetzt singen wir noch einmal miteinander: ›Stille Nacht, heilige Nacht‹.«

»Gut, Kinder«, sagte er dann. »Eure Eltern können sich ein Beispiel an euch nehmen. So, jetzt geht es an die Bescherung. Wir wollen doch mal sehen, was wir hier im Sack haben. Aber Moment, hier liegt ja noch ein Zettel!« Er griff nach dem Zettel und las ihn durch.

»Stimmt das, Thomas, daß du in der Schule oft ungehorsam bist und den Lehrern widersprichst?«

»Ja«, sagte Thomas kleinlaut.

»So ist es richtig«, sagte der Weihnachtsmann. »Nur dumme Kinder glauben alles, was ihnen die Lehrer erzählen. Brav, Thomas.«

Herr Lemm sah den Studenten beunruhigt an.

»Aber ...«, begann er. »Sei doch still«, sagte seine Frau.

»Wollten Sie etwas sagen?« fragte der Weihnachtsmann Herrn Lemm mit tiefer Stimme und strich sich über den Bart.

»Nein.«

»Nein, lieber Weihnachtsmann, heißt das immer noch. Aber jetzt kommen wir zu dir, Petra. Du sollst manchmal bei Tisch reden, wenn du nicht gefragt wirst, ist das wahr?« Petra nickte. »Gut so«, sagte der Weihnachtsmann. »Wer immer nur redet, wenn er gefragt wird, bringt es in diesem Leben zu nichts. Und da ihr so brave Kinder seid, sollt ihr nun auch belohnt werden. Aber bevor ich in den Sack greife, hätte ich gerne etwas zu trinken.« Er blickte die Eltern an.

»Wasser?« fragte Frau Lemm.

»Nein, Whisky. Ich habe in der Küche eine Flasche ›Chivas Regal‹ gesehen. Wenn Sie mir davon etwas einschenken würden? Ohne Wasser, bitte, aber mit etwas Eis.«

»Mein Herr!« sagte Herr Lemm, aber seine Frau war schon aus dem Zimmer. Sie kam mit einem Glas zurück, das sie dem Weihnachtsmann anbot. Er leerte es und schwieg.

»Merkt euch eins, Kinder«, sagte er dann. »Nicht alles, was teurer ist, ist auch gut. Dieser Whisky kostet etwa 50 DM pro Flasche. Davon müssen manche Leute einige Tage leben, und eure Eltern trinken das einfach ’runter. Ein Trost bleibt: der Whisky schmeckt nicht besonders.«

Herr Lemm wollte etwas sagen, doch als der Weihnachtsmann die Rute hob, ließ er es.

»So, jetzt geht es an die Bescherung.«

Der Weihnachtsmann packte die Sachen aus und überreichte sie den Kindern. Er machte dabei kleine Scherze, doch es gab keine Zwischenfälle, Herr Lemm atmete leichter, die Kinder schauten respektvoll zum Weihnachtsmann auf, bedankten sich für jedes Geschenk und lachten, wenn er einen Scherz machte. Sie mochten ihn offensichtlich.

»Und hier habe ich noch etwas Schönes für dich, Thomas«, sagte der Weihnachtsmann. »Ein Fahrrad. Steig mal drauf.« Thomas strampelte, der Weihnachtsmann hielt ihn fest, gemeinsam drehten sie einige Runden im Zimmer.

»So, jetzt bedankt euch mal beim Weihnachtsmann!« rief Herr Lemm den Kindern zu. »Er muß nämlich noch viele, viele Kinder besuchen, deswegen will er jetzt leider gehen.« Thomas schaute den Weihnachtsmann enttäuscht an, da klingelte es.

»Sind das schon die Gäste?« fragte die Hausfrau. »Wahrscheinlich«, sagte Herr Lemm und sah den Weihnachtsmann eindringlich an. »Öffne doch.«

Die Frau tat das, und ein Mann mit roter Kapuze und rotem Mantel, über den ein langer weißer Bart wallte, trat ein. »Ich bin Knecht Ruprecht«, sagte er mit tiefer Stimme.

Währenddessen hatte Herr Lemm im Weihnachtszimmer noch einmal behauptet, daß der Weihnachtsmann jetzt leider gehen müsse. »Nun bedankt euch mal schön, Kinder«, rief er, als Knecht Ruprecht das Zimmer betrat. Hinter ihm kam Frau Lemm und schaute ihren Mann achselzuckend an.

»Da ist ja mein Freund Knecht Ruprecht«, sagte der Weihnachtsmann fröhlich.

»So ist es«, erwiderte dieser. »Da drauß' vom Walde komm ich her, ich muß euch sagen, es weihnachtet sehr. Und jetzt hätte ich gerne etwas zu essen.«

»Wundert euch nicht«, sagte der Weihnachtsmann zu den Kindern gewandt. »Ein Weihnachtsmann allein könnte nie all die Kinder bescheren, die es auf der Welt gibt. Deswegen habe ich Freunde, die mir dabei helfen: Knecht Ruprecht, den heiligen Nikolaus und noch viele andere ...«

Es klingelte wieder. Die Hausfrau blickte Herrn Lemm an, der so verwirrt war, daß er mit dem Kopf nickte; sie ging zur Tür und öffnete. Vor der Tür stand ein dritter Weihnachtsmann, der ohne Zögern eintrat. »Puh«, sagte er. »Diese Kälte! Hier ist es beinahe so kalt wie am Nordpol, wo ich zu Hause bin!«

Mit diesen Worten betrat er das Weihnachtszimmer. »Ich bin Sankt Nikolaus«, fügte er hinzu, »und ich freue mich immer, wenn ich brave Kinder sehe. Das sind sie doch – oder?«

»Sie sind sehr brav«, sagte der Weihnachtsmann. »Nur die Eltern gehorchen nicht immer, denn sonst hätten sie schon längst eine von den kalten Platten und etwas zu trinken gebracht.«

»Verschwinden Sie!« flüsterte Herr Lemm in das Ohr des Studenten.

»Sagen Sie das doch so laut, daß Ihre Kinder es auch hören können«, antwortete der Weihnachtsmann.

»Ihr gehört jetzt ins Bett«, sagte Herr Lemm.

»Nein«, brüllten die Kinder und klammerten sich an den Mantel des Weihnachtsmannes.

»Hunger«, sagte Sankt Nikolaus.

Die Frau holte ein Tablett. Die Weihnachtsmänner begannen zu essen. »In der Küche steht Whisky«, sagte der erste, und als Frau Lemm sich nicht rührte, machte sich Knecht Ruprecht auf den Weg. Herr Lemm lief hinter ihm her. In der Diele stellte er den Knecht Ruprecht, der mit einer Flasche und einigen Gläsern das Weihnachtszimmer betreten wollte.

»Lassen Sie die Hände vom Whisky!«

»Thomas!« rief Knecht Ruprecht laut, und schon kam der Junge auf seinem Fahrrad angestrampelt. Erwartungsvoll blickte er Vater und Weihnachtsmann an.

»Mein Gott, mein Gott«, sagte Herr Lemm, doch er ließ Knecht Ruprecht vorbei.

»Tu was dagegen«, sagte seine Frau. »Das ist ja furchtbar. Tu was!«

»Was soll ich tun?« fragte er, da klingelte es.

»Das werden die Gäste sein!«

»Und wenn sie es nicht sind?«

»Dann hole ich die Polizei!«

Herr Lemm öffnete. Ein junger Mann trat ein. Auch er hatte einen Wattebart im Gesicht, trug jedoch keinen roten Mantel, sondern einen weißen Umhang, an dem er zwei Flügel aus Pappe befestigt hatte.

Der Weihnachtsmann, der auf die Diele getreten war, als er das Klingeln gehört hatte, schwieg wie die anderen. Hinter ihm schauten die Kinder, Knecht Ruprecht und Sankt Nikolaus auf den Gast.

»Grüß Gott, lieber …«, sagte Knecht Ruprecht schließlich.

»Lieber Engel Gabriel«, ergänzte der Bärtige verlegen. »Ich komme, um hier nachzuschauen, ob auch alle Kinder artig sind. Ich bin nämlich einer von den Engeln auf dem Felde, die den Hirten damals die Geburt des Jesuskindes angekündigt haben. Ihr kennt doch die Geschichte, oder?«

Die Kinder nickten, und der Engel ging etwas befangen ins Weihnachtszimmer. Zwei Weihnachtsmänner folgten ihm, den dritten, es war jener, der als erster gekommen war, hielt Herr Lemm fest. »Was soll denn der Unfug?« fragte er mit einer Stimme, die etwas zitterte. Der Weihnachtsmann zuckte mit den Schultern. »Ich begreif' es auch nicht, warum er so antanzt. Ich habe ihm ausdrücklich gesagt, er solle als Weihnachtsmann kommen, aber wahrscheinlich konnte er keinen roten Mantel auftreiben.«

»Sie werden jetzt alle schleunigst hier verschwinden«, sagte Herr Lemm.

»Schmeißen Sie uns doch 'raus«, erwiderte der Weihnachtsmann und zeigte ins Weihnachtszimmer. Dort saß der Engel, aß Schnittchen und erzählte Thomas davon, wie es im Himmel aussah. Die Weihnachtsmänner tranken und brachten Petra ein Lied bei, das mit den Worten begann: »Nun danket alle Gott, die Schule ist bankrott.«

»Wieviel verlangen sie?« fragte Herr Lemm.

»Wofür?«

»Für Ihr Verschwinden. Ich erwarte bald Gäste, das wissen Sie doch.«

»Ja, das könnte peinlich werden, wenn Ihre Gäste hier hereinplatzen würden. Was ist Ihnen denn die Sache wert?«

»Hundert Mark«, sagte der Hausherr. Der Weihnachtsmann lachte und ging ins Zimmer. »Holt mal eure Eltern«, sagte er zu Petra und Thomas. »Engel Gabriel will uns noch die Weihnachtsgeschichte erzählen.«

Die Kinder liefen auf die Diele. »Kommt«, schrien sie, »Engel Gabriel will uns was erzählen.« Herr Lemm sah seine Frau an.

»Halt mir die Kinder etwas vom Leibe«, flüsterte er, »ich rufe jetzt die Polizei an!«

»Tu es nicht«, bat sie, »denk doch daran, was in den Kindern vorgehen muß, wenn Polizisten …« »Das ist mir jetzt völlig egal«, unterbrach Herr Lemm. »Ich tu's.«

»Kommt doch«, riefen die Kinder. Herr Lemm hob den Hörer ab und wählte. Die Kinder kamen neugierig näher. »Hier Lemm«, flüsterte er. »Lemm, Berlin-Dahlem. Bitte schicken Sie ein Überfallkommando.« »Sprechen Sie bitte lauter«, sagte der Polizeibeamte. »Ich kann nicht lauter sprechen, wegen der Kinder. Hier, bei mir zu Haus, sind drei Weihnachtsmänner und ein Engel und die gehen nicht weg …«

Frau Lemm hatte versucht, die Kinder wegzuscheuchen, es war ihr nicht gelungen. Petra und Thomas standen neben ihrem Vater und schauten ihn an. Herr Lemm verstummte. »Was ist mit den Weihnachtsmännern?« fragte der Beamte, doch Herr Lemm schwieg weiter.

»Fröhliche Weihnachten«, sagte der Beamte und hängte auf.

Da erst wurde Herrn Lemm klar, wie verzweifelt seine Lage war.

»Komm, Pappi«, riefen die Kinder, »Engel Gabriel will anfangen.« Sie zogen ihn ins Weihnachtszimmer.

»Zweihundertfünfzig«, sagte er leise zum Weihnachtsmann, der auf der Couch saß.

»Pst«, antwortete der und zeigte auf den Engel, der »Es begab sich aber zu der Zeit« sagte und langsam fortfuhr. »Dreihundert.« Als der Engel begann, den Kindern zu erklären, was der Satz »Und die war schwanger« bedeute, sagte Herr Lemm »Vierhundert« und der Weihnachtsmann nickte.

»Jetzt müssen wir leider gehen, liebe Kinder«, sagte er. »Seid hübsch brav, widersprecht euren Lehrern, wo es geht, haltet die Augen offen und redet, ohne gefragt zu werden. Versprecht ihr mir das?«

Die Kinder versprachen es, und nacheinander verließen der Weihnachtsmann, Knecht Ruprecht, Sankt Nikolaus und der Engel Gabriel das Haus. »Ich fand es nicht richtig, daß du Geld genommen hast«, sagte Knecht Ruprecht auf der Straße.

»Das war nicht geplant.«

»Leute, die sich Weihnachtsmänner mieten, sollen auch dafür zahlen«, meinte Engel Gabriel.

»Aber nicht so viel.«

»Wieso nicht? Alles wird heutzutage teurer, auch das Bescheren.«

»Expropriation der Exproprieure«, sagte der Weihnachtsmann.

»Richtig«, sagte Sankt Nikolaus. »Wo steht geschrieben, daß der Weihnachtsmann immer nur etwas bringt? Manchmal holt er auch was.«

»In einer Gesellschaft, deren Losung ›Hastuwasbistuwas‹ heißt, kann auch der Weihnachtsmann nicht sauber bleiben«, sagte Engel Gabriel. »Es ist kalt«, sagte der Weihnachtsmann.

»Vielleicht sollten wir das Geld einem wohltätigen Zweck zur Verfügung stellen«, schlug Knecht Ruprecht vor.

»Erst einmal sollten wir eine Kneipe finden, die noch auf hat«, sagte der Weihnachtsmann. Sie fanden eine, nahmen ihre Bärte ab, setzten sich und spendierten eine Lokalrunde, bevor sie weiter beratschlagten.

Werner Schneyder
*1937

Ich wünsch' mir zu Weihnachten
Ein verantwortungsvoller Zeitgenosse hat weihnachtliche Gedanken

Ich denke, wenn ich schenke,
nicht nur an dich, mein Schatz!
Ich denke, wenn ich schenke,
an jeden Arbeitsplatz,
den ich so rette, und ich wette,
du denkst auch so weit.
Und darum denk' ich, warum schenk' ich
uns nicht mehr Weihnachtszeit?

Es gilt Bestechen als Verbrechen.
Doch nicht zur Stillen Nacht.
Weil eine Geste zum frohen Feste
nur guten Willen macht.
Wenn wir uns lieben, wird unterschrieben
noch vor »Dreikönig«. Doch
will unser Markt nicht den Infarkt,
ist das zu wenig noch.

Ich wünsch' mir zu Weihnachten
noch drei Weihnachten
für den Lauf des Jahres.
Das wär' gegen Rezession,
das wär' gegen Depression
etwas Elementares.
Ja, geben denn Ostereier,
ja, gibt eine Sonnwendfeier
ökonomisch was her?
Da sag ich von Herzen »Nein!«
und wünsch' mir beim Kerzenschein
drei Weihnachten mehr.

Ich denke, wenn ich schenke,
auch an die Bundesbank.
Mein Einkauf und auch dein Kauf
wollen den Bundesdank.
Ich säume nie da, wo 'ne Krida
droht, und kauf' was ein.
Ich schenk' Karaffen, Engel und Waffen –
stets nur bei Kerzenschein.

Droht wo 'ne Pleite, leg' ich noch heute
dir was zum Lichterbaum.
Auch wenn es März ist, wenn es ein Nerz ist,
stört das den Dichter kaum.
Ist kein Advent da, ist mein Talent da
und so beschere ich.
Denn mit Präsenten sichert man Renten,
darum begehre ich –

– zu unseren Weihnachten
noch drei Weihnachten,
wo die nächste im Lenz wär'.
Das hieße dann »Mainachten«.
Doch warum kein Weihnachten,
das in Permanenz wär'?
Warum an Allerheiligen
nur Gärtner beteiligen?
Ja, wenn man mich einmal läßt!
Dann wünsch' ich zu Weihnachten
mir nichts mehr als Weihnachten!
Ein fro-ohes Fest!

Ob es West oder Ost ist,
ob es Väterchen Frost ist,
ob das Christkind im Fenster
oder andere Gespenster:
Ich wünsch' mir zu Weihnachten
ein ewiges Weihnachten,
ein fro-ohes Fest!

Günter Wallraff
*1942

Gott ganz unten

Liebe Freunde, liebe Christen,
liebe Gäste,
es gibt eine alte Tendenz, Gott *ganz oben* anzusiedeln: von den Hofpredigern König Davids über Friedrich Wilhelm bis zu den Helmuts von heute. Da singt man mit Vorliebe »Lobe den Herrn, der alles so herrlich regieret« oder »Großer Gott wir loben dich, Herr, wir preisen Deine Stärke«. Von da aus ist es dann oft nur noch ein kleiner Schritt zur eigenen »Politik der Stärke«. Und wenn dann solche Lieder vom »Herrn der Heerscharen« noch mit dem Ruf »Helm ab zum Gebet!« beim Zapfenstreich ertönen, dann kriegen die irdischen Herrn auch schon mal feuchte Augen.

Daneben – nein: dagegen – gibt es den uralten Versuch, Gott *ganz unten* zu suchen und zu finden.

Das beginnt mit der Geschichte vom Auszug der unterdrückten Hebräer aus der ägyptischen Sklaverei und ist mit der »Theologie der Befreiung« und der Praxis christlicher Basisgemeinden noch längst nicht zu Ende.

Gott *ganz unten*, das ist – richtig verstanden – auch der Kern der Weihnachtsbotschaft, die freilich in den letzten Tagen vor dem Fest – wie alle Jahre wieder – in der Schnulze »vom blonden Knaben im lockigen Haar« unterzugehen droht. Doch betrachten wir die nichtretuschierte Geschichte von der Krippe, von der zugigen Notunterkunft in Bethlehem. Da wird Jesus zwischen Ochs und Esel auf die kalte Erde geworfen. Die »Hirten auf dem Felde« bekommen als erste die frohe Botschaft – die »kleinen Leute«, wie sie von den sogenannten Großen herablassend genannt werden. Und bei diesen »kleinen Leuten« ist Jesus konsequent sein Leben lang geblieben, bis dahin, als man seine Stimme zu ersticken suchte: am Kreuz auf Golgatha, dem Ort, der bekanntlich die Müllkippe Jerusalems war – *draußen vor der Stadt*.

Im Christus-Bekenntnis, das Paulus im Philipperbrief zitiert, heißt es: »Er entäußerte sich selbst und nahm die Gestalt eines Sklaven an ...« – nicht als vorübergehende Verkleidung, sondern mit vollständiger, lebenslanger Identifizierung, ohne irgendein Zurück zu den Privilegien einer sogenannten gesicherten Existenz! Jesus blieb lebenslang ohne Besitz und Sicherheit bei denen *ganz unten*.

Peter Handke
*1942

Lebensbeschreibung

> Was nützt es dem Menschen,
> wenn er an der Seele gewinnt,
> an der Welt aber Schaden leidet?

Gott erblickte das Licht der Welt in der Nacht vom vierundzwanzigsten zum fünfundzwanzigsten Dezember.

Die Mutter Gottes wickelte Gott in Windeln. Auf einem Esel flüchtete er sodann nach Ägypten. Als seine Taten verjährt waren, kehrte er in sein Geburtsland zurück, weil er fand, daß dort der Ort sei, an welchem ein jeder am besten gedeihen könnte. Er wuchs auf im stillen und nahm zu an Alter und Wohlgefallen. Es litt ihn in der Welt. Er wurde die Freude seiner Eltern, die alles daransetzten, aus ihm einen ordentlichen Menschen zu machen.

So erlernte er nach einer kurzen Schulzeit das Zimmermannshandwerk. Dann, als seine Zeit gekommen war, legte er, sehr zum Verdruß seines Vaters, die Hände in den Schoß.

Er trat aus der Verborgenheit. Es hielt ihn nicht mehr in Nazareth. Er brach auf und verkündete, daß das Reich Gottes nahe sei.

Er wirkte auch Wunder.

Er sorgte für Unterhaltung bei Hochzeiten. Er trieb Teufel aus. Einen Schweinezüchter brachte er auf solche Art um sein Eigentum. In Jerusalem verhinderte er eines Tages im Tempel den geregelten Geldverkehr. Ohne das Versammlungsverbot zu beachten, sprach er oft unter freiem Himmel. Aus der Langeweile der Massen gewann er einigen Zulauf. Indes predigte er meist tauben Ohren.

Wie später die Anklage sagte, versuchte er das Volk gegen die Obrigkeit aufzuwiegeln, indem er ihm vorspiegelte, er sei der ersehnte Erlöser. Andererseits war Gott kein Unmensch. Er tat keiner Fliege etwas zuleide. Niemandem vermochte er auch nur ein Haar zu krümmen.

Er war nicht menschenscheu. Unbeschadet seines ein wenig großsprecherischen Wesens war er im Grunde harmlos.

Immerhin hielten einige Gott für besser als gar nichts. Die meisten jedoch erachteten ihn für so gut wie nichts.

Deshalb wurde ihm ein kurzer Prozeß gemacht. Er hatte zu seiner Verteidigung wenig vorzubringen. Wenn er sprach, sprach er nicht zur Sache. Im übrigen blieb er bei seiner Aussage, daß er der sei, der er sei. Meist aber schwieg er.

Am Karfreitag des Jahres dreißig oder neununddreißig nach der Zeitwende wurde er, in einem nicht ganz einwandfreien Verfahren, ans Kreuz gehenkt.

Er sagte noch sieben Worte.

Um drei Uhr am Nachmittag, bei sonnigem Wetter, gab er den Geist auf.

Zur gleichen Zeit wurde in Jerusalem ein Erdbeben von mittlerer Stärke verzeichnet. Es ereigneten sich geringe Sachschäden.

Gerhard Polt
*1942

Nikolausi

Sohn Nikolausi ...

Vater Hehehe, der Kleine, hehe, nein, das ist nicht Nikolausi, das ist Osterhasi, hehehe hehe.

Sohn Nikolausi ...

Vater Hehehe, nein, das ist nicht Nikolausi, weißt du, jetzt ist ja Frühling. Es ist ja jetzt nicht mehr Winter, hehehehe.

Sohn Nikolausi ...

Vater He, nein, he, das ist Osterhasi, weißt du, Osterhasi mit den Öhrli, hehehe, der bringt Gaggi für das Bubele, hehehehe, jaja.

Sohn Nikolausi ...

Vater He, nein, also nein, nein, weißt du, das handelt sich hier nicht um, äh, um, um Nikolausi, das ist Osterhasi, net das ist ein Osterhasi, kein Nikolausi, gell?

Sohn Nikolausi ...

Vater Ja also, nein, jetzt hör doch mal zu, net, wenn ichs dir scho sag, das ist, es handelt sich hier nicht um ein Nikolausi, sondern um ein Osterhasi net. Jetzt sieh das doch mal endlich ein.

Sohn Nikolausi ...

Vater Ja also, ja Rotzbub frecher, ja wie soll ichs dir denn noch erklären, also sowas nein, gleich schmier ich dir eine, net.

Sohn Nikolausi ...

VATER Ja Herrschaftszeitenmalefitz, jetzt widerspricht er ständig, net. Jetzt jetzt hör doch amal zu, wenn ich schon sag, äh äh Nik ... äh O ... ähäh, das ist Osterhasi, net ...

SOHN Nikolausi ...

VATER Na, das ist kein Nikolausi, net, jetzt, also, wenn einer mal sich in einen Gedanken förmlich hineinverrennt, dann ist er ja wie vernagelt, net.

SOHN Nikolausi ...

VATER *schreit* Ja, also so, ja also du Rotzbub, net, das ist ein Osterhasi, das ist kein Nikolausi, Osterhasi, verstanden, O-s t e r - h a - s i !!!

SOHN Nikolausi ...

FRANZ HOHLER
*1943

Was nicht in der Bibel steht

ist die Geschichte von den drei Prinzen aus dem Abendlande. An sie erging nämlich die gleiche Weissagung wie an die Heiligen Drei Könige aus dem Morgenlande, wenn auch etwas zeitiger, denn die Reise war entsprechend länger.

Sie machten sich also bereits ein Jahr vor dem angekündigten Erscheinen des Weihnachtskometen auf den Weg nach Bethlehem, zu Pferd alle drei, jeder mit einem Schildknappen auf einem zweiten Pferd sowie einem weiteren Pferd, das mit den Vorräten für die lange Reise und mit den Gaben für das heilige Kind beladen war.

Nach vielerlei Mühsal und Entbehrungen – sie ritten durch menschenleere, ausgedörrte Täler ohne irgendeine Quelle, sie mußten Furten und Isthmen auf wackligen Flößen überqueren, sie hatten mit Wegelagerern, fremden Sprachen und verwanzten Herbergslagern zu kämpfen – kamen sie in Jerusalem an und hatten noch fast einen Monat Zeit bis zum großen Ereignis. Ihren Wirt bezahlten sie schlecht, weil das Geld knapp geworden war, und als sie diesen fragten, wo es nach Bethlehem gehe, wies er sie zum Osttor hinaus und sagte, dieser Ort sei mindestens drei Wochen von Jerusalem entfernt.

Die drei Prinzen erschraken und machten sich sofort auf die Weiterreise, die sie von einer Wüstenoase zur nächsten brachte. Einmal trafen sie drei Könige an, die sich auf dem entgegengesetzten Weg befanden, und verbrachten einen angenehmen Abend mit ihnen. Auch sie waren offenbar unterwegs zu einem neu zu gebärenden Kind, von denen es in dieser Gegend nur so zu wimmeln schien. Sie empfahlen den

Prinzen aus dem Abendlande, in ihren Schlössern Einkehr zu halten, falls sie ihr Weg dort vorbeiführen würde.

Nach ein paar Tagen erblickten die Prinzen in der Abenddämmerung einen großen Stern, der auf ein Schloß wies. Sie wurden sehr aufgeregt, denn nun mußten sie sich der Bestimmung ihrer Reise nähern. Sie waren deshalb etwas überrascht, als sie im Schloß kein Neugeborenes antrafen, das in einer Krippe lag, wie es ihnen prophezeit worden war, sondern drei prachtvoll gekleidete junge Frauen. Es waren die Gemahlinnen der Heiligen Drei Könige, die sich hier versammelt hatten, um etwas Geselligkeit zu haben, während ihre Männer auf diese unverständliche Reise gingen, auf die sie sogar noch Schmuck als Geschenk für ein neugeborenes Kind mitgeschleppt hatten, Schmuck, der ihnen auch wohl angestanden hätte. Um auf ihre festliche Stimmung aufmerksam zu machen, hatten sie vom Hofmeister einen leuchtenden Stern über dem Schloß befestigen lassen, und sie waren außerordentlich erfreut, als sie von den drei interessanten Prinzen aus dem Abendlande Besuch bekamen.

Auch diese hatten gar nichts dagegen, in dampfenden Bädern gewaschen und gesalbt zu werden und sich dann mit ihren Gastgeberinnen an eine üppig gedeckte Tafel zu setzen. Danach verbrachten sie einige Nächte voll glühender Leidenschaft mit den drei wunderschönen Königinnen, die sie in alle Geheimnisse orientalischer Liebeskunst einweihten, und als sich die drei Prinzen wieder auf den Heimweg machten, um einer eventuellen Rückkehr der königlichen Ehemänner zuvorzukommen, waren sie höchst befriedigt über das Ergebnis ihrer Reise.

Wären sie in Jerusalem nicht vom habgierigen Wirt fehlgeleitet worden, wären sie wohl gemeinsam mit den Heiligen Drei Königen aus dem Morgenland in Bethlehem erschienen, hätten auch Erwähnung in der Bibel gefunden und wären heute ebenso Bestandteil jedes Krippenspiels wie Maria und Joseph, die Hirten und Ochs und Eselein.

Wilhelm Genazino
*1943

Frühmorgens

Zwei Tage später, als er frühmorgens aus dem Fenster schaute, war Schnee gefallen. Es war ein Anblick, den er kaum für möglich gehalten hatte. Es war noch fast dunkel. All die Umrisse der Häuser, der Scheunen, der Anbauten und Geräteschuppen hatten sich im weichen Schnee nahezu aufgelöst. Sie waren nur noch erinnerbar, weil das Gedächtnis auch die gewöhnliche, schneefreie Gegenständlichkeit aufbewahrt hatte. Abschaffel zog sich einen Stuhl an das Fenster und sah fast eine Stunde lang in die Schneelandschaft. Es war eine einzige große milchige Bläue, die sich unendlich langsam aufhellte. Ringsum war Stille. Es war erst sieben Uhr. Abschaffel war nur deswegen so früh aufgestanden, weil es ihm bisher nicht gelungen war, seinen gewöhnlichen Büro- und Arbeitsrhythmus abzulegen. Auch in der Klinik wachte er täglich, wie zu Hause, kurz vor sieben Uhr auf und horchte, still im Bett liegend, eine Weile in seine Umgebung, ehe er aufstand. Zu Hause brauchte er die Stunde zwischen sieben und acht Uhr für Anziehen, Frühstück und Arbeitsweg. Hier blieb die Stunde eine tote Zeit, die er hätte mit Schlaf ausfüllen können, wenn er schlafen gekonnt hätte. Noch nicht einmal seine Armbanduhr legte er nachts ab. Denn gelegentlich wachte er nachts auf, und das Bedürfnis, die Uhrzeit sofort zu wissen, ohne die Uhr erst lange suchen zu müssen, war in der Klinik nicht schwächer geworden. Benommen sah er aus dem Fenster. Einige wenige Lichter waren inzwischen eingeschaltet worden, und Abschaffel erinnerte sich an einen Lieblingssatz seines Vaters: Je ärmer die Leute, desto früher brennt morgens das Licht. An einigen Tannen, die nahe der Klinik standen, war zu sehen, daß mindestens zehn, vielleicht sogar fünfzehn Zentimeter Schnee gefallen waren; die Tannen waren dick und schwer geworden. Solche verschneiten Tannen kannte er eigentlich nur von den Winterbildern der EDEKA-Kalender, die früher von den Lebensmittelhändlern zu Weihnachten und Neujahr an Hausfrauen verteilt wurden. In der Küche der Mutter hing immer ein solcher Kalender. In den Monaten Dezember, Januar und Februar gab es nur Schneebilder mit Tannen, Skifahrern und lustigen Rodelpartien. Manchmal war sogar ein unwirklicher Pferdeschlitten abgebildet, aus dem noch unwirklichere Leute herauswinkten.

In der Umgebung der Klinik war kein Mensch zu sehen. Nur die Vögel flatterten aufgeregt hin und her, und manchmal gelang es ihnen, durch heftigen Abflug von einem Ast ein wenig Schnee herunterzuschütteln. Abschaffel klebte der Schweiß auf der Stirn. Er hatte sich erkältet vor zwei oder drei Tagen. Er holte sich eine Wolldecke und schlug sie sich über die Schultern. Außerdem zog er seine Strümpfe an. Es war schön, im Schlafanzug, ein wenig verschwitzt, aber doch warm am Fenster zu sitzen. Er stellte sich ein Glas Wasser auf die Fensterbank und sah in den Schnee. Es fiel ihm eine Wintergewohnheit des Vaters ein. Der Vater saß an Sonntagnachmittagen fast regelmäßig vor dem Fernsehapparat und folgte der Übertragung von irgendwelchen Slalomrennen aus fernen Wintersportstädten. Eine Stunde oder mehr saß er dicht vor dem Apparat und sah immer wieder dem Verlauf von dunklen Punkten zu. Die Punkte waren die einzelnen Skifahrer, die langsam die Strecke und den Bildschirm nach unten glitten. Für ein paar Augenblicke, meistens am Start, weil dort eine zweite Kamera aufgebaut war, war jeder Skifahrer aus der Nähe zu sehen gewesen. Dann folgte wieder die weite Einstellung mit dem gleitenden Punkt auf der weißen Fläche des Bildschirms. Der Sprecher, fast immer war es Heinz Maegerlein, nannte zu jedem neu auftauchenden Punkt den Namen des entsprechenden Skifahrers, erwähnte frühere Rennzeiten und diese oder jene Einzelheit aus dem Leben der Rennfahrer. Die Mutter lag während dieser fürchterlichen Übertragungen meistens im Bett und schlief. Er, das Kind Abschaffel, lief in der Stadt herum und übte das Verlassen der Eltern, das so schwer in den Körper hineinwollte. Oder er verhockte den Nachmittag im Kino: mit dem Geld der Mutter. Jetzt kam Abschaffel die Idee, daß der Vater damals verzweifelt war, denn anders war es nicht zu erklären, daß ein gesunder Mensch mehr als eine Stunde lang an so vielen Sonntagnachmittagen immer wieder demselben Nichtgeschehen zusah. Aber der Vater hatte wahrscheinlich nicht gewußt, daß er verzweifelt sein durfte, daß er auch wirklich hätte verzweifeln können vor der ganzen Familie und nicht immer bloß in sich selbst und für sich allein. Statt dessen hat er sich diese Übertragungen angesehen, dachte Abschaffel, und das war für ihn die einzige Möglichkeit, seine Verzweiflung sowohl auszuhalten als auch nicht zu bemerken. Am Abend saß dann die Mutter auf demselben Stuhl vor dem Fernsehapparat, und der Vater lag im Bett. Denn am Abend wurden oft irgendwelche Europa- oder Weltmeisterschaften im Eiskunstlaufen übertragen, und daran war der Vater nicht interessiert. Während er im Nebenzimmer wegschnarchte, rühmte ein Sprecher im Fernsehapparat die farbenprächtigen Kleider der Schlittschuhläuferinnen. Denn damals gab es noch kein Farbfernsehen; besonders Heinz Maegerlein – er war am Abend schon wieder da – erging sich in endlosen Schilderungen der Farben der Überröcke. Das schien der Mutter so zu gefallen, daß sie vor dem laufenden Apparat bald einschlief und von ihren Kindern später ebenfalls ins Bett geschickt werden mußte.

Joseph von Westphalen
*1945

Das Fest der Liebe
Wie man Weihnachten feiern könnte

Eine Sache ist um so bedeutender, je mehr Bücher darüber geschrieben werden. Demnach ist Weihnachten etwa siebenmal so wichtig wie zum Beispiel die Weimarer Republik. Diese nennen wir deshalb, weil sie sich im großen Bücherkatalog in der alphabetischen Nachbarschaft befindet. Ungefähr 250 lieferbare Buchtitel über die Zwischenkriegsphase gibt es, mehr als 1700 dagegen über das Christenfest des Friedens. Der Wein, den wir doch alle mögen, hinkt weit abgeschlagen hinterher, mit knapp 150 Buchtiteln, die obendrein verdächtig süßlich klingen (»Mit dem Wein auf Du und Du«, »Auch weißer Wein macht rote Nasen«, »Wer Wein trinkt, wird fröhlich«, »Schmunzelbuch vom Wein« und so weiter).

Unter den Weihnachtsbüchern finden wir Hunderte von Titeln, die uns Lieder und Gedichte versprechen, außerdem massenweise Bastelanleitungen (»Meine kleine Weihnachtskrippe«, »Weihnachtskugeln selbst bemalt«) und Dutzende von Weihnachtsspezialvorlesegeschichten aus aller Welt. Aber nur fünf Titel kommen zum Wesentlichen und wollen uns weihnachtsgeschenkemäßig beraten, wobei uns die »Weihnachtsgeschenke aus Tonpapier« ehrlich gesagt am wenigsten verlocken. Eher greifen wir da zum knallharten Schocker mit dem rasend ehrlichen Titel »Weihnachtsgeschenke in letzter Minute«.

Unter all den Weihnachtsbüchern finden sich nur zwei über die Weihnachtsgans und zwei über das Weihnachtsgebäck. Hier klafft die Marktlücke. Schmerzhaft vermissen wir Titel wie »Weihnachtsschmaus in Saus und Braus«, »Der Ökozimtstern«, »Sodbrennen im Kerzenschein« oder »Was tun bei Marzipanvergiftung«. Nichts von alledem. Dafür allein dreizehn Titel über die Weihnachtsfreude: »Große«, »Bleibende«, »Auf der Suche nach der«, »Geschenkte« und natürlich »Stille«. »Glanz und Elend der Weihnachtsfreude« gibt es nicht, aber dafür einen quasimedizinischen Titel für die immunschwachen Leser: »Weihnachtsfreude steckt an«.

Unter lauter Jubeltiteln ein einziger nichtglitzernder Titel: »Böse Weihnachten« (dtv).

Mit Weihnachten verhält es sich, unter uns gesagt, wie mit vielen Phänomenen des Daseins: Es hat einen ambivalenten Charakter. Für die Rituale des 24. Dezember gilt auch, was der dänische Philosoph Søren Kierkegaard über das Heiraten sagte: Tu's oder tu's nicht – du wirst beides bereuen.

Im Laufe der Jahre haben wir bei uns zu Hause einiges ausprobiert, was die Weihnachtszeremonie betrifft. Wir sind durch Erfahrung klüger geworden als der niemals selbst verheiratete (nur verlobte) Kierkegaard. Gibt man dem Weihnachtskonsumterror nach, bleibt ein Unmutsgefühl zurück, das sich nur unwesentlich von dem unterscheidet, das uns nach Konsumverzicht und Askese beschleicht.

Wie auch immer: Es ist unmöglich, eine Einrichtung zu ignorieren, die ab Mitte September mit Türmen von Lebkuchenkartons und Wühltischen voller Schokoladennikoläuse auf sich aufmerksam macht. Wer Nachwuchs oder einsame Eltern hat, muß sowieso Weihnachten feiern. Das kinderlose Paar verduftet über die Feiertage gern in die Südsee. Wir aber ziehen, mit oder ohne Kinder, die innere Emigration vor. Zwecks Reifung der Persönlichkeit erscheint uns die Auseinandersetzung mit den Übeln des Geglitzers die vornehmere Lösung. So schlimm ist Weihnachten im übrigen auch wieder nicht, daß man gleich panisch in andere Erdteile ausweichen müßte. Weihnachten ist ohnehin unausweichlich, auch in der Südsee. Die beschaulichen Tage zwischen den Jahren sind daher gar nicht schlecht geeignet, sich im Annehmen des Unausweichlichen zu üben.

Von den Erfindern und Verwaltern des Christentums wurde das Fest raffiniert in die Zeit der längsten Nächte plaziert. Diese sollte man unbedingt auf der nördlichen Halbkugel verbringen, um sich das schöne Gefühl nicht entgehen zu lassen, daß es nach den überstandenen Feiertagen wieder aufwärts geht: Das neue Jahr beginnt, die Tage werden wieder länger, fast neun Monate lang werden wir nicht mit Lebkuchen traktiert und brauchen uns keine verkrampften Gedanken über Geschenke zu machen.

Nur wer vor dem jährlichen Feiern des Geburtstags des Erlösers nicht kneift, hat nachher das erlösende Gefühl, für eine Weile Ruhe zu haben. Es übertreiben auch die Weihnachtsgegner, die Singles bleiben oder sich gar scheiden lassen, weil ihnen das frohe Fest zu stickig und zu familienhaft ist. Sie gehen am Heiligen Abend lieber ins Kino oder in ein Rockkonzert. Haben wir alles schon hinter uns.

Weihnachten soll ein Fest der Liebe sein, ermahnen geistliche Damen und Herren die erstaunlich große Schar der noch immer nicht aus der Kirche ausgetretenen Schäflein. Es ist natürlich bestenfalls ein Fest der vorgetäuschten Liebe, ein Fest der Eigenliebe und der Lüge, und damit ist auch eine Ähnlichkeit der stillen Nacht mit der schrillen Nacht im Bordell gegeben, wo Liebe, wenn überhaupt, nur als ungeschickt vorgetäuschte Gefühlswallung aufscheint. Seit Jahren nehmen wir uns daher vor, eine Art Lügenfusion, eine doppelte Verneinung herbeizuführen und unsere Lieben mit einem ganz besonderen Geschenk zu überraschen. Was paßt besser, als zum Fest des Kaufens und der Liebe mit gekaufter Liebe aufzuwarten, sprich den männlichen Familienmitgliedern für den 24. um 18 Uhr Callgirls zu bestellen, um aus der Konsumorgie endlich eine erotische zu machen.

Wir feiern auch diesmal wieder brav mit Verwandtschaft. Zwei halbwüchsige

Söhne, drei Männer zwischen vierzig und fünfzig und ein rüstiger Siebzigjähriger sind zu bedenken. Weihnachten ist die Zeit des Luxus, daher sollen jedem Mann zwei Mädchen zugesellt werden, macht zwölf Hübsche, die es wohl nicht unter 500 Mark am Abend machen. Und wir haben noch nicht einmal Geschenke für die Frauen, die zwar vorsichtig etwas von Callboy flöteten, aber das meinen sie leider nicht ernst.

Noch abschreckender als die hohen Kosten dieser Überraschung ist die Vorstellung, die Ladies könnten auf die Idee kommen, zur Feier der heiligen Nacht mit kleinen Flügeln geschmückt zu erscheinen. Und dann würden sie womöglich auf den Sessellehnen lümmeln und uns kraulen und mit der freien Hand Lebkuchenherzen und Kokosmakronen schnabulieren, anstatt das asexuelle Familienleben erotisch aufzumischen.

Es wird also doch wieder alles darauf hinauslaufen, daß wir den Callgirlplan auf das nächste Jahr verschieben und dafür den Kindern zuviel schenken. Gewaltige, neuartige Rollschuhe. Die werden in der nächsten Zeit im Flur herumliegen, bis sie in ein paar Wochen uninteressant geworden sind. Die Kinder werden uns Gutscheine für Dienstleistungen und Bastelarbeiten schenken, weil sie in der Schule bis kurz vor Weihnachten so viel Streß hatten. Die Gutscheine werden natürlich nie eingelöst, weil die Kinder nach Weihnachten noch mehr Streß haben werden. Und wir waschen lieber gleich selbst ab, als uns am Ende des Schuljahres anhören zu müssen, sie seien durchgefallen, weil sie dreimal die Geschirrspülmaschine ausräumen mußten.

Wie immer werden wir uns vornehmen, unsere Bäuche nicht unmäßig mit Süßigkeiten vollzustopfen, aber kaum haben wir die Plätzchen der oberschlesischen Tante Henriette durchprobiert, können wir schon nicht mehr japsen. Der Fortschritt gegenüber dem vorigen Jahr besteht darin, daß die Mandarinen diesmal aus dem Naturkostladen sind.

Bloß nicht klagen. Bei Weihnachtsklagen kriegen wir noch mehr Gänsehaut als bei den Weihnachtsliedern, die den zwei Fünfjährigen zuliebe abgesungen werden. Die Verwandtschaft wollte uns zu einer Weihnachtsgans überreden, aber da sind wir hart geblieben. Gans macht der Wohnungsnachbar, und er macht sie gut. Es reicht uns, wenn wir den Bratenduft im Treppenhaus haben.

Eigentlich wollten wir eine Schüssel mit eingelegten Artischockenherzen auftischen, aber mit diesem Vorschlag kamen wir nicht durch. Nun wird es Linsensuppe geben. Thüringisches Rezept. Egal. Hauptsache, viel Essig nach den verdammten Plätzchen. Nur sauer macht lustig. Und am ersten Weihnachtsfeiertag wird die braune Hülsenfruchtpampe einfach aufgewärmt. Diesmal spendieren wir zur Abwechslung saure Sahne und Petersilie dazu. Basta. Aufwendig kochen wir nur, wenn kein Anlaß besteht.

So werden wir wieder über die Runden kommen, ohne Fluchtgedanken und ohne zum Psychiater zu gehen, der uns sagt, daß Traditionen nun einmal zum Leben gehören und wir lernen müßten, diese Traditionen ohne Abwehr anzunehmen. Wir schlucken das Fest einfach mit Essig und saurer Sahne.

Matthias Beltz
1945–2002

Das Rezept meiner Großmutter

Frankfurt, 24. Dezember 1994

Meine Großmutter hatte ein vorzügliches Rezept, an Weihnachten für die richtige Stimmung in der Familie zu sorgen. Weihnachten ist ein Stimmungsfest, es ist überhaupt *das* Stimmungsfest. Voriges Jahr hat im Hinterhaus ein einsamer junger Mensch bis drei Uhr in der Frühe seine elektrische Gitarre und zuweilen sein Schlagzeug benutzt als Argumente gegen die Sentimentalität. Zu meinem Glück sind er und die jungen Menschen, die musikbegeisterten, dort ausgezogen und quälen mich nicht mehr. Die Frage, ob ich ihnen Silvesterknaller in die Lärmquelle (Wohnung) schmeißen soll oder einen Mafiakiller anheuern, ist also obsolet geworden. Weihnachten war das Thema. Kulturkritiker bemäkeln gern den im Vordergrund stehenden Kommerz, Nostalgiker behaupten, daß das eigentliche Weihnachten verschwunden sei, und ganz radikale Kräfte behaupten, es sei auch früher schon furchtbar gewesen.

Ich selbst habe mich jahrelang lustig gemacht über das Jesulein und den Terror der Einkäufe, habe mich schräggelacht über kindliche Dankesbriefe an blödsinnige Onkel und Tanten, die sich nicht zurückhalten konnten, Scheußlichkeiten in Kinderhände zu bringen. Weihnachten, dachte ich stets voller Verachtung gegenüber den Abhängigen, die einen geschmückten Christbaum brauchen wie der Junkie die Nadel, Weihnachten sei etwas Verlogenes, etwas für die Spießer und Deppen, die das helle Licht der Aufklärung scheuen und wie Finsterlinge im Dämmerschein des Kerzenlichtes ihre berechtigten Depressionen verbergen.

Doch wer verschafft mir auch heute noch am Ende des Jahres die melancholische Gewißheit, daß mit der Kinderzeit etwas unwiederbringlich verlorengegangen ist? Unwiederbringlich? Meine Großmutter ist es, die mir erscheint, die alte hysterische Hexe, die so lebensklug war, mit dosiertem Terror Dialektik in die Familie einzuschleusen. Sie war eine Kraft, die Lärm wollte und Stille schaffte.

Schon in der Adventszeit legte sie los. Da wurde abends mal gedroht, daß sie jetzt erkannt habe, worum es ginge, nämlich, daß sie für die restliche Familie vollkommen nutzlos und überflüssig sei – und deshalb gehe sie jetzt in die Lahn sich ertränken. Bald nachdem sie in kalter Nacht das Haus verlassen hatte, die Familie zwischen Angst und Wut gefühlvoll zitterte, erschien sie wieder, leichenblaß, aber supercool, und machte darauf aufmerksam, daß morgen noch viel zu tun sei und sie deshalb jetzt zu Bett gehe. Diese Schockstrategie steigerte sie bis zum 24. Dezember in die hohe

Kunst letaler Verzweiflungsdarstellung. Meine Großmutter konnte sich noch mit über siebzig Jahren aus dem Stand auf den Boden werfen, gräßlich husten und damit glaubwürdig versichern, sie werde umgehend sterben, weil wir, ihre Enkel, so undankbar seien; in diesem Zustand konnte sie regelmäßig am Heiligabend auch nicht mit in die Kirche gehen. Statt dessen ruhte sie sich aus, während die anderen zum Gottesdienst liefen. Großmutter tobte noch kurz vor der Bescherung, lästerte über ihre geringfügigen Geschenke an uns, die so beschämend klein seien, weil sie ja kein eigenes Geld besitze und sowieso vollkommen überflüssig »eurer Mutter auf der Tasche« liege.

Ihr Rezept ging immer auf. Nach der Bescherung saßen wir friedlich beisammen, verzehrten herrliche Grau- oder Toastbrote mit guter Butter und Lachsersatz und Fischrogen und durften länger aufbleiben als sonst. Weihnachtsabendessen nach der Bescherung – das war das Paradies, weil unsere Großmutter uns vorher die Hölle gezeigt hatte.

Rotraut Susanne Berner
*1948

Weihnachten von A bis Z

… ach, am Abend Äpfel braten,
backen, basteln, Christbaumschmuck!
Durch die Dämmrung eilen Engel,
Esel, Eisbärn, einsam frierend.

Fette Gänse gackern herdwärts,
heimlich im Innern ist jedermann jung,
jauchzet, jubelt, jongliert Kometen,
knistert, knetet, knabbert Konfekt.

Kinder lassen Lichter leuchten,
lauschen Liedern, lesen lange;
mollige Mädchen mahlen Mandeln,
mischen Mehl mit Marzipan.

Mit Naschwerk nahet nächtens Niklas,
netten Nachbarn, Neffen, Nichten,
Nüsse, Nougat offerierend.
Onkel, Omas, packen Päckchen,

pralle Postgebäude platzen,
Paten plündern Portemonnaies,
pfänden Perlen, Pelz, Paläste –
Quanti-, Quali-, Raritäten!

Rastlos rennen Rauschgoldengel,
Schneemann, Söhne, Schwiegermütter,
Tanten, Tannen und Verwandte,
Väter, Vettern, Weihnachtsmänner.

Wünsche werden wieder wahr,
weiße Weihnacht, X-mas, yeah!
Zwischen zerdrückten Zuckerplätzchen
zuletzt Zweifel, Zahnweh – ach …

Klaus Modick
*1951

Der formschöne Christbaumständer

Der formschöne Christbaumständer des Modells *Schneekönig*, mittelschwere Ausführung, sei eine millionenfach bewährte, TÜV-geprüfte Unentbehrlichkeit weihnachtlichen Wohlbehagens, kinderleicht in der Anwendung, lieferbar in den vier Farbnuancen tannengrün, weihnachtsrot, engelsgelb und himmelblau. Man drehe die vier Befestigungsschrauben (A) bis zum Anschlag (B) der Kontermuttern (C) zurück, führe das Stammende (D) durch den Haltering (E), justiere ihn mit der beigefügten Führungsschiene (F) auf mittigen Sitz, drehe die vier Befestigungsschrauben (A) mit dem beigefügten Imbusschlüssel (G) im Uhrzeigersinn, bis die abgeflachten Schraubenspitzen (A a) gegen das Stammende pressen. Man entferne die Führungsschiene

(F) und schiebe alsdann den Keramikumtopf (H) bis zum Parallelanschlag der Höhenkerbe (I) über das nunmehr im Haltering (E) gesicherte Stammende (D), fasse mit dem beigefügten Spreizdorn (K) in die dafür vorgesehene Spreizklemmführung (L) und drehe den Spreizdorn (K) im umgekehrten Uhrzeigersinn bis zum Anschlag. Achtung! Nicht überdrehen! Den Keramikumtopf (H) nun mit 5 Litern Wasser auffüllen, wodurch die Standfestigkeit erhöht werde und sich zudem ein Frischhalteeffekt für den Baum ergebe. Den Wasserstand täglich mit dem beigefügten Wasserstandsstäbchen (M) messen und bei Bedarf bis zur Höhenmarkierung (N) nachfüllen.

Soweit die kleingedruckte Theorie, die als Beipackzettel wiederum dem Karton (der Fachmann spricht von Gebinde) beilag, der in einem Bett aus Styroporkugeln den Christbaumständer *Schneekönig* geborgen hatte. Da wir vor drei Jahren vom doppelgelenkigen Weihnachtsbaumfuß *Tannenstolz* Abschied nehmen mußten, weil die Mechanik versagt hatte (überdreht?), waren wir auf den *Schneekönig* umgestiegen. Es versteht sich von selbst, daß mit der Gebrauchsanweisung nicht mal ein Blumentopf einzustielen war, und so hatte ich mir, aus Erfahrung klug geworden, unter souveräner Mißachtung der TÜV-Vorschriften ein eigenes System ertüftelt, zu dessen alljährlicher, praktischer Umsetzung aus dem vollen Lieferumfang des *Schneekönig*-Gebindes lediglich noch der (tannengrüne) Keramikumtopf benötigt wurde. Den stellte ich nämlich in der vorgesehenen Zimmerecke auf den Fußboden, füllte ihn mit Sand, schob das Stammende hinein und sicherte den Baum dann mittels durchsichtiger Nylonfäden, die ich einerseits am Stamm, andererseits an dafür eigens eingedübelten Wandhaken verknotete. Paßte immer, wackelte stets ein bißchen und hatte jede Menge Luft. Auch in diesem Jahr!

Über die Routine, mit der ich den Baum in lotrechte Standfestigkeit brachte, staunten meine drei Damen fast schon. Das Schmücken überließ ich ihnen. Als die Mädchen noch klein waren, gestaltete sich die Wahl des Weihnachtsbaumschmucks eher unproblematisch. Wir hatten einen Karton mit einem kunterbunten Sammelsurium gekaufter, geschenkter, geerbter oder sonstwie an uns gekommener Weihnachtsdekorationen, die sich vermehrten und alle Jahre wieder zum Einsatz kamen, weshalb unser Baum zum Glück nie den innenarchitektonisch strengen Kriterien entsprach, die andere Kulturmenschen an die ästhetische Durchgestaltung ihres Tannenbaums anlegten. Bei uns hing alles dran, was im Karton lag: Kleine Holzfiguren, Weihnachtsmänner & Christkinder in ökumenischer Mischung, Zwerge, Engel, Wintersportler, auch Modellautos, dazu Lametta und Kugeln und Sterne und Kerzen in allen möglichen Dicken, Längen und Farben. Einmal hatte Miriam sogar darauf bestanden, daß einige Teile ihres Puppengeschirrs aufgehängt werden müßten, und zwischen einem Schokoladenkringel und einer Eichelhäherfeder, die Laura im Sommer gefunden hatte, hing sogar einmal ein giftgrünes Gummikrokodil. Trat man einige Schritte zurück, dann verschwammen all diese Details zu einem munteren

Ganzen, zu einem funkelnden Mosaik, dessen Kombination im Helldunkel des Kerzenscheins nicht mehr rekonstruierbar war.

Doch hatten sich die Mädchen von solcher kindlichen Beliebigkeit längst verabschiedet und bestanden in diesem Jahr auf der durch und durch obercoolen Ton-in-Ton-Variante: Silberne Kugeln, Lametta, weiße Kerzen. Schluß. Ich konnte noch von Glück sagen, daß sie echte Kerzen durchgehen ließen und noch nicht auf elektrische oder gar digitale Illumination setzten. Aber der nächste Schritt wäre wohl schon ein Tannenbaum aus dem Internet.

Thomas Meinecke
*1955

Fünfmal werden wir noch wach

Fünfmal werden wir noch wach, summt Rolf Rüttger am 19. Dezember, wobei er aus Dritte-Welt-Bienenwachs sorgfältig eine Kerze rollt, fünfmal werden wir noch wach, heißa, dann ist Weihnachtstag.

Während Rolf mir ein Papiertaschentuchfutteral webt, häkele ich ihm eine Folklorekrawatte mit Norwegermuster, sagt Helene Rüttger, die seit dem ersten Advent, aus rein steuerlichen Gründen, so Helene Rüttger, mit Rolf Rüttger verheiratet ist. Und während ich vor einigen Jahren noch Unsummen, sagt Rolf Rüttger, für Weihnachtsgeschenke ausgegeben habe, verschenke ich heute nur noch Selbstgebasteltes. Bereits im Oktober kaufen wir Bast, Wolle, Holz und Ton, sagt Helene Rüttger materialbewußt. Auf diese Idee sind wir durch Werner gekommen, fügt Rolf Rüttger hinzu, denn Werner hatte Helene zum Einzug in die Wohngemeinschaft vor drei Jahren ganz einfach einen bemalten Kleiderbügel geschenkt, und Helene hatte daraufhin gesagt: Ein bemalter Kleiderbügel ist mir tausendmal lieber als irgendein bürgerlicher Konsumgegenstand in seiner unpersönlichen Beliebigkeit.

Damit hatte Helene den Nagel auf den Kopf getroffen, sagt nun auch Werner, der eben in den Gemeinschaftsraum gekommen ist. Etwas mehr Humanität, so Helene und Rolf Rüttger wie aus einem Mund, etwas mehr Humanität, verkabelt werden wir sowieso.

Heißa, dann ist Weihnachtstag, summt plötzlich Helene vergnügt in ihr Häkelzeug, denn sie hat eine verlorene Masche wiedergefunden. Zuerst, ergänzt Werner, wird der Kleine Prinz gelesen, dann wird das Selbstgebastelte ausgetauscht, um Mitternacht aber, und das ist der Höhepunkt, sagt Werner, wird der Weihnachtsbaum, als antifaschistisches Fanal gewissermaßen und Höhepunkt des Wohngemeinschafts-Weihnachtsfestes seit vier Jahren, um Mitternacht wird der Weihnachtsbaum auf dem Balkon verbrannt, so Werner wörtlich, mit einem breiten Grinsen im Vollbart.

Auch Rolf und Helene strahlen, und zusammen mit Werner summen sie, fünfmal werden wir noch wach, dann schieben sie das gemeinsam aus Ton geknetete Zimbabwerelief in den Ofen.

Doris Dörrie
*1955

Als ich klein war

Als ich klein war, konnte man kurz vor der Bescherung aus dem Küchenfenster den Weihnachtsmann hinten durch den Garten auf einem Esel davonreiten sehen. Knecht Ruprecht führte den Esel, der Weihnachtsmann hatte einen spitzen Hut auf und hielt einen großen leuchtenden Stern in der Hand. Er sah, wenn ich es genau bedenke, eigentlich eher aus wie Nikolaus, aber ich konnte die beiden sowieso nie recht auseinanderhalten.

Ich muß fünf oder sechs gewesen sein, da fand ich im Badezimmer ein wenig Watte unterm Waschbecken, und auf dem Beckenrand lag eine offene Tube Uhu. Ich dachte mir nichts dabei, aber dann, während wir in der Küche die Weihnachtslieder sangen, fiel mir auf, daß Onkel Robert und Alfred, der Bruder von Imo, plötzlich nicht mehr in der Küche waren. Ich erschrak. Ein großes schwarzes Loch tat sich vor mir auf und drohte mich zu verschlucken. Ganz allein auf der Welt war ich mit einem Mal; da nahm Imo Lena und mich an der Hand und führte uns zum Fenster. Mal sehen, sagte sie wie jedes Jahr, ob wir zufällig den Weihnachtsmann entdecken.

Als er dann pünktlich wie immer vorbeikam, sah ich nicht zu ihm, sondern auf Imo. Sie sah aus dem Fenster, die Falten in ihrer Haut sahen aus wie Schlittenspuren im Schnee. Zum ersten Mal in meinem Leben fand ich sie alt.

Oh, sagte ich aus meinem schwarzen Loch heraus zu ihr, da! Guck doch! Der Weihnachtsmann! Und ich sah, wie ein Lächeln über das Gesicht meiner Großmutter wanderte wie ein Lichtstrahl. Sie drückte Lena und mich an sich.

Ja, flüsterte sie, da haben wir aber Glück gehabt. Wir haben ihn tatsächlich gesehen!

Birgit Vanderbeke
*1956

Die Hälfte der heilen Familie

Im Oktober rief ich Matz an und sagte, demnächst ist übrigens Weihnachten. Matz sagte, so what. Inzwischen war er nicht mehr der einzige, der englische Sätze sagte. Ich sagte, wie wollen wir es machen, weil immer zu Weihnachten meine Mutter daran erinnert wurde, daß sie früher einmal nicht nur an die große Liebe, sondern auch an die heile Familie geglaubt hatte, und es war besser, wenn Matz oder ich dann da waren, damit sie sich wenigstens an der Hälfte der heilen Familie festhalten und über die andere heulen konnte, aber Matz hatte keine Lust, diese Hälfte zu sein, weil ein paar amerikanische Freunde über Weihnachten kämen und sie alle einen »turkey« machen würden. Ich sagte, eine Pute, und er sagte, einen turkey, und also wußte ich, daß ich die Hälfte der heilen Familie sein würde, an der sich meine Mutter festhalten können sollte, und dann sagte ich Hans, daß es mir lieber wäre, wir könnten zusammen gehen, und ihm war es für seine Mutter auch lieber, wir könnten zusammen gehen, und das taten wir, und hinterher waren wir reif für die Revolution, weil die eine Mutter etwas dagegen hatte, daß ihr Sohn, und die andere Mutter hatte etwas dagegen, daß ihre Tochter, und die eine Mutter war aus der Firmensiedlung, die andere war eine Putzfrau, und wir erinnerten uns beide daran, daß es Maria B. in unserem Schulaufsatz egal gewesen war, aus welchen Verhältnissen jemand kommt, Hauptsache, daß sie ihn mag, aber dieser Schulaufsatz paßte nicht richtig zu unserem Weihnachten, weil er auf die Glücksansprüche im Kapitalismus hinausgelaufen war und keine Mütter aus Firmensiedlungen oder im schulischen Putzdienst darin vorgekommen waren, und genau diese beiden Mütter hatten getan, als müßten sie ihre Brut vor dem Teufel beschützen.

Nach Weihnachten beschlossen wir, daß wir unsere Mütter eine Zeitlang nicht sehen sollten, um uns davon zu erholen, aber meine Mutter hatte bereits meinen Vater alarmiert, obwohl sie eigentlich nicht mit ihm sprach, und mein Vater konnte es sich nicht leisten, daß seine Tochter mit dem Sohn einer Putzfrau zusammen ging, und Lu hätte mir in der Angelegenheit gern geholfen und sagte, wenn er wenigstens an der Uni wäre. Mein Vater sagte, sowas hat absolut keine Zukunft. Ich sagte, was für ein Sowas und was für eine Zukunft, und er erinnerte mich daran, daß Zukunft und Geld zusammenhingen, und ich erinnerte ihn daran, daß die Leute an der Uni sich nicht ordentlich waschen würden. Ich erinnerte ihn nicht daran, daß sie an der Uni das System zerstören wollten, weil ich plötzlich das Gefühl hatte, es gibt da tatsächlich ein System, und es wäre besser, man würde es zerstören, selbst wenn einem nicht danach ist, etwas kaputtzumachen, aber seit alle verkabelt waren und zwischen den Filmen die Werbung sahen, dachte keiner mehr darüber nach, daß es ein System geben könnte, und ich hätte wahrscheinlich auch nicht darüber nachgedacht, wenn wir nicht dieses Weihnachten mitgemacht hätten, und danach machten wir einstweilen Weihnachten nicht mehr mit, nicht für die eine und nicht für die andere Hälfte.

Max Goldt
*1958

Der Zauber des seitlich dran Vorbeigehens

Wie schön wäre es, wenn ich mal einen Brief bekäme, in dem es heißt: »Bitte schreiben Sie niemals eine satirische Weihnachtsgeschichte, denn Autoren, die so was tun, sind echt das Letzte.« Statt dessen gibt's jedes Jahr folgende Botschaft: »Wir hätten gern eine wunderbar satirische Weihnachtsgeschichte von Ihnen!«

Den Teufel werd ich tun. Das Schlimmste an Weihnachten ist die alljährliche Flut von satirischen Weihnachtskommentaren in Schrift, Musik und Schauspiel. Scharen von Kleintalentverwesern, die sich das ganze Jahr hervorragend und mit persönlichem Profit auf den Kapitalismus verstehen, wittern alljährlich, wenn der Winter naht, einen Konsumterror, der in seinen vermeintlichen Opfern einen Konsumrausch auslöst. Terror aber ruft gemeinhin Angst und Trauer hervor; wäre er dafür bekannt, Räusche zu erzeugen, hätte der Terror so manchen auch gutbürgerlichen Verehrer. Wer wiederum das Heimtragen von Plastiktüten mit Kinderspielzeug für einen Rausch hält, dem sei anzuraten, im Zugangsbereich von Diskothekentoiletten bestimmte aus naiver Sicht unnötig lange dort herumstehende Personen zu fragen, ob sie etwas hätten, womit man ihren Irrtum bezüglich des Begriffes Rausch ausräumen könne.

Seit Jahrzehnten werden nun schon alldezemberlich Programme aufgeführt mit Titeln, die selten wesentlich anders als »Süßer die Kassen nie klingeln« lauten, und in Kino und TV laufen heiter glucksende Komödchen, in denen Weihnachtsmänner bald entführt werden, bald aufgrund organisatorischer Mißverständnisse zu Dutzenden im Bescherungszimmer aufkreuzen oder aber, in derberer Genrevariation, sich an der Feuchte der Hausfrau zu schaffen machen. Im Soundtrack, meist von Haindling oder Konstantin Wecker, tönen volkstümliche Motive, die, ganz im Stil althergebrachter Gesellschaftskritik, durch leichte Dissonanzen aufgerauht werden. Grundsätzlich werden diese Filmwerke stereotyp als »bitterböse« angekündigt. Das sind sie aber nie, sie funkeln rot und gold und grün vor augenzwinkerndem Einverständnis, welches sagt: Ja, das ist ja schon der helle Wahnsinn, dieses Weihnachtstreiben, aber, Hand aufs Herz, lieben wir's nicht letztlich alle doch? Schon allein wegen der leuchtenden Kinderaugen!

Wer allerdings seine Kinder ganzjährig observiert, wird feststellen, daß ihre Augen auch ganzjährig leuchten. Ein Augenarzt könnte diese Naturerscheinung gewiß ohne Mühe allgemeinverständlich erklären, und vielleicht wüßte er hinzuzufügen, daß, wenn Kinderaugen nicht mehr leuchten, Allerschlimmstes eingetreten sein muß, das mit Geschenken nicht – und noch nicht mal mit Liebe – kuriert werden kann.

Was sich freut, ist eben feucht und leuchtet! Ich freu mich auch und leuchte feucht, doch wird mein Lebensleuchten nicht grad auf Weihnachtsmärkten angefeuert.

Vor lauter Volkstümelei ist wahrscheinlich noch nie jemandem die Idee gekommen, zu prüfen, ob es überhaupt den Auflagen des Denkmalschutzes entspricht, sorgsam restaurierte historische Marktplätze für geschlagene fünf Wochen mit billigen Sperrholzverschlägen zu möblieren, die landauf, landab identisch sind, was aber bestimmte Frauen nie daran gehindert hat, busladungsweise im Lande herumzureisen und nach unzähligen vergleichenden Studien schließlich zu beratschlagen, welcher Weihnachtsmarkt der »allerallerwunderwunderschönste« sei. Wer gewohnt ist, seinen Geschmack nicht als gottgegebene Eigenschaft wie seine Augenfarbe zu betrachten, sondern als eine Größe, an der beständig gearbeitet werden muß, wird vielleicht Schwierigkeiten haben, an einem Weihnachtsmarkt etwas schön zu finden, aber diesen Einwand werden die Leute abschmettern und sagen: »Was ist schon schön?« Das habe ich freilich bis vor kurzem auch nicht so genau gewußt, aber seit mir ein tschechisches Sprichwort wie gerufen in die Quere kam, weiß ich's endlich ganz genau. Das Sprichwort lautet: »Schön ist, was tschechisch ist.« Endlich herrscht Klarheit in dieser Frage, endlich Schluß mit dem alten, noch nicht mal von Shakespeare stammenden Zinnober, daß Schönheit im Auge des Betrachters liege – nein, schön ist, was tschechisch ist! Man sollte freilich hinzufügen, daß die Tschechen diesen Merksatz heute häufig ins Sarkastische verkehrt verwenden, wenn sie z. B. an tristen Bauten aus sozialistischer Zeit vorbeigehen.

So gesehen sind Weihnachtsmärkte natürlich perfekte Botschafter ironisch verdrehten tschechischen Schönheitssinns: Bretterbuden mit aufgetackertem Fichtengrün, vor denen man, gruppenweise stehend, auf die dümmste Art, die Menschen möglich ist, minderwertige Lebensmittel verzehren kann. Nur Leuten mit dem Weitblick eines Nostradamus würde ich es abnehmen, wenn sie nun sagten, sie kennten noch dümmere Arten, Golden-Delicious-Äpfel aus Drei-Kilo-Plastiksäcken zur Verköstigung zu bringen, als sie auf meist morsche Stäbe gespießt in rot gefärbten Zuckerlack zu tauchen. Dümmer wäre nämlich lediglich, wenn man mit dem Paradiesspieß versehentlich an seinen Schal käme – auch noch voll Schalfusseln, das rote

Gruselding. Man könnte nun noch fortfahren und aufwendig den Brauch kritisieren, die Mandelernte vom vorvorigen Jahr durch Karamelisierung zu entsorgen, wobei man hinzufügen müßte, daß man denjenigen, die das essen, wohl auch kandierte Zigarettenstummel vorsetzen könnte, aber das würde ohne Zweifel überhaupt nichts nützen. Viel lieber sage ich folgendes: Wenn ich nur einen schlechten Rotwein hätte, eine Alkoholzufuhr aber für dringend sachdienlich hielte, würde ich den Wein so weit wie möglich runterkühlen. Man weiß ja von Coca-Cola und manchem Milchspeiseeis, daß eklige Dinge halbwegs tolerabel schmecken, wenn man sie stark kühlt. Ich würde den schlechten Wein jedenfalls nicht zur drastischeren Offenlegung seiner minderen Qualität auch noch erwärmen!

Weihnachten ist eine der drei großen Volksschwächen. Die anderen beiden sind Autos und Fußball. Wer bevorzugt, sich seinen persönlichen Defekten zu widmen, und daher schon terminlich Schwierigkeiten hat, an Massenschwächen teilzunehmen, sollte sich aber mit ihnen arrangieren, denn politische Systeme, die die Macht hätten, die Volksschwächen auszurotten, haben den Nachteil, daß sie mit rauchenden Ruinen und Leichenbergen zu enden pflegen. Wir wollen also gar nicht erst damit anfangen, leise tickende Taschen auf Weihnachtsmärkten abzustellen, sondern gehen kühl lächelnd, geführt von ruhigem, friedlichem Desinteresse, seitlich an ihnen vorbei – und dank der guten baupolizeilichen Bestimmungen in Deutschland ist es ja möglich, seitlich an so ziemlich allem, was häßlich ist, vorbeizugehen!

Durs Grünbein
*1962

Der Schnee von heute

Monsieur, wacht auf. Es hat geschneit die ganze Nacht.
Soweit das Auge reicht auf einer weißen Fläche,
Schmückt sich das Land mit weißen Kegeln. Es sind Bäume,
Die mit der Winterhand der große Arrangeur
Veredelt hat. Man sagt, Ihr schätzt ihn, seinen Spieltrieb,
Der Türmen Hauben aufsetzt und die Dächer deckt
Mit kalten Daunen. Sein kristallenes Flanell,
Gewebt aus Flocken, polstert faltenlos die Fluren aus,

Bis alle Welt verzaubert ist und tief verschnet –
Ein Foliant mit weißen Seiten, die nur *er* beschreibt.

Seht Ihr, es tagt. Spurlose Frühe, geometrisch klar.
Kühl wie am Morgen nach der Schöpfung, formenstreng,
Zeigt sich die Erde nun, berechenbar. Was möglich ist,
Nicht was durch Sintflut, Ackerbau und Kleinstaatkrieg
Verheerend wirklich wurde, liegt nun ausgebreitet.
Besänftigt lädt, was irgend denkbar ist, zum Studium ein.
Schnee hat den Bann gebrochen. Das Diktat der Zeit –
Habt Ihr bemerkt, ist aufgehoben. Unter frischen Wehen
Kroch eine Gleichung in die Hügel. Rein als Raum,
Dreht sich die Landschaft auf den Rücken wie im Traum.

Wacht auf, Monsieur. Auch wenn es scheint, ein Federbett
Sei wie die Wunderwelt dort draußen – nur im Kleinen.
Zum Greifen nah, leicht überschaubar. Eine Projektion
Im Maßstab Eins zu Tausend, nimmt man die Region,
In der Euch Winter traf und einspann wie die Raupe.
Heraus aus dem Kokon! Kommt, werft die Decken ab,
Wenn auch ihr Faltenwurf an Berg und Tal erinnert –
Dazwischen Gänsepfade, überm Knie ein ferner Hügel …
Was früh den Blick trübt, nachts ihn bricht, ist kein Gestirn.
Ein Futteral ists, weich gepolstert, für das müde Hirn.

Es hat geschneit. Seht, vor dem Haus, die weiße Pracht.
Bringt Euern Leib, das feine Instrument, in Position.
Haltet den Atem an ein Weilchen. Adjustiert genau,
Was zum Verorten so geschaffen ist wie kein Sextant –
Dies Sehwerkzeug mit seinen Linsen. Merkt Ihr was?
Auch das Gerät, das uns zur Orientierung dient im Raum,
Ist nur ein Körper, für den Euklids Regeln gelten.
Aus Protein gemacht, doch nach der Art von Glas –
Nichts was zerbricht, und doch im Sog der Erdenschwere,
Folgt es, verletzbar, wenn auch Ding, der Brechungslehre.

Lacht nicht, Monsieur. Ihr kennt so gut als jeder Physicus
Die beiden Wunderkugeln. Wetten, mit Sezierbesteck
Habt Ihr die Äpfelchen zerteilt, die feinen Nervenstränge,
Verzweigt im Eiweiß rings wie vor dem Fenster draußen

Das Wurzelwerk der Bäume unterm frischen Schnee.
Weit mehr gewußt habt Ihr als jeder schnöde Anatom
Von Iris und Pupille, Meister Metaphysicus.
Kein Augenarzt – ein Philosoph betrat das dünne Eis
Zuerst mit der vertrackten Frage: Was heißt Sehn?
Que sais – je? Vielleicht hilft Schnee ja, Perzeption verstehn.

Schnee abstrahiert. Nehmt an, er hat das Bett gemacht
Für die Vernunft. Er hat die Wege eingeschläfert,
Auf denen der Gedankengang sich sonst verirrte.
Die Landschaft gleicht der Schiefertafel, blankgewischt,
Gekippt um neunzig Grad. Im Winterlicht erstrahlt
Die reinste Kammer *lucida*. Durchs Guckloch geht
Der Sehstrahl scharf zum Horizont und kommt zurück.
Kein Hindernis, kein Zickzackpfad, nur Perspektiven.
Vom Frost geputzt der Zeichentisch – ein idealer Boden
Für den *Discours*, Monsieur. Allez! Für die Methode.

Nun steht schon auf. Die Sonne wartet nicht auf Euch.
Erhebt Euch aus zerwühlten Laken, eh die Herrlichkeit
Zerschmilzt und Dreck die Sicht Euch trübt wie immer.
Neuschnee ist kostbar wie die großen Diamanten,
Für die man Kriege führt und tauscht Provinzen.
Ein Juwelier, der Schnee. Er modelliert, wohin er fällt.
Er rundet auf und ab und übersetzt in schöne Kurven,
Wofür Physik dann, schwalbenflink, die Formel findet.
Monsieur, bedenkt, was Euch entgeht, verliert Ihr Zeit.
Für Euch hat es, für Euch, die ganze Nacht geschneit.

Frank Goosen
*1966

Endlich ein Fest der Liebe

Ich wartete auf den richtigen Moment, meinen Eltern zu sagen, daß ich Weihnachten woanders hingehen würde, aber der Moment kam nicht.

Am 24. Dezember lag ich tagsüber in meinem Zimmer und tat und dachte nichts. Bis gegen Mittag schien noch einigermaßen Betrieb auf den Straßen zu sein, aber der war etwa ab vierzehn Uhr wie abgeschnitten. Ich stellte mich ans Fenster und zählte die Autos, die vorbeifuhren.

Mein Vater hatte den Weihnachtsbaum eine Woche vor dem Fest gekauft und dann im Keller gelagert. Nicht bei seinen Platten, sondern im Gang, wo die Fahrräder der Nachbarn standen. Als es still geworden war auf den Straßen, holte mein Vater den Baum nach oben und hängte die üblichen Kugeln und das Lametta dran. Dann ging er in den Keller und brachte sich mit alten Schlagern in Weihnachtsstimmung. Bei uns wurde darauf verzichtet, das Wohnzimmer zu verschließen, damit der kleine Helmut sich länger auf den reich geschmückten Baum freuen konnte. Der Baum stand deutlich sichtbar herum. Nur die elektrischen Kerzen waren noch aus.

Ich sagte zu meiner Mutter, die in der Küche das Weihnachtsessen zubereitete, daß ich noch mal einen kleinen Spaziergang machen würde.

»Einen Spaziergang? Du? Jetzt?«

»Ja, sicher. Wieso nicht?«

»Du warst doch nie ein großer Spaziergänger. Früher mußten wir dich regelmäßig hinter uns herschleifen, wenn wir mal am Sonntag ein bißchen spazierengehen wollten.«

»Und deshalb darf ich jetzt nicht?«

»Ach Junge«, seufzte sie, »rede doch nicht immer einen solchen Unsinn. Natürlich darfst du. Ich wundere mich nur.«

Ich ging die Treppe hinunter und in den Keller. Ich wollte tatsächlich spazierengehen, aber zuvor wollte ich meinen Vater im Keller angucken. Als ich unten ankam, hörte ich keine Musik. Das machte mich stutzig. Ich mußte noch vorsichtiger sein, damit er mich nicht hörte. Ich lugte durch die Bretter und sah meinen Vater an der Wand entlanggehen. Dann zog er ein Album heraus, setzte sich auf einen Stuhl und blätterte es durch, allerdings ohne eine Platte herauszunehmen. Aufmerksam betrachtete er die Labels. Dann klappte er das Album zu, stellte es zurück, nahm ein anderes, setzte sich wieder und blätterte es ebenfalls durch. Als er beim fünften angekommen war, wurde es mir langweilig, und ich wollte gehen. Als ich mich umdrehte, machte ich ein Geräusch, ich weiß nicht genau wie, mein Fuß schabte über den Boden oder so, jedenfalls blickte mein Vater auf. Ich weiß nicht, ob er mich sah, dafür waren die Latten an der Tür dann vielleicht doch zu dicht, aber ich wagte nicht, mich noch einmal zu rühren. Einige Sekunden lang sah mein Vater Richtung Tür, dann nahm er ein neues Album aus dem Regal, und ich schlich, völlig geräuschlos diesmal, davon.

Ich lief eine halbe Stunde draußen herum und überlegte, wie ich es meinen Eltern sagen sollte. Ich bog auf einen alten Kinderspielplatz ein, setzte mich auf eine der beiden Mütterbänke und fragte mich, wieso es mir so ging, wie es mir ging.

Als ich wieder nach Hause kam, war das Essen schon fast fertig. Mein Vater saß im Wohnzimmer und betrachtete den geschmückten Baum. Er war zufrieden. Der Baum war nicht besonders groß, aber er stand auf einem kleinen Tisch, damit er größer aussah. Zwischen der Spitze und der Zimmerdecke war immer noch reichlich Platz. An den Zweigen hing etwas Lametta, und zwischendurch ein paar Kugeln, zur Hälfte rote, zur Hälfte silberne. Früher hatte es mal kleine Figuren aus Holz gegeben, fette Engelchen, die mit vollen Backen in kleine Trompeten bliesen. Die waren offenbar jedoch irgendwann abhanden gekommen. Niemand fragte danach. Erleuchtet wurde der Baum von einer Kette aus elektrischen Kerzen. Wenn eine nicht funktionierte, gaben alle den Geist auf.

Ich ging ins Wohnzimmer und sagte »Hallo«, und mein Vater sagte auch »Hallo«. Dann fragte er mich, ob es kalt draußen sei, und ich sagte, es ginge so, und mein Vater sagte »Aha«, dann sagten wir eine Weile nichts, und dann war das Essen fertig. Beim Essen durfte nicht geredet werden, weil mein Vater beim Essen seine Ruhe haben wollte. Es gab Rindsrouladen, die innen mit Senf bestrichen und in die Zwiebeln und Speck eingewickelt waren, mit Bindfäden zusammengehalten. Wir mußten sie auf dem Teller auswickeln. Ich kleckerte dabei immer alles voll, aber meine Eltern nicht, sie hatten ein paar Jahrzehnte mehr Übung im Rouladenauswickeln. Wenn sie sahen, wie ich die Roulade bearbeitete, schüttelte meine Mutter den Kopf, und mein Vater knurrte, das sei doch nicht so schwer und wieso ich das nicht lernen könnte und ob ich das absichtlich mache. Zu den Rouladen gab es Kartoffeln. Immer.

Nach dem Essen wurde gespült, weil mein Vater es nicht ertragen konnte, »wenn Weihnachten das ganze dreckige Geschirr herumsteht«.

Nach dem Spülen gingen wir ins Wohnzimmer, und während mein Vater eine Platte mit Weihnachtsliedern auflegte, holte meine Mutter die Geschenke aus dem Schrank, alle eingepackt in Papier mit vielen Tannen und Engeln drauf, auch Herzchen. Mein Vater bekam in diesem Jahr von meiner Mutter einen Satz neue Unterhosen, weil die von vor fünf Jahren ausgemustert und zu Putzlappen verarbeitet werden sollten. Mein Vater bedankte sich für dieses umsichtige und praktische Geschenk. Er selbst schenkte meiner Mutter eine künstliche Orchidee. »Die geht nicht so schnell ein«, sagte er.

Ich schenkte meinen Eltern Weingläser mit ihren Namen drauf. Meine Eltern, vor allem meine Mutter, freuten sich sehr. Ich bekam zwei Geschenke, beide von meiner Mutter, da mein Vater sich aus diesen Dingen stets heraushielt. »Mama weiß besser, was du gebrauchen kannst«, sagte er. Sie überraschte mich mit einer gestreiften Krawatte und einer Flasche Rasierwasser. Es war die gleiche Sorte, die mein Vater benutzte.

Meine Mutter holte eine Flasche Wein aus dem Schrank und goß uns ein. Wir stießen an, und dann sagte ich, ich müsse gleich noch mal weg.

»Was hast du gesagt?« sagte mein Vater.

»Ich sagte, ich muß noch mal weg.«

»Du mußt noch mal weg?« fragte meine Mutter.

»Was soll das heißen, du mußt?« wollte mein Vater wissen.

»Naja, es gibt da noch so eine Weihnachtsfeier von ein paar Leuten von der Arbeitsgruppe, und da würde ich gerne noch hingehen.«

»Heute?« fragte meine Mutter.

»Am Heiligen Abend?« knurrte mein Vater.

»Wir unterhalten uns doch gerade so schön!«

»Darf ich?«

»Schön, daß du überhaupt noch fragst!« sagte mein Vater.

»Und?«

»Du weißt, daß ich dich schlecht hier einsperren kann.«

Um acht Uhr konnte ich gehen. Busse fuhren keine mehr, aber ich hatte Geld gespart, um mit dem Taxi fahren zu können. Ich ließ mich vor dem kleinen Wäldchen absetzen und ging durch die Dunkelheit zum Haus. Über der Tür brannte Licht. Ich klingelte, bekam aber keine Antwort und klingelte noch mal. Dann ging die Tür auf, und ein kleiner Junge in Latzhosen stand vor mir. In der Hand hatte er einen Schokoriegel. Sein Mund war ganz verschmiert. Ich sagte, ich wolle zur Britta, aber der kleine Junge in der Latzhose sagte nichts und tat nichts. Ich räusperte mich und sagte, ich sei Brittas Freund und sie habe mich eingeladen, und wo sie denn sei. Nichts. Dann tauchte eine Frau auf, die ein weißes T-Shirt und schwarze Jeans und weiße Turnschuhe trug. Sie hatte lange blonde Haare mit vielen Locken und Wellen.

»Ja, äh, ich ... Britta hat ...«

»Ach ja, sie hat ja gesagt, daß vielleicht noch ein Freund vorbeischauen wollte. Hallo, ich bin die Barbara.«

Ich durfte reinkommen und meinen Mantel an der Garderobe aufhängen. Der Junge schloß hinter mir die Tür. »Hier entlang«, sagte Barbara. Sie führte mich in den hohen Raum mit den Skulpturen, die alle an die Seite geräumt worden waren. In der Mitte waren ein paar Sessel im Kreis aufgestellt. In einem offenen Kamin brannte und knackte Holz. Ich sah mich um. Jutta und Wilfried kannte ich schon, und außer ihnen waren da nur noch zwei Frauen und ein Mann, plus Barbara, und in der Ecke saßen zwei Kinder und spielten mit Bagger und Zug. Britta war nicht da. Jutta stand auf und kam auf mich zu. »Hallo!« rief sie, »das ist ja schön, daß du kommen konntest!«, und als sie bei mir angekommen war, gab sie mir einen Kuß auf die Wange. »Fröhliche Weihnachten!« sagte sie. Sie stellte mich den anderen Anwesenden vor. »Also, das ist Helmut, ein Freund von Britta, der ist auch politisch sehr engagiert an seiner Schule. Helmut, das sind Gaby und Dagmar, das ist Richard, und Barbara hast du ja schon kennengelernt.« Alle sagten »Hallo!« und »Fröhliche Weihnachten!«, also sagte auch ich »Hallo!« und »Fröhliche Weihnachten!« und gab jedem die Hand.

»Britta ist gerade im Keller«, sagte Wilfried, »und holt … Ach, da ist sie ja.«

Britta kam gerade durch eine Tür und hatte ein paar Flaschen unter dem Arm.

»Hallo!« rief sie, und: »Fröhliche Weihnachten!« Sie lächelte, und ihre Wangen waren leicht gerötet. Sie küßte mich kurz auf den Mund. Sie schmeckte ein bißchen nach Alkohol. Sie trug ein blaues Kleid mit halblangen Ärmeln, eine schwarze Strumpfhose und Pumps. Sie hatte Lippenstift aufgelegt. Jutta wies mir einen freien Sessel zu, und ich setzte mich. Der Sessel war sehr tief und bequem.

Britta hatte Champagner aus dem Keller geholt. Die Flaschen waren blumenverziert. Ich bekam ein Glas. Wir stießen alle an und sagten noch mal »Fröhliche Weihnachten«.

Ich hatte ein Gespräch unterbrochen, das nun wieder aufgenommen wurde. Richard baute gerade ein Haus, und da sah er sich immer wieder vor diverse Probleme gestellt, die Wilfried mit dem Bauernhaus alle schon hinter sich hatte. Richard war ziemlich lang, sein Haar war pechschwarz und fiel ihm bis auf die Schultern, außerdem trug er einen Vollbart und eine runde Brille. Ich sah mir die anderen an: Gaby trug einen rotkarierten Schottenrock, der an der Seite von einer riesigen Sicherheitsnadel zusammengehalten wurde, und an den Beinen ebenfalls schwarze Strumpfhosen, allerdings gröber als Brittas, und vollständig blickdicht, an den Füßen Schnürstiefel. Oben herum trug sie einen schwarzen Rollkragenpullover, der eng genug anlag, daß ich beschloß, noch einen Schluck Champagner zu nehmen. Ihre Nase war etwas groß, dafür standen aber ihre Augen etwas näher zusammen als sonst wohl üblich. Das brünette Haupthaar hatte sie zu einem Pferdeschwanz gebunden.

Dagmar, die Frau daneben, trug einen roten Arbeitsoverall und darüber ein dunkles Jackett mit einer Rose im Knopfloch. Ihre Haare waren lang und glatt und in der Mitte gescheitelt. An den Füßen hatte sie alte Adidas-Turnschuhe, von denen die Streifen schon abgingen. Ich trank mein Glas aus. Barbara, die neben mir saß, schenkte mir nach und lächelte mich an.

Wilfried trug ein Ringel-T-Shirt und Jeans. Jutta trug einen kurzen Rock, aber keine Strumpfhose. Ihre Schlappen, die sie im Haus immer trug, hatte sie abgestreift und die Knie ganz eng an sich herangezogen. Dadurch sah man ziemlich viel von ihren Beinen. Ich nahm noch einen Schluck.

»Bist du auch in Brittas Gremium?« fragte Barbara mich.

»Was? Ich? Äh … nein.«

»Aber du engagierst dich anderweitig.«

»Ja, ich, ähm … bin in dieser Arbeitsgruppe.«

»Arbeitsgruppe?«

»Nicaragua. Sandinisten, Dritte-Welt-Kaffee, amerikanischer Imperialismus.«

»Ah, ja, interessant.«

Ich nahm noch einen Schluck Champagner.

»Was hast du denn für Lieblingsfächer?«

»Lieblingsfächer?«

»Ja, du mußt doch Lieblingsfächer haben in der Schule.«

»Ich weiß nicht.«

»Was willst du denn nach dem Abitur machen?«

»Nach dem Abitur?«

»Ja.«

»Keine Ahnung«, sagte ich, »wahrscheinlich studieren.«

»Ach ja, und was?«

»Keine Ahnung.«

»Aber du weißt, daß du Abitur machen willst, oder?«

»Ja«, sagte ich. »Was sonst.«

»Und wie hast du Britta kennengelernt?«

»In der Schule.«

»Aha.«

Britta unterhielt sich mit Gaby. In meinem Bauch prickelte der Champagner. Im Kopf spürte ich ihn auch schon. Ein paar Minuten sagte ich nichts, und Barbara sagte auch nichts. Dann nahm ich noch einen Schluck Champagner und fragte: »Und was machen Sie so?«

»Du kannst ruhig du sagen.«

»Und was machst du so?«

»Ich bin Journalistin.«

»Und was macht man da so?«

»Du hast ja einen Schwips.«

»Die Gerüchte über meinen Schwips sind übertrieben«, sagte ich. Barbara lachte.

»Liest du gerne Oscar Wilde?«

»Keine Ahnung.« Den Spruch hatte ich von Britta. Richard sagte gerade, er wolle gerne ein Haus haben, aber er wolle nicht so gerne bauen.

»Du bist nicht sehr gesprächig«, sagte Barbara.

»Ich?«

»Du bist in Britta verliebt, nicht wahr?«

Ich sah mich um. Das hatte niemand gehört.

Dann stand Britta auf und sagte: »Helmut, wir machen jetzt Bescherung.« Und zu Barbara: »Ich muß ihn dir leider entführen.« Barbara sagte, das sei okay, und lächelte.

Britta verabschiedete uns, nahm mich bei der Hand und führte mich die Treppen hinauf, am Zwieback vorbei in ihr Zimmer. In der anderen Hand hatte sie noch eine Flasche Champagner. In dem Zimmer brannten schon einige Kerzen. Britta nahm zwei Gläser aus dem Regal. »Hast du dich gut mit Barbara unterhalten?«

»Sie ist sehr privat geworden.«

»Naja, sie hält halt nichts von oberflächlicher Partyplauderei.«

Britta ließ den Korken knallen, ohne daß der Schampus überlief, und goß mir das Glas voll.

Wir stießen an.

»Okay«, sagte sie dann, »es geht los.« Sie lüftete die Bettdecke auf der Matratze und holte ein ganz flaches Geschenk hervor. Es war in braunes Packpapier eingeschlagen, und obendrauf war ein grünes Herz, das aus dem gleichen Material bestand wie Christbaumkugeln. Ich machte das Papier ab. Es war eine Schallplatte. Keith Jarrett. ›The Köln Concert‹. »Toll«, sagte ich.

Ich umarmte sie und küßte sie auf den Hals und dann auf die Wange und dann auf den Mund.

Dann holte ich mein Geschenk aus der Hosentasche. Ich hatte die kleine Schatulle nicht mehr zusätzlich eingepackt.

»Für mich?« fragte Britta. Sie klappte die Schatulle auf und sah den Ring und klappte die Schatulle wieder zu.

»Du bist wahnsinnig!« sagte sie.

Britta klappte die Schatulle wieder auf und nahm den Ring heraus. Er hatte mich immerhin knapp hundert Mark gekostet. Ich hatte einige Wochen lang keine einzige Platte gekauft. Der Ring hatte einen ganz kleinen Stein. Innen hatte ich ihren Namen eingravieren lassen. Und: »Von H.«

»Du bist echt wahnsinnig!« sagte Britta.

»Gefällt er dir?«

»Natürlich, was für eine Frage. Aber das hättest du nicht tun sollen.«

»Wieso nicht?«

»Der muß doch sündhaft teuer gewesen sein!«

»Geld spielt keine Rolle«, sagte ich.

»Ich glaube, ich habe ein schlechtes Gewissen, wenn ich den annehme.«

»Zurückgeben kann ich ihn nicht, und mir paßt er nicht.«

»Na dann ... Du bist süß.«

Sie küßte mich. Sie war ganz warm. Meine Ohren brannten. Sie bewegte ihre Zunge sehr heftig in meinem Mund. Sie fing an, mir das Hemd aus dem Hosenbund zu ziehen und streichelte meine Brust und meinen Bauch. Sie küßte meine Brustwarzen. Sie nahm meine Hand und legte sie auf ihre Brust. Ich streichelte ihre Wangen und küßte sie auf den Hals und atmete in ihr Ohr. Ich streichelte ihren Nacken. Ich zog den Reißverschluß ihres Kleides hinunter. Sie biß mir in die Unterlippe, aber nur ganz leicht. Ich streichelte ihren Rücken. Sie trug einen BH. Sie sah mich an und bog ihre Schultern etwas nach vorne, so daß ihr Kleid langsam herunterrutschte. Sie zog ihre Arme aus den Ärmeln. Sie trug einen schwarzen BH. Sie küßte meinen Bauchnabel und wand sich aus dem Kleid. Sie zog mir das Hemd über den Kopf und küßte mich auf die Stirn. Dann auf die Nase und auf den Mund. Sie griff auf ihren Rücken und hakte den BH auf und legte sich auf meine Brust und küßte mein Schlüsselbein. Dann zog sie den BH weg, und ihre Brüste lagen warm auf meiner Brust. Sie richtete sich auf, nahm meine Hände und legte sie auf ihre Brüste. Ich streichelte sie. Dann griff sie zu meinem Gürtel und machte ihn auf. Sie streifte mir die Hose ab. Dann zog sie mir die Socken aus. Ich griff nach ihrer Strumpfhose, schob den Bund ein wenig herunter und küßte ihren Bauch. Sie zog sich die Strumpfhose aus und legte sich auf mich. Ich streichelte ihren Rücken. Sie küßte mich und bewegte ihre Zunge sehr heftig in meinem Mund. Sie rieb sich an mir. Dann bewegte sie ihre Hand nach unten und schob einen Finger unter das Gummiband meiner Unterhose. Ich streichelte ihren Hinterkopf und küßte ihre Haare. Sie fuhr mit ihrem Finger unter dem Gummiband hin und her. Dann schob sie ihre Hand hinein. Ich streichelte ihren Rücken, ihre Seite, fuhr mit meinem Finger über ihre Rippen. Sie berührte mich. Sie zog mir die Unterhose aus. Sie streichelte mich. Ich ließ meine Hand auf ihrem Rücken liegen und schloß meine Augen. Die Kerzen flackerten. Ich schob meine Hand ihren Rücken hinunter und legte sie auf ihren Po. Ich fuhr mit dem Zeigefinger unter das Gummiband ihres Slips. Ich schob meine Hand weiter nach unten und streichelte die Haut ihres Pos. Sie küßte mich und zog sich dabei den Slip aus. Dann legte sie sich neben mich. Sie nahm meine Hand und führte sie nach unten. Ich streichelte ihr Haar. Ich streichelte sie. Wir küßten uns. Sie leckte meine Nase. Dann hob sie ein Bein an und bewegte es über mich hinweg auf die andere Seite. Dann ließ sie sich ganz langsam nieder. Sie war sehr warm. Sie legte ihre Hände auf meine Brust. Sie sah mich an und lächelte.

Die Kerzen waren heruntergebrannt. Britta trug den Ring. Wir hörten Keith Jarrett. Wir hörten immer wieder die erste Seite. Wir tranken noch etwas Champagner. Im ganzen Haus war nichts zu hören.

Register

Thematisches Register

Advent 189, 231, 239, 318 f., 355 ff., 363 f., 376, 409 f., 481, 531, 542 f.
Adventskalender 505
Adventskranz 524

Barbaratag 531
Bescherung 71, 97, 116 ff., 123, 253, 267, 367 f., 532 ff.
Besinnung 82, 240, 337, 377, 481, 484 f.
Bethlehem 31, 49, 57, 63, 74, 147 ff., 410 f., 526
Bratäpfel 83, 230 f., 427, 471
Briefe 71, 82 f., 87 f., 104 f., 159 f., 312 f., 377 f.
Brief ans Christkind 394
Bücher 117, 301, 381 f., 431, 581

Christkind 66 f., 71 f., 135, 338 ff., 348 ff., 394, 470 ff., 532
Christmette 100, 199, 232, 308, 439 f.
Christbaum 104, 117, 121, 123, 158, 188, 223, 232, 241 ff., 268 f., 288, 291, 302 f., 331 f., 338 ff., 350 f., 355, 357, 373, 376, 397 ff., 432, 434, 442, 485 f., 490, 515 ff., 528, 532 ff., 586 ff.

Duft 285, 302, 383 f., 475, 489, 495

Einsamkeit 125 ff., 185 f., 363
Eis 35, 47 f., 52, 78, 83 f., 93, 110, 135 f., 190 f., 200 ff., 486 f.
Engel 31, 39, 56, 71, 74 f., 123, 150, 433 f., 494 f., 551 f., 558
Erlöser 38, 78, 138, 410

Familie 134, 584, 590 f., 596 ff.
Fernsehen 550 ff., 579 f.
Flucht nach Ägypten 75, 460 f.
Friede 31, 39, 51, 81, 362, 495 f.

Geburt 53 f., 63 f., 74 f.
Geschenke 42 ff., 71, 74 f., 97 f., 111, 116 ff., 128, 153, 156 f., 159, 184 f., 220 f., 273 ff., 303 f., 317, 345 ff., 357, 364, 380 ff., 406, 461, 463 ff., 492 f., 597 f.
Glocken 88, 114, 117, 160, 169 f., 186, 211 f., 216, 218 f., 240, 367

Gott 32, 40, 46, 55 f., 65, 70, 78 f., 157, 574 f.
Großmutter 200 ff., 392 ff., 471 f., 540, 556, 584, 589

Heiland 31 f., 40 f., 47, 49 ff., 54, 64, 78, 127, 332
Heilige drei Könige 42, 68, 74 f., 88, 99, 109, 138 ff., 217, 238, 410, 522 f., 577 f.
Heiliger Abend 83, 97, 115 ff., 157 ff., 161 ff., 199 f., 209, 258, 282 ff., 368 ff., 396 f., 428, 443 ff., 463 ff., 466 ff., 524 ff., 597 f.
Herberge 31, 512 ff.
Hirten 31 f., 39, 42 ff., 68, 150 f., 483 f., 508
Hoffnung 100, 157

Jesus 31 f., 36, 45, 57, 59 f., 103, 109 ff., 345 ff., 411, 574
Josef 31, 36, 38, 55 f., 63 ff., 74 f., 154 f., 460 f., 512 ff.

Kälte 84, 91, 111, 190 ff.
Kalender 92, 415 f.
Kaminfeuer 77, 184, 219
Kind(er) 32 f., 57, 72, 104, 109, 123 f., 128, 174, 187, 192, 200 ff., 236, 292 f., 378 f., 384, 433 ff., 458 ff., 489, 526 f.
Kindergeschichten und -gedichte 84, 88 f., 97, 115 ff., 129, 196 ff., 220 f., 270 f., 329 ff., 332, 387, 539 f., 585 f.
Kindheitserinnerung 291, 355 ff., 379 f., 383, 413, 466 ff., 501 ff., 505 f., 524 f., 546 f., 552 ff., 584 f., 589
Knecht Ruprecht 97, 249 ff., 318, 332, 367 f., 502 f.
Krippe 31 f., 37 f., 67, 72, 187, 239, 332, 378 f., 396

Licht 49, 58, 60, 73, 104, 107, 351
Liebe 60, 76 f., 157, 351, 397, 479, 581 ff., 596 ff.

Maria 31 f., 38, 53, 55, 59, 63 ff., 74 f., 109, 152 f., 187, 460 f.
Nacht 49, 58, 60, 124, 138, 185, 209 f., 439 f.

Neujahr 46, 73, 80f., 89f., 92, 106f., 127, 184f., 195, 287f., 385 f., 484f., 491, 521, 564
Nikolaus 69ff., 220f., 249f., 319, 329ff., 338 ff., 423 f., 535 ff., 546, 565 f., 576 f., 589
Nußknacker 119ff., 188

Ochs und Esel 33, 37, 54, 67, 187, 332, 387, 483
Ofen 84, 130, 411

Predigten 37, 68 f., 234 ff., 420ff., 574
Puppen 116f., 280f., 303, 356, 371 f.

Schenken 34, 128 f., 320f., 406, 482 f., 487 ff., 572
Schlittenfahren 35, 61, 85, 155 f., 259, 388 ff., 427, 434 f.
Schlittschuhlaufen 110, 270ff.
Schnee 35, 47 f., 52, 61, 66, 78, 80, 85 f., 93, 112, 124 f., 129, 190 f., 196 ff., 200 ff., 219, 229 f., 269, 321, 388 ff., 408, 427, 500 f., 502 ff., 562, 578 ff., 593 ff.
Schneemann 83, 196 ff.
Silvester 130 ff., 185 f., 223 f., 258, 334 f., 412 f., 419 f., 424 f.
Skifahren 469
Spielzeug 112 f., 226 f., 231, 542 f.
Stall 37, 50, 67 f., 151 f., 237, 378 f., 412, 420 f., 432 f.
Stern 49, 71, 74, 139 ff., 210, 248, 286, 410 ff., 504
Stille 233

Tiere 42 ff., 97 f., 317 f., 332, 359 f., 363, 365, 420ff., 430, 539f., 562 ff.

Vorfreude 230, 312 f., 433 f., 505, 524 f., 588 f.

Warten 115 f., 433 f., 470ff.
Weihnachten in der Fremde 193 f., 241 ff., 270, 278 f., 358 f., 366, 508 ff.
Weihnachtseinkäufe 272 f., 296, 307 f., 322 ff., 380ff., 543 f.
Weihnachtsessen 305, 355 ff., 375 f., 498 f., 556 f., 583, 597
Weihnachtsfeste 115 ff., 198 ff., 241 ff., 249 ff., 299ff., 313 ff., 344 f., 355 ff., 361 f., 367 ff., 397 ff., 405 ff., 431 f., 441 f., 474 f., 492 f., 496 f., 547 ff., 552 ff., 558 ff., 581 ff., 584 f., 596
Weihnachtsgebäck 112, 117, 194 f., 356, 583
Weihnachtsgeschichte (biblisch) 31, 37 ff., 49 ff., 63 ff., 74 f., 187, 331 f., 387, 462 f., 474 ff., 483, 512 ff., 522 f.
Weihnachtskritiker 157 f., 354, 365, 379 f., 385, 417 f., 423 f., 426, 465 f., 498 f., 526 f., 529 f., 540 ff., 546, 581 ff., 588 f., 591 ff.
Weihnachtslieder 32, 40, 53, 102, 114, 121, 135, 138, 160, 223, 240, 282, 299, 342, 378 f., 417 f., 491
Weihnachtsmarkt 111 f., 122, 224 ff., 268 f., 283 f., 292 ff., 345 ff., 592 f.
(Weihnachts)punsch 286 ff., 304
Weihnachtsstimmung 133 f., 240, 362, 377 f.
Weihnachtsstube 115 f., 244, 371 f., 525, 533, 552 f.
Winter 35, 47 f., 52, 61, 67, 76, 82 ff., 91, 93, 100, 105, 124, 129, 135, 137, 155 f., 161 ff., 190, 198, 221 f., 289 f., 333, 338, 352 ff., 423, 469
Winterspaziergang 87, 93 f., 249 f., 282 ff., 290 f., 386 f., 408, 500 f., 596 ff.
Winterwald 161 ff., 290 f., 338 ff., 353 f., 383 f., 386 f., 429 f., 434 ff., 501 ff., 562 ff.
Wünsche 73, 92, 106, 257, 318, 320, 346 f., 394, 424 ff., 487 ff., 565 f., 572 f.

Zeit 58, 92

Alphabetisches Verzeichnis der Überschriften

Advent (Ball-Hennings) 410
Advent (Finck) 481
Advent (Grass) 542
Advent (Rilke) 376
Advent, Advent (Nöstlinger) 565
Alle Jahre wieder (Kaschnitz) 474
Alle Jahre wieder (Silcher) 135
Als der erste Schnee fiel 85
Als ich Christtagsfreude holen ging 305
Als ich klein war 589
Als wir noch auf das Christkind warteten 470
Altes Kaminstück 184
Am 4. Dezember 531
Am Abend vor Weihnachten 362
Am heiligen Christ-Tage 37
Am letzten Tage des Jahres 185
An das neue Jahrhundert 80
An eine Schneeflocke und Konsorten 80
Ans Christkind 565
Auf das zurückliegende Jahr 57
Auf den anfang des 1660zigsten jahres 58
Auf die seligmachende Geburt unsers Erlösers Jesu Christi 53
Auff Weihnachten 46

Banges Neujahr 491
Bescherung der Armen an die Wohltäterin 123
Besuch einer Christmette 100
Bethlehem heißt auf deutsch Haus des Brotes 526
Billet 156
Brief an Kestner 87
Bürgerliches Weihnachtsidyll 426

Christbaum 232
Christ-Kindlein wird zur H. Weynacht-Zeit im Schnee gefunden 66
Christmon, der 12 monat 35
Christtag in Rom 193
Christus in der Krippen 72

Da sie gebären wollte 63
Das Christbaumbrettl 397
Das Christkind 387
Das Fest der Liebe (Westphalen) 581

Das Fest des Lebens 157
Das Fest des Wüstlings 354
Das Lied vom Wintergrün 100
Das Neue Jahr (Canitz) 73
Das neue Jahr (Logau) 46
Das Paket des lieben Gottes 463
Das Peitschchen 345
Das Rezept meiner Großmutter 584
Das Weihnachtsbäumlein 355
Das Weihnachtsfest der Kinder von Linneberge 355
Das Weihnachtsfest des alten Schauspielers Nesselgrün 361
Das Weihnachtsfest war nahe 280
Das Weihnachtsgeläute 218
Der allererste Weihnachtsbaum 338
Der armen Kinder Weihnachtslied 337
Der böse Winter 91
Der Christabend 342
Der Christkindelsbaum 158
Der Eislauf 110
Der erste Schnee 229
Der Esel 332
Der formschöne Christbaumständer 586
Der Gesang im Ofen 130
Der gestohlene Weihnachtsbaum 434
Der goldene Schlüssel 129
Der goldne Baum 490
Der heilige Abend vor Weihnachten 97
Der Pelzemärtel 220
Der schmelzende Koch 196
Der Schnee von heute 593
Der Stern (Busch) 286
Der Stern (Busta) 504
Der Tag der Geschenke 184
Der Tanz des Räubers Horrificus 460
Der Traum 188
Der verspätete Hirt 508
Der Wald schläft 429
Der Wasser-Nix 189
Der Weihnachtsabend (E. T. A. Hoffmann) 115
Der Weihnachtsbaum (Arndt) 104
Der Weihnachtsbaum (Lasker-Schüler) 350
Der Weihnachtsmarkt (Stinde) 292
Der Winter (Rist) 47

Der Winterabend (Goeckingk) 86
Der Zauber des seitlich dran Vorbeigehens 591
Der zweifelnde Joseph 55
Des Bettlers Weihnachtsgabe 313
Des Doktors Advent 409
Des Winters Gruß 221
Dezemberlied 137
Die Bescherung 532
Die Christmette 439
Die drei dunklen Könige 522
Die erste Friedensweihnacht 496
Die Falle 566
Die Flocken flogen wie verirrte Vögel 486
Die gute Nacht 462
Die Hälfte der heilen Familie 590
Die heiligen drei Könige (Schlegel) 99
Die heiligen drei Könige (Wackernagel) 217
Die heiligen drei Könige vom
 Dreikönigsbrunnen 238
Die Herberge 512
Die Hirtenstrophe 483
Die Joditzer Herbstidylle 94
Die Kunst, sich beschenken zu lassen 487
Die Kunst, Weihnachten richtig zu feiern 431
Die Legende von den heiligen drei Königen 138
Die Leihgabe 515
Die neue Welt 107
Die Neujahrswünsche 106
Die rechte Zeit ist hier 45
Die Schlittschuhe 270
Die Silvesternacht eines alten Herzens 130
Die Stunde im Winterwald 388
Die Vorliebe für das Land 68
Die Weihe der Nacht 233
Die Weihnachtsbescherung 428
Die Weihnachtsfeier des Seemanns
 Kuttel Daddeldu 405
Die Weihnachtsgeschichte nach Lukas 31
Die Weihnachtsgeschichte nach Matthäus 74
Die Weihnachtsmaus 539
Dies ist die Nacht 60
dieser neujahrstag, leute 521

Ein Bild vom Aufbruch des Elbeises
 bei Dresden 135
Ein Gleichnis 442
Ein Hagestolz 191
Ein Lied hinterm Ofen zu singen 84
Ein predig am christtag 37
Ein Weihnachtsengel 433

Ein Weihnachtslied (Erhardt) 491
Ein Winterabend (Trakl) 423
Eine Bauernpredigt 234
Eine Erinnerung 71
Eine Heiligabend-Betrachtung 392
Eine Weihnachtsepistel 278
Eine Weihnachtserinnerung, die ich
 nicht vergaß 501
Eine Weihnachtsgeschichte 443
Einladung auf Weihnachten 134
Endlich ein Fest der Liebe 596
Engelmessen 494
engels botschaft 558
Epiphaniasfest 88
Er freut sich / daß es wihder Winter wird 333
Erklinge Lied und werde Schall 103
Erstes Eis 486
Es gibt so wunderweiße Nächte 377
Es ist ein Ros entsprungen 53
Es ist solch ein wunderbares Fest 377
Es war Weihnacht 528

Fest der Liebe (Dr. Owlglass) 365
Festtagsmonolog des Managers 498
Frankfurter Brenten 194
Frost 78
Frühmette im Straßburger Münster 232
Frühmorgens 578
Fünfmal werden wir noch wach 588

Gang im Schnee 408
Gekommen ist der Heil'ge Christ 257
Gott ganz unten 574
Gott sei Dank 70
Grüne Weihnachten in Oberhof 352

Heilig Abend eines Branntweinsäufers 161
Heilige Nacht 432
Heute ist Weihnachten 492
Hirtengesang 42

Ich wünsch' mir zu Weihnachten 572
Ihr Kinderlein kommet 378
Im Schnee 269
In einen Kalender 92
In Weihnachtszeiten 383
Ist das Leben nicht schön? 547

Kirchenfeste 198
Kling, Glöckchen, klingelingeling 114

Krähentanz 430
Krippenfeier 508

Landschaft um Silvester und Neujahr 412
Laßt uns froh und munter sein 299
Lebensbeschreibung 575
Leise rieselt der Schnee 342
Liebste Mama! 104
Lied · Von dem Christmonat 52
Lob des Winters 76

Macht hoch die Thür, die Thore weit 40
Märchenhafte Zeit 290
Meine heiße Bitte 159
Morgen, Kinder, wird's was geben 282

Nacht und Winter 124
Nationalhymne des gesamtdeutschen
   Weihnachtsmannes 546
Neue Erfindung 82
Neues Leben 424
Neujahr (A. v. Arnim) 127
Neujahrsbotschaft 564
Neujahrsgedicht 90
Neujahrsingen 89
Neujahrswünsche des Wochenblattträgers
   für 1812 92
1956 419
niemals war ein weihnachtsmann 532
Nikolausi 576
Nun duftet Wachs 384
Nußknacker 188

O du fröhliche 102
O Tannenbaum 121
Ochs, vnd Eselein bey der Krippen 41

Prosit 1932! 385

Reinste Jungfrau 59
Risiko für Weihnachtsmänner 535
Rübezahl hilft einem armen Mann 61

Sankt Niklas' Auszug 329
Schaufenster vor Weihnachten 379
Schaut, schaut, was ist für Wunder
   dar? 49
Schenken (B. v. Arnim) 128
Schenken (Ringelnatz) 407
Schenken und Bereuen 34

Schlittenlied 155
Schlüssel 485
Schnee 427
Schneegestöber 219
Schneetiere 562
Sechsundvierzig Heiligabende 466
Silvester (Wedekind) 334
Silvester-Nacht 223
So ein Wintertag 190
Spekulations am Neujahrstage 81
Stille Nacht, heilige Nacht 138
Stoßseufzer 240
Süßer die Glocken nie klingen 160
Sylvester (Fontane) 258
Szenen vom Berliner Weihnachtsmarkt 224

Travniceks Weihnachts-Einkäufe 543

Über die geburt Jesu 58
Überredung zum Feiertag 540
Umtausch nicht gestattet 482
Unter dem Tannenbaum 241

Verschlossene Türen 552
Verschneite Wiesenweiten 500
24. Dezember 558
Vom Himmel hoch da komm ich her 32
Von einem Weihnachtskind und Joseph 36
Von guten Mächten 484
Vor Weihnachten (Polgar) 363
Vorweihnacht 528

Wald im Winter 383
Warum das Christkind in der Krippe
   gelegen 67
Was ist das doch ein holdes Kind 187
Was nicht in der Bibel steht 577
Weihnacht (A. v. Arnim) 125
Weihnacht (Hofmannsthal) 367
Weihnacht (Kraus) 366
Weihnacht (R. Walser) 386
Weihnacht bei Buddenbrook 367
Weihnacht in Ajaccio 270
Weihnacht kommt 397
Weihnachtabend (Schenkendorf) 128
Weihnachten (Eichendorff) 133
Weihnachten (Hauptmann) 331
Weihnachten (Mühsam) 385
Weihnachten (Ritter) 337
Weihnachten (Tieck) 113

Weihnachten (Tucholsky) 423
Weihnachten bei den Alten 441
Weihnachten bei Leberecht Hühnchen 299
Weihnachten beim Militär 494
Weihnachten bringt alles durcheinander 529
Weihnachten im Kittchen 358
Weihnachten in Eis und Schnee 200
Weihnachten von A bis Z 585
Weihnachten zu Hause 258
Weihnachtsabend in der Sperlingsgasse 282
Weihnachtsausstellung 122
Weihnachtseinkäufe 322
Weihnachtsfee 320
Weihnachtsfest 198
Weihnachtslied (Gellert) 78
Weihnachtslied (Herrmann-Neisse) 417
Weihnachtslied (H. Hoffmann) 223
Weihnachtslied (Storm) 240
Weihnachtslied, chemisch gereinigt 465
Weihnachtsmarkt (Keller) 268
Weihnachtsmarkt in Alt-Berlin 111

Weihnachtspredigt für Tiere 420
Weihnachtssperlinge 317
Wenn die Lichter brannten 239
Wenn es dämmert am Heiligen Abend… 524
Wie ich mich auf Weihnachten freue 312
Wie war das damals? 505
Wiederfinden 288
Wilibald und Frosinchen 272
Winter (Hölderlin) 105
Winter auf dem Semmering 321
Winterabend (Kunert) 546
Winterlied 93
Winterschlaf 338
Winter-Sonnenschein 289
Wintersportlegendchen 469

Zum Neujahr (Busch) 287
Zum Neujahr (Mörike) 195
Zum Neujahrstag 73
Zwetschgenmännlein 479
Zwischenlandung 561

Alphabetisches Verzeichnis der Autorinnen und Autoren

Abraham a Sancta Clara (1644–1709) 67
Adorno, Theodor W. (1903–1969) 482
Alpenburg, Johann Nepomuk Ritter von (1806–1873) 218
Altenberg, Peter (1859–1919) 321
Angelus Silesius (Johannes Scheffler) (1624–1677) 59
Anzengruber, Ludwig (1839–1889) 290
Arndt, Ernst Moritz (1769–1860) 103
Arnim, Achim von (1781–1831) 125
Arnim, Bettine von (1785–1859) 128
Artmann, Hans Carl (1921–2000) 521
Auburtin, Victor (1870–1928) 352
Ausländer, Rose (1907–1988) 486

Ball-Hennings, Emmy (1885–1948) 410
Bauer, Franz (1901–1969) 479
Beltz, Matthias (1945–2002) 584
Bender, Hans (*1919) 512
Bengel, Johann Albrecht (1687–1752) 74
Benjamin, Walter (1892–1940) 433
Benn, Gottfried (1886–1956) 419
Berner, Rotraut Susanne (*1948) 585
Bichsel, Peter (*1935) 558
Bierbaum, Otto Julius (1865–1910) 337
Biermann, Wolf (*1936) 564
Binding, Rudolf G. (1867–1938) 345
Bloch, Ernst (1885–1977) 412
Bobrowski, Johannes (1917–1965) 508
Böll, Heinrich (1917–1985) 508
Bonhoeffer, Dietrich (1906–1945) 484
Borchert, Wolfgang (1921–1947) 522
Börne, Ludwig (1786–1837) 130
Brant, Sebastian (1458–1521) 34
Brecht, Bertolt (1898–1956) 462
Brentano, Clemens (1778–1842) 123
Britting, Georg (1891–1964) 430
Brückner, Christine (1921–1996) 524
Büchner, Georg (1813–1837) 232
Busch, Wilhelm (1832–1908) 286
Busta, Christine (1915–1987) 504

Canitz, Friedrich Rudolph Ludwig von (1654–1699) 72
Carossa, Hans (1878–1956) 383

Carus, Carl Gustav (1789–1869) 135
Chamisso, Adelbert von (1781–1838) 124
Claudius, Matthias (1740–1815) 81
Conz, Carl Philipp (1762–1827) 92

Dach, Simon (1605–1659) 46
Dehmel, Paula (1862–1918) 329
Dehmel, Richard (1863–1920) 332
Domin, Hilde (1909–2006) 491
Dörrie, Doris (*1955) 589
Droste-Hülshoff, Annette von (1797–1848) 185
Dürrenmatt, Friedrich (1921–1990) 528

Ebner-Eschenbach, Marie von (1830–1916) 280
Eich, Günter (1907–1972) 485
Eichendorff, Joseph von (1788–1857) 133
Endrikat, Fred (1890–1942) 428
Erhardt, Heinz (1909–1979) 491

Falk, Johannes Daniel (1768–1826) 102
Falke, Gustav (1853–1916) 317
Fallada, Hans (1893–1947) 434
Fallersleben, Hoffmann von (1798–1874) 188
Finck, Werner (1902–1978) 481
Fleißer, Marieluise (1901–1974) 470
Fleming, Paul (1609–1640) 53
Fontane, Theodor (1819–1898) 257
Freytag, Gustav (1816–1895) 239
Fried, Erich (1921–1988) 526
Frisch, Max (1911–1991) 494
Fuchs, Günter Bruno (1928–1977) 546

Gellert, Christian Fürchtegott (1715–1769) 78
Genazino, Wilhelm (*1943) 578
Gerhardt, Paul (1607–1676) 49
Gernhardt, Robert (1937–2006) 566
Glassbrenner, Adolf (1810–1876) 224
Goeckingk, Leopold Friedrich Günther (1748–1828) 85
Goes, Albrecht (1908–2000) 490
Goethe, Johann Wolfgang (1749–1832) 87
Goldt, Max (*1958) 591
Goltz, Bogumil (1801–1870) 190
Goosen, Frank (*1966) 596
Gotthelf, Jeremias (1797–1854) 161

Graf, Oskar Maria (1894–1967) 439
Grass, Günter (*1927) 542
Greiffenberg, Catharina Regina von (1633–1694) 63
Grillparzer, Franz (1791–1872) 137
Grimm, Jacob (1785–1863) 129
Grimm, Wilhelm (1786–1859) 129
Grünbein, Durs (*1962) 593
Gryphius, Andreas (1616–1664) 58
Guggenmos, Josef (1922–2003) 531
Günther, Johann Christian (1695–1723) 76

Haffner, Sebastian (1907–1999) 487
Hagelstange, Rudolf (1912–1984) 498
Haller, Albrecht von (1708–1777) 78
Halm, Friedrich (1806–1871) 219
Handke, Peter (*1942) 575
Harsdörffer, Georg Philipp (1607–1658) 52
Härtling, Peter (*1933) 552
Hauptmann, Gerhart (1862–1946) 331
Hebbel, Christian Friedrich (1813–1863) 233
Hebel, Johann Peter (1760–1826) 91
Heermann, Johann (1585–1647) 37
Heine, Heinrich (1797–1856) 184
Held, Heinrich (1620–1659) 70
Hensel, Luise (1798–1876) 187
Herrlein, Adalbert von (1798–1870) 189
Herrmann-Neiße, Max (1886–1941) 417
Hesse, Hermann (1877–1962) 379
Heyse, Paul (1830–1914) 272
Hille, Peter (1854–1904) 320
Hoffmann, Ernst Theodor Amadeus (1776–1822) 115
Hoffmann, Heinrich (1809–1894) 221
Hofmannsthal, Hugo von (1874–1929) 367
Hohler, Franz (*1943) 577
Hölderlin, Friedrich (1770–1843) 104
Holz, Arno (1863–1929) 333
Horváth, Ödön von (1901–1938) 469
Huchel, Peter (1903–1981) 483
Hüsch, Hanns Dieter (1925–2005) 532

Immermann, Karl Leberecht (1796–1840) 159

Jandl, Ernst (1925–2000) 532
Jean Paul (Johann Paul Friedrich Richter) (1763–1825) 94

Karsunke, Yaak (*1934) 558
Kaschnitz, Marie Luise (1901–1974) 474

Kästner, Erich (1899–1974) 465
Keller, Gottfried (1819–1890) 268
Kerner, Justinus (1786–1862) 130
Keun, Irmgard (1910–1982) 492
Kiesbye, Christina (1871–1930) 355
Kirchhof, Hans Wilhelm (1525–1605) 37
Kirsch, Sarah (*1935) 561
Klabund (Alfred Henschke) (1890–1928) 426
Klaj, Johann (1616–1656) 57
Kleist, Heinrich von (1777–1811) 122
Klopstock, Friedrich Gottlieb (1724–1803) 80
Kraus, Karl (1874–1936) 366
Kreisler, Georg (*1922) 529
Krolow, Karl (1915–1999) 501
Krummacher, Friedrich Adolph (1767–1845) 100
Krüss, James (1926–1997) 539
Kügelgen, Wilhelm von (1802–1867) 191
Kunert, Günter (*1929) 546

Lasker-Schüler, Else (1869–1945) 350
Lautensack, Heinrich (1881–1919) 392
Lenz, Siegfried (*1926) 535
Lewald, Fanny (1811–1889) 229
Lobsien, Wilhelm (1872–1947) 362
Logau, Friedrich von (1604–1655) 46
Löns, Hermann (1866–1914) 338
Luther, Martin (1483–1546) 31
Luxemburg, Rosa (1871–1919) 358

Mann, Thomas (1875–1955) 367
Marti, Kurt (*1921) 528
Meckel, Christoph (*1935) 562
Meinecke, Thomas (*1955) 588
Merz, Carl (1901–1979) 543
Meyer, Conrad Ferdinand (1825–1898) 270
Miegel, Agnes (1879–1964) 388
Modersohn-Becker, Paula (1876–1907) 377
Modick, Klaus (*1951) 586
Mohr, Josef (1792–1848) 138
Morgenstern, Christian (1871–1914) 354
Mörike, Eduard (1804–1875) 194
Moritz, Karl Philipp (1756–1793) 89
Mühsam, Erich (1878–1934) 385
Mynona (Salomo Friedlaender) (1871–1946) 361

Nachtenhöfer, Kaspar (1624–1685) 60
Nadolny, Isabella (1917–2004) 505
Nietzsche, Friedrich (1844–1900) 312

Nöstlinger, Christine (*1936) 565
Novalis (Friedrich von Hardenberg) (1772–1801) 107

Opitz, Martin (1597–1639) 45
Owlglass, Dr. (1873–1945) 365

Penzoldt, Ernst (1892–1955) 431
Pfalz, Liselotte von der (1652–1722) 71
Pfeffel, Gottlieb Conrad (1736–1809) 80
Pocci, Franz Graf von (1807–1876) 220
Polgar, Alfred (1873–1955) 363
Polt, Gerhard (*1942) 576
Praetorius, Johannes (1630–1680) 61
Praetorius, Michael (1571–1621) 53

Qualtinger, Helmut (1928–1986) 543

Raabe, Wilhelm (1831–1910) 282
Reinick, Robert (1805–1852) 196
Richter, Ludwig (1803–1884) 193
Rilke, Rainer Maria (1875–1926) 376
Ringelnatz, Joachim (1883–1934) 405
Rinser, Luise (1911–2002) 494
Rist, Johann (1607–1667) 47
Ritter, Anna (1865–1921) 337
Rosegger, Peter (1843–1918) 305
Roth, Eugen (1895–1976) 442
Roth, Joseph (1894–1939) 441
Rückert, Friedrich (1788–1866) 134

Sachs, Hans (1494–1576) 35
Salis-Seewis, Johann Gaudenz von (1762–1834) 93
Saphir, Moritz Gottlieb (1795–1858) 157
Schenkendorf, Max von (1783–1817) 128
Schickele, René (1883–1940) 409
Schiller, Friedrich (1759–1805) 90
Schlegel, August Wilhelm von (1767–1845) 99
Schleiermacher, Friedrich Daniel Ernst (1768–1834) 100
Schmidt, Arno (1914–1979) 500
Schmidt, Friedrich Wilhelm August (1764–1838) 97
Schneyder, Werner (*1937) 572
Schnitzler, Arthur (1862–1931) 322

Schnurre, Wolfdietrich (1920–1989) 515
Schönaich-Carolath, Emil von (1852–1908) 313
Schottel, Justus Georg (1612–1676) 55
Schröder, Rudolf Alexander (1878–1962) 384
Schwab, Gustav (1792–1850) 138
Seidel, Heinrich (1842–1906) 299
Selhamer, Christoph (1640–1708) 68
Silcher, Friedrich (1789–1860) 135
Spee von Langenfeld, Friedrich (1591–1635) 41
Stadler, Ernst (1883–1914) 408
Stifter, Adalbert (1805–1868) 198
Stinde, Julius (1841–1905) 292
Stoltze, Friedrich (1816–1891) 238
Storm, Theodor (1817–1888) 240
Strittmatter, Erwin (1912–1994) 496

Thoma, Ludwig (1867–1921) 342
Tieck, Ludwig (1773–1853) 111
Trakl, Georg (1887–1914) 423
Trojan, Johannes (1837–1915) 288
Tucholsky, Kurt (1890–1935) 423

Valentin, Karl (1882–1948) 397
Vanderbeke, Birgit (*1956) 590

Wackernagel, Wilhelm (1806–1869) 217
Waggerl, Karl Heinrich (1897–1973) 460
Wallenstädt, Laurette von (unbekannt) 156
Wallraff, Günter (*1942) 574
Walser, Martin (*1927) 540
Walser, Robert (1878–1956) 386
Weber, Friedrich Wilhelm (1813–1894) 232
Wedekind, Frank (1864–1918) 334
Weinheber, Josef (1892–1945) 432
Weitzel, Georg (1590–1635) 40
Wernicke, Christian (1661–1725) 73
Westermayer, Anton (1816–1894) 234
Westphalen, Joseph von (*1945) 581
Wickram, Jörg (1505–1562) 36
Wiechert, Ernst (1887–1950) 420
Wohmann, Gabriele (*1932) 547
Wolff, Leo (1640–1708) 66

Zarnack, Joachim August (1777–1827) 121
Zschokke, Heinrich (1771–1848) 106
Zuckmayer, Carl (1896–1977) 443